Weitere Titel des Autors:

Unter der Asche, auch als Hörbuch erhältlich
Gegen die Zeit

Titel in der Regel auch als E-Book erhältlich

Über den Autor:

Tom Finnek, 1965 in Westfalen geboren, lebt als Filmjournalist und Schriftsteller in Berlin. Als Autor beschäftigt er sich schon länger mit historischen Stoffen. Für ihn ist gerade London mit seiner langen, wechselhaften Geschichte besonders faszinierend, und dem trägt er in seinen Romanen UNTER DER ASCHE, GEGEN ALLE ZEIT und VOR DEM ABGRUND Rechnung: Sie spielen alle in London, aber in unterschiedlichen Jahrhunderten. Tom Finnek ist verheiratet und stolzer Vater von zwei Söhnen.

TOM FINNEK

VOR DEM ABGRUND

Historischer Roman

BASTEI LÜBBE TASCHENBUCH
Band 17192

Dieser Titel ist auch als E-Book erschienen

Vollständige Taschenbuchausgabe
der bei Lübbe Hardcover erschienenen Hardcoverausgabe

Copyright © 2013 by Bastei Lübbe AG, Köln

Textredaktion: Kai Lückemeier
Titelillustration: © Hulton-Deutsch Collection/CORBIS
Umschlaggestaltung: © Pauline Schimmelpenninck, Büro für Gestaltung
Satz: Dörlemann Satz, Lemförde
Gesetzt aus der Baskerville
Druck und Verarbeitung: CPI books GmbH, Leck-Germany
Printed in Germany
ISBN 978-3-404-17192-7

5 4 3 2 1

Sie finden uns im Internet unter www.luebbe.de
Bitte beachten Sie auch: www.lesejury.de

Ein verlagsneues Buch kostet in Deutschland und Österreich jeweils
überall dasselbe.
Damit die kulturelle Vielfalt erhalten und für die Leser bezahlbar bleibt,
gibt es die gesetzliche Buchpreisbindung. Ob im Internet, in der
Großbuchhandlung, beim lokalen Buchhändler, im Dorf oder
in der Großstadt – überall bekommen Sie Ihre verlagsneuen Bücher
zum selben Preis.

INHALT

Die handelnden Personen 7

ERSTER TEIL
Celia Brooks 9

ZWEITER TEIL
Rupert Ingram 85

DRITTER TEIL
Celia Brooks 169

VIERTER TEIL
Ned Brooks 257

FÜNFTER TEIL
Rupert Ingram 279

SECHSTER TEIL
Celia Brooks 385

SIEBTER TEIL
Rupert Ingram 419

ACHTER TEIL
Ned Brooks 501

NEUNTER TEIL
Celia und Rupert 529

EPILOG
The Refuge 549

ANHANG
Anmerkungen und Übersetzungen 575
Karte 588

DIE HANDELNDEN PERSONEN

Celia Brooks, ein Mädchen aus Essex
Ned Brooks, Seemann, Celias verschollener Vater
Mary Brooks, ihre verstorbene Mutter

Rupert Ingram, Hoteliersohn
Harvey Ingram, sein Vater, Hotelier und Witwer
Mortimer & William Ingram, Ruperts ältere Brüder
Meredith Wright Barclay, Ruperts Verlobte aus Bury Hill, Dorking
Robert Barclay, Bierbrauer (Barclay, Perkins & Co.), Merediths Onkel
Graham Maggott, genannt Gray, Laufbursche im Crown Hotel
Simeon Solomon, Maler und Ruperts Freund

Eva Booth, Captain der Heilsarmee, Tochter von William Booth, dem Gründer und 1. General der Heilsarmee
Florence Soper Booth, Evas Schwägerin, Leiterin des Frauenasyls
Adam Bedford, ein Heilsarmist

Heather, Obdachlose und Gelegenheitshure
Maureen Watson, genannt Sheila, die Schlangenfrau, Bühnendarstellerin
Mary Jane Kelly, genannt Ginger, Prostituierte
Joseph Barnett, Fischträger, ihr Lebensgefährte

Elizabeth Stride, genannt Long Liz, Prostituierte und Mordopfer
Michael Kidney, Hafenarbeiter, ihr Lebensgefährte
Rod(ney) Webster, Wirt des George Inn

Tom Dudley, Kapitän der Mignonette
Edwin Stephens, Maat auf der Mignonette
Richard Parker, genannt Dick, Kabinenjunge

ERSTER TEIL

CELIA BROOKS

»O, where shall I go to, or what can I do?
I've no one to tell me what course to pursue;
I'm weary and foot sore, I'm hungry and weak,
I know not what shelter to-night I may seek.«

(»Oh, wo soll ich hingehen, oder was kann ich tun?
Ich habe niemanden, der mir sagt, welchen Weg ich einschlagen soll;
Ich bin müde, meine Füße sind wund, ich bin hungrig und schwach,
Ich weiß nicht, welchen Schutz ich heute Nacht suchen kann.«)

William S. Hays, Driven from home, 1868

DONNERSTAG, 18. OKTOBER 1888

I

Celia war noch nie zuvor in London gewesen, und trotz der zahlreichen und ausführlichen Erzählungen ihrer Mutter war sie nicht auf das gefasst, was sie in der Hauptstadt erwartete. Als sie aus dem überfüllten Abteil der dritten Klasse auf den Bahnsteig des Bahnhofs Waterloo stieg, da war es ihr, als beträte sie eine fremde Welt. Die Größe und Unübersichtlichkeit dieses verschachtelt gebauten Bahnhofs schüchterten Celia ein, und die Menschenmassen und das aggressive Gedränge auf dem Bahnsteig nahmen ihr im wahrsten Sinn des Wortes die Luft. Es war, als hätten die Leute die Absicht, sich gegenseitig von der Plattform zu stoßen. »London ist wie zwei Bienenvölker in einem Bienenschlag«, hatte ihre Mutter oft gesagt, und jetzt begriff Celia, was sie damit gemeint hatte.

Kofferträger und Kutscher bedrängten die Passagiere der London and South Western Railway* und wollten sie zu ihren Wagen locken, aufdringliche Händler boten Essen und Getränke an, Männer mit umgehängten Pappschildern machten Werbung für umliegende Hotels oder Gasthäuser, und Zeitungsjungen hielten Gazetten in die Luft und posaunten die Schlagzeilen des Tages heraus: »Neuer Brief des Rippers! Polizei tappt weiter im Dunkeln! Bürgerwehr fordert Belohnung! Jack the Ripper schickt Brief! Lesen Sie alles darüber!«

Kaum hatten Celias Füße das Pflaster des Bahnsteigs berührt, schon wurde sie vom Strom der Menschen mitgerissen, in Richtung der Ausgänge, die sich auf der Nordseite des Kopfbahnhofs befanden. Die Waterloo Station schien aus vielen kleineren Bahnhöfen zu bestehen, die wie ein Strauß Blumen von unterschiedlicher Länge und Größe gebündelt waren. Da es keine zentrale Empfangshalle gab und der eine Bahnsteig

---

* Anmerkungen und Übersetzungen im Anhang ab Seite 575

oft nur zu einer weiteren, höher oder tiefer gelegenen Plattform führte, mussten sich die Passagiere den Weg zu den Ausgängen durch unterirdische Tunnel oder über Fußbrücken erkämpfen; verfolgt von den lärmenden Heerscharen, die schon auf dem Bahnsteig auf sie einstürmten.

Während Celia an den braunen Waggons und der erbsengrünen Lokomotive vorbeigeschoben wurde und aufpassen musste, nicht zwischen die Wagen aufs Gleisbett zu geraten, wünschte sie sich zurück nach Southampton, wo am Morgen ihre Reise begonnen hatte. Oder besser gleich nach Brightlingsea in Essex, wo sie bis vor wenigen Tagen zu Hause gewesen war. Wie gern hätte sie in diesem Moment an der Mündung des Flüsschens Colne gesessen, den Dockarbeitern und Fischern am Hafen zugeschaut oder ihre Angelrute in den Brightlingsea Creek gehalten, wie sie es als Kind oft an den Wochenenden getan hatte. Damals, als ihre arme Mutter noch gelebt hatte und ihre älteren Brüder Peter und John noch nicht den Atlantik zwischen Liverpool und New York befahren hatten. Als Celias Vater noch eine verblassende Erinnerung und nicht ihr letzter verzweifelter Hoffnungsanker gewesen war.

»Pass doch auf, verdammt!«, schimpfte eine Frau.

Celia war ihr vor der schmalen Treppe zu einer Fußgängerbrücke versehentlich auf den Rocksaum getreten. »'tschuldigung, Ma'am«, murmelte sie erschrocken und hätte um ein Haar den braunen Lederkoffer fallen gelassen, in dem sich ihr gesamtes Hab und Gut befand. Sie klammerte sich an den Koffer wie an einen Rettungsring und ließ sich von der Menge über die Brücke zu einem der beiden Ausgänge treiben. Als sie schließlich einen kleinen überdachten Vorplatz erreichte, an dem zahlreiche Droschken, Mietkutschen und Lastkarren auf Kundschaft warteten, wandte sie sich an einen der schwarz uniformierten Kutscher, der ihr eilfertig die vordere Klappe des zweirädrigen Hansom Cabs aufhielt.

»Steigen Sie nur ein, Miss!«, rief er und lüpfte den fettfleckigen Bowler. »Wo soll die Reise hingehen?«

»Können Sie mir sagen, wie ich ins East End komme?«, fragte Celia und lächelte schüchtern. »Ich muss zur Whitechapel Road.«

»Whitechapel?« Der Kutscher machte ein überraschtes Gesicht. »Keine Gegend für 'ne hübsche junge Miss, gerade in dieser Zeit.« Er hob bedeutungsvoll die Brauen und deutete auf einen Zeitungsjungen, der krächzend seine Gazette anpries. Als Celia nicht darauf reagierte, zuckte er mit den Schultern und wies mit der Hand auf sein Cabriolet. »Bitte einzusteigen.«

»Ich habe kein Geld«, erwiderte Celia. Jedenfalls nicht für eine Kutschfahrt, setzte sie in Gedanken hinzu. »Könnten Sie mir die Richtung zeigen?«

Die Miene des Kutschers nahm schlagartig einen säuerlichen Ausdruck an. Vermutlich weil er seine Zeit vergeudet und andere Kunden unbehelligt vorbeigelassen hatte. Sofort wandte er sich an einen jungen Gentleman, der sich eilends von hinten näherte, Celia grob zur Seite stieß und sie dabei achtlos mit seinem Reisekoffer streifte.

»Bitte einzusteigen, Sir«, sagte der Kutscher, nahm dem jungen Mann den Koffer ab und fragte: »Wo soll es hingehen?«

»Piccadilly, Ecke Dover Street«, antwortete der Mann, nahm den eleganten Zylinder vom Kopf, schüttelte sein langes, in der Mitte gescheiteltes Haar und stieg in das vorne offene Hansom Cab ein. »Zum Hatchett's Hotel, aber etwas plötzlich, mein Guter!« Er strich seinen Gehrock glatt, klappte den vorderen Beinschutz herunter und fuhr sich geziert über den blonden Schnauzbart, der noch sehr an kindlichen Flaum erinnerte.

Celia betrachtete den Gentleman neugierig, nicht nur weil er ein ebenso hübscher wie hochnäsig wirkender Mann war, sondern vor allem wegen eines auffälligen Muttermals auf seiner rechten Wange, das nur leidlich von einem dünnen Backenbart verdeckt war. Das Mal hatte die Größe einer Half-Crown-Münze und die Form eines Herzens.

»Was gibt's da zu starren, Mädchen?«, fuhr der Mann sie

an und warf ihr durch das seitliche Fenster einen bösen Blick zu. »Schleich dich!«

»Hast du nicht gehört, was der Gentleman gesagt hat?«, knurrte der Kutscher, verschnürte den Koffer auf der Ablage und stieg auf den erhöhten Sitz hinter dem Verdeck. »Verzieh dich gefälligst!«

»In welche Richtung soll ich mich verziehen, Sir?«, fragte Celia und hielt ihren Koffer vor der Brust, als könnte er sie wie eine Rüstung schützen.

»Wo soll das East End schon sein? Im Osten natürlich«, maulte der Kutscher, nahm die Zügel in die linke Hand und griff mit der rechten nach der Peitsche. Er hielt sie bereits in die Luft, um das Pferd anzutreiben, als er plötzlich innehielt und sich zu Celia umwandte. »Siehst du die Gleise da vorne?« Er wies auf eine Bahntrasse, die in der Nähe an der Waterloo Station vorbeiführte. »Folge ihnen, dann kommst du automatisch zur London Bridge Station. Dort musst du über die Themse und am Tower vorbei nach Nordosten. Ist aber 'n weiter Weg nach Whitechapel. Wirst in die Dunkelheit kommen.«

»Das macht mir nichts«, antwortete Celia.

»Keine Gegend für 'ne hübsche junge Miss«, wiederholte der Kutscher und tippte sich an den Bowler. »Schon gar nicht im Dunkeln.«

»Danke, Sir! Ich komme schon zurecht.«

Der blonde Gentleman in der Kutsche hatte das kurze Gespräch zunächst abschätzig und ungeduldig verfolgt, doch als er das Wort Whitechapel vernahm, hatte er sich plötzlich vorgebeugt und neugierig aus dem Fenster geschaut. Offenbar hatte die Tatsache, dass Celia ins East End wollte, sein Interesse geweckt. Er betrachtete sie eingehend, wobei sich sein Gesichtsausdruck merklich wandelte. Beinahe schien es ihr, als wäre er überrascht oder verwundert.

Der Gentleman schüttelte den Kopf und fragte: »Wie alt bist du, Mädchen?«

»Sechzehn, Sir.«

»Sechzehn«, wiederholte der Mann und schüttelte erneut den Kopf. Dann öffnete er den Mund, als wollte er noch etwas sagen, doch im nächsten Augenblick setzte sich das Hansom Cab in Bewegung und verschwand auf der im Halbkreis führenden Zufahrtsstraße im Abendverkehr.

Celia tat, wie ihr der Kutscher geraten hatte, und folgte den Bahngleisen nach Osten. Die Sonne stand nur noch eine Handbreit über dem Bahnhof Waterloo, und als Celia wenig später auf die viel befahrene Blackfriars Road stieß, hörte sie hinter sich das hübsche Glockenspiel der Turmuhr von Big Ben, das sie von einer Spieldose ihrer Mutter kannte. Anschließend erklangen sechs tiefere Glockenschläge.

Der Kutscher hatte recht. Es war Mitte Oktober, und die Sonne würde untergegangen sein, bevor Celia den Tower, geschweige denn Whitechapel erreicht hätte. Doch was blieb ihr anderes übrig, als unbeirrt weiterzugehen? Sie kannte niemanden in London, sie hatte nur noch wenige Münzen in der Geldbörse, und das Einzige, was sie außer ihren Kleidern und einigen wenigen Erinnerungsstücken an ihre Mutter besaß, war die zerknitterte Ansichtskarte eines Kuriositätenkabinetts mit einer Adresse im East End: The Silver King, 123 Whitechapel Road, London E.

Für einen kurzen Augenblick war sie versucht, auf einen der zahlreichen Pferdeomnibusse aufzuspringen, die auf der Blackfriars Road über die Themse fuhren, doch dann besann sie sich, schulterte ihren Koffer und ging keuchend weiter. Das wenige Geld, das sie noch besaß, durfte sie nicht verschleudern, nur weil ihr die Füße und der Rücken von der langen Zugfahrt schmerzten, die sie weitestgehend im Stehen hatte verbringen müssen. Oder weil die Gassen, durch die sie ging, zusehends schmaler, dunkler und dreckiger wurden.

Links und rechts der Bahntrasse stießen die backsteinernen und rußgeschwärzten Häuser nun regelrecht an die über Stahlkonstruktionen führenden Gleise. Hier staute sich der Verkehr wie vor einem Nadelöhr. Celia stieg ein so beißender Geruch in die Nase, dass ihr die Tränen in die Augen stiegen. Sie sah sich um und las auf einem rostigen Schild über einer Hofeinfahrt: »Potts' Vinegar Works«. Auf der anderen Straßenseite befand sich die Brauerei Barclay, Perkins & Co., die ihr Bier bis nach Essex lieferte – Celia kannte das Zeichen der Firma von den Pubs in ihrer Heimat. Direkt neben der Brauerei standen die baufälligen Hütten und windschiefen Hallen einer Färberei.

Es roch nach Brausud, Hopfen, Essig, Teer und Kohle. Überall ragten Fabrikschlote in den Himmel und stießen schwarzen Qualm in die kühle Oktoberluft. Celia wurde übel von dem Gestank, deshalb hielt sie sich das bestickte Leinentaschentuch ihrer Mutter vor die Nase. Weil das Tuch seit vielen Jahren unbenutzt in der Kommode gelegen hatte, war es nach dem Typhustod der Mutter nicht wie der Rest der Kleidung verbrannt worden. Das kleine Textil war einst das Verlobungsgeschenk von Celias Vater gewesen. In einer Ecke hatte er Mutters Namen mit rotem Faden einsticken lassen: Mary.

Außer dem Taschentuch und einigen wertlosen Gegenständen wie einer emaillierten Blechdose und einem vergilbten Familienfoto war ihr nichts von der Mutter geblieben. Was nicht aus Angst vor Ansteckung verbrannt worden war, hatte Celia zum Pfandleiher gebracht, um die Ärzte zu bezahlen und für die Beerdigung aufzukommen. Immerhin hatte Celia auf diese Weise dafür gesorgt, dass Mary Brooks nicht in einem namenlosen Grab auf dem Armenfriedhof von All Saints bestattet wurde. Alle Schulden waren getilgt, alle Rechnungen beglichen, auch die Miete war bis auf den letzten Penny gezahlt. Und das von ihrem letzten Geld. Da Celia sich in den letzten Wochen ausschließlich um ihre sterbenskranke Mutter gekümmert hatte und kaum dazu gekommen war, ihrer Arbeit als Näherin und Schneidergehilfin nachzukommen, stand sie nun fast völlig ohne Mittel da.

»Vorsicht, Miss!«, schrie eine Männerstimme. »Aus dem Weg!«

Celia fuhr auf und wich hastig einen Schritt zurück. Im gleichen Augenblick donnerte ein zweispänniger Lastwagen um Haaresbreite an ihr vorbei. »Verdammt noch mal! Hast du keine Augen im Kopf?« Der Fluch des Fuhrmanns verhallte im Wind, der kühl und heftig aus nördlicher Richtung blies.

Celia sah sich mit wild klopfendem Herzen um und erkannte, dass sie die High Street von Southwark erreicht hatte. Dies war die Straße, in der ihre Mutter vor vielen Jahren gelebt hatte. In einem der zahlreichen Gasthöfe, die die breite Hauptstraße säumten, hatte sie eine Zeit lang als Dienstmagd gearbeitet, bevor das Schicksal sie nach Essex verschlug, wo sie den Seemann Ned Brooks geheiratet hatte. Celia suchte nach einem Schild oder Zeichen, das auf das George Inn hinwies, doch in der Straße wimmelte es von Läden, Gasthäusern und einfachen Gin-Schänken, sodass ihr bald der Kopf brummte. Und was hätte sie auch davon gehabt, das Gasthaus zu entdecken? Ihre Mutter hatte wenig Gutes über die Schänke und ihren Besitzer zu berichten gewusst. Und es war sicherlich kein Zufall gewesen, dass sie sich ausgerechnet in einem verschlafenen Nest wie Brightlingsea niedergelassen hatte. »London laugt einen aus«, hatte die Mutter immer wieder gesagt, und doch hatte Wehmut in ihren Worten mitgeklungen. Als trauerte sie einer vertanen Chance nach.

Celia passierte eine sehr alte Kirche zur Linken und einen unansehnlichen Bahnhof zur Rechten und ging mit immer schneller werdenden Schritten zur nahen London Bridge, auf der sich der Verkehr staute, weil ein Lastkarren umgestürzt war und die Kisten und Körbe auf der Fahrbahn lagen. Als Celia den Scheitelpunkt der Brücke erreicht hatte, bot sich ihr ein beeindruckendes Panorama: Die Sonne ging gerade unter und tauchte London in ein warmes orangefarbenes Licht. Auf der Themse, die gen Westen von mehreren Brücken überbaut war, drängelten sich schwere Dampfkähne, kleinere Segelschiffe und Ruderboote sowie elegante Passagierdampfer, deren seitliche Antriebsräder bunt verkleidet waren. Am Nordufer thronte die Kathedrale von St. Paul. Mit ihrem auffälligen Kuppeldach schien sie über die unzähligen kleineren Kirchen zu wachen, deren Türme im Wettstreit mit den zahlreichen Fabrikschloten in den Himmel ragten. Im Vordergrund sah Celia einen weiteren Bahnhof, dessen riesiges Gewölbe aus Stahl und Glas von zwei steinernen Türmen flankiert war.

Auch auf der Ostseite war der Anblick atemberaubend. Unweit des Towers, den Celia zum ersten Mal sah, dessen Aussehen ihr jedoch von Bildern und Postkarten vertraut war, wurde eine weitere Brücke gebaut, die sich jedoch merklich von den übrigen unterschied. Es handelte sich, soweit sich das trotz der Baugerüste und hölzernen Verkleidungen sagen ließ, um eine mehrstöckige Zugbrücke, deren untere Fahrbahn in der Mitte hochgeklappt werden konnte, um den größeren Schiffen die Durchfahrt zu den westlich gelegenen Hafenanlagen zu ermöglichen.

Beim vertrauten Anblick der Frachter und Handelsschiffe, die an den Kais vertäut waren und deren Schlote, Masten und Takelagen in Celia ein unerwartetes Heimatgefühl weckten, dachte sie plötzlich an ihren Vater, dem sie womöglich noch an diesem Abend gegenüberstehen würde. In Gedanken versunken schlenderte sie weiter.

Celia war acht Jahre alt gewesen, als Ned Brooks seine Familie verlassen und jeden Kontakt zu seiner Frau und den drei Kindern abgebrochen hatte. Er war nach Southampton gegangen, wie Celia inzwischen wusste, und hatte von dort die Welt umsegelt, während sich seine Familie in Essex mehr schlecht als recht über Wasser gehalten hatte. Celia besaß nur eine vage Erinnerung an ihren Vater, zu dessen Verschwinden ihre Mutter hartnäckig jeden Kommentar verweigert hatte. Wenn die Kinder nach ihm gefragt hatten, hatte sie lediglich geantwortet: »Mr. Brooks ist nicht mehr euer Vater. Findet euch damit ab! Es gibt ihn nicht mehr. Und damit Ende!«

Irgendwann hatten die Kinder aufgehört, nach dem Vater zu fragen. Sie waren wahrlich nicht die einzigen vaterlosen

Sprösslinge in Brightlingsea. Nur drei Jahre nach Neds Verschwinden war beinahe die Hälfte der Fischereiflotte des Ortes in einem gewaltigen Sturm vor der Nordseeinsel Terschelling zugrunde gegangen. Über zwanzig Seeleute hatten in nur einer Nacht ihr Leben gelassen. Ob ihr Vater nun wie die anderen Männer beim Austernfang ertrunken oder aus unerfindlichen Gründen das Weite gesucht hatte, das machte für die Kinder letzten Endes keinen Unterschied. Es gab den Vater nicht mehr und damit Ende!

Mit der Zeit war das Bild, das Celia von Ned Brooks gehabt oder sich zurechtgelegt hatte, verblasst. Sie erinnerte sich an seine stattliche Figur, an den üppigen Rauschebart, die hohe Stirn und die dunklen Haare, die ihm in Locken bis auf die Schultern fielen, doch wenn der Vater ihr in diesem Augenblick entgegengekommen wäre, hätte Celia ihn vermutlich nicht erkannt. Es gab kein Porträt von ihm; das vergilbte Familienfoto, das Celia im Koffer mit sich herumtrug, war erst einige Jahre nach Neds Verschwinden aufgenommen worden. Manchmal kam es Celia so vor, als hätte sie niemals einen Vater besessen. Er hatte keine sonstigen Verwandten in Brightlingsea zurückgelassen, und enge Freunde schien er auch nicht gehabt zu haben. Nie redete jemand über ihn oder nannte ihn auch nur beim Namen. Gerade so, als brächte es Unglück, ihn zu erwähnen. Und wenn die Mutter aus irgendwelchen Gründen gezwungen war, den Kindern gegenüber von ihm zu sprechen, so nannte sie ihn nicht »Ned« oder »euer Vater«, sondern immer »Mr. Brooks«. Wie einen völlig Fremden.

Deshalb war Celia so überrascht, als die Mutter ihr auf dem Sterbebett plötzlich ins Ohr flüsterte: »Hüte dich vor deinem Vater, mein Kind!«

»Wie soll ich mich vor ihm hüten«, antwortete Celia erschrocken, »wenn ich gar nicht weiß, wo er steckt? Und ob er überhaupt noch lebt.«

»Wo soll er schon stecken?«, rief die Mutter im Fieber und starrte Celia mit glühenden Augen an. »Vermutlich hockt er in irgendeiner Kaschemme in Southampton, mit einer Hure auf dem Schoß und einer Flasche Brandy in der Hand!«

Mary Brooks hatte die letzten Tage vor ihrem Tod fast durchgängig im Delirium gelegen. Durch das hohe Fieber war sie die meiste Zeit kaum bei Bewusstsein, und wenn sie zwischendurch plötzlich die Augen geöffnet und zusammenhangsloses Zeug gebrabbelt hatte, hatte niemand mit Bestimmtheit sagen können, ob sie tatsächlich bei Verstand war oder irre redete.

»Southampton?«, fragte Celia, ohne den Worten der Mutter allzu viel Bedeutung beizumessen. »Woher willst du das wissen?«

»County Tavern«, antwortete die Mutter und lachte ein beängstigendes Lachen. »Dein Vater ist ein Verbrecher! Ein verdammter Teufel! Hüte dich vor ihm, Celia!« Damit schloss sie die Augen, stieß einen letzten Seufzer aus und verstummte.

Celia war so entsetzt von diesen Worten, dass sie erst nach einem Moment begriff, dass ihre Mutter gerade gestorben war. Seit Tagen wartete sie darauf, dass die Qualen der Mutter ein Ende fanden und sie von ihrem Leiden erlöst wurde, doch als es nun so weit war, vergaß Celia, der Mutter die beiden Pennys, die sie auf dem Nachttisch bereitgelegt hatte, auf die geschlossenen Augen zu legen.

Hüte dich vor ihm, Celia! Was für ein seltsames und zugleich bedrückendes Vermächtnis. Und eine Anklage obendrein.

Vermutlich hätte Celia wenig auf die im Fieberwahn gesprochenen Worte der sterbenden Mutter gegeben, wenn sie nicht wenige Tage später – die Mutter war gerade beerdigt und ihre Kleidung und Bettwäsche verbrannt – beim Aufräumen der Wohnung auf die unscheinbare Emailledose in einem Schubfach des Küchenschranks gestoßen wäre. Neben dem bestickten Taschentuch, von dem Celia zwar gehört, das sie aber noch nie zu Gesicht bekommen hatte, hatte sie in der Blechdose auch die handtellergroße Fotografie gefunden, auf der Celia, ihre Mutter und ihre beiden Brüder Peter und John vor einer auf Leinwand gemalten Heidelandschaft posierten.

Außerdem befanden sich mehrere Zeitungsausschnitte, einige lose Zettel, ein kleines London-Handbuch und wertloser Nippes wie schimmernde Fischköder aus Perlmutt oder bunte Glasperlen darin. Celia überflog hastig die Papiere und hielt plötzlich den Atem an, als sie auf zwei geschriebene Worte stieß, die sie unlängst aus dem Mund der Mutter gehört hatte: »County Tavern«.

Sie hielt einen Brief in der Hand, der von ihrem ehemaligen Nachbarn Mr. Hutchinson stammte und vor etwas mehr als vier Jahren, im März 1884, geschrieben worden war. In krakeliger Handschrift hatte der alte Walfänger, der im vergangenen Jahr vor Grönland aus der Takelage in den Tod gestürzt war, folgende Worte zu Papier gebracht:

Libe Mary,
dachte es würd dich intressiern, das dein Ned noch lebt. Hab ihn gestern in Southampton gesehn in der County Tavern in Northam. Da wont er auch, bei den Egertons, wenn er nich grade auf See ist.
Er wollte nich, das ichs dir verrate, weil er von Brigtlingsea nix mehr wissen will, sagt er. Aber ich dachte, wo wir doch immer gute Nachbarn warn und all das, sag ichs trotsdem. Ned ist immer noch der alte, säuft vil und redet wenig. Aber wem sag ich das.
Also machs gut und grüs Betty von mir.
Bis zum Sommer, wenn ich wider in Brigtlingsea bin. Dann mehr.
Bart Hutchinson

Southampton also, dachte Celia, nachdem sich der erste Schrecken gelegt hatte. Sie schob den Brief zurück in die Dose. Vier Jahre waren eine lange Zeit, ging es ihr durch den Kopf, und wer konnte schon wissen, ob der Vater immer noch in der County Tavern logierte. Vielleicht hatte er sich inzwischen zu Tode gesoffen oder er war auf hoher See umgekommen.

Das tat auch gar nichts zur Sache, schalt sie sich im selben Augenblick, denn es änderte nichts daran, dass er sie feige im Stich gelassen hatte und nichts mehr mit ihnen zu tun haben wollte. Und niemals wäre Celia auf die abenteuerliche Idee gekommen, nach Southampton zu fahren, wenn nicht plötzlich Dr. Arthur, Mutters behandelnder Arzt, mit einem Mitglied des Gemeinderats vor der Tür gestanden hätte. Er sagte etwas von behördlichen Maßnahmen und zwangsweiser Quarantäne und überbrachte ein amtliches Schreiben aus Colchester, das ihr für mehrere Wochen und unter Androhung von Strafe bei Nichtbefolgung den Umgang mit allen Menschen und das Verlassen der Wohnung untersagte.

Celia verstand nicht, was die Männer von ihr wollten. Schließlich hatte sie seit Mutters Tod schon oft das Haus verlassen und sich um die Beerdigung und die Begleichung der Schulden gekümmert. Ihre Mutter war seit Wochen krank gewesen, und in der ganzen Zeit hatte niemand von Quarantäne gesprochen.

»Das Schreiben kommt aus Colchester«, sagte Dr. Arthur und deutete auf den amtlichen Stempel, als wäre das ein schlagkräftiges und nicht zu debattierendes Argument. Mit Typhus sei nun mal nicht zu spaßen, meinte der Arzt in mahnendem Ton und versprach, regelmäßig nach dem Rechten zu sehen. Da Celia sich bislang nicht angesteckt habe, sei nicht davon auszugehen, dass sie noch erkranken werde. Und der Mann vom Gemeinderat, der zuvor immer nur genickt und geschwiegen hatte, fügte väterlich hinzu, dass Celia in der betreffenden Zeit natürlich mit allem Nötigen versorgt würde. Dafür komme die Gemeinde von All Saints selbstredend aus Spendenmitteln auf. Sie überreichten ihr das Schreiben und verabschiedeten sich.

Celia nickte verschüchtert, schloss hinter ihnen die Tür und hörte, wie draußen etwas an die Wohnungstür genagelt wurde. Vermutlich eine amtliche Verlautbarung oder etwas in der Art. Für einen kurzen Augenblick befürchtete sie, man werde die ganze Tür vernageln, als wäre die Pest im Haus. Doch dann hörte sie die Schritte der Männer auf der Treppe und das Schlagen der Haustür, und im selben Moment traf sie eine Entscheidung. Sie wollte sich nicht so ohne Weiteres wegsperren lassen, denn sie hatte nichts verbrochen. Und auf die Almosen der Gemeinde konnte sie erst recht verzichten. Plötzlich erschien ihr der Gedanke, nach Southampton zu fahren und ihren Vater zu suchen, gar nicht mehr so abwegig. Jedenfalls nicht abwegiger, als in Brightlingsea zu bleiben, wo sie weder Familie noch Arbeit hatte und man sie nun auch noch wie eine Gefangene behandelte.

Celia wusste, dass in den frühen Morgenstunden des kommenden Tages eine Segeljacht, die in den Docks überholt worden war, nach Southampton überführt werden sollte. Ein Freund der Familie hatte als Schiffszimmermann bei der Reparatur geholfen und Celia davon erzählt, dass er die Gelegenheit nutzen wolle, an der Südküste entlang nach Southampton zu gelangen, um dort auf einem großen Segler anzuheuern und nach Amerika auszuwandern. Es kam ihr vor wie ein Wink des Schicksals. Nichts sprach dagegen, dass Celia ihn auf dem ersten Teil seiner Reise begleitete. Es musste ja niemand erfahren, was die wahren Gründe dafür waren. Sie würde lediglich behaupten, sie müsse dringend in einer Familiensache nach Southampton. Da ihre Mutter gerade gestorben war, würde niemand an Bord peinliche Fragen stellen oder ihr die Mitfahrt verweigern.

Kurz vor Sonnenaufgang stand sie mit ihrem Lederkoffer an den Docks. Und ehe jemand im Ort von ihrem Vorhaben erfuhr, war sie schon auf dem Weg zur Südküste Englands. Heimlich und ohne sich zu verabschieden. Genau wie ihr Vater vor acht Jahren.

Jemand rief: »Whitechapel Road und Mile End!«

Celia wachte wie aus einem Traum auf und schaute sich verwirrt um. Sie war so in ihren Erinnerungen versunken gewesen, dass sie kaum auf ihre Schritte oder die Umgebung geachtet hatte. Sie hatte lediglich die Anweisungen des Droschkenkutschers befolgt, war an der Themse entlang zum Tower und von dort weiter in nordöstlicher Richtung gelaufen. Inzwischen war die Sonne untergegangen, und die schmalen und eng bebauten Straßen wurden von den spärlichen Gaslaternen nur notdürftig beleuchtet. Auch der beinahe volle Mond stand so tief über den Dächern, dass sein Licht nicht bis auf den Boden fiel. Celia stand an einer viel befahrenen Straßenkreuzung und las auf einem Metallschild an einer Hauswand: »Fenchurch Street«. Wieder rief jemand: »Whitechapel Road und Mile End!« Und eine Glocke wurde geschlagen.

Celia schaute in Richtung der Glocke und sah etwas, das sie noch nie zuvor gesehen hatte: einen Wagen, der auf in das Straßenpflaster eingelassenen Schienen fuhr und von Pferden gezogen wurde. Eine Pferde-Eisenbahn. Auf einen derart seltsamen Einfall konnte man nur in einer Stadt wie London kommen, dachte Celia. Und vielleicht war es gerade die Absonderlichkeit des Gefährts, die Celia auf die Kreuzung laufen und dem uniformierten Mann auf dem Führerstand zuwinken ließ.

»123 Whitechapel Road?«, fragte sie.

»Macht 'nen Penny die Meile.«

Celia öffnete ihre Geldbörse und zögerte beim Anblick der wenigen Münzen, die noch darin waren. Sie schüttelte kaum merklich den Kopf.

»Ha'penny tut's auch«, sagte der Bahnkutscher und zwinkerte ihr zu. »Weil's schon so spät ist, Miss.«

Celia lächelte dankbar, gab dem Mann die Bronzemünze und stieg in den Waggon der Straßenbahn.

2

Das Haus mit der Nummer 123 war ein unscheinbares zweistöckiges Backsteingebäude mit rotem Spitzdach und einem weit vorstehenden Erker im ersten Stock. Wie bei den meisten Häusern in der Umgebung fiel der Putz von den Wänden, die hölzernen Stützbalken und Fensterläden waren verwittert. Je weiter die Pferdebahn nach Osten gefahren war, desto ärmlicher waren die Behausungen geworden. Mit bangem Blick hatte Celia vom Wagen aus verfolgt, was sich ihr im Halbdunkel der relativ breiten Hauptstraße und im Gewirr der kleineren Nebengassen und Höfe präsentierte. Sie sah betrunkene Männer, die durch die Gossen wankten oder an Mauern gelehnt ihren Rausch ausschliefen, aber auch schamlos gekleidete Frauen, die sich in aller Offenheit vor den zahlreichen Pubs den Freiern anboten, und zerlumpte Kinder, die neben der Straßenbahn herliefen, um die Passagiere anzubetteln oder zu beschimpfen, wenn sie kein Geld herausrücken wollten. Ganze Familien sammelten sich unter den Gaslaternen, um dort auf einer Sitzbank die Nacht zu verbringen. Obwohl die Sonne vor mehr als einer Stunde untergegangen war, tummelten sich die Menschen auf den Straßen, als hätten die meisten von ihnen kein Zuhause. Als Celia im Vorbeifahren auf der linken Straßenseite das Gebäude mit der Hausnummer 123 erkannte, stieß sie einen leisen Schrei aus, fasste sich an die Brust und hatte beinahe Angst, an der nächsten Haltestelle die Straßenbahn zu verlassen.

Es waren nicht das vernachlässigte Aussehen der Fassade oder die Erbärmlichkeit der Nachbarschaft gewesen, die Celia einen solchen Schrecken eingejagt hatten, sondern das vollständige Fehlen eines Schildes oder Schaufensters. Wieder starrte sie auf die Ansichtskarte in ihrer Hand und verglich sie mit dem darauf abgelichteten Original. Wo auf dem Papier ein Holzschild mit der Aufschrift »The Silver King« über dem Eingang prangte, da befand sich nun ein dunkles Loch im Mauerwerk. Und wo auf dem Bild ein Schaufenster mit Plakaten und Bildern auf vermeintlich sehenswerte Kuriositäten und absonderliche Gestalten aufmerksam machte, da sah Celia nur eine mit Brettern verschlagene und glaslose Nische. Das Kuriositätenkabinett des sogenannten »Silberkönigs« war verschwunden, die gesamte Ladenwohnung verwaist und vernagelt.

Celia drehte die Postkarte um, und obwohl es zu dunkel war, um irgendetwas zu entziffern, las sie in Gedanken die Worte, die sie längst auswendig kannte:

An Mr. Sydney Egerton, County Tavern,
118 Millbank Street, Northam, Southampton.
Lieber Mr. Egerton.
Bin in London angekommen. In dringenden (!) Fällen – Nachricht an Tom Norman, The Silver King, 123 Whitechapel Road, London E.
Beste Grüße
Ned Brooks

Beim Blick auf die leer stehende Ladenwohnung dachte Celia an das, was Mr. Egerton, der Wirt der County Tavern, ihr prophezeit hatte. Noch am Morgen hatte er sie gewarnt: »Du wirst deinen Vater nicht finden. Nicht in London und auch sonst nirgendwo. Weil er nämlich nicht gefunden werden will. Lass es bleiben, Kind, und fahr nach Hause!«

»Ich hab kein Zuhause mehr.«

»Dann such dir ein neues«, hatte Mr. Egerton achselzuckend geantwortet. »Aber nicht bei Ned Brooks. Das würdest du nur bereuen. Vergiss deinen Vater, das ist mein Rat. Er ist es nicht wert.«

Als Celia am Abend zuvor nach der mehr als zweitägigen Überfahrt von Brightlingsea in Southampton angekommen war, hatte der befreundete Schiffszimmermann sie in einem bescheidenen, aber respektablen Gasthof in der Nähe des Jachthafens unterbringen wollen, doch Celia hatte sich lediglich bei den Seeleuten für die Unterstützung bedankt und sich gleich zum Stadtteil Northam aufgemacht, um nach der County Tavern Ausschau zu halten. Das freundliche Angebot des Zimmermanns, sie zur Millbank Street zu begleiten, hatte sie dankend und mit dem Hinweis auf die »Familienangelegenheit« ausgeschlagen.

Celia hatte nicht lange suchen müssen. Die County Tavern war eine düstere und heruntergekommene Seefahrerschänke nur einen Steinwurf von den Northam Docks entfernt. Das Innere der Schänke war ebenso trostlos wie die äußere Erscheinung. Bärtige Männer saßen schweigend an grob gezimmerten Tischen und starrten missmutig auf ihr Bier, das in riesigen Humpen vor ihnen stand. Niemand schaute auf, als sie die Schänke betrat, und obwohl sie das einzige weibliche Wesen in dem verräucherten und spärlich beleuchteten Raum war, schien auch der Wirt kaum Notiz von ihr zu nehmen. Celia kam sich beinahe vor, als hätte sie ein Wachsfigurenkabinett betreten. Auf ihre Frage, ob er einen Seemann namens Ned Brooks kenne, zuckte der Wirt lediglich achtlos mit den Schultern.

»Er hat hier gewohnt, vor vier Jahren«, sagte sie, reichte ihm den Brief ihres ehemaligen Nachbarn Mr. Hutchinson und fragte: »Sind Sie Mr. Egerton?«

»Der bin ich«, antwortete der Wirt, ein hagerer Mann mit abstehenden Ohren und dichtem Backenbart. Er las den Brief, schaute überrascht zu Celia, dann verfinsterte sich sein Blick, und er gab ihr das Papier zurück. »Wer bist du?«, wollte er wissen. »Und was willst du von ihm?«

»Mein Name ist Celia Brooks. Ich bin seine Tochter.«

»Ned Brooks hatte keine Tochter. Er hatte nicht mal 'ne Frau.«

»*Hatte?*«, rief Celia erschrocken. »Soll das heißen, dass er ...«

»Dass er nicht mehr hier ist«, antwortete Mr. Egerton mürrisch und wischte sich die Hände an einem fleckigen Tuch ab.

»Schon lange nicht mehr. Hab ihn seit Jahren nicht gesehen. Und vermissen tu ich ihn auch nicht.«

»Können Sie mir sagen, wo ich ihn finde?«

»Was willst du von ihm?«, wiederholte der Wirt seine Frage.

»Ich bin seine Tochter«, wiederholte auch Celia ihre Worte.

»Sieht Ned das auch so?«

Celia schaute Mr. Egerton verwirrt an. Dann begriff sie, was der Wirt mit seinen Worten gemeint hatte, und schüttelte den Kopf. »Er hat uns vor acht Jahren verlassen.«

»Acht Jahre sind eine lange Zeit«, sagte Mr. Egerton nickend. »Und seitdem hast du nichts von ihm gehört, stimmt's? Du weißt gar nichts von Ned Brooks.«

»Nur das, was in dem Brief steht. Mutter hat nie von ihm gesprochen.«

»Kann ich ihr nicht verdenken.« Der Wirt schnaufte laut und rieb sich das unrasierte Kinn. »So ist das also«, murmelte er leise und räusperte sich.

»So ist was?«

»Nichts.« Wieder ein Räuspern, dann sagte der Wirt: »Ned Brooks war schon lange nicht mehr in Southampton. Jedenfalls soweit ich weiß.«

»Und wissen Sie vielleicht, wohin er gegangen ist?«

»Vergiss deinen Vater!« Er deutete auf den Brief in Celias Hand. »Du hast doch gelesen, was dieser Mr. Sowieso geschrieben hat. Ned wollte offensichtlich mit euch nichts mehr zu tun haben. Und wenn du mich fragst, kannst du froh drüber sein. Ned Brooks hat nichts getaugt. Da kannst du fragen, wen du willst. Das sehen alle in Southampton so.«

»Ned Brooks?«, mischte sich ein alter Seebär ein, der an den Tresen gekommen war, um seinen Bierhumpen nachfüllen zu lassen. »Ein verdammter Judas Ischariot, wenn du mich fragst! Ein feiger Verräter.«

»Halt's Maul, Jim!«, schnauzte der Wirt und hielt den Humpen unter den Zapfhahn, ohne den Hebel zu betätigen. »Sonst kriegst du nichts mehr.«

»Meine Meinung, Syd«, brummte der Alte beleidigt und fuhr sich über das wettergegerbte Gesicht. »Nur meine Meinung.«

»Die will hier keiner hören«, antwortete Mr. Egerton, füllte den Bierkrug und hielt ihn dem Seemann vor die Nase. »Und jetzt hock dich in die Ecke.«

»Ay, Sir!«, knurrte der Alte, griff nach dem Bier und tat, wie ihm befohlen.

Celia hatte das Wortgefecht der beiden Männer verstört verfolgt. Weder begriff sie, warum der Seemann ihren Vater einen Judas und Verräter genannt hatte, noch verstand sie, was der Wirt mit seinen Worten gemeint hatte: »Das sehen alle in Southampton so.« Gerade so, als würde die ganze Stadt ihren Vater kennen. Was Celia jedoch begriff, war die Tatsache, dass sie die lange Reise von Brightlingsea bis an die Südküste umsonst unternommen hatte. Ihr Vater war nicht mehr in Southampton, vielleicht war er auf hoher See, womöglich wohnte er mittlerweile in irgendeinem anderen Teil des Landes oder war längst gestorben. Celia wusste nur, dass der Brief von Mr. Hutchinson sie in eine Sackgasse geführt hatte. Und dass sie unverrichteter Dinge wieder gehen müsste.

»Wo willst du jetzt hin?«, fragte der Wirt, als hätte er Celias Gedanken gelesen. »Es ist schon spät. So ein hübsches Mädchen sollte um diese Zeit nicht mehr allein unterwegs sein.«

Celia zuckte mit den Schultern.

»Kannst du kochen?«

Sie verstand nicht.

»Die Missis ist bei ihrer Familie und kommt erst morgen Mittag aus Lyndhurst zurück«, sagte Mr. Egerton und zupfte sich am Backenbart. »Und das Dienstmädchen hat letzte Woche ihre Stellung aufgegeben.«

»Aha«, sagte Celia. Sie verstand noch immer nicht.

»Wenn du mir morgen beim Frühstück hilfst und dich an den Herd stellst, kannst du heute Nacht in der Kammer unterm Dach schlafen.« Der Wirt lächelte schief und fügte augenzwinkernd hinzu: »Kostet dich nichts.«

»Danke, Sir«, antwortete Celia, überlegte kurz und nickte dann zögerlich.

»Man ist ja kein Unmensch«, meinte Mr. Egerton, legte seine Hand auf ihre Schulter, nahm ihr mit der anderen den Koffer ab und führte sie nach oben.

Es wurde eine unruhige und schlaflose Nacht, und das lag nicht allein daran, dass ein heftiger Sturm aufzog und der Regen beinahe ununterbrochen auf das Dach und gegen das winzige Giebelfenster prasselte. Im ganzen Haus pfiff und jaulte es, als feierten die Gespenster einen Ball. Gleichzeitig surrten Celia die Gedanken wie ein Mückenschwarm durch den Kopf, tänzelnd und scheinbar ohne jede Ordnung. Dabei aber beißend und schmerzhaft. Immer wieder schalt sie sich für ihr überhastetes und unbedachtes Handeln und wünschte sich nach Brightlingsea zurück, wo sie in aller Ruhe und versorgt von der Gemeinde die Quarantäne hätte absitzen können. Was um alles in der Welt hatte sie sich dabei gedacht, wie ein kopfloses Huhn durch die Gegend zu flattern? Warum hatte sie das Ganze nicht einfach auf sich beruhen lassen? Was war nur in sie gefahren? Wieso war sie nur immer so ungeduldig und brach die Dinge übers Knie, auch wenn dazu gar keine Notwendigkeit bestand? »Celias Vorwitz«, so hatte ihre Mutter das immer genannt. »Mit dem Mund und den Füßen schneller, als der Kopf hinterherkommt.«

Es war bereits nach Mitternacht, als das Stimmengewirr aus dem Schankraum abebbte und die Schänke geschlossen wurde. Kurz darauf hörte Celia die schlurfenden Schritte des Wirts auf der Treppe, dann das Knarren einer Bohle direkt vor ihrer Tür, kurz darauf wurde der eiserne Türknauf mit einem quietschenden Geräusch gedreht. Celia war froh, dass sie den Stuhl unter den Griff geschoben und schräg gegen das Holz verkantet hatte, sodass die Tür von außen nicht zu öffnen war. Das seltsame Lächeln im Gesicht des Wirts, als er »Kostet dich nichts« gesagt hatte, hatte ihr nicht gefallen. Nun wusste sie, dass sie sein schiefes Grinsen richtig gedeutet hatte.

Erneut drehte sich der Türknauf, es quietschte, dann ruckelte es an der Tür, zunächst sachte, schließlich immer heftiger. Doch der angelehnte Stuhl blieb in Position. Nach einiger Zeit gab der Wirt, der die ganze Zeit keinen Ton von sich gegeben hatte, auf und schlurfte ärgerlich knurrend zu seiner Kammer im unteren Stockwerk. Celia atmete tief durch, als sie die leiser werdenden Schritte auf der Treppe hörte, doch an einen festen oder gar erholsamen Schlaf war anschließend natürlich kaum noch zu denken.

Am nächsten Morgen wurde Celia durch ein Rütteln und Klopfen an der Tür geweckt. Kurz vor Sonnenaufgang waren ihr die Augen vor Erschöpfung zugefallen, und als sie jetzt das abermalige Pochen an der Tür hörte, fuhr sie in die Höhe und stieß sich dabei den Kopf an der Dachschräge. Die Sonne schien bereits durchs Dachfenster.

»Brauchst dich nicht länger zu verbarrikadieren«, meldete sich eine Frauenstimme von draußen. »Kannst rauskommen, Kleines. Dir passiert nichts.«

»Was soll ihr auch passieren?«, hörte Celia die Stimme von Mr. Egerton.

»Du bist still, Syd!«, befahl die Frau. Celia vermutete, dass »die Missis« etwas früher als geplant aus Lyndhurst zurückgekommen und womöglich nicht sehr erbaut von dem weiblichen Besuch in der Dachkammer war.

»Keine Bange, kleine Miss Brooks, ich beiße nicht«, sagte Mrs. Egerton. »Und meinen Mann halte ich an der Kandare.«

»Danke, Ma'am«, antwortete Celia und stieg aus dem Bett, um sich anzukleiden.

»Wir sind unten«, sagte Mrs. Egerton und lachte, ohne dass es besonders erfreut geklungen hätte. »Komm frühstücken. Ich hab was für dich.«

Als Celia nur wenige Minuten später im Schankraum erschien, lächelte der Wirt sie freundlich an, als wäre gar nichts vorgefallen. »Hast du gut geschlafen?«, fragte er und wies auf einen Tisch neben dem Eingang, auf dem ein Teller mit Bohnen, Speck und Rührei für sie bereitstand. »Hast Angst gehabt, was? Kein Wunder, bei dem Sturm letzte Nacht. Das ganze Haus hat gewackelt, dass man dachte, es würde einem an der Tür gerüttelt. Da kann man's schon mal mit der Angst zu tun bekommen und sich verkriechen.«

»Red nicht!«, wurde Mr. Egerton durch seine Frau unterbrochen, die mit einem gefüllten Tablett aus der Küche kam. »Und lass das Mädchen in Ruhe!«

»Man wird ja wohl noch fragen dürfen, wie die Nacht war«, maulte der Wirt, zog sich aber schleunigst hinter den Schanktisch zurück, als Mrs. Egerton ihn mit einem bösen Blick bedachte. Sie versorgte die Gäste, die zu dieser frühen Stunde bereits zahlreich anwesend waren, mit Ei, Brot und Porridge und setzte sich anschließend zu Celia an den Tisch.

»Iss das, und dann verschwinde!«, sagte sie leise und deutete auf den Teller. Sie war eine große, grobe und stämmige Frau mit bleicher Hautfarbe, die von riesigen Sommersprossen übersät war. Obwohl sie sich durchaus hilfsbereit gab, war ihr Blick finster und ausgesprochen unfreundlich.

»Ich habe nichts Unrechtes getan«, verteidigte sich Celia.

»Darum geht es nicht«, sagte die Wirtsfrau. »Verschwinde einfach!«

»Sie könnte doch als Dienstmädchen bei uns arbeiten«, schlug Mr. Egerton vor, während er Dünnbier einschenkte und auf den Tresen stellte.

»Willst du das?«, wandte sich die Missis mit hochgezogenen Augenbrauen an Celia. »Wärst du gern unser Dienstmädchen?«

Celia schüttelte den Kopf.

»Gut«, sagte die Frau und erhob sich. »Und jetzt iss!«

»Ma'am?«

»Ja?«

»Warum nennt man meinen Vater einen Judas?«

»Warum?« Mrs. Egerton dachte eine Weile nach, dann hob sie die Achseln und meinte: »Das ist eine Frage, die nur dein unseliger Vater beantworten kann.«

»Aber wo steckt er?«

Die Wirtin tauschte einen Blick mit ihrem Mann, der hinter dem Schanktisch stand und heftig den Kopf schüttelte. Schließlich griff sie in die Tasche ihrer Schürze und zog eine Postkarte hervor, die sie vor Celia auf den Tisch legte. »Ich hab ja gesagt, dass ich noch was für dich habe«, flüsterte die Wirtin.

»Was soll das, Weib?«, rief Mr. Egerton erbost. »Du weißt, dass sie ihn dort nicht finden wird. Der verdammte Kerl kann sonst wo stecken.«

»Und wenn schon«, antwortete seine Frau. »Antworten gibt's nicht umsonst. Wenn das Mädchen ihn finden will, dann soll sie ihn gefälligst suchen. Geht uns nichts an. Und dich schon gar nicht, Sydney!«

Celia betrachtete die Ansichtskarte, und als sie die Londoner Adresse auf der Rückseite las, ahnte sie, dass Mrs. Egerton ihr die Postkarte nicht aus Hilfsbereitschaft gegeben hatte, sondern um sie aus dem Weg zu haben. Was Celia letztendlich egal sein konnte. Sie nickte und sagte artig: »Danke, Ma'am.«

»Brauchst gar nicht so zu tun!« Mrs. Egerton funkelte sie an und schnaufte verächtlich, dann beugte sie sich vor und flüsterte Celia ins Ohr: »Du bist eine von denen, die verheirateten Männern den Kopf verdrehen. Die alles durcheinanderbringen, mit ihren großen Augen und dem niedlichen Gesicht. So eine bist du.«

»Ma'am?«, fragte Celia verständnislos.

»Du hast gehört, was ich gesagt habe!« Damit wandte sie sich ab und verschwand in der Küche.

Während Celia völlig verwirrt und mit rotem Kopf auf die Karte in ihrer Hand starrte, hörte sie Mr. Egerton sagen: »Du wirst es bereuen und womöglich teuer bezahlen.«

»Antworten gibt's nicht umsonst«, murmelte sie in Gedanken versunken.

»Tu, was du nicht lassen kannst!«, antwortete Mr. Egerton achselzuckend.

Statt auf die mahnenden Worte des Wirtes zu hören oder wenigstens in aller Ruhe nachzudenken, was nun zu tun sei, war Celia direkt nach dem Frühstück zum Bahnhof geeilt und hatte einen Fahrschein dritter Klasse nach London gekauft. Wie sie inzwischen wusste, hatte sie das Ticket lediglich von einer Sackgasse in die nächste geführt. Mit dem nicht unwesentlichen Unterschied, dass sie nun noch weniger Geld in der Börse hatte.

The Silver King existierte nicht mehr. Das Kuriositätenkabinett des Mr. Norman war weitergezogen oder hatte sich in Luft aufgelöst. Und beim Anblick der verrammelten Ladenwohnung gingen Celia all die Fragen durch den Kopf, die sie in Southampton hätte stellen müssen: Wen hatte ihr Vater verraten? Wieso hielt ihn ganz Southampton für einen Judas? Hatte die Mutter ihn aus dem gleichen Grund einen Verbrecher und Teufel genannt? Und was hatte der Seemann Ned Brooks mit einem billigen Tingeltangel zu schaffen, in dem man bärtige Frauen, knochenlose Schlangenmenschen und ähnliche Monstrositäten zur Schau stellte? Im Stadtteil Northam, wo ihr Vater gewohnt hatte und wo man ihn immer noch kannte – und offenkundig verabscheute –, hätte sie womöglich Antworten auf diese Fragen gefunden. Nicht unbedingt in der County Tavern, aber anderswo in Southampton. »Da kannst du fragen, wen du willst«, hatte Mr. Egerton gesagt.

Ja, hätte sie das nur getan! Doch wieder einmal war Celia Hals über Kopf losmarschiert, ohne ein zweites Mal und in Ruhe nachzudenken. Erneut waren ihre Beine schneller als ihr Verstand gewesen und hatten sie keinen Schritt vorwärtsgebracht. Es war zum Haareraufen!

Celia stand reglos auf dem Gehweg und wurde immer wieder von Passanten angerempelt und mit ärgerlichen Kommentaren bedacht. Hinter ihr ratterte eine Pferde-Straßenbahn vorbei, die Metallbeschläge der Räder quietschten laut in den Gleisen. Ein unbeschreiblicher Gestank umgab sie. Er unterschied sich deutlich von dem beißenden Geruch der Fabriken in Southwark. Hier roch es nach den Ausdünstungen und Ausscheidungen von Mensch und Tier. Kuhfladen, Schweinedung und Pferdeäpfel lagen auf dem Pflaster. Celia vermutete, dass auf der Whitechapel Road die Viehherden aus den östlichen Dörfern in die Stadt getrieben wurden, um dort auf den Märkten verkauft zu werden.

Auf der gegenüberliegenden Straßenseite befand sich ein monumentales Gebäude mit einer riesigen Uhr im Giebel, und über dem Eingang stand in großen Lettern: »The London Hospital«, wie Celia im Licht des Mondes erkennen konnte. Doch immer wieder ging ihr Blick zu dem verwaisten Kuriositätenkabinett, als hoffte sie, der deprimierende Anblick könnte sich auf wundersame Weise ändern.

Eine alte Frau stellte sich neben sie, schaute ebenfalls zur Fassade des leer stehenden Hauses und sprach in einer ihr unbekannten Sprache auf sie ein. Als die Alte die Hand aufhielt und ihr entgegenstreckte, schüttelte Celia bedauernd den Kopf. Die Alte brummte irgendetwas und verschwand.

Schließlich steckte Celia die Postkarte ein und betrat einen schmalen, nach Fäkalien und Unrat stinkenden Durchgang neben dem Haus mit der Nummer 123, der zu einem rückwärtigen, ringsum bebauten Yard führte. Dort befand sich neben einem schäbigen Wirtshaus und einem hölzernen Viehstall auch eine Pfandleihe, deren Schaufenster mit einem schweren Metallgitter gesichert war. Genau in dem Augenblick, als Celia den mit Gaslicht beleuchteten Hof betrat, kam ein Mann im schwarzen Mantel aus dem Laden und schloss die Eingangstür von außen ab. Der Pfandleiher hatte einen langen Rauschebart und trug einen seltsamen Hut auf dem Kopf, der an einen platt gedrückten Zylinder erinnerte.

»Verzeihung, kennen Sie zufällig den ›Silver King‹?«, wandte sich Celia an den Mann, der bei der Anrede vor Schreck herumfuhr, als fürchtete er, gemeuchelt zu werden.

»Gott im Himmel!«, entfuhr es ihm, doch bei Celias Anblick beruhigte er sich und fragte: »Welchen König?«

»Den Silberkönig«, antwortete Celia. »Ein Kuriositätenkabinett. Es war früher mal in dem Haus an der Straße.« Sie wies zur Whitechapel Road.

»Das Haus steht leer«, antwortete der Pfandleiher und zündete sich eine Pfeife an. »Seit Jahren schon. Keine Ahnung, wer da vorher drin war. Hab meinen Laden noch nicht so lange. Tut mir leid.«

»Danke«, sagte Celia und senkte den Kopf.

»Frag doch drüben im Cloak and Dagger!« Der Mann deutete auf die Schänke im hinteren Teil des Hofs und lächelte aufmunternd. »Der Wirt heißt Boyle, er führt das Haus schon seit vielen Jahren. Gut möglich, dass er was von deinem König weiß.«

Wieder sagte Celia Danke. Doch auch als der Mann sich verabschiedet und den Hof verlassen hatte, rührte sie sich nicht vom Fleck. Das Gasthaus mit dem seltsamen Namen machte auf sie einen wenig einladenden Eindruck. Wie alles in dieser Gegend war es alt, verwittert, verwahrlost und baufällig. Zwei betrunkene schnauzbärtige Gestalten hockten aneinandergelehnt auf einer Bank vor dem Eingang und schienen ihren Rausch auszuschlafen. Ein weiterer Mann stand an einem Durchlass zwischen Schänke und Viehstall und pinkelte an die Mauer.

Schließlich gab Celia sich einen Ruck, umklammerte ihren Koffer und ging in Richtung der Schänke. Als sie die Tür öffnete, schlug ihr ein unbeschreiblicher Gestank entgegen, es roch nach Schweiß und Erbrochenem, nach Tabakrauch und feuchtem Moder. Offenkundig war der Schankraum seit Wochen nicht gelüftet, geschweige denn gereinigt worden. Celia hielt sich das Taschentuch ihrer Mutter vor die Nase und ging zur Theke, an der ein etwa dreißigjähriger Mann und eine jüngere, aber verlebt aussehende Frau sich gerade lautstark stritten, während der Wirt ihnen zusah. Davon abgesehen war die Schänke leer, jedenfalls soweit Celia das erkennen konnte, denn der Raum war düster wie eine Gruft.

»Sind Sie Mr. Boyle?«, wandte sich Celia an den stämmigen

und groß gewachsenen Wirt, der sie daraufhin argwöhnisch beäugte.

»Kommt drauf an«, knurrte er.

Celia reichte ihm die Ansichtskarte über den Schanktisch und fragte: »Kennen Sie den Laden vom Silver King?«

»Das Penny Gaff?«, fragte der Wirt erstaunt. »Gibt's schon lange nicht mehr.«

»Penny Gaff?«, wunderte sich Celia.

»Zahlst 'nen Penny, und dafür bekommst du was zu gaffen.« Mr. Boyle lachte und wandte sich an die Frau, die ihren Streit mit dem Mann unterbrochen hatte und neugierig die Postkarte betrachtete. »Weißte noch, Ginger? Da haben sie damals den Elefantenmenschen gezeigt.«

»Pfui Teufel!«, rief die Frau, fuhr sich mit der Hand durch ihr lockiges rotblondes Haar und machte ein angewidertes Gesicht. »Was für eine hässliche Kreatur. Ich muss heut noch würgen, wenn ich nur dran denke.« Sie sprach mit einem seltsamen Akzent, für Celia klang es wie eine Mischung aus Irisch und Walisisch.

»Was ist aus dem Monster eigentlich geworden?«, fragte ihr Begleiter, der sauertöpfisch dreinschaute und begann, den Dreck unter seinen Fingernägeln hervorzupulen.

»Ich glaub, den haben sich die Doktoren drüben aus dem London Hospital geholt«, meinte der Wirt und lachte dröhnend. »Wahrscheinlich haben sie ihn ausgestopft und in eine Vitrine gestellt.«

Die Frau namens Ginger rief abermals: »Pfui Teufel!« Dann drohte sie dem Wirt scherzhaft mit dem Finger und fügte hinzu: »Du bist ein Schandmaul, Joe!«

»Und der Besitzer des Ladens?«, hakte Celia nach. »Wissen Sie, was aus Mr. Norman geworden ist?«

»Vermutlich ist er im Gefängnis gelandet«, sagte Mr. Boyle und schob die Unterlippe vor. »Jedenfalls hat die Polizei ihm die Bude dichtgemacht. Das ist allerdings schon Jahre her. Weiß gar nicht genau, wann das war.«

»Ende '84«, warf der Mann am Tresen ein.

»Bist du sicher, Joseph?«, fragte der Wirt überrascht.

»Klar«, antwortete er. »Das war kurz bevor Jane mich verlassen hat. Ich wollte ihr den Elefantenmenschen zeigen, aber da war der Laden schon zu. Und wenig später war Jane auch weg.«

»Vermutlich aus gutem Grund, du Schuft«, knurrte Ginger. »Wahrscheinlich hast du sie auch geprügelt. Mich bist du auch bald los!«

»Fang nicht schon wieder an!«, fauchte der Mann namens Joseph.

»Ist doch wahr!«

»Kennen Sie Ned Brooks?«, unterbrach Celia den sich neu entflammenden Streit. »Er soll damals in dem Kuriositätenkabinett gewohnt haben.«

»Gewohnt?«, lachte der Wirt. »Die armen Kreaturen, die bei Tom Norman gehaust haben, hatten keine Namen. Die hießen ›der Elefantenmensch‹ oder ›die Schlangenlady‹ oder ›der Mann ohne Hals‹!«

»Vermutlich hat er für Mr. Norman gearbeitet«, sagte Celia. Sie hoffte es zumindest. »Ich glaube nicht, dass er auf der Bühne gestanden hat. Er war nicht … kurios oder missgebildet.«

»Nein, ein Ned Brooks ist mir nicht untergekommen«, antwortete der Wirt kopfschüttelnd. »Euch vielleicht?«

Ginger und Joseph schüttelten ebenfalls die Köpfe.

»Nichts zu machen«, meinte der Wirt und füllte Ginger das Bierglas auf, ohne dass sie ihn darum gebeten hätte. Dann gab er Celia die Postkarte zurück und fragte ungeduldig: »Kann ich sonst noch was für dich tun?«

»Nein danke, Sir«, antwortete sie, steckte die Karte ein und wandte sich zum Gehen. Als sie das Cloak and Dagger verlassen wollte, stieß sie in der Tür mit zwei Männern zusammen, die im gleichen Augenblick den Schankraum betraten. Den schnauzbärtigen Gesichtern nach zu urteilen, waren es die beiden Kerle, die vor der Schänke auf der Bank gedöst hatten.

»Hoppla, Miss!«, rief der eine und griff Celia um die Taille. »Nicht so stürmisch, meine Hübsche!«

»Bist 'ne Draufgängerin, was?«, fragte der andere und fasste sie an der Schulter. »Soll mir recht sein, auf so was steh ich.« Er lachte dreckig und stieß seinen Saufkumpan mit dem Ellbogen an. »Was, Stanley, stehen wir doch drauf, oder?«

Er blies Celia seine Alkoholfahne ins Gesicht, die kaum den Gestank seiner fauligen Zähne überdeckte. »Lassen Sie mich!«, rief sie und riss sich los. Sie wich einige Schritte zurück und hielt ihren Koffer wie einen Schutzschild vor sich.

Die beiden Männer kamen näher und bauten sich direkt vor ihr auf.

»Mr. Boyle«, wandte Celia sich an den Wirt. »Bitte!«

»Kennst du die, Joe?«, fragte der Mann namens Stanley und fuhr Celia wie beiläufig mit der Handfläche über die Wange.

Der Wirt zuckte mit den Schultern und wandte sich demonstrativ ab.

»Schnüffelt hier die ganze Zeit rum«, meinte Ginger und leerte ihr Glas.

»Ich schnüffele überhaupt nicht«, sagte Celia und wich erneut zurück, bis sie direkt mit dem Rücken am Tresen stand.

»Willst du mal an mir schnüffeln?«, fragte Stanley, griente und griff sich in den Schritt. »Hab ich nichts gegen.«

»Kommst nicht von hier, was? Du sprichst so komisch«, meinte der andere und drängte sich an sie, bis nur noch der Koffer zwischen ihnen war. »Landeier kann ich gut leiden. Sollen ja angeblich am besten schmecken.«

»Lasst es gut sein, Jungs«, mischte sich Joseph ein. »Die ist doch noch 'n halbes Kind.«

»Kümmer du dich um dein eigenes Weibsbild, Joseph!«, schnauzte Stanley und stieß den Zeigefinger in Gingers Richtung. »Wir kümmern uns um unsers.«

»Ich bin nicht Ihr Weibsbild«, rief Celia, die nun das Knie des anderen Mannes an der Innenseite ihres Schenkels spürte. Die Tränen stiegen ihr in die Augen. »Bitte lassen Sie mich gehen!«

»Bist nicht unser Weibsbild, was?«, höhnte Stanley. »Wem gehörste dann?«

»Das Mädchen gehört zu mir«, erklang in diesem Augenblick eine helle Männerstimme von der Tür. »Sie ist meine Schwester.«

Überrascht wandten sich die beiden Männer um und starrten zum Eingang. Im gleichen Augenblick prusteten sie schallend los.

Weil die Männer ein wenig zur Seite getreten waren, hatte auch Celia einen freien Blick auf die Tür. Dort stand ein junger Mann in einer staubigen und fleckigen Uniform, die militärisch wirkte und dennoch nicht recht zu einem Soldaten passte. Jedenfalls hatte Celia eine ähnliche Uniform noch nirgends gesehen. Sie war schlicht und dunkelblau, mit einer dichten Reihe Metallknöpfe auf der Brust und hohem Stehkragen, auf dem ein weißes »S« eingestickt war. Auf dem Kopf trug der Mann eine ebenfalls dunkelblaue Kappe mit einem schmalen Hutband, auf dem zu lesen war: »The Salvation Army«.

»Deine Schwester?«, rief Stanley. Er schien der Wortführer der beiden Männer zu sein. »Wer's glaubt, wird selig!« Wieder lachten die Männer, und auch Ginger stimmte kichernd mit ein.

Der Uniformierte nickte Celia kaum merklich zu und hob die Augenbrauen. Dann sagte er: »Ja, sie ist meine Schwester, weil sie wie ich ein Kind Gottes ist.«

Stanley bog sich vor Lachen. »Ein Kind Gottes!«, kreischte er und schlug seinem Kumpel auf den Oberarm. »Das ist gut! Den Witz muss ich mir merken.«

Wieder machte der Heilsarmist ein Zeichen mit dem Kopf in Celias Richtung und winkte gleichzeitig mit einem Stapel Papiere, den er in der Hand hielt. »Ja, ein Kind Gottes! Und wenn ihr morgen zur Church Street kommt und unserer Schwester Eva zuhört, werdet auch ihr unsere Brüder werden. Das verspreche ich euch.«

»Ich hab schon zwei Brüder«, sagte Stanleys Kumpel. »Die reichen mir. Kann sie nicht ausstehen.«

Dennoch hielt der Uniformierte ihm einen Handzettel hin und rief übertrieben laut: »Der Herr Jesus wird dir den Weg zu uns weisen! Er ist dir ein Freund und führt dich ins Licht!« Wieder nickte er Celia dabei seltsam zu.

Endlich begriff sie. Sie presste den Koffer an ihre Brust, sprang zwischen den beiden Männern hindurch nach vorn und rannte zur Tür. Als Stanley nach ihr fassen wollte, zuckte sie zur Seite, und im selben Moment warf der Mann in der Uniform ihm die Handzettel ins Gesicht mit den Worten: »Der Herr sei mit euch!«

»Teufel auch!«, fauchte Stanley und sprang ihr hinterher, doch er rutschte auf einem der Zettel aus und landete mit dem Hinterteil auf den Dielen.

Celia stieß die Tür auf und stürmte hinaus, nur eine Sekunde später folgte ihr der Heilsarmist. »Da lang!« Er deutete auf die dunkle Nische zwischen Schänke und Viehstall.

Im gleichen Augenblick wurde die Tür zur Schänke erneut aufgestoßen.

Celia und ihr Beschützer rannten zu der Nische, die sich als schmaler Durchlass entpuppte und anscheinend zu einer Parallelstraße der Whitechapel Road führte. Kaum hatten sie die schmale Gasse erreicht und waren nach links abgebogen, schon schlug der Uniformierte erneut einen Haken und bugsierte Celia in einen engen Yard, der wiederum zur Hauptstraße zu führen schien. Wenn Celia nicht in der Dunkelheit völlig die Orientierung verloren hatte, waren sie im Halbkreis gelaufen.

In der Gasse hinter ihnen erklangen eilende Fußschritte, die schnell näher kamen, sich dann aber ebenso schnell wieder entfernten. Stanley und sein Kumpel waren an dem unscheinbaren Eingang zum Yard vorbeigerannt.

»Das war knapp«, keuchte Celia und fasste sich an die Brust. »Danke!«

»Gern geschehen«, sagte der junge Heilsarmist und reichte ihr die Hand. »Mein Name ist Adam. Adam Bedford. Soldat des Heils.«

»Celia«, antwortete sie. »Celia Brooks.«

»Freut mich«, sagte Adam und drückte kräftig ihre Hand.

»Wir sollten schleunigst verschwinden«, meinte Celia und entzog ihm ihre Finger. »Bevor die beiden Kerle zurückkommen.«

»Ich hab noch was vergessen«, antwortete Adam und deutete auf eine hölzerne Latrine, die sich am Rand des Hofs befand, gleich neben einem baufälligen Gebäude, dessen schiefe Fassade mit Holzbalken gestützt war.

»Oh«, machte Celia verlegen.

Adam lachte. »Ich meine nicht den Abort, sondern die kleine Tür dahinter. Warte hier! Ich bin gleich wieder da.« Bevor sie etwas erwidern konnte, war er zu dem baufälligen Haus gelaufen und durch die Tür verschwunden. Celia folgte ihm, öffnete die Tür einen Spaltbreit und lugte hinein. Der ekelige Gestank, der ihr entgegenschlug, kam ihr bekannt vor. Sie waren auf der Rückseite der Schänke Cloak and Dagger gelandet. Die Latrine im Hinterhof gehörte anscheinend zum Wirtshaus.

Celia hörte Schritte aus dem Inneren, und im nächsten Augenblick stand Adam Bedford vor ihr und hielt triumphierend den Packen Handzettel in der Hand, den er nur kurz zuvor dem betrunkenen Stanley ins Gesicht geschleudert hatte.

»Wäre schade drum gewesen«, sagte er und lachte. »Komm!«

»Wohin?«

»Es ist schon spät.«

Die gleichen Worte hatte auch der Wirt in Southampton am gestrigen Abend benutzt. Celia zuckte unwillkürlich zurück und blieb stehen.

»Möchtest du, dass ich gehe und dich allein lasse?«, fragte Adam und zeigte ihr die Innenflächen seiner Hände. »Du musst es nur sagen. Ich werde dich nicht bedrängen. Ich will nur helfen.«

»Ich weiß nicht mehr weiter«, antwortete Celia und hatte Mühe, die Tränen zurückzuhalten. »Ich habe mich verrannt.«

»Du kannst mir vertrauen«, sagte er und reichte ihr eines der Flugblätter. »Ich bin ein Soldat der Heilsarmee und werde dich zu Freunden bringen.«

Es war inzwischen viel zu dunkel, um noch irgendetwas auf dem Papier zu lesen. Celia steckte es ein und sagte: »Ich habe keine Freunde.«

»Das ist nicht wahr«, antwortete Adam lächelnd, »du hast sie nur noch nicht kennengelernt.«

3

Niemals hätte Celia gedacht, dass schlafende Menschen so laute Geräusche und derart üble Gerüche von sich geben konnten. Während sie reglos auf ihrem harten Bett lag und zu den schrägen Bohlen des Dachstuhls hinaufstarrte, die sie in der Finsternis an ein Spinnennetz erinnerten, machten die Frauen, die mit Celia im Schlafraum lagen, einen Lärm, als wären sie wach und wollten sich gegenseitig am Einschlafen hindern. Einige redeten im Schlaf oder stießen in unregelmäßigen Abständen wirre Rufe aus, andere wälzten sich so oft hin und her, dass die Betten knarrten und quietschten, und nicht wenige schnarchten so laut, dass man sich am liebsten die Ohren hätte zuhalten mögen. Und doch war Celia froh, hier zu sein und in einem Bett zu liegen, auf einer leidlich sauberen Matratze aus Seetang, in eine dünne Decke gehüllt und mit einem Lumpenkissen unter dem Kopf. Auch wenn das hölzerne Geviert des Bettes an einen schmucklosen Sarg erinnerte.

Zwanzig dieser gezimmerten Kästen gab es in dem Dachraum, weitere Schlafsäle befanden sich im ersten Stock und im Erdgeschoss des Hauses. In der Dachstube standen sich jeweils zehn Holzkisten in Reih und Glied gegenüber, mit einem schmalen Mittelgang dazwischen, wie Soldaten beim Appell. Celia lag, vom Eingang aus gesehen, im hintersten und dunkelsten Winkel, direkt an der unverputzten Wand, unter dem Spruch »Bist du bereit zu sterben?«, der in Kopfhöhe in roten Lettern auf einem Schild zu lesen war. Celia erschien der Spruch seltsam unpassend, denn das Nachtasyl für Frauen in der Hanbury Street hatte es sich ja gerade zur Aufgabe gemacht, die mittellosen Frauen, die hier Unterschlupf fanden, nicht umkommen zu lassen.

Auf dem kurzen Weg von Whitechapel zum benachbarten Spitalfields hatte Adam Bedford nur wenige Worte darüber verloren, wohin er Celia führen wollte, aber sie war ihm dennoch bereitwillig durch die ärmliche Brick Lane nach Norden gefolgt, wie ein Gänseküken der Mutter. Der junge Soldat der Heilsarmee strahlte eine derartige Gelassenheit und Zuversicht aus, dass Celia tatsächlich zu glauben anfing, sie hätte Freunde in London, von denen sie bislang nichts gewusst hatte. *Freundinnen*, wie sie Adams spärlichen Erklärungen entnahm, denn Männern war das Betreten des Frauenheims untersagt. Das galt sogar für Heilsarmisten.

Als sie nach etwa einer Viertelstunde vor einem dreistöckigen Backsteinhaus anhielten und Celia die rußgeschwärzte Fassade im Licht einer Gaslaterne in Augenschein nahm, war sie zunächst enttäuscht. Das Gebäude mit der Hausnummer 194 war äußerlich ebenso verwahrlost und baufällig wie die meisten Häuser in der Gegend. Die Hanbury Street war vielleicht nicht so stark befahren und von so vielen verlotterten Gestalten bevölkert wie die Whitechapel Road, wirkte aber ebenso heruntergekommen und schmutzig. Kein Platz zum Verweilen und Wohlfühlen.

»Schließe nicht vom Äußeren aufs Innere«, sagte Adam, als könnte er ihre Gedanken vom Gesicht ablesen. »Das gilt übrigens für Menschen wie für Häuser. Schau nicht mit den Augen, Celia, sondern mit dem Herzen.« Er deutete auf das Nachtasyl mit seinem bröckelnden Putz, den vernagelten Fenstern und dem windschiefen Dach und setzte lächelnd hinzu: »Es sieht zwar nicht so aus, aber es wird dir ein Heim und eine Burg sein. Dafür sorgt Captain Soper Booth.«

»Captain?«, wunderte sich Celia. »Also gibt es doch einen Mann im Heim?«

»Captain *Florence* Soper Booth«, setzte Adam hinzu. »Sie ist die Schwiegertochter des Generals.«

»In eurer Armee gibt es Frauen als Offiziere?« Celia lachte unwillkürlich auf und schüttelte den Kopf. »Da könnt ihr vermutlich froh sein, dass ihr keinen wirklichen Krieg führen müsst.«

»Und ob das ein wirklicher Krieg ist«, entgegnete Adam

und machte eine finstere Miene. Es war offensichtlich, dass Celias Worte ihn verletzt hatten. »Ein Krieg gegen einen übermächtigen und hinterhältigen Feind, gegen die Sünde selbst. Einigen ihrer Anhänger bist du gerade erst in die Arme gelaufen. Und das waren nur ein paar großmäulige Trinker!«

»Entschuldige!«, sagte Celia kleinlaut, blickte beschämt zu Boden und folgte Adam die Stufen zum Eingang des Nachtasyls hinauf. »Tut mir leid.«

»Und wie kommst du überhaupt darauf, dass Frauen keine Armee führen können?«, fragte Adam, während er den Türklopfer auf das Holz hämmern ließ. »Hältst du dich selbst für so viel schlechter als einen Mann?«

»Ich weiß nicht«, erwiderte Celia achselzuckend. »Kommt mir nur irgendwie komisch vor.«

»Wenn du Captain Florence gesehen hast, wirst du anders darüber denken«, sagte Adam, klopfte erneut und legte Celia kurz eine Hand auf die Schulter zum Zeichen, dass er ihr nicht böse war. »Und Captain Eva erst! Du wirst dich wundern.«

»Ist das die Eva, die morgen in der Church Street spricht?«

Adam nickte überrascht und sagte: »Hätte nicht gedacht, dass du vorhin zugehört hast. Es würde mich freuen, wenn wir uns dort sehen. Es steht alles auf dem Handzettel, den ich dir gegeben hab. Es wird einen Fackelzug mit Musik geben, und anschließend spricht Schwester Eva vor der Höhle des Löwen, wenn du so willst.«

Celia nickte, obwohl sie nicht begriff, was Adam damit meinte. Sie fasste in die Manteltasche, in der sie das Flugblatt verstaut hatte. Im selben Augenblick wurde die Tür geöffnet, und eine alte Frau erschien auf der Schwelle, mit säuerlicher Miene und einer Petroleumlampe in der Hand.

»Gott zum Gruß, Schwester«, sagte Adam und streckte seine Hand in die Höhe, wobei er mit dem Zeigefinger zum Himmel wies. »Ist Schwester Florence da?«

Die Alte, die ebenfalls eine Art Uniform oder Schwesterntracht aus dunkelblauem Stoff trug, hob wie Adam die rechte

Hand und deutete mit dem Zeigefinger nach oben. Dann schüttelte sie den Kopf, der unter einer übergroßen schwarzen Strohhaube nahezu verschwand, und sagte: »Der Captain ist schon weg. Nur die Nachtschicht ist noch da, aber die anderen schlafen schon. Eigentlich ist um diese Zeit kein Einlass mehr.«

»Eine Freundin braucht unsere Hilfe«, sagte Adam und wies auf Celia.

»Es sind noch ein paar Betten frei«, knurrte die Frau nicht eben freundlich und hielt die Lampe direkt vor Celias Gesicht. »Komm rein, Kind! Drinnen ist es wärmer.«

Celia zögerte und blieb auf dem Treppenabsatz stehen.

»Kostet dich nichts und verpflichtet dich zu nichts«, versicherte Adam, der immer noch den Zeigefinger gen Himmel streckte, was etwas ulkig aussah. »Schlaf erst einmal! Morgen sehen wir weiter, ja?«

»Danke«, sagte Celia nickend und folgte der alten Frau ins Haus.

»Bis morgen«, hörte sie Adam draußen sagen, dann fiel die Tür ins Schloss.

»Willst du Suppe?«, meinte die Alte und ging weiter, ohne auf eine Antwort zu warten. »Oder Tee? Ist noch was vom Abend übrig.«

Celia nickte, folgte ihr durch die schmale Eingangshalle und bestaunte ein Spruchband, das über einer Tür angebracht war. »Suppe, Seife, Seelenheil«, stand darauf geschrieben, was Celia wider Willen erneut zum Lachen brachte.

»Was gibt's da zu kichern?«, knurrte die Alte. »So ist es nun einmal. Ein hungriger Mensch hat anderes im Sinn, als seine Seele zu retten. Also füttern wir ihn. Ein dreckiger Mensch ist voller Scham und deshalb nicht für die Frohe Botschaft zugänglich. Also waschen wir ihn. Erst danach kann das Wort Gottes wirken. Setz dich!« Sie war durch die Tür in die Küche getreten und deutete nun auf einen langen Tisch, an dem mindestens ein Dutzend Menschen Platz finden konnte.

Während sich die Schwester am Herd zu schaffen machte, auf dem ein riesiger gusseiserner Kessel stand, schaute Celia sich um. Ein weiterer langer Tisch stand an der gegenüberliegenden Wand, in einem Bottich in der Ecke erblickte sie die dreckige Lauge vom letzten Abwasch.

Celia wunderte sich, dass die Frau, die sich als Esther vorstellte, überhaupt nichts über sie wissen wollte. Sie erkundigte sich nach Celias Namen und Alter, doch davon abgesehen stellte sie keine Fragen, sondern kümmerte sich schweigend um das Feuer im Ofen und stellte schließlich einen Teller dampfende Kartoffelsuppe und eine Tasse Tee vor Celias Nase. »Hier ist schon mal die Suppe«, sagte sie und lachte schnarrend. »Um deine Seele kümmern wir uns später.«

Als Celia sich nach den Hausregeln erkundigte, zuckte Esther mit den Schultern und meinte: »Es reicht, wenn du dich an die Zehn Gebote hältst. Ach ja, und keine Männer, keinen Tabak und keinen Alkohol! Ansonsten fordern wir nichts, was du nicht freiwillig geben willst.«

»Ich muss tatsächlich nichts bezahlen?«, wunderte sich Celia.

»Über Spenden freuen wir uns natürlich, aber das ist keine Pflicht«, antwortete Esther. »Wenn du für unser Asyl arbeiten oder Soldatin des Heils werden willst, würde uns das ebenfalls glücklich machen. Wenn nicht, wirst du deswegen aber nicht geringer geachtet. Dies ist kein Arbeitshaus. Und falls es dir bei uns nicht gefällt, steht es dir jederzeit frei zu gehen. So hat es Schwester Florence bestimmt, und daran halten wir uns.«

»Ist sie nun deine Schwester oder dein Captain?«, fragte Celia, während sie die Kartoffelsuppe mit Heißhunger verschlang und sich gleichzeitig Mühe gab, dabei nicht zu gierig zu wirken.

»Warum muss das ein Gegensatz sein?« Esther zog die Augenbrauen zusammen und deutete durch die Tür zum Treppenhaus. »Unterm Dach ist noch Platz. Komm hoch, wenn du fertig bist. Ich zeig dir dann deine Bettstelle.«

In diesem Bett lag Celia nun und konnte kaum begreifen, dass seit ihrer Ankunft in London gerade einmal sechs oder sieben Stunden vergangen waren. Durch eine kleine Luke in der Dachschräge sah sie den beinahe vollen Mond, und ein dünner Lichtstreifen fiel auf den Sinnspruch über ihrem Kopf: »Bist du bereit zu sterben?«. Celia hatte Esther gefragt, was es mit dieser seltsamen Frage auf sich habe, und die alte Frau hatte geantwortet: »Sei bereit, wenn dein Herr dich ruft! Und lebe immer so, als wäre der heutige Tag dein letzter und als müsstest du dich im nächsten Augenblick vor Gottes Gericht verantworten. Wenn du bereit bist, kann dir nichts geschehen.«

Celia hoffte inständig, dass heute nicht der letzte Tag in ihrem Leben wäre. Noch nie hatte sie sich so einsam und elend gefühlt, noch nie hatte sie so viel Angst und Verzweiflung gespürt, noch nie war sie sich so verloren vorgekommen.

»Raus da!«, hörte sie im nächsten Augenblick eine heisere Frauenstimme direkt über sich. »Das ist mein Bett!«

Als Celia die Augen aufschlug, sah sie einen Schatten über sich, und sie spürte, wie eine Hand an ihrer Schulter zerrte.

»Was ist denn?«, fragte Celia. »Was ist los?«

»Du liegst in meiner Koje«, keifte eine Frau, deren Atem nach Alkohol und Galle roch. Sie kam Celia im nächsten Moment so nahe, dass sich ihre Nasenspitzen beinahe berührten, nur um gleich darauf wieder zurückzuschwanken.

»Leg dich doch dorthin«, schlug Celia vor und deutete auf das freie Nachbarbett. »Kommt doch aufs Gleiche raus.«

»Ich lieg immer an der Wand«, rief die Frau und schleuderte Celia beim Sprechen Spucketröpfchen ins Gesicht. »Immer!«

»Ruhe da drüben! Was soll 'n der Lärm? Hört auf zu keifen!«, protestierten einige Frauen, die von dem Geschrei geweckt worden waren.

»Leckt mich!«, schnauzte die betrunkene Frau zurück.

»Das hättest du wohl gern, Heather«, lachte jemand. »Und jetzt halt die Klappe!«

Celia hatte in der Zwischenzeit rasch ihr Bettzeug und den Koffer genommen und sich in das leere Bett gelegt. Sie wollte keinen Aufruhr verursachen, und letztlich war es ihr egal, wo sie schlief. Solange sie ein Bett hatte. Auch wenn sie es bedauerte, die angewärmte Matratze verlassen zu müssen.

»Na, geht doch«, meinte Heather triumphierend und setzte sich auf die Kante des eroberten Bettes. »Und lass dich nicht von den Bettwanzen beißen.«

4

Am nächsten Morgen bekam Celia Schwester Florence zum ersten Mal zu Gesicht und war überrascht, wie jung der weibliche Captain war. Celia schätzte sie auf vielleicht fünfundzwanzig Jahre. Wie alle anderen Soldatinnen des Heils, die sich selbst Salutistinnen nannten, trug auch Florence Soper Booth eine schlichte dunkelblaue Uniform und eine schwarze Haube aus Strohgeflecht. Dass sie als Captain den anderen Mitgliedern der Heilsarmee vorstand, war lediglich an den zwei Sternen auf ihrem Kragen zu erkennen. Captain Florence trat während des Frühstücks, das aus Brot, Milch und Porridge bestand, an Celia heran und begrüßte sie herzlich. Sie wiederholte im Grunde das, was Esther in der Nacht bereits gesagt hatte, wies jedoch mit blumigen Worten darauf hin, dass viele der anwesenden Frauen tagsüber mit Handarbeiten und Hausdiensten beschäftigt seien und Celia eingeladen sei, ihnen zur Hand zu gehen. Captain Florence erklärte ihr, dass die Frauen Lumpen, Stoffreste und abgelegte Kleidung sammelten und die schadhaften Sachen anschließend ausbesserten oder zu neuen Kleidern verarbeiteten, um sie entweder an die Bedürftigen im East End weiterzugeben oder auf dem nahen Petticoat Lane Market zu verkaufen; mit diesen Einnahmen sicherten sie den Unterhalt des Frauenasyls. Als Celia erwähnte, dass sie in Essex als Schneiderin und Näherin gearbeitet habe, und sich bereit erklärte, im Asyl zu helfen, bedankte sich Captain Florence geradezu überschwänglich, als hätte Celia ihr einen unfassbaren Gefallen getan. Sie griff sich theatralisch an die Brust und seufzte tief, bevor sie Celia einen Kuss auf die Wange gab, guten Appetit wünschte und sich abwandte.

Celia schaute dem Captain etwas irritiert hinterher und ertappte sich bei dem Gedanken, dass sie gerade einem eingeübten Schauspiel beigewohnt hatte.

»Wunder dich nicht!«, sagte eine etwa zwanzigjährige Frau auf der anderen Seite des Tisches. »Die ist immer so.«

Celia erkannte die heisere Stimme und fragte: »Du bist Heather, stimmt's?«

»Woher weißt du das?«

»Du hast mich letzte Nacht aus dem Bett verjagt.«

»So, hab ich das?« Die junge Frau lachte und fuhr sich durch die langen dunkelblonden Haare, die ihr in fettigen Strähnen auf den Rücken fielen. »Kann mich nicht erinnern. Hab ein wenig über den Durst getrunken. Die alte Esther wollte mich erst gar nicht ins Haus lassen. Alte Zimtzicke!«

»Ich dachte, Alkohol ist im Heim verboten.«

»Hab ja nicht hier drinnen gesoffen«, rief Heather fröhlich, schnalzte mit der Zunge und reichte Celia die Hand. »Du willst hoffentlich keine von den Überkandidelten werden?«

Celia schüttelte die Hand und fragte: »Wen meinst du?«

»Na, die Betschwestern hier.« Sie deutete auf die Handvoll Salutistinnen, die zwischen den vollbesetzten Tischen hin und her liefen oder am Herd den Haferbrei und die warme Milch austeilten. »Haben sie dich schon geködert? Pass bloß auf! Ehe du dich versiehst, bist du eine von ihnen, schlägst die Trommel und singst fromme Kriegslieder, während du durch die Straßen marschierst.«

Celia hob die Achseln und fragte: »Warum bist du hier, wenn's dir nicht gefällt?«

»Ist immer noch besser, als auf der Straße zu schlafen«, antwortete Heather und schob die Unterlippe vor. »Aber in die bescheuerte Heilsarmee kriegen mich keine zehn Pferde. Da können sie Suppe ausschenken, so viel sie wollen.«

»Jetzt tu mal nicht so dicke«, mischte sich eine ältere Frau neben ihr ein. Sie wandte sich an Celia, wies dabei aber mit dem Löffel auf Heather. »Unsere feine Heather hier hat früher die Beine breit gemacht, nur um irgendwo schlafen zu können oder ein Stück Brot zu bekommen, und jetzt sitzt sie auf'm hohen Ross und rümpft die Nase, als wär sie was Besseres!«

»Wer sagt denn, dass ich's nicht immer noch mache?«

»Was?«, fragte die Frau.

»Die Beine breit«, rief Heather und lachte anzüglich. »Wenn's juckt, soll man sich kratzen. Oder kratzen lassen.«

»Du solltest dich schämen!«, sagte die Frau, nahm ihre leere Schüssel, stand auf und ging fort.

»Blöde Kuh!«, schimpfte Heather leise und zog eine Grimasse. Dann wandte sie sich an Celia und fragte: »Was machst du hier? Bist nicht aus London, oder?«

»Du etwa?«, antwortete Celia mit einer Gegenfrage. Der Aussprache nach zu urteilen, kam Heather aus dem Norden Englands. Celia war überhaupt aufgefallen, dass im East End lauter Einwanderer und Zugezogene zu wohnen schienen. Auch in dieser Küche, in der etwa dreißig Frauen frühstückten und sich schmatzend unterhielten, war eine Vielzahl von englischen Dialekten, ausländischen Akzenten und ungewöhnlichen Sprachfärbungen zu hören. Vor allem Irinnen waren zahlreich vertreten.

»Suchst du Arbeit?«, wollte Heather wissen und hob das Kinn. »Kannste vergessen. Von dem Hungerlohn, der hier gezahlt wird, kann kein Mensch leben. Außer man macht zusätzlich die Beine breit.«

»Ich suche meinen Vater«, antwortete Celia und starrte auf ihren Teller.

»Ach, wie niedlich«, mokierte sich Heather. »Papas Liebling, was?«

Celia zuckte wie unter einem Nadelstich zusammen. Sie wollte etwas erwidern, doch dann wurde ihr klar, dass Heather es nur darauf abgesehen hatte, sie zu provozieren oder lächerlich zu machen. Darum hielt sie den Mund, schlug die Augen nieder und machte es der älteren Frau nach: Sie stand auf und verließ grußlos den Tisch.

»Wunder Punkt!«, frohlockte Heather. »Wusste ich's doch: Papas Liebling!«

»Dumme Kuh!«, murmelte Celia und ging hinaus.

Celia fühlte sich fremd in der ungewohnten Umgebung und war doch froh, etwas zu tun zu haben und das Frauenasyl vorerst nicht verlassen zu müssen. Wohin sollte sie auch gehen, an wen sollte sie sich wenden? Sie kannte niemanden in London und verspürte nicht die geringste Lust, sich wie eine Müßiggängerin die Sehenswürdigkeiten der Hauptstadt anzuschauen. Das wäre ihr ungehörig erschienen, auch wenn es sie ja keinen Penny gekostet hätte, sich jene berühmten Gebäude und Denkmäler aus der Ferne anzusehen, von denen ihre Mutter so oft erzählt hatte. Nein, solange sie nicht wusste, was sie tun sollte und wohin ihr Weg sie führen würde, war es ihr nur recht, mit den anderen Frauen im Arbeitsraum im Erdgeschoss zu sitzen und Kleider zu nähen. Außerdem bekamen alle Frauen, die den Heilsarmistinnen tagsüber zur Hand gingen, neben dem Frühstück und Abendessen, das allen bedürftigen Gästen des Hauses zustand, eine warme Mittagsmahlzeit. Der dünne Linseneintopf, der heute ausgeschenkt wurde, schmeckte zwar fad und muffig, mundete Celia aber dennoch, weil sie dafür gearbeitet und ihn nicht als Almosen erhalten hatte.

Celia war eine gute Schneiderin und mochte diese Art von Arbeit, die ihr die Möglichkeit bot, vor sich hin zu träumen. Wären die Probleme im wirklichen Leben doch nur ebenso einfach zu beheben wie ein durchgescheuerter Ärmel oder eine gesprengte Naht. Könnte man seinem Schicksal oder seinem Lebensweg bloß mit Nadel, Fingerhut und Faden beikommen!

Während sie mit geschickten und flinken Fingern den Stoff bearbeitete und nach Vorgabe der Heilsarmistinnen flickte, stopfte und ausbesserte, überlegte sie, wie sie nun weiter vorgehen sollte. Denn dass ihre überstürzte Reise nach Southampton und die ebenso unüberlegte Weiterfahrt nach London eine Dummheit gewesen waren, lag auf der Hand und war ihr längst klar geworden. Es fragte sich nur, ob eine Rückkehr nach Brightlingsea sinnvoll und erstrebenswert war. Auch an der Küste von Essex wartete niemand auf sie. Sie hatte kein

Zuhause mehr. »Dann such dir ein neues«, hatte Mr. Egerton, der Wirt in Southhampton, gesagt.

Die Suche nach dem verschollenen Vater war jedenfalls zwecklos. Das hatte sie bereits am gestrigen Abend erkannt, auch wenn sie Heather gegenüber heute Morgen etwas anderes behauptet hatte. Ned Brooks war eine Fantasievorstellung gewesen, ein Trugbild, wie eine dieser seltsamen Fata Morganas, von denen sie in dem langen Zeitungsartikel gelesen hatte, den ihre Mutter ebenfalls in der Emailledose aufbewahrt hatte.

Anfangs hatte Celia sich gewundert, als sie in der Dose neben dem bestickten Taschentuch, der Postkarte aus Southampton und dem Familienfoto auch eine Titelseite der *Illustrated London News* aus dem Dezember 1884 entdeckt hatte. Auf der gesamten Vorderseite und einem Großteil der Rückseite war von der sogenannten Gordon Relief Expedition die Rede, die auf dem Nil von Ägypten bis zum Sudan führen sollte, um einen britischen Gouverneur oder General zu befreien, der dort von einheimischen Aufständischen belagert worden war. Zunächst hatte Celia vermutet, ihr Vater oder ein anderer Verwandter habe womöglich an dieser kriegerischen Expedition teilgenommen, doch weder in dem reich mit Zeichnungen bebilderten Hauptartikel noch in den kleineren Meldungen, die diesen umrahmten, war sie auf irgendeinen bekannten Namen gestoßen.

Warum also hatte sich ihre Mutter derart für das Schicksal des belagerten Generals Gordon interessiert, der im Januar 1885 – kurz vor dem Eintreffen der britischen Rettungsexpedition – von den Angreifern in der Stadt Khartum getötet worden war? Celia wusste keine Antwort auf diese Frage. Mary Brooks hatte den Namen Charles Gordon nie in den Mund genommen, und von einer Nil-Expedition hatte Celia die Mutter ebenfalls niemals reden hören. Andererseits war es vermutlich kein Zufall, dass sowohl der Zeitungsartikel als auch die Postkarte, die über Ned Brooks Verbleib berichtete, aus dem Jahr 1884 stammten.

Während sie das Futter einer Haube ausbesserte, trat Captain Florence an sie heran, lobte unter wohligen Seufzern und mit ausladenden Gesten Celias formidable Nähkunst und teilte ihr anschließend milde lächelnd mit, ein Bruder warte draußen auf der Straße auf sie und bitte um ein kurzes Gespräch.

Bei diesem Bruder konnte es sich nur um Adam Bedford handeln. Als Celia den jungen Mann vor der Tür stehen sah, freute sie sich, als wäre er ein alter Freund, den sie ihr Leben lang und nicht erst seit der letzten Nacht kannte.

»Wie gefällt sie dir?«, fragte Adam, nachdem er sich zur Begrüßung verbeugt und ihr den Arm zum Geleit gereicht hatte. Wie einer vornehmen Dame.

»Wer?«, fragte Celia und hakte sich bei Adam unter, der wie gestern seine Uniform trug, die heute jedoch nicht so staubig und fleckig war und frisch gebürstet wirkte. Sogar die Metallknöpfe leuchteten, als wären sie poliert worden. Celia fragte: »Meinst du die Unterkunft?«

»Nein, ich meine Captain Florence.« Adam führte Celia in Richtung einer breiten Durchgangsstraße. Bald kam eine neu gebaute Halle aus rotem Backstein in Sicht, die sich auffallend von den heruntergekommenen oder unscheinbaren Häusern der Nachbarschaft unterschied. »Ist sie nicht ein Engel?«, fragte er. »Und nebenbei hat sie auch noch drei kleine Kinder zu versorgen und andere Dinge der Heilsarmee zu organisieren. Erstaunlich, nicht wahr?«

»Die Schwestern sind alle sehr nett«, antwortete Celia ausweichend und hatte zugleich Angst, es könnte ein wenig undankbar klingen. Daher fügte sie hinzu: »Captain Florence hat meine Näherei gelobt. Sie ist sehr zufrieden mit mir.« Sie entdeckte ein Schild über dem Eingang der Backsteinhalle, auf dem »Spitalfields Market« stand. Der Inschrift darunter war zu entnehmen, dass die Markthallen erst im vergangenen Jahr, aus Anlass des Thronjubiläums von Königin Victoria, eingeweiht worden waren.

»Ein Engel, ganz recht«, schwärmte Adam und nickte, als hätte Celia genau seine Worte bestätigt. Er bog nach links ab, deutete auf eine nahe gelegene Kirche aus weißem Stein mit riesigem Säulenportal und unglaublich hohem Turm, dessen Spitze an den Wolken zu kratzen schien, und sagte: »Das ist die Christ Church.«

»Du willst in die Kirche?«, fragte Celia überrascht.

»Nein«, antwortete Adam, »ich gehe in kein Gebäude der Kirche von England. Nicht mehr.« Er räusperte sich verlegen und setzte hinzu: »Ich möchte dir zeigen, wo Schwester Eva heute Abend reden wird.«

»In dieser Kirche?«, wunderte sich Celia. »Ist das die ›Höhle des Löwen‹, von der du gestern gesprochen hast?«

Adam lachte und schüttelte den Kopf. »So gottlos sind die Anglikaner nun auch wieder nicht.« Er wies mit der Hand auf die gegenüberliegende Straßenseite, wo sich eine Schänke mit dem klangvollen Namen The Ten Bells befand. »Hier erschallen die Glocken des Lasters und der Sünde, Schwester Eva wird deshalb genau an diesem Ort die Frohe Botschaft verkünden und die armen Sünder zur Umkehr bewegen.«

»Warum ausgerechnet hier?«, fragte Celia und schaute zum Eingang der Schänke, vor dem sich bereits zu dieser frühen Nachmittagsstunde etliche Männer lärmend, trinkend und rauchend versammelt hatten. »Das Lokal sieht nicht gerade nach einem Treffpunkt für eifrige Kirchgänger aus.«

»Das ist es ja eben!«, rief Adam frohlockend. »Der General hat uns aufgetragen, die Frohe Botschaft Jesu genau dorthin zu tragen, wo sie am bittersten benötigt wird. Nicht in die feinen und reichen Häuser, nicht in die frommen Betkreise, nicht in die Kirchen und Gemeindesäle, sondern zu den Trinkern, Huren und Bettlern. In die Kneipen und Bordelle. Zu den Leuten, die aus jeder Kirche gewiesen würden, weil sie in ihrem Elend angeblich dem Herrn nicht zur Ehre gereichen.«

Celia zog die Augenbrauen zusammen. Wirklich überzeugend hörte sich das in ihren Ohren nicht an.

Adam schien ihre Skepsis zu bemerken und fuhr wie ein Prediger fort: »Schwester Eva hat einmal gesagt: ›Geht mit der vollen Gießkanne nicht zur Regentonne, sondern zum ausgemergelten Boden, damit alles sprieße und gedeihe!‹ Verstehst du, was sie damit gemeint hat?«

Natürlich verstand Celia, aber zugleich dachte sie an den weißen Dünensand am Südufer des Brightlingsea Creek, den man so viel wässern konnte, wie man mochte, und der dennoch immer unfruchtbar bleiben würde. Diese Männer vor dem Ten Bells, die sich bereits am helllichten Tag betranken und Celia hinterherpfiffen, obwohl sie in Begleitung eines Mannes die Schänke passierte, waren wie dieser Dünensand. Und eine bloße Predigt würde sie nicht von ihrem unmoralischen Tun abhalten.

»Verstehst du?«, wiederholte Adam.

»Sicher«, antwortete Celia zaghaft. Und um Adam eine Freude zu machen, fragte sie: »Wann geht's los? Ich würde Schwester Eva gern reden hören.«

»Heute Abend um sechs«, antwortete er strahlend und führte sie durch eine schmiedeeiserne Gittertür auf den neben der Kirche gelegenen Friedhof von Christ Church. »Soll ich dich in der Hanbury Street abholen?«

Celia nickte und wollte dann fragen, warum er sie ausgerechnet auf einen Totenacker führte, doch als sie den umfriedeten Hof betrat, verschlug es ihr beinahe den Atem. Der Friedhof erinnerte an einen verwunschenen Garten und wirkte inmitten des Lärms, des Schmutzes und der Betriebsamkeit der Nachbarschaft wie eine friedliche Oase. Die hohen Mauern hielten die Geräusche der angrenzenden Hauptstraße fern, überall wucherten Efeu und andere Rankenpflanzen, Moose und Farne bedeckten den Boden. Die uralten und windschiefen Bäume wirkten inmitten der verwitterten Grabsteine und Denkmäler wie Zauberwesen.

Sie setzten sich auf eine Bank, die ein wenig feucht und grün angelaufen war. Adam wollte ein Taschentuch über die hölzernen Leisten legen, damit Celia sich nicht schmutzig machte, doch sie winkte dankend ab. Es wäre ihr unangenehm gewesen. Nach dem Austausch einiger belangloser Höflichkeiten erzählte Celia ihrem Begleiter, was sie in den letzten Tagen und Wochen erlebt und warum es sie von Essex nach London verschlagen hatte. Adam nickte mitfühlend oder schüttelte ergriffen den Kopf, als sie von ihren Erlebnissen in Southampton berichtete. Bei der Erwähnung des Kuriositätenkabinetts *The Silver King* und des Namens Tom Norman hob er bedauernd die Schultern. Er habe diese Namen noch nie gehört, sagte er, allerdings habe er vor vier Jahren auch noch ein völlig anderes Leben als heute geführt. Irgendetwas Seltsames schwang in diesen Worten mit; Celia glaubte für einen Moment, ein nervöses Zucken in seinen Mundwinkeln zu sehen. Sie wechselte das Thema und berichtete, dass sie dringend Geld verdienen musste, um nach Hause fahren zu können. Als sie Heathers Bemerkung über die Hungerlöhne in London wiederholte, nickte Adam nachdenklich und griff nach Celias Hand.

»Da hat sie leider recht«, sagte er und tätschelte ihre Finger wie die eines kleinen Kindes. »Du magst noch so geschickt sein, gegen die Näh- und Webmaschinen in den Fabriken kannst du nicht anarbeiten.«

»Ich kann auch mit der Maschine nähen«, wandte Celia ein.

»Das glaube ich dir sofort«, antwortete er. »Aber genau diese Maschinen diktieren die Preise, und weil sich so viele arbeitslose Frauen um die wenigen freien Plätze in den Fabriken streiten, ist die Arbeit der Näherinnen nichts mehr wert. Jedenfalls nicht, wenn man es mit den Augen der Fabrikbesitzer sieht.«

»Was soll ich nur tun?«, entfuhr es ihr. »Ich habe nichts anderes gelernt.«

»Bei den Schwestern im Heim wird deine Arbeit offensichtlich geschätzt«, antwortete Adam und versuchte sich an einem aufmunternden Lächeln, das etwas gezwungen ausfiel. »In der

Hanbury Street hast du immer ein Bett und eine warme Mahlzeit. Und vielleicht findet sich mit der Zeit ja etwas anderes. Ist ja nur für den Übergang. Wir kümmern uns um dich, darauf hast du mein Wort.« Er legte die Hand auf sein Herz und wiederholte: »Ich kümmere mich um dich.« Dann sprang er plötzlich auf die Beine, zog Celia hoch und sagte: »Komm! Ich möchte dir jemanden vorstellen.« Ohne auf eine Erwiderung zu warten, führte er Celia quer über den Friedhof zum hinteren Ende des Geländes, wo die Gräber schlichter und die Kreuze enger gesetzt und nicht aus Stein, sondern aus Holz waren. Vor einem solchen schmucklosen Grab blieb er stehen, nahm die Mütze vom Kopf, blickte zu Boden und sagte: »Liebe Emma, ich möchte dir Celia vorstellen.« Dann wandte er sich um und sagte: »Celia, das ist Emma, meine Frau.«

Celia war wie vor den Kopf geschlagen, sie brachte keinen Ton heraus und starrte auf das schlichte Holzkreuz, das nicht so aussah, als stünde es schon lange hier. In das Holz waren zwei Namen und eine Jahreszahl eingeritzt: »Emma & James 1886«.

»Deine Frau?«

Adam nickte und lächelte traurig.

»Und wer ist James?«

»Unser Sohn«, antwortete er und presste die Lippen aufeinander, als müsste er erst Kraft für die nächsten Worte sammeln. Schließlich flüsterte er: »Er starb bei der Geburt. Und meine liebe Emma mit ihm.«

»Oh mein Gott!«, entfuhr es Celia. Sie schlug die Hände vor den Mund und murmelte: »Wie entsetzlich!«

»Ja, so habe ich auch gedacht«, sagte Adam und seufzte schwer. »Ich habe Gott verflucht, weil er so etwas Grausames zulassen konnte. Weil er ein unschuldiges Kind töten konnte und eine junge Frau, die fest an ihn geglaubt hat. Ja, ich habe meinen Gott gehasst. Und ich habe mich selbst verflucht und mir selbst Vorwürfe gemacht.«

»Warum?«, wunderte sich Celia.

»Weil ich ...« Wieder bemerkte Celia das nervöse Zucken in seinen Mundwinkeln, doch dann schüttelte er den Kopf und fuhr nach einer Pause fort: »Es war mein Kind, das sie in ihrem Bauch trug und bei dessen Geburt sie gestorben ist.« Er räusperte sich und rieb sich die Schläfen, als wollte er die Gedanken daran aus seinem Kopf verscheuchen. »Ich habe meinen Schmerz in Bier und Branntwein ertränkt, bis man mir Arbeit und Wohnung nahm und ich wie ein Köter in der Gosse landete.«

»Und dann?«

»Dann kam Schwester Eva und hat mich zu neuem Leben erweckt. Sie hat mir die Hand gereicht, als alle anderen sich längst angewidert abgewandt hatten, und sie hat mir klargemacht, dass es gar keinen Grund zu trauern gibt.«

»Keinen Grund zu trauern?«, wunderte sich Celia. »Wie kann sie so etwas sagen?«

»Weil es die Wahrheit ist«, sagte Adam und lächelte. »Weil Emma und James in die Herrlichkeit befördert wurden. Eva hat mich daran erinnert, dass Jesus für uns am Kreuz gestorben ist. Dass das Heil der Menschen durch das Sühneopfer Christi gewiss ist. Und dass es nun an mir sei, mich zum Sterben bereit zu machen. Dadurch wurde ich gerettet.«

Celia konnte Adam nicht ins Gesicht schauen und starrte stattdessen auf das Holzkreuz, als wäre in der Inschrift irgendein Geheimnis verborgen, das es zu enträtseln gelte. Schließlich sagte sie: »Das Kreuz sieht neu aus.«

»Ja«, erwiderte Adam. »Ich habe es erst aufgestellt, als ich mir sicher war, dass ich nicht mehr trauern muss.« Er lächelte seltsam und fügte hinzu: »Ich freue mich für Emma und James.«

»Wie kannst du dich freuen?!« Sie schüttelte fassungslos den Kopf.

»Ihnen geht es gut«, sagte Adam und nickte bestimmt.

Celia glaubte zu begreifen, was er damit sagen wollte, doch die Worte klangen in ihren Ohren dennoch unangebracht und gekünstelt. Sie nahm Adam einfach nicht ab, dass er nicht mehr um seine Frau und seinen Sohn trauerte. Dass er den Schmerz nicht mehr spürte. Und sie hielt es für Unrecht, so etwas von einem Menschen zu verlangen, der gerade seine Liebsten verloren hatte. Trauer musste sein, fand Celia, ob der Verstorbene nun in die Herrlichkeit befördert worden war oder nicht.

»Was ist mit dir?«, fragte Adam, während er wieder nach ihrer Hand zu greifen versuchte.

»Lass uns gehen!«, antwortete Celia knapp und wandte sich brüsk ab. »Mir ist kalt.« Sie lief hastig voran zu der Gittertür, durch die sie den Friedhof betreten hatten, und schaute sich nicht zu Adam um, der Mühe hatte, ihr zu folgen.

Als Celia auf den Gehweg vor der Kirche trat, war es ihr, als hätte sie sich Wattepfropfen aus den Ohren genommen. Der schlagartig aufbrausende Lärm der Fuhrwerke und das Geschrei der Straßenhändler wirkten nun noch lauter als zuvor. Direkt vor Celia baute sich ein Zeitungsjunge auf und schrie ihr ins Gesicht: »Tragödie oder Scherz? Jack the Ripper schickt Niere des Opfers. Makaberer Brief an den Vorsitzenden der Bürgerwehr. Lesen Sie den *Star*!«

Celia fuhr wie unter einem Stromschlag zusammen, stieß den verdutzten Jungen zur Seite und lief mit schnellen Schritten in Richtung Hanbury Street. Hinter sich hörte sie Adams Schritte und seine verwunderten Rufe. Als er sie schließlich vor den Markthallen eingeholt hatte und an der Schulter festhielt, da riss sie sich los und fuhr ihn an: »Lass mich!«

»Was hab ich dir getan?«, fragte er.

»Nichts!«, fauchte sie. »Lass mich einfach!« Sie wusste, dass sie ihm unrecht tat, aber sie konnte nicht anders. Es fühlte sich an, als müsste sie sonst vor Wut und Ohnmacht schreien. Dass sie so außer sich war, hatte überhaupt nichts mit Adam zu tun. Es hing auch nicht mit den blutrünstigen Nachrichten über den Ripper zusammen, über den sie schon in Brightlingsea widerliche Gerüchte gehört hatte. Nein, der Lärm, die Stadt, ihr

Leben, alles wuchs ihr über den Kopf, alles lief aus dem Ruder. Celia wusste nicht mehr ein noch aus und hätte sich am liebsten irgendwo verkrochen. Sie wollte allein sein. Weg sein. Unauffindbar.

»Bleibt es bei heute Abend?«, rief Adam ihr mit banger Stimme hinterher, als sie über die Straße und in Richtung Frauenheim rannte. »Um sechs?«

Celia hielt einen Augenblick inne, nickte ruckartig zu ihm hinüber und sprang dann die Stufen zum Heim hinauf, als wäre sie auf der Flucht. Es dauerte eine Weile, bis auf ihr Klopfen hin geöffnet wurde, und als sie endlich ins Haus stürmte, standen ihr Tränen der Erleichterung in den Augen. Als wäre sie im letzten Augenblick einer großen Gefahr entkommen.

Dummes Gör!, schimpfte sie sich in Gedanken. Reiß dich gefälligst zusammen!

Doch sie konnte die Tränen nicht zurückhalten. Sie ließ die verwundert und besorgt dreinschauende Schwester Florence ohne Erklärung in der offenen Tür stehen und rannte die Treppe hinauf zur Dachkammer. Sie kroch ins Bett und zog sich die Decke über den Kopf. Sie wollte nichts mehr sehen oder hören!

5

Celia konnte sich nur an wenige Erlebnisse mit ihrem Vater erinnern. Und das lag nicht daran, dass Celia sie vergessen oder verdrängt hatte. Es gab sie schlichtweg nicht. Auch als Ned Brooks noch bei seiner Familie in Brightlingsea gewohnt hatte, hatte er nicht wirklich mit ihnen »zusammengelebt«. Oft war er wochen- oder monatelang zur See gefahren, und in den Zeiten an Land, zwischen den Regatten und Schiffspassagen, war er meist von einer Schänke zur nächsten gewankt, als fürchtete er sich vor den Menschen, die zu Hause auf ihn warteten. Mit den Kindern hatte er kaum ein Wort gewechselt und mit der Mutter häufig nur lauthals gestritten. Die übrige Zeit hatte er schnarchend auf dem Sofa gelegen und seinen Rausch ausgeschlafen.

Die schönste Erinnerung an ihren Vater war ein Moment, in dem Celia ihn lediglich aus der Ferne als winzige Figur auf einer Rennjacht gesehen hatte. Es war an einem Sonntag gewesen, nur wenige Tage vor Neds Verschwinden. Mary Brooks hatte ihre Tochter und die beiden Jungs mitgenommen, um an der Steilküste von Clacton den vorbeisegelnden Jachten zuzuwinken. Ihr Vater hatte damals als Vollmatrose auf der Rennjacht von Kapitän O'Neill angeheuert, einem erfolgreichen und weithin bekannten Jachtensegler, der schon unzählige Preisrennen gewonnen hatte. Diese Regatten standen bei den Reichen und Adeligen hoch im Kurs, und es gehörte für die Wohlbetuchten zum guten Ton, sich eine Jacht zu leisten und allerorts an Segelrennen teilzunehmen. Celia hatte nie begriffen, warum man einen derartigen Aufwand betrieb und so viel Geld zum Fenster hinauswarf, nur um sich mit Gleichgesinnten zu messen, doch solange es dem Vater eine Stellung verschaffte, konnte es ihr nur recht sein.

Bei strahlendem Sonnenschein und in bestem Sonntagsstaat standen sie an diesem Festtag auf den Clacton Cliffs und warteten mit zahlreichen anderen Zuschauern auf das Erscheinen der Segel am Horizont. Als schließlich die ersten weißen Punkte hinter der Halbinsel von Walton auftauchten und ein Mann vom örtlichen Jachtclub durch sein Fernrohr schaute und mit feierlicher Stimme verkündete, die *Solent Star* von Kapitän O'Neill liege mit mehreren Schiffslängen in Führung, fielen sich die drei Brooks-Kinder kreischend in die Arme, hielten sich an den Händen und tanzten lachend um ihre Mutter herum. Ob ihr Vater die Küstenregatta tatsächlich gewonnen hatte, daran konnte Celia sich nicht entsinnen, aber der Anblick der Segel am Horizont und die Erinnerung an den Ringelreigen auf den Klippen von Clacton hatten sich ihr bis heute wie ein Feuerzeichen ins Hirn eingebrannt. Vielleicht auch deshalb, weil Celia ihren Vater danach nie wiedergesehen hatte. Das Winken auf den Klippen war ihr Abschied von ihm gewesen.

Als Celia ein heiseres Kichern neben sich hörte, fuhr sie erschrocken zusammen. Plötzlich wurde ihr klar, dass sie unter ihrer Bettdecke eingeschlafen sein musste. Sie warf das Laken beiseite, schaute zu Heathers Koje und stieß einen spitzen Schrei aus.

»Na, ausgeschlafen?«, fragte Heather amüsiert.

»Was, zum Teufel, machst du da?«, rief Celia entrüstet. Sie konnte kaum glauben, was sie sah. Ihr offener Koffer lag auf dem Nachbarbett, der Inhalt war auf der Decke verteilt, während Heather im Schneidersitz davorhockte, mit einer Postkarte in der Hand und einem belustigten Grinsen im Gesicht.

»Lesen«, antwortete Heather. »Siehst du doch.«

»Wer hat dir erlaubt, in meinem Koffer zu kramen?« Celia riss ihr die Ansichtskarte des *Silver King* aus der Hand.

»Wollte dich nicht wecken«, meinte Heather gleichgültig.

Celia raffte ihre Sachen zusammen, warf sie in den Koffer und klappte ihn zu. Nur die Karte des Kuriositätenkabinetts behielt sie in der Hand. »Wie kommst du dazu, meine Briefe zu lesen?«

»Es war bloß 'ne Postkarte, Schätzchen«, antwortete Heather

lachend und rümpfte die Nase. »Was stellst du auch den Koffer vors Bett und schließt ihn nicht ab? Konnte ja nicht ahnen, dass du was zu verbergen hast.«

»Ich hab überhaupt nichts zu verbergen«, empörte sich Celia und ärgerte sich zugleich, dass sie den Koffer nicht verschlossen oder versteckt hatte.

»Warum regst du dich dann so auf?«, meinte Heather achselzuckend, legte sich hin, verschränkte die Arme hinter dem Kopf und starrte zur Dachschräge. »Ned Brooks«, murmelte sie leise, »heißt er so?«

»Wer?«

»Dein Vater. Ist die Karte von ihm?«

»Das geht dich gar nichts an.«

»Und wer ist Mr. Egerton? Warst du vorher in Southampton?«

»Kümmer dich um deinen eigenen Kram!«

»Hätt' ja sein können, dass ich Sachen weiß, die dich interessieren«, meinte Heather scheinbar unberührt. »Ich dachte, du suchst deinen Vater.«

»Na und?«, sagte Celia unsicher und schaute zu Heather, die unverwandt zur Decke starrte. »Was willst du eigentlich von mir? Wovon redest du?«

»Kennst du die Schlangenfrau von Shoreditch?«, antwortete Heather mit einer Gegenfrage.

Celia schüttelte langsam den Kopf.

»Ich aber«, sagte Heather und lächelte spöttisch. »Schon lange. Wir kommen nämlich beide aus Blackburn. Haben zusammen in den Baumwollspinnereien gearbeitet. Will sie aber heute nichts mehr von wissen. Eigentlich heißt sie Maureen Watson, aber inzwischen nennt sie sich Sheila, die Schlangenfrau von Shoreditch.« Sie lachte und setzte hinzu: »Blöder Künstlername, findste nicht?«

»Warum erzählst du mir das?« fragte Celia möglichst ruhig, doch ihr Herz raste, und die Innenflächen ihrer Hände wurden feucht.

»Früher hieß sie Sheila, die Schlangenfrau von Southwark, und davor Vicky, die weibliche Viper von Whitechapel. Kommt immer drauf an, wo sie gerade auftritt und ihre Gräten verbiegt. Solltest du dir mal anschauen, Kindchen. Sieht wirklich beängstigend aus, wenn sie sich die Beine verknotet und von hinten um den Hals legt, dass sie vorne an ihrem dicken Zeh nuckeln kann. Man könnt fast meinen, sie hätte keine Knochen im Körper.«

»Diese Schlangenfrau?«, flüsterte Celia und kam Heather ganz nah, als hätte sie Angst, man könnte sie belauschen. »Ist sie auch im *Silver King* in der Whitechapel Road aufgetreten?«

»Interessiert dich also doch«, frohlockte Heather. »Hab ich mir doch gedacht.«

»Jetzt sag schon!«

»Sie hat mal so was erwähnt«, erwiderte Heather achselzuckend. »Ob's das Penny Gaff in der Whitechapel Road war, weiß ich nicht. Gesehen hab ich sie dort nie, aber ich kann mich erinnern, dass sie mal was mit dem da hatte.« Sie deutete auf die Postkarte, die Celia immer noch in der schweißnassen Hand hielt und die inzwischen von der Feuchtigkeit gewellt war.

»Mit meinem Vater?«, rief Celia entsetzt.

»Dummerchen!«, lachte Heather und tätschelte Celias Wange. »Mit diesem Tom Norman natürlich. Der Silberkönig scheint auch privat Gefallen an seiner Schlangenfrau gefunden zu haben.« Sie lachte anzüglich und streckte die Beine in die Höhe, sodass ihre bestrumpften Schenkel unter dem Unterrock zu sehen waren, und machte seltsame Verrenkungen in der Luft. Dann fügte sie augenzwinkernd hinzu: »Wenn du verstehst, was ich meine.«

Celia schluckte und fragte. »Sind die beiden immer noch … zusammen?«

Heather ließ die Beine sinken und strich sich den Rock glatt. »Keine Ahnung«, sagte sie und zuckte mit den Achseln. »Hab Maureen lange nicht mehr gesehen.«

»Weißt du, wo ich sie finden kann?«

»Shoreditch, hab ich doch gesagt.« Heather fuhr plötzlich hoch, sodass sie beinahe mit Celia zusammenstieß. »Wenn du willst, können wir nachher zusammen hingehen.«

»Ich dachte, du hast sie lange nicht gesehen.«

»Hab ich auch nicht«, antwortete Heather geheimnisvoll. Dann lachte sie und setzte hinzu: »Bin letztens über ein Plakat gestolpert, da stand's drauf. Sie tritt an fünf Tagen in der Woche auf. Heute ist Freitag, da ist immer Doppelvorstellung. Um sechs und um acht. Ich wollte eh hin. Aber du zahlst.«

»Heute Abend?« Celia räusperte sich und schüttelte den Kopf. »Heute kann ich nicht. Ich geh zum Fackelzug der Heilsarmee.«

»Haben dich schon geködert, was?«, rief Heather und lachte verächtlich. »Suppe, Seife, Seelenheil. Und schon läufst du mit bescheuerten Fackeln durch die Gegend und lässt dich mit faulem Gemüse bewerfen.«

»Gemüse?«, wunderte sich Celia.

»Wirst schon sehen!« Heather hob vielsagend die Augenbrauen, schüttelte missfällig den Kopf und stand auf. »Sag Bescheid, wenn du es dir anders überlegst. Wir sehen uns.« Damit verschwand sie aus dem Schlafraum.

Celia brauchte einen Moment, um das Gehörte zu verarbeiten. Dann sprang sie auf die Füße und rannte Heather hinterher. Doch sie konnte sie nirgends finden, weder in den anderen Schlafsälen noch im Speisesaal oder im Arbeitsraum im Erdgeschoss, wo Captain Florence sie mit einem herzlichen Lachen begrüßte.

»Celia«, rief sie und breitete die Arme aus, als wollte sie Celia umarmen. »Gut, dass du kommst! Wir brauchen deine Hilfe. Kennst du dich damit aus?« Florence deutete auf einen Nähtisch, auf dem eine seltsam geformte Nähmaschine stand, die von mehreren staunenden Frauen umringt wurde.

Celia betrachtete das Gerät, nickte schließlich und sagte: »Das ist eine Willcox und Gibbs. In der Näherei in Brightlingsea gab's so eine Maschine. Meine Mutter hat eine Zeit lang daran gearbeitet.«

»Die Spende eines Gönners«, sagte Florence stolz. »Sie wurde gerade geliefert. Aber die Maschine ist ungewöhnlich. Was genau macht man damit?«

»Kettenstiche«, antwortete Celia. »Es ist ein Strohhutbinder.«

»Strohhüte?«, staunte Captain Florence und machte eine auffordernde Geste in Richtung Nähmaschine. »Kannst du uns zeigen, wie es geht?«

Celia nickte und lächelte. »Ich denke schon«, sagte sie artig und dachte heimlich bei sich: Wenn doch alles nur so einfach wäre wie ein Kettenstich.

6

Die Ebenezer Hall stand in der Fieldgate Street, nur einen Steinwurf von der lärmenden Whitechapel Road entfernt. Hier begann der Fackelzug, wie Celia von Adam erfuhr. Trotz der Bezeichnung »Halle« war das Gebäude niedrig und so schmal, dass neben der Eingangstür nur Platz für ein winziges Fenster war. Gleich nebenan sah Celia einen Wein- und Spirituosenhändler, dessen Fassade etwa dreimal so breit und doppelt so hoch war. Beinahe schien es ihr, als duckte sich die Ebenezer Hall vor dem übermächtigen Gegner. Über dem Fenster im ersten Stock hing ein Metallschild mit der Aufschrift *The War Cry*. Adam erklärte, dass *Der Kriegsruf*, die Zeitung der Heilsarmee, früher einmal in diesem unscheinbaren Haus gedruckt worden war. Heute beherbergte die Ebenezer Hall nur noch einige Büros der Zeitung, sonst diente sie als Versammlungsraum. Auf dem Weg vom Frauenasyl hierher hatte Adam ihr bereits von anderen Gebäuden und Persönlichkeiten der Heilsarmee erzählt, doch Celia hatte das meiste davon wieder vergessen. Sie war lediglich froh darüber, dass Adam nicht mehr böse auf sie war. Seit ihrem dummen und ungehörigen Ausfall am Nachmittag war sie von einem schlechten Gewissen geplagt worden. Deshalb hatte sie sich bei dem sichtlich erleichterten Adam für ihr Betragen sofort entschuldigt, als er vor der Tür des Heims erschienen war.

Adam selbst schien aufgeregt zu sein, doch das hatte nicht in erster Linie mit Celia oder ihrem seltsamen Verhalten zu tun, wie er sogleich beteuerte, sondern mit der Tatsache, dass er von Schwester Eva auserkoren worden war, am heutigen Abend das einstimmende »Zeugnis« abzulegen. Auf Celias fragenden Blick erteilte Adam auch hier bereitwillig Auskunft. Die Märsche und Versammlungen der Heilsarmee wurden stets durch eine sogenannte Erweckungserfahrung eingeleitet. Dabei schilderte ein Mitglied der Armee den Zuhörern in eigenen Worten, wie er zu Gott gefunden hatte oder von den Glaubensbrüdern erweckt worden war. Dieses Eröffnungsritual diente dem Zweck, den anderen ein Beispiel zu geben, ihnen vielleicht sogar als Vorbild zu dienen, wie Adam stolz verkündete. Und heute durfte er den Brüdern und Schwestern erzählen, auf welche Weise Schwester Eva ihn aus seinem Elend gerettet hatte.

Celia und Adam waren relativ früh an der Ebenezer Hall. Nach und nach füllte sich die Straße vor dem bescheidenen Gebäude. Celia war überrascht, wie viele Menschen dem Aufruf der Heilsarmee folgten, auch wenn sie sich nicht sicher war, ob es sich bei allen Teilnehmern um Gleichgesinnte oder Unterstützer handelte. Bald standen wohl mehrere hundert Männer und Frauen nebst einigen Kindern dicht gedrängt auf der Straße. Viele von ihnen schwenkten pechgetränkte Fackeln, rußende Petroleumlampen oder Windlichter, als Adam auf die Treppenstufen vor dem Eingang der Ebenezer Hall trat und begann, von seiner verstorbenen Frau Emma und dem totgeborenen Kind zu erzählen. Manche der Zuhörer trugen die schlichte Uniform der Heilsarmee, die Frauen hatte ihre dunklen Strohhauben auf dem Kopf, die Männer Schirmmützen oder flache Hüte, und einige der Versammelten trugen Schilder, auf denen Parolen wie »Jesus ist der Retter« oder »Glaube erlöst dich« zu lesen waren.

Um die versammelten Gläubigen hatten sich auch Neugierige und Gaffer geschart, die den Aufmarsch teils abfällig, teils belustigt beäugten und Adams Bericht nun mit Zwischenrufen störten. Auch aus den Fenstern der umliegenden Häuser waren einige unflätige Bemerkungen zu hören.

Adam ließ sich davon nicht beirren. Er war in dem Bericht seiner Erweckung inzwischen bei seiner Trunksucht und der daraus folgenden Obdachlosigkeit angelangt und beschrieb in schlichten, aber dennoch eindringlichen Worten, wie er jeden Halt im Leben verloren hatte und der Verrohung, der Sünde und dem Tod anheimgefallen war.

»Ich stünde heute nicht vor euch, liebe Brüder und Schwestern«, rief er und legte die Hand aufs Herz, »sondern läge auf dem Friedhof von Christ Church begraben, wenn mich Schwester Eva nicht gerettet und zu Gott geführt hätte. Denn sie hat mich erweckt und daran erinnert, dass es nicht meine Aufgabe ist, mich selbst zu hassen, sondern Gott zu lieben, wie er mich liebt.« Er streckte die Hand aus und deutete mit seiner Fackel auf eine junge rothaarige Frau, die neben ihm und Schwester Florence auf den Stufen stand und verlegen lächelnd zu Boden schaute. »Sie hat mir den Weg zum Heil gewiesen!«, rief Adam.

Celia war erstaunt, als ihr klar wurde, dass die rothaarige Frau Eva Booth sein musste. Nach Adams Erzählungen hatte sie eine selbstbewusste und resolute Frau erwartet und nicht ein beinahe verschüchtert wirkendes Mädchen mit verschämtem Blick und bescheidenem Lächeln. Schwester Eva war eine sehr hübsche junge Frau, die Celia so gar nicht wie eine eifernde Predigerin und bekehrende Missionarin vorkam. Eher machte sie den Eindruck, als benötigte sie selbst Hilfe und Beistand. Diese Frau war also die unerschrockene Offizierin des Heils, die mittellosen Sündern, verruchten Dirnen und gottlosen Verbrechern das Evangelium nahebrachte? Celia mochte es kaum glauben.

Adam beendete sein »Zeugnis«. Einige Menschen spendeten Beifall, andere lachten abfällig, dann erschallte eine donnernde Fanfare wie aus dem Nichts. Eine Blaskapelle, die Celia zuvor nicht bemerkt hatte, schmetterte eine blecherne Melodie. Die Trommeln schlugen den Takt oder versuchten es zumindest, und der Zug setzte sich schwerfällig in Bewegung. Florence und Eva Booth begannen in der ersten Reihe zu singen: »*O have you not heard of a beautiful stream.*«

Celia wusste nicht recht, was sie von all diesen Geschehnissen halten sollte, und wollte sich schon aus dem »schönen Strom« zurückziehen, doch ehe sie auch nur einen Schritt in die entgegengesetzte Richtung machen konnte, wurde sie von der euphorisch singenden Menge mitgerissen. Inmitten des Zuges wurde sie unnachgiebig in Richtung Brick Lane geschoben. Während sie darauf achtete, niemandem in die Hacken zu treten und den tropfenden Fackeln oder heißen Öllampen nicht zu nahe zu kommen, schaute sie sich Hilfe suchend nach Adam um, doch der marschierte mit den Offizieren der Heilsarmee an vorderster Front und hätte, selbst wenn er es gewollt hätte, keine Möglichkeit gehabt, sich bis zu ihr durchzuschlagen. Ihr Blick glitt zu den Türen und erleuchteten Fenster der Häuser, die sie passierten, und nun begriff sie, was Heather mit dem »faulen Gemüse« gemeint hatte. Immer wieder wurde der singende Fackelzug aus den oberen Stockwerken mit Unrat und Dreck beworfen. Tomaten und Kohlköpfe flogen, Eier landeten auf den blauen Uniformen, einige Anwohner machten sich sogar einen Scherz daraus, unter lautem Grölen und Pfeifen ihre Nachttöpfe aus dem Fenster zu leeren. Die Marschierenden antworteten mit umso lauterem Gesang: *»Come to the Savior, make no delay!«*

Panik stieg in Celia auf, vor allem weil sich die Brick Lane nach Norden hin verjüngte und die Menschenmenge regelrecht zwischen den dunklen Häuserzeilen eingezwängt wurde. Warum hatte Adam sie nicht vorgewarnt? Warum hatte er nicht gesagt, was sie erwartete? Hatte er sich so sehr daran gewöhnt, mit Gemüse und Kot beworfen zu werden, dass er es nicht mehr der Rede wert befand? Celia wollte nur noch weg, raus aus diesem Irrsinn, doch es gab keinen Weg, den sie hätte einschlagen können. Sie musste sich treiben lassen und hoffen, dass sie, abgesehen von dem faulen Gemüse, das sie abbekommen hatte, unbeschadet am Ziel angelangen würde.

Als der Marsch nach etwa einer Viertelstunde in die noch schmalere und kaum von Straßenlaternen beleuchtete Church Street einbog, an deren Ende sich der Ten Bells Pub befand, hatte Celia das Gefühl, keine Luft mehr zu bekommen. Der stechende Geruch von Pech und Petroleum mischte sich mit dem Gestank der faulen Eier und der kotbeschmierten Mäntel. Celia hoffte, an der Straßenecke dem Zug entkommen zu können, deshalb drängte sie sich an empört und missbilligend dreinschauenden Menschen vorbei, denen sie versehentlich auf die Füße trat oder mit dem Ellbogen in den Bauch oder Rücken stieß.

Sie gelangte so bis an den Rand des Umzugs und fand sich in einer Gruppe von schwarz gekleideten Männern wieder, die sich von den übrigen Marschierenden merklich unterschieden. Keiner von ihnen trug die Uniform der Heilsarmee, dafür hatten die meisten von ihnen die Gesichter verdeckt; entweder durch schwarze Schals, die sie sich um die Ohren gebunden hatten, oder durch breite Schlapphüte, die so tief ins Gesicht gezogen waren, dass lediglich die Nasenspitze und das Kinn hervorschauten. Einige dieser Männer trugen seltsame Koffer oder Körbe mit sich, die sie mit Sacktuch verhängt hatten. Als Celia einen dieser Körbe ein wenig aus dem Weg schob, um sich vorbeizuzwängen, schrie sie plötzlich laut auf, sprang zur Seite und riss die Hand hoch. Irgendetwas hatte sie in den Finger gebissen oder gestochen.

Bei ihrer plötzlichen Bewegung hatte sie den Träger des Korbes angerempelt, wodurch dieser die Balance verlor und zur Seite wankte. Beinahe hätte er sich an der Petroleumlampe seines finster dreinschauenden Nachbarn das Gesicht verbrannt, doch im letzten Moment fand der Mann sein Gleichgewicht wieder. Dabei rutschte ihm der Schal, den er sich um das Gesicht gewickelt hatte, herunter.

»Verdammt, hast du keine Augen im Kopf?«, fauchte er Celia an.

»Entschuldigung«, murmelte sie, schaute in das hübsche Gesicht des jungen Mannes und erstarrte. Obwohl sich der Mann den Schal in Windeseile wieder umgelegt hatte, erkannte Celia das auffällige Muttermal auf seiner rechten Wange. Es hatte die Größe einer Half-Crown-Münze und die Form eines Herzens.

»Was gibt's da zu starren, Mädchen?«, fauchte der Mann. Er funkelte Celia böse an, hielt dann aber, nun seinerseits erstaunt, plötzlich inne.

Celia erinnerte sich, dass er die gleichen Worte auch am gestrigen Abend am Bahnhof Waterloo benutzt hatte. Sie fragte: »Soll ich mich wieder schleichen, Sir?«

Im nächsten Augenblick wurde sie an der Hand gegriffen und zur Seite gezerrt. Und ehe Celia wusste, wie ihr geschah, war sie dem Zug entkommen. Adam hatte sie hinausgezogen. Der schwarz gekleidete Mann schaute sich noch einmal zu ihr um, bevor er samt Korb in der Menge verschwand, die sich wie eine Lawine weiter nach Westen wälzte.

»Ist das immer so bei euren Märschen?«, fragte sie Adam. Sie wartete seine Antwort nicht ab, wischte sich ein klebriges Salatblatt von der Schulter und beeilte sich, von der Straßenecke und dem unseligen Marsch der Heilsarmee fortzukommen.

Adam hielt ihre Hand fest und folgte ihr. »Tut mir leid«, antwortete er schuldbewusst. »Ich kann mir auch nicht erklären, warum die Leute so feindselig sind. Glaub mir, ich wusste nicht, dass es so schlimm wird. Normalerweise belassen sie es bei Spottgesängen. Ich wollte zu dir, aber in dem Gedränge war das nicht möglich. Geht's wieder?«

Celia nickte, atmete tief durch und blieb stehen. Sie blickte dem Fackelzug hinterher, dessen letzte Teilnehmer gerade in die Church Street einbogen. Einige Kinder nahmen das liegen gebliebene Gemüse von der Straße und machten sich einen Spaß daraus, es den unverdrossen Singenden und Marschierenden hinterherzuwerfen. Ein Stück Sacktuch, das auf dem Pflaster lag, erinnerte Celia an den vermummten Mann mit dem verhängten Korb. Ihr Zeigefinger blutete ein wenig an der Kuppe, und die Wunde brannte.

In diesem Moment bemerkte auch Adam die Blessur. »Was ist passiert?«, fragte er und hob ihren Finger ins Licht der Straßenlaterne. »Du blutest ja. Hast du dich verletzt?«

»Es ist nichts«, antwortete Celia geistesabwesend und entwand ihm ihre Hand. Der Mann mit dem Muttermal auf der Wange wollte ihr nicht aus dem Kopf gehen. Gestern war er wie ein Gentleman gekleidet gewesen, mit Biberfell-Zylinder und edlem Gehrock, und hatte den Droschkenkutscher angewiesen, zur vornehmen Piccadilly in Westminster zu fahren. Heute hingegen lief er im ärmlichen East End in einer Tracht aus einfachem Manchester-Stoff herum, die an grobe Zimmermanns- oder Seemannskleidung erinnerte. Hätte Celia nicht das Muttermal gesehen und das Erkennen im Blick des Fremden, so hätte sie vermutlich gedacht, zwei verschiedene Männer getroffen zu haben. Doch es konnte kein Zweifel bestehen: Der Gentleman und der Schwarzgekleidete waren ein und dieselbe Person. Celia fühlte sich an die Schauernovelle von Dr. Jekyll und Mr. Hyde erinnert, die ihre Mutter vor einiger Zeit aus der Pfarrbücherei entliehen hatte und in der es um eine ähnliche Wandlung eines vornehmen Gentlemans gegangen war. Die Geschichte hatte ihrer ohnehin geschwächten Mutter nächtelang den Schlaf geraubt.

»Komm!«, riss Adam sie aus ihren Gedanken und deutete nach Norden, zur Hanbury Street. »Ich bringe dich zurück ins Heim.«

»Gibt es von hier aus keinen anderen Weg zum Ten Bells Pub?«, erwiderte sie und rührte sich nicht vom Fleck.

»Doch, den gibt es«, antwortete er überrascht. »Wir könnten den Umweg über die Hanbury Street gehen oder den direkten Weg über den Friedhof von Christ Church. Der reicht nämlich bis zur Brick Lane. Gleich da vorne befindet sich der Hintereingang. Wieso fragst du?«

»Begleitest du mich?«

»Über den Friedhof?«

»Macht es dir etwas aus?«

»Nein, natürlich nicht«, sagte er und wies auf eine unscheinbare Eisenpforte zwischen zwei backsteinernen Häusern, die nur einen Steinwurf von der Straßenecke entfernt war. »Ich verstehe bloß nicht.«

»Ich auch nicht«, entgegnete Celia und lachte unwillkürlich. Vielleicht weil sie sich selbst nicht eingestehen wollte, dass der junge Mann mit dem Muttermal der eigentliche Grund ihres seltsamen Handelns war.

Adam sah sie verwirrt an und schien einen erneuten Ausbruch zu befürchten, doch dann zuckte er mit den Schultern und meinte: »Es freut mich, dass du so erpicht darauf bist, Schwester Eva reden zu hören. Du wirst es nicht bereuen. Komm mit!«

Celia verschwieg, dass es nicht die Redekunst der Heilsarmistin war, deretwegen sie zum Ten Bells Pub wollte. Sie war sich auch nicht sicher, ob sie ihre Entscheidung nicht in Kürze bereuen würde. Dennoch folgte sie Adam über die Straße und zum Hintereingang des Kirchhofs.

Direkt hinter der Eisenpforte begann eine kopfsteingepflasterte Passage, die zwischen zwei hohen Mauern zum rückwärtigen Teil des Friedhofs führte. Zwischen den Häusern war es stockdunkel, doch als sie den Totenacker betraten, erkannte Celia im milchigen Licht des Vollmondes, dass dies der ärmere Teil des Geländes war, in dem auch Adams Frau und sein Kind begraben lagen. Hastig liefen sie über den menschenleeren Friedhof, und erneut fiel Celia auf, wie unwirklich und seltsam verwunschen er wirkte. Bei Nacht noch mehr als am Tage.

Als die beiden um die Kirche herumgelaufen und zum Vordereingang hinausgetreten waren, wurden sie auf dem Platz vor dem Kirchenportal von einem ohrenbetäubenden Konzert aus schiefer Blasmusik, inbrünstigem Gesang, missfälligem Pfeifen, belustigtem Grölen sowie lautstark skandierten Parolen empfangen. Der Fackelzug war am Ten Bells angekommen, und es war für Celia offenkundig, dass sich dort vor der Schänke etwas zusammenbraute. Je lauter die Gaffer herumpöbelten, desto eifriger sangen die Anhänger der Heilsarmee: »*Joyful, joyful will the meeting be!*« Je gellender das Pfeifen und Krakeelen wurde, desto schriller tönten die Bläser und desto heftiger hämmerten die Trommeln. Es war ein einziger, immer lauter werdender Missklang.

Adam führte Celia über einige Steinstufen zum höher gelegenen Säulenportal der Kirche, wo sich bereits andere Neugierige eingefunden hatten, um das zu erwartende Spektakel aus sicherer Entfernung verfolgen zu können. Celia und Adam drängten sich zwischen die Zuschauer, die auf einer breiten Mauer zwischen den Sockeln der Säulen standen und von ihrem Standpunkt aus sowohl den Fackelzug wie auch das Ten Bells im Blick hatten.

Während Celia und Adam sich ihren Platz suchten, beendete die Kapelle ihr musikalisches Getöse. Nun war es an Schwester Eva, ihre Predigt zu beginnen. Die Heilsarmistin stand auf einem kleinen hölzernen Podest mitten auf der Straße. Die zierlichen Hände zum Himmel gestreckt, als wollte sie den Herrn um Hilfe ansuchen, rief sie gegen den Lärm der Menge an: »Oft werde ich gefragt: ›Eva, warum predigst du auf der Straße vor den Elenden und Ärmsten, vor den Sündern und Trinkern, die dich obendrein mit Spott und Häme überschütten?‹«

Vereinzelt ließ sich höhnisches Gelächter vernehmen. Doch Eva ließ sich nicht beirren, schwenkte ihre Fackel wie ein Feuerschwert und fuhr fort: »Ich kann ihnen nur antworten, was ich auch euch zurufen möchte: Gott ist für ausnahmslos alle Menschen da, nicht nur für die Reichen und Glücklichen, sondern erst recht für die Armen und Ausgestoßenen. Wir Soldaten des Heils wollen uns nicht in Kirchen verschließen und hinter sogenannten Sakramenten verstecken, die zum bloßen Ritual verkommen sind, sondern wir wollen dorthin gehen und kämpfen, wo wir benötigt werden. Um uns den Menschen zu widmen, die uns wirklich brauchen.«

»Hier braucht euch niemand!«, schrie jemand aus einem Fenster im ersten Stockwerk des Ten Bells.

»Bist du da so sicher, Bruder?«, rief Eva und strahlte, als hätte sie nur auf diesen Einwand gewartet. »Mich braucht ihr vielleicht nicht, wohl aber den Herrn im Himmel. Denn Jesus Christus ist unser Retter. Er ist für uns gestorben, durch seinen

Tod am Kreuz hat er uns allen die Erlösung gebracht.« Sie lachte plötzlich wie ein Kind und rief: »Nun, wenn das keine gute Nachricht ist! Eine bessere kenne ich jedenfalls nicht.«

Während Adam neben ihr in das Lachen einstimmte, als hätte Eva einen Witz erzählt, und dabei aufgeregt Celias Hand so fest drückte, dass es sie beinahe schmerzte, hielt Celia unauffällig Ausschau nach den schwarz gekleideten Männern mit den Körben. Doch trotz des hellen Mondlichts war kaum etwas zu erkennen. Auch der Gentleman von der Waterloo Station war nirgends zu sehen.

»Es geht nicht darum, was ihr auf Erden an Leistungen erbringt oder wie viel Geld und Vermögen ihr zusammenrafft«, fuhr Eva derweil in ihrer Predigt fort. »Euer Geld wird an der Himmelspforte nichts mehr wert sein. Entscheidend ist, ob ihr an den Erlöser glaubt. Denn alle, die an ihn glauben, werden gerettet.« Sie beugte sich vor, wandte sich direkt an diejenigen, die dem Podest am nächsten standen, und rief triumphierend: »Ich wiederhole es noch einmal: *Alle* werden gerettet, egal welchen Rang oder welches Geschlecht sie haben. Wichtig ist allein der Glaube. Ihr werdet alle gerettet werden.«

»Wenn das so ist, warum gehst du dann nicht nach Hause, Schätzchen?«, brüllte ein schwarz gekleideter Mann. »Wenn wir ohnehin gerettet sind, ist ja alles in Butter.«

Einige der Umstehenden lachten und klatschten belustigt in die Hände.

»Dummer Kerl!«, schimpfte Adam.

Für einen kurzen Augenblick glaubte Celia, der Schwarzgekleidete könnte der Mann mit dem Herz auf der Wange sein, doch seine Stimme hatte viel tiefer geklungen, und er war mindestens einen Kopf kleiner als der geheimnisvolle Fremde aus der Droschke. Allerdings trug auch dieser Mann einen mit Tuch verhängten Korb in der Hand.

»Ihr müsst natürlich den Glauben zur Tat werden lassen«, fuhr Eva energisch fort und drehte sich auf dem Podest einmal im Kreis. »Wenn ihr an den Erlöser glaubt, könnt und werdet ihr nicht länger den Götzen dienen. Nicht dem Alkohol und nicht der Hurerei. Nicht der Prasserei, der Unzucht und nicht dem Verbrechen. Wenn ihr an Jesus, den Erlöser, glaubt, werdet ihr anders handeln und bessere Menschen sein, und das Himmelreich wird euch offenstehen. Allein durch euren Glauben. Weil euch dann das Heil sicher ist.«

»Das verstehe ich nicht«, rief ein Mann mit Schlapphut, der direkt an der schmalen Stiege stand, die zum Podest hinaufführte. »Wie kann der Glaube irgendetwas verändern? Wenn ich glaube, dass es morgen regnet, bedeutet das noch lange nicht, dass es tatsächlich regnet. Wie kann der Glaube Berge versetzen? Das klingt zwar tröstlich, aber es will mir nicht in den Kopf.«

»Dann benutze stattdessen dein Herz!«, erwiderte Eva, ging zu dem Mann und legte ihre Hand auf seine Schulter. »Der Glaube ist keine Sache des Kopfes, sondern des Herzens. Du musst ihn fühlen, mein Bruder!«

Celia hielt den Atem an. Sie hatte die Stimme des Mannes mit dem Schlapphut erkannt. Und sie sah weitere schwarz gekleidete Männer, die sich dem Podest genähert hatten und einen Ring darum bildeten.

Der Mann mit dem Schlapphut schien nach Evas Hand greifen zu wollen, doch im nächsten Augenblick wich er zurück, nahm den Hut vom Kopf und zog sich den Schal aus dem Gesicht.

Eva lächelte, als hätte sie einen Sieg errungen, und hielt ihre Fackel vor sein Gesicht. Doch im nächsten Moment fuhr sie erschrocken zurück. Sie starrte den Mann an, als hätte sie den Leibhaftigen vor sich stehen.

»Hat's dir die Stimme verschlagen?«, erscholl es aus der Schänke.

»Willst du uns nicht sagen, was wir tun sollen?«, rief jemand auf der Straße.

Eva hatte sichtlich Mühe, ihre Fassung wiederzufinden und den Blick von dem jungen Mann abzuwenden, der seinerseits wie verhext dastand. Schließlich schaute sie zum Himmel und rief: »Ich bin kein hochmütiger Theologe, ich will euch nicht befehlen, was ihr zu denken habt. Das überlasse ich den Besserwissern dort drüben.« Sie deutete zur Christ Church und setzte hinzu: »Glaubt an den Erlöser, und ihr werdet unweigerlich gerettet!«

»Und den Glauben sollen wir zur Tat werden lassen?«, kam von irgendwoher eine schneidende Männerstimme.

»Jawohl, den Glauben zur Tat werden lassen!«, bestätigte Eva und schaute sich suchend um. »So ist es! Nicht das Wort zählt, sondern die Tat.«

»Dann genug der Worte! Schreitet zur Tat, Männer!« Der Befehl schien direkt aus dem Himmel zu kommen. Als Celia den Kopf hob, sah sie mehrere Schatten auf dem Dach der Schänke, und im nächsten Augenblick brach ringsum die Hölle los.

Die Menge schrie auf, als mehrere Männer Banner und Fahnen entrollten und an langen Stäben in die Luft hielten. Auf einem dieser Banner waren ein Totenkopf und zwei gekreuzte Gebeine zu sehen, auf einem anderen erkannte Celia zwei Särge und darüber die Worte: »Blut und Donner«.

»Die Skeletons!«, rief Adam neben ihr.

»Wer?«, fragte Celia.

»Die Skeleton Army!«, antwortete Adam. »Bezahlte Schläger und Rüpel, die nichts anderes als Gewalt und Chaos im Sinn haben.«

»Wer bezahlt sie denn dafür?«, wunderte sich Celia.

»Die Wirte und Bordellbesitzer!«, rief Adam aufgebracht. »Wer sonst?«

Plötzlich flogen Lumpen und Stofffetzen vom Dach des Ten Bells und landeten mit seltsam klatschendem Geräusch auf den Teilnehmern des Fackelzugs. An den hellen Flecken auf den Kleidern konnte Celia erkennen, dass sie mit weißer Farbe oder Löschkalk getränkt waren. Bewegung kam in die lärmende Menge, doch die Heilsarmisten waren zwischen Kirche und Schänke wie eingezwängt. Und am Ende der Straße standen schwarz gekleidete Männer, die mit Knüppeln und langen Stäben dafür sorgten, dass niemand auf die Hauptstraße entkam.

Direkt neben dem Podest, auf dem Eva noch immer wie vom Blitz getroffen verharrte, entstand plötzlich ein noch größerer Tumult. Die Schwarzgekleideten, die dort einen Ring gebildet hatten, waren inzwischen ebenfalls zur Tat geschritten und hatten das, was sich in den Körben befunden hatte, freigelassen. Mit einem Mal wurden entsetzte Aufschreie laut: »Ratten! Pfui Teufel, wo kommen die vielen Ratten her! Weg da! Igitt!« Das Schreien der Menschen mischte sich mit dem Fiepen und Quieken der panischen Tiere, die umherrannten und in ihrer Not um sich bissen oder an den Beinen der Leute hochsprangen, was den allgemeinen Tumult noch verstärkte. Menschen prallten gegeneinander; manche von ihnen stürzten, andere trampelten und stolperten über die Gestrauchelten hinweg.

Inmitten des Durcheinanders und Geschrei verharrten zwei Menschen regungslos, als hätten sie Wurzeln geschlagen. Schwester Eva verharrte reglos wie eine Statue auf ihrem Podest. Ihr gegenüber, am Fuß der Stiege, stand der Mann mit dem Herz auf der Wange und schaute unverwandt zu ihr hinauf. Celia sah, dass der Korb in seiner Hand immer noch mit einem Sacktuch verhängt war.

Selbst als Lehmklumpen und Steine vom Dach der Schänke flogen und die Leute ihren Kopf einzogen und in Deckung gingen, stand Eva Booth noch wie ein Fels in der schäumenden Brandung und schaute um sich, als könnte sie nicht begreifen, was vor sich ging. Doch plötzlich wurde sie von einem Stein an der Stirn getroffen. Die Predigerin wankte, ließ die Fackel fallen, und für einen Augenblick sah es so aus, als würde sie vom Podest stürzen.

Adam stieß einen Schrei aus. Als Celia ihn anschaute, bekam sie einen nicht geringen Schreck. In seine Augen war ein bedrohliches Funkeln getreten, das so gar nicht zu dem besonnenen und gutmütigen Mann passte, als den sie Adam bislang kennengelernt hatte. Der Ausdruck in seinem Gesicht erinnerte sie an die Raserei ihres Vaters, wenn er sich volltrunken und vor Wut schnaubend auf ihre Mutter gestürzt hatte.

Adam war völlig außer sich. Noch bevor Celia ihn zurückhalten konnte, sprang er kurzerhand von der Mauer ins Getümmel, obwohl es für ihn kaum eine Möglichkeit gab, sich bis zum Podest durchzukämpfen.

Dabei schien es gar keine Notwendigkeit für sein Eingreifen zu geben. Der Mann mit dem Korb war bereits die Stufen hinaufgesprungen, um Eva aufzufangen. Doch dann geschah etwas Seltsames: Die Heilsarmistin, der das Blut übers Gesicht lief, fand das Gleichgewicht wieder, schüttelte sich, als wäre sie aus einem Traum aufgewacht, und verpasste dem Mann, der ihr zu Hilfe kommen wollte, eine schallende Ohrfeige, sodass dieser rücklings vom Podest fiel und auf dem eigenen Korb landete. Das Weidenholz splitterte, die Ratten sprangen heraus und stürzten sich auf den Mann, als wollten sie ihn auffressen. Celia hörte ihn schreien.

Im nächsten Augenblick spürte Celia eine Hand auf ihrer Schulter. Als sie erschrocken herumfuhr, schaute sie in das grinsende Gesicht von Heather.

»Was für ein Spektakel!«, sagte Heather. »Hab nicht zu viel versprochen, oder?« Ihre Wangen waren gerötet, der Blick war glasig, und ihr Atem roch nach Alkohol. »Aber jetzt lass uns verschwinden, Kindchen! Bevor die Ratten kommen. Hab keine Lust auf die Mistviecher!«

»Wo willst du hin?«, fragte Celia.

»Nach Shoreditch.«

»Jetzt?«

»Warum nicht?« Heather zuckte mit den Schultern. »Es ist

ja nicht weit. Wenn wir uns beeilen, kommen wir noch rechtzeitig zur zweiten Vorstellung. Aber du zahlst.«

Celia zögerte, doch Heather hatte sie bereits an der Hand gefasst und zog sie hinter sich her, die Stufen hinunter.

»Nun zier dich nicht so!«, rief Heather. »Kostet ja nur 'nen Penny.«

Celia nickte und fügte sich in ihr Schicksal.

ZWEITER TEIL

RUPERT INGRAM

»In real life, how many men and women fall in love?
Not one in every ten thousand, I am convinced. Not one married pair in ten thousand have
felt for each other as two or three couples do in every novel. There is the sexual instinct, of
course, but that is quite a different thing; the novelists daren't talk about that.«

(»Wie viele Männer und Frauen verlieben sich im wirklichen Leben? Nicht einer von zehntausend, davon bin ich überzeugt. Nicht eines von zehntausend Ehepaaren hat jemals füreinander empfunden, was zwei oder drei Paare in jedem Roman füreinander empfinden. Es gibt natürlich den sexuellen Trieb, aber das ist etwas völlig anderes; darüber wagen die Romanschriftsteller nicht zu reden.«)

George Gissing, »The Odd Women«, 1892

DONNERSTAG, 18. OKTOBER 1888

I

Wie immer, wenn ich von Dorking nach London zurückkehrte, hatte ich fürchterlich schlechte Laune. Die Donnerstage in Bury Hill waren mir ein Graus, und obwohl Meredith nichts Besonderes getan hatte, um meinen Unwillen zu erregen, machte ich sie dennoch für meine üble Stimmung verantwortlich. Einfach weil es sie gab und ich gezwungen war, mich mit ihr zu befassen. Das war höchst ungerecht, dessen war ich mir durchaus bewusst, aber ich konnte es nicht ändern. Manchmal wünschte ich mir fast, es wäre bereits Dezember und ich mit Meredith verheiratet, und sei es nur, um nicht länger vorgeben zu müssen, mich für sie zu interessieren. Als Mann und Frau würden wir zwar unter einem Dach leben, uns aber dennoch gegenseitig aus dem Weg gehen können – zumindest hatten es meine Eltern in dieser Disziplin zu einer wahren Meisterschaft gebracht. Als Verlobten wurde uns dieses eheliche Vorrecht jedoch nicht zugebilligt. Noch galt es, den Schein zu wahren und das holde und glückselige Paar zu mimen, obwohl allen bewusst war, dass die Ehe nur zustande kam, weil unsere Eltern es aus geschäftlichen Gründen für opportun befunden hatten.

Meredith war ein nettes und durchaus hübsches Mädchen, und ganz sicher war sie nicht dümmer als andere Backfische ihres Alters. Womöglich war sie mir sogar in echter Zuneigung zugetan, aber leider war sie genauso langweilig und ermüdend wie die obligatorische Partie Krocket, die ich bei jedem Besuch spielen musste. Mitunter wünschte ich mir, wenn ich mich auf den Weg zu dem herrschaftlichen Anwesen in Dorking machte, dass es den ganzen Tag wie aus Kübeln regnen möge. Auf diese Weise würde ich wenigstens um das vermaledeite Rasenspiel herumkommen.

An diesem Donnerstag hatte es mich besonders hart getroffen. Nicht nur hatte ich Meredith, um ihr eine Freude zu machen, wie üblich beim Krocket gewinnen lassen, zu allem Überfluss war ich nach dem Lunch auch noch von ihrem Onkel, Robert Barclay, in die Bibliothek gebeten worden, um bei einer Zigarre und einem Glas Sherry über Southwarker Bier zu sprechen. Ich hatte durchaus nichts gegen Bier einzuwenden. Anders als manche meiner Freunde war ich mir keineswegs zu fein für Porter, Stout und Ale, und viele der zahlreichen Sorten, die von Barclay, Perkins & Co. in Southwark gebraut wurden, schmeckten mir durchaus. Allerdings bevorzugte ich es, Bier zu *trinken* und nicht darüber zu *reden*. Mich interessierte es nicht, ob Biere ober- oder untergärig waren, wie viel Hopfen und Malz sie enthielten, wie ihr Export nach Russland verlief und ob das Flaschenbier dem Fassbier vorzuziehen sei.

Mr. Barclay war ungemein stolz auf seine Brauerei, und das konnte ich ihm nicht einmal verdenken, schließlich gehörte sie zu den größten und umsatzstärksten in England, wenn nicht der ganzen Welt. Doch die ständigen Lobhudeleien, die von mir erwartet wurden, ermüdeten mich beinahe ebenso wie das stümperhafte Krockieren, das ich mir angewöhnt hatte, um Meredith den Spaß am Gewinnen nicht zu nehmen. Die Familie Barclay, obwohl seit Generationen eine der reichsten im Lande, schien der ständigen Bestätigung zu bedürfen und sich nicht darum zu scheren, ob das Lob von Herzen kam. Und vielleicht bestand der eigentliche Grund für meine schlechte Laune in der Tatsache, dass ich diese Schmierenkomödie immer wieder mitspielte und den Barclays wie ein Speichellecker nach dem Mund redete. Und alles nur, um meinem Vater einen Gefallen zu tun. Beziehungsweise, um ihm zu gehorchen.

Was war ich doch für ein erbärmlicher Feigling! Dieser quälende Gedanke ging mir zum wiederholten Mal durch den Kopf, als der Zug aus Dorking in den Bahnhof Waterloo einfuhr. Ich verließ eilenden Schrittes die Gleise und bestieg auf dem Vorplatz eine Kutsche. Dabei stieß ich ein ärmlich gekleidetes Mädchen ziemlich rüpelhaft zur Seite. Für einen kurzen Moment tat mir meine Grobheit leid, doch in meiner trüben Stimmung hielt dieser Gedanke nicht lange an. Was stand das Mädchen auch so ungeschickt mit seinem billigen Koffer in der Gegend herum und versperrte mir den Weg? Zum Teufel mit ihm! Darum knurrte ich das Mädchen an, es solle sich schleichen, nannte dem Kutscher das Ziel der Fahrt, bestieg das Hansom Cab und warf mich in den Polstersitz.

»Ist aber 'n weiter Weg nach Whitechapel«, hörte ich den Kutscher sagen. »Keine Gegend für 'ne hübsche junge Miss. Schon gar nicht im Dunkeln.«

Erstaunt lehnte ich mich nach vorn und schaute aus dem Fenster.

»Danke, Sir! Ich komme schon zurecht«, entgegnete sie.

Ich betrachtete das Mädchen und konnte mir nicht recht erklären, warum ich mich für das auf den ersten Blick unscheinbare Ding plötzlich interessierte. Allein die Erwähnung des Stadtteils Whitechapel konnte es kaum sein, auch wenn meine Beziehung zum Londoner East End eine zugegebenermaßen sehr spezielle war. Und ihr Aussehen war es bestimmt nicht. Das Mädchen wirkte wie eine Dienstmagd oder Fabrikarbeiterin. Mit ihren braunen Kleidern und der mausgrauen Haube erinnerte sie mich an ein Aschenputtel. Allerdings hatte sie ein auffallend hübsches Gesicht, zwar allzu blass und schmächtig, aber durchaus anziehend. Vor allem ihre großen dunklen Augen fielen mir auf. Ich ertappte mich bei dem albernen Gedanken, wie das Mädchen wohl in einem Ballkleid und goldenen Pantoffeln aussehen würde.

»Wie alt bist du, Mädchen?«, fragte ich, während ich irritiert aus dem Fenster starrte.

»Sechzehn, Sir.«

»Sechzehn«, wiederholte ich, während sich die Kutsche in Bewegung setzte und ich das Mädchen aus den Augen verlor.

Zum Teufel mit ihr!, schimpfte ich innerlich mit mir. Im nächsten Augenblick hatte ich das Aschenputtel vergessen.

Etwa zwanzig Minuten später hatte sich die Kutsche durch den stockenden und chaotischen Feierabendverkehr bis zur Piccadilly durchgekämpft, und ich betrat im Laufschritt das Hotel meines Vaters, ohne dass sich meine Laune merklich gebessert hätte.

Das Hatchett's Hotel, das seit Generationen im Besitz meiner Familie war, aber aus Gründen der Tradition und der demonstrativ zur Schau gestellten Bescheidenheit nicht Ingram's hieß, sondern immer noch den Namen des einstigen Gründers, Abraham Hatchett, trug, war eigentlich ein durchaus erbaulicher Anblick. Das fünfstöckige Haus war erst vor wenigen Jahren von Grund auf renoviert und innen wie außen herausgeputzt worden. Die Fassade war ringsum mit allerlei Ornamenten, verzierten Erkern und barock wirkenden Schweifgiebeln versehen, und auch im Inneren hatte das Hotel neben dem üblichen luxuriösen Interieur alles zu bieten, was der gehobene Gast von einer feinen Adresse im West End erwarten durfte: elektrisches Licht auf allen Zimmern, Telefonanschluss im Salon und in der Lobby sowie ein elektrischer Aufzug, auf den mein Vater besonders stolz war, weil er über automatisch schließende Sicherheitstüren verfügte. Die meisten der Suiten verfügten seit dem Umbau sogar über einen eigenen Wasseranschluss im Bad. Und dennoch hatte ich stets ein mulmiges und unbehagliches Gefühl, wenn ich das Gebäude betrat. Ich hatte meine Kindheit und Jugend in diesem Hotel verbracht, in dem ich mir immer wie ein notgedrungen geduldeter, nicht zahlender Gast vorgekommen war. Überhaupt hatte ich nie begriffen, warum Vater stets darauf bestanden hatte, in seinem Hotel zu wohnen. Von der Miete, die er für die privat benutzten Suiten bekommen hätte, hätte er sich ein eigenes Haus in der Nähe halten können. Doch Vater war mit dem Hotel wie verwachsen, für ihn war das Hatchett's der Lebensmittelpunkt. Sein Ein und Alles.

»Guten Abend, Sir«, wurde ich von Bellamy, dem alten Hauptportier, in der Lobby begrüßt. »Ich hoffe, Sie hatten eine angenehme Reise.« Er verneigte sich und nahm mir Mantel und Zylinder ab. »Ihr Herr Vater wartet bereits auf Sie.«

Ich nickte zum Gruß, stellte den Koffer ab und fragte: »Ist er in seinem Büro?«

»In der Beletage. Jawohl, Sir! Soll ich den Koffer hochbringen lassen?«

»Nicht nötig, ich bleibe nur kurz«, wehrte ich ab und schmunzelte. Beletage! Das war typisch für den alten Portier. Mit dem Aufzug gelangte man ohne Probleme bis ins Dachgeschoss, das zudem das hellste aller Stockwerke war, doch für Bellamy war das erste Stockwerk immer noch »die schöne Etage« der Herrschaft.

Während Bellamy die Sachen zur Garderobe im Salon brachte, beeilte ich mich, auf leisen Sohlen an der Rezeption vorbeizuschleichen, an der sich mein ältester Bruder Mortimer gerade mit dem Empfangschef unterhielt. Als ich die breite Treppe, die am Ende der Halle in einem großen Bogen nach oben führte, bereits erreicht hatte, entdeckte er mich doch noch. »Na, du Schürzenjäger, wie war Bury Hill?«, rief er mir nach.

»Ich hab im Krocket verloren«, antwortete ich mit einem schiefen Grinsen.

»Mach dir nichts daraus, man gewöhnt sich daran«, sagte er und hob die Augenbrauen. Es war offenkundig, dass er nicht nur das Krocket meinte. Mortimer hatte – ebenso wie unser gemeinsamer Bruder William – bereits hinter sich gebracht, was mir als jüngstem Ingram-Sohn noch bevorstand: Er war von unserem Vater mit Deborah, der Tochter eines Kaffeegroßhändlers aus Chelsea, verheiratet worden. Nun führte Mortimer gemeinsam mit Vater das Hatchett's, was nichts anderes bedeutete, als dass er kommentarlos abnickte, was der »Herr Vater« beschloss. Er lebte mit Frau und Kindern im ersten Stock, Tür an Tür mit dem Patriarchen. In der Beletage!

»Hast du Mr. Barclay die Pläne vorgelegt?« Mortimer strich sich über den Schnurrbart, der direkt unter der Nase eine seltsame Lücke aufwies, als wäre er beim Rasieren mit der Klinge abgerutscht.

»Für das Kaffeehaus?«, fragte ich und nickte im selben Augenblick. »Er will es sich überlegen, aber er schien nicht begeistert von der Vorstellung, seinem Anchor Pub an der Themse selbst Konkurrenz zu machen.«

»Es wäre keine Konkurrenz«, erwiderte Mortimer beleidigt. »Ein Kaffeehaus ist keine Kneipe. Ich hoffe, du hast ihm das erklärt, Rupert!«

»Ja, das hab ich«, versicherte ich ihm. Es ist vor allem keine gute Idee, setzte ich in Gedanken hinzu. Schon gar nicht in Southwark, wo hauptsächlich Fabrikarbeiter und Seeleute wohnten. Mortimers Welt schien immer noch die des 18. Jahrhunderts zu sein, als gediegene Kaffeehäuser en vogue gewesen waren und unser Urahn Jeremiah Ingram mit einem solchen Coffee House an der Piccadilly den Reichtum der Familie Ingram begründet hatte. Heutzutage entstanden überall in der Stadt lärmende Vergnügungspaläste und mehrstöckige Music Halls, in denen sich sowohl die Gutbetuchten als auch einfache Leute unter einem Dach tummelten – wenn auch auf verschiedenen Etagen. Doch für Mortimer lag die Zukunft nach wie vor im distinguierten Kaffeeplausch, als wäre London niemals aus dem vorindustriellen Dornröschenschlaf erwacht. Vielleicht hatte ihn aber auch sein Schwiegervater, der Kaffeehändler, in dieser Hinsicht bearbeitet.

»Er lässt es sich durch den Kopf gehen«, wiederholte ich, obwohl ich wusste, dass Mr. Barclay die Pläne längst als altmodischen Unfug abgetan hatte.

Mortimer machte ein mürrisches Gesicht und knurrte: »Vater wartet ...«

»… bereits auf mich«, setzte ich den Satz fort und nickte. »Ich weiß.«

Ich lief die breite Treppe hinauf und wurde vom Etagendiener mit einem Bückling begrüßt. Bereits als ich mich dem Büro am Ende des Flurs näherte, hörte ich die Stimme meines Vaters durch die von innen mit dickem Stoff beschlagene Flügeltür. Wenn Harvey Ingram derart brüllte, dass man ihn im ganzen Hotel hörte, konnte das nur eines bedeuten: Er telefonierte!

»So kann das mit dem Jungen nicht weitergehen!«, hörte ich meinen Vater poltern. »Wir müssen ihn endlich zur Vernunft bringen! … Mag sein, aber das ändert doch nichts, oder hattest du bisher den Eindruck? Er führt sich auf wie ein Halbwüchsiger! … Hoffen wir's! … Ich weiß mir einfach keinen Rat mehr! Wenn eure Mutter doch nur noch leben würde!« Dann folgten ein bitteres Lachen und ein Stoßseufzer: »Sonst müssen es die Barclays eben richten!«

Ich schluckte und überlegte, ob ich noch länger horchen oder mich schleunigst verdrücken sollte, doch dann klopfte ich zweimal fest an die Tür und trat im selben Augenblick ein.

»Oh, Rupert!«, rief mein Vater überrascht, fuhr hinter seinem Schreibtisch in die Höhe und räusperte sich. »Gut, dass du da bist, mein Junge. Ich sprach gerade mit William über dich.« Er hängte den Hörer an den Haken, ohne sich zuvor von meinem Bruder verabschiedet zu haben.

»Das war nicht zu überhören. Deine Stimme schallt über den gesamten Flur.« Ich deutete auf den klobigen Tischapparat, der beinahe die Hälfte des Schreibtisches einnahm, und setzte grienend hinzu: »Das ist ein Telefon, Vater, und keine Sprachtrompete. Wenn du in dieser Lautstärke schreist, kann William dich in der Dover Street auch ohne elektrischen Transmitter hören.«

»Sicher, mein Junge, sicher.« Er fuhr sich nachdenklich mit der rechten Hand durch seinen imposanten grauen Vollbart. »War's schön in Dorking? Wie geht's Meredith? Sind alle wohlauf in Bury Hill? Hast du mit Mr. Barclay gesprochen?«

Da ich nicht wusste, auf welche der hastig vorgetragenen Fragen ich antworten sollte, nickte ich lediglich und harrte der Dinge. Ich warf einen flüchtigen Blick auf das großformatige Gemälde, das mein Vater vor einigen Jahren, kurz nach dem Tod unserer Mutter, direkt über seinem Schreibtisch hatte anbringen lassen. Das allzu süßlich geratene Bildnis eines Hirtenmädchens war von uns Ingram-Söhnen »Die Frau in Weiß« getauft worden – nach einem Lieblingsroman unserer Mutter und weil die weiß gekleidete junge Frau, die darauf verträumt zwischen Ziegen und Schafen auf einer Weide hockte, an die berühmte Titelfigur des Romans erinnerte. Ich konnte dieses sentimentale und abgeschmackte Gemälde niemals anschauen, ohne mich innerlich vor Widerwillen zu winden. Und ich hatte nie herausgefunden, was unseren Vater veranlasst hatte, es zu kaufen oder in Auftrag zu geben. Er behauptete, das Bild erinnere ihn an unsere Mutter, doch von einer auch nur angedeuteten Ähnlichkeit konnte überhaupt keine Rede sein.

»Ihr habt also gesprochen, das ist gut.« Mein Vater schob sich die Brille auf die Nasenwurzel und starrte in den schwarzen Sprachtrichter, als schaute er in den Schlund eines Raubtiers. »Und worüber?«

»Worüber *was*?« Ich nahm eine Zigarette aus dem silbernen Etui, das ich aus der Innentasche meines Gehrocks geholt hatte.

»Worüber habt ihr gesprochen?«

»Du meinst, Mr. Barclay und ich?«, fragte ich verwirrt, zündete mir die Zigarette mit einem Streichholz an und sagte dann: »Über Bier.«

»Das ist gut«, wiederholte er und lächelte seltsam. »Bier ist gut.« Er wirkte beinahe erleichtert oder überrascht.

»Ich dachte, du magst kein Bier«, wunderte ich mich und stieß eine Rauchwolke aus. »Du bekommst davon Sodbrennen.«

»Das stimmt allerdings, fürchterliches Gebräu«, brummte

er und schaute mich verwirrt an. »Aber dass ihr darüber gesprochen habt, das finde ich gut. Wurde ja auch Zeit. Du hast also keine Einwände?«

»Gegen Bier?« Ich verstand nicht recht. Was in Gesprächen mit meinem Vater allerdings sehr häufig vorkam. So klar und bestimmt Harvey Ingram als Geschäftsmann und Hotelier auftreten konnte, so wirr und unverständlich verhielt er sich oft als Vater und Familienhaupt.

»Warum sollte ich etwas gegen Bier haben?«, fragte ich. »Ich bin doch kein Snob.«

»Nein, natürlich nicht. Das ist wunderbar! So schlimm ist Southwark auch gar nicht.« Er klopfte sich mit der rechten Hand auf den Oberschenkel und nickte zufrieden. »Das wäre also geklärt.«

»Southwark?«, wunderte ich mich. »Was ist damit?«

»Ich meine die Brauerei. Barclay und Perkins. Du weißt schon.«

Ich wusste nicht, nickte aber dennoch.

»Sehr gut, jawohl!«, rief er erleichtert. »Das freut mich ungemein, dass ihr euch einig geworden seid. William hat auch nichts dagegen einzuwenden.« Dann setzte er plötzlich eine gequälte Miene auf, deutete auf die Zigarette in meiner Hand und fragte: »Musst du immer dieses grässliche Kraut rauchen? Ich hab dir doch zu deinem Geburtstag eine Kiste Habanos geschenkt. Diese stinkenden ägyptischen Papierstängel sind was für Soldaten und Sozialisten.«

»Mir schmecken sie.« Ich wartete auf Weiteres, doch er schien meine Anwesenheit bereits wieder vergessen zu haben und beugte sich über irgendwelche Papiere auf seinem Schreibtisch. Es sah aus wie das Londoner Telefonbuch. Ich wandte mich zur Tür und fragte: »Gibt es sonst noch was? Ich bin müde und würde mich gern hinlegen.«

Mein Vater fuhr aus seinen Gedanken hoch, schaute verwirrt drein und hob abwehrend die Hände. »Wir reden morgen weiter. Ruh dich erst einmal aus, mein Junge.« Er machte ein Gesicht, als wäre er sehr zufrieden mit sich. »Wir reden morgen.«

Stirnrunzelnd verließ ich das Büro und schloss die Tür. Von draußen hörte ich die laute Stimme meines Vaters: »Ja, hallo! Geben Sie mir bitte Mayfair 369!«

»Einig geworden«, gingen mir seine Worte durch den Kopf. Was hatte er bloß damit gemeint? Und wogegen hatte William nichts einzuwenden?

2

Obwohl nur einen Steinwurf vom Hatchett's Hotel entfernt, unterschied sich das Crown Hotel in der Dover Street doch merklich vom Etablissement an der Piccadilly. Während sich das Hatchett's über die Jahrhunderte aus einer alten Postkutschenstation und Schänke zu einer feinen Adresse entwickelt hatte und gerade nach der Renovierung beinahe aufdringlich als luxuriöses Hotel mit großem Empfangsbereich erscheinen wollte, war das Crown ein etwas fadenscheinig umgebautes Wohnhaus, das von außen mit seiner dunklen Backsteinfassade recht unscheinbar und im Inneren allzu unübersichtlich wirkte. Zwar gab es auch hier eine Rezeption und einen Salon samt Speisesaal, doch das Hotel machte einen improvisierten und unfertigen Eindruck. Eben wie ein Wohnhaus, das vor einigen Jahren notdürftig und ohne großen baulichen Aufwand den neuen Aufgaben angepasst worden war.

Offiziell führte ich gemeinsam mit meinem zweitältesten Bruder William das Hotel, doch in Wirklichkeit überließ ich William nur zu gern und bereitwillig Leitung und Verantwortung und beschränkte meine Tätigkeit aufs Repräsentieren und Parlieren. William war ohne jeden Zweifel der begabtere Geschäftsmann und geschicktere Organisator von uns beiden und hatte mich quasi vom Vater aufs Auge gedrückt bekommen, um mir eine sinnvolle und charakterbildende Beschäftigung zu verschaffen. William hatte sich auf diesen Kuhhandel vermutlich nur deshalb eingelassen, weil er selbst – wie er sehr wohl wusste – auf andere Menschen einen eher spröden und wenig gewinnenden Eindruck machte und sich lieber um die Bücher und Finanzen als um die Klientel und das gesellschaftliche Leben während der lärmenden Londoner Saison kümmerte. In gewisser Weise waren wir Brüder, so grundverschieden wie wir waren, eine Symbiose eingegangen, zum gegenseitigen Nutzen und Vorteil. William, der enorm fleißig war und dem die tägliche Kärrnerarbeit nichts auszumachen schien, war die Seele und das Hirn des Hotels, ich fungierte gewissermaßen als Aushängeschild und Visitenkarte.

Für mich hatte die nicht gerade zeitraubende Tätigkeit im Crown Hotel den Vorteil, dass ich eine eigene, wenn auch recht schlichte Wohnung unter dem Dach besaß, die ich über einen getrennten Zugang zum unbewohnten Dachboden des Hinterhauses betreten konnte, ohne dem Empfangsbereich des Hotels zu nahe zu kommen. Die von William angebotenen Zimmer im ersten Stock hatte ich dankend abgelehnt. Die Mansarde reiche mir vollends, hatte ich mit betonter Bescheidenheit behauptet. Ruhe und Ungestörtheit seien mir wichtiger als eine vorzeigbare Suite oder ein Telefonanschluss. Auch auf elektrisches Licht und fließendes Wasser könne ich gut verzichten. Dass mir die Nähe zu den Dienstmädchen, die, nur durch eine Schiebewand von mir getrennt, im selben Stockwerk wohnten, nicht ganz ungelegen kam und für allerlei Abwechslung zu sorgen versprach, hatte ich tunlichst verschwiegen.

William, selbst ein eher biederer Bürger und Ehemann, schien mich für einen verhinderten Künstler und verkappten Dandy zu halten. Er betrachtete das Wohnen unterm Dach als eine der vielen Marotten seines kleinen Bruders und hinterfragte diese seltsamen Schrullen nicht. Ihm war alles recht, solange ich ihm beim Tagesgeschäft nicht ins Handwerk pfuschte und stattdessen bei den obligatorischen Diners und Empfängen eine gute Figur abgab und das Crown Hotel als junges, aufstrebendes, aber nicht zu kostspieliges Hotel für Geschäftsleute und Familien im Gespräch hielt.

Als ich die winzige Lobby des Hotels betrat, kam mir Gray, einer der beiden Laufburschen, entgegen und begrüßte mich freudig: »'n Abend, Boss.«

»Guten Abend, Sir«, verbesserte ich und schlug dem Jungen mit meinen weißen Handschuhen spielerisch auf den Kopf. »Wann lernst du das endlich, Gray? Du musst auf deinen Mund aufpassen!«

»'tschuldigung, Boss«, antwortete Gray. »Werd's mir merken. Ist aber nicht so einfach. Mein Mund macht nämlich nicht immer, was ich will, Boss ... äh ... Sir!«

Ich schüttelte den Kopf und war froh, dass William nicht Zeuge der Begrüßung gewesen war. Auch der kleine Gray war, wenn man so wollte, eine meiner eigenwilligen Marotten. Ich hatte den fünfzehnjährigen Jungen, der eigentlich Graham Maggott hieß, vor einigen Monaten in einer Schänke in Spitalfields aufgelesen und aus einer Laune heraus als Laufburschen und Handlanger fürs Crown Hotel rekrutiert, obwohl er als ungehobelter Schankjunge nicht die geringste Eignung für eine Tätigkeit in einem Hotel im West End besaß. Ich wusste selbst nicht genau, wieso mir der Junge auf Anhieb so ans Herz gewachsen war. Vielleicht war es die unbekümmerte und offenherzige Art des Bengels gewesen, die mich ebenso erstaunt wie erheitert hatte. Womöglich hatte ich aber auch nur Mitleid mit dem Kleinen gehabt, denn Gray war durch ein riesiges, bläulich schimmerndes Muttermal entstellt, das fast seine gesamte linke Gesichtshälfte überzog. Schließlich wusste ich, was es bedeutete, mit einem auffälligen Leberfleck bestraft zu sein. Auch wenn mein Wangenherz nicht annähernd so verunstaltend war wie Grays blaue Gesichtshälfte.

Als mein Bruder den Jungen zum ersten Mal gesehen hatte, war er vor Zorn beinahe explodiert und hatte »die hässliche Fratze«, wie er ihn nannte, aus dem Haus werfen wollen. Doch ich hatte darauf bestanden, dem Jungen eine Chance zu geben, und meinen Bruder schließlich mit dem Argument geködert, einem Burschen wie Gray nur die Hälfte des üblichen Lohns zahlen zu müssen. Gray hatte seine Chance bekommen und sie wider Erwarten genutzt, denn was ihm an Bildung, Manieren und Höflichkeit abging, das machte er mit Eifer und unbedingter Ergebenheit wett. Und der halbe Lohn war immer noch um einiges höher als das Hungergeld, das er zuvor im Ten Bells Pub verdient hatte.

»Wo ist mein Bruder?«, wandte ich mich an den Laufburschen.

»In der Küche«, antwortete Gray. »Er streitet mit dem Metzger über die Rechnung. Der Boss sagt, dass Mr. Morrison ihn übern Tisch gezogen hat, und Mr. Morrison sagt, dass der Boss ihn übern Tisch ziehen will.« Er zwinkerte mir verschwörerisch zu und meinte: »Ich glaube, der Metzger hat recht und der Boss wird 'nen ordentlichen Rabatt raushandeln.«

»Sähe ihm ähnlich«, bestätigte ich lächelnd und wurde im nächsten Moment ernst. »Warum bist du überhaupt hier vorne, Gray? Du weißt doch, dass du dich nicht ungefragt in der Lobby blicken lassen sollst.« Ich schaute zur Rezeption, die jedoch in diesem Augenblick nicht besetzt war, und befahl: »Scher dich ins Dienstbotenzimmer, bevor dich jemand sieht!«

Gray schaute zu Boden, als wollte er sein Gesicht verstecken. »Ich hab Sie kommen sehen und wollte nur Bescheid geben, dass der Verrückte wieder da war und nach Ihnen gefragt hat.«

»Welcher Verrückte?«

»Der Verrückte von St. Giles. Der bärtige Glatzkopf mit den komischen Augen und den bunten Fingern.« Er blickte kurz auf und gleich wieder nach unten. »Er hat gesagt, er hat was für Sie. Und Sie sollen's sich gleich anschauen. Er ist heut Abend am üblichen Ort, hat er gemeint.«

»War er nüchtern?«

»Gezittert hat er wie Espenlaub«, sagte Gray. »Scheint lange nichts getrunken zu haben. Hat gesagt, es wär eilig. Und es würd sich für Sie lohnen.«

»Danke, Gray«, erwiderte ich und schüttelte abwehrend den Kopf, als er mir Mantel und Hut abnehmen wollte. »Das bleibt unter uns. Verstanden?«

»Jawohl, Boss! Wie immer.«

Auf Grays Loyalität und Diskretion konnte ich mich verlassen. Nicht zum ersten Mal beglückwünschte ich mich zu dem Einfall, den sonderlichen Jungen ins Crown zu holen. Obwohl ich so gut wie nichts über ihn und seine Herkunft wusste, war Gray Maggott mir in gewisser Weise ein Vertrauter geworden, jedenfalls in Angelegenheiten, die das Tageslicht scheuten und von denen meine Familie nichts wissen durfte. Der verrückte Simeon gehörte eindeutig zu dieser Art von Angelegenheiten, auch wenn er nicht halb so verrückt war, wie Gray offensichtlich glaubte.

»Und jetzt schleich dich!«

Der Junge verschwand mit einem Bückling in Richtung Dienstbotenzimmer, das sich direkt neben der verwaisten Rezeption befand, und auch ich hatte es eilig, hinauf in meine Mansarde zu gehen, mich frisch zu machen und umzuziehen. Mit Zylinder, Weste und Gehrock konnte ich mich unmöglich in den Kneipen von St. Giles blicken lassen.

Als ich die unbequeme Kleidung abgelegt hatte und in Hemd und Unterhose in meinem Arbeitszimmer stand, das nur unwesentlich geräumiger war als die winzige, spitz zulaufende Schlafkammer nebenan, fiel mein Blick auf das Buchregal neben dem Schreibtisch, und erneut überfiel mich die schlechte Laune, die mich schon auf der Rückfahrt von Dorking gequält hatte. Zwar waren die Fächer im Regal leidlich mit gebundenen Büchern und einigen preiswerten Yellow Backs gefüllt, doch der Gedanke an den Schatz, den ich heute Nachmittag in den Händen gehalten hatte und der nun weiterhin in der Bibliothek von Bury Hill verstaubte, vergällte mir beinahe die Freude an der Literatur. Als ich mit Mr. Barclay rauchend in der Bibliothek gestanden und mich über Bier, Southwark und Mortimers alberne Kaffeehaus-Pläne unterhalten hatte, war mir ein mit goldenem Blütenmuster verziertes Buch im Regal aufgefallen, das sich merklich von den übrigen Groschenromanen und gängigen Klassiker-Nachdrucken unterschied, die sich im Bücherschrank der Barclays sonst so tummelten. Während Mr. Barclay von seinen Geschäftsideen, seiner florierenden Brauerei, seinem noch minderjährigen Sohn und irgendwelchen Umbauten auf dem Werksgelände in

Southwark faselte und ich eifrig dazu nickte, obwohl ich gar nicht richtig zuhörte, griff ich wie beiläufig nach dem Buch und starrte es an, als hielte ich den Heiligen Gral in der Hand.

Es handelte sich um eine Originalausgabe von Oscar Wildes Erstlingswerk »Poems«, mit glasiertem und golden emailliertem Pergamenteinband und handgeschöpftem Papier. Nur sehr wenige Exemplare dieser aufwändig und liebevoll gestalteten Gedichtsammlung waren vor etwa sieben Jahren gedruckt und vom Autor höchstpersönlich an ausgewählte Personen übergeben worden. Wie Mr. Barclay in den Besitz dieses Werkes gelangt war, konnte ich mir nicht erklären, aber als ich das Buch aufklappte, sah ich, dass der Schriftsteller es auf der ersten Seite signiert hatte. Wie ich aus einem früheren Gespräch wusste, hielt Merediths Onkel die Literatur und überhaupt jede Art von Kunst für nichtigen Tand, der allenfalls dazu diente, das Einschlafen zu beschleunigen oder, falls es sich um ein Gemälde handelte, etwas Abwechslung ins Tapetenmuster zu bringen.

Perlen vor die Säue!, schoss es mir erneut durch den Kopf. Vielleicht hatte ich auch deshalb so wenig auf den Inhalt des Gesprächs mit Mr. Barclay geachtet, weil ich die ganze Zeit mit dem Gedanken beschäftigt war, ob ich das Buch nicht einfach einstecken und unbemerkt in meinen Besitz bringen sollte. Der Verlust wäre Mr. Barclay vermutlich gar nicht aufgefallen, ja, wahrscheinlich hatte er nicht einmal die leiseste Ahnung, welch ein kostbares Kleinod sich in seiner achtlos zusammengestellten Bibliothek befand. Doch ich hatte mich nicht getraut, das Buch vor seiner Nase zu entwenden, und als ich nun in meiner Mansarde stand und an die vertane Chance dachte, ärgerte ich mich maßlos über meine Feigheit.

Ich schleuderte die Manschettenknöpfe und die Krawatte auf den Schreibtisch, ging nach nebenan, warf mich aufs Bett und starrte missmutig Löcher in die Luft. Wie so oft in den letzten Jahren schalt ich mich für meine eigene Rückgratlosigkeit und meinen fehlenden Mut, Dinge zu tun und Chancen zu ergreifen, die Vergnügen oder Befriedigung versprachen. Stattdessen war ich auf dem besten Weg, ein Mädchen zu heiraten, das mich nicht interessierte, ich führte ein Hotel, das mir herzlich gleichgültig war, und versuchte meinem Vater zu gefallen, obwohl er seit Jahren beharrlich die Tatsache ignorierte, dass ich für ein Leben, wie er es sich vorstellte, einfach nicht geschaffen war.

Doch was genau wollte ich? Was sollte ich mit meinem Leben anfangen? Auch darüber war ich mir nicht im Klaren. Ich wollte etwas anderes, das war das Einzige, was ich wusste. Und wie ein kleines Kind machte ich alberne Pläne für die Zukunft. Mal wollte ich ein Schriftsteller sein und die Welt mit Gedichten und Geschichten in Erstaunen versetzen. Dann wieder glaubte ich, es stecke ein Maler oder Zeichner in mir, dessen Bilder sichtbar machen konnten, was dem Auge sonst verborgen blieb. Oder ich hielt mich für einen potenziell begabten Schauspieler, dessen einziges Manko es war, noch keine Theaterbühne betreten zu haben.

Wie aber sollte ich ein solcher Künstler werden, wenn ich nichts zu erzählen, abzubilden oder darzustellen hatte? Ich hatte in meinen dreiundzwanzig Jahren noch nichts erlebt oder am eigenen Körper erfahren, das sich künstlerisch aufzuarbeiten lohnte. Worüber also sollte ich mich auslassen? Was hatte ich schon mitzuteilen? Nichts! Mal ganz abgesehen davon, dass ich gar nicht wusste, ob ich irgendeine Art von Talent besaß.

Vielleicht war das Grund für meine nächtlichen Fluchten nach Southwark oder ins East End. Um mir ein fremdes Leben anzueignen, das meinem eigenen widersprach und wenigstens den Anschein erweckte, aufregend zu sein. Ich wusste sehr wohl, dass es eine Art Kostümierung war, ein Mummenschanz, der dazu diente, mich mit Menschen und Möglichkeiten in Verbindung zu bringen, die mir im wirklichen Leben verschlossen blieben. Nicht nur die Kleidung wechselte ich, auch meine Sprache konnte ich mittlerweile dem derben Cockney-Slang so anpassen, dass niemand das Schauspiel bemerkte. Niemand außer mir.

Doch wenn ich mich in den Kneipen an der Bankside, den Hurenhäusern von Whitechapel oder den Opiumkellern von Limehouse herumtrieb, dann machte ich mir keine Gedanken über diesen Selbstbetrug, sondern ließ mich wie willenlos treiben und mitreißen. Es war wie ein erregender Schwindel, der mich erfasste und taumeln ließ. Als stünde ich vor einem Abgrund und schaute fasziniert, wenn auch mit zittrigen Knien, in die Tiefe. Ein prickelndes und elektrisierendes Gefühl. Auch wenn das Aufwachen am nächsten Morgen oft mit Ekel oder Schamgefühl verbunden war. Und mit einem bösen Kater obendrein.

Simeon hatte einmal gesagt, ich müsse kein Schauspieler mehr werden, weil ich längst einer sei. Ein ziemlich überzeugender sogar. Und die Huren, der Pöbel und die Gauner in den Slums seien mein unwissendes Publikum. Auch er sei einmal ein solcher Schwindler und eitler Narr gewesen, doch dummerweise gehöre er nun tatsächlich auf die andere Seite und müsse nicht länger nur so tun, als sei er ein Teil des Londoner Abschaums.

Der Gedanke an Simeon ließ mich zusammenfahren. Rasch zog ich die schwarze Zimmermannskleidung an, die ich in einem Weidenkoffer unter dem Bett versteckt hatte, verließ meine Wohnung über den Dachbodenausgang und trat, den Schlapphut tief ins Gesicht gezogen, in den unbeleuchteten Hof, von dem aus mehrere gemauerte und überdachte Passagen in unterschiedliche Richtungen führten. Einer dieser schmalen Durchlässe führte zur kleinen Kapelle von St. George, und von dort zweigte ein weiterer Schleichweg zur viel befahrenen Bond Street ab, wo ich einen Omnibus in Richtung Holborn bestieg. Dass auf dem Oberdeck des Busses für eine neue Bierkreation meines zukünftigen Schwiegeronkels geworben wurde, kam mir wie ein schlechter Scherz vor.

3

The Rookery Inn war eine ebenso unbedeutende wie unscheinbare Kneipe am nördlichen Ende der Drury Lane. Nicht so heruntergekommen und schäbig wie manch anderer Pub in St. Giles, aber auch nicht gerade vornehm oder respektabel zu nennen. Ihren seltsamen Namen hatte die Kneipe nach der Bezeichnung des berüchtigten Armen- und Gaunerviertels, das bis vor wenigen Jahrzehnten rund um die Kirche von St. Giles-in-the-Fields bestanden hatte. Die Rookery war zum Synonym für Hurerei, Alkohol, Glückspiel und Verbrechen aller Art geworden, und auch wenn man einen Großteil des Slums abgerissen hatte, um die New Oxford Street zu errichten und die Gegend auf diese Weise aufzuwerten, hatte St. Giles seinen zwielichtigen Ruf damit keineswegs verloren. Es wimmelte immer noch von Kneipen und Bordellen, und statt der obszönen Kellertheater und verruchten Wetthöhlen von einst gab es nun das Arbeitshaus in unmittelbarer Nachbarschaft.

Die Nähe zum Arbeitshaus war der Grund, warum Simeon sich mit Vorliebe im Rookery Inn verabredete, denn in dem Armenhaus der Gemeinde wohnte er als einer der vielen Besitz- und Obdachlosen, die sich keine eigene Wohnung leisten konnten. An diesem Ort erhielten all jene, die einer geregelten Tätigkeit nachgingen, ein Bett in einem der riesigen Schlafsäle und zwei dünne Mahlzeiten pro Tag. Das Arbeitshaus bot Simeon die Möglichkeit, weitgehend unbehelligt als Künstler zu arbeiten, denn ob er nun Bilder und Zeichnungen anfertigte oder sonstige Tätigkeiten wie Wergzupfen oder Steineklopfen verrichtete, war den Leitern und Aufsehern des Hauses herzlich egal. Ihnen ging es nur darum, die Ärmsten der Armen von der Straße fernzuhalten und irgendwie zu beschäftigen, damit sie nicht auf dumme oder gar umstürzlerische Gedanken kamen. Dass Simeon einst ein gefeierter und weithin bekannter Maler gewesen war, war den Aufsehern vermutlich nicht einmal bekannt. Sie sahen in ihm, was alle in ihm sahen:

einen Trinker und Nichtsnutz. Für harte körperliche, möglicherweise sogar gewinnbringende Arbeit taugte er in ihren Augen nicht, also ließen sie ihn mit seinen Bildern gewähren und waren froh, wenn er ihnen keinen Ärger bereitete.

Das Rookery Inn war an diesem Donnerstag nur mäßig gefüllt. Einige Arbeiter aus den vielen schäbigen Hinterhoffabriken und Handwerksbetrieben, die sich im verwinkelten St. Giles regelrecht vor dem grellen Tageslicht verschanzten, hockten an der Theke und beachteten mich kaum, als ich mit gesenktem Kopf die Kneipe betrat. Simeon war noch nicht anwesend, und so setzte ich mich in eine dunkle Ecke des Schankraums, bestellte beim Wirt ein Pint Porter und wartete. Wie so oft betrachtete ich die kleine Kreidezeichnung, die hinter dem Tresen an der Wand hing und das Rookery Inn darstellte. Oder besser gesagt, ein idealisiertes und fast heimelig wirkendes Abbild der Kneipe, das zugleich etwas Ironisches oder Augenzwinkerndes ausstrahlte. Simeon hatte das Bild gezeichnet, um damit einen Teil seiner Trinkschulden beim Wirt zu bezahlen. Und eine realistische Darstellung des Hauses hätte ihm womöglich weniger Schuldenerlass eingebracht.

Was für ein schreiender Unterschied bestand zwischen dieser hingeworfenen Skizze und dem Ölgemälde, das ich vor etwa drei Jahren im Haus eines Bekannten in Mayfair bewundert hatte und durch das ich zum ersten Mal mit dem Namen Simeon Solomon in Kontakt gekommen war. Mein Bekannter, ein eitler Wichtigtuer und Banause, der sich für einen Kunstkenner zu halten schien und den ich aus dem Club kannte, hatte mir das Gemälde mit großer Geste präsentiert und im Kennerton verraten, es handele sich um einen echten Solomon und er hätte es für ein geradezu lächerliches Taschengeld ersteigert. Dabei hatte er die Augenbrauen gehoben, als müsste ich schon allein bei der namentlichen Nennung des Künstlers vor Neid erblassen. »Du weißt schon«, hatte er flüsternd hinzugesetzt, »Simeon Solomon.« Und dann hatte er selbstgefällig gegrinst über seinen großen Coup.

Der Name sagte mir nichts, doch das Bild beeindruckte mich umso mehr. Es zeigte einen gefallenen Engel und war im Stil der Präraffaeliten gehalten: überfrachtet, detailversessen, mythologisch überhöht und sehr brillant in den Farben. Es erinnerte mich an Freskenmalerei in alten Kirchen. Und doch unterschied es sich merklich von vergleichbaren Werken, die ich bislang gesehen und oft als gekünstelt abgetan hatte. Dieses Gemälde stellte kein Pathos zur Schau, sondern zeigte echten, unverstellten Schmerz. Die Sattheit der Farben und die fast überzeichnete Schönheit der Formen und Figuren standen in seltsamem Widerspruch zu der stillen Verzweiflung und tiefen Melancholie, die dem Werk innewohnten. Es schien mir beinahe so, als wollten Form und Inhalt nicht recht zusammenpassen. Und es kam mir gleichzeitig so vor, als wäre dieser Widerspruch bewusst so gestaltet. Als ich meinem Freund diese Eindrücke schilderte, lachte er mich aus. Damals sei Solomon ja noch nicht verzweifelt gewesen, meinte er. Das Bild sei etliche Jahre vor dem großen Skandal entstanden.

»Woran denkst du, Rupert?«, wurde ich plötzlich von einer knarzigen Stimme aus meinen Gedanken gerissen. »Hoffentlich nichts Lüsternes.«

Ich lachte, schüttelte den Kopf und deutete zur Theke. »Ich betrachte nur dein Meisterwerk dort drüben«, sagte ich und drückte die mir entgegengestreckte Hand. Als ich in Simeons faltiges und von einem wild wuchernden Vollbart gerahmtes Gesicht sah, war ich wie so häufig erstaunt, wie alt mein seltsamer Freund aussah. Simeon war noch keine fünfzig Jahre alt, doch seinem Aussehen nach hätte man ihn für einen Greis halten können. Das Haupthaar war ihm fast gänzlich ausgefallen, die Haut war knittrig wie Pergament, seine Zähne, die er bei jedem Lächeln bleckte, ragten schief, braun und unvollzählig aus seinem Kiefer, und seine große Nase war rot und runzlig. Vermutlich war Simeon nie ein besonders schöner Mann gewesen, doch in seiner derzeitigen Verfassung wirkte er wie die Karikatur eines feisten Trinkers aus dem Punch-Magazin.

»Lädst du mich ein?«, fragte Simeon und winkte dem Wirt, ohne auf eine Antwort zu warten. »Gin!«, rief er und deutete mit Daumen und Zeigefinger die üppige Portion an, die ihm vorschwebte.

Ich sah das Zittern der Finger und musste an Grays Bemerkung von dem Espenlaub denken. Ich fragte: »Du hast was für mich?«

Er nickte, wartete jedoch, bis der Wirt den Gin gebracht hatte und wieder verschwunden war, und sagte dann: »Kein Wort, verstanden?« Er kippte die Hälfte des Branntweins hinunter und fügte wohlig grunzend hinzu: »Wenn die rauskriegen, dass ich heimlich was verkaufe, muss ich das Geld rausrücken, und womöglich werfen sie mich hochkant auf die Straße.«

»Versteht sich von selbst«, antwortete ich, nickte und wunderte mich zugleich, dass Simeon stets dieselben mahnenden Worte voranschickte, obwohl er mir doch schon etliche Zeichnungen verkauft hatte und wusste, dass er sich auf mich verlassen konnte. Eigentlich hätte er jeden Penny, den er mit seiner Kunst verdiente, dem Arbeitshaus für Kost und Unterkunft übergeben müssen, doch was nützten ihm das nächtliche Bett und der tägliche Haferschleim, wenn er keinen Gin bekam, um sich in den Schlaf zu wiegen. Und Alkohol stand leider nicht auf dem Speiseplan der Anstalt.

»Hier!« Er holte eine abgegriffene Kladde unter seinem fadenscheinigen Mantel hervor und schob sie über den Tisch. »Es heißt: ›Verwundete Liebe‹. Was sagst du?«

Ich zog ein Papier von der Größe eines Viertelbogens aus der Kladde und betrachtete die Kohle- und Bleistiftzeichnung, die ganz in Braun- und Grautönen gehalten war. Für Öl- oder Wasserfarben hatte Simeon kein Geld. Das Bild zeigte einen nackten jungen Mann, der mit gesenktem Haupt auf einem Steinblock hockte und sich mit der rechten Hand an einem Felsen abstützte. Zwei hoch aufragende Flügel wuchsen ihm aus dem Rücken, und eine leuchtende Gloriole umrahmte seinen

Kopf, von dem das lange Haar in wirren Strähnen auf die Schultern fiel. Unter dem Herzen hatte der nackte Jüngling eine offene Wunde, aus der das Blut auf den Körper und zu Boden tropfte.

»Nun?«, fragte Simeon und leerte sein Glas.

Ich betrachtete nachdenklich das Gesicht des Mannes, der die verwundete Liebe symbolisieren sollte. Die gebogene Nase, das markante Kinn und die wulstigen Lippen kamen mir sehr bekannt vor. Auf beinahe jedem Bild von Simeon gab es ein solches Männergesicht, das entweder seinem Ideal von Schönheit oder einer bestimmten Erinnerung zu entsprechen schien. Dass ihm ein derart hübscher Knabe im Arbeitshaus Modell gestanden hatte, war kaum anzunehmen.

»Es ist wunderschön«, sagte ich schließlich und schob das Bild rasch wieder in die Kladde. »Aber zugleich sehr gewagt und verwirrend. Es jagt einem einen Schauer über den Rücken.«

Er grinste und nickte zufrieden.

»Warum hast du seine Scham nicht bedeckt?«, wollte ich wissen.

»Die Liebe muss sich nicht schämen!« Er gab sich empört, deutete aber zugleich bittend auf sein Glas.

Ich nickte und fragte: »Was willst du dafür?«

»Fünf Pfund«, antwortete er und winkte dem Wirt.

»Fünf Pfund?« Ich verschluckte mich beinahe an dem Porter und schüttelte den Kopf. »Für ein Bild, das ich nirgendwo aufhängen und niemandem zeigen kann? Vergiss es!« Ich holte meine Brieftasche aus der Jacke, wartete, bis der Wirt eingeschenkt hatte, und legte zwei Pfundnoten auf den Tisch.

»Das ist Halsabschneiderei!«, fluchte Simeon und kippte sich den gesamten Gin mit einem Schwung hinter die Binde. »Du bist ein Banause! Dass du's nur weißt!«

»Friss oder stirb!«, sagte ich und lächelte, weil ich wusste, dass ihm diese zwei Pfund für einige Zeit über die Runden helfen würden. Und dass niemand sonst so viel Geld für seine

Zeichnungen ausgeben würde. Vor allem nicht für diese Art von Bildern.

»Ich hab in der Royal Academy of Arts ausgestellt«, empörte sich Simeon, nippte erneute an dem bereits geleerten Glas und steckte schließlich das Geld ein. Seine Hände zitterten nicht mehr, und seine Nase leuchtete rötlich.

Ich lachte, weil auch der Verweis auf die Königliche Kunstakademie zum festen Bestandteil eines jeden Verkaufsgesprächs im Rookery Inn zählte. Und wie die anfängliche Mahnung an die Verschwiegenheit war der abschließende Vorwurf der Halsabschneiderei nur eine Floskel, die Simeon lediglich verwendete, weil es sich eben so zwischen uns eingebürgert hatte.

»Ich muss los«, sagte er, »sonst lassen sie mich nicht mehr rein.«

»Es wundert mich, dass sie dich überhaupt nach Toresschluss rauslassen.«

»Ich zeichne den Wärtern versaute Bilder«, antwortete er, klopfte sich auf die Brust und rülpste. »Für ein paar nackte Weiber drücken sie gern ein Auge zu. Und der Pförtner steht noch auf ein paar andere Sachen, die lieber geheim bleiben.« Er zwinkerte mir zu, schaute dann sehnsüchtig auf sein leeres Glas und fragte: »Einen für den Weg?«

»Wie immer«, antwortete ich und hob die Hand.

»Kommst du morgen ins Ten Bells?«, wollte Simeon wissen, während wir auf den Wirt warteten. »Könnte spaßig werden.«

»Weiß nicht«, sagte ich und zündete mir eine Zigarette an. »Die armen frommen Seelen tun mir fast ein bisschen leid. Sie wehren sich ja nicht einmal. Kommt mir irgendwie wie ein ungleicher Kampf vor.«

»Warum bist du dann ein Skeleton geworden?«

Eine gute Frage, die ich mir schon oft gestellt und auf die ich keine befriedigende Antwort gefunden hatte. »Aus Langeweile?«, antwortete ich schließlich, ließ es aber wie eine Frage klingen. »Und du?«

»Das weißt du doch«, entgegnete er und deutete auf das Glas, das in diesem Moment vom Wirt gefüllt wurde. »Weil's sich auszahlt. Es gibt freien Schnaps für alle Skelette. Wie immer. Um sechs geht's los.«

»Mal sehen«, sagte ich und zuckte mit den Schultern. »Sechs Uhr passt mir eigentlich nicht, so früh komme ich nicht unbemerkt aus dem Hotel weg.«

»Überleg's dir«, meinte Simeon und prostete mir zu. »Angeblich hat sich Mr. Waldron diesmal was besonders Lustiges für die Heilsarmisten ausgedacht.«

Die Erwähnung von Mr. Waldron, dem Wirt des Ten Bells Pub, erinnerte mich an meine erste Begegnung mit Simeon Solomon. Es war vor etwa einem Jahr gewesen. Ich hatte den Abend in einem chinesischen Opiumkeller nahe den Docks von Wapping verbracht und wollte, weil mir das Rauchen die Kehle ausgedörrt hatte, ein letztes Bier im Ten Bells trinken, bevor ich mich auf den Heimweg nach Mayfair begab. Der Pub in Spitalfields hatte sich in den letzten Monaten, die ich mich nun schon nächtens im East End herumtrieb, zu einer meiner Lieblingskneipen entwickelt, weil die Kundschaft dort aus einer ebenso illustren wie lustigen Mischung unterschiedlichster Gestalten bestand. Die Prostituierten warben ganz ungeniert vor dem Eingang um Freier, ihre Zuhälter behielten sie aus dem Kneipeninneren im Auge, Dock- und Fabrikarbeiter beiderlei Geschlechts tranken im Ten Bells ihr Feierabendbier, Gauner und Bettler mischten sich unter das bunte, betrunkene Volk, und immer wieder kamen Schausteller, Musiker und Kleinkünstler zur Tür herein, die auf ihre Auftritte hinwiesen oder gleich an Ort und Stelle ihr Können demonstrierten.

In diesem Gewimmel fiel ich nicht weiter auf, niemand erkannte den wohlhabenden Bürgersohn unter dem schwarzen Cord-Anzug. Ich hatte in meiner Verkleidung, die ich inzwischen schon als zweite Haut betrachtete, bereits einige interessante Menschen kennengelernt und höchst unterhaltsame Gespräche geführt. Und nicht selten hatten mich solche Begegnungen anschließend in das ärmliche Bett einer hübschen Arbeiterin oder einer jungen Prostituierten geführt.

Als an jenem Abend vor einem Jahr wieder einmal ein Hausierer zur Tür des Ten Bells hereinwankte und sich dem Tresen zuwandte, rief Mr. Waldron plötzlich hinter dem Schanktisch erfreut: »Simeon, alter Sodomit, was macht die Kunst?«

Seltsamerweise reagierte der Angesprochene auf diese derbe Beleidigung nicht empört, sondern lachte mit dem Wirt und antwortete einsilbig: »Mehr Inhalt, weniger Kunst!«

Mr. Waldron verstand offenkundig nicht so recht, was damit gemeint war, setzte aber sein geschäftsmäßiges Lächeln auf und wandte sich wieder seinem Zapfhahn zu.

Ich betrachtete den sonderbaren Kauz mit dem verfilzten Rauschebart und dem stechenden Blick, der an einer unhandlichen Kladde herumfingerte, und fragte: »Hamlet?«

Der Bärtige schaute überrascht, beäugte mich mit seinen Habichtaugen, grinste dann aber und sagte: »Nein, mein Name ist Solomon.«

»Ich meinte das Hamlet-Zitat«, begann ich und stockte plötzlich. Einen kurzen Moment lang ärgerte ich mich, dass ich mich mit meiner unbedachten Äußerung als Literaturliebhaber oder Theatergänger zu erkennen gegeben hatte. Doch dann fügte ich den Vornamen, den der Wirt benutzt hatte, mit dem Nachnamen, den der Bärtige mir genannt hatte, zusammen und fragte: »Simeon Solomon?«

»Kennen wir uns?«, wunderte er sich.

»Sie kennen mich nicht, aber ich kenne Sie. Oder zumindest eines Ihrer Bilder.«

»Ich hab neue dabei«, sagte er bereitwillig und klappte seine Kladde auf. »Jedes Bild für Sixpence. Drei für 'nen Shilling.«

Ich betrachtete die Bilder in Miniaturgröße und schüttelte enttäuscht den Kopf. Es handelte sich um eine Handvoll Postkartenansichten berühmter Londoner Gebäude und Denkmäler sowie biblische Motive in liebloser Bleistiftzeichnung. Läppischer Schund!

»Nein«, sagte ich, »ich meinte eines Ihrer früheren Bilder. Ein Ölgemälde.«

Simeon runzelte die Stirn und starrte mich finster an, als wäre es ihm unangenehm, auf seine alten Gemälde angesprochen zu werden.

»Ja«, mischte sich der Wirt wieder ein. »Unser Simeon war mal 'n richtiger Maler. Kunstakademie und so, stimmt's, mein jüdischer Freund?« Er grinste schief, dann beugte er sich zu mir hinüber und setzte augenzwinkernd hinzu: »Bis sie ihn auf einer öffentlichen Toilette mit einem anderen Kerl erwischt haben. Auf frischer Tat.« Er lachte dreckig und klopfte Simeon auf die Schulter. »Da war's dann Essig mit der Karriere. Heute verhökert er seine Kunst in den Kneipen.« Mr. Waldron deutete auf die Bilder, die immer noch ausgebreitet auf dem Tresen lagen, betrachtete interessiert eine Ansicht des Towers und sagte: »Das hier finde ich allerdings ganz hübsch. Was willst 'n dafür haben?«

»Sixpence«, murmelte Simeon und schaute zu Boden.

»Träum weiter«, lachte der Wirt, nahm das Bild an sich und sagte: »Geb dir 'n halbes Pint dafür.«

»Ein ganzes ... bitte?«, bettelte Simeon. »Porter, wenn's recht ist.«

»Na, will mal nicht so sein«, knurrte Mr. Waldron gönnerhaft. »Soll schließlich keiner sagen, im Ten Bells würden Englands Künstler schlecht behandelt. Selbst wenn sie jüdische Sodomiten sind.«

Ich wusste nicht genau, was ich beschämender fand: die Andeutungen des Wirts wegen des Vorfalls in der öffentlichen Toilette, seine abfälligen Bemerkungen zu Simeons Religion oder das Feilschen des Künstlers um ein paar Schlucke Bier. Mir war es nicht möglich, Simeon Solomon direkt anzuschauen, deshalb war ich erleichtert, als er schließlich sein Glas nahm und sich mit den Bildern unterm Arm den anderen Gästen zuwandte, um seine Miniaturen anzupreisen.

Beim Verlassen des Pubs stieß ich erneut mit Simeon zusammen, der sich mit seinen Bildern unmittelbar vor dem Ausgang positioniert hatte, und ich musste mich regelrecht zwingen, die Frage zu stellen, die mir die ganze Zeit auf den Lippen gelegen hatte. »Ist das alles, wozu Sie noch in der Lage sind, Mr. Solomon?«, sagte ich und wies auf den Umschlag mit den Zeichnungen.

»Es ist das Einzige, was ich noch verkaufen kann«, antwortete er.

»Danach habe ich nicht gefragt.«

»Ich bin ein jüdischer Sodomit, das haben Sie doch gehört.«

»Mag sein. Aber sind Sie immer noch ein Künstler, Mr. Solomon?« Ich schaute ihm in die unangenehm stechenden Augen und setzte hinzu: »Oder haben Sie auch Ihre Kunst auf dieser öffentlichen Toilette verloren?«

Simeon lachte überrascht, tätschelte dann meine Wange und sagte: »Hast du den Mut, es herauszufinden, mein Junge?«

Seit jenem ersten Zusammentreffen im Ten Bells musste ich jedes Mal an diese Frage denken, wenn ich mit Simeon zusammensaß, über die Kunst oder das Leben diskutierte und ihm die Zeichnungen abnahm, die er unter seinem wirklichen Namen keinem ernsthaft Kunstinteressierten zum Kauf anbieten konnte. Inzwischen betrachtete ich Simeon beinahe als meinen Freund, auch wenn ich mir nicht sicher war, ob das auch andersherum galt oder ob er mich lediglich als seinen Goldesel betrachtete, doch immer noch überkam mich mitunter das Unbehagen, das ich vor einem Jahr am Tresen des Ten Bells empfunden hatte. Dabei ging es nicht darum, dass ich befürchtet hätte, Simeon könnte sich mir auf irgendeine Weise unsittlich nähern, sondern um ein viel vageres Gefühl der Beklemmung. Auch jetzt, im Rookery Inn, während er seinen »Schnaps für den Weg« kippte, fühlte ich die Scham in mir hochsteigen. Ich schämte mich für Simeon, weil er sein Elend und seine Schande in Alkohol zu ertränken versuchte, und ich schämte mich für mich selbst, weil ich diese Schande durch die Pfundnoten, die ich ihm auf den Tisch legte, noch vergrößerte oder zumindest verlängerte. Und sei es unter dem Deckmantel der Freundschaft. Oder der Liebe zur Kunst.

»Bis morgen«, verabschiedete sich Simeon, klopfte auf den Tisch und stand ächzend auf. »Um sechs in der Church Street.«

»Rechne nicht mit mir!«, rief ich ihm hinterher und drückte meine Zigarette im Aschenbecher aus.

»Würde ich niemals tun«, antwortete er lachend und verschwand.

Ich überlegte kurz, ob ich auch nach Hause gehen sollte. Der Tag war lang und ermüdend gewesen, die Reise nach Dorking hatte mir nicht nur die Laune verdorben, sondern mich auch ausgelaugt. Doch der Gedanke an Bury Hill und die Barclays ließ mich meine Meinung ändern. Ich blieb am Tisch sitzen und machte dem Wirt ein Zeichen. Ein Schnaps für den Weg konnte niemals schaden.

FREITAG, 19. OKTOBER 1888

4

Am nächsten Morgen wurde ich durch ein lautes Klopfen an der Tür geweckt. »Mr. Ingram, Sir, der Boss will Sie sprechen«, hörte ich Grays Stimme aus dem Arbeitszimmer. »Sie haben verschlafen, Sir!«

Schwerfällig schlug ich die Augen auf und wurde durch das grelle Licht geblendet, das durch die Dachluke direkt auf mein Bett fiel. Ich lag in meiner Zimmermannskleidung auf der Bettdecke und hatte es in der vergangenen Nacht offensichtlich nicht mehr geschafft, mich zu entkleiden. Sogar die Schuhe hatte ich noch an den Füßen. Ich hatte keine Ahnung, wie und wann ich nach Hause gekommen war, und erst als ich Simeons »Verwundete Liebe« auf dem Nachttisch liegen sah, kam die Erinnerung an den letzten Abend zurück. Dem letzten Schnaps waren weitere gefolgt, und weil der Gin allein nicht schmeckte, hatte ich ihn mit Bier und Wein hinuntergespült.

»Sag William, dass ich in einer halben Stunde unten bin«, krächzte ich und erschrak über meine eigene Stimme.

»Nicht *der* Boss«, antwortete Gray, »sondern der Boss vom Boss. Er wartet im Hatchett's auf Sie.«

»Mein Vater?«, wunderte ich mich und quälte mich aus dem Bett. Ich konnte mich nicht erinnern, dass wir verabredet gewesen wären. »Worum geht's? Und komm endlich rein, Gray, ich hab keine Lust, durch die Tür zu brüllen!« Da Gray von meinen nächtlichen Ausflügen ins East End wusste, musste ich vor ihm in dieser Hinsicht nichts geheim halten. Ich schaute auf meine Taschenuhr und erschrak. Es war bereits nach Mittag. »Warum hast du mich nicht früher geweckt?«, schnauzte ich den Jungen an, als dieser das Schlafzimmer betrat und verächtlich die Nase rümpfte.

»Das hab ich versucht, Sir«, antwortete Gray und öffnete die Dachluke. »Zweimal sogar, aber Sie sind immer wieder eingeschlafen. War 'ne lange Nacht, was? Kann man sehen. Und riechen. Soll ich Kaffee machen?«

Ich nickte, zog mich aus, warf die nach Rauch und Alkohol stinkenden Sachen in den Weidenkoffer und fragte Gray, bevor er das Zimmer verließ: »Hast du zufällig gehört, was mein Vater mit mir besprechen will?«

»Ihre Brüder sind auch dabei, glaub ich.«

»Familienrat?«, staunte ich und fuhr mir über das stoppelige Kinn. »Wieso?«

»Nicht, dass ich gehorcht hätte«, murmelte er und legte den Kopf schief.

»Nein, natürlich nicht«, sagte ich und machte eine zugleich beschwichtigende und auffordernde Geste mit der Hand. »Also, worum geht's?«

»Na, um Ihren Umzug nach Southwark.«

»Umzug?« Ich glaubte, mich verhört zu haben. »Nach Southwark?«

Gray hob die Achseln und sagte: »Ich mach mal Kaffee. Schön stark und mit viel Zucker. Kann, glaub ich, nicht schaden.«

Zwanzig Minuten später stürmte ich wutentbrannt ins Hatchett's und an Bellamy vorbei die Treppe hinauf. Der alte Portier war so überrascht, dass er sogar vergaß zu grüßen. Ich hastete in den ersten Stock, stieß auf der obersten Stufe beinahe mit einem alten General in Ausgehuniform zusammen und rannte zu den Gemächern meines Vaters. Als ich die Tür zum Salon aufstieß, saßen die drei übrigen Ingrams am Rauchertisch und ließen sich die Zigarren schmecken.

»Ah, da bist du ja, mein Junge«, freute sich mein Vater, doch schon im selben Augenblick nahm sein Gesicht einen verärgerten Ausdruck an. »Du siehst ja fürchterlich aus! Hättest dich wenigstens rasieren können. Mein Gott, wann wirst du endlich vernünftig? Man kann ja Angst vor dir bekommen.«

Mortimer schüttelte lediglich missbilligend den Kopf, während William grinsend fragte: »Feierst du jetzt jeden Abend deinen Junggesellenabschied?«

»Was hat das zu bedeuten?«, wollte ich wissen.

»Was hat *was* zu bedeuten?«, antwortete mein Vater und rückte sich die Brille zurecht. »Setz dich doch!«

»Das hier!«, fauchte ich, deutete zum Tisch und blieb an der Tür stehen. »Der Familienrat!«

»Ich verstehe nicht«, sagte Mortimer immer noch kopfschüttelnd. »Wir müssen doch das weitere Prozedere besprechen. Es wird sich in Zukunft einiges ändern, das kann man doch nicht so einfach übers Knie brechen.«

»Gar nichts wird sich ändern«, sagte ich und merkte selbst, dass ich mich wie ein bockiges kleines Kind anhörte. »Gar nichts, versteht ihr?«

»Nein, wir verstehen nicht«, sagte mein Vater und schaute mich verwirrt an.

»Was ist los, Rup?«, wunderte sich William. Er stand auf und trat langsam auf mich zu. »Du hast doch alles mit Mr. Barclay besprochen und ihm in allen Punkten zugestimmt. Das hast du selbst gesagt, und auch Mr. Barclay hat heute ein Telegramm geschickt und bestätigt, dass ihr eine Übereinkunft getroffen habt.« Er wollte mir die Hand auf die Schulter legen, doch ich zuckte unwillkürlich zurück, obwohl ich ahnte, dass er recht hatte. Hätte ich gestern doch nur besser auf das ermüdende Gerede von Mr. Barclay geachtet. Aber wie hätte ich auch ahnen sollen, dass es um etwas wirklich Wichtiges ging.

William fuhr besänftigend fort: »Es ist ja auch viel praktischer, in unmittelbarer Nähe der Firma zu wohnen, wenn du in der Brauerei arbeitest. Ich weiß, Southwark ist nicht Mayfair, aber ihr werdet in Anchor Terrace direkt an der Themse wohnen. Mit Blick auf die Kathedrale.«

»Zum Teufel mit der Kathedrale!«, zischte ich und stand weiterhin unentschlossen auf halbem Weg zwischen Tür und Tisch. »Ich ziehe nicht nach Southwark.«

»Aber du kannst nicht in Bury Hill wohnen«, wandte Mortimer ein. »Mr. Barclay braucht dich in Southwark als seine rechte Hand, solange sein ältester Sohn noch ein Kind ist. Das ständige Hin und Her zwischen Surrey und London ist für Mr. Barclay zu umständlich und mühsam. Das ist doch der eigentliche Grund für die Vereinbarung. Bis der kleine Robert erwachsen ist, wirst du dich in die Geschäfte eingearbeitet und unersetzlich gemacht haben. Wer weiß, vielleicht heißt die Firma bald Barclay, Perkins & Ingram.« Mortimer nickte zufrieden und setzte achselzuckend hinzu: »Du siehst, es ist ganz unabdingbar, dass du nach Southwark ziehst.«

»Ich werde nicht nach Southwark und erst recht nicht nach Bury Hill ziehen!«, beharrte ich und verschränkte die Arme vor der Brust. »Kommt gar nicht in Frage!«

»Willst du mit Meredith in deiner Dachkammer wohnen?«, sagte William, fuhr sich über den Schnauzbart und lachte über seinen Scherz. »Werd erwachsen, Rup! Im Crown ist nicht genug Platz für uns alle, und was ist, wenn ihr erst mal Kinder habt? Du scheinst es immer noch nicht zu begreifen, aber du wirst in Kürze heiraten, Bruderherz. Dinge ändern sich.«

»Dann heirate ich eben nicht!«, entfuhr es mir.

Nun platzte meinem Vater der Kragen. Er sprang auf, schlug mit der Faust auf den Tisch, dass seine Zigarre aus dem Aschenbecher fiel, und schrie: »Schluss mit dem Unsinn! Du hörst auf der Stelle mit diesem Unfug auf! Es ist alles geregelt und besiegelt. Das Faulenzen und Herumtreiben hat ein Ende, hast du mich verstanden, ein für alle Mal! Du heiratest dieses Mädchen, diese ...«

»Meredith«, sprang ihm Mortimer bei.

»Weiß ich doch!«, wehrte Vater ab und deutete mit dem ausgestreckten Zeigefinger auf mich. »Du ziehst nach Southwark, du arbeitest bei Barclay, Perkins & Company, und du hörst auf, dich wie ein dummer Schuljunge zu benehmen!«

»Oder?«, fragte ich.

Mein Vater stemmte die Arme in die Seite und sagte mit ruhiger, aber bedrohlich klingender Stimme: »Oder du bist nicht länger mein Sohn! Dann bist du die längste Zeit ein Ingram gewesen. Das schwöre ich beim Grab deiner Mutter.«

Ich schluckte und schwieg.

»Hast du das verstanden?«

Ich verharrte stumm und regungslos.

»Ob du das verstanden hast, verdammt noch mal?«

»Jawohl, Sir.« Und zerknirscht setzte ich hinzu: »Zu Befehl.«

»Na also!« Vater brummte zufrieden, setzte sich wieder und wies auf den freien Stuhl am Tisch. »Und jetzt hock dich hin, damit wir reden können.«

Doch ich tat nichts dergleichen. Ich setzte meinen Hut auf, wandte mich um und verließ kommentarlos den Raum.

»Rupert!«, rief Mortimer mir nach. »Komm sofort zurück!«

»Lass ihn!«, wandte William ein. »Ich glaube, er hat's begriffen.«

»Dein Wort in Gottes Ohr«, brummte mein Vater. »Höchste Zeit, dass der Junge endlich Vernunft annimmt!«

Dann fiel die Tür ins Schloss. Und ich erbrach mich in einen Blumenkübel.

5

Warum war ich nur ein so verdammter Tagträumer? Wieso war es mir nicht möglich, mich auf Dinge zu konzentrieren, die mich nicht interessierten? Weshalb trieben meine Gedanken unweigerlich in alle erdenklichen Richtungen ab, sobald ich mich langweilte? Und warum, zum Teufel, war mein Blick auf das vermaledeite Oscar-Wilde-Buch im Bücherschrank gefallen? Ich verfluchte mich, weil ich gestern nur mit halbem Ohr bei der Sache gewesen war, als Mr. Barclay von den Zukunftsplänen für seine Brauerei gesprochen hatte. Das prahlerische Gerede von den Umbauten auf dem Firmengelände in Southwark, die ermüdenden Ausführungen über den bald anstehenden achten Geburtstag des kleinen Robert junior, die selbstgefälligen Monologe über Bier, Familie und Tradition und darüber, dass ihm das halbwöchige Hin und Her zwischen Southwark und Bury Hill auf Dauer zu anstrengend sei – das alles hatte ich lächelnd über mich ergehen lassen. Ich war mir inzwischen sicher, dass Mr. Barclay auf seine ausschweifende Art auch sehr detailliert dargelegt hatte, was ihm für seine Nichte Meredith vorschwebte und welche Rolle er dabei seinem künftigen »Schwiegerneffen« zudachte. Doch ich Esel hatte nicht hingehört, sondern mich stattdessen in den Anblick eines reich verzierten Buches verliebt. Statt über meine Zukunft als stellvertretender Brauer nachzudenken, hatte ich mir lieber ausgemalt, wie ich Mr. Barclay einen wertvollen Gedichtband stehlen könnte.

Doch andererseits: Was hätte meine Aufmerksamkeit an den Plänen geändert? Hätte ich etwas dagegen einwenden können? Wäre ich Manns genug gewesen, mich zu weigern und Mr. Barclay die Stirn zu bieten? Was hätte ich als Alternative für mich und Meredith anführen können? Ein nichtsnutziges Leben in einer Dachkammer? Mit nächtlichen Fluchten in die Gesellschaft von Huren, Gaunern, Trunkenbolden und gerichtlich verurteilten Sodomiten? Offensichtlich war die gesamte Angelegenheit seit Langem zwischen Harvey Ingram und Robert Barclay senior abgemacht. »Geregelt und besiegelt«, wie mein Vater gesagt hatte. Mit der Einwilligung in die Ehe hatte ich mich auch in alles andere gefügt, das aus dieser Hochzeit folgte. Inklusive Umzug nach Southwark und Arbeit in einer Brauerei. Es war naiv oder fahrlässig gewesen, mir das nicht von vornherein klarzumachen.

Während ich auf dem Victoria Embankment an der Themse entlangschlenderte und den mächtigen ägyptischen Obelisken passierte, der im Herzen Londons so seltsam deplatziert wirkte, wanderte mein Blick auf die andere Seite des Flusses, wo die qualmenden Fabrikschornsteine in den Himmel ragten und das südliche Themseufer mit seinen Dockanlagen, Lagerhäusern und Anlegetreppen wie zerklüftet wirkte. Welch ein Unterschied zu dem breiten und gepflasterten Boulevard auf der Nordseite mit seinen uralten Gärten und herrschaftlichen Stadtvillen. Ich hatte mich schon oft in Southwark und an der Bankside herumgetrieben und kannte viele Kneipen und Gasthäuser in dieser Gegend, darunter befand sich auch der Anchor Pub der Familie Barclay. Doch dort zu wohnen, eingezwängt zwischen Fabriken und Lagerhallen, inmitten des Gestanks nach Brausud, Bleichmitteln und Essigessenz, das konnte ich mir beim besten Willen nicht vorstellen. Ich war im vornehmen Mayfair aufgewachsen, und auch wenn ich zögerte, das West End mein Zuhause zu nennen, so wusste ich doch sehr genau, wohin ich *nicht* gehörte. Meine nächtlichen Ausflüge in die Arbeiter- und Elendsviertel waren eben Ausflüge und nur deshalb so spannend, weil ich anschließend nach Westminster zurückkehren und bei Tageslicht ein sorgenfreies Leben unter meinesgleichen führen konnte.

Ich hatte inzwischen die Blackfriars Bridge erreicht, blieb plötzlich stehen und schaute zurück nach Westen, wo der Uhrturm von Big Ben majestätisch über dem Parlamentsgebäude thronte. Mit einem Mal durchfuhr mich ein Gedanke, der mir noch vor wenigen Stunden undenkbar und absurd vorgekommen wäre: Lag womöglich genau darin mein Problem? Dass ich mir immer eine Hintertür offengehalten und nie etwas riskiert hatte? Dass ich das Abenteuer gesucht, aber die Gefahr gescheut hatte? Der Alkohol und das Opium ließen mich die Leere und Nichtigkeit meines Lebens vergessen, aber sie füllten es nicht mit etwas Sinn- oder Gehaltvollem aus. Das Gleiche galt für die Frauen und die Liebe. In den letzten Monaten hatte ich mit vielen Frauen geschlafen, gegen Bezahlung oder aus oberflächlicher Sympathie, doch außer der körperlichen hatte ich noch keine Liebe kennengelernt. Nichts Echtes, Ernstes oder Dauerhaftes. Und das Einzige, was mitunter von diesen flüchtigen Liebschaften übrig geblieben war, war ein leichtes Brennen beim Wasserlassen.

»Tragödie oder Scherz?«, rief ein Zeitungsjunge auf der Brücke und hielt eine Ausgabe des *Star* in die Luft. »Jack the Ripper schickt Niere des Opfers!«

Während ich auf den Jungen starrte, kehrte ich wie aus einem Traum in die Realität zurück.

»Den *London Star*, Sir?«, fragte er hoffnungsvoll und hielt mir die Zeitung direkt vor die Nase. »Makaberer Brief vom Ripper, Sir!«

Ich winkte ab und fragte wie im Selbstgespräch: »Tragödie oder Scherz?«

»Ganz recht, Sir!«, sagte der Junge. »Kostet 'nen Halfpenny.«

Plötzlich stieg eine seltsam unbändige Wut in mir auf. Warum glaubten eigentlich alle, nach Gutdünken mit mir umspringen zu können? Warum konnten sie mich nicht einfach in Ruhe lassen? Besonders auf William, dem ich mich von allen Familienangehörigen am nächsten fühlte, war ich wütend. Vermutlich hatte er seit Wochen gewusst, was der Vater und Mr. Barclay ausgeheckt hatten, doch kein warnendes Wort war über seine Lippen gekommen. Er hatte mich einfach in mein Unglück rennen lassen!

Ich tat mir selbst leid und verachtete mich zugleich dafür. Doch andererseits: Warum sollte ich kein Selbstmitleid empfinden? Sonst hatte ja niemand Mitgefühl mit mir! Alle verlangten von mir, ein Leben zu führen wie sie, selbst wenn ich es gar nicht wollte. Zum Teufel mit ihnen allen!

»Zum Teufel, Sir?«, maulte der Zeitungsjunge. »Ich verkauf bloß Zeitungen. Kein Grund, gleich zu fluchen.«

Ich schaute den Jungen verwirrt an, drückte ihm eine Münze in die Hand und nahm eine Zeitung. Und aus einer plötzlichen Laune heraus und mit finsterer Miene winkte ich ein Hansom Cab heran, sprang hinein und rief dem Kutscher zu: »Dover Street. Zum Crown Hotel!« Dort würde ich mich schnell umziehen und anschließend ins East End fahren.

»Könnte spaßig werden«, hatte Simeon gestern gesagt. Und genau diesen Spaß hatte ich nun bitter nötig. Auch wenn es ein Vergnügen auf Kosten anderer war. Irgendjemand musste dafür büßen, dass ich mich so elend und ungerecht behandelt fühlte. Dieser Gedanke verschaffte mir zumindest eine kurzzeitige Erleichterung.

Eine halbe Stunde später hatte ich mich in der Mansarde umgezogen, in aller Eile rasiert und die Brieftasche mit Pfundnoten und Münzen gefüllt. Anschließend entfernte ich mich unbemerkt über den separaten Ausgang und ging auf Schleichpfaden zur Piccadilly und von dort durch den St. James Park bis zur U-Bahn-Station. Ich kaufte ein Ticket, bestieg die Bahn und fuhr in östlicher Richtung bis zur Station Aldgate.

Als ich um kurz nach fünf das Bahnhofsgebäude verließ, schlug mir der penetrante Gestank von Blut und Kadavern entgegen. Rund um das Aldgate wimmelte es von offenen Schlachthäusern und Abdeckern, die ihre Abfälle oft tagelang im Freien verrotten ließen und das Blut und die Innereien der Tiere nicht selten einfach in die Gosse kippten. Am Bretterzaun eines Schlachthofs standen einige Jungen und beobachteten, wie eine Kuh mit einem Bolzenschlag zwischen die Augen niedergestreckt und wie ihr anschließend die Kehle durchgeschnitten wurde. Die Burschen begleiteten die Schlachtung mit lautem Beifall und Grölen.

Ich hielt mir den Schal vor die Nase, wich einer bimmelnden Straßenbahn aus und betrat die Aldgate High Street. Von hier war es nur noch ein Katzensprung bis zum Ten Bells Pub.

6

Als ich Simeon gesagt hatte, ich sei der Skeleton Army lediglich aus Langeweile beigetreten, war das bestenfalls die halbe Wahrheit gewesen. Und auch die Aussicht auf ein paar kostenlose Drinks im Ten Bells hätten mich wohl kaum dazu bewogen, mich den Krawallmachern und Randalierern der »Skelettarmee« anzuschließen. Als Mr. Waldron mich vor einigen Monaten gefragt hatte, ob ich nicht Lust hätte, bei den Skeletons mitzumachen und die Versammlungen der Heilsarmee aufzumischen, da wusste ich sehr wohl, dass allein der schiere Eigennutz den Besitzer des Ten Bells antrieb. Die Heilsarmee war den Wirten, Schnapshändlern und Bordellbetreibern im East End nicht länger nur ein lästiger Dorn im Auge, vielmehr hatte sie sich zu einer regelrechten Gefahr für den Umsatz gemausert. Der erstaunlich große Erfolg der gottesfürchtigen Abstinenzler war es, der die Gegenseite dazu veranlasst hatte, eine eigene Armee aufzustellen, um verloren gegangenes Territorium zurückzuerobern. Es ging ihnen nicht, wie sie behaupteten, um die Verteidigung des allgemeinen Rechts auf Alkohol oder Vergnügungen, sondern um den finanziellen Gewinn, der daraus zu erzielen war, die Leute betrunken und lüstern zu halten. Ich war gewiss nicht dumm genug, die fadenscheinige Argumentation der Wirte für voll zu nehmen, und dennoch hatte ich mich nach kurzem Zögern entschlossen, mich in die Rekrutierungslisten der Skeleton Army einzutragen.

Wenn ich ehrlich war, lag es vor allem daran, dass mir die Heilsarmisten unheimlich und fremd waren. Nicht nur, weil sie an einen gütigen und nachsichtigen Gott glaubten, den ich für ein Hirngespinst hielt, und weil sie allem abgeschworen hatten, was mir Freude oder zumindest Ablenkung verschaffte, sondern vor allem, weil sie dabei so selbstgefällig und zufrieden wirkten. Obwohl ich die Ansichten und Lebensweisen der Heilsarmisten nicht im Geringsten teilen konnte und für abstrus hielt, beneidete ich sie in gewisser Weise um die Wirkung, die diese Lebens- und Denkweisen auf ihren Gemütszustand hatten. Sie schienen regelrecht in sich zu ruhen, mit sich selbst im Reinen und über jeden Zweifel erhaben zu sein. Nicht nur ihre simple Botschaft, sondern auch die im wahrsten Sinne soldatische Vehemenz und bedingungslose Überzeugung, mit der sie diese Botschaft nach außen vertraten, machten sie so erfolgreich und für die Gegenseite gefährlich.

Ich war mir durchaus bewusst, dass meine Abneigung im Grunde genommen widersinnig war, denn um nichts in der Welt hätte ich mit den Heilsarmisten tauschen wollen, doch dass sie stets mit einem wie eingemeißelten Lächeln durch die Welt wandelten und mit Inbrunst ihren frömmlerischen Unfug verbreiteten, nahm ich ihnen beinahe persönlich übel. Das Dumme war nur, dass die Aktionen der Skeletons mir ebenso wenig Befriedigung verschafften. Das »Soldatenspielen« erschien mir kindisch und albern und diente mir lediglich dazu, Dampf abzulassen. Was mir allerdings an diesem Freitagabend als Vorwand vollends genügte.

Mr. Waldron hatte sich für diesen Tag tatsächlich etwas Besonderes einfallen lassen. Als ich in meinem Cord-Anzug das Hinterzimmer des Ten Bells betrat, empfing mich neben einer ganzen Hundertschaft von Skeletten auch ein seltsames Fiepen und Kratzen, das von einem guten Dutzend Körben herrührte, in denen sich zahlreiche Ratten befanden, die in den letzten Tagen in den Gossen, Kellern und Kanälen der Gegend gefangen und seitdem nicht gefüttert worden waren.

Die Anführer der Skeleton Army hatten sich etwas wirklich Perfides ausgedacht. Da die Heilsarmee ihre Kundgebung direkt vor dem Ten Bells abhalten wollte, dem »Zentrum des teuflischen Lasters«, wie sie es nannten, beabsichtigte die Gegenseite, die Church Street zu einer Sackgasse und Falle zu machen. Ein Trupp sollte am Kopfende den Zugang zur Commercial Street versperren, ein zweiter am hinteren Ende des

Umzugs die Rückzugsmöglichkeit zur Brick Lane unterbinden, eine dritte Gruppe sollte auf dem Dach des Ten Bells verharren und im gegebenen Moment die Versammlung mit Teer- und Kalkklappen sowie faustgroßen Steinen bewerfen, und eine vierte Abteilung war dazu auserkoren, mit dem Zug zu marschieren, sich so dicht wie möglich an das Rednerpodest heranzuarbeiten und dort die ausgehungerten und bisswütigen Nager freizulassen. Eine beinahe generalstabsmäßig organisierte Aktion, die mir zumindest originell erschien. Und weil es mich in meiner streitsüchtigen und destruktiven Laune nach der Unmittelbarkeit der Konfrontation dürstete, meldete ich mich als Freiwilliger für die Ratten-Truppe. Auch auf die Gefahr hin, vom Dach aus von den eigenen Leuten beworfen und von den widerlichen Viechern in ihren verhängten Käfigen gebissen zu werden.

Gemeinsam mit Simeon, der sich ebenfalls – allerdings ohne Rattenkiste – für den zentralen Störtrupp gemeldet hatte, begab ich mich zum südlichen Ende der Brick Lane und wartete in der Dunkelheit auf das Eintreffen des Fackelzugs. Als die Heilsarmisten schließlich mit scheppernder Blasmusik und feierlichem Gesang die Whitechapel Road überquerten, reihten wir uns in den Zug ein und stellten schadenfroh fest, dass die Frömmler auch von anderen, nicht-organisierten Anwohnern und Gaffern mit faulem Gemüse und beißenden Spottgesängen bedacht wurden. Ein Wettstreit der Stimmen und Chöre begann, aus dem sich die Skeletons jedoch wohlweislich heraushielten. Mr. Waldron hatte der Rattenfraktion dringend aufgetragen, sich unter keinen Umständen zu erkennen zu geben und im wörtlichen Sinne bedeckt zu halten, bis der Zug das Ten Bells erreicht hatte und das Signal zum Angriff gegeben worden war. So zogen wir in geschlossenen Reihen inmitten der Heilsarmisten und ihrer Anhänger in Richtung Church Street und achteten lediglich darauf, den Kopf des Zuges nicht aus den Augen zu verlieren.

Als der Fackelzug die Stelle erreicht hatte, an der die Church

Street linker Hand von der Brick Lane abbog, gab es ein fürchterliches Gedränge und Geschiebe, auch weil die Skeletons niemanden durch ihre Reihen lassen wollten und es daraufhin zu plötzlichen Engpässen und Stockungen kam. Ich achtete so sehr darauf, mich direkt neben Simeon zu halten, ohne mich an dessen Petroleumlampe zu versengen, dass ich gar nicht bemerkte, wie sich plötzlich ein junges Mädchen panisch an mir vorbeidrängte. Mit einem Mal schrie das Mädchen auf und sprang erschrocken zur Seite, wobei es mich beinahe zu Boden stieß. Im letzten Moment konnte ich ausweichen, doch der Schal, den ich mir um das Gesicht gewickelt hatte, rutschte herunter, wodurch ich für einen kurzen Moment dem Mädchen Auge in Auge gegenüberstand. Es schaute mich verwundert an und sagte etwas, das ich wegen des Lärms nicht verstand.

»Was gibt's da zu starren?«, fauchte ich verärgert, bevor ich mit einem Mal erkannte, wer da vor mir stand. Es war dasselbe Mädchen, das ich gestern am Bahnhof Waterloo angerempelt und das sich beim Kutscher nach dem Weg ins East End erkundigt hatte.

»Soll ich mich wieder schleichen, Sir?«, fragte es, war aber im nächsten Augenblick verschwunden. Als ich es im Gedränge endlich wieder erblickte, stand das Mädchen am Rand des Zuges und redete eindringlich auf einen jungen Heilsarmisten ein, der mit abwehrender Hand und in geduckter Haltung vor ihr stand.

»Wer war das?«, wollte Simeon wissen, der sich ebenfalls umschaute, während wir gleichzeitig vom Strom mitgerissen wurden.

»Keine Ahnung«, antwortete ich und zog mir den Schal vors Gesicht.

»Irgendwo hab ich das Gesicht schon mal gesehen«, sagte Simeon, der weder Schal noch Tuch trug, weil sein dichter Rauschebart und der in die Stirn gezogene Hut Vermummung genug boten. »Bist du sicher, dass du sie nicht kennst?«

»Es ist niemand«, brummte ich und wunderte mich erst

jetzt über seine Bemerkung. »Wo hast du das Gesicht schon mal gesehen?«

Er zuckte mit den Schultern und deutete mit der Lampe nach vorne, wo der Kopf des Zuges vor dem Ten Bells Pub angekommen war. »Es geht los«, sagte er. »Bist du bereit?«

»Bereit zu sterben«, zitierte ich ein Motto der Heilsarmisten und lachte.

Nach und nach versammelte sich der Fackelzug vor dem Ten Bells, und da von hinten immer mehr Menschen nachdrängten, entstand ein dichtes Gewühl, das auch dadurch verstärkt wurde, dass die Skeletons den Zugang zur Commercial Street wie geplant mit einem Kordon blockierten. Mit einem kurzen Blick nach oben vergewisserte ich mich, dass auch die Dreck- und Steinewerfer auf dem Dach der Schänke in Position waren. Alles wartete nur noch auf das Signal zum Angriff.

Im selben Augenblick kam es mir vor, als wachte ich aus einem absurden Traum oder benebelnden Rausch auf. Und wie bei einem solchen Erwachen wusste ich nicht, was Trugbild oder Realität war. Was, um alles in der Welt, machte ich hier? Was sollte dieser Unsinn? Und plötzlich hörte ich meinen Bruder William wieder sagen: »Werd erwachsen, Rup!« Das alles war so dumm und unnütz, so unausgegoren und abstrus! Die beschämende und ernüchternde Erkenntnis durchfuhr mich wie ein Blitzschlag.

»Ich muss hier raus!«, rief ich Simeon gegen den Lärm zu. »Sofort!«

»Vergiss es!«, war alles, was er darauf antwortete.

Simeon hatte recht. An ein Fortkommen war gar nicht zu denken, denn ich war umringt von mehreren hundert Menschen. Zudem befand sich auf der einen Seite der Straße das Ten Bells und auf der anderen die Kirche von Christ Church, und die Church Street war in beiden Richtungen abgeriegelt. Ich saß mit in der Falle, die eigentlich für die Heilsarmisten gedacht war. Direkt vor mir befand sich das hölzerne Podest, auf dem sich nun eine uniformierte Rednerin für ihren Auftritt wappnete. Die klägliche Blasmusik verstummte, die Chöre ebbten ab, sogar die Spottgesänge legten eine Pause ein.

Ich schaute zur Bühne und war plötzlich wie gebannt. Der Anblick der jungen Frau, die auf dem Podest die Arme zum Himmel streckte und mit glühendem Eifer von Gottes Liebe zu den Armen und Ausgestoßenen predigte, ließ mich erstarren. Ich wusste selbst nicht genau, warum ich mich plötzlich wie verhext fühlte. Gewiss, die Frau war ausgesprochen hübsch, und ihre roten Locken leuchteten im Fackelschein wie Feuer, doch in der plumpen Uniform der Heilsarmee kamen ihre weiblichen Reize kaum zur Geltung. Dennoch hatte diese Frau, die ich noch nie zuvor gesehen hatte, eine enorme und kaum zu erklärende Wirkung auf mich. Es war nicht allein ihr Aussehen und erst recht nicht das selbstgerechte Gerede von Rettung und Erlösung, das mich so faszinierte, es war etwas in ihrem Blick und ihrer Haltung, das mir Respekt einflößte. Einerseits erkannte ich das übliche selige Narrenlächeln in ihrem Gesicht, aber zugleich fand ich darin eine Entschlossenheit, die selbst für Heilsarmisten erstaunlich war und ansteckend wirkte. Und es kam mir so vor, als verstärkte dieses wilde Temperament noch ihre naturgegebene Schönheit.

»Wer ist diese Frau?«, wandte ich mich an Simeon.

»Du kennst sie nicht?«, wunderte er sich und ging in Deckung, weil von irgendwo ein Ei geflogen kam. »Das ist Eva Booth. Die Tochter des Generals.«

Wieder schaute ich zum Podest und verfolgte die Predigt mit zunehmend ernster Miene. Ich hatte schon viel über Eva Booth gehört und so manches gelesen, auch Mr. Waldron hatte die Generalstochter oft erwähnt und schien sie für eine Inkarnation seines ärgsten Feindes zu halten. Als ich sie nun auf der Bühne erlebte, begriff ich, warum der Wirt sie derart verfluchte. Eva Booth war schlichtweg bezaubernd, und sie schien sich ihrer Wirkung – als Predigerin wie als Frau – durchaus bewusst zu sein.

»Ihr müsst den Glauben zur Tat werden lassen«, rief sie

freudig und drehte sich wie ein Kreisel um die eigene Achse. »Wenn ihr an den Erlöser glaubt, werdet ihr nicht länger den Götzen dienen können. Nicht dem Alkohol und nicht der Hurerei. Nicht der Unzucht und nicht dem Verbrechen. Wenn ihr an Jesus glaubt, werdet ihr bessere Menschen sein, und das Himmelreich wird euch ohne Wenn und Aber offenstehen. Allein durch euren Glauben.«

»Das begreife ich nicht!«, entfuhr es mir wider Willen. Ich hatte aufmerksam und wie paralysiert zugehört und mich dabei der schmalen Stiege genähert, die zum Podest hinaufführte. »Wie kann der bloße Glaube irgendetwas verändern? Wenn ich glaube, dass es morgen regnet, bedeutet das noch lange nicht, dass es tatsächlich regnet. Wie kann der Glaube Berge versetzen? Das klingt zwar tröstlich, aber es will mir nicht in den Kopf.«

»Dann benutze dein Herz!«, erwiderte Eva Booth, kam mir ganz nahe und legte ihre Hand auf meine Schulter. »Der Glaube ist keine Sache des Kopfes, sondern des Herzens. Du musst ihn fühlen, mein Bruder!«

Bei der Berührung durchzuckte es mich, und für einen kurzen Moment hatte ich das Bedürfnis, ihre Hand zu ergreifen, doch dann wich ich unsicher zurück, nahm den Schlapphut vom Kopf und zog mir den Schal aus dem Gesicht.

Eva Booth strahlte, hielt mir ihre Fackel vors Gesicht und erstarrte im nächsten Augenblick. »Satan!«, zischte sie leise und schnellte in die Höhe.

Ich verstand nicht, was oder wen sie damit gemeint hatte, und schaute mich um, doch direkt hinter mir standen nur die vermummten Skeletons, die auf den Befehl des Losschlagens warteten.

Eva Booth fuhr scheinbar unbeirrt in ihrer Predigt fort, doch sie mied meinen Blick und richtete ihre Augen zum Himmel, als wüsste sie, dass in Kürze der Sturm losbrechen würde.

»Zur Tat, Männer!«, erklang nun eine laute Stimme vom Dach des Ten Bells. Und im selben Moment brachen alle

Dämme. Steine flogen, Farbbeutel und Kalkklappen landeten klatschend auf den Leuten, Banner und Totenkopf-Fahnen wurden entrollt, und die Ratten sprangen fiepend und wild um sich beißend aus ihren geöffneten Käfigen. Die Menschen schrien vor Schmerz oder Wut und versuchten, dem Tumult zu entkommen, doch es gab kein Entrinnen. Binnen weniger Sekunden verwandelte sich die Versammlung in ein wüstes Chaos, in dem sich die eine Seite von vornherein auf verlorenem Posten befand.

Nur ich stand wie angewurzelt da und bewegte mich nicht. Die Ratten in meinem Käfig hatte ich nicht freigelassen, und als mich die kalkgetränkten Lumpen an der Schulter trafen, spürte ich es kaum. Ich blickte hinauf zum Podest, wo Eva Booth ebenso regungslos auf das Tohuwabohu schaute. Steine und Farbbeutel flogen, doch sie duckte sich nicht und machte keine Anstalten, sich von ihrem gefährlichen Podestplatz fortzubewegen. Es hatte beinahe den Anschein, als wollte sie sich und den Umstehenden etwas beweisen.

Doch dann traf sie ein Stein an der Stirn. Sie schwankte hin und her, ging einen Schritt auf die Leiter zu und ließ die Fackel fallen. Ich sprang aufs Podest, um ihren Sturz abzufangen, doch im nächsten Augenblick hatte sie das Gleichgewicht wiedergefunden und fuhr sich verwirrt mit der Hand über das blutverschmierte Gesicht.

»Kommen Sie!«, rief ich und reichte ihr die Hand.

Doch statt meine Hand zu ergreifen, starrte sie mich – wie vorhin schon einmal – wutentbrannt und beinahe angewidert an und schlug mir mit der flachen Hand ins Gesicht, sodass ich nach hinten fiel und rücklings vom Rand des Podests aufs Pflaster stürzte. Dummerweise hatte ich den Rattenkäfig direkt vor der Stiege auf der Straße stehen lassen, und als ich nun auf dem Weidenkorb landete, brach der Käfig, und die bissigen Ratten stürzten sich auf mich. Sie bissen mir ins Gesicht und in die Hände, ein besonders aggressives Biest kroch mir in das linke Hosenbein und verbiss sich in meiner Wade. Doch der

Schmerz, den ich deswegen verspürte, war gering im Vergleich zu dem Schmerz, der mir bei der Ohrfeige durch die Glieder geschossen war. Während ich mich der Ratten zu entledigen versuchte, wobei Simeon mir nach Leibeskräften half, schaute ich zum Podest hinauf. Doch die Bühne war verwaist, die Heilsarmisten hatten ihre verwundete Predigerin in Sicherheit gebracht.

»Hast heute kein Glück bei den Frauen, mein Junge«, lachte Simeon und trat mit dem Fuß nach einer Ratte, die über meinen Bauch huschte.

»Nein, heute ist nicht mein Glückstag«, knurrte ich und rappelte mich schwerfällig auf, während um mich herum das Hauen und Treten und Beißen weiterging. Mein Gesicht und meine Hände waren zerkratzt und von blutigen Striemen übersät. Vor allem mein Muttermal auf der rechten Wange brannte fürchterlich, eine der Ratten hatte offenbar genüsslich hineingebissen.

»Lass uns verschwinden, bis sich die Lage beruhigt hat«, sagte ich und zog Simeon mit mir fort. »Und bevor die Polizei kommt.«

»Und der Schnaps?«, empörte er sich. »Bin ja schließlich nicht zu meinem Vergnügen hier.«

»Sei mein Gast«, antwortete ich lachend und deutete auf den Britannia Pub auf der gegenüberliegenden Seite der Straße. Von dort kamen weitere Männer angerannt, die ihren Beitrag zu den gewalttätigen Vergnügungen leisten wollten. Irgendwo in der Ferne war das klägliche Pfeifen eines Polizisten zu hören.

»Was ist 'n da los?«, wurden wir vor dem Britannia von einer betrunkenen Frau mit rotblonden Locken begrüßt. Lallend und mit starkem irischen Akzent setzte sie hinzu: »Ist die Revolution ausgebrochen?«

»Nee«, antwortete Simeon kichernd, »nur ein paar bissige Ratten.«

Die Rothaarige, vermutlich eine Prostituierte, starrte in mein verkratztes und blutendes Gesicht und zog die Augenbrauen zusammen. »Dachte schon, sie hätten endlich den verdammten Ripper gefangen. Wird Zeit, dass das Monstrum geschnappt wird. Wenn schon die Polizei nichts macht, sollte wenigstens die Bürgerwehr handeln. Man ist ja als Frau seines Lebens nicht mehr sicher. Jetzt verschickt der Irre schon Leichenteile mit der Post.«

»Wer sagt, dass die Polizei nichts unternimmt?«, fragte ich achselzuckend. »Angeblich sollen sogar Spürhunde eingesetzt werden.«

»Und was sollen die, verdammt noch mal, aufspüren?«, höhnte die Frau, die noch nicht sehr alt sein konnte, früher womöglich sogar hübsch gewesen war, inzwischen aber heruntergekommen und verlebt aussah. »Wie riecht denn der Ripper, hä?«, rief sie und schleuderte mir dabei die Spucke ihrer feuchten Aussprache ins Gesicht. »Woher sollen die Scheißköter das wissen?«

»Auch wieder wahr«, gab ich zu, wischte mir mit dem Ärmel über die Wange und öffnete die Kneipentür. »Darf ich dich einladen? Ich geb einen aus.«

»Geburtstag?«

»So was Ähnliches.«

»Geht leider nicht«, antwortete sie und schüttelte den Kopf, dass die roten Locken flogen. »Sonst wird Joseph sauer. Er hat grad erst wieder getönt, ich sollte langsam mal was ranschaffen, anstatt ihm immer nur auf der Tasche zu liegen.« Sie deutete durch die Tür zu einem Tisch, an dem zwei Männer saßen. Der jüngere der beiden trug einen Schnauzbart, der ältere einen Vollbart, und beiden gemein war die mürrische Miene.

»Also wie sieht's aus, Jungs?«, wandte sich die Frau an uns. »Habt ihr Interesse? Von mir aus auch zu dritt. Kostet aber extra.«

»Andermal«, sagte Simeon und zuckte mit den Schultern.

»Andermal«, wiederholte die Prostituierte und streckte dem Schnauzbart, der drohend den Finger hob, die Zunge heraus.

»Scher dich raus, Ginger!«, rief der Mann mit dem Schnauzer.

»Kannst mich mal«, knurrte die Frau, ging aber wie befohlen hinaus.

Simeon und ich betraten das Britannia, setzten uns an den Ecktisch gleich neben dem Eingang und bestellten eine Karaffe Bier und eine Flasche Gin. Und dann fragte Simeon: »Warum hat sie dich geschlagen?«

Genau diese Frage hatte ich mir in den letzten Minuten auch unentwegt gestellt und keine Antwort darauf gefunden. Daher sagte ich: »Ich weiß es nicht.«

»Aber es muss doch einen Grund geben, warum Eva Booth dir eine Ohrfeige gegeben hat!«, erwiderte Simeon und stopfte seine Pfeife. »Immerhin ist sie sonst eine von der Beide-Wangen-hinhalten-Fraktion!«

»Welcher Fraktion?«

»Wie in der Bergpredigt«, erklärte er, zündete die Pfeife an und setzte paffend hinzu: »Wer dir auf die eine Wange schlägt, dem halte auch die andere hin. Evangelium nach Matthäus. Die Heilsarmisten sind nicht gerade bekannt dafür, gewalttätig zu werden.«

Ich nickte und konnte dennoch nur meine Antwort wiederholen: »Ich weiß es wirklich nicht. Vielleicht hat sie mich mit jemandem verwechselt?«

»Das sah aber nicht so aus«, meinte er, griff nach dem Gin, den der Wirt auf den Tisch gestellt hatte, und goss sich ein.

»Sie hat dich wie einen Geist angestarrt. Als hätte sie eine Erscheinung gehabt.«

»Sie hat mich einen Satan genannt«, sagte ich und zündete mir eine Zigarette an der Kerze an. »Dabei bin ich ihr noch nie begegnet. Wirklich nicht! Daran könnte ich mich bestimmt erinnern.«

»Du meinst, weil sie so schön ist?«, lachte Simeon und tätschelte meinen Unterarm. »Oder weil sie dich mit ihren tröstenden Worten bekehrt hat? Sei vorsichtig, mein Freund, der Glaube kann wie eine ansteckende Krankheit sein.«

Ich schnaufte abfällig und schüttelte den Kopf. »Mach dir keine Sorgen! Ich passe schon auf meine geistige Gesundheit auf.« Ich spülte den Gedanken mit einem Schluck Bier hinunter und fügte nachdenklich hinzu: »Aber bezaubernd ist sie, nicht wahr?«

»Eine Heilige und eine Hexe«, sagte er und stieß eine Rauchwolke aus. »Wenn ich die heilige Johanna malen wollte, könnte ich mir Eva Booth als Modell vorstellen. In silberner Rüstung und mit Flammenschwert. Sie ist eine wahre Kriegerin für ihre seltsame Sache.«

Wieder nickte ich und schaute wie gebannt auf die Tischplatte.

Irgendetwas in meinem Blick schien Simeon zu erheitern, denn plötzlich lachte er laut und rief: »So schlimm, Rupert?! Dich hat's ja mächtig erwischt.«

»Unsinn!«, antwortete ich, doch es klang vermutlich etwas halbherzig.

»Schlag's dir lieber gleich aus dem Kopf! Nicht nur wegen der Ohrfeige.« Simeon lächelte verschmitzt, hob die Augenbrauen und setzte flüsternd hinzu: »Hab gehört, dass sie ihrem Vater versprochen hat, niemals zu heiraten.«

Wieder rief ich: »Unsinn!«

»Ich sag nur, was ich gehört habe«, antwortete er und hob entschuldigend die Schultern. »Der General hat seiner Tochter angeblich aufgetragen, ihr Leben lang eine Jungfer zu bleiben.

Und wie man hört, hat sie's ihm hoch und heilig geschworen. Das hat mir ein abtrünniger Offizier der Heilsarmee erzählt. Der General und seine schöne Tochter scheinen sich sehr zugetan zu sein. Pech und Schwefel sind ein Dreck dagegen.«

»Wir sind doch nicht mehr im Mittelalter«, empörte ich mich, goss mir einen Schnaps ein und kippte ihn hinunter, ohne mit der Wimper zu zucken. »Die Zeiten, in denen die Eltern darüber bestimmen konnten, wen die Kinder heiraten oder nicht, sind vorbei!«

»Ach ja?«, lachte Simeon und schüttelte ungläubig den Kopf. »Das sagt ja genau der Richtige.« Grinsend setzte er hinzu: »Wie geht's eigentlich Meredith Wie-war-doch-gleich-ihr-Name? Heldin deiner Träume. Liebe deines Lebens!«

»Damit hat's jetzt ein Ende!«, entfuhr es mir. »Ein für alle Mal!«

Er schaute mich überrascht an und verschluckte sich an seinem Pfeifenrauch.

»Ich hab mich entschieden, Simeon«, sagte ich und zog so heftig an meiner Zigarette, dass ich mir beinahe die Finger versengte. »Ab sofort ist Schluss mit der Heuchelei und dem scheinheiligen Getue. Ich mach nicht mehr mit.«

»Aha?«, wunderte er sich und kippte den nächsten Gin. »Und was sagt dein Vater dazu? Hast du seinen Segen?«

»Er hat gedroht, mich zu enterben.«

Simeon nickte, als hätte er dafür allergrößtes Verständnis, und fragte: »Was hast du vor?«

»So genau weiß ich das noch nicht«, musste ich zugeben und tunkte mein Taschentuch in den Gin, um damit meine Kratzer und Wunden zu betupfen. »Ich such mir eine billige Wohnung. Vielleicht hier irgendwo in der Nähe. Und dann werde ich arbeiten und eigenes Geld verdienen. Keine Almosen von William oder meinem Vater, kein Gnadenbrot von Mr. Barclay, ich will selbst und ehrlich schuften.«

»Entschuldige, dass ich lache«, antwortete Simeon, ohne auch nur ansatzweise amüsiert zu wirken. »Aber welche Arbeit schwebt dir vor? Kohlenschleppen im Hafen? Oder Wergzupfen und Steineklopfen wie im Arbeitshaus?«

Die beiden Bärtigen am Nachbartisch horchten auf und schauten neugierig zu uns herüber. Der Schnauzbart namens Joseph lachte leise vor sich hin.

»Ich werde schreiben«, sprach ich aus, was mir in diesem Moment durch den Kopf ging. »Das kann ich. Oder ich werde es lernen.«

»Willst Dichter werden, he?«, mokierte sich Simeon.

»Warum nicht?«

»Dann mach dich auf ein Leben in Armut gefasst«, erwiderte er kopfschüttelnd und wandte sich im nächsten Moment an die Lauscher am Nebentisch: »Was gibt's da zu glotzen?«

Die beiden hoben abwehrend die Hände und starrten auf ihre leeren Bierkrüge.

»Und wenn schon!«, beharrte ich und betupfte mein Muttermal auf der Wange. Es brannte fürchterlich, doch irgendwie fühlte es sich gut an. Wie eine verdiente Strafe.

»Und wenn schon?«, echote Simeon und griff eisern nach meiner Hand, dass mir der Schmerz bis in die Schulter fuhr. »Glaubst du, das ist ein Spiel? So eine Art Zeitvertreib für gelangweilte Bengel? Du bist hier nicht in deinem Gentlemen's Club, wo sich jeder Lackaffe für einen Dichterfürsten hält! Denkst du wirklich, es macht Spaß, Hunger zu haben und nicht zu wissen, wie man den nächsten Tag überstehen soll? Glaub mir, Armut ist zum Kotzen!« Er klopfte seine Pfeife aus und verstaute sie in der Jackentasche. »Kunst muss man sich leisten können, mein Lieber. Oder man muss sie erleiden können. Dazwischen gibt es nichts.«

»Wer redet von Kunst?«, erwiderte ich, obwohl ich mir insgeheim eingestehen musste, dass ich genau davon geredet hatte. »Dann schreib ich eben für eine Zeitung. Gibt ja mehr als genug davon. Was die Stümper da jeden Tag zusammenkritzeln, krieg ich allemal aufs Papier.«

Simeon lehnte sich wieder zurück und presste missbilligend

die Lippen aufeinander. Es hatte beinahe den Anschein, als hätte ich ihn mit meinen unausgegorenen Plänen zutiefst beleidigt. Oder hatte er womöglich bloß Angst, einen potenten Geldgeber zu verlieren?

»Ich muss gehen«, sagte er, setzte sich zum Abschied die Flasche Gin an den Mund und nahm einen großen Schluck. »Melde dich, wenn du wieder zur Vernunft gekommen bist.«

»Jetzt sei nicht eingeschnappt!«

»Das bin ich nicht«, antwortete er und stand auf. »Aber erwarte bitte nicht, dass ich dir auch noch auf die Schulter klopfe, wenn du gerade dabei bist, dein Leben zu ruinieren.«

»Da gibt es nichts mehr zu ruinieren.«

»Hast du eine Ahnung, Rupert! Du weißt ja gar nicht, wovon du sprichst.« Er fuhr sich über den verfilzten Vollbart, hob die Hand zum Gruß und wandte sich zur Tür. »Mach's gut, mein Freund!«

»Eine Frage noch«, hielt ich ihn zurück.

»Ja?«

»Woher kanntest du es?«

»Woher kannte ich *was*?«

»Das Mädchen«, antwortete ich und drückte meine Zigarette aus. »Vorhin beim Fackelzug. Das Mädchen, das mich in der Brick Lane umgestoßen hat. Du hast gesagt, du hättest das Gesicht schon mal gesehen.«

Simeon nickte nachdenklich.

»Also?«, fragte ich. »Woher?«

»Ich habe es gemalt.«

»Das Mädchen?«

Er schüttelte den Kopf. »Das Gesicht.«

»Wann?«

»Vor acht Jahren vielleicht.«

»Aber da war das Mädchen ja noch ein kleines Kind.«

»Eben«, antwortete er und hob erneut die Hand zum Gruß. »Bis bald, Rupert! Und danke für den Gin.« Mit diesen Worten verließ er das Britannia.

Unschlüssig und verwirrt blieb ich am Tisch sitzen. Ich schaute aus dem Fenster und sah Simeon die Straße überqueren, in Richtung Ten Bells, wo sich die Lage sichtlich entspannt hatte. Vermutlich spekulierte er auf einen weiteren Gratis-Schnaps. Einen, der ihm nicht die Laune verdarb.

Ich leerte meinen Bierkrug und dachte über das nach, was Simeon gesagt hatte. Über Eva Booth und das unbekannte Mädchen. Vor allem die Tochter des Generals wollte mir nicht aus dem Kopf, immer wieder sah ich ihren beinahe angewiderten Blick, spürte die Ohrfeige auf meiner Wange und hörte sie sagen: »Satan!« Doch sosehr ich auch grübelte und mir das Hirn zermarterte, mir wollte einfach nicht einfallen, wo ich ihr schon einmal begegnet sein könnte. Womöglich hatte sie mich irgendwo gesehen oder erlebt, ohne dass ich sie wahrgenommen hatte. Doch was hatte ich angestellt, das ihr seltsames Verhalten rechtfertigte? Was glaubte sie über mich zu wissen, das mir selbst unbekannt war?

Dass sie mich in betrunkenem oder berauschtem Zustand in irgendeiner Kneipe oder Opiumhöhle gesehen hatte, war durchaus denkbar. Schließlich predigten die Heilsarmisten gern in zwielichtigen Kaschemmen, um die verlorenen Seelen auf den Pfad der Tugend zurückzubringen. Aber konnte das allein ein Grund sein, mich einen Satan zu nennen? Wäre es nicht viel eher ein Anlass gewesen, mich bekehren und zu einem besseren Menschen machen zu wollen, wie sie es in ihrer Rede behauptet hatte?

Es war zum Verrücktwerden, und je länger ich darüber nachdachte, desto klarer wurde mir, dass mir ihre heftige Abneigung einen Stich ins Herz versetzte und dass ich den eigentlich belanglosen Vorfall vor dem Ten Bells nicht als lustige oder nichtige Episode abtun konnte. So fremd und unbekannt mir Eva Booth auch war, so albern und selbstgerecht ich ihre Botschaft und ihr Auftreten fand, es war mir dennoch aus unerfindlichen Gründen wichtig, dass sie keine schlechte Meinung von mir hatte. Und ich musste an Simeons scherzhafte Worte denken: »Dich hat's ja mächtig erwischt.«

Gleichzeitig jedoch stieg Wut in mir hoch. Wie am Nachmittag auf der Blackfriars Bridge fühlte ich mich mit einem Mal wieder ungerecht behandelt. Was bildete diese Frau sich ein, mich ohne Grund zu beschimpfen und zu ohrfeigen? Wie kam sie dazu, mich einen Satan zu nennen? Das war nicht akzeptabel, und es entbehrte jeder Grundlage! Auch gegen Simeon spürte ich einen plötzlichen Groll. Wieso sprach er mir die Fähigkeit ab, für mich selbst zu sorgen, ohne mir wenigstens die Gelegenheit zu geben, das Gegenteil zu beweisen? Wie gering schätzte er mich, dass er mich einen gelangweilten Bengel nannte? Wie kam er – ausgerechnet er! – dazu, mich von oben herab zu behandeln und wie einen dummen Schuljungen zu belehren? Ich würde ihnen schon noch beweisen, dass sie sich in mir täuschten. Ihm und ihr. Allen! Sie würden sich noch wundern.

»Entschuldigung?«, hörte ich eine tiefe Männerstimme neben mir.

Ich fuhr aus meinen Gedanken auf, wandte mich zur Seite und schaute in ein bärtiges Gesicht.

»Ja?«, fragte ich.

»Ich hab vorhin zufällig dein Gespräch mit deinem Kumpel mit angehört«, sagte der Mann. Es war der vollbärtige Kerl vom Nachbartisch. Sein Freund Joseph, der Zuhälter der Hure Ginger, schien den Pub inzwischen verlassen zu haben. Und auch der Vollbart hatte seine Seemannsjacke angezogen und die Schiebermütze auf dem Kopf.

Wieder sagte ich: »Ja?«

»Du suchst 'ne Bleibe?«

»Kann sein.«

»Nur für die Nacht oder länger?«

»Kommt drauf an.«

»Hab vielleicht was für dich. Gleich um die Ecke, in der Dorset Street.« Er räusperte sich, wartete auf eine Antwort, die ich ihm aber nicht gab, und setzte dann hinzu: »Ich hab 'n freies Zimmer. Nach hinten raus.«

»Zur Untermiete?«, fragte ich und schüttelte bedauernd den Kopf. »Danke, aber ich such eigentlich was Eigenes.«

»Das Zimmer hat 'nen eigenen Eingang, hinten raus zum Hof«, sagte er und trat unruhig auf der Stelle, als müsste er dringend aufs Klo. »Und es kostet dich fast nichts. Vier Shilling die Woche.«

»Gleich um die Ecke?«, fragte ich. Eigentlich hatte ich mir überlegt, in einem der vielen Logishäuser im East End oder in einer billigen Pension zu übernachten, denn in meine Mansarde in Mayfair zurückzukehren, kam für mich nicht in Frage. Aber ein Zimmer in unmittelbarer Nähe war auch nicht zu verachten.

»Kannst es dir ja mal anschauen«, sagte er und wich meinem Blick aus, während er mir gleichzeitig seine Hand entgegenstreckte. »Mein Name ist Edmund.«

Statt seine Hand zu nehmen, stand ich auf, steckte die beinahe leere Ginflasche in die Jackentasche und sagte: »Anschauen kostet ja nichts.«

»Genau«, meinte er und räusperte sich. »Wie bei den Huren.«

»Was?«

»Anschauen«, sagte er und hielt mir die Tür auf. »Kostet nichts.«

8

Vermutlich wäre ich niemals auf die Idee gekommen, dem Kerl zu folgen, wenn ich nicht so aufgebracht und zugleich verwirrt gewesen wäre. Doch der Gedanke an Simeons abfällige Worte und Eva Booths unerklärliche Ohrfeige ließen mich dem Mann namens Edmund unbedacht hinterhertapsen wie ein trotziges Kind auf der Suche nach Abenteuern. Dass er mich ausrauben wollte, schien mir nicht sehr wahrscheinlich, denn selbst wenn er mir einen falschen Namen genannt hatte, kannte ich die Namen seines Freundes Joseph und der Hure Ginger. Wenn er also an mein Geld wollte, musste er mich schon umbringen, um nicht anschließend überführt zu werden. Was allerdings auch nicht gerade ein beruhigender Gedanke war.

Die Dorset Street, die direkt neben dem Britannia Pub von der Commercial Street weg in westliche Richtung führte, war eine ebenso schmale wie düstere Gasse. Links und rechts wurde sie von dreistöckigen, meist reichlich verwahrlosten Backsteinhäusern gesäumt, in denen sich verschiedene Armenunterkünfte und billige Absteigen befanden. Die Straße war kaum beleuchtet und so eng bebaut, dass das Licht des Vollmonds nur die oberen Stockwerke streifte, dennoch erkannte ich, dass eine Großzahl der Fenster im Erdgeschoss mit Brettern verbarrikadiert oder mit Tuch verhangen war. Bereits nach wenigen Schritten blieb mein seltsamer Begleiter stehen und deutete auf einen winzigen Torbogen auf der rechten Seite. Der Name des dahinterliegenden Yards war über dem Durchgang in die Mauer eingelassen, doch es war so dunkel, dass ich ihn nicht lesen konnte.

»Hier ist Miller's Court«, sagte Edmund und räusperte sich mehrmals. Dieses Räuspern schien eine Marotte von ihm zu sein. »Bitte einzutreten.«

Der schmale und niedrige Torbogen führte durch das Backsteingebäude an der Dorset Street zu einem rechtwinkligen

Hof, der von einer flackernden Gaslaterne auf der linken Seite beschienen wurde. Ich ließ Edmund vorangehen und folgte ihm in gehörigem Abstand, wobei ich immer wieder nach hinten schaute, in ständiger Erwartung eines Angriffs. Wenn sie mich überfallen wollten, bot der rabenschwarze Durchgang die beste Gelegenheit dazu.

»Keine Bange«, sagte Edmund, als er unter der Gaslaterne stand und mit einer Kopfbewegung auf den verwinkelten Yard deutete, »ich bin nicht der Ripper.«

»Und ich bin keine Frau«, sagte ich und zwang mich zu einem Lachen.

»Stimmt genau!« Er räusperte sich und starrte zu Boden, als wäre ihm mein Anblick unangenehm. Wie ein Hund vermied er den direkten Augenkontakt und schien sich wie ertappt zu fühlen, wenn sich unsere Blicke dennoch kreuzten. Ich schätzte ihn auf mindestens vierzig Jahre, doch in seinem unsicheren und fahrigen Verhalten erinnerte er mich an ein Kind.

»Keine Frau«, wiederholte er und wies nach links auf ein zweistöckiges Gebäude, von dem mehrere Türen zum Hof gingen. »Dahinten wohn ich. Letzte Tür. Nummer fünf im Erdgeschoss. Gleich dahinter ist der Abtritt. Die Pumpe ist hier vorne. Wasser gibt's morgens und abends.« Er deutete nach rechts, wo der Hof wie bei einem Wurmfortsatz eine Sackgasse bildete und an der Wand des Nachbarhauses endete. »Und dort wohnen Joseph und Mary Jane«, setzte er hinzu und schaute zu einer Wohnung gleich neben der Pumpe.

»Mary Jane?«, wunderte ich mich.

»Die Leute nennen sie Ginger, wegen ihrer rotblonden Haare.« Wieder räusperte er sich, dann ging er geradeaus zur Nummer fünf, schloss die Tür auf und verschwand. Nur wenig später kam er mit einer brennenden Kerze wieder heraus und deutete zum Ende des Yards, wo sich der Abort befand. »Der Eingang ist um die Ecke«, sagte er und ging voraus.

Wieder schaute ich zurück und wartete auf einen Hinterhalt, doch nichts geschah, kein Ton war zu hören, niemand erschien. Edmund hatte inzwischen eine kleine Tür auf der rückwärtigen Seite des Gebäudes geöffnet, die vom Hof aus gar nicht zu sehen war. Mit der Kerze leuchtete er hinein, und als ich ihm über die Schulter schaute, erkannte ich, dass es sich um eine Art Verschlag oder Lagerraum handelte.

»Das Zimmer hat kein Fenster«, sagte ich verwundert.

»Wozu auch?«, antwortete Edmund und betrat die Kammer. »Oder brauchst du 'nen Ausblick aufs Scheißhaus?«

»Und keinen Kamin«, fügte ich hinzu und schaute mich ratlos in dem winzigen Kabuff um. Lediglich ein Bett stand an der hinteren Wand und ein kleiner Tisch neben der Tür. Ein Hocker diente gleichzeitig als Stuhl und Nachttisch. Mehr Möbel hätten auch gar nicht hineingepasst.

»Der Kamin ist auf meiner Seite«, sagte er, stellte die Kerze auf dem Tisch ab und befühlte die hintere Backsteinmauer, an der das Bett stand. Es war die einzige Steinwand in diesem Anbau, die restlichen Wände waren aus Holz gezimmert, und der Boden bestand aus gestampfter Erde. »Die Wand ist so warm, dass du gar nicht heizen musst«, fügte Edmund hinzu und klopfte auf die Backsteine. »Spart Geld.«

»Das ist kein Zimmer, sondern ein Bretterverschlag«, meinte ich und schüttelte den Kopf. »Was war das früher? Der Brennholzschuppen?«

»Meinetwegen«, sagte Edmund und verdrehte die Augen. »Sagen wir drei Shilling Sixpence.«

Ich verharrte stumm und regungslos.

»Na gut! Drei Shilling. Und du kriegst noch 'ne Waschschüssel und eine Decke fürs Bett«, setzte er hinzu und kam einen Schritt näher. »Die Matratze ist wie neu.«

»Wer hat hier vorher gewohnt?«, wollte ich wissen.

»Long Liz ist hier oft untergekommen, wenn sie betrunken war oder wenn Michael sie mal wieder verdroschen hat«, sagte Edmund und schaute zu Boden. »Oder wenn sie 'nen Freier hatte, der's nicht im Freien mit ihr treiben wollte.«

»Long Liz ist eine Hure?«, fragte ich.

»Sie war eine«, knurrte Edmund und schüttelte den Kopf, als hätte ich etwas Dummes gesagt. »Sie ist nämlich tot. Liest du keine Zeitung?«

»Du meinst ...?«, setzte ich an, brachte die Frage aber nicht über die Lippen.

»Keine Bange«, sagte er und hielt mir den Schlüssel hin. »Das war unten in der Berner Street in Whitechapel. Vor drei Wochen. Und verstümmelt wurde sie auch nicht.« Er fuhr sich mit dem Zeigefinger über den Hals. »Nur die Gurgel durchgeschnitten. Aber nichts mitgenommen. Ich meine, nichts von der Leiche. Trotzdem sagen alle, es war der Ripper. Was wissen die schon! Also, was sagst du?«

Ich stand wie gelähmt da und starrte ihn an. Das Zimmer war eine Zumutung, und die Tatsache, dass eines der Mordopfer hier geschlafen hatte, machte es nicht verlockender. Dennoch war ich nicht in der Lage, den Kopf zu schütteln oder einfach hinauszugehen.

»Na dann«, sagte Edmund, der mein Schweigen und meine Starre als Einverständnis zu verstehen schien. Er nickte, legte den Schlüssel auf den Tisch und ging zur Tür. »Ich bring dir die Decke und die Schüssel. Aber die Miete bräuchte ich für einen Monat im Voraus.« Er räusperte sich ein letztes Mal und setzte, mit Blick auf den Boden, hinzu: »Willkommen im Miller's Court!«

Vermutlich war ich der einzige Mensch in London, der sich bislang kaum für den sogenannten Ripper und seine bestialischen Morde interessiert hatte. Und das, obwohl ich mich mit Vorliebe in genau jener Gegend herumtrieb, in der auch der Frauenmörder seine Opfer gesucht und so grausam getötet hatte. Womöglich war ich, ohne es zu wissen, dem Ripper bei meinen nächtlichen Ausflügen nach Whitechapel und Spitalfields sogar schon einmal begegnet. Noch wahrscheinlicher war es, dass ich mit einem seiner Opfer geredet, getrunken oder sogar geschlafen hatte, und dennoch hielt sich mein Interesse für die spektakuläre und ganz London in Atem haltende Mordserie in Grenzen. Zu meiner eigenen Verwunderung, wie ich gestehen musste!

Natürlich war ich vage über die Ereignisse und Spekulationen auf dem Laufenden. Das ließ sich kaum vermeiden, da jedermann, nicht nur im East End, geradezu zwanghaft und mit einer seltsamen Lust am Grauen von den Untaten sprach. Überall hingen die Aufrufe und Flugblätter der Polizei. Aber auch die Zeitungen, nicht nur die billigen Schundblätter, berichteten täglich über das mordende Phantom, obwohl es nur wenig Neues oder gar Stichhaltiges zu vermelden gab. Nicht einmal über die Anzahl der bisherigen Opfer war man sich einig. Viele der unzähligen Journalisten schienen wie die ermittelnden Polizisten orientierungslos im Londoner Nebel zu stochern und sich einfach ihren wüsten Fantasien zu überlassen. Eine Bürgerwehr, das Whitechapel Vigilance Committee, hatte sich gebildet, forderte von der Regierung und der Polizeiführung ein hohes Kopfgeld für die Ergreifung des Rippers und patrouillierte nachts, mit Knüppeln und Messern bewaffnet, durch die Straßen. Wie man munkelte, schlenderten nach Einbruch der Dunkelheit als Frauen verkleidete Polizisten durch Whitechapel, um den Mörder auf sich aufmerksam zu machen und auf frischer Tat zu stellen. Doch weder diese Finten noch die unnützen Bluthunde hatten bislang irgendwelche verwertbaren Hinweise auf den Täter erbracht, sondern allenfalls Hinweise auf die Hilflosigkeit und Unfähigkeit der Polizei. Und das versetzte die Menschen derart in Unruhe, dass sie sich zusammenrotteten und immer wieder Unschuldige auf die Polizeistationen schleppten, nur weil sie als Ausländer oder Juden einer Randgruppe angehörten oder in irgendeiner Weise ungewöhnlich wirkten.

Diese Erregung der Massen stärkte in mir den Unwillen, mich genauer mit der Sache zu befassen. Der marodierende Mob und die brodelnden Gerüchte, die ihn befeuerten und immer wildere Blüten trieben, waren mir zuwider. Ich war entschlossen, mich nicht vom allgemeinen Fieberwahn anstecken zu lassen. Als Mann hatte ich vom Ripper ohnehin nichts zu befürchten, und solange ich mich vom aufgepeitschten Lynchmob fernhielt, konnte mir wenig passieren.

Dachte ich zumindest.

Doch nun war ich ausgerechnet in einem Zimmer gelandet, in dem eines der Mordopfer zeitweilig gewohnt hatte. Ich sollte in einem Bett schlafen, in dem die ermordete Hure ihre Freier empfangen hatte. Und es war nicht ausgeschlossen, dass der Ripper, den sie Jack nannten, sie genau hier aufgestöbert hatte. Das Seltsame war jedoch, dass genau das, was mich hätte abschrecken sollen, meine Neugier kitzelte und in mir ein brennendes Kribbeln erzeugte.

Nachdem Edmund mir die Schüssel und eine muffige Wolldecke gebracht hatte, gab ich ihm die zwölf Shilling für den Monat, verriegelte die Tür hinter ihm, verkantete den Stuhl unter der Klinke und legte mich in Jacke und Hose aufs Bett. Die Kerze stellte ich auf den Boden und ließ sie brennen.

Ich weiß nicht genau, wie lange ich wach lag, auf die leisesten Geräusche achtete und zur Bohlendecke starrte, die sich im flackernden Kerzenlicht zu bewegen schien. Die Gedanken rasten durch meinen Kopf, die seltsamen Ereignisse des Tages zogen wie in einer Narrenparade an mir vorbei, doch nachdem ich meine Unruhe und Aufregung mit einigen großen Schlucken aus der Ginflasche gedämpft hatte, fielen mir schließlich die Augen zu.

Irgendwann in der Nacht wurde ich durch eine laute Stimme geweckt. Auf der anderen Seite der Steinwand rief Edmund: »Nein, ich bin unschuldig! Ich war's nicht. Ich war dagegen! Nein!« Auch er schien eine unruhige Nacht zu verbringen.

Dann war alles wieder still.

9

Am nächsten Morgen riss mich ein lautes Lachen aus dem Schlaf. Ich fuhr hoch, doch weil das Zimmer kein Fenster hatte und die Kerze längst niedergebrannt war, war es stockfinster im Raum. Ich brauchte einige Zeit, um zu begreifen, wo ich mich befand und wie ich hergekommen war. Wieder lachte jemand schallend. Es hörte sich beinahe so an, als stünde derjenige direkt neben meinem Bett.

»Hast die Bruchbude also tatsächlich untergebracht?«, rief der Lachende.

»Nicht so laut, Michael«, mahnte eine tiefe Stimme, die ich sofort als die meines bärtigen Vermieters erkannte. »Der Kerl kann uns doch hören. Die Bretterwand ist sehr dünn.«

»Wem sagst du das!«, amüsierte sich der andere. »Der wird sich noch den Arsch abfrieren, wenn's erst mal richtig kalt wird. Sei froh, dass es heute Nacht nicht geregnet hat, sonst wärst du das feuchte Loch nie losgeworden. Wie heißt 'n der Bursche?«

»Keine Ahnung«, sagte Edmund. »Hat mir seinen Namen nicht gesagt.«

»Komisch, oder?«

»Kann mir egal sein, hat ja für 'nen Monat im Voraus bezahlt.«

»Einen Monat im Voraus?« Das Lachen des anderen Mannes nahm einen hämischen Unterton an. »Was ist denn das für 'n Schwachkopf?«

»Psst«, machte Edmund, konnte sich das Lachen aber ebenfalls nicht verkneifen. Es folgte eine kurze Stille, dann sagte er: »Ah, da ist Joseph.«

»Morgen, du Schlafmütze!«, rief der Mann namens Michael. »Wurde auch Zeit. Du wirst es nicht glauben, aber ihr habt 'nen neuen Nachbar.«

»Macht nicht so 'nen Lärm«, sagte eine krächzende und verkatert klingende Männerstimme. »Ginger schläft noch.«

»Einträgliche Nacht?«, fragte Edmund.

»Will ich hoffen«, antwortete Joseph mürrisch. »Hauptsache, sie hat nicht wieder alles versoffen. Wär nicht das erste Mal.«

Ich hatte mich inzwischen aufgerappelt und zum Eingang vorgetastet. Nachdem ich den Stuhl beiseitegestellt hatte, öffnete ich die Tür und trat hinaus. Der Morgen dämmerte bereits, der Himmel leuchtete gelblich vom Rauch der Schlote, aber in dem engen Hof war es trotzdem noch immer so dunkel, dass man kaum die Hand vor Augen sah. Als ich um die Ecke schaute, sah ich die drei Männer vor Edmunds Tür stehen. Die Gaslaterne war noch an und warf lange, zitternde Schatten auf die Erde.

»Na, gut geschlafen?«, fragte Edmund und zog sich die Schiebermütze tief in die Stirn, als hätte er Angst, ich könnte ihm ins Gesicht schauen.

»Erstaunlicherweise ja«, antwortete ich und stapfte zur Wasserpumpe.

»Die Matratze ist wie neu«, sagte Edmund stolz. »Hab ich ja gesagt.«

Während ich an den Männern vorbeiging, betrachtete ich flüchtig den einzigen mir unbekannten Mann in der Runde. Er wirkte untersetzt, trug einen schäbigen Bowler, seine Jacke war an den Ellbogen zerschlissen und die Hose an den Knien mit großen Lederflicken besetzt. In seinem aufgedunsenen Gesicht wucherte ein buschiger Schnauzbart unter der Nase, und seine wulstigen Lippen bogen sich zu einem abschätzigen Grinsen. Als sich unsere Blicke kreuzten, verfinsterte sich seine Miene plötzlich und seine hohe Stirn wurde von tiefen Falten zerfurcht. Er sah mich lauernd an, als erwartete er eine Attacke oder als wäre er vor irgendetwas auf der Hut.

»Du bist Michael, nicht wahr?«, fragte ich, während ich ihnen den Rücken zuwandte und den Pumpenschwengel bewegte.

»Kennen wir uns?«, antwortete er, ließ es aber nicht wie eine Frage klingen.

»Nicht dass ich wüsste«, sagte ich, obwohl mir sein Gesicht irgendwie bekannt vorkam, ohne dass ich jedoch eine Ahnung hatte, wo es mir schon einmal begegnet war. Deshalb setzte ich hinzu: »Aber die Bretterwand ist sehr dünn. Und Edmund hat dich gestern erwähnt.«

»Hat er das?«, knurrte Michael. Dennoch klang er beinahe erleichtert.

Edmund starrte auf seine Finger und murmelte: »Wegen Liz.«

»Was ist mit der?«, schnauzte Michael.

»Nichts«, sagte Edmund verängstigt und räusperte sich. »Was soll sein?«

»Was ist mit der Pumpe?«, fragte ich, weil kein Wasser aus dem Rohr kam, und rüttelte an dem Schwengel, der lose in der Halterung saß. »Ist die kaputt?«

»Wasser ist rationiert«, antwortete Edmund. »Halbe Stunde bei Sonnenaufgang, halbe Stunde bei Sonnenuntergang. Weißte das nicht?«

»Doch«, log ich. »Dachte, es wär noch nicht so spät.«

Joseph zog den Rotz hoch und fragte: »Du warst gestern im Britannia, oder? Du und der alte Zottel.«

Die Bezeichnung Zottel gefiel mir, und ich musste lachen. Was jedoch wegen der Wunde an meinem Muttermal sehr schmerzhaft war.

»Schluss mit dem albernen Geplauder!«, rief Michael und deutete mit einer Kopfbewegung zur Straße. »Wir müssen los.«

»Zu den Docks«, erklärte Edmund in meine Richtung, wobei er sich jedoch eher mit meinen Füßen unterhielt, und fuhr sich über den Vollbart. »Unten am Hafen.«

»Arbeitet ihr drei dort?«

»Was denn sonst?«, bellte Michael. »Glaubst du, wir sitzen am Kai, lassen die Beine baumeln und schauen uns die verdammten Dampfer an?« Zischend setzte er hinzu: »Schwachkopf!«

Ich zuckte mit den Schultern, betastete den Blutschorf an meinem Muttermal und schaute ihnen nach. Als die drei den dunklen Durchgang betraten, sah sich Michael ein letztes Mal zu mir um. Sein finsterer Blick versprach nichts Gutes. Er wirkte beinahe wie eine Drohung. Offenbar hatte ich mir einen Feind gemacht, ohne im Mindesten zu wissen, wieso und womit.

»Nimm's nicht persönlich!«, hörte ich in diesem Augenblick eine irisch klingende Frauenstimme hinter mir. Ginger stand im Eingang ihrer Wohnung, die sich direkt neben der Passage zur Dorset Street befand. »Michael ist immer so«, setzte sie abfällig schnaufend hinzu. »Ein verdammter Wüterich. Geh ihm am besten aus dem Weg!«

»Morgen, Ginger«, sagte ich und wandte den Blick ab, weil sie im weit geöffneten Unterkleid vor mir stand. »Wohnt dieser Michael auch im Hof?«

»Nee«, antwortete sie. »Vorne in der Dorset Street. Nur ein paar Häuser weiter.« Plötzlich lachte sie, schüttelte ihre rote Mähne, knöpfte kokett ihren Ausschnitt zu und rief: »Kannst ruhig hingucken, Süßer. Gucken kostet nichts.«

»Lässt du Edmund auch immer gucken?«, entschlüpfte es mir. »Umsonst?«

»Was meinst 'n damit?«, rief sie mit finsterer Miene. »Hat er das behauptet? Edmund ist ein armer Tropf. Solltest ihm nicht alles glauben!«

Es war offenkundig, dass ich mit meiner Vermutung ins Schwarze getroffen hatte. »Ich hab nur laut gedacht«, sagte ich und lachte. »Denken kostet auch nichts.«

»Überlass das Denken den Pferden«, antwortete sie und drohte spielerisch mit dem Zeigefinger. »Die haben 'nen größeren Kopf.«

Ich nickte, ging einen Schritt auf sie zu und reichte ihr die Hand. »Ich heiße übrigens Rupert. Ich wohne jetzt in der Bretterbude beim Scheißhaus.«

»Rupert?«, wunderte sie sich und schüttelte meine Hand. »Komischer Name.«

»Kommt aus dem Deutschen, glaube ich.«

»Bist du ein Jude?«

»Wär das schlimm?«

Sie hob die Achseln, dachte kurz nach und schüttelte dann den Kopf. »Ist mir egal, solange mich keiner bekehren will. Und nackig sehen sie eh alle gleich aus. Obwohl, bei den Juden ...« Sie machte eine Scherenbewegung mit Zeige- und Mittelfinger und setzte grinsend hinzu: »Schnipp, schnapp!«

Es dauerte eine Weile, bis ich begriff, was sie damit meinte. Dann nickte ich erneut, räusperte mich und wandte mich ab. »Bis dann«, sagte ich und ging in Richtung meines Verschlags. Das Stichwort »bekehren« hatte mich auf eine Idee gebracht.

Die Queen Victoria Street führte vom Mansion House des Lord Bürgermeisters in südwestlicher Richtung zum neu errichteten Bahnhof St. Paul's, gleich neben der Blackfriars Bridge. Die großzügig und breit angelegte Straße war erst vor wenigen Jahrzehnten gebaut worden, um den Verkehr zum Bankendistrikt in der City zu bündeln und den Straßenlärm von der nahe gelegenen Kathedrale fernzuhalten. Dass das Hauptquartier der Heilsarmee ausgerechnet an dieser prominenten Straße, sozusagen in Reichweite der anglikanischen Kathedrale und unweit des Londoner Finanzzentrums stand, erschien mir einerseits erstaunlich und unpassend, zeugte aber andererseits vom enormen Selbstbewusstsein der einstigen Splittergruppe, die sich inzwischen zu einer weltweit operierenden Organisation gemausert hatte. Dieses stolze Selbstgefühl drückte sich auch in den riesigen gelben Lettern aus, die an der gesamten Fassade der Nummer 101 prangten: THE SALVATION ARMY INTERNATIONAL HEADQUARTERS. Das vierstöckige Gebäude war ein einziges Spruchband und schrie regelrecht hinaus, wer hier das Zepter schwang.

Vor wenigen Jahren noch hatte das unscheinbare Domizil der Heilsarmee an der Whitechapel Road im East End gelegen. Doch inzwischen galten die Tugenden der Bescheidenheit und Mäßigung offenbar nur noch für die Soldaten und Anhänger, nicht aber für die Organisation selbst. In Kriegszeiten, in denen sie sich zu befinden glaubte, war es scheinbar wichtig, mit lauter Stimme zu sprechen und Flagge zu zeigen. Deshalb hieß ihre Zeitung *The War Cry*, und deshalb unterhielten sie kein Büro, sondern ein Hauptquartier mitten im Reich des Feindes.

Der Eingangsbereich war, gerade im Vergleich mit der schreienden Fassade, auffällig unscheinbar eingerichtet. In gewisser Weise erinnerte er mich an das improvisierte Foyer unseres Hotels in der Dover Street. Auch hier gab es eine winzige Lobby mit wenigen Sitzgelegenheiten und einen brusthohen Empfangstisch, hinter dem ein uniformierter Mitarbeiter saß, der alle Ankommenden mit einem pflichtbewussten Lächeln empfing. Allerdings wäre ich in der derben, mit Kalk und Kot beschmutzten Kleidung, die ich an diesem Morgen trug, im Crown Hotel nicht ganz so zuvorkommend behandelt worden wie bei den Salutisten der Heilsarmee.

»Kann ich helfen, Sir?«, fragte der Mann hinter der Theke und lächelte, als wäre es tatsächlich sein einziger Lebenssinn, anderen Menschen beizustehen.

»Ich möchte zu Captain Eva Booth«, sagte ich und lüpfte den Schlapphut.

»Aha«, sagte er, und sein Lächeln wurde etwas kritischer. »Und in welcher Angelegenheit, wenn ich fragen darf? Oder haben Sie einen Termin?«

Ich schüttelte den Kopf und sagte: »Es geht um eine Ohrfeige.«

»Ich bitte um Entschuldigung?«, erwiderte der Heilssoldat, neigte den Kopf und schaute mich über den Rand seiner Eisenbrille misstrauisch an.

»Das möchte ich gern unter vier Augen mit dem Captain besprechen.«

»Captain Eva ist sehr beschäftigt. Dafür haben Sie sicherlich Verständnis.«

»Sie ist also im Haus?«, folgerte ich aus seinen Worten.

Er nickte und wiederholte: »Aber sie ist wirklich sehr beschäftigt, Sir. Vielleicht kann *ich* Ihnen helfen?«

Ich schüttelte den Kopf.

»Sie könnten mir eine Nachricht für sie hinterlassen«, erwiderte er lächelnd. »Ich würde persönlich dafür Sorge tragen, dass sie dem Captain bei nächster Gelegenheit zugestellt wird.« Er machte eine möglichst verbindliche Miene und schob sich die Brille auf der Nase zurecht, obwohl sie gar nicht verrutscht war.

Für einen kurzen Augenblick überlegte ich, ob ich einfach am Empfangstisch vorbeigehen und durch den angrenzenden Flur und die Schwingtür das Hauptquartier betreten sollte, doch das Gebäude war riesig, und überdies wimmelte es von uniformierten Menschen. Es war undenkbar, Eva Booth zu finden oder auch nur in ihre Nähe zu gelangen, ohne vorher von Heilssoldaten umstellt und auf die Straße gesetzt zu werden. Daher nickte ich schließlich und bat um ein Blatt Papier und einen Stift.

Ich überlegte kurz und schrieb: »Werter Captain! Wenn Sie mir eine weitere Ohrfeige geben wollen, werde ich gern meine andere Wange hinhalten. Satan.« Das sollte reichen, um ihre Aufmerksamkeit zu erregen. Anschließend faltete ich das Papier und notierte außen: »Für Captain Eva Booth. Persönlich.«

»Wollen Sie auf eine Antwort warten?«, fragte der Heilsarmist, nahm die Nachricht in Empfang und deutete auf die Stühle, die vor den Fenstern zur Straße standen. »Es kann allerdings eine Weile dauern. Vielleicht notieren Sie besser Ihre Anschrift auf dem Zettel?«

Ich schüttelte erneut den Kopf und sagte: »Ich warte draußen auf der Straße.« Das war zwar nicht so bequem, aber es erschien mir sinnvoll, Eva Booth nicht auf ihrem eigenen Terrain, sondern quasi auf neutralem Boden zu begegnen.

»Es kann allerdings eine Weile dauern«, wiederholte er und hob bedauernd die Achseln. »Captain Eva ist ...«

»Sehr beschäftigt, ich weiß.« Ich lächelte ihn aufmunternd an und sagte: »Ich habe Zeit und werde warten. Vielen Dank!« Damit verließ ich das Hauptquartier und trat hinaus auf die Queen Victoria Street, auf der sich die Kutschen, Handkarren und sonstigen Fuhrwerke in mehreren Spuren drängten und den Fußgängern das Überqueren der Straße beinahe unmöglich machten.

Vom Eingang des Hauptquartiers hatte man einen direkten Blick zur mächtigen Kathedrale von St. Paul, deren riesige Kuppel mit dem darunterliegenden Säulengang im Morgenlicht strahlte. Ich setzte mich in unmittelbarer Nähe auf den Gehweg, lehnte mich an eine Gaslaterne und zündete mir eine Zigarette an. Das Rauchen beruhigte mich und meinen knurrenden Magen, der außer einem Schluck Wasser noch nichts beinhaltete. Ich schob mir den Hut in den Nacken und schaute dem Treiben auf der Straße und dem Gewimmel auf dem Gehsteig zu.

Zwischen den ratternden Droschken, mehrspännigen Lastkutschen und überladenen Handkarren der fliegenden Händler sah ich ein einzelnes Hochrad, das auf dem holprigen Pflaster bedrohlich hin und her schwankte. Immer wieder hörte man von Unfällen, bei denen Radfahrer unter die Pferdehufe oder Kutschräder gerieten und dabei schwer verletzt wurden. Es gab nicht wenige Stimmen, die sich dafür aussprachen, die gefährlichen Ungetüme gänzlich aus der Stadt zu verbannen und nur noch bei Wettrennen zuzulassen. Mein Bruder Mortimer war ein passionierter Radfahrer, der schon manches Rennen im Westminster Aquarium bestritten hatte. Für ihn war sein geliebtes Hochrad allerdings ausschließlich ein Sportgerät, und niemals wäre er auf die absurde Idee gekommen, es auf einer befahrenen Straße zu benutzen.

Der Gedanke an Mortimer erinnerte mich schlagartig daran, dass ich sehr bald meiner Familie gegenübertreten und ihr meine Entscheidung mitteilen musste. Denn an dieser folgenschweren Entscheidung hatte sich seit der vergangenen Nacht nichts geändert. Die Tatsache, dass ich inzwischen eine Unterkunft – so ärmlich sie auch sein mochte – in Spitalfields gefunden hatte, beflügelte mich regelrecht und ließ in mir die Überzeugung wachsen, dass ich auch eine mir genehme und zu bewältigende Arbeit finden würde. Ich konnte mir lebhaft ausmalen, wie meine Familie reagieren würde: William würde mir ins Gewissen reden, Mortimer mich für verrückt erklären und Vater einen Tobsuchtsanfall bekommen. Sie würden mir die vermeintlichen Flausen auf ganz unterschiedliche, aber sehr bestimmte Weise auszutreiben versuchen. Doch das konnte mich nicht schrecken. Nicht einmal der Verlust der Erbschaft und meines Namens taugte als Menetekel an der Wand. Das redete ich mir zumindest ein.

Seitdem ich beschlossen hatte, Tabula rasa zu machen und meinen Nächsten reinen Wein einzuschenken, fühlte ich mich erstaunlich beschwingt und voller Tatendrang. Die allgemeine Lustlosigkeit, die ich so lange mit mir herumgeschleppt hatte, war einer Euphorie gewichen, die ich mir selbst nicht erklären konnte. Natürlich sah ich meine Zukunft nicht in einem Elendsviertel im East End. Meine Gegenwart war mehr als ungewiss, aber dass ich mit meiner Vergangenheit als Hotelerbe und angehender Bräutigam abgeschlossen hatte, beglückte mich geradezu. Denn als solche betrachtete ich mein bisheriges Leben: als Vergangenheit!

»He, du da!«, wurde ich durch einen Tritt gegen meinen Unterschenkel aus meinen Gedanken gerissen. »Aufstehen! Aber ein bisschen plötzlich!«

Über mir stand ein Polizist in seiner dunklen Uniform, den schmalen Schlagstock in der Hand und den runden Bobby-Hut tief in die Stirn gezogen. Wieder gab er mir einen Tritt mit dem Stiefel.

»Seit wann ist es verboten, auf dem Bordstein zu sitzen?«

»Seit ich das sage«, antwortete der Police Constable mürrisch und klopfte sich mit dem Schlagstock auf den Oberschenkel. »Scher dich weg! Wir wollen hier kein Gesindel auf der Straße. Geh dahin, wo du hergekommen bist!«

»Vielleicht bin ich ja von hier?«, antwortete ich und rappelte mich auf.

»So siehst du aus, Bursche!«, höhnte der Polizist, der inzwischen von einigen interessierten Passanten umgeben war.

»Ich warte auf jemanden«, antwortete ich und verschränkte die Arme vor der Brust.

»Aber nicht hier! Nicht in meiner Straße.«

»Die Queen Victoria Street ist *Ihre* Straße?«

Er nickte bedeutsam, zupfte sich am Schnurrbart, dessen

gedrillte Enden nach oben zeigten, und sagte: »Lumpenpack und Bettler dulde ich hier nicht.«

»Ich bin kein Bettler.«

»Wenn du kein Bettler bist, bin ich kein Polizist«, lachte er und wandte sich Beifall heischend an die Umstehenden, die unser Wortgefecht belustigt verfolgten.

»Wenn Sie das sagen, Sir«, erwiderte ich und warf ihm meine Zigarette vor die Füße. »Dann wird's wohl stimmen.«

Das selbstgefällige Lächeln verschwand aus seinem Gesicht, seine Mundwinkel zuckten, der Schlagstock schnellte in die Höhe, doch bevor er auf mich niedersausen konnte, hörte ich eine weibliche Stimme aus dem Hintergrund: »Das wird nicht nötig sein, Constable!« Captain Booth drängte sich von hinten durch die Menge, legte dem Schutzmann die Hand auf den ausgefahrenen Arm und sagte: »Danke, Officer! Ich kümmere mich um den Mann.«

»Sind Sie sicher, Ma'am?«

»Das bin ich.« Sie nickte dem Constable zu, schenkte ihm ein freundliches und verbindliches Lächeln und wandte sich dann mit abfälliger Miene an mich: »Sie lieben es, Unruhe zu stiften, nicht wahr?« Eva Booth trug die gleiche Uniform wie am Vorabend, doch unter ihrer Haube schaute ein weißer Verband hervor, der die gesamte Stirn bedeckte. Ihr schönes rotbraunes Haar hatte sie unter der unförmigen Haube verborgen, und auch ihr Blick war nicht so gewinnend und bezaubernd wie bei der gestrigen Veranstaltung.

»Kommen Sie!«, rief sie und deutete auf die Nummer 101.

»Nicht im Hauptquartier«, antwortete ich und wies in die entgegengesetzte Richtung. »Begleiten Sie mich zum Fluss?«

»Fürchten Sie sich vor Zeugen?«, fragte sie und hob die Augenbrauen.

»Alles in Ordnung, Ma'am?«, erkundigte sich der Constable misstrauisch.

»Alles in Ordnung, Sir«, sagte ich und hob abwehrend die Hand.

»Ma'am?«, beharrte der Polizist und trat näher an uns heran.

»Alles in Ordnung, Officer«, bestätigte sie und ging voraus in Richtung Blackfriars Bridge. Ungeduldig winkte sie mir zu und befahl: »Nun machen Sie schon! Ich habe nicht viel Zeit.«

Auf dem kurzen Weg zur Themse hatte ich Mühe, mit ihr Schritt zu halten, und als ich sie schließlich kurz vor dem Bahnhof St. Paul's eingeholt hatte, fuhr sie plötzlich herum, sah mich mit bohrendem Blick an und rief: »Was wollen Sie von mir?«

»Eine Erklärung«, sagte ich schnaufend, doch meine Worte gingen in dem Lärm einer ratternden Lokomotive unter, die direkt über unseren Köpfen pfeifend in den Bahnhof einfuhr. »Ich möchte mich bei Ihnen für gestern entschuldigen«, sagte ich, als der Krach nachgelassen hat, und setzte hinzu: »Und ich bitte gleichzeitig um eine Erklärung.«

»Eine Erklärung?«, rief sie und starrte mich verwundert an. »Ausgerechnet Sie wünschen eine Erklärung von mir? Die bin ich Ihnen nicht schuldig.«

»Sie haben mich geohrfeigt und einen Satan genannt.«

»Sie nennen sich selbst einen Satan und unterschreiben mit seinem Namen«, erwiderte sie und hielt mir den Zettel mit der Nachricht vor die Nase.

»Mein Name ist Rupert«, sagte ich. »Rupert Ingram.«

»Sie sind ein Soldat der gottlosen Skelettarmee. Ein brutaler Rüpel und Krawallmacher.« Dabei tippte sie sich mit der anderen Hand an die verbundene Stirn. »Es macht Ihnen Spaß, andere zu verletzen.«

»Nicht länger«, sagte ich kopfschüttelnd. »Das ist vorbei!«

»Gut für Sie«, gab sie sich unbeeindruckt, doch für einen kurzen Augenblick wirkte sie überrascht und auch ein wenig erleichtert, gerade so, als hätte sie tatsächlich befürchtet, ich könnte ihr etwas antun. Dann wandte sie sich von mir ab und blickte zum Fluss, auf dem die Segelboote und Dampfer die niedrige Eisenbahnbrücke passierten und wegen der landeinwärts strömenden Flut mit den Schornsteinen und Masten beinahe an die geschwungene Eisenkonstruktion stießen. »Also?«, fragte sie, ohne mich anzuschauen. »Was kann ich für Sie tun, Mr. Ingram? Was wollen Sie?«

»Woher kennen Sie mich?«, fragte ich und stellte mich neben sie an das eiserne Geländer, das den Gehweg von der Uferböschung trennte. »Was ist es, das Sie mir vorwerfen? Denn als sie mich einen Satan genannt haben, wussten Sie noch nicht, dass ich zu den Skeletons gehörte. Was habe ich Ihnen getan?«

Sie sah mich stirnrunzelnd von der Seite an und fragte: »Ist das Ihr Ernst?«

Ich nickte und blickte ihr direkt ins Gesicht.

Eva Booth war offenkundig verwirrt. Sie schien mir einerseits zu glauben, war aber zugleich noch nicht bereit, ihr Misstrauen abzulegen. Es hatte fast den Anschein, als suchte sie in meinem Gesicht nach einer Antwort. Dann deutete sie plötzlich auf das Muttermal auf meiner rechten Wange und sagte: »Sie sollten damit zu einem Arzt gehen. Die Wunde eitert und hat sich entzündet.«

»Es ist nichts«, wiegelte ich ab. »Nur ein Rattenbiss.«

»Daran habe ich Sie erkannt.«

»Woran?«

»An Ihrem Kainsmal.«

»Kainsmal?«, entfuhr es mir, und wider Willen musste ich lachen. »Aber ich habe niemanden ermordet! Schon gar nicht meinen Bruder.«

»Doch, das haben Sie!«, erwiderte sie, und ihr Blick verhärtete sich. »Wir sind alle Brüder und Schwestern, denn Gott ist unser gemeinsamer Vater. Und Sie haben eine unserer Schwestern auf dem Gewissen.«

»Ich weiß nicht, wovon Sie sprechen.«

»Ich rede von Elizabeth Gustafsdotter«, erwiderte sie und deutete mit dem behandschuhten Finger auf meine Nase. »Ohne Sie und Ihren brutalen Freund wäre sie womöglich noch am Leben. Ganz bestimmt wäre sie das sogar.«

»Elizabeth *wer*?«

»Gustafsdotter. Sie stammte aus Schweden.« Sie wandte sich erneut ab, seufzte tief und schaute auf die andere Seite des Flusses, zur Bankside, wo der Anchor Pub der Familie Barclay verschlafen in der Morgensonne döste. »In den Zeitungen nannte man sie später Elizabeth Stride. Sie war seit Jahren Witwe, und vermutlich war Stride der Name ihres verstorbenen Mannes. Uns hat sie sich mit ihrem Mädchennamen vorgestellt. Deshalb haben wir auch lange nicht begriffen, dass es sich um ein und dieselbe Frau handelte.«

»Ich höre zum ersten Mal von dieser Frau«, beteuerte ich und legte meine Hand auf ihren Unterarm. »Das müssen Sie mir glauben, Eva!«

»So, muss ich das?«, sagte sie und zog ihren Arm weg. »Und nennen Sie mich gefälligst nicht beim Vornamen! Das steht Ihnen nicht zu, Sir!«

»Was ist denn überhaupt passiert? Ich begreife das alles nicht.« Die Situation erschien mir so unwirklich und absurd. Offensichtlich wurde mir ein Fehlverhalten vorgeworfen, das einer Frau das Leben gekostet hatte, doch mir waren weder die Frau noch mein Vergehen bekannt. Trotzdem schien Eva Booth nun von mir zu erwarten, dass ich irgendeine Schuld eingestand oder Reue für meine Verfehlung zeigte. Ich flehte sie regelrecht an: »Beschimpfen Sie mich, ohrfeigen Sie mich, das soll mir alles recht sein, aber bitte verraten Sie mir, was ich getan haben soll!«

»Elizabeth war eine gefallene Frau«, sagte sie und hob abwehrend die Hand, als ich nachhaken wollte. »Und sie war eine bemitleidenswerte Trinkerin. Beides hängt natürlich zusammen, denn der Satan kennt viele Wege, die Menschen ins Verderben zu führen. Doch die Unglückliche wollte auf den Pfad der Tugend zurückkehren, dem Alkohol abschwören und sich nicht länger an die Männer verkaufen. Vor allem aber wollte sie sich von ihrem Freund trennen, der ein Trunkenbold und übler Schläger war und sie ein ums andere Mal wie einen

Köter verdroschen hat. Deshalb hat sie sich an die Heilsarmee gewandt. Sie hat uns um Hilfe gebeten, und natürlich haben wir alles in unserer Macht Stehende getan, um sie in ihrem Entschluss zu bestärken.«

»Dieser Freund, von dem Sie sprechen, kennen Sie seinen Namen?«, unterbrach ich sie und kramte hektisch nach meinen Zigaretten. Ein seltsamer und unbehaglicher Verdacht stieg in mir auf, und ich brauchte etwas, um meine Nerven zu beruhigen.

»Sie nannte ihn Mika, aber ich glaube nicht, dass er ebenfalls Schwede war«, antwortete Eva Booth und machte plötzlich eine angewiderte Miene. »Würden Sie bitte in meiner Gegenwart das Rauchen unterlassen, Mr. Ingram? Das ist ein gottloses Laster, das ich in meinem Beisein nicht dulden kann. Andernfalls müsste ich unser Gespräch auf der Stelle beenden.«

»Entschuldigung«, murmelte ich und warf die Zigarette, die ich gerade angezündet hatte, in die Themse. Der schroffe und kühle Tonfall, in dem Eva Booth mit mir redete, und der eisige Blick, mit dem sie mich bedachte, taten mir im Innersten weh. Zugleich aber hatte ich inzwischen eine Ahnung, in welche Richtung dieses Gespräch führte, und bei dem Gedanken daran wurde mir ganz schlecht. Dennoch sagte ich: »Bitte erzählen Sie weiter!«

»Nachdem dieser Mika sie wieder einmal geschlagen hatte, kam Elizabeth zu uns ins Frauenasyl und bat die Schwestern um Schutz.«

»Das Asyl in der Hanbury Street?«, fragte ich und schluckte. Ein verschwommenes Bild des Hauses tauchte vor meinem inneren Auge auf, und irgendetwas tief in mir beschwor mich dringend, auf der Stelle das Weite zu suchen. Ich schaute über meine Schulter in Richtung Queen Victoria Street, dort standen zwei Uniformierte dicht beieinander und blickten zum Fluss. Der eine trug einen Polizeihelm und einen Schlagstock, der andere ein Käppi der Heilsarmee.

Eva Booth nickte und fuhr fort: »Sie hatte Striemen am ganzen Körper und hat kein vernünftiges Wort herausgebracht, weil sie zunächst versucht hatte, ihren Schmerz mit Alkohol zu betäuben. Schwester Florence, meine Schwägerin, hat sich gemeinsam mit den anderen Schwestern um sie gekümmert. Ich habe Elizabeth einige Male in der Hanbury Street gesehen und konnte feststellen, dass es ihr nach wenigen Tagen bereits besser ging. Sie war wieder frohen Mutes und fest entschlossen, ihr Leben zu ändern. Auch wenn sie am ganzen Körper schlotterte, weil ihr der Branntwein fehlte. Früher einmal war sie ein sehr gläubiger Mensch gewesen, wie sie sagte, und nun hatte sie endlich zu Gott zurückgefunden. Ihr armer Körper war zerschunden und missbraucht, aber ihre Seele war noch zu retten. Gott im Himmel hat sich ihrer in seiner unendlichen Gnade angenommen.«

»Bis der Teufel auftauchte?«, fragte ich, obwohl ich die Antwort kannte.

Die Erinnerung überschwappte mich wie eine Flutwelle. Es war nur ein sehr verschwommenes und dunkles Bild, kaum mehr als ein wirrer Traum, aber plötzlich glaubte ich zu wissen, warum Eva Booth mich einen Satan genannt hatte. Ich hatte ihrem Gott im Himmel ins Handwerk gepfuscht. Mit irdischem Geld und teuflischem Schnaps.

»Bis Sie und dieser Mika auftauchten und Elizabeth aus dem Haus lockten«, bestätigte sie nickend und wandte sich zu mir um. »Sie haben die arme Frau ins Verderben gestürzt.«

»Sein Name ist Michael«, sagte ich. »Er arbeitet am Hafen.«

»Mag sein.«

»Und Elizabeth wurde Long Liz genannt. Jedenfalls von ihren Freiern.«

»Sie erinnern sich also?«

Ich nickte und zuckte zugleich mit den Schultern. Ich erinnerte mich lückenhaft an einen fürchterlichen Absturz in einer chinesischen Opiumhöhle in Mile End. An zu viel Laudanum und Absinth. An wüste Halluzinationen und noch mehr

Opium. Und an einige anschließende Schnäpse im Cloak and Dagger, einer Hinterhofkaschemme an der Whitechapel Road, die vor allem von Hafenarbeitern, Tagelöhnern und Huren besucht wurde. Der Rest der Nacht war wie ein Fieberwahn, ein Trugbild. Ein Mann am Tresen fluchte über seine Freundin und dass er sie an die Gottesnarren verloren habe. Wir tranken und rauchten und steigerten uns in eine unbändige Wut hinein, die der Wirt mit immer mehr Schnaps befeuerte. Der Mann wollte die Frau irgendwo rausholen, notfalls mit Gewalt. Sie sei seine Freundin, seine Hure, sein Besitz, und das werde sie bleiben, auch wenn sie eine verdammte Säuferin und überhaupt ein elendiges Miststück sei. Sie gehöre ihm! Das werde er den missratenen Weibern in der Hanbury Street schon zeigen.

Ich hatte das alles tatsächlich vergessen und verdrängt. Vielleicht hatte ich auch innerlich dagegen angekämpft. Vor wenigen Stunden, als Michael vor mir gestanden und mich lauernd angestarrt hatte, da war mir sein Gesicht zwar vage bekannt vorgekommen, doch auf seine Frage, ob wir uns kannten, hatte ich wahrheitsgemäß geantwortet: »Nicht dass ich wüsste.« Die betreffende Nacht war wie ein undurchsichtiger Schleier gewesen. Doch jetzt lichtete sich der Nebel und brachte Bruchstücke einer hässlichen Szene zum Vorschein: zwei lärmende Gestalten vor dem Frauenheim in der Hanbury Street. Erboste Nachbarn, die sich beschwerten und mit der Polizei drohten. Heilsarmistinnen in Uniformen, mit Bibeln und frommen Sprüchen bewaffnet. Eine verschlafene Frau, die schließlich herauskam, um die Krawallmacher zum Schweigen und ihren Ex-Freund zur Vernunft zu bringen. Und ein verführerisches Angebot, das sie schlechterdings nicht ablehnen konnte.

»Sie haben Elizabeth in die Falle gelockt«, sagte Eva Booth.
»Nein«, antwortete ich. »Ich *war* die Falle.«
Es war meine Idee gewesen, die entlaufene Hure mit einer Pfundnote und die trockene Trinkerin mit einer Flasche Malz-

whisky zu ködern. Wie hätte sie da Nein sagen können? Ja, wir hatten ihr eine Falle gestellt. Ich selbst war der Anwalt des Teufels gewesen und hatte saubere Arbeit geleistet.

Es war keineswegs so, dass mir der geifernde und vor Wut schäumende Kerl an meiner Seite in jener Nacht besonders sympathisch gewesen wäre, im Gegenteil. Doch der Gedanke, den Hirten der Heilsarmee ein Schäflein aus ihrer Herde zu stehlen, hatte mir ein fast kindliches Vergnügen bereitet. Ich hatte keine Ahnung, ob ich es anschließend mit Long Liz in irgendeiner Seitengasse getrieben hatte und was aus dem Geld und dem Whisky geworden war. Das war auch gar nicht wichtig. Das Ganze war aus meiner Sicht ein guter Streich gewesen, ein lustiger Spaß, mehr nicht.

»Wann war das?«, wollte ich von Eva Booth wissen.

»Vor etwa drei Wochen, Ende September«, antwortete sie und fixierte mich mit ihrem eisigen Blick. »Genau einen Tag, bevor sie ermordet wurde.«

Ich senkte den Blick und wäre am liebsten vor Scham und Ekel über mich selbst im Boden versunken. Dann jedoch kam mir ein anderer Gedanke, der mich wie unter Schmerzen zusammenfahren ließ. »Sie glauben doch nicht, dass ich sie ermordet habe«, rief ich und griff nach ihrem Arm. Da sie erschrocken zurückwich, ließ ich sie los und bat um Verzeihung. »Ich bin kein Mörder!«

Aus den Augenwinkeln sah ich zwei dunkle Gestalten rasch näher kommen.

»Ich könnte einer Frau niemals etwas antun«, fügte ich flehentlich hinzu.

»Woher wollen Sie das wissen?«, fauchte sie mich an. »Sie haben sich offensichtlich nicht im Griff und keine Ahnung, wozu Sie in der Lage sind, Mr. Ingram! Wie können Sie sich also sicher sein?«

»Nein!«, rief ich entsetzt und hob abwehrend die Hände. »Ich bin nicht der Ripper. Das müssen Sie mir glauben, Miss Booth.«

»Es mag sein, dass Sie ihr nicht die Kehle durchgeschnitten haben, aber ohne Sie würde Elizabeth jetzt noch leben«, antwortete sie, und ihre Worte waren so kalt und ungnädig wie ihr Blick. »Sie haben die Frau auf dem Gewissen!«

Dem war kaum etwas entgegenzusetzen. Eva Booth hatte recht. Wenn ich nicht geholfen hätte, Elizabeth Stride aus dem Frauenasyl zu locken, hätte der Ripper in der folgenden Nacht nicht die Möglichkeit gehabt, sie in einer dunklen Gasse zu ermorden. Womöglich hätte es eine andere Prostituierte getroffen, doch das war mir kein Trost. Vermutlich wäre Long Liz später ohnehin zu ihrem prügelnden Freund zurückgekehrt, aus Trunksucht oder weil sie Geld brauchte. Doch es wäre nicht in dieser Nacht gewesen. Nicht mit diesen fatalen Folgen!

Ja, Eva Booth hatte recht. Ich hatte die Frau auf dem Gewissen.

Beinahe wünschte ich mir, ich wäre noch so unwissend wie vor nicht einmal einer Stunde, als ich mich ungerecht behandelt gefühlt und selbstgefällig nach einer Erklärung verlangt hatte. Doch die Zeit war leider nicht zurückzudrehen, die Worte waren nicht ungesprochen zu machen, ich konnte das Wissen nicht aus meinem Hirn radieren.

»Oh Gott!«, entfuhr es mir. Und in einer unbeholfenen und unbeherrschten Geste stieß ich meine Hand zum Himmel, als wollte ich den zürnenden Gott, an den ich gar nicht glaubte, für all das verantwortlich machen.

»Nehmen Sie Ihren Arm herunter, Sir!«

Ich schaute verwirrt zur Seite und sah eine dunkle Polizeiuniform und einen erhobenen Schlagstock.

»Sofort!«

Statt dem Befehl des Polizisten Folge zu leisten, fuhr ich auf dem Absatz herum und merkte gar nicht, dass ich meine Hand zur Faust ballte.

»Seien Sie doch vernünftig!«, sagte der Heilsarmist neben dem Polizisten und streckte mir seine Hände entgegen, als wollte er mich umarmen. »Gewalt ist niemals eine Lösung.«

Ich starrte ihn an und erkannte den Mann vom Empfangstresen im Hauptquartier. Gegen meinen Willen musste ich laut lachen. Es war alles so absurd. Wie in einem Fiebertraum!

»Ich hatte Sie gewarnt!«

Im selben Moment landete der Knüppel krachend auf meinem Schädel. Der Schmerz schoss explosionsartig durch meinen Körper. Meine Knie knickten ein. Der Boden kam näher. Die Geräusche verstummten. Wie dumm, dachte ich noch. Dann wurde mir schwarz vor Augen.

DRITTER TEIL

CELIA BROOKS

*»You could indeed exhibit anything in those days (…)
It was not the show, it was the tale that you told.«*

(»Man konnte damals tatsächlich alles ausstellen (…)
Es ging nicht um die Vorführung, es ging um die Geschichte,
die man erzählte.«)

The Penny-Showman: Memoirs of Tom Norman, »Silver King«

FREITAG, 19. OKTOBER 1888
(AM TAG ZUVOR)

I

Die Curtain Tavern unterschied sich kaum von den umliegenden Kneipen in Shoreditch. Celia wäre niemals auf die Idee gekommen, dass sich im Hinterzimmer der etwas heruntergekommenen Schänke kuriose Gestalten und missgebildete Menschen dem gaffenden Publikum präsentierten. Nur ein winziges Plakat im Fenster wies auf die seltsamen Attraktionen hin, und ein unscheinbares Holzschild neben dem Eingang an der Straße bedeutete dem zufälligen Passanten, dass sich hier ein Penny Gaff namens The Sensation befand. Vermutlich ging die Kunde von Mund zu Mund, oder dem Inhaber der Kneipe war es schlichtweg egal, ob irgendjemand der Monstrositäten-Show beiwohnte. Denkbar aber auch, dass es in diesem unwirtlichen Teil der Stadt einfach zu wenig zufällige Passanten gab, um einen größeren Aufwand zu rechtfertigen.

Der Pub befand sich nördlich des Bahnhofs Liverpool Street, in der Curtain Road, von der er auch seinen Namen erhalten hatte. Heather verriet Celia, dass sich vor hunderten von Jahren ein berühmtes Theater dieses Namens in der Nähe befunden habe. Von der Christ Church in Spitalfields war es nur ein kurzer Fußweg nach Shoreditch gewesen, doch die Gegend auf der Rückseite des Kopfbahnhofs war durch das Gewimmel der Gleise, die unzähligen Über- und Unterführungen und die vielen Nebengebäude, Stellwerke und Lokschuppen derart zerklüftet und unübersichtlich, dass sich Celia wie in einem Labyrinth vorgekommen war und vermutlich ohne Heathers Hilfe nicht mehr hinausgefunden hätte.

»Wahrscheinlich hat's schon angefangen«, sagte Heather, als sie schließlich das Curtain betraten und drinnen von dichten Rauchschwaden und lautem Grölen empfangen wurden. »Vielleicht kriegen wir Nachlass.«

Celia wurde von Heather an der Hand durch den gut gefüllten Schankraum zu einer schmalen Tür neben dem Tresen geführt, auf der ein fleckiges Pappschild mit der Aufschrift »Sensation Gaff« angebracht war. Heather nickte Celia verschwörerisch zu und öffnete die Tür. Doch als sie sich unbemerkt in den Hinterraum stehlen wollten, wurden sie vom Wirt entdeckt und angeschnauzt: »Oi, ihr zwei Hübschen, macht 'nen Penny pro Nase!«

Celia fuhr erschrocken zusammen, doch Heather schielte durch die halb geöffnete Tür und antwortete: »Hat ja schon angefangen.«

»Dann 'nen Penny für zwei Nasen«, ließ sich der Wirt erweichen, tätschelte Celias Wange und streckte die offene Hand aus. »Will mal nicht so sein.«

Celia zahlte rasch und folgte Heather durch die Tür in einen abgedunkelten Raum, an dessen hinterem Ende eine niedrige Bühne von bunten Gaslichtern beleuchtet war. In einer Ecke stand ein Klavier, das aber im Augenblick nicht benutzt wurde. Auf der Bühne wurde eine Art Schauerstück aufgeführt, bei dem sich zwei maskierte Männer mit gezückten Messern auf eine leicht bekleidete Frau stürzten und wie im Blutrausch auf sie einstachen.

»Jack the Ripper«, vermutete Heather und setzte sich in die hinterste von sieben Stuhlreihen, die etwa zu zwei Dritteln gefüllt waren.

»Zwei Jacks?«, wunderte sich Celia und setzte sich neben sie.

Heather zuckte mit den Achseln und starrte fasziniert zur Bühne, wo der eine der Männer die Beine der am Boden liegenden Frau gewaltsam spreizte und so tat, als würde er sich geräuschvoll an ihr vergehen, während der andere unablässig mit dem Messer auf ihren Oberkörper einstach, bis das Blut in Strömen von der Klinge lief. Anscheinend hatte sie Beutel mit Tierblut in der Bluse versteckt. Celia wandte angewidert ihren Blick ab und betrachtete verschreckt das Publikum, das aus

Männern, Frauen und sogar einigen Kindern bestand, die das blutrünstige Geschehen auf der Bühne lautstark kommentierten und beklatschten.

Glücklicherweise war die martialische Aufführung mit der fast vollständigen Entkleidung und dem dramatischen Tod der Frau bald beendet. Die Schauspieler verneigten sich und sammelten ihre schauerlichen Requisiten ein. Daraufhin betrat ein Mann im schäbigen Anzug und mit knittrigem Zylinder die Bühne und kündigte die nächste Sensation an.

»Werte Damen und Herren, begrüßen Sie mit mir eine Frau, deren Rückgrat aus Kautschuk besteht und die mit ihren zierlichen Gliedmaßen die Gesetze der Natur widerlegt. Sie ist halb Frau, halb Schlange. Ein Mensch aus Fleisch und Blut, aber mit Knochen aus vulkanisiertem Gummi. Aus dem fernen Ägypten, wo sie wie eine Pharaonin verehrt wird, heute bei uns zu Gast: Sheila, die Schlangenfrau von Shoreditch!«

»Das ist sie«, sagte Heather und stieß Celia mit dem Ellbogen an, während sie mit der anderen Hand einen Flachmann aus dem Mieder zog, den sie gekonnt mit einer Hand entkorkte und sich umgehend an den Mund setzte. »Gleich wirst du staunen! Maureen ist 'ne Wucht.« Sie steckte die Flasche wieder ein und klatschte begeistert, wobei sie Celia erneut auffordernd anstupste.

Der Mann mit dem Zylinder hatte sich inzwischen ans Klavier gesetzt, wo er seltsame Tonfolgen spielte, die womöglich orientalisch klingen sollten. Auf die Bühne trat eine junge, sehr schmächtige Frau, die außer einem knapp bemessenen und fast durchsichtigen Trikot nur einen weißen Schleier vor dem Gesicht trug. Ihr dunkelbraunes Haar hatte sie unter einer Art Turban verstaut. Sie setzte sich unter merkwürdigen Verrenkungen der Arme im Schneidersitz auf einen Tisch, den ein zwergenhafter Helfer im Clownskostüm zuvor hereingetragen hatte. Dann griff sie mit der linken Hand nach ihrem rechten Fuß und legte ihn sich in den Nacken, anschließend fasste sie mit der rechten Hand ihren linken Fuß und tat es mit ihm genauso, zu guter Letzt stemmte sie sich auf ihren Handflächen in die Höhe, drehte sich auf dem Tisch im Kreis und klatschte mit den nackten Fußsohlen hinter ihrem Kopf.

Celia starrte wie gebannt zur Bühne und glaubte kaum, was sie dort sah. Heather hatte nicht übertrieben, Maureen war tatsächlich eine Wucht. Was sie mit ihren Armen, Beinen und vor allem ihrem Rücken veranstaltete, spottete jeder Beschreibung. Sie konnte ihr Rückgrat derart nach hinten verbiegen, dass sie mit den Fingerspitzen ihre Fersen zu berühren vermochte. Anschließend stellte sie sich auf die Hände und ließ die Füße wie ein Katapult nach oben schnellen, um gleich darauf im Spagat auf dem Tisch zu landen. Celias Knochen taten allein beim Zuschauen weh, doch die Schlangenfrau schien überhaupt keine Knochen zu besitzen. Sie lächelte, während sie sich verbog und spreizte und verknotete, dass den Zuschauern das Hören und Sehen verging.

Dass einige der Kunststücke und Posen höchst obszön und vor allem für das geifernde männliche Publikum gedacht waren, bemerkte Celia durchaus. Sie schämte sich fast für die lüsternen Kerle, die der Frau so ungeniert zwischen die Beine und auf die halb entblößten Brüste starrten, doch für Maureen alias Sheila empfand sie nichts als Bewunderung, und als die Darbietung nach etwa einer Viertelstunde beendet war, klatschte sie so heftig, bis ihr die Hände weh taten und Heather sie darauf aufmerksam machte, dass nun eine zehnminütige Pause folgen würde.

»Komm mit!«, sagte Heather und deutete zur Bühne, auf der der kleine Clown den Tisch beiseiteräumte und die Utensilien für die nächste Nummer heranschaffte. »Wir wollen Maureen Guten Tag sagen.«

»Wir können doch nicht einfach ...«, meinte Celia schüchtern.

»Klar können wir«, erwiderte Heather und zog sie schon hinter sich her.

Neben der Bühne führte ein schmaler Durchlass zu einem

weiteren Hinterzimmer, doch als Heather den Vorhang beiseiteschob, mit dem die provisorische Umkleidekabine vom Bühnenraum getrennt war, stellte sich ihr der Mann mit dem Zylinder in den Weg und sagte: »Postkarten gibt's erst nach der Vorstellung. Musst dich noch etwas gedulden.«

»Wir wollen zu Maureen«, sagte Heather und zwängte sich an dem Mann vorbei.

»Hier gibt's keine Maureen«, antwortete der Zeremonienmeister und wollte Heather am Kragen packen.

»Weiß Maureen, dass es sie nicht gibt?«, lachte Heather, schlug dem Mann auf die Finger und deutete zu einem Stuhl, auf dem die Schlangenfrau von Shoreditch saß und ihr Trikot auszog. »Hallo, Liebes! Noch alle Gräten heil?«

»Heather, du alte Vogelscheuche!«, rief Maureen und warf sich ihrer Freundin in die Arme. »Wo kommst du denn her? Hab dich ja Ewigkeiten nicht gesehen. Wo hast du gesteckt?«

»Hier und da«, antwortete Heather ausweichend und hob vielsagend die Augenbrauen. »Man schlägt sich so durch.«

Maureen nickte wissend und klopfte Heather aufmunternd auf den Oberarm.

Der Mann mit dem Zylinder deutete auf Celia und fragte: »Gehört die Kleine dazu?« Auf Heathers Nicken hin bugsierte er Celia ins Hinterzimmer und schloss den Vorhang hinter ihr.

Celia schaute sich in dem winzigen Raum um und starrte fasziniert auf die sonderlichen Gestalten, die sich hier auf ihren Auftritt vorbereiteten oder sich nach getaner Arbeit ihrer Kostüme und Schminke entledigten. Die drei Schauspieler, die vorhin den Ripper-Mord nachgestellt hatten, trugen inzwischen andere Kleidung und reinigten die blutigen Mordwerkzeuge, die offenkundig für die nächste Vorführung erneut gebraucht wurden. In einer Ecke des fensterlosen Kabuffs saß eine ältere Frau vor einem Spiegel und bepinselte ihren üppigen Damenvollbart mit schwarzer Farbe, damit er noch besser zur Geltung kam. Direkt neben ihr stand ein unglaublich großer, spindeldürrer Kerl, der sich noch riesiger machte, indem er hochhackige Stiefel anzog und einen überdimensionalen Bowler aufsetzte. Der Riese hatte ein ausgemergeltes Gesicht, dessen harte Konturen durch schwarze und weiße Schminke betont wurden. Er wirkte vielleicht auch deshalb so groß, weil direkt neben ihm ein Zwerg hockte, der aber nicht als Clown, sondern als missgebildetes Monstrum verkleidet war. Der winzige Mann trug eine schaurige Maske und schob sich gerade ein kleines Kissen hinten unter die Jacke, das ihn zu einem Buckligen machte.

»Na, Kindchen, kannst den Mund wieder zumachen«, rief Maureen und reichte Celia die Hand. »Bist du eine Freundin von Heather?«

Da Celia nicht wusste, was sie darauf antworten sollte, lächelte sie nur stumm.

»Klar ist sie das«, sagte Heather und legte ihren Arm um Celias Schultern. »Ich helf der Kleinen ein bisschen auf die Sprünge und zeig ihr, wo's langgeht.«

»Als wenn du davon auch nur die leiseste Ahnung hättest«, spottete Maureen und zog sich das Trikot aus. Dass sie nun barbusig und im Unterrock vor dem Zeremonienmeister und allen anderen Anwesenden stand, schien ihr nichts auszumachen. »Seid ihr zufällig hier?«

»Nein. Ich hab deinen Schlangennamen auf 'nem Plakat gelesen und Celia extra hergebracht«, sagte Heather und stieß Celia auffordernd an. »Sie sucht nämlich jemanden und will dich was fragen. Vielleicht kannst du ihr helfen.«

»Aber nicht hier drinnen«, mischte sich der Mann mit dem Zylinder ein und hielt Maureen ein Kostüm hin, das vage einer Schlangenhaut nachempfunden war. »Und nicht jetzt! In ein paar Minuten bist du wieder dran, Süße. Plaudern kannst du, wenn du Feierabend hast.«

Maureen hob bedauernd die Schultern und sagte: »Schaut euch doch den Rest der Show an. Danach können wir reden. Ich wohne gleich um die Ecke. In der Luke Street.«

»Einverstanden«, meinte Heather und ging mit Celia zurück in den Bühnenraum, wo das Publikum hörbar ungeduldig auf die Fortsetzung wartete.

»Was für eine schöne Frau«, murmelte Celia, als sie sich setzte.

»Findest du?«, antwortete Heather und zuckte verächtlich mit den Schultern. »Früher vielleicht. Ganz schön mager geworden, die Gute! Und blass im Gesicht.«

»Das war die Schminke«, vermutete Celia.

»Wenn schon«, meinte Heather. Als der Zuschauerraum abgedunkelt wurde, nahm sie einen weiteren Schluck aus ihrem Flachmann.

Sheilas Schlangennummer, die vom Zeremonienmeister erneut mit hochtrabenden Worten angekündigt wurde, bildete den Auftakt zur zweiten Hälfte des Programms. Doch diesmal turnte und verbog sie sich nicht auf einem Tisch, sondern kroch schlangenartig und zischelnd aus einem großen Bastkorb und schlängelte sich über den Boden, ohne dabei die Hände oder Füße zu benutzen. Oder sie tat das so geschickt, dass man es nicht bemerkte. Maureen ringelte sich, bog wie eine Schlange ihren Kopf und Oberkörper senkrecht in die Höhe, während sie mit ihrem Becken den Boden berührte, sodass Celia fast Angst um ihr Rückgrat bekam. Mit großen Augen und offen stehendem Mund verfolgte sie das Geschehen auf der Bühne, und in unregelmäßigen Abständen entfuhren ihr kleine Seufzer des Staunens. Auch die Männer im Publikum seufzten gelegentlich, doch das hatte vermutlich andere Gründe. Schließlich wurde die Schlangenfrau vom Zeremonienmeister mittels einer Rassel wieder in den Bastkorb gelockt, an dessen Außenwand sie emporkroch, als hätte sie wie ein Krake Saugnäpfe an ihrem Körper. Nachdem sie im Korb eingesperrt war, wurde sie unter dem Beifall der Zuschauer von dem erstaunlich kräftigen Zwergenclown von der Bühne geschoben.

Celia war fasziniert und hätte am liebsten nach einer Zugabe gerufen, doch schon betrat der Zeremonienmeister wieder die Bühne, schwenkte seinen Zylinder und kündigte eine weitere schockierende und blutrünstige Darstellung der Whitechapel-Morde an, was von den Zuschauern frenetisch bejubelt wurde. Sie skandierten: »Jack, Jack, Jack!«

Als die drei Schauspieler hinter dem Vorhang hervortraten und bereits nach kurzer Zeit ersichtlich war, worauf die Darbietung abermals hinauslaufen würde, entschuldigte sich Celia bei Heather und sagte, sie wolle lieber auf der Straße warten, als dem Gemetzel zuzuschauen.

»Aber wir haben bezahlt«, empörte sich Heather.

»*Ich* habe bezahlt«, korrigierte Celia und stand auf. »Du kannst gerne bleiben, wenn du willst. Wir sehen uns nach der Vorstellung auf der Straße.«

»Du verpasst was«, meinte Heather und deutete zur Bühne, wo einer der beiden Männer gerade den hinlänglich bekannten Dolch aus dem Hosenbund zog.

»Und wenn schon«, erwiderte Celia und ging.

2

Kaum hatte Celia den Pub verlassen und die Curtain Road betreten, schon bereute sie ihren übereilten und unbedachten Entschluss. Im Penny Gaff hätte sie zwar noch einmal die Imitation eines Ripper-Mordes ertragen müssen, doch hier allein vor der Tür bekam sie es mit der Angst zu tun. Sie hatte immer noch die erste Darstellung des Mordes und der Vergewaltigung vor Augen und machte sich insgeheim darauf gefasst, tatsächlich vom Ripper überwältigt und in einen finsteren Durchlass gezerrt zu werden. Der Vollmond sorgte zwar dafür, dass die Umgebung nicht in völliger Finsternis versank, außerdem lag die Curtain Road, streng genommen, nicht im East End, doch die Straße und die umliegenden Höfe waren um diese Uhrzeit so verlassen und menschenleer, wie es sich ein Mörder nur wünschen konnte. Reumütig in das Kuriositätenkabinett zurückzukehren, kam für Celia nicht in Frage; das spöttische Grinsen von Heather hätte sie nicht ertragen. Und allein in der Schänke auf Heather und Maureen zu warten, erschien ihr auch nicht sehr ratsam. Zu frisch war die Erinnerung an die gestrigen Ereignisse im Cloak and Dagger. Und nicht jedes Mal würde sie ein mutiger Heilsarmist aus den Klauen der Betrunkenen retten. Also blieb sie vor der Tür der Curtain Tavern, als wollte sie nur mal kurz Luft schnappen. Während sie sich an die Mauer lehnte und in den Nachthimmel blickte, wanderten ihre Gedanken zurück zu den sonderlichen und verwirrenden Geschehnissen des Tages.

Seitdem Heather sie von der Christ Church fort- und hinter sich her in Richtung Shoreditch gezerrt hatte, war es Celia kaum möglich gewesen, einen klaren Gedanken zu fassen. Auf der einen Seite war sie begierig, mit der Frau zu sprechen, die den ominösen »Silver King« Tom Norman kannte und ihr womöglich Hinweise geben konnte, wo sie ihren Vater finden würde. Auf der anderen Seite brummte Celia der Schädel von den seltsamen Vorkommnissen der vergangenen Stunden. Dabei ging es nicht nur um Adam Bedford und dessen Frau und Kind, die auf dem Friedhof von Christ Church begraben waren, um ihre Aufnahme im Frauenasyl oder um die beiden weiblichen Captains der Heilsarmee, die auf Celia einen ebenso starken wie verwirrenden Eindruck gemacht hatten. Nein, es ging vor allem um das zufällige Zusammentreffen mit dem jungen Gentleman, dem sie schon am Bahnhof Waterloo begegnet war und den sie in der Brick Lane in derber Arbeiterkleidung wiedergesehen hatte. Der Mann mit dem Herz auf der Wange trat ihr plötzlich so plastisch vor Augen, als stünde er ihr leibhaftig gegenüber. Seine Züge hatten sich ihr regelrecht eingebrannt, nicht nur wegen des auffälligen Muttermals. Es lag etwas Widersprüchliches in diesem Gesicht, das einerseits so einnehmend wirkte, zugleich aber einem Mann gehörte, der in seltsamer Verkleidung pöbelnd durch die Straßen zog, um anderen Menschen körperlich oder seelisch weh zu tun. Wie vor einigen Stunden kam ihr erneut die Geschichte von Dr. Jekyll und Mr. Hyde in den Sinn. Welche verwunschene Tinktur mochte bei dem Gentleman diese seltsame Wandlung hervorgerufen haben?

Doch es gab noch ein zweites Gesicht, das ihr jetzt, da sie in Ruhe darüber nachdachte, in den Sinn kam. Ein hässliches, bärtiges Gesicht, mit runzliger Säufernase und unangenehm stechenden Augen. Das Gesicht gehörte dem älteren Mann, an dessen Petroleumlampe sich der junge Gentleman beinahe verbrannt hätte. Es war der seltsame Blick dieses hässlichen Vogels, der Celia plötzlich ins Gedächtnis kam und ihr einen regelrechten Schauer über den Rücken jagte. Der Mann hatte sie nur kurz angeschaut, doch seine Augen hatten sich gewissermaßen in sie verbohrt, als würde er sie wiedererkennen und als wäre er überrascht, sie hier an diesem Ort zu sehen. Dabei war Celia diesem Mann noch nie unter die Raubvogelaugen getreten. An solch eine unansehnliche Visage hätte sie sich bestimmt erinnert.

Zwei völlig unterschiedliche Männer, der eine hübsch und

jung, der andere garstig und verlebt, und doch hatten sie beide Celia auf eine ganz seltsame und verstörende Art angeschaut. Celia suchte nach dem Wort, das diesen Blick beschrieb, und fand es schließlich: vertraut!

Sie schüttelte sich bei dem Gedanken und zwang sich, an etwas anderes und Angenehmeres zu denken. Doch ihr wollte nichts einfallen, und so ging sie rastlos vor dem Pub auf und ab und wartete. Erst als ein später Kneipenbesucher sie grinsend von der Seite anschaute und anzüglich die Augenbrauen hob, wurde ihr bewusst, dass man ihr unnützes Herumschlendern auch anders deuten konnte, nämlich als Warten auf Kundschaft. Und so zog sie sich rasch in eine dunkle Passage auf der gegenüberliegenden Straßenseite zurück, wo sie sich auf eine Holzkiste setzte und den Eingang der Curtain Tavern im Auge behielt.

Celia wusste nicht genau, wie viel Zeit verstrichen war, bis Heather und Maureen endlich erschienen, doch als sie gefolgt von der bärtigen Frau und dem riesigen Schlaks den Pub verließen, war Celia beinahe eingeschlafen und hielt sich nur noch wankend auf der Holzkiste.

»Hättest bleiben sollen, Kleine«, wurde sie von Heather begrüßt. »Es ging noch richtig zur Sache.«

»Das kann ich mir denken«, antwortete Celia und gähnte.

»Komm, Schätzchen!«, sagte Maureen und winkte Celia zu sich. Sie schulterte eine große Reisetasche aus Leder und setzte hinzu: »Es ist nicht weit.«

Bereits nach wenigen Minuten hatten sie die Luke Street erreicht. Dabei handelte es sich um eine kleine, dunkle Seitengasse, die vor allem von backsteinernen Lagerhäusern und ärmlichen Kontorgebäuden gesäumt wurde. Auch das Haus, vor dem Maureen nun Halt machte, war ein solches Lagerhaus, wie die vergitterten Fenster im Erdgeschoss, die Seilwinden im Dachgiebel und die großen Ladeluken auf jedem der vier Stockwerke bewiesen.

»Hier wohnst du?«, fragte Heather und runzelte skeptisch die Stirn.

Celia wunderte sich über Heathers abschätzigen Tonfall, denn immerhin wohnte sie selbst in einem Frauenasyl der Heilsarmee und verbrachte ihre Nächte in einer sargähnlichen Holzkiste.

»Hier wohnen *wir*«, antwortete Maureen und deutete auf die bärtige Frau und den Riesen. »Luisa und Carlos sind ebenfalls hier untergebracht. Wie die meisten Darsteller aus dem Curtain. Aber meine Tage in der Luke Street sind gezählt. Nächste Woche bin ich weg. Dann habt ihr die Bude für euch allein.«

»Was sagen?«, fragte die bärtige Luisa und wandte sich dann an den Riesen: »Qué hace?«

»No sé«, sagte Carlos achselzuckend.

»Das erzähl ich euch oben«, erwiderte Maureen und schloss die schwere Eisentür auf, die zu einem kargen und unbeleuchteten Treppenhaus führte. »Es gibt was zu feiern.« Und mit Blick auf Heather und Celia setzte sie hinzu: »Ihr seid natürlich herzlich eingeladen.«

Die »Wohnung« der drei Bühnendarsteller befand sich im vierten Stock des Lagerhauses, direkt unter dem Dach. Im Grunde war sie nichts anderes als ein zugiger Verschlag, der mit groben Leinentüchern vom Rest des mit Stützbalken und Halbwänden versehenen Dachbodens abgetrennt war. Es gab noch weitere dieser Wohnwinkel auf dem Stockwerk, doch keiner von ihnen verfügte auch nur über eine Eingangstür.

Maureen schob das bis zum Boden reichende Laken zur Seite und sagte: »Willkommen in unserem Zeltlager!«

In einer Ecke des Verschlags lag eine Doppelmatratze auf dem Boden, in einer anderen Ecke eine einzelne Matte. Außer diesen Bettstellen gab es nur eine kleine Kommode, einen Waschzuber, zwei Stühle und einen winzigen Tisch, auf dem eine Petroleumlampe stand. Der Eisenofen in der Ecke hatte eine Kochplatte, aber kein Abzugsrohr.

»Gemütlich«, sagte Celia höflich, da ihr nichts Besseres einfiel.

»Brauchst dich meinetwegen nicht bemühen«, lachte Maureen. Sie entzündete die Lampe, stellte die Ledertasche, in der sie ihre Kostüme und Requisiten verstaut hatte, auf den Tisch und zog mit großer Geste eine Flasche Gin hervor.

»Oho!«, jubelte Heather. »Was sehen meine entzündeten Augen?«

Luisa und Carlos sahen sich verständnislos an, ließen sich aber ebenso wie die anderen einschenken. Da es nur drei Gläser gab, tranken Maureen und Heather aus großen Blechtassen, die bis oben hin gefüllt waren.

»Und was gibt es zu feiern?«, wollte Celia wissen, nachdem sie an dem Schnaps genippt und die Miene verzogen hatte.

»Eine neue Arbeit«, sagte Maureen und ließ sich auf ihre Matratze fallen. »Auf der Großen Bühne im People's Palace. Für nur einen Auftritt am Abend, bei dreifacher Gage. Nächste Woche geht's los.«

»People's Palace?«, wunderte sich Luisa und kraulte ihren Bart. »Du arbeiten?«

»Im Mile End?«, setzte Carlos ehrfürchtig staunend hinzu. Selbst im Sitzen war er größer als Celia, die neben dem Tisch stand.

»Si«, antwortete Maureen grinsend und hob ihren Becher. »Und darauf trinken wir. Salud!«

»Seit wann gibt es im Volkspalast ein Kuriositätenkabinett?«, meinte Heather skeptisch und kippte den Gin hinunter, als wäre es Wasser. »Und wie willst du dich da nennen? Milly, die Mamba von Mile End?« Sie lachte spöttisch.

»Sehr witzig«, sagte Maureen säuerlich.

»Was ist dieser People's Palace überhaupt?«, wollte Celia wissen. Sie hielt ihr Glas prostend in die Höhe, nippte aber nur vorsichtig an dem Gin.

»So 'ne schnieke Bude für feine Pinkel, die sich für was Besseres halten«, sagte Heather und zog einen Flunsch. »Dabei steht der Palast mitten im East End, an der Mile End Road, gleich vorm Regent's Canal. Drumherum wimmelt's von Armenhäusern, billigen Matrosenkaschemmen und verkommenen Dockanlagen.«

Celia wunderte sich, dass Heather alles madig zu machen versuchte, was mit Maureen zu tun hatte. Solange Celia die Schlangenfrau von Shoreditch noch nicht persönlich kennengelernt hatte, hatte Heather mit der Freundin und ihren erstaunlichen Fähigkeiten regelrecht geprahlt, doch seit sie bemerkt hatte, dass Celia Gefallen an Maureen und ihren Künsten gefunden hatte, schien es Heather ein wahres Bedürfnis zu sein, alles schlechtzureden und mieszumachen. Als wären die beiden Konkurrentinnen und nicht alte Freundinnen.

»Der Palast wurde erst vor Kurzem gebaut und von der Königin eingeweiht«, begann Maureen, wurde aber prompt von Heather unterbrochen.

»Das ist immer noch 'ne Baustelle«, warf sie unfreundlich ein und hielt Maureen ihre Tasse hin.

»Mag sein«, antwortete diese achselzuckend, schenkte nach und lächelte dann Celia zu. »Aber der große Festsaal und die Bibliothek sind schon fertig. Ein riesiges und stattliches Gebäude ist das, wie ein richtiger Königspalast, überall Säulen und Statuen und Gemälde und bunte Fenster. Dort finden seit einiger Zeit Tanz- und Kulturveranstaltungen statt. Bälle, Konzerte, Theateraufführungen, Lesungen, Vorträge und so was in der Art.«

»Aber keine Monstrositätenshows«, höhnte Heather.

»Wir nicht monstruos«, empörte sich Luisa.

»Nein, natürlich nicht«, lachte Heather heiser und zupfte sich am Kinn, als wollte sie sich den Bart kraulen. »Hätte ich kein Rasiermesser, würde ich auch so aussehen wie du! Und das lange Elend neben dir ist auch ganz normal.«

»Schnauze da drüben!«, meldete sich eine Männerstimme aus einem der Nachbarverschläge. »Wenn ihr lärmen wollt, dann geht in den Pub!«

Heather unterdrückte ein weiteres Lachen und wedelte mit der Hand.

»Jetzt lass gut sein!«, zischte Maureen und legte den Zeigefinger auf die Lippen.

Luisa und Carlos stellten beleidigt ihre Gläser ab, nickten Maureen und Celia zu, ignorierten Heather und begaben sich zur ihrer Doppelmatratze, die sie durch einen weiteren Schiebevorhang vom übrigen Wohnwinkel trennen konnten.

»Was ist denn mit denen los?«, fragte Heather verächtlich. »Laus über die Leber gelaufen? Oder sollte ich sagen: Laus über den Bart?«

Maureen verdrehte die Augen und schwieg.

»Und du?«, fragte Celia und schüttelte den Kopf, als Maureen ihr nachschenken wollte. »Du wirst mit deiner Show im Festsaal auftreten?«

»So sieht's aus«, antwortete Maureen stolz. »Auf einer riesigen Bühne vor tausenden von Zuschauern. Ich war gestern da und hab's mir angeschaut. So was Schickes habe ich lange nicht gesehen.«

»Da passt du mit deinem durchsichtigen Trikot ja wunderbar hin«, knurrte Heather. »Können dir gleich tausende zwischen die Schenkel glotzen.«

»Wenigstens glotzen sie nur und stecken nichts rein!«, fauchte Maureen.

»Was soll 'n das jetzt heißen?«, rief Heather.

»Ruhe, verdammt!«, schrie der Nachbar von nebenan. »Sonst komm ich rüber und steck euch auch was rein, nämlich in die Schnauze!«

Eine peinliche Stille entstand. Celia starrte verlegen auf ihre Hände, Heather schenkte sich unterdessen selbst was nach, da sie offensichtlich keine Lust hatte, Maureen darum zu bitten.

»Maureen?«, flüsterte Celia scheu und beugte sich dabei ein wenig vor.

»Hm?«

»Kann ich dich was fragen?«

»Sicher.« Sie schien sich zu erinnern und fragte: »Du suchst jemanden, oder?«

»Es geht um meinen Vater.«

Maureen schaute einen Moment überrascht, nickte ihr dann aber auffordernd zu.

»Du bist doch mal beim Silver King aufgetreten, nicht wahr?«

Wieder ein Nicken, etwas zögerlicher und vorsichtiger, dann setzte sie hinzu: »Ist aber schon etwas länger her. Wieso?«

»1884?«, fragte Celia.

»So lange nun auch wieder nicht. '84 war ich noch in Blackburn.«

»Kennst du einen Ned Brooks? Hast du den Namen schon mal gehört? Er hat für Tom Norman in der Whitechapel Road gearbeitet. Oder dort gewohnt.«

»Dein Vater?«, fragte Maureen und schüttelte den Kopf, als Celia nickte. »Der Name sagt mir nichts. Als was ist er denn aufgetreten?«

»Das weiß ich nicht«, antwortete Celia und starrte auf ihre Finger, als würde ihr Blick wie von einem Magneten angezogen. »Er war eigentlich kein Schausteller, jedenfalls konnte er nichts Besonderes. Er war Seemann. Einfacher Matrose. Auf Rennjachten und so.«

»Kenn keinen Matrosen mit dem Namen«, antwortete Maureen, beugte sich vor und legte ihre Hand auf Celias Knie. »Und Tom Norman hab ich erst vor zwei Jahren kennengelernt. Da hat kein Seemann für ihn gearbeitet. Oder bei ihm gewohnt. Tut mir leid.«

»Hätte ja sein können«, murmelte Celia enttäuscht.

Hinter dem Bettvorhang tuschelten Luisa und Carlos auf Spanisch miteinander.

»Genug geplaudert«, mischte sich Heather ein. Sie hatte ihren Becher ausgetrunken, stand auf und klatschte laut in die Hände. »Wir müssen los, Kindchen, sonst lassen sie uns nicht mehr rein.«

»Wo rein?«, wunderte sich Maureen.

»Hanbury Street«, antwortete Heather ausweichend. »Da wohnen wir.«

»Im Frauenasyl«, setzte Celia hinzu und erntete einen bösen Blick.

»Verstehe«, sagte Maureen. Sie war nicht Schauspielerin genug, um ihre Genugtuung zu verbergen. »Dann beeilt euch, damit ihr nicht auf der Straße übernachten müsst. Aber wir sehen uns bestimmt bald wieder.«

»Bestimmt«, antwortete Heather, aber es klang wie: »Lieber will ich sterben!«

»Caníbal del mar«, sagte Luisa in diesem Augenblick hinter ihrem Vorhang, allerdings so laut, dass die Worte unmöglich für Carlos bestimmt sein konnten.

»Was heißt das?«, wollte Maureen wissen.

»Kannibale von Meer«, erklärte Luisa und schaute hinter dem Vorhang hervor. »War Matrose bei Silver King. Hab ich gearbeit auch für Norman dann.«

»In der Whitechapel Road?«, fragte Celia mit bangem Herzen.

»Da und anders«, antwortete Luisa. »War ich nicht lange in Engeland und können ich nicht gut Sprache.«

»Ein Glück, dass du die Sprache in der Zwischenzeit beherrschst«, lachte Heather und bekam von Maureen einen Tritt gegen das Schienbein.

»Warum Kannibale des Meeres?«, fragte Celia.

»Menschenfressen«, sagte Luisa und fuhr sich über den Bart.

»Ich weiß, was ein Kannibale ist«, sagte Celia mit zittriger Stimme und näherte sich dem Bettvorhang. »Hieß dieser Matrose Ned Brooks?«

»No sé«, antwortete Luisa, »war Name nur Kannibale von Meer. Fressen Menschen. Essen rotes Fleisch auf Bühne. Und viel trinken Alkohol. Immer betrunken vor Auftritt. Mehr weiß nicht. Perdón!« Damit verschwand ihr Gesicht wieder hinter dem Vorhang.

Celia schaute Hilfe suchend zu Maureen, doch die hob lediglich bedauernd die Schultern und schob die Unterlippe vor. »Von dem Kannibalen hab ich nie gehört. Wenn du was über deinen Vater wissen willst, solltest du mit Tom Norman sprechen. Er wird dir mehr sagen können.«

»Weißt du, wo er ist?«

Wieder schob Maureen die Unterlippe vor. »Wir haben keinen Kontakt mehr«, sagte sie und lächelte gequält. »Als ich ihn das letzte Mal gesehen habe, hatte er ein gutes Dutzend Penny Gaffs in ganz England. Keine Ahnung, wo der sich gerade herumtreibt.«

Celia nickte, hob die Hand zum Gruß und folgte Heather hinaus.

»Brauchst du eigentlich Arbeit, Heather?«, fragte Maureen, während sie das Laken zur Seite hielt. »Ich könnte dir was beschaffen.«

»Soll ich auch meine Gräten verbiegen?«, antwortete Heather schnippisch. »Oder mir 'nen Bart wachsen lassen?«

»Ich bräuchte eine Assistentin, wenn ich im People's Palace auftrete«, sagte Maureen und schaute drein, als wüsste sie genau, wie Heather reagieren würde. Als hätte sie diese Frage nur aus diesem einen Grund gestellt. »Ich könnte zwar nicht viel zahlen«, setzte sie achselzuckend hinzu, »aber für 'ne vernünftige Bleibe würde es allemal reichen. Was sagst du?«

»Deine Assistentin?«, entfuhr es Heather, während sie auf dem Absatz herumfuhr und zum Treppenhaus stapfte. »Soll ich dir beim Anziehen und Pudern helfen? Oder willst du auch noch den Hintern abgewischt bekommen? Assistentin! So weit kommt's noch!«

»War nur 'ne Frage«, meinte Maureen grinsend und ließ den Vorhang fallen.

Nein, das war keine Frage, dachte Celia und schloss die Tür hinter sich. Es war eine Retourkutsche.

SAMSTAG, 20. OKTOBER 1888

3

Beim Frühstück in der Küche des Frauenheims gab es nur ein beherrschendes Thema: den gestrigen Angriff der Skelettarmee auf die Versammlung vor dem Ten Bells Pub. Einige der uniformierten Heilsarmistinnen und manche der übrigen Frauen hatten Kratzer und Schrammen im Gesicht, die alte Esther trug ihren rechten Arm in einer Schlinge. Auf Heathers spöttische Frage, ob sie sich beim Rasentennis verletzt habe, antwortete Esther mit einem donnernden: »Der Zorn Gottes wird über die Gottlosen kommen!« Es war nicht klar, ob ihre Worte auf Heather oder die Soldaten der Skelettarmee abzielten.

Während um sie herum kopfschüttelnd gemunkelt und gemutmaßt wurde, wer wohl hinter dem feigen Anschlag und dem gemeinen Einfall mit den Ratten stecken mochte, starrte Celia wie versteinert auf den Tisch, löffelte lustlos ihren Haferbrei und war in ihrem Kopf meilenweit und Jahre entfernt.

»Und?«, wurde sie von der neben ihr sitzenden Heather aus ihren Gedanken gerissen. »Glaubst du, dass er's war?«

Celia hob den Blick und schaute in Heathers griendes Gesicht, das dem ihren so nahe war, dass sie Heathers schlechten Atem riechen konnte. »Wovon redest du?«, fragte sie, obwohl sie es genau wusste.

»Von deinem Vater. Glaubst du, dass er ein Menschenfresser ist?«

Celia nahm einen Löffel Porridge und schüttelte ärgerlich den Kopf.

»Ich meine, könnte doch sein, oder?«, beharrte Heather und wischte sich mit dem Ärmel über den Mund. »Kannibale des Meeres! Würde zu ihm passen. Immerhin war dein Vater Matrose.«

Celia warf den Löffel in die Schüssel, dass der Brei spritzte, und rief: »Unfug!«

Das Dumme war nur, dass sie selbst diesen Unfug für gar nicht so abwegig hielt. Seit dem gestrigen Abend hatte Celia an nichts anderes denken können, und auch in den Alpträumen, die sie in der Nacht gequält hatten, war es nur um diese Frage gegangen: War ihr Vater jener ständig betrunkene »caníbal del mar«, von dem die bärtige Luisa gesprochen hatte? War das der Grund, warum die Leute in Southampton ihn einen Judas und feigen Verräter schimpften?

Nein, dass ihr Vater ein Kannibale war, konnte und wollte Celia nicht glauben. Außerdem war so ein Penny Gaff nur schauriger Firlefanz, den man nicht ernst nehmen konnte. Dann jedoch erinnerte sich Celia, was ihre Mutter auf dem Sterbebett gesagt hatte: »Dein Vater ist ein Verbrecher! Ein verdammter Teufel! Hüte dich vor ihm, Celia!«

Und mit einem Mal kam ihr eine Begebenheit in den Sinn, an die sie schon lange nicht mehr gedacht und die sie beinahe vergessen hatte. Es war nur ein nichtiger und eigentlich belangloser Vorfall, der ihr jetzt aber in einem anderen Licht erschien. Es war in Brightlingsea gewesen, in jenem Jahr 1884, kurz vor Weihnachten. Celia hatte nur eine vage Erinnerung daran, doch je länger sie darüber nachdachte, desto wahrscheinlicher erschien es ihr, dass sie damals unwissentlich Zeugin eines Gesprächs über ihren Vater geworden war.

Es war eine stürmische Winternacht gewesen, wie so häufig an der Küste von Essex. Der Wind hatte geheult und durch die Ritzen gepfiffen, dass es wie Katzenjammer klang. Celia hatte in ihrem Bett gelegen und neben sich das leise Schnarchen ihrer älteren Brüder John und Peter gehört, die früh am nächsten Morgen zu ihrem ersten Austernfang auslaufen sollten. Bart Hutchinson wollte sie auf einem Segelkutter in den Umgang mit Scharrnetzen und Streicheisen einweisen. Der alte Walfänger bevorzugte es, in den unwirtlichen Herbst- und Wintermonaten in den heimischen Gewässern und Flussmündungen zu fischen, statt im eisigen Nordatlantik auf Walfang zu gehen.

Seit Stunden lag Celia wach und horchte hinaus in den Sturm. Sie machte sich Sorgen um ihre Brüder, auch wenn die meisten Austernbänke nicht weit draußen vor der Colne-Mündung lagen und Mr. Hutchinson ein erfahrener Seemann war. Vielleicht war Celia auch deshalb so unruhig, weil sie begriff, dass mit dem morgigen Tag ein neuer Abschnitt im Leben von John und Peter beginnen würde. Sie würden nicht länger mit Celia zur Pfarrschule von All Saints gehen, nicht länger die übrige Zeit bei der Familie oder im Umkreis der kleinen Wohnung verbringen, sondern sich von nun an als Erwachsene fühlen und benehmen. Zwar hatten sie auch vorher schon beim Fischfang oder beim Flicken der Netze und dem Kalfatern der Boote geholfen, doch das war etwas anderes gewesen. Kinderkram, wie John und Peter es geringschätzig nannten.

Dass die beiden wie ihr Vater und die meisten anderen Männer aus dem Dorf zur See fahren würden, stand seit Langem fest und war nie wirklich hinterfragt worden. Die Arbeit im Schiffsbau, am Hafen oder in den Docks kam für die Jungs nicht in Frage, sie wollten hinaus aufs Meer. Doch ob sie sich eher für den Austernfang, die Hochseefischerei, die Überseeschifffahrt oder womöglich für Jachtregatten eigneten, das sollten die nächsten Monate und Jahre zeigen. Celia hatte das Gefühl, es stünde ihr ein bedeutsamer Abschied bevor, und diese beklemmende Vorstellung ließ sie keinen Schlaf finden.

Ein Klopfen an der Wohnungstür riss sie aus ihren düsteren Gedanken. Als sie wenig später die knarrende Stimme von Mr. Hutchinson hörte, schlich sich Celia aus dem Bett und lugte durch einen Türspalt in den winzigen Flur. Sie sah gerade noch, wie ihre Mutter mit dem Nachbarn in der Küchenstube verschwand, und huschte aus dem Schlafzimmer, in dem die ganze Familie Brooks schlief. Alle außer dem Vater, versteht sich.

Celia wunderte sich, dass Bart Hutchinson mitten in der Nacht bei Mary Brooks erschien, obwohl er doch in wenigen Stunden bereits wieder auftauchen würde, um die Jungs abzuholen. Es musste also etwas Dringendes sein, das er mit der Mutter zu besprechen hatte. Oder etwas, von dem die Kinder nichts erfahren durften. Celia lugte durch das Schlüsselloch, doch da sie außer Schemen nichts erkennen konnte, legte sie behutsam ihr Ohr an die Tür.

Was die Mutter sagte, konnte Celia nicht verstehen, doch der alte Mr. Hutchinson, der selbst ein wenig schwerhörig war, redete sehr laut und für Celia vernehmlich. »Bist du sicher, dass du's lesen willst, Mary?« Es folgte eine unverständliche Antwort. Und wenig später sagte Mr. Hutchinson: »Sie wurden inzwischen begnadigt. Wenigstens das! Sechs Monate Holloway.« Wieder antwortete die Mutter, und wieder war kein Wort davon zu verstehen. Schließlich hörte Celia Mr. Hutchinson sagen: »Die Leute von Tollesbury wollen eine Petition an den Innenminister schicken.«

»Die muss ich unterschreiben!« Die Mutter hatte ihre Antwort so laut und heftig hervorgestoßen, dass Celia unwillkürlich zusammenzuckte und mit dem Ellbogen gegen den Türrahmen stieß. Im nächsten Augenblick wurde die Tür aufgerissen, und die Mutter stand vor ihr. Bevor Celia etwas sagen konnte, landete eine schallende Ohrfeige in ihrem Gesicht.

»Ab mit dir ins Bett!«, rief die Mutter und deutete mit dem ausgestreckten Zeigefinger zur Schlafzimmertür. »Sonst fängst du dir noch eine.«

»Ja, Ma'am!« Celia nickte, duckte sich und flüchtete in ihr Bett, wo sie den Kopf unter die Bettdecke steckte und die Augen schloss. Das Bild der wütenden Mutter wurde sie dennoch nicht los. Mary Brooks hatte ein bedrucktes Blatt Papier in der Hand gehalten, und über ihre roten Wangen waren Tränen gelaufen.

Während draußen Mr. Hutchinson zur Wohnungstür ging und von der Mutter leise verabschiedet wurde, versuchte Celia zu begreifen, was sie soeben gehört hatte. Welche »Leute von Tollesbury« hatte Mr. Hutchinson gemeint? Tollesbury war ein kleiner Ort an der Mündung des Flusses Blackwater, nur etwa drei Meilen von Brightlingsea entfernt. Doch dort kannten sie niemanden, jedenfalls hatte Celia bislang nie etwas davon gehört. Und noch einen zweiten Begriff hatte der Walfänger benutzt, mit dem sie nichts anzufangen gewusst hatte.

Celia kehrte plötzlich aus ihren Erinnerungen in die Gegenwart zurück und wandte sich unvermittelt an Heather: »Was ist Holloway?«

»Jesses!«, entfuhr es Heather, die vor Schreck fast ihren Löffel mit Porridge fallen ließ. »Du kannst einen vielleicht erschrecken.«

Celia wiederholte ihre Frage.

»Das liegt oben in Islington«, antwortete die alte Esther, die gerade mit einer Kanne Milch von Tisch zu Tisch ging.

»Und was ist in Holloway?«, wollte Celia wissen.

»Nicht viel eigentlich«, antwortete Esther und schenkte Celia nach. »Jedenfalls nichts Wichtiges. Außer dem Castle natürlich.«

»Castle?«, fragte Celia.

»So nennen sie das Gefängnis dort«, mischte sich Heather ein. »Holloway Castle. Weil's aussieht wie eine Burg. Will nur keiner freiwillig drin wohnen.«

»Das Gefängnis«, sagte Celia leise. »Verstehe.« Sie bedankte sich bei Esther und starrte auf ihre Schüssel, um Heathers fragendem Blick auszuweichen.

Sechs Monate Holloway! Die Mutter mit einem Blatt Papier in der Hand. Und die Tränen auf ihren Wangen. Celia hatte das unbestimmte Gefühl, irgendetwas nicht bedacht, etwas übersehen zu haben, obwohl es direkt vor ihrer Nase lag. Plötzlich sprang sie auf und rief: »Die Papiere!«

»Welche Papiere?«, wunderte sich Heather.

Doch Celia antwortete nicht, lief stattdessen aus der Küche, eilte die Treppe hinauf und rannte zu ihrem Bett in der Ecke. »Mach dich bereit zu sterben«, mahnte der Sinnspruch an der Wand. Vorher werde ich aber erst noch herausfinden, was mit meinem Vater ist, dachte sie bei sich, als sie den Lederkoffer unter ihrem Bett hervorzog.

»Was ist denn in dich gefahren?«, fragte Heather, die ihr gefolgt war und nun laut schnaufend neben ihr stand. »Verrückt geworden oder was?«

Ohne zu antworten, öffnete Celia den Koffer, nahm ihre Kleider heraus und kippte den restlichen Inhalt auf ihr Bett. Zum Vorschein kamen Zeitungsausschnitte, Postkarten, einige Bücher und Broschüren, wertlose Erinnerungsstücke, Krimskrams. »Die Papiere«, wiederholte Celia. »Die Antwort ist irgendwo darin verborgen!«

Heather schob die Unterlippe vor und runzelte die Stirn, setzte sich aber und griff im selben Augenblick nach einem der Bücher. Diesmal ließ Celia es geschehen. Vielleicht würde Heathers unvoreingenommener Blick etwas entdecken, das Celia bislang entgangen war.

»Murray's Modern London 1860«, las Heather den Titel des Buches. »Nicht gerade auf dem neuesten Stand.«

»Das Buch gehörte meiner Mutter«, sagte Celia achselzuckend. »Sie hat früher in London gearbeitet. Ist lange her.«

Heather nickte, legte das Handbuch beiseite und griff nach einer Postkarte.

Währenddessen schaute Celia auf die Fotografie der Familie und strich mit dem Zeigefinger über die Gesichter ihrer Brüder, die inzwischen als Leichtmatrosen für die Cunard Line zwischen Liverpool, Queenstown und New York fuhren, allerdings auf unterschiedlichen Dampfschiffen. John, der ältere der beiden, hatte auf der *Etruria* angeheuert, und Peter, gerade erst achtzehn Jahre alt geworden, fuhr auf der *Aurania* über den Atlantik. Sie waren seit anderthalb Jahren nicht in Brightlingsea gewesen. Nach dem Tod der Mutter hatte Celia der Cunard Reederei in Southampton und dem Heimathafen der Dampfer in Liverpool ein Telegramm geschickt, doch sie wusste nicht, ob ihre Brüder die Nachricht inzwischen erhalten hatten.

»Meine Güte!«, rief Heather ärgerlich, »dieser Mr. Hutchinson hat ja 'ne fürchterliche Klaue!« Sie las die Postkarte aus Southampton, indem sie die krakelig geschriebenen Worte laut buchstabierte, und setzte schließlich hinzu: »In der County Tavern warst du vermutlich schon, oder?«

Celia nickte, legte die Fotografie beiseite und sagte: »Von den Egertons hab ich die Adresse in Whitechapel.«

»Du meinst die Ansichtskarte vom Silver King«, sagte Heather wissend und fragte: »Von dem Menschenfresser haben die in Southampton nichts erzählt?«

Celia schüttelte den Kopf, faltete den Ausschnitt der *Illustrated London News* auseinander und starrte zum vermutlich hundertsten Mal auf die herausgeschnittene Seite. Heather schaute ihr über die Schulter und las laut: »Expedition zum Nil ... Ägypten ... Sudan ... General Gordon.« Es entstand eine Pause, und schließlich fragte Heather: »War dein Vater in Afrika?«

»Keine Ahnung«, antwortete Celia. »In dem Artikel wird er jedenfalls nicht erwähnt. Ich weiß nicht, warum Mutter den Zeitungsausschnitt aufbewahrt hat.«

»Na, schlag mich tot!«, entfuhr es Heather.

»Was hast du?«

Heather deutete auf die Zeitung und sagte: »Todesurteil gegen den Kannibalenkapitän.«

Celia erstarrte und schaute ungläubig auf die Zeilen. Der Artikel, dessen Schlagzeile Heather vorgelesen hatte, befand sich am unteren Rand der Seite und bestand lediglich aus einer einzigen Spalte, die im Vergleich zum reich bebilderten Hauptartikel über die Gordon Relief Expedition geradezu winzig erschien. Als sie die Zeitung zum ersten Mal in der Hand gehabt hatte, war ihr der Artikel zwar aufgefallen, aber von einem Kannibalen hatte sie damals noch nichts gehört, erst recht hatte sie das Wort noch nicht mit ihrem Vater in Verbindung gebracht. Der Text berichtete in knappen und sehr steif klingenden Formulierungen von dem Urteilsspruch eines

Londoner Gerichts (»wir berichteten«, wie die Zeitung in Klammern schrieb) gegen zwei des Mordes überführte Seeleute:

»Die Schiffbrüchigen Thomas Dudley, zweiunddreißig Jahre alt, und Edwin Stephens, siebenunddreißig Jahre, töteten am fünfundzwanzigsten Tag im Juli des Jahres 1884 auf hoher See innerhalb der Jurisdiktion der Admiralität von England auf verbrecherische Weise, absichtlich und mit Mordvorsatz einen gewissen Richard Parker, Kabinenjunge an Bord der Segeljacht Mignonette, um dessen Fleisch zu essen und sein Blut zu trinken. Trotz der unbestrittenen Notsituation, in der sich Kapitän Dudley und sein Maat Stephens nach dem Untergang ihres Schiffes befanden, wurden die beiden Angeklagten für das Verbrechen des vorsätzlichen Mordes schuldig gesprochen. Deshalb lautet das Urteil des Gerichts, unter Vorsitz von Lord Coleridge, dass sie an einem noch festzulegenden Tag zur Richtstätte geführt und am Halse aufgehängt werden, bis ihre Körper tot sind.«

»Das ist ja 'n Ding«, lautete Heathers Kommentar.

Celia war nach der Lektüre des Textes beinahe noch verwirrter als zuvor, denn von einem Ned Brooks war auch in diesem Artikel nicht die Rede. Sonst wäre sie bereits beim ersten Lesen über ihn gestolpert. Trotzdem war sie sich inzwischen sicher, dass ihre Mutter die Zeitungsseite nicht wegen der Nil-Expedition, sondern wegen des Urteils im Kannibalenprozess aufgehoben hatte. Und es war bestimmt kein Zufall, dass Luisa den »Kannibalen des Meeres« als eine der früheren Attraktionen des Silver Kings bezeichnet hatte. Jenes Penny Gaffs, mit dem auch Celias Vater in irgendeiner Weise verbunden gewesen war. Im Jahr 1884, dem Jahr des Kannibalenprozesses. Wie hatte Mr. Hutchinson in der Sturmnacht gesagt? »Sie wurden inzwischen begnadigt. Sechs Monate Holloway.«

Es war zum Verrücktwerden! Wie hing das alles zusammen? Und welche Rolle spielte Celias Vater, den man in Southampton einen Verräter und Judas nannte, in diesem Durcheinander? Celia war nicht wirklich klüger als zuvor. Eines jedoch schien dieser Artikel zu belegen: Ned Brooks war *nicht* der Kannibale des Meeres. Die Menschenfresser hießen Thomas Dudley und Edwin Stephens.

»War dein Vater Matrose auf dieser *Mignonette*?«, fragte Heather, der offenkundig die gleichen Fragen durch den Kopf gingen. »Hat er auch Schiffbruch erlitten? Sagen dir die Namen der Männer was?«

Celia schüttelte den Kopf und zuckte gleichzeitig mit den Schultern.

»Dein Vater heißt Ned, nicht wahr?«, bohrte Heather weiter.
Celia nickte.

»Steht die Abkürzung vielleicht für Edwin?«

»Nein, für Edmund«, antwortete Celia. »Aber so hat ihn nie jemand genannt. Außerdem heißt mein Vater nicht Stephens, sondern Brooks.«

»Könnte ja sein, dass er sich umbenannt hat.«

»Warum?«, entfuhr es Celia.

»Damit Leute wie du oder deine Mutter ihn nicht finden«, erklärte Heather mit vor Aufregung roten Wangen. »Er hat euch sitzen lassen, stimmt's? Da wär's doch nur konsequent, wenn er sich 'nen anderen Namen zulegt. Um sich zu tarnen.«

»Aber das war ein Mordprozess vor einem königlichen Gericht«, sagte Celia, deutete auf die Zeitung und schüttelte entschieden den Kopf. »Meinst du, so ein Lord Coleridge lässt sich so einfach an der Nase rumführen? Oder die Zeitungen, die darüber berichten? Das wäre doch rausgekommen. Und in Southampton hat mein Vater auch noch unter seinem richtigen Namen gelebt. Im selben Jahr!«

Heather legte den Kopf schräg, zuckte mit den Schultern und sagte: »Dann weiß ich auch nicht.«

»Wir berichteten …«, meinte Celia nachdenklich.

»Hm?«, machte Heather.

»Die Zeitung! Die haben vorher schon darüber geschrieben. Und andere Zeitungen wahrscheinlich auch.«

»Ja«, knurrte Heather abfällig. »Vor vier Jahren! In die Zeitungen von damals sind nicht mal mehr Fische eingewickelt. Wo willst 'n die heute noch lesen?«

Celia legte die Papiere und Bücher zurück in den Koffer, stand auf und sagte: »In einer Bibliothek.«

4

Den Rest des Vormittages verbrachte Celia an der Nähmaschine. Captain Florence Booth hatte den Gönner, der am Vortag den fußbetriebenen Strohhutbinder gespendet hatte, um etwas Material zur Herstellung von Strohhüten gebeten und war kurz darauf mit einem Sack voll gespaltener Strohhalme und einigen Drahtgeflechten zurückgekehrt. Auf Bitten des Captains zeigte Celia den anderen Frauen, wie man den Kettenstich, den sie gestern bereits an gewöhnlichem Stoff demonstriert hatte, bei der Hutherstellung anwendete. Strohhüte wurden direkt über den Passformen aus Draht genäht, wobei man am Rand begann und sich ringsum der Mitte näherte.

Celia war froh, eine Beschäftigung zu haben, mit der sie sich für einige Zeit von ihren Grübeleien ablenken konnte. Denn wenn sie zu lange den eigenen Gedanken nachhing, sah sie plötzlich in Seenot geratene und bis auf die Knochen abgemagerte Männer vor sich, die das Blut eines Kabinenjungen tranken und seine Eingeweide aßen. Sie fragte sich, wie sie selbst handeln würde, wenn sie in eine solche Notsituation geriete. Und die Antwort darauf machte ihr Angst.

Es war für sie eine Herausforderung, die geübten Handgriffe so zu erklären, dass es auch für Anfängerinnen verständlich war. Manchmal ertappte sie sich dabei, dass sie ungeduldig wurde, weil eine der Frauen eine vermeintliche Selbstverständlichkeit nicht auf Anhieb begriff oder einen einfachen Handgriff nicht sofort wiederholen konnte. Aber nach einer Weile war sie so von ihrem Tun gefangen, dass sie kaum bemerkte, wie die Zeit verflog. Erst als Captain Florence ihr auf die Schulter tippte und sie fragte, ob sie nicht auch zu Mittag essen wolle, wurde Celia bewusst, dass sie stundenlang genäht und inzwischen unzählige Strohhüte hergestellt hatte, sodass sich der Vorrat an Strohschnitt langsam dem Ende zuneigte.

Auf dem Weg zur Küche berichtete Captain Florence, dass der Bruder, der gestern bereits nach ihr gefragt hatte, am Morgen erneut vorgesprochen und sich nach Celia erkundigt habe. Dabei schaute ihr die Heilsarmistin seltsam forschend ins Gesicht und setzte, da Celia lediglich mit einem Kopfnicken antwortete, hinzu: »Wenn dir Bruder Adam zu forsch oder aufdringlich ist, kannst du das ruhigen Gewissens sagen. Dies ist ein Asyl für Frauen, und alle Brüder der Heilsarmee werden das unter allen Umständen respektieren.« Wieder fasste sie sich in ihrer etwas aufgesetzten Art ans Herz und fügte hinzu: »Dieses Heim ist tatsächlich eine Burg. Eine Trutzburg des Herrn! ›Der Herr ist mein Schutz‹, sagt die Schrift, ›mein Gott ist der Fels meiner Zuflucht.‹«

»Adam ist nicht aufdringlich, er will nur helfen«, antwortete Celia lächelnd. »Und ich bin ihm sehr dankbar dafür.«

»Das ist schön.« Florence Booth presste die Lippen aufeinander, nickte dann bedächtig und sagte: »Bruder Adam hat sehr unter dem Verlust seiner Frau und seines Kindes gelitten. Es hat ihm beinahe den Verstand geraubt.«

»Ich weiß«, sagte Celia, der es irgendwie unpassend erschien, ausgerechnet mit der von Adam so geschätzten Florence über ihn zu sprechen. »Er hat es mir erzählt.«

»Tatsächlich?«, wunderte sich Captain Booth.

»Ja«, antwortete Celia, die nun ihrerseits stutzte. »Seine Frau ist bei der Geburt des Sohnes gestorben, und er hat sich dem Alkohol hingegeben. Adam macht daraus kein Geheimnis. Ganz im Gegenteil.«

»Der Schmerz und die Schuld sind manchmal überwältigend und können den Menschen überfordern«, sagte der Captain geheimnisvoll.

Celia erinnerte sich, dass auch Adam von Schuld und Selbstvorwürfen gesprochen hatte. Als fühlte er sich selbst für den Tod seiner Familie verantwortlich. Doch so ganz wollte ihr das nicht einleuchten.

»Das alles hat tiefe Wunden bei Adam hinterlassen«, fuhr Florence Booth fort. »Und Narben, die immer wieder aufbrechen können.«

»Er scheint seinen Frieden gefunden zu haben und hat dem Alkohol entsagt«, erwiderte Celia, als müsste sie Adam gegen irgendetwas verteidigen. »Auch dank der Brüder und Schwestern der Heilsarmee. Das hat er gestern bei der Versammlung sehr anschaulich und anrührend beschrieben.«

»Ich weiß, und dafür danke ich Gott«, sagte Florence und lächelte wieder ihr maskenhaftes Lächeln. »Ich wollte nur, dass du weißt, dass du hier sicher bist. Wir werden nicht noch einmal zulassen, dass uns eine Schutzbefohlene abhandenkommt. Die Armee des Heils wird dir beistehen.«

»Danke«, sagte Celia, begriff aber nicht, was der Captain damit sagen wollte. Auf welche Weise sollte sie denn »abhandenkommen«? Und wieso »noch einmal zulassen«?

»Bruder Adam will am Nachmittag erneut vorbeischauen«, beeilte sich Florence Booth hinzuzusetzen. »Auf dem Rückweg nach Limehouse.«

»Limehouse?«, wollte Celia wissen. »Was ist da?«

»Das Wohnheim für Männer«, antwortete Florence. »Er arbeitet dort in der Essensausgabe.« Bevor sie sich von Celia verabschiedete, fragte sie wie beiläufig: »Wirst du heute Abend zum Gottesdienst kommen? Wir versammeln uns nach dem Abendessen im großen Saal.«

»Mal sehen«, antwortete Celia ausweichend.

»Es ist immer sehr besinnlich und nicht so trist und deprimierend, wie du es vielleicht aus anderen Kirchen kennst«, sagte der Captain mit strahlendem Gesicht. »Wir machen Musik, singen unsere Lieder und danken dem Herrn im Himmel, dass er uns beisteht und rettet. Wir werden auch für die Generalin beten.«

»Welche Generalin?«

»Meine liebe Schwiegermutter«, erklärte Captain Booth und fasste sich abermals an die Brust. »Catherine Booth, die Frau des Generals, aber wir nennen sie nur die Mutter der Armee. Eine wundervolle und tapfere Frau. Sie hat Krebs und ist unheilbar krank. Wir wissen es seit einigen Monaten.«

»Das tut mir leid«, sagte Celia.

»Das muss es nicht«, erwiderte Florence und lächelte, als wäre dies tatsächlich eine frohe Nachricht. »Sie wird bald zur Herrlichkeit befördert und im Himmel über uns wachen. Und dafür wollen wir Gott danken. Ich hoffe, du wirst dabei sein.«

Celia nickte unverbindlich und setzte sich an den Tisch. Sie hatte Angst, ihr Schweigen könnte unhöflich oder undankbar wirken, doch im nächsten Moment hatte sich Florence Booth bereits abgewandt und verschwand leise vor sich hin summend aus dem Raum.

Während Celia ihren Sauerkohl aß und die Frauen neben ihr laut schmatzend Klatsch und Tratsch austauschten, wurde ihr erneut bewusst, wie fremd und verloren sie sich im Augenblick fühlte. Das lag nicht allein daran, dass sie niemanden kannte und die meisten der Frauen viel älter waren als sie, sondern es hatte auch damit zu tun, dass ihr eigener Blick auf die Welt und die Menschen sich so grundsätzlich von dem der Heilsarmee unterschied. Natürlich glaubte auch Celia an Gott und hoffte, dass sie einst im Himmel für die Mühsal auf Erden belohnt würde, doch die Soldaten der Heilsarmee schienen sich regelrecht darauf zu freuen, bald sterben zu dürfen. Das hatte sie bemerkt, als Adam Bedford von seiner toten Frau Emma und seinem Sohn James gesprochen und sich für sie gefreut hatte, als hätten sie ihm etwas unvergleichlich Schönes voraus. Und das hatte sie erneut gespürt, als Captain Booth von ihrer sterbenden Schwiegermutter erzählt hatte, als würde sie die Generalin um ihr Schicksal beneiden.

Celia fand den Tod einfach nur schrecklich, ungerecht und gemein. Sie hatte ihre Mutter viel zu früh und qualvoll sterben sehen, und sie konnte dem nichts Erbauliches oder Tröstendes abgewinnen. Zwar hoffte sie, dass ihre Mutter nun Frieden hatte und im Himmel war, aber niemals wäre sie auf die Idee gekommen, ihr Sterben als »Beförderung zur Herrlichkeit« zu bezeichnen.

Die Heilsarmisten waren keineswegs dumm oder naiv. Sie

ignorierten und übersahen das Böse, Hässliche und Verwerfliche nicht. Im Gegenteil, sie kämpften sogar mutig dagegen an und versuchten, es zu ändern. Doch ihre Fixierung auf das Jenseits und die Rettung durch den Tod konnte Celia nicht teilen. Sie wollte gern glauben, dass sie allein durch den Glauben an Gott gerettet würde, wie Eva Booth es gestern vor dem Ten Bells Pub mit Leidenschaft verkündet hatte, aber es war ihr unmöglich, aus der Tatsache des Todes irgendeine Art von Trost zu schöpfen. Und ein Grund zur Freude war er schon gar nicht. Jedenfalls nicht hier auf Erden.

5

Adam Bedford erschien um vier Uhr am Nachmittag und ließ über Schwester Esther ausrichten, er warte mit seinem Fuhrwerk auf der Straße und falls Celia Lust habe, könne sie ihn auf dem Weg nach Limehouse begleiten und beim Einsammeln der Essensspenden behilflich sein. Es wäre ihm eine Freude, Celia durch die Stadt zu kutschieren, wie Esther abfällig schnaubend hinzufügte, wobei sie die Augen verdrehte. »Sei auf der Hut!«, gab sie Celia mit auf den Weg, als diese aus der Haustür trat.

»Vor Bruder Adam?«, fragte Celia und erinnerte sich an die seltsamen Andeutungen, die Captain Booth am Mittag gemacht hatte.

»Vor den Männern«, antwortete Esther mit finsterer Miene und schloss die Tür.

Celia freute sich, Adam wiederzusehen, auch weil sie am gestrigen Abend während des Tumults so plötzlich und ohne Verabschiedung getrennt worden waren. Doch als sie ihn vor dem Haus auf seinem Einspänner entdeckte, stieß sie vor Schreck einen Schrei aus. Adams linke Gesichtshälfte war blutunterlaufen und so angeschwollen, dass sein Auge kaum auszumachen war. Als er zaghaft lächelte und dabei die Lippen öffnete, erkannte Celia, dass man ihm einen der oberen Schneidezähne ausgeschlagen hatte. Auch fehlten an seiner Uniform einige Knöpfe, und der rechte Ärmel war an der Schulternaht aufgerissen.

»Oh mein Gott«, rief sie, als sie von Adam auf den Kutschbock gezogen wurde.

»Halb so schlimm«, sagte er, doch es klang nuschelnd, weil er den Mund nicht richtig öffnen konnte und seine Zahnlücke zischelnde Geräusche verursachte. »Es tut kaum noch weh. Und die Uniform lasse ich nähen.« Er betrachtete Celia eingehend und fragte: »Dir ist hoffentlich nichts passiert?«

Sie schüttelte den Kopf und deutete zur offenen Ladefläche,

auf der einige Säcke, Kisten, Bottiche und Korbflaschen verstaut waren. »Sind das alles Spenden?«, fragte sie und wich Adams forschendem Blick aus. Sie war froh, rechts von ihm zu sitzen und nicht ständig auf seine verunstaltete linke Gesichtshälfte schauen zu müssen.

»Die Leute geben gern, wenn sie wissen, wo die milden Gaben hingehen«, antwortete er nickend und schlug mit den Zügeln auf die Kruppe des Pferdes. »Und bei der Heilsarmee können sie sicher sein, dass die Spenden bei den Bedürftigen ankommen. Wir sind schließlich die Armee der Armen und Benachteiligten. Uns kann man vertrauen.«

Celia nickte und lächelte gezwungen. Sie war immer etwas irritiert, wenn Adam so sprach, als müsste er sich rechtfertigen oder Werbung in eigener Sache machen.

»Ich muss noch nach Southwark, um Essen einzusammeln«, sagte Adam, während er mitten auf der engen Straße wendete und dabei einen Stau in beide Richtungen verursachte. »Eines der Gasthäuser im Borough spendet die Überreste des Mittagessens, wenn wir die Kübel rechtzeitig abholen und die leeren Gefäße am Abend zurückbringen. Auf dem Weg dorthin kann ich dir ein bisschen was von der Stadt zeigen.« Mit Stolz in der Stimme fügte er hinzu: »Wir fahren nämlich durch die City von London.«

Celia verschwieg, dass sie diesen Weg bereits vorgestern nach ihrer Ankunft am Bahnhof Waterloo zu Fuß gegangen war, und sagte: »Das wäre sehr schön.«

Der Wagen fuhr am Markt von Spitalfields entlang in westlicher Richtung und bog dann linker Hand in eine mehrspurige Hauptstraße ein, auf der es von Kutschen, Lastwagen, Handkarren und Straßenbahnen nur so wimmelte. Gleich gegenüber befand sich der Bahnhof Liverpool Street, und als sie auf der rechten Seite den Bahnhofsvorplatz passierten, der so geschäftig wie ein Ameisenhaufen und so lärmend wie ein Wasserfall war, sagte Adam mit einem schiefen Grinsen in seinem angeschwollenen Gesicht: »Genau hier hat früher mal ein berühmtes Irrenhaus gestanden. Kommt mir manchmal so vor, als wären die Geister der Irren einfach an Ort und Stelle geblieben.«

Während sie auf der abschüssigen Bishopsgate Street nach Süden fuhren und sich dem riesigen Monument und der London Bridge näherten, erklärte Adam mit unverkennbarem Stolz, welche Sehenswürdigkeiten und Denkmäler am Wegesrand oder in Sichtweite standen und was er über ihre Bedeutung und Geschichte wusste. Doch Celia hörte nur mit halbem Ohr auf das, was Adam über das Große Feuer von London oder die älteste Brücke der Stadt zu berichten hatte. Sie kannte das meiste aus den Erzählungen ihrer Mutter, die ganze Abende damit verbracht hatte, die Hauptstadt des Königreichs zu beschreiben. Als sie auf der London Bridge im dichten Verkehr feststeckten und kaum noch vorwärtskamen, fragte Celia: »Zu welchem Gasthaus fahren wir eigentlich?«

»Zum George Inn«, antwortete Adam etwas pikiert, weil er gerade angesetzt hatte, über die östlich gelegene Baustelle der Tower Bridge und die eigenwillige Konstruktion dieser Klappbrücke zu berichten.

»Meine Mutter hat dort gearbeitet!«, rief Celia überrascht.

»Im George Inn? Das ist ja interessant«, sagte Adam, während er einen Händler umkurvte, der mitten auf der Brücke Obst von seinem Handkarren verkaufte. »Das George ist eines der ältesten Gasthäuser in Southwark. Wusstest du …?«

Jenseits der Brücke löste sich die Verkehrsstockung langsam auf. Während Adam den Wagen auf der Südseite der Themse unter einer Eisenbahnbrücke hindurchkutschierte und dabei von alten Postkutschenstationen und noch älteren Theateraufführungen in Hinterhöfen erzählte, wunderte sich Celia, dass ihr der Gedanke an die Schänke solch ein Unbehagen bereitete. Statt sich darauf zu freuen, den Ort zu sehen, an dem ihre Mutter vor ihrer Ehe als Dienstmagd gearbeitet hatte, fürchtete sie sich regelrecht davor und konnte sich diese Furcht zugleich nicht erklären. Vielleicht hatte es damit zu tun, dass sie so wenig über das George Inn wusste.

Während ihre Mutter mit Eifer und Ausdauer von London, seinen prächtigen Bauten und dem atemberaubenden Trubel auf den Straßen und Plätzen berichtet hatte, war sie im Hinblick auf den Ort, an dem sie jahrelang gewohnt und gearbeitet hatte, immer sehr wortkarg geblieben. Celia glaubte alles über die Londoner Kirchen, die monumentalen Bahnhöfe, die großen Parks und die königlichen Paläste zu wissen, doch das George Inn erschien ihr wie ein Buch mit sieben Siegeln.

Sie konnte nicht einmal mit Bestimmtheit sagen, wann ihre Mutter dort gearbeitet hatte. Irgendwann in den sechziger Jahren, denn im Jahr 1868 hatte sie Ned Brooks in Brightlingsea geheiratet. Celia hatte aus den wenigen Andeutungen der Mutter herausgehört, dass der Wirt des George Inn, ein Mann namens Rodney Webster, kein besonders netter Mensch gewesen war, doch warum es Mary Tremain, wie sie damals noch hieß, von London ausgerechnet nach Brightlingsea verschlagen hatte, darüber hatte die Mutter nie gesprochen. London war in ihrem Herzen geblieben. Southwark allerdings schien darin keinen Platz zu haben. Und das George Inn hatte sie anscheinend aus ihren Erinnerungen getilgt.

»So, da wären wir«, sagte Adam und deutete auf einen schmalen Durchlass zwischen zwei Häusern, über dem an einem eisernen Bogen die verrosteten Lettern »The George« angebracht waren. Von der Straße aus war das eigentliche Gasthaus gar nicht zu sehen. Erst als Adam den Pferdewagen durch die Einfahrt in den Hof lenkte, begriff Celia, was er vorhin mit den Postkutschenstationen gemeint hatte. Das George Inn hatte einstmals als Verpflegungsstation und Unterkunft gedient, für Mensch und Tier. Das Anwesen war in U-Form um den Hof herumgebaut, wobei auf der linken Seite die Pferdeställe und Stellplätze untergebracht waren und auf der rechten Seite die Schänke und die Herberge für die Reisenden. Am Kopfende des Hofes befanden sich der Schweinestall, ein Hühnerstall und die Zimmer für das Gesinde. Während die ehemaligen Remisen und Wagenschuppen nicht mehr benutzt wurden und zusehends verfielen, waren die Schänke und das Gasthaus noch leidlich intakt. Celia fielen die offenen Galerien vor den Gästezimmern im vorderen Teil des Hauses auf, die vom Hof aus betrachtet tatsächlich an Theaterränge erinnerten. Diese mit Geländern versehenen Laufgänge waren über die Jahrhunderte an einigen Stellen verbogen oder abgesackt, wodurch die Galerien beinahe eine Wellenform hatten.

Adam sprang vom Wagen und half Celia hinunter, die am liebsten auf dem Kutschbock sitzen geblieben wäre, aber nicht kindisch oder verstockt wirken wollte. Daher folgte sie Adam zu einer niedrigen Holztür im hinteren Gebäudeteil, über der ein Metallschild mit dem Bildnis des heiligen Georg angebracht war. Es zeigte den Märtyrer mit erhobenem blutigen Schwert und dem getöteten Drachen zu seinen Füßen.

»Du kommst spät, Kumpel«, wurde Adam von einem jungen Mann begrüßt, der in diesem Moment aus der Tür trat, doch augenblicklich wie unter einem Peitschenschlag zusammenfuhr. »Ach du meine Güte!«, rief er und verzog sein Gesicht zu einer Leidensmiene. »Bist du unter einen Tramwagen geraten?«

»Nein, zwischen die Skeletons«, antwortete Adam säuerlich und reichte dem anderen die Hand. »Sie haben uns angegriffen.«

»Und du hast natürlich wieder deine Wange hingehalten«, erwiderte der Mann halb scherzhaft, während er gleichzeitig dem Heilsarmisten mitfühlend die Hand auf die Schulter legte. Er deutete auf Adams Zahnlücke und fügte grinsend hinzu: »Ich hoffe, du hast es ihnen wenigstens Zahn um Zahn heimgezahlt.«

»Das Wort Gottes ist schärfer als jedes zweischneidige Schwert«, antwortete Adam mit ernster Miene.

»Aber offensichtlich eignet es sich nicht so gut für den schlichten Faustkampf«, entgegnete der andere lachend und wandte sich dann an Celia, die sich regelrecht hinter Adam versteckt hatte. »Und wer ist diese hübsche Miss, wenn ich fragen darf?«

»Das ist Celia Brooks«, antwortete Adam, fasste Celia an der Schulter und schob sie sachte nach vorne. »Celia, das ist Rod Webster, der Wirt des George, ein alter Freund.«

»Na, so alt nun auch wieder nicht«, widersprach der Angesprochene lachend und verneigte sich wie ein Schauspieler auf der Theaterbühne. »Allerdings kenne ich den guten Adam noch aus der Zeit, als er kein Abstinenzler und einer unserer besten Kunden war. Freut mich sehr, Ma'am.«

»Rodney Webster?«, war alles, was Celia herausbrachte.

»So hieß mein Vater«, antwortete der Wirt und hob verwundert die Augenbrauen. »Er ist vor zwei Jahren gestorben. Ich hab zwar den gleichen Vornamen, bevorzuge aber die Kurzform. Klingt nicht so hochtrabend. Wieso fragst du? Kanntest du meinen Vater?«

»Ihre Mutter hat hier im George gearbeitet«, sprang Adam ein, weil Celia keinen Ton herausbrachte und den jungen Mann anstarrte, als wäre er eine Schlange und sie das sprichwörtliche Kaninchen.

»Tatsächlich?«, fragte Webster und hakte seine Daumen in die Ärmelausschnitte seiner Weste. »Wann war das?«

Celia zuckte mit den Schultern und stammelte: »Früher.«

Webster schüttelte belustigt den Kopf. »So, so, früher«, äffte er Celia nach, wandte sich plötzlich um und hielt ihnen die Tür zur Schänke auf. »Na, dann kommt rein. Ihr seid spät dran. Ich wollte die Reste schon den Schweinen geben.«

Celia ärgerte sich über sich selbst und ihr unsicheres Auftreten. Doch sie konnte nicht anders, dieser Rod Webster schüchterte sie ein. Dabei war er nicht gerade das, was man einen beeindruckenden oder gar Furcht einflößenden Mann nennen konnte. Er war alles andere als hübsch und auch nicht besonders kräftig oder groß, ein dürrer Kerl mit fusseligem Backenbart und großen Ohren, die annähernd rechtwinklig vom Kopf abstanden. Seine Bewegungen wirkten ein wenig linkisch, und mit seinem Strubbelkopf und der fleckigen Kleidung, die an den Ellbogen und Knien abgewetzt war, erinnerte er fast an einen harmlosen Lausejungen. Dennoch strahlte der junge Mann, der kaum älter als zwei- oder dreiundzwanzig Jahre sein konnte, etwas Durchtriebenes oder Hinterhältiges aus, das Celia sofort auf Abstand gehen ließ. Er wirkte wie ein listiger Schelm, wenn man es vorteilhaft ausdrücken wollte, oder wie ein gemeiner Strolch, wenn man die Sache etwas drastischer beim Namen nennen wollte.

»Passt auf eure Köpfe auf!«, sagte Webster und deutete zu den schwarz angelaufenen Stützbalken an der Decke, die tatsächlich sehr niedrig hingen und den düsteren Schankraum, den sie nun betraten, in unregelmäßigen Abständen durchzogen. Nur wenige Gäste saßen an den Tischen, die von unterschiedlichster Form und Größe waren und den Eindruck bestärkten, den Celia von dem Gasthaus hatte. Das George Inn mochte traditionsreich sein und eine sehr lange Geschichte besitzen, im Moment wirkte es vor allem ein wenig verwahrlost und zurechtgezimmert. Die kleinen Butzenscheiben in den Fenstern zum Hof waren von unterschiedlicher Farbe und Beschaffenheit, was aber erst auf den zweiten Blick zu sehen war, weil man sie seit Ewigkeiten nicht geputzt hatte. Auch im Inneren der Schänke dominierte die Flickschusterei. Manches in dem Raum war vermutlich so alt wie das Haus selbst, doch vieles war in den Jahrhunderten ausgetauscht oder ausgebessert worden, ohne immer darauf zu achten, ob die Reparatur oder der Ersatz zum ursprünglichen Zustand passten. Das George Inn hatte seinen Besitzern offenbar niemals große Reichtümer beschert, dachte Celia bei sich, als sie sich neugierig umblickte.

»Die Suppe steht in der Küche«, wandte sich Webster an Adam und wies zu einer Schwingtür am hinteren Ende des Schankraums. »Kennst dich ja aus.«

Einige böse oder belustigte Kommentare der Kneipengäste begleiteten Adam auf dem Weg zur Küche. Doch er lächelte nur, tippte sich an die Mütze und rief ihnen zu: »Gott sei mit euch, Brüder!«

Celia wollte Adam folgen, doch Webster stellte sich ihr in den Weg und fragte: »Wieso so ängstlich? Ich beiße nicht.«

Sagte die Katze zur Maus, dachte Celia und wich einen Schritt zurück.

Webster kramte eine angerauchte Pfeife aus der Seitentasche seiner Weste, entzündete sie an einer Kerze und fragte: »Wie heißt deine Mutter? Vielleicht kenne ich sie ja.«

»Sie ist tot«, antwortete Celia und schaute Hilfe suchend zur Küchentür.

»Das tut mir leid«, behauptete Webster, ohne dass sich jedoch das Schelmengrinsen in seinem Gesicht veränderte. »Und wie hieß sie?«

»Mary«, sagte Celia. »Mary Tremain.«

»Mary heißen viele«, sagte Webster achselzuckend und paffte an seiner Pfeife.

»Der Topf auf dem Ofen?«, fragte Adam aus der Küche.

»Genau der«, antwortete Webster, ohne den Blick von Celia abzuwenden oder den Weg freizugeben. Er fasste sie mit Daumen und Zeigefinger am Kinn und meinte: »Du kommst mir irgendwie bekannt vor. Warst du schon mal hier?«

»Bin das erste Mal und erst seit Kurzem in London.«

»Ich könnte schwören, dass ich dich von irgendwoher kenne.«

Celia schüttelte heftig den Kopf, auch um Websters nach Tabak stinkende Finger von ihrem Kinn abzuschütteln.

»Sonst noch was?«, kam Adams Stimme aus dem Nachbarraum.

»Da ist noch Porridge auf der Anrichte neben dem Herd«, rief Webster, während seine Finger von Celias Kinn zur Schulter wanderten und dort wie beiläufig mit ihren Haaren spielten.

»Kommst du mal, Celia?«, bat Adam. »Allein schaff ich es nicht.«

Celia straffte sich erleichtert, schlüpfte an Webster vorbei und lief zur Küchentür, vor der sie um ein Haar mit Adam zusammenprallte, der in diesem Augenblick mit einem großen Emailletopf durch die Schwingtür trat.

»Nimmst du bitte das Porridge?«, fragte Adam, der Mühe hatte, die Balance zu halten. Er schaute überrascht und auch ein wenig misstrauisch zwischen Celia und Webster hin und her und wies dann mit einer Kopfbewegung in die Küche, aus der ein säuerlicher und wenig appetitlicher Geruch in den Schankraum drang.

Celia schnappte sich die Schüssel mit Haferbrei und beeilte sich, Adam durch den Schankraum nach draußen zu folgen. Wieder begleiteten ihn die höhnischen Kommentare der Gäste. Ein Schankmädchen zwinkerte ihm zu und rief: »Na, das nenn ich mal 'nen richtigen Soldaten. In welchem Krieg hast du denn gekämpft?«

Webster erwartete Adam und Celia bereits am Ausgang und hielt ihnen erneut die Tür auf.

»Danke, Rod«, sagte Adam und ging hinaus.

»Gern geschehen«, erwiderte Webster und ließ es sich nicht nehmen, Celia beim Hinausgehen mit der Hand über den Nacken und den Rücken zu streichen. »Bis bald, hübsche Celia!«, flüsterte er ihr ins Ohr.

Am liebsten hätte sie ihm den Haferbrei ins Gesicht geschüttet, doch stattdessen ging sie schnurstracks und stocksteif zum Pferdewagen und verstaute das Porridge auf der Ladefläche. Dann stieg sie auf den Kutschbock und starrte angestrengt auf ihre Füße. Auf keinen Fall wollte sie Rod Webster anschauen, der immer noch in der Tür stand und darauf zu warten schien, dass sich ihre Blicke begegneten. Es kam Celia wie ein seltsames Spiel vor, wie ein kindisches Kräftemessen. Und das würde sie unter keinen Umständen verlieren!

»Ist was mit dir?«, fragte Adam neben ihr. Seine Frage hatte einen seltsamen Unterton und klang nicht so freundlich, wie er sonst mit Celia sprach.

»Lass uns fahren!«, bat sie, ohne den Blick zu heben. »Mir ist nicht wohl.«

»Aha!« Es klang nicht sehr mitfühlend.

»Natürlich! Wie dumm von mir!«, entfuhr es Webster in diesem Augenblick. »Jetzt hab ich's!« Er wedelte mit den Armen und rief: »Halt! Wartet noch!«

Adam, der bereits den Wagen gewendet hatte, hielt inne und fragte: »Was hast du, Rod? Wo willst du hin?«

Doch Webster war bereits im Haus verschwunden. Nur wenige Sekunden später erschien er wieder im Hof, schwenkte irgendetwas mit der Hand und rief triumphierend: »Hab ich doch gewusst, dass ich dein Gesicht kenne!« Er lief zum Wagen, reichte Celia ein gerahmtes Bild und fragte: »Ist das deine Mutter?«

Celia schaute erschrocken auf, nahm das Bild, und als sie es betrachtete, stockte ihr der Atem und raste ihr Herz. Bei dem Bild handelte es sich um ein vergilbtes fotografisches Porträt. Es zeigte eine sehr junge Frau im weißen Kleid, mit einer ebenfalls weißen Haube auf dem Kopf und einem Sonnenschirm in der Hand. Das Bild war in einem Studio aufgenommen, wie man an dem bemalten Leinwandhintergrund und dem unnatürlich schattenlosen Lichteinfall erkennen konnte. Die Fotografie war auf einen rot geränderten Karton geklebt, es handelte sich um eine sogenannte Kabinettkarte, war also sehr viel größer als die handtellergroßen Visitenkartenfotos, die man in Alben sammelte. Was Celia aber vor allem verblüffte, war das Gesicht der Frau. Es war beinahe so, als schaute Celia in einen Spiegel. Die höchstens zwanzigjährige Frau auf dem Foto hätte ihre Zwillingsschwester sein können.

»Ist das Mary Tremain?«, fragte Webster und legte wie beiläufig seine Hand auf Celias Knie. »Sie sieht dir zum Verwechseln ähnlich.«

»Woher hast du das Bild?«, antwortete Celia mit einer Gegenfrage und rückte auf dem Kutschbock näher an Adam heran.

»Es hing seit ewigen Zeiten im Treppenhaus vor den Gastzimmern«, antwortete er und war sichtlich stolz, einen solchen

Eindruck mit seiner Entdeckung gemacht zu haben. »Ich hab mich immer gefragt, wer wohl das hübsche Mädchen auf dem Foto ist. Dachte immer, es wäre irgendeine entfernte Verwandte. Vater habe ich mal danach gefragt, aber der hat nur wie üblich unverständlich rumgegrummelt. Und Mutter ist schon lange tot, die konnte ich also nicht fragen. Jetzt endlich weiß ich es. Es ist Mary Tremain, die hübsche Mutter einer noch hübscheren Tochter.«

Celia achtete nicht auf das Süßholzraspeln des Wirts, sondern starrte unverwandt auf die Fotografie. Was sie geradezu schockierte, war der frappierende Unterschied zwischen diesem Porträt und dem Familienfoto, das vor einigen Jahren in Brightlingsea aufgenommen worden war. Nicht einmal zwanzig Jahre lagen zwischen den beiden Bildern, doch es kam Celia so vor, als wären zwei völlig verschiedene Frauen darauf abgebildet. Die hübsche und keck dreinschauende Mary Tremain in ihrem weißen Sonntagskleid hatte nichts gemein mit der verhärmten Mary Brooks, die ihre drei halbwüchsigen Kinder wie Orgelpfeifen vor sich aufgestellt hatte. Nie wäre Celia auf die Idee gekommen, dass sie ihrer Mutter äußerlich ähnelte und quasi ein exaktes Abbild darstellte, und im gleichen Moment begriff sie, was die Ehe mit Ned Brooks, das Großziehen der Kinder und das harte Leben an der Küste von Essex aus Mary gemacht hatten. Ihre Mutter war gerade einmal zweiundvierzig Jahre alt geworden, doch sie war im Körper einer Greisin gestorben.

»Willst du's haben?«, fragte Webster.

»Das Foto?«, staunte Celia. »Du schenkst es mir?«

»Den Rahmen behalte ich«, antwortete er und griente. »Da kommt ein anderes Bild rein, sonst sieht man den hellen Fleck an der Wand. Aber das Foto deiner Mutter darfst du behalten. Mit besten Grüßen von Rod Webster.«

»Danke«, murmelte Celia, ohne ihn dabei anzuschauen, und öffnete den Rahmen. Als sie die Kabinettkarte herauszog, sah sie auf der Rückseite des Kartons einen verschnörkelten Firmenstempel mit der Inschrift: »Fotografiert von C. T. Newcombe, 135 Fenchurch St.«.

»Welche Stellung hatte deine Mutter im Gasthof?«, fragte Webster, als er den Holzrahmen in Empfang nahm und dabei mit dem Finger ganz unauffällig über Celias Handrücken strich. »Als was hat sie gearbeitet?«

»Sie war Dienstmagd oder Schankmädchen, soviel ich weiß«, antwortete Celia und zuckte unter der Berührung zusammen. »Wieso willst du das wissen?«

Webster schüttelte ungläubig den Kopf und entgegnete: »Warum sollte mein Vater das Foto einer Dienstmagd im Sonntagsstaat ins Treppenhaus hängen?«

»Ich weiß es nicht«, antwortete Celia. »Vielleicht aus Dankbarkeit?«

»Wir müssen los«, ging Adam mürrisch dazwischen.

»Dankbarkeit?« Webster lachte laut und trat beiseite, als Adam das Pferd mit einem Zügelschlag antrieb. »Mein Vater war nicht gerade für seine Dankbarkeit oder gar Herzensgüte bekannt«, rief er ihnen nach. »Wäre mir jedenfalls neu.«

»Bis morgen, Rod!«, rief Adam knurrig und ließ die Zügel knallen.

»Bis bald, hübsche Celia«, antwortete Webster. Diesmal flüsterte er nicht.

»Ich weiß es wirklich nicht«, wiederholte Celia in Gedanken versunken und beinahe flehentlich, als sie in die Hauptstraße von Southwark einbogen. Erneut starrte sie auf das Porträt ihrer Mutter, die den Fotografen und damit den Betrachter herausfordernd, ja beinahe neckisch anschaute. Schnell verstaute sie das Foto in der Innentasche ihres Mantels.

6

Während der Wagen den Weg zur Themse zurückfuhr, die Eisenbahnbrücke unterquerte und sich vor der London Bridge in den Stau einreihte, starrte Adam missmutig und unverwandt nach vorne und brachte keinen Ton über seine Lippen. Das war vor allem bemerkenswert deshalb, weil er auf dem Hinweg nach Southwark unentwegt geplaudert hatte und sichtlich darüber erfreut gewesen war, Celia neben sich zu wissen. Nun aber gingen seine Mundwinkel nach unten, sein Kiefer mahlte unentwegt, und er starrte wie behext auf die schweißnasse Kruppe des Pferdes, die er immer wieder mit den Zügeln traktierte, obwohl das arme Tier wahrlich nichts dafür konnte, dass sie auf der Brücke feststeckten.

Celia, die anfangs ihren eigenen Gedanken nachgehangen und deshalb kaum etwas um sie herum wahrgenommen hatte, wunderte sich nach einer Weile über Adams seltsame Stimmung und sein griesgrämiges Gesicht. Als der Wagen die Brücke passiert hatte und von der Bishopsgate Street rechter Hand in die Fenchurch Street einbog, fragte sie ihren Begleiter: »Hast du schlechte Laune?«

»Warum sollte ich?«, war seine knappe Antwort.

»Hab ich dir irgendetwas getan?«, hakte Celia nach und versuchte, seinen Blick zu erhaschen. »Oder etwas Dummes gesagt?«

»Wenn du das selbst nicht weißt«, knurrte er, ohne sie dabei anzuschauen.

Celia begriff nicht, was in ihn gefahren war oder womit sie ihn womöglich verärgert hatte, doch in diesem Augenblick wurde ihre Aufmerksamkeit durch eine Hausnummer auf der linken Seite abgelenkt: 135 Fenchurch Street!

Dies war die Adresse des Fotografen, der das Kabinettporträt ihrer Mutter aufgenommen hatte. Tatsächlich hing an der Fassade des dreistöckigen Backsteinhauses ein emailliertes

Metallschild. Ein altertümlicher Fotoapparat mit dreibeinigem Stativ war darauf zu erkennen.

»Könntest du kurz anhalten?«, bat sie Adam.

»Wir sind spät dran«, maulte er und ließ das Pferd in unvermindertem Tempo weitergehen. »Wir wollen die Hungrigen und Bedürftigen nicht unnötig warten lassen.«

»Bitte, nur einen kurzen Moment«, sagte Celia, »ich möchte gern etwas nachschauen. Es dauert auch nicht lange.«

Doch Adam tat so, als hätte er nichts gehört, und schaute stur geradeaus, wo die Fenchurch Street am gleichnamigen Bahnhof vorbeiführte und in die Aldgate High Street überging.

Celia blickte über ihre Schulter zurück. Das Haus mit der Nr. 135 war ein Eckhaus, und der Eingang zu dem Fotostudio befand sich in der Querstraße. Über einem winzigen Schaufenster sah Celia einen Schriftzug: »A. & G. Taylor«. Und darunter stand in schnörkeligen Buchstaben: »Fotografen Ihrer Majestät der Königin«. Ein C. T. Newcombe wurde nicht genannt. Jedenfalls nicht in so großen Buchstaben, dass Celia es aus der Entfernung hätte entziffern können. Dann war das Haus aus ihrem Blickfeld verschwunden.

Adams Laune besserte sich in der Folgezeit nicht, auch seine Redseligkeit kehrte keineswegs zurück. Er blieb stumm wie ein Fisch und mürrisch wie ein Maulesel. Celia versuchte einige Male, irgendein Gespräch anzufangen – über das Wohnheim in Limehouse, über die Arbeit in der Essensausgabe, über den gestrigen Fackelzug und die Rede von Eva Booth, schließlich sogar über das kalte und regnerische Wetter in London –, doch außer knappen und nichtigen Kommentaren war Adam nichts zu entlocken. Celia beschloss, nicht weiter in ihn zu dringen und ebenfalls den Mund zu halten. Was auch immer ihn verärgert hatte, sie würde seine Verdrossenheit mit Missachtung strafen. Was blieb ihr anderes übrig?

Sie hatten Aldgate längst hinter sich gelassen und näherten sich nun den Docks und Hafenanlagen von Wapping und Limehouse. Es wimmelte in dieser Gegend von Fabriken mit riesigen Schloten, großen Lagerhallen und fensterlosen Speichern sowie unzähligen Hafenbecken, Kaimauern, Schleusen und kleineren Kanälen, die nach Süden hin mit der Themse verbunden waren. Eine Eisenbahnlinie fuhr parallel zur Durchgangsstraße auf einem gemauerten Damm. Außerdem fielen Celia die vielen stählernen Gasbehälter auf, die an überdimensionierte Blasebälge erinnerten und die Straßenlaternen Londons mit Gas versorgten.

Die Docks unterschieden sich merklich von den Wohngebieten im nahe gelegenen Whitechapel oder Spitalfields. Sie wirkten auf Celia wie eine Stadt in der Stadt. Die Häuser erschienen ihr größer, unförmiger und dunkler, die Straßen viel breiter, aber auch trostlos und armselig. Statt der Iren und Juden, die im nördlichen East End das Stadtbild prägten, waren es in Limehouse die Chinesen, die Opium rauchend oder Reiswein trinkend vor ihren Schänken saßen oder Trockenfisch von Handkarren verkauften. Überall sah man chinesische Tierornamente und Schriftzeichen, die auf Suppenküchen und Teehäuser hinwiesen, wie unschwer an dem süßlich würzigen Geruch zu erkennen war.

»Ganz schön viele Chinesen«, sprach Celia aus, was offensichtlich war.

»Chinatown«, knurrte Adam einsilbig.

»Hm«, machte Celia. Wieder war ein Gesprächsversuch ins Leere gelaufen.

Inzwischen stand die Sonne, die ohnehin die meiste Zeit hinter dichten Regenwolken verborgen war, nur noch eine Handbreit über der westlichen Silhouette der Stadt, über der Themse war bereits die blasse Scheibe des Vollmonds am Himmel zu sehen. Celias Magen knurrte, vor allem wenn sie an die Speisen dachte, die sie auf der Ladefläche transportierten. Deshalb fragte sie: »Ist es noch weit?«

»Willst wohl wieder zurück zu ihm«, entfuhr es Adam, als hätte er seit Beginn der Fahrt nur auf diese Gelegenheit gewartet. Er schnaufte abfällig und setzte hinzu: »Hätte ich mir ja denken können. Kannst es ruhig zugeben.«

»Zurück zu wem?«, fragte Celia.

»Zu Rod natürlich.«

»Rod Webster?« Celia war zunächst zu verblüfft, um zu reagieren, doch dann konnte sie nicht anders und musste schallend lachen. »Ist das dein Ernst? Wie kommst du darauf?«

»Brauchst gar nicht so zu tun!«, blaffte Adam sie an. Es schien so, als habe sich etwas in seinem Inneren angestaut, das nun mit Macht aus ihm herausbrach. »Es war ja nicht zu übersehen, wie du dich ihm an den Hals geworfen hast.«

»An den Hals geworfen?« Celia verschlug es beinahe die Sprache. »Wie kannst du so etwas behaupten? Was ist denn bloß in dich gefahren?«

»Ich hab ja Augen im Kopf«, antwortete er und schaute sie zum ersten Mal während der ganzen Fahrt an. Was Celia in seinem Blick wahrnahm, machte ihr Angst. Sie erinnerte sich an Adams funkelnde Augen, kurz bevor er sich am gestrigen Abend in das Scharmützel mit den Skeletons gestürzt hatte. Auch jetzt schien er, im wahrsten Sinn der Worte, außer sich zu sein.

»Wovon redest du überhaupt?«, erwiderte Celia und rutschte an den Rand des Kutschbocks. »Ich versteh dich nicht.«

»Glaubst du, ich merke so was nicht? Hältst du mich für dumm, oder was?« Adam zog eine Grimasse, die in seinem verunstalteten Gesicht ebenso furchterregend wie grotesk aussah. »Hübsche Celia hier, hübsche Celia da! Und ständig das Getätschel! Ich musste mich ja schämen.«

»Dann schäm dich für deinen widerlichen Freund Rod!«, rief Celia erbost und verschränkte die Arme vor der Brust. »Was kann ich dafür, dass er um mich herumscharwenzelt, seine stinkenden Finger nicht von mir lassen kann und mir

Honig um den Mund schmiert? Ich hab ihn gewiss nicht dazu aufgefordert.«

»Von nichts kommt nichts«, fauchte Adam und lenkte den Wagen über eine Kanalbrücke, die rechter Hand von der Durchgangsstraße abbog und gleichzeitig unter der Eisenbahnlinie hindurchführte. Sie fuhren nun an einem riesigen Wasserbecken vorbei, auf dem große und kleinere Schiffe mit Kränen beladen wurden oder deren Fracht auf bereitstehende Barken umgeladen wurde.

»Das ist ja wohl die Höhe!«, entgegnete Celia entrüstet. »Jetzt soll ich auch noch dafür verantwortlich sein, dass dein Kumpel ein verdammter Schwerenöter ist. Was fällt dir ein, Adam Bedford!«

»Es scheint dir nicht missfallen zu haben«, entgegnete er trotzig.

Celia platzte nun endgültig der Kragen. »Und selbst wenn!«, fauchte sie und redete sich nun ihrerseits in Rage. »Selbst wenn ich mich deinem feinen Freund an den Hals geworfen hätte. Was geht das dich an? Was kümmert dich das?«

»Ich bin für dich verantwortlich.«

»Seit wann?«

»Seitdem ich versprochen habe, mich um dich zu kümmern.«

»Wenn du das Kümmern nennst, dann kann ich gerne darauf verzichten«, rief Celia und schüttelte unwirsch den Kopf. »Ich bin doch kein kleines Kind mehr!«

»Ich habe es versprochen«, beharrte er. »Und ich erfülle meine Pflicht.«

»Ich bin dir dankbar für deine Hilfe, Adam, aber du bist nicht mein Herr und nicht mein Gebieter. Und wenn du glaubst, dass du irgendwelche Ansprüche auf mich hast, dann hast du dich geschnitten. Ich bin dir keine Rechenschaft schuldig.«

»Doch, das bist du!«, rief Adam und hielt den Wagen an. »Und wenn nicht mir, dann doch dem Herrgott im Himmel.«

»Lass den Herrgott aus dem Spiel! Der hat damit gar nichts zu tun.«

Hinter ihnen staute sich der Verkehr. Da die Kutscher der anderen Fuhrwerke an der schmalen Stelle nicht überholen konnten, stießen sie wilde Flüche aus.

»Ich möchte dich doch nur vor dem Bösen bewahren«, beharrte Adam und wiegte den Kopf hin und her, als verstünde er nicht, warum Celia sich so uneinsichtig gab. »Begreifst du das denn nicht? Es geht um deine unsterbliche Seele, Celia!«

»Zum Teufel mit meiner Seele!«, antwortete Celia, der inzwischen die Tränen über die Wangen liefen. »Das ist doch alles nur Gerede. Du bist eifersüchtig, darum geht's! Und obendrein ohne jeden Grund.«

»Wird's bald, da vorne? Macht mal voran! Oder seid ihr eingeschlafen?«, wurden erboste Stimmen laut. »Welcher Idiot bleibt denn da mitten auf der Straße stehen?«

»Nein, das stimmt nicht!«, rief Adam, und sein Blick nahm einen beinahe schmerzgeplagten Ausdruck an. »Ich bin nicht eifersüchtig.«

»Und ob du das bist«, schluchzte Celia, die überhaupt nicht begriff, wie es so weit hatte kommen können. »Krankhaft eifersüchtig sogar. Das ist doch nicht normal!«

»Nimm das sofort zurück!«, rief er, fuhr plötzlich herum und schlug ihr unversehens mit dem Handrücken ins Gesicht.

Der Schlag war so heftig und kam so unerwartet, dass Celia nach hinten kippte und seitlich vom Kutschbock fiel. Mit einem dumpfen Knall schlug sie auf dem Pflaster auf. Schnell rappelte sie sich wieder auf, musste sich aber auf die Lippen beißen, weil sie sich beim Sturz den Fußknöchel und das Handgelenk verletzt hatte. Ohne ihren Begleiter nur eines Blickes zu würdigen, lief sie in die Richtung davon, aus der sie gekommen waren.

»Celia! Komm zurück!«, rief Adam und wollte den Wagen wenden, was aber wegen des Staus nicht möglich war. »Es tut mir leid. Das wollte ich nicht. Vergib mir! Bitte! Lauf nicht weg!«

Celia humpelte, so schnell ihr schmerzender Knöchel es zuließ, bis zu der Kanalbrücke, die sie vorhin überquert hatten. Unter sich sah sie eine Schleuse, die zum Kanal hin geöffnet war, über ihr lag der Bahndamm, auf dem eine Lokomotive ratterte und fauchte und dunklen Dampf ausstieß. Zusätzlich kreuzten sich hier zwei Straßen, was das Ganze zu einem unübersichtlichen Wirrwarr machte. Am Rand der Straße, gleich hinter einem Pfeiler der Eisenbahnbrücke, ging eine schmale Steintreppe zum Kanal hinunter. Ein Treidelpfad führte an dem Kanal entlang, an dem ein alter Händler seinen vertäuten Frachtkahn belud. Das Treidelpferd war bereits angeschirrt und wartete geduldig darauf, den Kahn zu ziehen. Wie früher, als es noch keine Dampfboote gegeben hatte.

»Celia, bitte!«, hörte sie Adams Stimme von der Straße. Offenbar hatte er seinen Wagen stehen lassen und war ihr zu Fuß gefolgt. »Ich wollte dich nicht schlagen. Das tut mir fürchterlich leid. Das musst du mir glauben.«

Celia rannte die Treppe hinunter und schaute sich suchend um, doch am Kanal gab es weder ein Versteck noch einen Ausweg. Auf der einen Seite befand sich die Schleuse zum Wasserbecken, auf der anderen die doppelte Eisenbahn- und Kanalbrücke, und der einzige Zugang war die Treppe. Wenn Celia auf dem offenen Treidelpfad am Kanal entlanglief, würde Adam sie unweigerlich sehen. Sie war in eine Sackgasse geraten.

»Jetzt sei doch nicht so!«, rief Adam über ihr. »Es kommt nicht wieder vor. Das bin ich nicht. Nicht mehr. Ich hab mich geändert. Du kannst alle fragen. Verzeih mir, Celia! Wo steckst du denn? Komm doch raus!«

Der Mann mit dem Kahn, der sein Boot inzwischen beladen hatte, rieb sich die Hände und nickte ihr zu. Celia erwiderte den Gruß nicht. Ihr liefen die Tränen über die Wangen, vor Schmerz und Wut, aber noch mehr aus Enttäuschung. Sie rührte sich nicht von der Stelle. Käme Adam jetzt die Treppe herunter, würde er sie unweigerlich entdecken und sie mit ihm weiterfahren müssen. Auch wenn ihr der Gedanke daran zuwider war.

Wieder nickte der alte Treidler, und diesmal deutete er mit der Hand zu der schmalen Planke, die vom Ufer aus zu seinem Frachtkahn führte. Er lächelte aufmunternd und nickte abermals.

Jetzt erst begriff Celia. Sie lief zu dem Kahn, raffte ihre Kleider und betrat vorsichtig die Planke.

»Duck dich!«, sagte der Mann, als Celia die Ladefläche erreicht hatte. Und ehe sie sich versah, hatte er einen großen Leinensack über sie geworfen. Das Tuch roch angenehm nach Kaffeebohnen.

Nur wenige Augenblicke später hörte sie Adams dumpfe Stimme: »Guter Mann, haben Sie hier ein Mädchen gesehen?«

»Nay«, antwortete der Treidler.

»Ungefähr so groß, mit einem schlichten braunen Kleid.«

»Nay«, wiederholte der Mann.

»Sind Sie sicher?«

»Ay!«

Dann war Stille. Eine Weile passierte gar nichts, Celia hörte nur das Gluckern des Wassers unterm Kiel und am Kanalufer und dann und wann das Schnaufen des Pferdes und das Klirren des Zuggeschirrs. Die Geräusche waren so einlullend und Celia war so erschöpft und müde, dass sie beinahe eingeschlafen wäre. Die Worte ihrer Mutter fielen ihr wieder ein: »London laugt einen aus«. Mittlerweile konnte sie noch besser nachempfinden, was ihre Mutter damit gemeint hatte.

Ja, Celia fühlte sich ausgelaugt und wie ausgewrungen. Als wäre sie zur Ader gelassen worden. Am liebsten hätte sie sich auf ewig unter dieser Sackleinwand versteckt, mit dem Geruch nach Kaffeebohnen in der Nase und dem Plätschern des Wassers in den Ohren. Wie am Hafen von Brightlingsea, wenn die großen Segelschiffe gelöscht wurden und die Kinder auf den Kaimauern herumtollten und mit den Überbleibseln der Ladung spielten. Zerrissene Säcke, gesprungene Tonkrüge und

Flaschen, faulige Früchte oder zerriebene Kräuter, die zerbrochene Meerschaumpfeife eines alten Seebären ...

»Aufwachen, Kind!«, weckte sie die Stimme des alten Mannes aus ihren Tagträumereien. »Die Luft ist rein.«

Celia fuhr zusammen und brauchte eine Weile, bis sie begriff, dass sie nicht an der Küste von Essex, sondern immer noch im Londoner East End war.

»Er ist weg«, sagte der Mann und deutete nach oben.

»Danke«, antwortete sie und schüttelte sich. »Das war sehr nett von Ihnen.«

»Ach«, war alles, was der Alte darauf erwiderte. Und doch lächelte er, als wäre er ein wenig stolz auf sich.

»Was ist das eigentlich für ein Kanal?«

»Kennst dich nicht aus, was?«

Celia schüttelte den Kopf und biss sich auf die Lippen, um nicht wieder weinen zu müssen. Ja, der Mann hatte recht. Sie kannte sich nicht aus!

»Das ist der Regent's Canal«, sagte der Treidler und beschrieb einen großen Halbkreis mit der Hand. »Führt von hier aus über Mile End und Islington ganz um die Stadt rum bis nach Paddington.«

»Regent's Canal?«, horchte Celia auf. »Könnten Sie mich bis zur Mile End Road mitnehmen?«

Als Antwort zuckte der Alte nur mit den Schultern, warf die Planke auf die Ladefläche, löste das Tau und gab dem Pferd einen Klaps auf den Hintern. Langsam setzte sich der Frachtkahn in Bewegung.

7

Der People's Palace war genau so, wie Maureen und Heather ihn beschrieben hatten. Und das, obwohl sich die Beschreibungen der beiden Freundinnen so auffallend widersprochen hatten: Der Palast des Volkes war imposant *und* eine Baustelle. Auf der nördlichen Seite der Mile End Road und unweit des Kanals gelegen, erinnerte das zentrale Gebäude tatsächlich an die königlichen Paläste in Westminster, die Celia aus Zeitschriften und von Postkarten kannte. Dieser Teil des Palastes, den eine glänzende Metallplakette als »Queen's Hall« auswies, war bereits fertiggestellt und machte auf Celia mit seinem frontalen Säulengang, seinen verschnörkelten Erkern, halbrunden Balkonen, geschwungenen Giebeln und Balustraden einen kolossalen Eindruck. Die Fassade war völlig symmetrisch gestaltet, links und rechts zwei quadratische Blöcke und in der Mitte das zweistöckige Portal unter dem in Stein gehauenen königlichen Wappen. Über dem Portal ragte eine mächtige Kuppel aus dem Gebäude, flankiert von zwei orientalisch anmutenden Zwiebeltürmen.

Doch um die »Halle der Königin« herum wimmelte es von eingerüsteten Nebengebäuden, ausgeschachteten Baugruben und kargen Rohbauten, denen das Dach und der Putz fehlten. Linker Hand befand sich ein großes Gebäude, dessen Dach und oberstes Stockwerk vollständig aus Glas zu sein schien, wie bei einem überdimensionierten Gewächshaus. Direkt an der Mile End Road stand ein großer, noch eingerüsteter Turm, dessen Zweck Celia vollkommen unklar war. Sie hatte keine Ahnung, ob er dereinst eine Glocke oder Uhr beherbergen sollte oder ob man eine Statue daraufstellen wollte.

Auf dem mit Kopfstein gepflasterten Vorplatz wimmelte es von Menschen, Pferden und Kutschen. Es gab Händler und Blumenmädchen, die ihre Waren auf Handkarren oder in Bauchläden präsentierten, Mietkutscher, die ihre Hansom Cabs an der von Gaslaternen gesäumten Auffahrt be- oder entluden, und natürlich unzählige Besucher, die sich vor den beiden beleuchteten Eingängen drängelten. Die Sonne war inzwischen untergegangen; Celia schätzte, dass es ungefähr acht Uhr war. Auf einem Plakat neben dem rechten Eingang las sie: »Messiah. Oratorium von Georg Friedrich Händel in drei Teilen«.

Es war auffällig, dass sich die Pulks vor den beiden Zugängen stark unterschieden. Die ordentlich aufgereihten, fast andächtig wirkenden Besucher vor dem rechten Zugang, der offensichtlich zum Konzertsaal führte, waren allesamt in Gala und Abendgarderobe gekleidet. Die Männer trugen einen Frack oder Cutaway mit Zylinder oder Bowler, die Frauen gebauschte, mit Spitzen, Drapierungen und Volants versehene Kleider, deren voluminöse Gesäßpolster fast bis zum Rücken reichten. Aus Modemagazinen, die Celia beim Friseur in Brightlingsea durchgeblättert hatte, wusste sie, dass man diese unförmigen Tournüren nach dem neuesten französischen Schick, die beim Sitzen eher hinderlich waren, »Cul de Paris« nannte. Der Friseur hatte ihr hinter vorgehaltener Hand und augenzwinkernd verraten, dass dies nichts anderes als »Pariser Hintern« bedeutete.

Vor dem linken Eingang ging es nicht ganz so gesittet zu, auch weil der Andrang vor der Tür um einiges größer war. Es wurde laut geschwatzt und gelacht. Hier trugen fast alle Besucher Straßenkleidung oder einfache Abendkleider: die Männer Sakkos oder altmodische Gehröcke mit Schiebermützen oder Strohhüten, die Frauen schlichte Kleider ohne unnötigen Firlefanz, von den üblichen Federn, Bordüren und Pelzbesätzen einmal abgesehen.

Damit sich die Pulks der Wartenden nicht vermischten oder in die Quere kamen, waren im Säulengang zwischen den Eingängen sowie auf der Freitreppe vor dem Portal hohe Eisenzäune errichtet. Das Gebäude nannte sich zwar Palast des Volkes, aber es war durchaus nicht unerheblich, aus welchem Teil des Volkes die Besucher stammten. Eine »schnieke Bude für feine Pinkel« hatte Heather den People's Palace genannt. Doch auch wenn sie damit nicht unrecht hatte, war es doch nur die halbe Wahrheit gewesen. Das einfache Volk wurde nicht ausgeschlossen, es hatte lediglich seinen eigenen Bereich im Palast. Und seinen eigenen Eingang.

Neben der linken Tür hing ein Plakat, auf dem gleich mehrere Programmangebote in verschiedenen Veranstaltungsräumen angekündigt wurden. Ganz oben las Celia etwas von einer Taubenschau, darunter von einem Singspiel mit Klavierbegleitung, irgendwo stach ihr das Wort »Varieté« ins Auge, worunter sie sich jedoch nichts vorstellen konnte.

Neben dem Eingang verkaufte ein Bäcker frisches Gebäck, das köstlich duftete und Celias Magen laut knurren ließ. Sie hatte seit dem Mittag nichts gegessen und leistete sich für einen Penny zwei warme Scones mit Streichrahm. Gleichzeitig dachte sie daran, dass sie im Asyl in der Hanbury Street nichts für ihr Abendbrot hätte zahlen müssen, und ärgerte sich über die unnötige Geldverschwendung. Doch die Scones schmeckten wundervoll, und die Vorstellung, in wenigen Augenblicken einen richtigen Palast zu betreten, erschien ihr sehr viel verlockender als die Aussicht auf einen Gottesdienst der Heilsarmee. Und sei er noch so munter und erbaulich.

Als Celia das Gebäude durch den linken Eingang betreten wollte, wurde sie von einem Mann in dunkler Uniform angehalten. Für einen Moment glaubte sie, Adam stünde vor ihr, deshalb zuckte sie vor Schreck kurz zurück, doch es war nur ein livrierter Bediensteter des People's Palace, der dafür zuständig war, die Besucher in die gewünschten Richtungen zu lenken. Während die Gäste des Konzertsaals vom Eingang aus direkt zum hell erleuchteten Foyer gingen, wie Celia durch eine farbige Glastür sehen konnte, befand sich hinter dem linken Eingang ein Gewirr von Gängen und Treppen, die zu den zahlreichen Nebenschauplätzen dieses Kulturpalastes führten. Dass es vor allem der Dienstmann war, der für das Gedränge vor dem Gebäude sorgte, schien ihm nicht klar oder wichtig zu sein.

»Wohin, Miss?«, fragte der Uniformierte.

»Ich möchte zur Bibliothek«, sagte Celia nach kurzem Überlegen. »Da, wo man die Zeitungen lesen kann. Also eigentlich alte Zeitungen, wenn's die noch gibt.«

»Der Lesesaal ist seit zwei Stunden geschlossen«, antwortete er bedauernd und strich sich mit behandschuhten Fingern über den Backenbart. »Erst Montag wieder. Oder Sonntagnachmittag, wenn Sie Schülerin an der Technischen Schule sind.«

Celia schüttelte den Kopf, während sich die anderen Besucher ungeduldig an ihr vorbeizwängten und sich lautstark über die Verzögerung beschwerten.

»Tut mir leid, Miss.«

Celia nickte enttäuscht. Einen Augenblick lang wollte sie schon auf dem Fuß umkehren und wieder hinausgehen, was angesichts des Stroms der Hereindrängenden gar nicht so einfach gewesen wäre. Doch ebenso plötzlich änderte sie ihre Meinung. Wenn sie schon einmal hier war, so konnte sie sich den Palast auch anschauen. Schließlich kostete nur der Zutritt zu den Veranstaltungen etwas, das Betreten des Gebäudes selbst war frei. Celia erinnerte sich an das Plakat neben der Tür und fragte: »Was ist eigentlich ein Varieté?«

»Eine Art Music Hall«, antwortete der Uniformierte und lachte geziert. Seine Finger wanderten vom Backenbart zum Schnauzer, der an den Enden gezwirbelt war. »Auf Französisch klingt es ein wenig vornehmer.« Er deutete nach links und setzte hinzu: »Den Gang hinunter bis zur Treppe, dann ins zweite Obergeschoss.«

»Danke«, sagte Celia und ging in die gewiesene Richtung.

Überall an den dunkel vertäfelten und mit Statuetten und Gemälden geschmückten Wänden hingen hölzerne Hinweisschilder: »Schwimmbad, Sporthalle, Bibliothek, Lesesaal, Technische Schule, Lehrraum I – IV, Großer Hörsaal, Wintergarten, Kleine Bühne, Tanzsaal«. Doch einige der Namen waren durchgestrichen oder mit Datumsangaben kommentiert: »Eröffnung im Dezember 1888«, »nicht vor Anfang 1889«, »in Planung«, »im Bau«, »demnächst im zweiten Obergeschoss«, »in Kürze«.

Celia wusste gar nicht, wo sie hinschauen sollte. Überall gab es etwas zu bestaunen, die riesigen Ölgemälde an den Wänden über der Treppe, die elektrischen Kronleuchter an der Decke und die schweren Brokat- und Samtvorhänge in den seitlichen Durchgängen. Sogar der dunkelgrüne Teppich, über den sie lief, schien ihr weicher als jeder Teppich, den sie bislang betreten hatte.

Als sie das Ende der Treppe erreicht hatte und sich im Obergeschoss umschaute, sah sie mehrere Gruppen von Menschen, die wie gebannt vor einigen Glasfenstern standen. Der Blick durch die Fenster ging jedoch nicht nach draußen, sondern fiel auf einen hell erleuchteten Nachbarraum, der, dem allgemeinen Raunen und Staunen nach zu schließen, einen ganz besonderen Anblick bot. Celia gesellte sich zu einer der Gruppen, und als ein Platz an der Fensterscheibe frei wurde, drängelte sie sich nach vorne.

Was sie hinter dem Glas sah, ließ auch sie vor Überraschung aufseufzen. Zunächst glaubte sie, ein riesiges und prunkvolles Kirchenschiff zu erkennen, doch dann begriff sie, dass dies die Queen's Hall war, der zentrale Veranstaltungssaal, um den der gesamte Volkspalast herumgebaut war. Die schmalen Sichtfenster befanden sich auf der Höhe einer steinernen Galerie, die den gesamten Saal im Obergeschoss umgab und mit zahlreichen Frauenstatuen verziert war. Celia zählte zwanzig dieser lebensgroßen Skulpturen, zehn auf jeder Seite des Saals. An den prachtvollen Gewändern und den gekrönten Häuptern erkannte Celia, dass dies die Statuen von Königinnen waren. Unter jeder Königin befand sich im Erdgeschoss eine weitere Frauenstatue, die luftiger gekleidet war, die Arme nach oben reckte und an eine römische Göttin erinnerte. Die Königinnen auf den Galerien wurden von den Skulpturen im Parterre gleichsam getragen oder gestützt.

Ein mit Intarsien und Reliefs geschmücktes Rundgewölbe

überspannte die gesamte Halle. Es erinnerte Celia an eine Tonne, mit halbrunden Mauerbögen als Stützen. Am Ende der Halle, dort wo sich bei einer Kirche der Altar befand, stand eine riesige Orgel auf einer treppenartigen Bühne, deren Rückwand an eine Muschel erinnerte. Das Orchester hatte bereits auf den Treppen und der Plattform vor der Orgel Platz genommen, der Dirigent stand an seinem Pult, und auch das Publikum saß zum Großteil auf den Stühlen. Es befanden sich so viele Stuhlreihen im Parkett, dass Celia ihre Anzahl nicht auf Anhieb schätzen konnte. Bei dem Versuch, sie zu zählen, war sie gerade bei Reihe Nummer 18 angekommen, als sie hinter sich eine bekannte Stimme hörte.

»Wo hast du Heather gelassen?«

Celia fuhr herum und hätte Sheila, die Schlangenfrau, beinahe nicht erkannt. Gestern hatte sie sie nur im durchsichtigen Trikot und später in einer Art Pelerine oder Cape gesehen, das an einen orientalischen Morgenmantel erinnerte. Nun aber stand sie in schlichter, aber dennoch eleganter Abendgarderobe vor ihr, mit dezenter Tournüre und hochgeschlossenem Mieder. Schräg auf dem Kopf saß ein Strohhut mit bunten Samtbändern. Nichts erinnerte an die freizügig gekleidete Bühnendarstellerin. Oder an die Baumwollspinnerin aus Blackburn, die sie früher einmal gewesen war.

»Sheila!«, rief Celia erfreut und reichte ihr die Hand. »Schön, dich zu sehen. Ich hab keine Ahnung, wo Heather steckt. Ich war allein unterwegs, also nicht wirklich allein, aber eben ohne Heather. Na ja, das ist eine lange Geschichte. Und keine sehr schöne.« Celia war selbst überrascht über ihr plötzliches Geplapper, aber sie war so froh, unter all diesen Fremden Sheila zu begegnen, dass sie einfach und unbedacht drauflosredete. »Ich freu mich wirklich. So ein Zufall!«

»Mein Name ist Maureen«, verbesserte die andere lächelnd und schüttelte Celias Hand.

»Oh, ja, natürlich, weiß ich doch«, erwiderte Celia und schaute verlegen zu Boden. »Tut mir leid.«

»Schon gut«, sagte Maureen. »Ich komme mit meinen vielen Namen manchmal selbst durcheinander.«

»Hast du heute schon deinen ersten Auftritt?«, fragte Celia. »Ich dachte, es geht erst nächste Woche los.«

»Stimmt, ich trete erst am Montag auf. Ich wollte mir den Laden noch mal bei Hochbetrieb anschauen. Außerdem musste ich meinen Vertrag noch unterschreiben und einige Kleinigkeiten klären.«

Celia deutete mit der Hand durch die Fensterscheibe zur Orgelbühne, wo gerade ein seltsames Gequäke und Gerassel der Instrumente ertönte, und fragte: »Bist du schon nervös? Vor so vielen Leuten aufzutreten, das stelle ich mir fürchterlich aufregend vor. Auch wenn die Besucher in den letzten Reihen überhaupt nichts von dir sehen werden. Der Saal ist ja riesig.«

»Nun ja«, antwortete Maureen, räusperte sich und zog Celia von dem Fenster weg. »Das mit der Großen Bühne war anscheinend ein Missverständnis.«

»Wieso?«

»Komm mit!«, antwortete Maureen und deutete zum Ende des Ganges, wo eine schmalere und steilere Treppe zum zweiten Obergeschoss führte. Während sich die Queen's Hall auf der rechten Seite des Ganges befand (mit schmalen Sichtfenstern am vorderen und hinteren Ende), gingen auf der linken Seite in regelmäßigen Abständen Türen oder kleinere Durchgänge ab, die zu den Veranstaltungsräumen oder weiteren Nebengebäuden führten. Hinter einem dieser Durchlässe befand sich der sogenannte Wintergarten. Es handelte sich um das Gebäude mit dem Glasdach, das Celia von außen gesehen hatte. Zwar war der Wintergarten noch nicht völlig fertig, wie an dem Baumaterial auf dem Boden zu erkennen war, dennoch wurde auf einer Holztafel auf eine dortige Ausstellung zeitgenössischer Kunst hingewiesen. »Eintritt frei«, wie in großen Lettern zu lesen war.

»Was heißt zeitgenössisch?«, wollte Celia von Maureen wissen.

»Von heute, glaube ich«, antwortete Maureen achselzuckend. »Deswegen ist der Eintritt auch frei. Gegen Bezahlung würde sich das neumodische Zeug kein Mensch angucken.« Sie lachte, führte Celia am Wintergarten vorbei zum Fuß der Treppe und fragte: »Weißt du, was ebenfalls *von heute* ist?« Sie drehte sich einmal um die eigene Achse und gab selbst die Antwort: »Mein Kleid. Heute Morgen in der Brick Lane gekauft. Wie findest du es?«

»Wunderschön«, entfuhr es Celia, und damit meinte sie nicht nur das Kleid. »Es steht dir wunderbar.«

»Nun übertreib mal nicht«, antwortete Maureen kopfschüttelnd, gab Celia aber dennoch einen Kuss auf die Wange. »Du bist lieb, Kindchen.«

»Ich bin kein Kindchen.«

»Aber lieb bist du trotzdem«, erwiderte Maureen, zwinkerte ihr zu und betrat die Treppe zum zweiten Stock. »Komm schon!«

»Was meintest du vorhin mit ›Missverständnis‹?«, knüpfte Celia an Maureens Bemerkung an, während sie die Treppe hinaufging und dabei erleichtert feststellte, dass ihr verstauchter Knöchel kaum noch schmerzte. Als sie einen letzten Blick zurück ins erste Obergeschoss warf, zuckte sie plötzlich zusammen. Vor dem Eingang zum Wintergarten stand ein vollbärtiger Mann in schäbigem Anzug, der das Hinweisschild betrachtete, als hätte er Schwierigkeiten, die Buchstaben zu entziffern. Der Mann hielt einen Schlapphut in der Hand und kratzte sich die Glatze, im Nacken und über den Ohren standen ihm seine wenigen Haare wie gerupfte Federn ab, sein üppiger, bis auf die Brust fallender Bart wirkte verfilzt und zottelig. Obwohl der Mann sein Gesicht abgewandt hatte und im nächsten Augenblick im Durchgang zum Wintergarten verschwunden war, glaubte Celia den hässlichen Kerl mit den Raubvogelaugen erkannt zu haben, der sie gestern beim Fackelzug so durchdringend angeschaut hatte.

»Das mit der ›Großen Bühne‹ hab ich leider in den falschen

Hals bekommen«, erklärte Maureen, die das Ende der Treppe erreicht hatte und auf zwei Türen an der Stirnwand wies, zwischen denen ein Holzschild mit der Aufschrift »Varieté« hing. An der linken Tür war eine Plakette mit der Aufschrift »Kleine Bühne« angebracht, auf der rechten Tür stand »Große Bühne«.

Celia hatte etwas Mühe, sich auf Maureen und ihr Gespräch zu konzentrieren. In Gedanken wanderte sie immer wieder die Treppe hinunter zu dem hässlichen Zottelbart, doch als sie die Schilder an den Türen sah, begriff sie und sagte: »Nicht ganz so groß wie die Bühne im Konzertsaal.«

»Kann man wohl sagen«, antwortete Maureen und verdrehte die Augen. »Gerade mal zweihundert Leute passen in den Saal. Was aber immer noch doppelt so viel ist wie im Raum nebenan.« Sie machte eine Kopfbewegung in Richtung der Tür mit der Aufschrift »Kleine Bühne«.

»Glück im Unglück«, meinte Celia schmunzelnd. »Und die Bezahlung? War das auch ein Missverständnis?«

Maureen schüttelte den Kopf. »Zum Glück nicht. Allerdings muss ich für Kost und Logis selbst aufkommen. Sie haben mir zwar eine Wohnung in der Nähe besorgt, aber die Miete und Verköstigung wird mir von der Gage abgezogen. Da bleibt leider nicht mehr so viel übrig.«

In diesem Augenblick öffnete sich die rechte Tür, weil ein Besucher den Saal verließ, und Celia konnte einen Blick in den Raum werfen. Natürlich konnte sich die Große Bühne nicht mit der Queen's Hall im Erdgeschoss messen, weder was die Größe noch was den Prunk betraf, aber wenn man den kleinen Saal mit dem schäbigen Hinterzimmer in der Curtain Tavern verglich, so stellte er doch eine deutliche Verbesserung dar. Auf der Bühne sah Celia einen Mann im Frack am Klavier, der alte Volksweisen zum Besten gab, begleitet von einer dicken Frau mit einer unfassbar hohen Stimme. Celia fragte sich unwillkürlich, ob die Frau versuchte, mit ihrem Gesang Glas zu zersplittern.

»Willst du hinein?«, fragte Maureen flüsternd. »Oder wieso bist du hier?«

Celia schüttelte heftig den Kopf. »Eigentlich wollte ich in die Bibliothek, aber die ist bereits geschlossen«, antwortete sie und schloss schnell die Tür. »Ich wollte in den alten Zeitungen blättern. Du weißt schon, wegen meinem Vater.«

»Oh ja, richtig«, sagte Maureen und tippte sich plötzlich an die Stirn. »Gut, dass du deinen Vater erwähnst. Beinahe hätte ich was vergessen. Luisa ist nämlich gestern noch etwas eingefallen. Wegen diesem Menschenfresser, von dem sie gesprochen hat.«

»Dem Kannibalen des Meeres?«, fragte Celia mit banger Stimme.

Maureen nickte und sagte: »Sie hat sich an den Namen des gesunkenen Schiffes erinnert. Irgendwas Französisches. *Marionette* oder *Maisonette*. Ich weiß es leider nicht mehr genau.«

»*Mignonette?*«, fragte Celia.

»Genau«, antwortete Maureen und ging zurück zur Treppe. »Komischer Name für ein Schiff, oder? Wahrscheinlich ein Fantasiename.«

Celia schüttelte unmerklich den Kopf, nahm allen Mut zusammen und fragte: »Gilt dein Angebot eigentlich noch?«

»Welches Angebot?«

»Du hast gestern gesagt, du brauchst eine Assistentin.«

»Hat Heather es sich etwa anders überlegt?«

»Gott bewahre!«, antwortete Celia und lachte erschrocken. »Lieber würde sie sterben, glaube ich. Nein, ich rede nicht von Heather.«

Maureen verstand nicht und schüttelte irritiert den Kopf.

»Vielleicht kann *ich* deine Assistentin sein?«, fragte Celia, und das Blut schoss ihr in den Kopf, dass ihr ganz heiß und mulmig wurde. Weil sie ahnte, was Maureen darauf antworten würde, setzte sie hastig hinzu: »Ich brauch auch nicht viel. Und ich bin eine gute Näherin. Kochen kann ich auch.«

Maureen zog die Augenbrauen zusammen, lächelte gequält

und ging eilig die Treppe hinunter. Celia hatte den Eindruck, als wollte sie vor allem ihren Blick meiden. Am Fuß der Treppe wandte sich Maureen jedoch plötzlich um und sagte: »Nimm's mir nicht übel, Kindchen, aber dieses Angebot ... nun ja, es war nicht so ganz ernst gemeint.«

»Du wolltest Heather nur ärgern, nicht wahr?«

»Sie wollte *mich* ärgern«, antwortete Maureen bestimmt.

Celia nickte traurig und sagte: »Ihr wart mal gute Freundinnen.«

»Die besten«, meinte Maureen achselzuckend. »Ist aber lange her.«

»Schade.«

Maureen umarmte Celia, klopfte ihr etwas ungelenk auf den Rücken und sagte: »Sei nicht traurig, Kindchen.«

»Ich bin kein Kindchen.«

»Tut mir leid, Celia«, verbesserte sich Maureen und streichelte ihre Wange. »Kommst du noch mit? Ich treff mich mit den neuen Kollegen vom Palace in einem Pub am Kanal. Es ist gleich um die Ecke und nicht sehr teuer. Es wird bestimmt lustig. Und es könnte ja sein, dass von den Kollegen jemand deinen Vater kennt. Oder zu der damaligen Zeit für Tom Norman gearbeitet hat.«

Doch Celia schüttelte den Kopf und verabschiedete sich. Sie blieb am Fuß der Treppe stehen, während Maureen gemächlich in Richtung Ausgang ging. Einerseits war sie enttäuscht wegen der Abfuhr, obwohl sie sie eigentlich erwartet hatte, zum anderen stand ihr nicht der Sinn nach einer geselligen und lustigen Kneipenrunde. Nicht einmal die Erwähnung ihres Vaters konnte sie aus der Reserve locken. Celia wollte nur nach Hause, wo auch immer das sein mochte, sich in einer Ecke verkriechen und an nichts mehr denken. Sie wollte, dass dieser Tag endlich zu Ende ging, auch wenn sie nicht wusste, was der nächste für sie bringen würde. Wie so oft in den letzten Wochen fühlte sie sich fremd und fehl am Platz. Sie sehnte sich danach, irgendwo hinzugehören, ein Teil von etwas zu sein, doch stattdessen kam sie sich wie eine Außenseiterin vor, wie ein unerwünschter, allenfalls geduldeter Eindringling, ohne Aufgabe oder Ziel. Ein Zaungast. Und womöglich war die Suche nach dem Vater auch nur ein Ausdruck dieser Leere und Sinnlosigkeit. Sie lenkte lediglich davon ab, dass Celia keinen Fixpunkt im Leben hatte. Denn was wollte sie machen, wenn sie ihren Vater tatsächlich gefunden hätte? Wäre sie dann wirklich am Ziel? Würde sich dadurch irgendetwas ändern? Oder würde nur eine weitere Enttäuschung auf sie warten?

»Was genau meinst du eigentlich mit ›nicht viel‹?«, hörte sie plötzlich Maureen fragen. Die Schlangenfrau hatte sich bereits einige Schritte entfernt, war dann aber noch einmal umgekehrt.

Celia, noch völlig in Gedanken versunken, verstand nicht.

»Du hast gesagt, du brauchst nicht viel«, erklärte Maureen. »Was heißt das?«

»Einen Platz zum Schlafen«, antwortete Celia und bemühte sich, nicht allzu aufgeregt zu klingen. »Und etwas zu essen. Sonst nichts.«

»Ich kann dir nicht viel zahlen«, sagte Maureen, und sie wirkte, als ränge sie mit sich. »Nicht mehr als ein Taschengeld. Und als Dienstmädchen wärst du auch für die Wohnung und alles andere zuständig. Nicht dass du denkst, das wär ein Zuckerschlecken. Ich bin schließlich nicht die Heilsarmee.«

Celia nickte, schüttelte dann den Kopf und nickte erneut.

Maureen griff in ihre Handtasche, holte ein Foto heraus, schrieb mit Bleistift etwas auf die Rückseite und reichte es Celia. »Sei morgen gegen Mittag dort«, sagte sie streng. »Dann sehen wir weiter.«

Celias Herz schlug so heftig und laut, dass man es eigentlich hätte hören müssen. Am liebsten wäre sie Maureen um den Hals gefallen. Doch sie rührte sich nicht vom Fleck, brachte kein Wort heraus und war wie gebannt. Und obwohl sie sich so sehr freute, war es ihr nicht möglich zu lächeln. Sie schaute auf das Foto, das Maureen ihr gegeben hatte. Es handelte sich um ein Visitenkartenporträt von Sheila im Schlangenkostüm, die gerade ihr Rückgrat nach hinten verbog und mit den Füßen ihren Hinterkopf berührte. Auf die Rückseite hatte sie eine Adresse geschrieben: »16 White Horse Lane, bei Adams, zweiter Hinterhof«.

»Es ist in Stepney, nur 'n Katzensprung von hier.«

»Darf ich das Foto behalten?«, fragte Celia ungläubig.

»Klar«, antwortete Maureen und lachte amüsiert. »Brauch jetzt eh neue Bilder. Und einen neuen Namen.« Sie grüßte mit der Hand, wandte sich ab und ging.

Celia konnte ihr Glück kaum fassen. Sie wartete, bis Maureen außer Sichtweite war, schaute sich vorsichtig um, als wäre sie im Begriff, etwas Verbotenes zu tun, und drückte dann einen Kuss auf die Fotografie. Anschließend steckte sie das Bild in die Manteltasche, zu dem Foto ihrer Mutter.

8

Celia war noch niemals zuvor in einer Kunstausstellung gewesen. Zwar hatte sie schon häufig Gemälde oder Skulpturen betrachtet, doch diese hatten stets einem Zweck gedient oder eine Geschichte erzählt. Entweder waren es Darstellungen biblischer Themen gewesen, oder es hatte sich um Abbildungen irgendwelcher Seefahrer und Schiffsunglücke gehandelt. Die Bilder hatten eine klar erkennbare Aufgabe gehabt: Sie sollten die Kirchgänger an das Leben Jesu und der Heiligen und die Bewohner von Brightlingsea an verschollene Schiffer erinnern. Die Gemälde und Statuen jedoch, die im Wintergarten des People's Palace ausgestellt waren, schienen Celia geheimnisvoll und unverständlich, weil ihr die erzählten Geschichten oder Figuren unbekannt waren. Viele Bilder hatten offenbar lediglich den Zweck, schön auszusehen oder auf andere Weise Gefühle hervorzurufen.

Auch die Art, wie die Gemälde gemalt waren, kam Celia seltsam unzugänglich vor. Die Porträts und Landschaftsbilder wirkten unnatürlich oder unecht, aber das auf eine beinahe vorsätzliche Weise. Gerade so, als hätten die Künstler gar nicht die Absicht gehabt, die Natur und die Menschen so abzubilden, wie sie tatsächlich waren. Sie wirkten zugleich überhöht und verzerrt, verklärt und missgestaltet. Und das wollte Celia nicht einleuchten, obwohl sie es gleichzeitig als beeindruckend und imponierend empfand.

Eigentlich hatte Celia den Wintergarten nur aufgesucht, um nach dem schäbig gekleideten Mann mit dem Raubvogelgesicht Ausschau zu halten. Doch kaum hatte sie den großen, von exotischen Grünpflanzen überwucherten Raum betreten, durch dessen gläserne Decke man den hoch am Himmel stehenden Mond sehen konnte, schon waren die Bilder und Skulpturen wie wilde Tiere hinter dem Grünzeug hervorgestürmt und hatten an ihr gezerrt und genagt, bis Celia der Kopf weh tat und die Gedanken schwirrten. Da gab es gleißende Landschaften, die nur aus zusammenhangslosen Pinselstrichen bestanden, aber dennoch den Eindruck der unterschiedlichen Gelände erstaunlich genau wiedergaben. Ähnlich war es bei den Porträts, die auf Celia fast grobschlächtig wirkten, jedenfalls ganz anders als die strengen und detailgetreuen Darstellungen, die sie aus dem Pfarrhaus von All Saints in Brightlingsea kannte. Auch Bilder vom Meer und von Flusslandschaften waren ausgestellt, aber sie hatten so wenig mit den heroischen Gemälden gemein, die Celia von zu Hause kannte, dass sie sich einfach nicht vorstellen konnte, wer solch ein Bild in Auftrag geben sollte. Doch vielleicht war genau dies das Geheimnis der Bilder: Sie waren in keinem Auftrag gemalt worden, sondern allein dem Wunsch und Verlangen des Malers entsprungen. Sie erfüllten keinen fremden Zweck, sie genügten sich selbst, und das war Celia unheimlich – und begeisterte sie zugleich.

In dem Gewimmel von Menschen, Pflanzen, Skulpturen und Gemälden hätte Celia den Mann mit dem zotteligen Vollbart beinahe gar nicht bemerkt. Er stand in einer hinteren Ecke des Raumes, regelrecht versteckt hinter einem palmenartigen Gewächs, dessen lange Wedel seltsame Schatten an die Wand warfen. Der Mann rührte sich nicht vom Fleck, hielt seinen speckigen Schlapphut andächtig vor der Brust und starrte wie verhext auf ein in dunklen Brauntönen gehaltenes Bildnis, das einen jungen Mann mit Flügeln zeigte.

Eigentlich hatte Celia vorgehabt, dem Fremden durch den Wintergarten zu folgen und ihn auch anschließend nicht aus den Augen zu lassen, um mehr über ihn herauszufinden, etwa, wo er wohnte. Was sie mit diesen Informationen anfangen wollte, wusste sie selbst noch nicht so genau, doch der Blick, mit dem der Mann sie gestern angeschaut hatte, ging ihr immer noch durch Mark und Bein, und sie wollte herausfinden, was es damit auf sich hatte. So lautete zumindest ihr etwas unausgegorener Plan.

Tatsächlich aber war es Celia überhaupt nicht möglich,

dem Bärtigen durch den Wintergarten zu folgen, weil er sich kein bisschen von der Stelle bewegte. Wie angewurzelt schaute er auf dieses eine Gemälde und schien nichts um sich herum wahrzunehmen. Es kümmerte ihn nicht, dass er anderen die Sicht nahm und diese ihren Unmut zum Teil laut zum Ausdruck brachten. Es scherte ihn auch nicht, dass manche Besucher eher den kauzigen Kerl als das Gemälde des halbnackten Flügelwesens beäugten. Er schien wie weggetreten.

Auch als sich ihm Celia von der Seite so stark näherte, dass sie bereits einen unangenehmen Dunst von Alkohol und Schweiß wahrnehmen konnte, schien der Mann sie nicht zu bemerken. Stattdessen stierte er das Bild an, auf dem der Engel in einer Herbstlandschaft am Meer stand, eine Art Laken oder Tuch um die Hüften geschlungen und mit einem sehnsüchtig-traurigen Blick. Die Blätter fielen von den umstehenden Bäumen und umschwirrten den merkwürdigen Engel wie die Vögel den heiligen Franziskus. Celia hatte keine Ahnung, was dieses Gemälde bedeuten sollte, doch als sie den bärtigen Betrachter mit dem Engel auf dem Bild verglich, bemerkte sie, dass dieselbe Art von Traurigkeit oder Sehnsucht in ihren Blicken lag. Einerseits in dem übertrieben schönen Antlitz eines geflügelten Jünglings, andererseits im Gesicht eines verlotterten und hässlichen Kauzes.

Es mag sein, dass Celia dem Mann zu nahe gekommen war, jedenfalls wandte er sich plötzlich um und sah ihr direkt aus nächster Nähe ins Gesicht. Doch anders als am Vortag blieb sein Blick völlig ausdruckslos, kein Zeichen des Wiedererkennens oder der Vertrautheit war zu sehen. Dafür bemerkte Celia, dass dem Mann die Tränen über die schmutzigen Wangen liefen und an den Barthaaren hängen blieben. Er weinte ebenso bitterlich wie stumm. Genauso hatte Celia vor wenigen Wochen am Grab ihrer Mutter geweint, äußerlich wie zu Stein erstarrt, aber mit heißen Tränen, die auf ihren Wangen glühten und ihren wahren Gemütszustand verrieten.

Der Gedanke an ihre Mutter ließ Celia all ihren Mut zusammennehmen. Mit leiser Stimme wandte sie sich an den Fremden: »Entschuldigen Sie bitte, Sir. Woher kennen Sie meine Mutter?« Dass der Mann nicht sie, Celia, so seltsam angeschaut, sondern vielmehr in ihr das Abbild ihrer Mutter erkannt hatte, war Celia am Nachmittag klar geworden, als sie zum ersten Mal die Fotografie der jungen Mary Tremain gesehen hatte.

Da der Mann nicht auf die Frage reagierte, kam Celia ihm noch ein Stück näher und sagte: »Sie kannten meine Mutter, nicht wahr?« Diesmal war es eine Feststellung und keine Frage.

Der Bärtige schien wie aus einem Traum aufzuwachen. Er schüttelte sich, als fröstelte er, dann kniff er die Augen zusammen und nickte schließlich. Allerdings war es eher ein Zeichen des Erinnerns als der Bestätigung.

»Du bist das«, brummte er unfreundlich und fuhr sich mit beiden Händen durchs Gesicht, um die Spuren seiner Tränen zu verwischen. Dann setzte er nachdenklich hinzu: »Deine Mutter. Verstehe.«

»Woher?«, hakte Celia nach.

»Was?«, schnauzte er.

»Woher kannten Sie sie?«

»Ich *kannte* deine Mutter nicht.« Er betonte das Wort auf seltsame Weise und lachte, als hätte er einen Witz gemacht. »Ich bin ihr nie begegnet.«

»Aber Sie haben doch gerade gesagt …«

»Und wenn schon!«, unterbrach er sie und schleuderte ihr dabei die Spucke ins Gesicht. Erst jetzt begriff Celia, dass der Mann völlig betrunken war. Er schwankte auf der Stelle und grinste blöde vor sich hin.

»Was heißt das?«, wollte Celia wissen.

»Lass mich, Mädchen!«, antwortete er, winkte ungeduldig ab und wollte sich wieder dem Gemälde an der Wand zuwenden, doch er blieb mitten in der Bewegung stecken und starrte auf etwas, das sich hinter Celias Rücken ereignete. War sein Blick zuvor verärgert oder mürrisch gewesen, vielleicht auch ein wenig irritiert, so wandelte sich dieser Blick beinahe schlagartig. Was Celia nun in seinem Gesicht wahrnahm, erstaunte sie. Er hatte die Augen weit aufgerissen, als sähe er ein Gespenst, sein Blick war beinahe panisch. Zugleich aber zuckten seine Mundwinkel vor Wut und Zorn, seine Kiefer mahlten unruhig, und seine Nasenflügel bebten. Ein seltsamer Widerspruch. Wäre der Mann ein Hund gewesen, so hätte er vermutlich die Zähne gefletscht und gleichzeitig den Schwanz eingekniffen.

Celias Augen folgten dem Blick des Fremden zum Eingang des Wintergartens, wo eine kleine Gruppe von Männern gut sichtbar auf einer Empore neben dem Durchgang stand. Einer der Männer trug einen Frack mit langen Schößen und wies gestenreich auf verschiedene Gegenstände im Raum, wobei jedoch nicht klar war, ob er seinen Zuhörern die Botanik oder die Kunstwerke erklärte. Offensichtlich war jedoch, dass er sich vor allem an eine äußerst eigentümliche Person wandte, die direkt neben ihm stand. Dieser Mann fiel nicht nur durch seine extravagante Kleidung und einen riesigen weißen Strohhut auf, sondern vor allem durch seine Größe. Oder besser gesagt, durch seine nicht vorhandene Größe. Der Mann war höchstens fünf Fuß groß, und die Proportionen seines Körpers wirkten irgendwie unstimmig. Seine Beine waren viel zu dünn und erinnerten an die eines Knaben, dafür schien sein Kopf um einiges zu groß für den Rest des Körpers, was durch den breitkrempigen Strohhut noch verstärkt wurde. Ein verwachsenes Hutzelmännchen, das sich zudem auf einen Gehstock stützte, der nicht nur modischen Zwecken zu dienen schien. Kaum anzunehmen, ging es Celia durch den Kopf, dass dieser Zwerg eine panische Reaktion hervorrufen konnte. Vielleicht war es ja der Anblick des Manns im Frack gewesen, der den Bärtigen so erregt hatte.

Als sich Celia umdrehte, um sich wieder dem Fremden zuzuwenden, stellte sie erschrocken fest, dass er verschwunden war. Sie hatte sich nur wenige Sekunden abgewandt, doch der

Rauschebart war plötzlich wie vom Erdboden verschluckt. Nur sein unangenehmer Geruch hing noch in der Luft. Aus den Augenwinkeln glaubte Celia einen Schatten zum Hinterausgang des Wintergartens huschen zu sehen, der direkt zum Vorplatz des People's Palace führte. Für einen kurzen Moment überlegte sie, ob sie ebenfalls hinausrennen und draußen nach dem Mann suchen sollte. Doch dann wurde ihr klar, wie albern und unnütz ein solches Verhalten wäre. Der Bärtige hatte ihr unmissverständlich zu verstehen gegeben, dass er nicht mit ihr reden wollte. Selbst wenn es ihr gelänge, ihn im Gewimmel der nächtlichen Straßen zu entdecken, hätte sie nicht recht gewusst, was sie eigentlich von ihm wollte. Oder wie sie ihn zum Reden bewegen könnte.

Ihr Blick ging wieder zur Empore am Durchgang zum Hauptgebäude, doch auch die kleine Gruppe mit dem Hutzelmann war nicht mehr zu sehen. Also schaute Celia zu dem Gemälde, das der Bärtige so eingehend betrachtet hatte. Weil der Mann nun nicht mehr die Sicht auf das Bild nahm, sah Celia jetzt auch das kleine Messingschild, das unten am Rahmen angebracht war: »Simeon Solomon, Liebe im Herbst, 1866«. Celia verstand nicht ganz, ob der junge Mann mit den Flügeln einen enttäuschten Liebenden oder die Liebe selbst darstellen sollte und ob der Herbst nun wortwörtlich oder nur sinnbildlich zu verstehen war. Ein seltsames und verwirrendes Bild, fand Celia, zugleich aber drückte es eine melancholische Stimmung aus, der sie sich kaum entziehen konnte.

In der unteren linken Ecke war das Gemälde auf eine eigenwillige Weise signiert, mit einem doppelten S, das sich um einen senkrechten Stab wand. Die Signatur erinnerte an das Schlangenzeichen, das Celia von Arzthäusern und Hospitälern kannte. Darunter stand die Jahreszahl 1866 und der Ortsname Florenz. Der Maler mit dem klangvollen Namen Simeon Solomon war also vermutlich Italiener.

»Der arme Solomon, ein verlorenes Genie«, hörte Celia in diesem Augenblick eine hohe, gezierte Stimme hinter sich, die an den Singsang eines Vogels erinnerte. »Wie begnadet er war und wie tief er fiel. Es ist eine wahre Schande. Eine unbegreifliche Tragödie.«

Als Celia sich umschaute, hätte sie beinahe laut aufgeschrien. Direkt hinter ihr stand das Hutzelmännchen und schüttelte mit gepressten Lippen den viel zu großen Kopf. Aus der Nähe betrachtet wirkte der kleine Mann, dessen Alter kaum zu schätzen war, noch unheimlicher als aus der Ferne. Sein Gesicht war eingefallen, die große Nase ragte wie ein Bugspriet hervor, der zerzauste Spitzbart betonte das markante Kinn, und seine Gesichtsfarbe erinnerte an Kalk. Es hatte den Anschein, als hätte der Mann eine lange und schwere Krankheit hinter sich. Aber seine Augen funkelten wild und lebendig, und auch sein quirliges Stimmchen widersprach der offenkundigen Gebrechlichkeit.

»Geh doch mal weg da, Mädchen!«, sagte der Mann im Frack, der sich wichtigtuerisch nach vorne schob und Celia gleichzeitig zur Seite drängte. Er beugte sich zu dem Hutzelmann hinunter und sagte: »Sie waren mit ihm befreundet, nicht wahr?«

»Befreundet? Das wäre dann doch übertrieben«, trällerte der Kleine demonstrativ belustigt, doch seine Augen straften die zur Schau getragene Heiterkeit Lügen. »Unsere Wege haben sich gekreuzt, doch unglücklicherweise führte Mr. Solomons Pfad in die falsche Richtung. Er war ein großer Künstler, aber ein schwacher Mensch. Was das Ganze umso bedauerlicher macht.«

Von irgendwoher kam ein seltsames Knurren, doch als Celia sich umwandte, konnte sie nichts oder niemanden erkennen.

»Ist er denn schon tot?«, wunderte sich ein anderer Mann aus der Gruppe.

»Er mag noch leben«, antwortete der Kleine und wirkte nun regelrecht angewidert. »Aber für mich ist er vor vielen Jahren gestorben.«

»Sehr verständlich«, pflichtete ihm der Mann im Frack bei.

»Simeon Solomon«, sagte ein weiterer Mann aus der Gruppe, der bislang geschwiegen hatte, und lachte anzüglich. »Oder sollte man sagen: Sodomon.«

»Ich muss doch sehr bitten«, entfuhr es dem Kleinen. »Wir sollten keine Witze über jene machen, die ohnehin am Boden liegen. Das wäre schäbig und unwürdig.« Seltsamerweise lächelte er dennoch affektiert, zwinkerte dem Mann, der die Bemerkung gemacht hatte, verschwörerisch zu und gab anschließend dem Frackträger mit einem Kopfnicken zu verstehen, dass er genug von der »Liebe im Herbst« gesehen hatte und weitergeführt werden wollte.

Celia hatte das Gespräch der Männer mit einem seltsamen Unbehagen verfolgt und war geradezu erleichtert, als sich die Gruppe einem anderen Gemälde zuwandte und hinter dem nächsten Palmengewächs verschwand. Sie hatte zwar nicht genau verstanden, worüber sich die Männer unterhalten hatten, aber es hatte in ihren Ohren so aufgesetzt und falsch geklungen, dass sich ihr die Nackenhaare aufgestellt hatten. Das Gemälde selbst hatten die Männer gar nicht richtig in Augenschein genommen, sondern sich lediglich über dessen Maler mokiert.

»Das war Swinburne«, raunte ein rüstiger älterer Herr neben Celia einer ebenfalls älteren Dame zu, die zuvor etwas gelangweilt ausgesehen hatte, nun aber einen hellwachen Eindruck machte und der Männergruppe interessiert hinterherschaute. Ihre Miene wirkte mit einem Mal ebenso empört wie erregt.

»*Der* Swinburne?«, fragte sie und bog einen Palmwedel zur Seite, um besser sehen zu können. »Das kleine Kerlchen da? Sind Sie sicher?«

Der rüstige Herr nickte vielsagend.

»Na, so was«, antwortete die Frau und schnalzte undamenhaft mit der Zunge.

»Entschuldigung«, wandte sich Celia an den Mann. »Wer ist dieser Swinburne?«

»Algernon Swinburne«, erklärte der Mann mit feierlichem Ton. »Ein großer Dichter unserer Zeit. Jedenfalls war er das einmal. Inzwischen ist es ruhiger um ihn geworden.«

»Ein skandalöser Dichter«, verbesserte die Frau und räusperte sich, als wäre allein ihr Wissen darum ein Skandal.

»Nie von ihm gehört«, murmelte Celia.

»Das wundert mich nicht«, sagte der Mann und fuhr sich über den grauen Backenbart. »Seine Gedichte waren ein wenig freizügig und drastisch. Nichts für junge Backfische.«

»Freizügig?«, empörte sich die Frau und verdrehte die Augen. »Gotteslästerlich und obszön waren sie. Schmutzig und wider jede Natur.« Erneut räusperte sie sich und setzte eilig hinzu: »Das habe ich jedenfalls gehört.«

»Aber große Poesie«, beharrte der Mann. »Ein wenig derb und gewagt, das will ich gern zugeben, aber von hoher Kunst.« Mit diesem Kommentar und einem abschließenden Kopfnicken empfahl er sich und ging davon.

Die ältere Dame schnaufte abfällig, wandte sich nun ihrerseits an Celia und sagte hinter vorgehaltener Hand: »Von wegen ›gewagt‹. Sündhaft und abscheulich war das, wenn du mich fragst, sonst nichts!« Damit verschwand sie hinter der Palme, hielt Ausschau und folgte neugierig der kleinen Gruppe um den Skandaldichter.

Celia blieb an Ort und Stelle stehen und schaute auf das Gemälde. Der sehnsüchtige Blick des Jünglings mit den Flügeln ließ sie nicht los. Den gleichen Blick hatte sie im Gesicht des bärtigen Mannes gesehen. Bittere Tränen auf den verschmutzten Wangen. »Wie begnadet er war und wie tief er fiel«, hatte der Dichter Swinburne über den Maler Solomon gesagt. Der betrunkene Mann mit dem Bart hatte ihn mit einer Mischung aus Furcht und Zorn angeschaut. Wie ein getretener Hund, der sich nicht zu beißen traut. »Ich *kannte* deine Mutter nicht«, hatte er auf ihre Frage geantwortet. »Ich bin ihr nie begegnet.« Und trotzdem hatte er sie in Celia wiedererkannt. Fragte sich nur, wie so etwas möglich war.

Celia riss sich vom Anblick des Bildes los und verließ den Wintergarten durch den Hinterausgang. Der eisige Wind fegte über den Vorplatz und wirbelte Blätter und Papierfetzen auf. Es hatte angefangen zu regnen. Celia schlug den Kragen ihres Mantels hoch. Es war noch ein weiter Weg bis Spitalfields.

SONNTAG, 21. OKTOBER 1888

9

Irgendwann hatte Celia einmal gehört, der Schlaf sei der Zwillingsbruder des Todes. Vermutlich hatte ihre Mutter das gesagt, sie hatte solche Sinnsprüche geliebt. Oder der alte Pfarrer von All Saints hatte es in einer seiner langatmigen Predigten erwähnt. Als Celia am Morgen in ihrem Sargbett in der Hanbury Street aufwachte, glaubte sie jedenfalls zu wissen, was damit gemeint war. Selten hatte sie so fest und traumlos geschlafen wie in der vergangenen Nacht, was umso erstaunlicher war, da der vorherige Tag derart aufregend und verstörend für sie gewesen war. Als sie gegen Mitternacht unter die dünne Bettdecke geschlüpft war, hatte ihr der Kopf geschwirrt, die Gedanken waren wie Flöhe darin herumgehüpft. Celia hatte sich darauf gefasst gemacht, in der Nacht von Alpträumen und Nachtmahren heimgesucht zu werden, doch das Gegenteil war der Fall gewesen. Sie war auf der Stelle eingeschlafen, war wie in eine Ohnmacht gefallen und erst weit nach Sonnenaufgang aufgewacht, ohne die geringste Erinnerung an böse Träume oder schweißnasses Hochschrecken aus dem Schlaf. Celia fühlte sich erstaunlich frisch und erholt, gerade so, als wären die Ereignisse des gestrigen Tages wie weggeblasen. Als hätte es sie nie gegeben.

Heathers Bett an der Wand war leer gewesen, als Celia den Schlafraum betreten hatte. Auch jetzt war das Bettzeug in dem Kasten nebenan noch immer unberührt. Nachdem sich Celia im Waschraum gewaschen und mit dem letzten Zahnpulver die Zähne gesäubert hatte, besah sie ihr Gesicht im Spiegel. Adams Schlag hatte glücklicherweise keine sichtbaren Spuren hinterlassen, weder eine Schwellung noch ein blaues Auge. Auch der verstauchte Knöchel schmerzte kaum noch.

Als sie in die Küche kam, wurde sie von den Frauen, die bereits beim Frühstück saßen, mit seltsamen Blicken begrüßt.

Einige tuschelten, andere grinsten anzüglich, doch alle schauten beiseite, wenn Celia ihren Blicken begegnete. Auch die alte Esther hatte gestern Nacht seltsam dreingeschaut, als Celia gegen elf Uhr vor der Tür des Frauenasyls erschienen war. Auf Celias Frage, ob etwas passiert sei, hatte Esther lediglich mit den Schultern gezuckt und gesagt: »Geh schlafen! Morgen ist auch noch ein Tag.«

Der Haferbrei schmeckte fade, der Tee war lauwarm und bitter, und keiner redete ein Wort mit ihr. Immer wieder war ein leises Munkeln oder unterdrücktes Kichern zu hören. Celia kam sich vor, als hätte sie etwas verbrochen, ohne sich jedoch einer Schuld oder Verfehlung bewusst zu sein. Die anwesenden Heilsarmistinnen waren ihr unbekannt, weder Esther noch Captain Florence waren zugegen. Also würgte sie das klumpige Porridge hinunter, spülte mit dem Tee nach und beeilte sich, den Essraum wieder zu verlassen. Wie gut, dass sie bereits eine neue Unterkunft hatte. Im Frauenasyl schien sie aus unerfindlichen Gründen in Ungnade gefallen zu sein. Es konnte doch unmöglich daran liegen, dass sie gestern Abend dem Gottesdienst zu Ehren der Generalin ferngeblieben war. Oder bildete sie sich das alles nur ein?

Celia ging hinauf in den Schlafraum, um ihren Koffer zu holen, und stieß in der Tür beinahe mit Heather zusammen, die eine zerschlissene Reisetasche geschultert hatte und vor Schreck laut aufschrie.

»Jesses!«, rief sie mit ihrer heiseren Stimme und fasste sich an die Brust. »Du kannst einen vielleicht erschrecken. Was glotzt 'n so komisch? Ist was?«

»Kannst du mir erklären, was hier los ist?«, fragte Celia und berichtete von der Frühstücksszene.

»Ach, das!«, lachte Heather, klopfte Celia aufmunternd auf die Schulter und folgte ihr zu ihrem Bettkasten. »Mach dir nichts draus! Das ist nur wegen dem verrückten Bedford.«

»Adam?«, wunderte sich Celia. »Was ist mit ihm?«

»Hast dem Kerl ganz schön den Kopf verdreht«, meinte

Heather und ließ sich ächzend auf ihrem Bett nieder. »Junge, Junge, hat der hier einen Aufstand gemacht! So ein verrückter Hund!«

»Was? Wann?«, entfuhr es Celia. »Wovon redest du?«

»Von gestern Abend«, sagte Heather und lachte abfällig. »Vor dem Haus hat er gestanden und rumkrakeelt. Dass er unbedingt mit dir sprechen muss, um sich zu entschuldigen. Er wär jetzt ein anderer Mensch. Er hätte sich geändert. Irgendwas in der Art. Der war gar nicht mehr zu beruhigen und hat geflennt wie ein Schuljunge, der vom Lehrer was auf die Finger bekommen hat. War 'n ganz schönes Theater, das kannst du mir glauben. Alle haben an den Fenstern gestanden und sich über ihn lustig gemacht. Aber der hat sich einfach nicht mehr eingekriegt. Als wär er betrunken. War er vielleicht auch.«

Celia schüttelte fassungslos den Kopf und brachte kein Wort heraus.

»Der wollte einfach nicht glauben, dass du nicht im Haus bist«, fuhr Heather fort. »Dachte wohl, du würdest dich vor ihm verstecken. Er hat gezetert, als hätte er komplett den Verstand verloren. Erst als Captain Florence kam, hat er sich langsam beruhigt und ist schließlich wie ein begossener Köter davongeschlichen. Das Gegröle der Mädels kannst du dir vorstellen.« Heathers belustigte Miene nahm plötzlich einen nachdenklichen Ausdruck an, dann setzte sie kopfschüttelnd hinzu: »Mensch, Celia! Ausgerechnet der verrückte Bedford! Wie bist 'n bloß an den gekommen?«

»Ich bin überhaupt nicht *an den* gekommen«, protestierte Celia und holte ihren Koffer unter dem Bett hervor. »Ich weiß auch nicht, was in ihn gefahren ist. Gestern ist er plötzlich aus der Haut gefahren. Der war mit einem Mal wie verwandelt. Ich hab's mit der Angst zu tun bekommen und bin vor ihm weggelaufen.« Sie dachte an Adams irren Gesichtsausdruck, und wieder schauderte es sie. Dann fragte sie: »Woher kennst du ihn überhaupt?«

»Bedford? Den kennt hier jeder«, schnaufte Heather verächtlich. »Und alle nehmen sich in Acht vor ihm. Dem ist nämlich nicht zu trauen. So 'ne fromme Uniform macht noch keinen neuen Menschen.«

»Was meinst du damit?«, fragte Celia und erinnerte sich an die seltsamen Andeutungen, die Captain Florence gemacht hatte. »Was ist denn mit ihm?«

»Verrückt ist der Kerl, wenn du mich fragst«, antwortete Heather, tippte sich an die Stirn und blies bedeutsam die Backen auf. »Und 'n gemeingefährlicher Mörder obendrein.«

»Ein Mörder? Wie kommst du darauf?«

»Jedenfalls hat er seine Frau auf dem Gewissen«, meinte Heather und hob die buschigen Augenbrauen. »Auch wenn er dafür nicht ins Zuchthaus musste.«

Celia verstand nicht. »Seine Frau ist bei der Geburt ihres Kindes gestorben«, sagte sie und schüttelte verwirrt den Kopf. »Genauso wie das Kind.«

»Aber doch nur, weil der Kerl sie vorher im Suff verprügelt hat«, antwortete Heather und deutete einen Faustschlag in den Bauch an. »Aus Eifersucht, heißt es. Weil er im Alkoholwahn geglaubt hat, das Kind sei nicht von ihm.«

»Bist du sicher?«, erkundigte sich Celia leise.

»Ich war nicht dabei«, lachte Heather knurrig. »Aber so wurde es mir erzählt. Er hat sie verdroschen, deswegen gab's die Blutungen und die Fehlgeburt. Umgebracht hat er sie, auch wenn's ihm nie angekreidet wurde. Das sagen alle, also wird's wohl stimmen. Und jetzt mimt er den Heiligen und Abstinenzler und will andere bekehren. Ausgerechnet der!«

»Er hat mir ihr Grab gezeigt«, sagte Celia fassungslos. »Er hat gesagt, dass er sich für sie freut, weil sie in die Herrlichkeit befördert wurde.«

»Verrückt! Sag ich doch«, lautete Heathers abschließendes Urteil. »Halt dich von dem Irren fern. Mit solchen Kerlen ist nicht zu spaßen. Die sind zu allem fähig.« Sie stand auf, klopfte auf ihre Reisetasche und sagte: »Ich muss los.«

Celia fühlte sich mit einem Mal wie vor den Kopf geschlagen. Ihr wurde übel, alles drehte sich vor ihren Augen, sie schmeckte Galle in ihrem Mund. Plötzlich ergaben die seltsamen Andeutungen von Florence Booth einen Sinn. Von der Schuld hatte sie gesprochen, die einem Mann den Verstand rauben konnte. Und von den Narben, die immer wieder aufzubrechen drohten. Celia erinnerte sich an das auffällige Zucken in Adams Gesicht, als er von den Vorwürfen gesprochen hatte, die er sich wegen des Todes seiner Frau machte. Und sie begriff nun, dass Adam den Frieden mit seiner unverzeihlichen Tat gemacht hatte, indem er die Tatsachen verdreht hatte. In Wahrheit hatte nicht erst der Tod seiner Frau ihn zum Alkoholiker gemacht, vielmehr hatte die Trunksucht seine Frau getötet. Doch Adam hatte in seiner Erinnerung Ursache und Wirkung vertauscht. Durch Eva Booth hatte er zwar zu Gott gefunden und den Alkohol überwunden, doch den Teufel war er deswegen nicht losgeworden. Das hatte Celia gestern am eigenen Leib zu spüren bekommen.

»Mach's gut, Celia!«, rief Heather und winkte von der Tür.

Celia fuhr wie aus einem bösen Traum auf. Erst jetzt begriff sie, was Heathers Worte, das unberührte Bett und ihre geschulterte Reisetasche bedeuteten. Sie sprang auf und fragte: »Wo willst du hin?«

»Ich zieh um«, antwortete Heather grinsend. »Die frommen Schwestern haben mich die längste Zeit getriezt. Damit ist es nun vorbei.«

»Wohin gehst du?«

»Zu meinem Freund.«

»Du hast einen Freund?«, wunderte sich Celia. »Seit wann?«

»Seit gestern. Hab ihn letzte Nacht im Ten Bells kennengelernt«, lachte Heather und zwinkerte ihr zu. »Er wohnt nicht weit von hier. Drüben in der Dorset Street. Wir werden uns also vermutlich weiterhin über den Weg laufen, Schätzchen.«

Celia wunderte sich, dass Heather einen Tag, nachdem sie

jemanden in einer Kneipe kennengelernt hatte, gleich zu ihm in die Wohnung zog, doch das behielt sie lieber für sich. Stattdessen fragte sie: »Wie heißt denn dein neuer Freund?«

»Michael«, antwortete Heather. »Er arbeitet unten am Hafen.«

»Freut mich für dich«, sagte Celia zögerlich und merkte, dass ihre Worte halbherzig und unecht klangen. Deshalb fügte sie rasch hinzu: »Ehrlich! Ich wünsch dir alles Gute.« Sie überlegte, ob sie Heather von Maureens Angebot und ihrer neuen Unterkunft in Stepney erzählen sollte. Doch dann entschied sie sich dagegen, lief zur Tür und drückte Heather an sich. Die Tränen stiegen ihr in die Augen, und sie sagte: »Danke für alles.«

»Nun übertreib mal nicht!«, wehrte Heather ab, ohne jedoch ihre Rührung ganz verbergen zu können. »Ich bin ja nicht aus der Welt.« Dann verdrehte sie plötzlich theatralisch die Augen, hob entschuldigend die Hand und rief: »Was bin ich doch für ein dummes Schaf!« Sie griff in ihre Reisetasche, holte ein gefaltetes Papier heraus und sagte: »Ich hab ja noch ein Geschenk für dich. Hab ich gestern in einer Buchhandlung in der Brick Lane entdeckt. Das ganze Buch konnte ich nicht mitgehen lassen, war so 'n dicker Sammelband in Leder, aber die eine Seite tut's vermutlich auch.«

»Mitgehen lassen?«, erschrak Celia. »Du hast es geklaut?«

»Na, kaufen konnte ich es nicht. Hab ja kein Geld.« Heather lachte schelmisch, reichte Celia das Papier und sagte: »Vielleicht hilft es dir weiter. Ich wünsch dir viel Glück. Man sieht sich, Celia. Und pass auf dich auf!« Sie gab Celia einen Kuss und verschwand nach unten.

Celia wagte kaum, das Papier auseinanderzufalten. Als sie ängstlich mit dem Zeigefinger darüberfuhr, bemerkte sie, dass ihr Finger geschwollen und bläulich angelaufen war. Sie erinnerte sich, dass sie am Freitag während des Fackelzugs von etwas gebissen worden war; vermutlich von einer der Ratten, die später auf die Heilsarmisten losgelassen worden waren. Sie steckte den Finger in den Mund und nahm das Papier in die andere Hand. Als sie schließlich den Mut fand, es auseinanderzufalten, stockte ihr der Atem. Oben auf dem Blatt sah sie das bekannte Panorama von London, mit der Kathedrale von St. Paul in der Mitte, und darüber den verschnörkelten Schriftzug: »*The Illustrated London News*«. Es handelte sich um eine Titelseite der Wochenzeitung, doch anders als bei der Ausgabe aus dem Dezember 1884, die Celia in der Dose ihrer Mutter gefunden hatte, befanden sich auf der Frontseite keine Berichte oder Nachrichten, sondern lediglich zwei großformatige und einzeilig kommentierte Bilder, die den gesamten Platz einnahmen. Es war die Ausgabe von Samstag, dem 20. September 1884, und an dem Zackenrand an der linken Seite erkannte Celia, dass Heather das Blatt aus einem Folianten herausgerissen haben musste. Die beiden Bilder zeigten ein Ruderboot auf hoher See. Es handelte sich um ein sogenanntes Dingi, wie man es als Beiboot auf Segeljachten benutzte. Über den Bildern las Celia die Schlagzeile: »Der Verlust der Jacht *Mignonette* – nach Skizzen von Mr. Edwin Stephens, Maat«.

Celia ging zurück zu ihrem Bett, legte das Papier auf die Decke und musste sich setzen. Minutenlang starrte sie auf die Bilder, ohne wirklich etwas darauf zu erkennen, und wieder stieg ihr die Galle hoch. Den Namen Edwin Stephens kannte sie bereits aus dem Bericht über den Kannibalismus-Prozess, und dennoch war es ihr beim Lesen, als schlüge ihr jemand mit der Faust in den Magen. Sie zwang sich, die Untertitel zu lesen. Unter dem ersten Bild stand: »Segeln vor dem Wind: Wie das Dingi während der letzten neun Tage gehandhabt wurde«. In der Illustration war das Boot zu erkennen, wie es zwischen hohen Wellen schaukelte. Die Schiffbrüchigen hatten einen provisorischen Mast errichtet, mit drei aneinandergeknoteten Oberhemden als Segel. Unter dem zweiten Bild las Celia: »Wie das Dingi bei schwerem Wetter gehandhabt wurde: Mit dem ›See-Anker‹ aus Treibholz und Gitterwerk«. Das dazugehörige Bild zeigte das Dingi, wie es mit dem Heck voran einem Sturm trotzte. An dem nach achtern gehenden Bug hing ein Tau, an dem die Schiffbrüchigen ein Holzgestell und ein schweres Gräting, eine Art Schiffsgitter, befestigt hatten. Durch diesen Treibanker wurde die Abdrift des Bootes verringert und auf diese Weise verhindert, dass das Dingi wie eine Nussschale von den Wellen herumgeschleudert wurde.

Celia drehte das Blatt um und hoffte, auf der Rückseite einen Bericht über den Schiffbruch oder den späteren Mord auf hoher See zu entdecken. Doch sie fand nur einen Hinweis auf weitere Illustrationen auf der letzten Seite der Zeitung und mehrere Artikel, die sich mit völlig anderen Themen beschäftigten: dem Ausbruch der Cholera in Paris, den Vorbereitungen zur britischen Nil-Expedition, dem Krieg zwischen Frankreich und dem chinesischen Kaiserreich. Der Untergang der Jacht *Mignonette* wurde mit keinem weiteren Wort erwähnt.

Zunächst war Celia enttäuscht, doch dann dachte sie daran, dass Heather ihr ja sagen konnte, in welcher Buchhandlung sie den Sammelband entdeckt hatte; dann könnte Celia selbst in dem Folianten blättern und die fehlenden Seiten durchlesen. Auf einen Tag mehr oder weniger kam es nun wirklich nicht an.

Wieder betrachtete sie die Titelseite der Zeitung, doch diesmal schaute sie nicht auf das große Ganze, sondern konzentrierte sich auf die Details. Sie versuchte, die Gesichter der Männer im Boot zu erkennen, doch die Illustrationen waren so gezeichnet, dass die Köpfe der vier Schiffbrüchigen stets als Schattenriss oder im Halbdunkel abgebildet waren. »Nach Skizzen von Mr. Edwin Stephens, Maat«. Der Zeichner der Zeitung hatte also lediglich etwas nachgezeichnet. Oder kopiert und ausgeschmückt. Gab es bei Bildern auch so etwas wie »Hörensagen«?

Celia wollte das Papier bereits wieder zusammenfalten, um es zu den anderen Sachen in den Koffer zu legen, als ein Geistesblitz ihr plötzlich die Augen öffnete. Sie stierte auf die Zeitung und schüttelte ungläubig den Kopf. Celia hatte so sehr nach Kleinigkeiten und versteckten Hinweisen gesucht, dass ihr das Wichtigste und Auffälligste völlig entgangen war. Vor lauter Bäumen hatte sie den Wald nicht gesehen. Dabei hatte es sie die ganze Zeit aus den Bildern heraus angeschrien: vier Schiffbrüchige!

In dem Bericht über den Gerichtsprozess war von zwei Angeklagten die Rede gewesen: Thomas Dudley, Kapitän, und Edwin Stephens, Maat. Und von einem Opfer: Richard Parker, Kabinenjunge. Doch auf den beiden Bildern in der Zeitung waren vier Männer zu sehen, drei Männer mit Vollbart und einer ohne sichtbaren Bartwuchs. Vier Männer in einem Dingi.

Aber einer von ihnen war anschließend nicht mehr erwähnt worden. Als hätten ihn die Wellen geschluckt. Doch Celia kannte seinen Namen: Ned Brooks.

VIERTER TEIL

NED BROOKS

»The mere outlines of the tragedy are so revolting that we might under other cirumstances have set it down as the ravings of a brain disordered by hunger and hardship, but we fear that this last comfort is denied us.«

(»Die bloßen Umrisse der Tragödie sind so abscheulich, dass wir sie unter anderen Umständen vermutlich als irres Gerede eines von Hunger und Entbehrungen gestörten Hirns abgetan hätten, doch wir fürchten, dass uns diese letzte Beruhigung versagt ist.«)

The London Standard, September 1884

TAG 1
Montag, 19. Mai 1884

Es gab nicht wenige, die ihm dringend von der Fahrt abgeraten hatten. Die *Mignonette* sei mit ihren zwanzig Jahren bereits zu alt für eine solche Reise bis ans andere Ende der Welt. Außerdem sei die Segeljacht viel zu klein und mit einem Tiefgang von gerade einmal sieben Fuß nur für Küstengewässer und nicht für Ozeanfahrten geeignet. Ned hatte all die ernsten Mahnungen und gut gemeinten Ratschläge geduldig und schweigend angehört, doch sein Entschluss stand fest. Natürlich hatte auch er die Gerüchte über die mangelhafte Kielbeplankung gehört und wusste von der fehlenden Erfahrung des jungen Kapitäns, der noch nie den Äquator überquerte hatte. Tom Dudley stammte aus Tollesbury, nur einige Meilen von Brightlingsea entfernt, und war wie Ned jahrelang auf Rennjachten gefahren. Zuletzt war er Kapitän auf einer kleinen Dampfjacht gewesen und hatte auf dem Mittelmeer gekreuzt. Eine Hochseereise mit einer Segeljacht hatte er bislang noch nicht unternommen. Doch mit Edwin Stephens hatte der Kapitän einen erfahrenen Maat angeheuert, der dieses Manko mehr als wettmachte, weil er bereits häufig das Kap der Guten Hoffnung umsegelt hatte. Nein, Bangemachen galt nicht. Ned Brooks würde am heutigen Montag, einen Tag nach seinem achtunddreißigsten Geburtstag, als Vollmatrose und Schiffskoch auf der *Mignonette* nach Australien auslaufen. Komme, was da wolle.

Das Angebot war einfach zu verlockend gewesen. Nicht nur wegen der üppigen fünf Pfund zehn Shilling im Monat, die ihm der Kapitän für die Dauer der Reise versprochen hatte. Auch die Aussicht, in Sydney für annähernd dieselbe Heuer weiter auf der Rennjacht arbeiten zu können, erschien Ned äußerst reizvoll. Die *Mignonette* gehörte einem australischen Anwalt, der sie in England gekauft und nun in seine Heimat schippern lassen wollte, um dort mit ihr an Segelregatten teilzunehmen. Der Mann schien ebenso exzentrisch wie reich zu sein, denn es wäre natürlich viel einfacher und billiger gewesen, in Sydney einen ähnlichen Einmaster zu kaufen. Doch aus irgendeinem Grund schien der Anwalt sich in die *Mignonette* verguckt zu haben, und da sie mit ihren dreißig Tonnen zu schwer war, um auf einem Frachter transportiert zu werden, sollte sie nun selbst um die halbe Welt segeln. Ned war schon auf vielen Rennjachten gefahren und kannte sich in seinem Metier aus. Auch die Ozeane hatte er häufig befahren, allerdings nur auf den Dampfern der großen Linien.

Der eigentliche Grund jedoch, warum er so erpicht darauf gewesen war, auf der *Mignonette* anzuheuern, war das Ziel der langen Reise: die australischen Kolonien. Es gab kaum einen Punkt auf der Erde, der weiter von der Heimat entfernt war als die ehemalige Strafkolonie New South Wales, und diese Entfernung bot ihm endlich die Gelegenheit, ein neues Leben zu beginnen und die Vergangenheit hinter sich zu lassen. Das hoffte er zumindest.

Die unangenehme Begegnung mit seinem früheren Nachbarn Bart Hutchinson vor einigen Wochen hatte ihn wieder einmal daran erinnert, dass Southampton in gewisser Weise nur einen Katzensprung von Essex entfernt war und Ned immer wieder Gefahr lief, alten Bekannten von der Ostküste über den Weg zu laufen. Hutchinson hatte ihm zwar zugesagt, seiner Frau und den Kindern nichts von der Begegnung in der County Tavern zu verraten, doch Ned wusste, dass der alte Walfänger ein gutes Verhältnis zu Mary hatte und er, Ned, nichts auf Hutchinsons Versprechen geben durfte.

Dem Kapitän der *Mignonette* gegenüber hatte Ned behauptet, unverheiratet zu sein. Was in seinen Augen nicht einmal gelogen war, denn die Ehe mit Mary war von Beginn an ein bedauernswerter Fehler gewesen. Ein unseliges und unwürdiges Geschäft, das unter falschen Voraussetzungen zustande gekommen war und allen Beteiligten nur Schmerz und Unglück gebracht hatte. Ned hatte schnell begriffen, dass er sich niemals auf den Vorschlag von Rodney Webster hätte einlassen dürfen. Doch auch damals war das Angebot schlichtweg zu verlockend gewesen.

Ned war seit Monaten regelrecht in Mary vernarrt gewesen und hatte sich wie ein liebeskranker Kuckuck in Southwark herumgetrieben, obwohl die Rennsaison an der Küste längst wieder begonnen hatte. Statt an Regatten teilzunehmen und ordentliches Geld zu verdienen, schuftete er für einen Hungerlohn im Londoner Hafen, um abends im George Inn zu sitzen, das geliebte Schankmädchen aus der Ferne anzuhimmeln und ein paar belanglose Worte mit ihr zu wechseln. Mary Tremain war das hübscheste Mädchen, dem Ned je begegnet war; er hatte sich auf den ersten Blick in sie verliebt. Er war damals Anfang zwanzig, ein unerfahrener Grünschnabel, den es zum ersten Mal nach London verschlagen hatte und der von dem Leben in der Hauptstadt völlig überwältigt war. Vor allem aber war er von Mary überwältigt und wie behext, was in der Kneipe natürlich nicht unbemerkt geblieben war und für belustigte Kommentare gesorgt hatte.

Als es dann völlig unerwartet hieß, er könnte die Angebetete zur Frau bekommen, glaubte Ned in seinem halbwüchsigen Leichtsinn, sein Glück gefunden zu haben. Dass Mary zuvor die Geliebte eines anderen gewesen war und von diesem ein Kind erwartete, war ihm nicht entgangen. Es störte ihn mehr als nur insgeheim, aber es hielt ihn dennoch nicht davon ab, Mary wie gewünscht aus London fortzuschaffen und nach Brightlingsea mitzunehmen. Samt Kuckuckskind im Bauch. Rodney Webster, der Wirt des George Inn, wollte die schwangere Mary loswerden, sie aus dem Weg schaffen und hatte Ned zusätzlich, quasi als Dank für seine Bemühungen, eine fürstliche Belohnung in die Hand gedrückt. Wie hätte er da Nein sagen können?

Von der Vernarrtheit war bald nach seiner Rückkehr nach Brightlingsea wenig übrig geblieben, auch weil Mary seine Gefühle nicht annähernd erwiderte und ihm immer wieder zu verstehen gab, dass sich daran niemals etwas ändern würde. Dass das Kuckuckskind viel zu früh zur Welt kam und kurz nach seiner Geburt verstarb, machte alles nur noch schlimmer. Was eine Befreiung hätte sein können und für Ned tatsächlich eine Erleichterung gewesen war, erwies sich im Nachhinein als Fluch, vor allem für Mary. Sie war samt ihrem ungeborenen Kind abgeschoben worden, warf dies aber seltsamerweise nicht dem Mann vor, der sie erst geschwängert und dann im Stich gelassen hatte, sondern ihrem Gatten, der sich auf den verwerflichen Handel eingelassen hatte. Aus Mary Tremain war Mary Brooks geworden, doch seine liebende Ehefrau würde sie niemals sein. Auch die Geburt der anderen Kinder, *seiner* Kinder, änderte daran nichts. Manchmal hatte Ned sogar den Eindruck, dass die drei Kinder Mary noch weiter von ihm entfernten. Dass sie eine geschlossene Einheit bildeten und er nicht dazugehörte.

Also flüchtete er sich in eine Arbeit, die ihn weit von Brightlingsea und seiner Familie wegführte. Und in den Alkohol. Was alles nur noch schlimmer machte.

Den elenden Judaslohn hatte Ned binnen kurzer Zeit in den Hafenschänken entlang der Ostküste versoffen. Geblieben war das Gefühl, über den Tisch gezogen worden zu sein und sich schmutzig gemacht zu haben. Auch wenn er der Einzige war, der diesen Schmutz sehen konnte.

Vor nunmehr vier Jahren hatte er seine Familie in Brightlingsea verlassen, und obwohl er die Kinder mitunter vermisste und gern erfahren hätte, wie es ihnen inzwischen ergangen war, wusste er doch, dass er das Richtige getan hatte. Wenn auch zu einem falschen, einem viel zu späten Zeitpunkt. Als er Hutchinson in der County Tavern getroffen hatte, wäre es ein Einfaches gewesen, ihn nach Mary und den Kindern zu fragen, doch das hätte so ausgesehen, als täte ihm seine damalige Entscheidung leid. Also hatte er lediglich geschimpft, die ganze verdammte Bagage in Brightlingsea könne ihm auf immer gestohlen bleiben. Was zugleich die Wahrheit und eine Lüge war.

Wenn er erst einmal in Sydney wohnte und an den sonnigen Küsten Australiens entlangsegelte, könnte ihm das alles einerlei sein, dann würde das Vergangene irgendwann vergessen sein. Und damit auch das schlechte Gewissen und die Selbstvorwürfe. Denn er hatte sich nichts vorzuwerfen. Davon war er fest überzeugt. Trotz allem.

Die *Mignonette* lief um sechs Uhr mit der Nachmittagsflut aus. Zwei Tage würden sie in südwestlicher Richtung der englischen Südküste folgen, bevor sie am Leuchtturm von Eddystone die Richtung ändern und Kurs auf Madeira nehmen würden. Neben Kapitän Tom Dudley und dem Maat Edwin Stephens gab es ein weiteres Besatzungsmitglied an Bord, den Kabinenjungen Richard Parker, der als ungelernter Leichtmatrose für die niederen Tätigkeiten zuständig war und Ned in der Kombüse zur Hand gehen sollte. Zu seinen Aufgaben zählte es auch, sich um die beiden Ferkel und das Federvieh zu kümmern, die im Laufe der Reise geschlachtet werden sollten, um als Frischfleisch zu dienen. Als Schiffskoch war Ned dafür verantwortlich, die Tiere zu töten und zu zerlegen. Auch darin hatte er mit den Jahren einige Übung bekommen.

Richard, der erst siebzehn Jahre alt war und von allen Dick genannt wurde, war ein netter, sehr aufgeschlossener und stets fröhlicher Bursche, der sich wie ein kleiner Lausejunge auf die Reise freute. Es war seine erste Fahrt auf hoher See, und auch ihm hatte man das Angebot gemacht, nach der Ankunft in Australien Mitglied der Crew zu bleiben. Dick war ungemein wissbegierig und fleißig, es machte ihm nichts aus, dass ihm die kleinste Koje zugewiesen wurde und er die dreckigste Arbeit zu verrichten hatte. Er schien die ganze Reise als lustiges Abenteuer zu betrachten. Die Fahrt auf der *Mignonette* würde aus ihm einen Mann machen.

Um Mitternacht begann Neds erste Nachtwache, und als

die Glocke acht Glasen schlug und er sich auf seinen Posten begab, machte sich auch in ihm ein seltsames Hochgefühl breit. Hinter ihnen verschwand der Leuchtturm von Eddystone am Horizont, und vor ihnen lag die dunkle Weite des Atlantiks. Edwin Stephens, als Maat für die Positionsbestimmung und das Führen des Logbuchs verantwortlich, schrieb auf eine leere Seite: »Wir liefen aus und warfen einen letzten Blick auf die Heimat.«

Doch Neds Blick richtete sich nur nach vorne. Auf die Zukunft. Was vergangen war, zählte nicht mehr. Er ließ es hinter sich zurück. Für immer.

TAG 48
Samstag, 5. Juli 1884

Seit mehr als zehn Tagen kämpften sie nun schon gegen Stürme an, die beinahe ununterbrochen aus ständig wechselnden Richtungen auf sie eindroschen, als wollten sie das kleine Schiff unter den sich hoch auftürmenden Wellen zerquetschen. Noch nie hatte Ned ein solches Unwetter erlebt. Die See war wie wild geworden, die Sturmböen peitschten über das wirbelnde Wasser, ließen die gerefften Segel knallen, und der Regen prasselte unermüdlich auf sie ein, als stünde ihnen eine zweite Sintflut bevor. Seit Tagen hatten sie kaum geschlafen. Entweder waren sie an Deck vollauf damit beschäftigt, das Schiff hart am Wind zu steuern, ohne die Kontrolle über das gelaschte Ruder, die Taue und die zum Bersten gespannten Segel zu verlieren, oder sie arbeiteten unter Deck an den Pumpen, um das durch den schadhaften Kiel eindringende Wasser nach draußen zu befördern.

Selbst wenn zwischendurch der Sturm etwas nachließ und sie kurz verschnaufen konnten, ließen das wütende Stampfen der See und das abrupte Auf und Ab der Planken sie nicht zur Ruhe kommen. Hinzu kam, dass sie wegen des Seegangs den Herd in der Kombüse nicht benutzen konnten und sich seit Tagen von Schiffszwieback und Trockenobst ernährten. Das Frischfleisch der geschlachteten Tiere war ohnehin längst aufgebraucht. Sie waren allesamt erschöpft und ermattet, und mit dem Schwinden der Kräfte stieg die Reizbarkeit, aber ein Ende des Sturms war nicht in Sicht.

Dabei hatte die Fahrt so verheißungsvoll begonnen. Kapitän Dudley hatte seiner Crew den ehrgeizigen Plan vorgestellt, die Strecke nach Sydney in gerade einmal 120 Tagen zu bewältigen und dabei 120 Meilen am Tag zurückzulegen. Ned bezweifelte zwar, dass dies mit einer einmastigen Segeljacht möglich war, behielt seine Meinung aber für sich. Wann sie in

Sydney ankamen, war ihm letztlich egal, schließlich nahmen sie nicht an einer Regatta teil. Wichtig war allein, dass sie es überhaupt bis nach Australien schafften.

Am 2. Juni, zwei Wochen nach dem Auslaufen in Southampton, erreichten sie Madeira und füllten dort die Vorräte auf. Nur eine Woche später passierten sie bereits die Kapverdischen Inseln. Weil noch genug Fleisch, Gemüse und Wasser an Bord war, liefen sie keinen Hafen an, sondern nützten die günstigen Winde, um möglichst schnell zum Kap zu gelangen.

Sie überquerten den Äquator am 17. Juni, fast genau einen Monat nachdem sie im Hafen von Southampton den Anker gelichtet hatten. Nach altem Seemannsbrauch erhielt Kapitän Dudley seine Äquatortaufe, indem er von den anderen ordentlich mit Sand abgerieben und anschließend mehrmals grob unter Wasser getaucht wurde. Eigentlich hätte auch Dick Parker die Taufe beim erstmaligen Überfahren des nullten Breitengrades erhalten müssen, doch die anderen sahen in seinem Fall davon ab. Sie hatten ihren derben Spaß mit Tom Dudley gehabt, und das musste reichen.

Anders als die meisten anderen Seefahrer war Ned kein abergläubischer Mensch, auch wenn er gern Seemannsgarn spann und sämtliche Schiffsrituale kannte und bereitwillig mitmachte. Allerdings glaubte er nicht an Klabautermänner, Riesenkraken und Monsterwellen, auch nicht an böse Omen oder Unheil verkündende Vorzeichen. Die Äquatortaufe war für ihn nur ein harmloser Schabernack, bei dem der Meeresgott Neptun durch die Reinigung der Neulinge gnädig gestimmt werden sollte. Ein alberner Spaß, mehr nicht. Dass sie bei Dick auf die obligatorische Taufe verzichtet hatten, kümmerte oder besorgte ihn nicht. Weil Kapitän Dudley während der Fahrt jeden Alkohol verboten hatte, fiel der interessanteste Teil der Äquatortaufe, die abschließende Trinkzeremonie, ohnehin ins Wasser. Andernfalls hätte Ned bestimmt auf einer zweiten Taufe bestanden.

Doch mit dem Passieren des Äquators begannen die Probleme an Bord und die Tücken des Wetters. Zunächst gelangten sie in den Kalmengürtel, der sich zwischen dem Nordostpassat auf der Nordhalbkugel und dem Südostpassat auf der Südseite des Äquators erstreckte; sie gerieten in eine für diese Gegend typische, lang anhaltende Flaute. Es war so heiß und stickig unter Deck, dass die Männer die ganze Zeit im Freien verbrachten und auch an Deck schliefen. Der Stillstand und das unfreiwillige Nichtstun drückten zusehends auf die Laune. Zugleich sickerte immer mehr Wasser durch den Kiel, weshalb der Kapitän befahl, die Beplankung mit Pech und Werg zu kalfatern. Der Gestank trug bei der brütenden Hitze nicht gerade zur allgemeinen Belustigung bei.

Am 25. Juni schlug das Wetter plötzlich um. Als die steife Brise aufkam, glaubte Ned zunächst, sie hätten endlich die Kalmen verlassen und die südöstlichen Passatwinde erreicht, doch ein Blick über die Luvseite des Schiffes belehrte ihn eines Besseren. Eine tiefschwarze Wand baute sich im Westen auf und näherte sich ihnen schneller als eine Dampflokomotive. Nur wenige Minuten später traf eine Sturmbö auf das Großsegel und ließ es wie eine Peitsche knallen. Der Regen klatschte in dicken Tropfen aufs Wasser, die See baute sich in Sekundenschnelle bedrohlich auf, das Schiff schlingerte wie angestochen hin und her und bekam starke Schlagseite.

»Alle Mann an Deck!«, rief der Maat und klammerte sich ans Ruder. Der erste von drei aufeinanderfolgenden Stürmen hatte sie gepackt.

Zehn Tage war das nun her. Sie ahnten damals, als der erste Sturm fünf Tage lang aus Nordwesten auf sie einpeitschte, noch nicht, dass ihnen das weitaus Schlimmste noch bevorstand. Am letzten Junitag drehte der Wind mit einem Mal auf Südwest, ohne dass das Unwetter an Heftigkeit nachließ. Kapitän Dudley ließ das Großsegel bergen und stattdessen das Trysegel setzen, ein kleines, dreieckiges Sturmsegel aus schwerem Segeltuch. Doch an ein Vorwärtskommen war kaum zu denken. Die meiste Zeit waren sie damit beschäftigt, Schaden vom Schiff abzuwenden, ohne selbst über Bord gespült zu werden. Zwei weitere Tage dauerte das Unwetter. Als am 2. Juli der Sturm plötzlich abflaute, rief Dick, dem die ganze Zeit speiübel gewesen war und der nichts in seinem Magen behalten hatte: »Geschafft! Jetzt hab ich auch meine Äquatortaufe!«

Ned und die anderen ahnten, dass es noch nicht vorbei war. Der Sturm machte nur eine Pause. Wenn er erneut ausbräche, würde es aufgrund der jetzt schon recht aufgewühlten See für die *Mignonette* noch gefährlicher werden. Doch niemand brachte es über Herz, dem Jungen die bittere Wahrheit zu sagen. Darum nickten sie nur stumm und wichen seinen erleichterten Blicken aus.

Bereits in der nächsten Nacht brach das Unheil über sie herein. Und diesmal war der Wind noch stärker, die Wellen noch höher, und die See hatte noch weniger Mitleid mit ihnen. Obwohl die Segel gerefft waren, riss das Großsegel entzwei, und sie mussten das kleine Sturmsegel setzen. Die Wellen bauten sich zu wahren Gebirgen auf, der Mast bog sich, dass sie jeden Moment mit einem Mastbruch rechnen mussten, und das Schiff wurde von den Böen so weit nach Lee gedrückt, dass sie sich festbinden mussten, um nicht über Bord zu gehen. Zwei Tage blieb das so, bis alle Mitglieder der Crew mit ihren Kräften am Ende waren. Die Schlaflosigkeit hatte sie reizbar und aggressiv gemacht. Lange würden sie es in ihrer Erschöpfung nicht mehr aushalten. Jeder Fehler könnte nun ihr letzter sein.

Inzwischen war der 5. Juli, der dritte Tag des dritten Sturms, und das Wetter war noch schlechter geworden. Die Wellen hatten eine Höhe von über dreißig Fuß und kamen in immer kürzeren Abständen, der Sturm brüllte wie ein wildes Tier, die Segel knallten wie Pistolenschüsse, die Schoten jaulten, der Mast knurrte. Die Männer hatten alles gegeben und sich völlig verausgabt. Das schien schließlich auch Kapitän Dudley einzusehen, und er gab den Befehl zum Beidrehen. Mit einer frischen Mannschaft hätten sie sicherlich noch einige Tage vor dem Wind ablaufen können, doch es ging einfach nicht mehr, deshalb ließ er abwettern. Das Ruder wurde auf Luv gesetzt und angelascht, das Tyrsegel wurde ein Stück freigegeben, bis es im Windschatten des Vorsegels stand und zu flattern begann. Das bewirkte ein Anluven, bei dem sich das Schiff mit dem Bug in den Wind drehte und sozusagen von alleine segelte. Solange die Segel hielten, blieb die Segeljacht auf diese Weise relativ ruhig im Wasser und konnte starken Stürmen trotzen. Fahrt war damit natürlich nicht zu machen, doch wichtiger war es, den Männern eine Verschnaufpause zu verschaffen, denn niemand wusste, wie lange die Stürme noch andauern würden.

Der Frieden dauerte nicht einmal eine halbe Stunde. Ned war gerade damit beschäftigt, die Taue am Rettungsboot nachzuziehen, als er den Maat am Ruder schreien hörte: »Vorsicht!«

Ned schaute nach Luv und erstarrte. Eine Welle von womöglich sechzig Fuß Höhe nahm den gesamten Horizont ein, wie eine schwarze Wand aus Wasser mit weißen Schaumkronen, die darauf hindeuteten, dass die gigantische Welle drauf und dran war, sich wie ein gefräßiges Raubtier auf sie zu stürzen. Ned hatte immer über das Seemannsgarn gelacht und die Geschichten von Monsterwellen für maßlose Übertreibungen gehalten, doch was er nun vor sich sah, ließ sich nicht anders beschreiben: Es war ein Monster!

Schnell wickelte er die Leine zweimal um seinen Arm, klammerte sich am Dingi fest und schickte ein Stoßgebet zum Himmel. Nur wenige Augenblicke später brach die Welle mit einer solchen Wucht über sie herein, dass ihm Hören und Sehen verging. Das Seil schnitt ihm ins Fleisch, er wurde mit dem Kopf gegen das Rettungsboot geschleudert, schnappte nach Luft und schluckte gleichzeitig Wasser. Es schien ihm, als machte das ganze Schiff einen Purzelbaum, oben und unten waren nicht mehr zu unterscheiden, die Welle hatte alles unter sich begraben, wirbelte sie wie Spielzeug herum.

Als Ned wieder zu sich kam, sah er den Kapitän, der direkt

vor ihm stand und ihn mit verzerrter Miene anbrüllte, doch Ned war wie taub und hörte nichts. Allerdings verstand er ihn auch ohne Worte. An der Luvseite des Schiffes hatte die Welle die seitliche Beplankung des Schiffes eingedrückt und weggerissen. Die *Mignonette* hatte ein riesiges Loch und würde unweigerlich und binnen kürzester Zeit sinken. Sie mussten das Dingi zu Wasser lassen.

Während sich der Maat weiterhin wie unter Schock an das Ruder klammerte und Dick unter Deck eilte, um das Wasserfass heraufzuholen, durchschlugen Ned und der Kapitän die Taue mit der Axt und hievten das Beiboot über die Reling. Nachdem Dick das Fass ins Wasser geworfen hatte, aus dem sie es später herausfischen wollten, und Ned das Dingi mit der Vorleine am Heck der Jacht befestigt hatte, kletterten die beiden ins Boot. Auch Stephens, der inzwischen das Ruder verlassen hatte, eilte zu ihnen ins Dingi. Der Kapitän, inzwischen der Letzte an Bord, verschwand noch einmal im Niedergang, obwohl die *Mignonette* bereits sank und die Kajüte vermutlich brusthoch unter Wasser stand. Das Schiff begann sich bereits zu drehen, als er endlich am Heck wieder auftauchte, die Hände voller Dosen und anderer Gerätschaften. Doch bevor er das Beiboot erreichte, machte die Jacht einen Ruck. Der Kapitän stürzte und warf die Sachen ins Wasser, dann rappelte er sich auf und sprang zu seinen Männern ins rettende Dingi. Während Ned die Vorleine losriss, sammelten die anderen die Dosen und Gegenstände ein, die sie bei dem heftigen Seegang zu fassen bekamen. Zwei Dosen mit Essen, den Sextanten und den Chronometer konnten sie auf diese Weise noch ergattern. Das Wasserfass, das Dick als Erstes ins Wasser geworfen hatte, war hingegen nirgends zu sehen. Die Strömung hatte es abgetrieben.

Gerade einmal fünf Minuten waren vergangen, seit die Monsterwelle das Schiff leckgeschlagen hatte, da bäumte sich plötzlich der Bug der *Mignonette* auf, dann versank die Jacht gurgelnd mit dem Heck voran in der schäumenden See.

TAG 68
Freitag, 25. Juli 1884

Heute war der Tag. Ned wollte nichts damit zu tun haben, das hatte er den beiden anderen mehrmals und sehr deutlich zu verstehen gegeben. Und doch wusste er, dass er es nicht verhindern konnte. Nicht verhindern würde. Denn auch er war in den letzten zwanzig Tagen zum wilden Tier geworden, das nur eines wollte: nicht sterben! Auch wenn er dafür über Leichen gehen musste. Oder andere darüber gehen ließ.

Zwei Tage waren sie nach dem Untergang der *Mignonette* noch in ihrem Rettungsboot dem unvermindert heftigen Sturm ausgeliefert gewesen. Dass sie nicht gekentert waren, hatten sie einzig der Tatsache zu verdanken, dass sie aus einer Gräting und dem Gestell des verschollenen Wasserfasses, die sie aus den Wellen gefischt hatten, einen provisorischen Treibanker gebaut hatten, der den Bug des Bootes in die See drehte. Weil das Dingi beim Zu-Wasser-Lassen beschädigt worden war, waren sie die ganze Zeit damit beschäftigt, eingedrungenes Wasser mit einem kleinen Ösfass und den Kapuzen ihres Ölzeugs auszuösen.

In den beiden Blechdosen, die Kapitän Dudley in letzter Sekunde aus der Kajüte geholt hatte, befanden sich eingelegte Steckrüben. Insgeheim hatte Ned gehofft, es könnte Fleisch darin sein, doch in der Eile hatte der Kapitän einfach das Erstbeste gegriffen, das ihm in der Kombüse untergekommen war. Nachdem der Sturm am 7. Juli etwas nachgelassen hatte, öffneten sie die erste Dose und verschlangen die Rübenstücke und den Saft fast ehrfürchtig, als handelte es sich um feinste Delikatessen. Ihre Versuche, mit dem Ölzeug Regenwasser zu sammeln, waren nur mäßig erfolgreich, auch weil sie zunächst das Salzwasser vom Ölzeug abwaschen mussten, bevor sie den Regen in den Mund tropfen lassen konnten. Trotz des Hungers und des Durstes war die Stimmung anfangs noch nicht am Boden. Immerhin waren sie mit dem Leben davongekommen und hatten das Kunststück fertiggebracht, mit dem winzigen Dingi dem Sturm zu trotzen. Erst als der Maat mit dem Sextanten ihre Lage bestimmt hatte, verschlechterte sich ihre Moral merklich. Sie befanden sich mitten auf dem Atlantik, eintausendsechshundert Meilen vom Kap der Guten Hoffnung entfernt und fast zweitausend Meilen von Südamerika, wohin die südwestliche Passatströmung sie nun trieb. Außerdem waren sie fernab der üblichen Dampferrouten gesegelt, was es äußerst unwahrscheinlich machte, dass sie in Kürze einem Schiff begegneten.

Am Mittwoch, vier Tage nach dem Verlust der Jacht, konnten sie eine Schildkröte fangen, die an der Meeresoberfläche döste und von deren Fleisch, Blut und Haut sie sich fast eine Woche ernährten. Mit dem Abflauen des Sturms endete jedoch auch ihre Möglichkeit, Regenwasser zu sammeln. Überdies waren sie nun der brüllenden Sonnenhitze ungeschützt ausgesetzt. Die einzige Flüssigkeit, die sie noch zu sich nehmen konnten, war ihr eigener Urin. Doch auch der war bald zähflüssig und ungenießbar.

Kapitän Dudley schlug vor, aus den Hemden und einigen schmalen Bootsplanken ein Segel zu fertigen, um schneller zu den westlich gelegenen Schifffahrtsrouten zu gelangen, doch das hätte bedeutet, dass sie am ganzen Körper verbrannten und ihr Durst noch quälender würde, weshalb sie sich zunächst dagegen entschieden. Mit dem Passat trieben sie zumindest in die richtige Richtung, alles Weitere würde sich zeigen. Nun half nur noch beten. Und sich kräftig in die Riemen legen.

Ned hatte mit dem Durst und dem Hunger anfangs keine großen Probleme. Viel schlimmer war für ihn zu Beginn der Reise das Alkoholverbot des Kapitäns gewesen, das bei Ned in den ersten Tagen zu Zitteranfällen, Hitzewallungen und Schweißausbrüchen geführt hatte. Dass sie jetzt nur wenige Tropfen Regenwasser am Tag zur Verfügung hatten und an ranzigen Schildkrötenresten nagten, machte ihm weniger aus, als er gedacht hätte. Es fiel ihm zunächst auch nicht schwer, die Warnung des Kapitäns in Bezug auf das Seewasser zu beherzigen. Auf keinen Fall dürften sie Salzwasser trinken, hatte Dudley sie ein ums andere Mal beschworen, das sei lebensgefährlich und könne sie töten.

Vor allem Dick litt unter dem Durst. Er schien nicht begreifen zu können, dass sie nichts zu trinken hatten, obwohl sie doch von Wasser umgeben waren.

»Wasser kann man trinken«, sagte er mit gequälter Miene, »und Salz kann man essen. Wieso ist Salzwasser dann ungenießbar? Das will mir nicht in den Kopf.«

»Warum das so ist, kann ich dir nicht erklären«, antwortete der Kapitän. »Aber *dass* es so ist, musst du mir einfach glauben. Es würde den Durst nur noch schlimmer machen. Und am Ende würden wir davon sterben.«

Dick schien nicht überzeugt zu sein, er wiegte nachdenklich den Kopf.

»Ich hab von Schiffbrüchigen gehört, die verrückt geworden sind«, mischte sich Ned ein und legte dem Jungen besänftigend die Hand auf die Schulter. »Sie haben Meerwasser getrunken und anschließend den Verstand verloren. Einer von ihnen hat in seinem Wahn die anderen für Angreifer gehalten und sich mit dem Messer auf sie gestürzt. Er musste von seinen Kameraden getötet werden.« Ned schaute dem Jungen direkt ins ausgemergelte und beinahe bartlose Gesicht und setzte eindringlich hinzu: »Der Kapitän hat recht. Wir würden daran krepieren.«

Dick schaute Hilfe suchend zum Maat, doch der presste die Lippen aufeinander und zuckte mit den Schultern.

»Hast du mich verstanden, Dick?«, fragte der Kapitän.

»Ay, Sir!«, antwortete der Junge. Doch seine Miene sagte etwas anderes.

Am 17. Juli waren sämtliche Doseninhalte, Schildkrötenreste und Regenwasservorräte aufgebraucht, und in der ganzen Zeit hatten sie nicht ein einziges Segel am Horizont gesehen. Ihre Zungen waren aufgequollen, die Haut brannte, als würde sie über dem Feuer geröstet, und jede Bewegung schmerzte in den Gelenken, was das Pullen an den Riemen zu einer Tortur machte. Die einzigen Fische, die sie in den letzten Tagen zu Gesicht bekommen hatten, waren Haie gewesen, und eines dieser gefräßigen Ungeheuer hatte das Dingi offensichtlich für Nahrung gehalten und mit dem Rücken gerammt, sodass sie beinahe gekentert wären. Wenn sie nicht bald von einem Schiff gerettet würden oder durch ein Wunder an Nahrung gelangten, würden sie alle sterben. Also beschlossen sie, doch das Segel zu errichten, auch auf die Gefahr hin, einen Hitzschlag zu bekommen oder in der Sonne verrückt zu werden. Schlimmer konnte es ohnehin kaum kommen.

Doch es kam noch schlimmer. Nach drei weiteren quälend langen Tagen ohne Wasser und Nahrung brachte der Kapitän ein ungeschriebenes Gesetz ins Gespräch, das er den »Brauch des Meeres« nannte. Sie sollten Lose ziehen, meinte er, denn es sei nicht einzusehen, dass sie alle krepierten, wenn doch das Opfer eines einzigen Mannes das Leben der anderen retten könnte. Ned wurde bei dem Gedanken speiübel. Er schüttelte heftig den Kopf und beteuerte, lieber sollten sie alle sterben, als dass das Blut eines Menschen an ihren Händen klebte. Immerhin seien sie gläubige Christenmenschen und keine gottlosen Kannibalen. Stephens pflichtete ihm bei, damit war das Thema fürs Erste beendet.

Doch der Gedanke hatte sich in Neds Kopf eingepflanzt und verfolgte ihn nicht nur in seinen Alpträumen, sondern auch am Tag, wenn er immer häufiger von seltsamen Zerrbildern und Hirngespinsten heimgesucht wurde. Die flirrende Hitze, das gleißende Sonnenlicht und seine entzündeten Augen ließen ihn merkwürdige Gestalten sehen, die sich zu ihnen ins Boot gesellten. Es war beinahe so, als träumte er mit offenen Augen. Einmal betrachtete er Dick und hatte plötzlich das Gefühl, durch seine Bauchdecke hindurch auf seine Innereien schauen zu können. Ein Schauer fuhr ihm bei dem Anblick durch den Körper, doch es war auch ein wohliger Schauer, der ihm das Wasser im Mund zusammenlaufen ließ.

Ned hatte Angst, den Verstand zu verlieren. Er mied den Anblick seiner Kameraden und die Gespräche mit ihnen. Doch seine Gedanken hatte er nicht mehr unter Kontrolle. Sie hatten sich verselbstständigt.

Zwei Tage später, noch immer war kein Tropfen Regenwasser vom Himmel gefallen, hatte sich ihre Lage dramatisch verschärft. Sowohl Edwin Stephens als auch Dick Parker hatten in ihrer Not trotz der eindringlichen Warnungen des Kapitäns Salzwasser getrunken. Vor allem der Junge hatte so viel davon zu sich genommen, dass er nun mit starken Krämpfen und heißem Kopf daniederlag. Der Fieberwahn hatte ihn gepackt, und er redete nur noch wirres und unverständliches Zeug. Das verdammte Wasserfass schien immer noch in seinem Kopf herumzuspuken. Offensichtlich gab er sich die Schuld daran, dass sie ohne Trinkwasser ins Dingi gestiegen waren. Dabei hatte er nur getan, was der Kapitän befohlen hatte: das Fass *neben* dem Beiboot ins Wasser zu werfen. Die schwere Tonne hätte andernfalls den Boden des Dingis durchschlagen können, dann wären sie an Ort und Stelle in den Fluten ertrunken. Doch Schuldgefühle, das wusste Ned aus eigener Erfahrung, waren durch Verstand oder Vernunft kaum zu besänftigen.

Dudley beschwor die anderen, es könne keine Sünde vor Gott und kein Verbrechen vor dem Gesetz sein, wenn man sein Leben rettete, statt sich tatenlos dem Tode auszuliefern. Immerhin hätten er und der Maat eine Familie zu versorgen und müssten auch an Frau und Kinder denken, die ohne sie mittellos dastünden. Ned erstarrte bei dem Gedanken an seine eigene Familie, die er vor Jahren sitzen gelassen hatte. Doch er beharrte auf seiner Ablehnung und bekreuzigte sich beinahe beschwörend. Der Maat jedoch, dessen Gesundheit durch das Meerwasser sichtlich angegriffen war, zögerte und meinte, sie sollten noch ein wenig abwarten. Immerhin seien sie den Dampferrouten schon deutlich näher gekommen; es sei nicht undenkbar, dass sie in Kürze gerettet würden.

Am 24. Juli fiel Dick in eine fiebrige Ohnmacht. Er schüttelte sich und war nicht mehr ansprechbar, Schaum trat vor seinen Mund; es war abzusehen, dass er in Kürze sterben würde. Sie waren alle bis auf die Knochen abgemagert. Wenn sie noch lange warteten, wären sie schon rein körperlich nicht mehr in der Lage, irgendetwas zu unternehmen. Sie müssten auf der Stelle handeln, sagte der Kapitän und wies auf den Kabinenjungen, der dem Tod entgegendämmerte.

»Warten wir, bis er tot ist«, antwortete Ned ausweichend.

»Dann gerinnt das Blut, und wir können es nicht mehr trinken«, wehrte der Kapitän ab. »Der Junge wird ohnehin sterben. Wir erleichtern ihm nur sein Schicksal. Das sagt der Brauch des Meeres. So ist es rechtens.«

»Ohne das Los entscheiden zu lassen?«, gab Ned zu bedenken und hob abwehrend die Hand. »Dann werden wir zu Mördern.«

Wieder wies der Kapitän auf den röchelnden Jungen und sagte: »Gott hat das Los bereits gezogen. Dick wird sterben, ob wir ihn nun töten oder nicht.«

Ned antwortete nicht. Aber er schüttelte auch nicht den Kopf. Er versuchte, die Stimmen in seinem Kopf zu ignorieren. Doch sie wurden immer lauter.

»Morgen«, sagte Stephens. »Wenn wir bis dahin kein Segel gesehen haben …« Er ließ den Satz unbeendet und schaute stattdessen auf seine Hände, die wie die eines Skeletts aussahen. Dann wiederholte er: »Warten wir bis morgen.«

Heute war der verabredete Tag. Der 25. Juli des Jahres 1884. Ein Freitag. Es ging auf den Abend zu. Kein Schiff weit und breit, keine Regenwolke am Himmel, keine Rettung in Sicht. Nur ein armer kranker Kabinenjunge im Bug des Dingis. Ein verzweifelter Kapitän mit einem Taschenmesser in der Hand.

Und ein erbärmlich dreinschauender Maat mit zwei leeren Blechdosen, um das Blut aufzufangen.

»Geh ans Ruder, Brooks!«, sagte der Kapitän, aber es war kein Befehl, sondern eine Bitte. »Und schau nicht hin!«

Ned wollte nichts damit zu tun haben, aber er wusste, dass er etwas damit zu tun haben würde. Ob er es wollte oder nicht. Er ging ans Ruder, klammerte sich an die Pinne und verbarg seinen Kopf unter der Öljacke. Wie ein kleiner Junge, der sich die Hände vor die Augen hielt, um nicht gesehen zu werden. Um nicht mehr da zu sein.

Es waren nicht in erster Linie religiöse Gründe gewesen, die ihn bewogen hatten, der Tötung des Jungen zu widersprechen. Ned hatte in seinem liederlichen Leben so viele Sünden begangen, sowohl lässliche als auch Todsünden, dass es darauf letzten Endes gar nicht ankam. Nein, vor Gott oder den Strafen der Hölle hatte er keine Angst, eher schon vor sich selbst. Vor dem, was *danach* kommen würde. Wenn sie Dick töteten, würden sie eine Grenze überschreiten, hinter die sie nie wieder zurücktreten könnten. Wie ein Flaschengeist, der nicht mehr einzufangen war, wenn er erst einmal aus seinem Glasgefäß entkam. Sie würden zu reißenden und unbarmherzigen Tieren werden. Zu grausamen Bestien. Wen würden sie als Nächsten töten? Wen würde *er* umbringen, um nicht selbst sterben zu müssen? Nichts wäre so, wie es vorher war. Nichts.

Ned schaute unter dem Ölzeug hervor. Der Kapitän und der Maat standen am Bug über den Jungen gebeugt, und es schien so, als betete der Kapitän. Plötzlich hob Dick den Kopf und starrte auf das Messer. Es war, als wachte er ein letztes Mal aus dem Fieberkoma auf und sträubte sich gegen sein Schicksal.

»Was, ich, Sir?«, rief er, ohne jedoch die Hand zur Abwehr heben zu können.

Und dann stieß ihm der Kapitän das Messer in den Hals.

Das gurgelnde Geräusch ging Ned durch Mark und Bein. Und es weckte zugleich seine Lebensgeister. Wie ein Hai, der vom Blut angelockt wird und sich in seiner Gier auch auf seine verwundeten Artgenossen stürzt, schnellte Ned in die Höhe und lief zum Bug.

»Gebt mir auch davon!«, rief er, griff nach einer der Dosen und setzte sie sich an die Lippen. Das warme, klebrige Blut schmeckte fürchterlich und köstlich zugleich, und er nahm einen großen Schluck, der wie zähflüssiger Tran die Kehle hinunterrann.

Dass Dick gerade lautlos mit dem Tode rang, versuchte Ned aus seinem Kopf zu bannen. Er war ein guter Junge gewesen. Friede seiner unsterblichen Seele! Jetzt ging es allein darum, sein Blut zu teilen, bevor es gerann, und das eigene Überleben zu sichern. Was geschehen war, konnte nicht mehr ungeschehen gemacht werden. Der Geist war aus der Flasche.

»Und nun?«, fragte Stephens, nachdem sie die Dosen leergetrunken hatten und das nur noch tröpfelnde Blut zu gerinnen begonnen hatte.

»Das Herz«, sagte der Kapitän und hielt das blutige Messer in die Höhe. »Und die Leber. Wir müssen ihn zerlegen.«

Ned zögerte nur kurz. Er war der Schiffskoch und kannte sich aus. Er wusste, was zu tun war. Es gehörte zu seiner Arbeit. Das war nicht Dick, der dort lag, sondern frisches Fleisch, das verarbeitet werden musste. So rasch wie möglich. Also nahm er das Messer und setzte es direkt unter dem Brustbein an.

Nichts galt mehr, schoss es ihm durch den Kopf, als er zustach.

FÜNFTER TEIL

RUPERT INGRAM

*»We are each our own devil,
and we make this world our hell.«*

(»Wir sind jeder unser eigener Teufel,
und wir machen uns diese Welt zur Hölle.«)

Oscar Wilde, The Duchess of Padua, 1883

MONTAG, 22. OKTOBER 1888

I

Seit zwei Tagen saß ich nun schon in dieser düsteren und stinkenden Zelle im rückwärtigen Teil der Polizeiwache am Snow Hill. Seit zwei Tagen starrte ich auf die Gitterstäbe, versuchte vergeblich, das wirre Gerede meines Zellengenossen zu ignorieren, und wartete darauf, aus diesem Irrsinn entlassen oder wenigstens einem Richter vorgeführt zu werden. Noch immer begriff ich nicht, wie es dazu gekommen war. Wie es dazu hatte kommen können. Es war wie ein Alptraum, aus dem man nicht aufwachen konnte. Noch nie in meinem Leben war ich mir so jämmerlich und erbärmlich vorgekommen. Und das nicht nur, weil ich von einem Polizisten niedergeschlagen worden war.

Als ich am Samstagmittag nach meiner Ohnmacht wieder zu mir kam, saß ich in einem vergitterten Polizeiwagen, einer sogenannten »Black Maria«, mit Handschellen an den Händen und einem hämmernden Schmerz im Schädel. Mir gegenüber hockte der Constable, der mich mit dem Schlagstock niedergestreckt hatte und nun sehr zufrieden dreinschaute. Ich verstand nicht, was vorgefallen war und wieso man mich verhaftet hatte. Ich hatte doch gar nichts getan, niemanden verletzt oder bedroht. Wieso behandelte man mich wie einen Verbrecher? Auf meine Fragen antwortete der Constable, der die Nummer 189c auf seinem Stehkragen trug, lediglich mit einem Schulterzucken, und er wiederholte die Worte, die er zuvor an der Themse gesagt hatte: »Ich hatte Sie gewarnt, Sir.«

Ich wurde zum Snow Hill gebracht und auf der Polizeiwache nach meiner Person und meiner Adresse befragt. Da ich keinerlei Papiere bei mir führte, die meine Identität bestätigen konnten, nannte ich dem diensthabenden Constable hinter dem Tresen meinen Vater und meine beiden Brüder als Bürgen und bat darum, sie umgehend zu informieren. Falls nötig, könnten sie eine Kaution oder schriftliche Bürgschaft für mich hinterlegen.

»Ihr Vater ist Mr. Harvey Ingram, der Besitzer des Hatchett's Hotel in Mayfair?«, fragte der Constable und betrachtete verwundert meine verdreckte und zerrissene Zimmermannskleidung. »Und Sie sind Mr. Rupert Ingram, Geschäftsführer des Crown Hotel in der Dover Street?«

»Ganz richtig«, bestätigte ich und knetete den Schlapphut vor meinem Bauch.

»Warum die Verkleidung, Sir?«, fragte der Diensthabende und machte eine sauertöpfische Miene. Auch er hatte eine Nummer auf dem Kragen, sie lautete: 408c. Vermutlich stand das C für City.

Ich zuckte mit den Schultern und sagte: »Das ist eine lange Geschichte.«

»Und warum haben Sie die junge Frau angegriffen?«, fragte der Polizist, der mich verhaftet hatte und nun ebenso verwundert anstarrte.

»Ich habe sie nicht angegriffen, Officer«, protestierte ich.

»Ich war Zeuge des Vorfalls«, beharrte der Constable wichtigtuerisch.

»Es gab keinen Vorfall. Wir haben nur geredet. *Sie* haben *mich* angegriffen.« Dabei deutete ich mit gefesselten Händen auf die Beule an meinem Hinterkopf.

»Sie haben sich den Anordnungen der Polizei widersetzt.«

»Ich habe nichts dergleichen getan«, widersprach ich.

»Ich hatte Sie gewarnt, Sir!« Constable Nr. 189c schien diesen Satz sehr zu mögen. »Sie wollten mich ebenfalls attackieren.«

»Das stimmt nicht!«, rief ich und hätte ihn in diesem Augenblick am liebsten wirklich attackiert. Was aber allein schon wegen der Handschellen nicht möglich war. »Ich habe lediglich mit den Armen herumgefuchtelt. Das wird ja wohl noch erlaubt sein.«

»Haben Sie getrunken?«, fragte der Diensthabende.

»Heute nicht.«

»Aber gestern«, erwiderte er, nickte wissend und machte eine Notiz auf seinem Zettel. »Verstehe.«

»Ich bin nicht betrunken, Officer«, antwortete ich flehentlich. »Lassen Sie mich doch gehen. Außer mir ist ja niemand zu Schaden gekommen.«

»Das wird das Gericht zu entscheiden haben«, sagte der Beamte hinter dem Tresen. Er wandte sich an einen älteren und pockennarbigen Polizisten, der die Szene ungerührt aus einem Lehnstuhl verfolgt hatte, und sagte: »Abführen!«

»Wann werde ich dem Richter vorgeführt?«, wollte ich wissen.

»Nicht am Wochenende«, sagte der Diensthabende achselzuckend.

»Benachrichtigen Sie bitte meinen Vater«, bat ich, während ich von dem älteren Constable nach hinten geführt wurde. »Das ist alles ein Missverständnis.«

Ich konnte nicht genau hören, was er antwortete, aber es klang wie: »Alles zu seiner Zeit!«

»Ich sitz schon seit Donnerstag hier drin«, begrüßte mich der etwa vierzigjährige und verlebt aussehende Mann, mit dem ich die Zelle teilen musste. Er klang, als wäre er sturzbetrunken, was allerdings kaum möglich war, wenn er bereits seit zwei Tagen hier festsaß. Er rollte plötzlich die Augen, als hätte er ein Sandkorn hineinbekommen, dann sagte er: »Die werden Augen machen, wenn ich auspacke. Und dann werden sie mich hängen.«

»Hängen?«, staunte ich. »Wieso? Wofür?«

»Dafür!«, antwortete der Mann grinsend und bleckte dabei sein löchriges Gebiss. Er deutete durch die Gitterstäbe zur gegenüberliegenden Wand und fügte mit freudig verzerrter Miene hinzu: »Der da, das bin ich!«

Meine Augen folgten seinem Finger und landeten auf einem Aufruf der Polizei vom Anfang des Monats, der neben einigen Steckbriefen und amtlichen Hinweisen an einem Schaubrett angenagelt war. Darauf hieß es:

»Polizeiliche Bekanntmachung.
An die Bewohner.
Am Freitag, dem 31. August, am Samstag, dem 8. September, und am Sonntag, dem 30. September 1888, wurden in Whitechapel oder Umgebung Frauen ermordet, vermutlich von jemandem aus der unmittelbaren Nachbarschaft. Sollten Sie von irgendeiner Person wissen, der ein Verdacht anhaftet, so werden Sie dringend aufgefordert, sich unverzüglich mit der nächstgelegenen Polizeiwache in Verbindung zu setzen.«

»Sie sind Jack the Ripper?«, fragte ich und fuhr auf dem Absatz herum. »Sie haben Long Liz und die anderen Frauen ermordet?«

»Wen?«

»Elizabeth Stride! Sie wurde am 30. September in der Berner Street ermordet.« So hatte es mein Hauptmieter Edmund im Miller's Court gesagt: *»Das war unten in der Berner Street in Whitechapel.«*

»Hab die Weiber nicht nach ihrem Namen gefragt«, antwortete der Kerl und lachte keckernd. »Und anschließend konnten sie nicht mehr reden.« Wieder entglitt ihm die Mimik, und er machte eine seltsame Fratze. Es schien beinahe so, als hätte er seine Gesichtsmuskeln nicht unter Kontrolle.

»Wie heißen Sie eigentlich?«, wollte ich wissen.

»Graham«, antwortete er und klopfte sich würdevoll auf die Brust. »Benjamin Graham. Den Namen müssen Sie sich merken. Können Sie Ihren Kindern von erzählen, dass Sie mit dem Ripper in einer Zelle gesessen haben. Bevor er gehängt wurde.« Plötzlich stutzte er, starrte mich an und fragte: »Berner Street?«

Man musste kein Polizist, Arzt oder Richter sein, um zu erkennen, dass dieser Mann ein Wirrkopf und Trunkenbold war, der offenkundig seinen Verstand versoffen hatte und nur dummes Zeug erzählte. Benjamin Graham war ebenso wenig der Ripper wie ich es war. Es schien fast so, als ginge es ihm lediglich darum, am Galgen aufgeknüpft und auf diese Weise berühmt zu werden. Mir wollte nicht einleuchten, warum die Polizei diesen armen Irren überhaupt eingesperrt hatte. Vermutlich waren sie über jeden Verdächtigen froh, den sie als möglichen Frauenmörder festnehmen konnten. Und sei es nur, um vor der Öffentlichkeit nicht als untätig dazustehen.

Trotzdem behagte mir der Gedanke überhaupt nicht, mit diesem Verrückten womöglich mehrere Nächte lang die Zelle teilen zu müssen. Er war gewiss nicht der vierfache Frauenmörder, aber geisteskrank war er auf jeden Fall, und ob er obendrein gefährlich war, konnte ich nicht einschätzen. Ich redete mir ein, dass bellende Hunde normalerweise nicht bissen, und bemühte mich, nicht auf den verqueren Unsinn zu hören, den Benjamin Graham beinahe ununterbrochen und in einem monotonen Gebrabbel von sich gab. Selbst im Schlaf redete er leise vor sich hin und stieß in unregelmäßigen Abständen wilde Flüche aus.

Zwei Tage war meine Verhaftung nun her, und in der Zeit hatte ich weder einen Richter noch ein Mitglied meiner Familie zu Gesicht bekommen. Auch die Polizisten wollten nichts mehr von mir wissen, sie hatten mich in ihren Akten vermerkt und in die Zelle gesperrt. Alles Weitere schien sie nicht zu interessieren. Auf meine Nachfrage war mir lediglich mitgeteilt worden, am Montagnachmittag würde ich zum Polizeigericht in der Guildhall gebracht und einem zuständigen Alderman vorgeführt. Dort würde sich entscheiden, ob ich sofort freikäme, auf Kaution entlassen würde oder in Untersuchungshaft bleiben müsste. Der pockennarbige Alte, bei dem ich mich erkundigt hatte, berichtete mir hinter vorgehaltener Hand, meine Familie sei bereits unterrichtet und wisse auch von dem Termin der Vorverhandlung. Von irgendwelchen Anstrengungen der Ingrams, mich vorzeitig aus der Zelle zu holen, sagte er nichts. »Das regelt sich alles am Montag, Jungchen«, setzte er hinzu und lächelte altersmilde.

Die Tage und Nächte in der beengten Zelle waren eine Qual. Nicht aus Angst vor Graham oder wegen des üblen Gestanks, der aus dem mit dünnen Bretterwänden abgetrennten und vermutlich seit Monaten nicht gereinigten Abort kam. Auch die drohende Gefahr, vom Richter wegen der dummen Lappalie verurteilt zu werden, erschien mir nicht so groß, dass ich davon schlaflose Nächte bekam. Nein, es waren vor allem die Langeweile und das Übermaß an Zeit, die mir zu schaffen machten. Das Warten und das Nichtstun nagten an mir, und je länger das Eingesperrtsein dauerte, desto ungeduldiger und gereizter wurde ich.

Jeder sinnvollen Beschäftigung beraubt, war ich meinen eigenen Gedanken ausgeliefert, die in meinem Kopf einen regelrechten Veitstanz aufführten. Alles ging hin und her, drunter und drüber, kreuz und quer, und es vermengte sich schließlich zu einem unentwirrbaren Knäuel. Ich dachte an Meredith Wright Barclay und die Hochzeit, die es nicht geben würde. An ihren Onkel Robert, der mich zum Brauer machen wollte. Ich dachte an meinen Vater und seine durchaus ernst zu nehmende Drohung, mir den Namen und mein Erbe zu nehmen. Und an Eva Booth und ihren verständlichen Grund, mich einen Satan zu nennen. Ich dachte nicht zuletzt an Long Liz und ihren Freund, den finsteren Hafenarbeiter Michael, dem ich zum willfährigen Handlanger geworden war, ohne die Folgen meines Handels auch nur zu erahnen. Und ich dachte an Simeon Solomon und das hübsche Mädchen, dessen Gesicht er angeblich vor acht Jahren gemalt hatte, was aus logisch zwingenden Gründen unmöglich war. All diese Menschen führten in meinem Kopf eine Art Hüpfreigen auf und schienen sich über mich lustig zu machen. Es war mir einfach nicht möglich, eine Ordnung in das Durcheinander zu bringen.

Außerdem schmerzten meine Augen, die Schläfen hämmerten unaufhörlich, und der Rattenbiss an meinem Muttermal eiterte und brannte wie Feuer. Nachts fuhr ich schweißnass aus Alpträumen auf, die seltsamerweise auch mit geöffneten Augen nicht aufhörten. Alles drehte sich im Kreis, als wäre ich betrunken.

Am heutigen Morgen war es mir kaum möglich gewesen, von der engen und harten Liege aufzustehen und mich aufzurappeln, um mir ein wenig Wasser ins geschundene Gesicht zu schütten. Mein verrückter Zellengenosse war bereits auf und schien sich diebisch zu freuen. Heute war sein großer Tag! Mir hingegen tat alles weh, und ich hätte mich am liebsten in einer Ecke verkrochen. Doch als der Wachhabende erschien, mit dem Schlagstock gegen die Gitterstäbe schlug und Besuch für mich ankündigte, war ich schlagartig hellwach. Auch wenn ich gleichzeitig das Gefühl hatte, das alles nur zu träumen.

Ich hatte gehofft, mein Vater oder besser noch einer meiner Brüder würde auf der Polizeiwache erscheinen, um mich aus diesem eisernen Käfig zu befreien, doch stattdessen war es der kleine Gray, der mich mit seinem verunstalteten Lausbubengesicht durch die Gitter anstarrte. Der Laufbursche des Hotels war von meinem Bruder William geschickt worden, ohne Wissen und gegen den ausdrücklichen Befehl meines Vaters, wie Gray gleich zu Beginn erklärte.

»Der Boss ist nicht gut auf Sie zu sprechen, Boss«, sagte er und verbesserte sich prompt: »Ich meine, Sir!« Er räusperte sich und fügte in verschwörerischem Tonfall hinzu: »Ganz schön dicke Luft im Hotel. Das können Sie mir glauben. Der Alte hat im Büro vom Boss getobt und wollte Sie am liebsten im Knast schmoren lassen. Keinen Finger würde er für Sie krumm machen, hat er geschrien. Würde Ihnen nur recht geschehen, dass Sie hinter Gittern sitzen. Vielleicht würden Sie dadurch endlich zur Vernunft kommen. Der Alte war fuchsteufelswild und hat gebrüllt, dass man's durch die Wände hören konnte.«

Ich hätte Gray wegen seiner despektierlichen Rede tadeln müssen, doch stattdessen verteidigte ich mich: »Dies ist kein Knast, sondern eine Polizeiwache.«

»Kommt aufs Gleiche raus, oder?«, antwortete er achselzuckend und stieß mit dem Fuß gegen das Gitter. »Zelle bleibt Zelle.« Damit schob er ein Stoffpaket durch die Stäbe und sagte: »Frische Wäsche. Für den Prozess.«

Ich schaute hinein und sah eine helle Leinenhose, ein weißes Hemd, eine Krawatte, eine lange Unterhose und ein paar Socken. Nur die Schuhe und eine Jacke fehlten.

»William hat die Jacke vergessen«, sagte ich.

»Oh!«, rief Gray und machte ein bekümmertes Gesicht. »Tut mir leid. Hab ich nicht dran gedacht.«

Da begriff ich, dass nicht William auf die Idee mit der frischen Wäsche gekommen war, sondern dass Gray die Sachen für mich zusammengesucht hatte. »Danke, Gray«, murmelte ich. »Es geht auch ohne Jacke. Und auf die Schuhe achtet im Gericht ohnehin keiner.«

Er nickte achselzuckend, deutete dann mit dem Zeigefinger auf meine rechte Wange und sagte: »Das sieht nicht gut aus, Boss.«

»Ist nur ein Rattenbiss.«

»Scheint entzündet zu sein«, beharrte er und schob die Unterlippe vor.

»Ja, schon gut«, wehrte ich ab und fragte: »Wird mein Vater zur Verhandlung kommen? Oder hat William dir Geld mitgegeben, damit ich eine Kaution hinterlegen kann? Ich muss hier raus, Gray, sag ihnen das!«

»Das wissen die auch ohne dass ich's ihnen sage«, erwiderte er und grinste plötzlich. »Man sollte sich halt nicht mit 'nem Copper anlegen, Boss. Das bringt nichts, man zieht doch nur den Kürzeren. Besser aus dem Weg gehen. Nichts wie weg, so halt ich's immer mit der Polente. Und bloß keine Widerworte. Das können die von der Schmiere beim Teufel nicht ausstehen.«

»Danke für den Ratschlag«, knurrte ich und wiederholte meine Frage: »Wer wird von der Familie zum Gericht kommen?«

»Der Boss, also Master William«, antwortete er wie beiläufig. »Irgendeiner muss ja für Sie bürgen. Mein Wort zählt da wahrscheinlich nicht viel. Und Ihr Vater«, er wedelte mit der rechten Hand und pfiff leise, »mit dem ist nicht gut Kirschen essen, Boss. Der würde sie am liebsten noch länger hier schmoren lassen.«

»Das sagtest du bereits«, unterbrach ich ihn und war zugleich froh über seine Worte. Die Auseinandersetzung mit meinem Vater hätte ich vermutlich nicht überstanden. Williams zu erwartender Spott und seine Häme waren allemal besser zu ertragen. Auch wenn ich der wütenden Tirade meines Vaters auf Dauer nicht aus dem Weg würde gehen können.

»Sonst noch was, Sir?«, fragte Gray und wollte sich die Mütze aufsetzen. »Brauchen Sie vielleicht was zu essen?«

»Nein, ich bin nicht hungrig«, antwortete ich, winkte ihn aber trotzdem zu mir heran. »Du kannst mir einen Gefallen tun. Geh bitte zum Hauptquartier der Heilsarmee in der Queen Victoria Street und frag nach Captain Eva Booth.«

»Kann die Spinner nicht leiden«, antwortete er und kratzte sich die Nase.

»Du sollst sie nicht leiden können, sondern nach Miss Eva Booth fragen.«

Der Junge runzelte die Stirn und fragte: »Ist das die Frau, die Sie in der City angegriffen haben?«

»Ich habe niemanden angegriffen!«

»Verstehe«, antwortete er und nickte, als hätte er nie etwas anderes behauptet. »Und dann? Was mach ich mit dem Captain?«

»Bitte sie höflich, am Nachmittag zur Guildhall zu kommen.«

»Wenn sie am Samstag dabei war, als Sie die Frau *nicht* angegriffen haben, wird sie doch sowieso als Zeugin vorgeladen, oder?«

Ich überhörte die Ironie oder den Unglauben in seinen Worten und sagte: »Ich möchte nur sichergehen, dass sie eine Aussage vor Gericht macht.«

»Warum?«, staunte er. »Wär das klug?«

»Was meinst du damit?«

»Na ja«, sagte er und rückte sich die Wollmütze zurecht. »Vielleicht hat sie ja längst ihre Aussage gemacht. Und vielleicht ist das ja der Grund, warum Sie überhaupt hier drinsitzen. Wär doch denkbar, oder?«

»Tu, was ich dir sage!«, knurrte ich ihn an und verdrängte den Gedanken, dass Gray womöglich recht hatte.

»Ay, Boss!«, antwortete er und salutierte. »Werd's dem Captain ausrichten.«

2

Das Polizeigericht befand sich in einem unscheinbaren Nebengebäude auf der Westseite des winzigen, ringsum bebauten Guildhall Yard. Gerade im Vergleich zum verschnörkelten gotischen Portal des alten Rathauses, das den nördlichen Abschluss des düsteren Hofes bildete, wirkte das Gerichtsgebäude streng und abweisend. Was natürlich seinem vornehmlichen Zweck entsprach.

Wir waren, abgesehen von den Polizisten, zu viert im Polizeiwagen. Am Sonntagabend waren zwei Taschendiebe in der Polizeiwache am Snow Hill abgeliefert worden, nachdem sie am Bahnhof Ludgate Hill auf frischer Tat beim Diebstahl eines Koffers ertappt worden waren. Auch sie sollten heute dem zuständigen Alderman vorgeführt werden. Wie Sträflinge an den Händen gefesselt, wurden wir von einem uniformierten Constable und einem in Zivil gekleideten Sergeant ins Gebäude und durch dunkle Gänge zu einem ebenerdigen Raum im rückwärtigen Teil des Gerichts geführt. Durch die beiden Fenster auf der Südseite konnte man den spitzen Kirchturm von St. Lawrence Jewry sehen, und weil die Sonne direkt über dem First des Kirchendachs stand, fiel gleißendes Licht in den Saal.

Ich kniff die Augen zusammen, um überhaupt etwas erkennen zu können. Als ich mich an die Lichtverhältnisse gewöhnt hatte, war ich überrascht, ein derartiges Gewimmel und Gedränge zu erblicken. Überall saßen und standen Menschen an Pulten und Tischen, auf Stühlen und Bänken, gegen die Wände gelehnt oder in kleinen Gruppen mitten im Raum. Manche bekritzelten eifrig irgendwelche Papiere, andere meldeten sich stehend zu Wort, wieder andere plauderten mit ihren Nachbarn oder starrten unbeteiligt auf ihre Hände oder Füße.

Der Sergeant befreite uns von den Handschellen und wies uns mit einer Kopfbewegung an, auf der hinteren von zwei Bänken unter den Fenstern Platz zu nehmen. Zwei uniformierte Gerichtsdiener an beiden Enden der Bankreihen sorgten dafür, dass wir den uns zugewiesenen Platz nicht verließen und uns anständig benahmen. Dies waren die Anklagebänke, und direkt vor uns in der ersten Reihe saßen die armen Teufel, deren Schicksal gerade verhandelt wurde. Es wunderte mich, dass die verschiedenen Fälle nicht einzeln bearbeitet wurden, sondern in Gegenwart aller anderen Angeklagten und zahlloser Unbeteiligter. Es schien dem Gericht vor allem darum zu gehen, Zeit zu sparen und sich nicht von Details aufhalten zu lassen. Ein Anwalt verlas die Anklage, Zeugenaussagen wurden aufs Nötigste reduziert, der vorsitzende Alderman stellte einige Fragen, die Angeklagten durften eine kurze Stellungnahme abgeben, dann erging nach wenigen Minuten das Urteil: Freilassung, Kaution oder Untersuchungshaft. Alles Weitere würde dann in der Hauptverhandlung zur Sprache kommen.

Den Vorsitz hatte an diesem Tag ein Mr. Alderman Renals, wie auf dem Schild am Richtertisch zu lesen war. Er war ein glatzköpfiger Mann, der mit seinem pelzbesetzten Kragen, der breiten Krawatte und dem Zwicker auf der Nase sehr streng und ehrfurchtgebietend aussah. Über seinem Kopf prangten das Wappen der Stadt London und ein Porträt der Königin an einer mit rotem Stoff bezogenen Wand.

Ich schaute mich in dem ringsum holzvertäfelten Saal um und suchte nach bekannten Gesichtern unter den Anwesenden. Auf den Zuschauerbänken, die durch ein Holzgeländer vom vorderen Teil des Raumes abgetrennt waren, entdeckte ich schließlich meinen Bruder William. Er schaute finster drein und erwiderte meinen flehentlichen Blick mit einem verständnislosen und vorwurfsvollen Kopfschütteln. Von Eva Booth war weit und breit nichts zu sehen, auch Gray suchte ich vergeblich. Ich hoffte, dass die Zeugen womöglich in einem angrenzenden Raum oder vor der Tür darauf warteten, ihre Aussage zu machen. Allerdings hatte ich beim Hineingehen keine Wartebänke gesehen.

Die vier Angeklagten in der ersten Reihe waren inzwischen nacheinander und im Eiltempo abgehandelt worden, sie erhoben sich und wurden aus dem Saal geführt. Einer von ihnen in die Freiheit, die anderen drei ins Gefängnis. Wir vier Snow-Hill-Gefangenen wurden nun angewiesen, in die erste Reihe vorzurücken. Kaum waren wir aufgestanden, nahmen die nächsten Angeklagten unsere hinteren Plätze ein.

Als Erster wurde Benjamin Graham aufgefordert, sich zu erheben, was dieser mit einem breiten Grinsen tat. Nach den Angaben zur Person, die von Graham sehr würdevoll vorgetragen wurden, trat der diensthabende Constable der Snow-Hill-Polizeiwache in den Zeugenstand und sagte aus, der Beschuldigte sei am Donnerstag zur Wache gebracht worden, weil er in einem Gasthaus in der Newgate Street behauptet habe, für die abscheulichen Morde im East End verantwortlich zu sein. Der Beschuldigte sei offenbar betrunken gewesen und deshalb einem Arzt vorgestellt worden. Doch auch in nüchternem Zustand habe Mr. Graham die Selbstbezichtigung aufrechterhalten.

Alderman Renals bat den Angeklagten um eine Stellungnahme, und Benjamin Graham verkündete mit hoher Stimme und stolzgeschwellter Brust: »Ja, ich bin Jack the Ripper. Ich habe die Frauen in Whitechapel getötet.« Er wandte sich kurz zu mir um und setzte feierlich hinzu: »Auch die Frau in der Berner Street, die ich nicht nach ihrem Namen gefragt habe.« Dann verkündete er in Richtung Zuschauerraum: »Und darum werde ich am Strick dafür zu büßen haben.«

Im Saal machte sich ungläubiges Murmeln und vereinzeltes Gelächter breit, das aber sofort von den uniformierten Gerichtsdienern unterbunden wurde. Der Sergeant, der uns von der Wache zur Guildhall begleitet hatte, war inzwischen vor den Richterstuhl getreten und beantragte, den Beschuldigten in Anbetracht dieser Aussage in Untersuchungshaft zu nehmen, um die vorangegangenen Ereignisse und die Lebensumstände des Mr. Graham genauer zu ermitteln. Dem stimmte der Alderman nach kurzem Zögern und mit sichtlichem Unbehagen zu. Er verkündete das Urteil: weitere Untersuchungshaft und Verbringung ins Gefängnis von Holloway. Damit landete der Holzhammer auf dem Tisch.

Benjamin Grahams Gesicht leuchtete vor Stolz, er hatte es geschafft. Als er sich setzte, raunte er mir zu: »Kannst du deinen Kindern von erzählen.«

Nun wurde mein Fall aufgerufen. Ich erhob mich, sagte meinen Namen und meine Adresse und nannte meinen Bruder William als Bürgen.

Der Alderman schaute in seine Unterlagen, fand den entsprechenden Eintrag und las: »William Ingram, 43 Dover Street, Mayfair. Ist Mr. Ingram anwesend?«

William stand auf und rief: »Anwesend.«

»Bestätigen Sie, dass es sich bei dem Angeklagten um ihren Bruder Rupert handelt und er unter der angegebenen Adresse wohnhaft ist?«

»Jawohl«, antwortete William knapp und schmallippig. Es hatte den Anschein, als wäre es ihm gar nicht recht, dass dies den Tatsachen entsprach.

Wieder nickte der Alderman, dann erteilte er dem Constable, der mich am Samstag verhaftet hatte, das Wort.

So erfuhr ich, dass der Police Constable 189c auf den Namen John Rackley hörte und seit mehr als zehn Jahren bei der City of London Police war. Er berichtete sehr ausführlich, wie er mich am Vormittag des 20. Oktober in der Queen Victoria Street auf dem Bordstein schlafend aufgegriffen und wie ich in rüdem Ton auf seine Aufforderung, den Platz zu räumen, geantwortet hätte.

»Ich habe nicht geschlafen«, unterbrach ich ihn. »Und ich war nicht rüde, sondern ironisch. Das ist ein Unterschied.«

»Sie werden später gehört, Angeklagter«, sagte der Alderman und bedachte mich über seinem Zwicker mit einem warnenden Blick.

Constable Rackley fuhr sichtlich pikiert fort, dass er mich

wenig später am Ufer der Themse unweit des Bahnhofs St. Paul's in der Begleitung einer jungen Offizierin der Heilsarmee wiedergesehen und dass ich laut geschimpft und die Frau körperlich bedroht hätte. Ich hätte die geballte Faust erhoben, sodass er um das leibliche Wohl der betreffenden Person hätte fürchten müssen. Auf seine unmissverständliche und wiederholte Aufforderung, die Hand herunterzunehmen, hätte ich nicht reagiert, sondern stattdessen ihn bedroht, woraufhin er sich genötigt gesehen hätte, mich mit Hilfe des Schlagstocks außer Gefecht zu setzen.

Wieder wollte ich protestieren, doch ein Blick zum Vorsitzenden machte mir klar, dass das nicht sehr ratsam gewesen wäre. Also schwieg ich und schaute mich Hilfe suchend im Gerichtssaal um. William starrte zu Boden. Doch wo blieb Eva Booth? Warum war sie nicht als Zeugin geladen? Und wo steckte der Taugenichts Gray?

»Sind Sie sicher, dass der Angeklagte der Frau ein Leid zufügen wollte?«, wandte sich der Alderman an den Officer.

»Ganz ohne Zweifel«, antwortete Constable Rackley. »Wenn ich nicht eingeschritten wäre, hätte er sie mit der Faust geschlagen.«

»Lüge!«, rief ich. »Das ist nicht wahr.«

Der Hammer des Vorsitzenden knallte auf den Tisch.

»Ruhe!«, rief er und funkelte mich böse an. »Sie hören doch, was der Constable sagt. Er war Zeuge des Vorfalls. Wollen Sie ihn ernsthaft der Lüge bezichtigen?«

»Warum fragen Sie nicht Miss Eva Booth, ob ich sie bedroht habe?«

»Police Constable Rackley war zur Tatzeit am Tatort anwesend«, antwortete der Alderman. »Seine Aussage ist in den Augen des Gerichts völlig ausreichend. Wenn Sie die Aussage des geschädigten Opfers hören möchten, so können Sie das zur Hauptverhandlung selbstverständlich beantragen.«

»Aber es gab kein geschädigtes Opfer«, erwiderte ich zunehmend verzweifelt. »Ich habe niemanden geschlagen und hatte auch nicht die Absicht. Es ist doch gar nichts geschehen. Der Einzige, der zugeschlagen hat, war Constable Rackley.« Da ich sah, dass der Constable sich aufplusterte und etwas erwidern wollte, fuhr ich ihm wütend über den Mund: »Und sagen Sie jetzt nicht, Sie hätten mich gewarnt!« Ich weiß selbst nicht, was in mich gefahren war, aber ich hatte die Faust geballt und stieß sie zornig in seine Richtung.

»Sehen Sie!«, rief Constable Rackley. »Genau so hat er mich angegriffen.«

Alderman Renals nickte wissend, notierte etwas auf seinem Papier und wies einen der Gerichtsdiener mit einer Kopfbewegung an, mich zu besänftigen.

Mir war klar, dass mein Fall verloren war. Ich hatte mich um Kopf und Kragen gewütet und würde wie mein verrückter Kollege neben mir in Holloway enden. Bevor sich der Gerichtsdiener mir nähern konnte, hatte ich die Hand gesenkt und mich auf die Bank fallen lassen. Mir blühte die Untersuchungshaft.

»Angeklagter, bitte erheben Sie sich zur Urteilsverkündung!«, sagte der Alderman und räusperte sich leise.

»Einen Augenblick!«, erschallte plötzlich eine helle Frauenstimme durch den Saal. Und im nächsten Moment schritt Eva Booth in ihrer dunklen Uniform durch die kleine Pendeltür, die vom Zuschauerraum zum Verhandlungssaal führte. »Ich möchte eine Aussage machen, Euer Ehren.«

»Und wer sind Sie?«, wollte der Alderman wissen.

»Eva Cory Booth«, antwortete sie und baute sich direkt vor dem Richterstuhl auf. »Captain der Heilsarmee, Dienerin Gottes und Zeugin in diesem Fall.« Eine rote Locke fiel ihr über die Stirn, und ich stellte erleichtert fest, dass sie keinen Verband mehr unter ihrer Haube trug.

Der Blick des Aldermans ging zum Constable, und als dieser bestätigend nickte, fragte der Vorsitzende: »Sie wollen zu dem Fall aussagen, Miss Booth?«

»Das will ich.«

Der Alderman schaute kurz auf seine Taschenuhr, machte eine verdrießliche Miene, wies dann aber mit der Hand zum Zeugenstand und sagte: »Nun gut.«

Constable Rackley machte pflichtschuldig, aber mit sichtlichem Widerwillen Platz. Mein Blick ging zum Zuschauerraum, wo Gray mit einem breiten Grinsen an der Pendeltür stand und wie vorhin auf der Polizeiwache in meine Richtung salutierte. Etwas zu theatralisch, wie ich fand, dennoch nickte ich ihm dankbar zu.

»Bitte schildern Sie uns, was am Samstag vorgefallen ist«, sagte der Alderman und fuhr sich über die Glatze. »Aber fassen Sie sich bitte kurz.«

»›Deine Rede sei: Ja! Ja! Nein! Nein! Was darüber ist, das ist vom Übel‹, spricht der Herr«, sagte Eva Booth mit ihrer hellen und klaren Glockenstimme. »Daher in aller gebotenen Kürze: Der Mann ist unschuldig.«

»Er hat sie nicht bedroht?«, wunderte sich der Vorsitzende.

»Nein, das hat er nicht.«

»Er hat die Faust nicht gegen Sie oder den Constable erhoben?«

»Nein, er hat die Faust gegen Gott im Himmel erhoben«, antwortete Eva Booth und schüttelte missbilligend ihren Kopf. »Was ungleich schwerer wiegt, aber nicht vor einem weltlichen Gericht verhandelt werden sollte.«

»Aber Police Constable Rackley hat ausgesagt, dass er von dem Angeklagten tätlich angegangen und körperlich bedroht worden sei.«

»Es mag sein, dass der Officer sich bedroht fühlte und deshalb nicht ohne Grund handelte«, sagte Eva Booth und bedachte den Constable mit einem ebenso verbindlichen wie freundlichen Lächeln. »Ich danke ihm herzlich, dass er die vermeintliche Gefahr abwenden wollte, aber aus meiner Sicht hat eine solche Gefahr nicht bestanden. Es handelte sich um ein bedauerliches Missverständnis. Für das Mr. Ingram ganz gewiss nicht unverantwortlich war.«

»Ich hatte ihn gewarnt«, sagte Constable Rackley kleinlaut und zugleich ein wenig erleichtert. »Ich habe nur meine Pflicht getan.«

»Das haben Sie«, bestätigte Eva und legte ihm die Hand auf den Unterarm. »Das haben Sie ganz gewiss, Officer.«

Ich hätte sie vor Freude und Dankbarkeit küssen mögen. Während meine Unbeherrschtheit lediglich Widerwillen und Missstimmung erzeugt hatte, glättete sie mit wenigen Worten die Wogen und gab allen das beruhigende und erbauliche Gefühl, sich richtig oder zumindest nicht falsch verhalten zu haben. Alle wahrten ihre Gesichter, niemand wurde verletzt, und allen war gedient.

»Eine Heilige und eine Hexe«, so hatte Simeon sie am Freitag genannt, und das Seltsame war, dass darin gar kein Widerspruch zu liegen schien.

»Sie wissen, dass Sie vor diesem Gericht die Wahrheit sagen müssen«, sagte Alderman Renals und fuhr sich nachdenklich über den Backenbart.

»Ich bin eine treue Dienerin Gottes, Sir, und das achte Gebot ist mir heilig«, antwortete Eva Booth nickend und setzte nach einer kurzen Pause hinzu: »Ich lüge niemals.« Der feierliche Tonfall und der strenge Blick, mit denen sie diese drei Worte vortrug, ließen keinen Widerspruch und keine weiteren Fragen zu.

Der Alderman nickte und lächelte ebenfalls. Er gab sich geschlagen, ohne das Gefühl zu vermitteln, geschlagen worden zu sein. Er richtete sich auf, rückte seinen Zwicker zurecht, klopfte mit dem Hammer auf den Tisch und sagte: »Bitte erheben Sie sich zur Urteilsverkündung.«

Und dann wurde ich freigesprochen.

3

Es dauerte fast eine geschlagene Stunde, bis ich endlich als freier Mann das Gerichtsgebäude verlassen konnte. Zunächst musste ich geduldig auf der Anklagebank verharren, während den beiden Taschendieben der Prozess gemacht wurde. Das geschah allerdings in einem solchen Tempo und ohne Anhören der auf frischer Tat ertappten Angeklagten, dass der Alderman die Zeit, die er mit mir verplempert hatte, mehr als wettmachte. Anschließend wurde ich von einem knurrigen Gerichtsdiener in einen Raum im ersten Stock geführt, wo ich allerlei Unterlagen und Papiere zu unterzeichnen hatte, deren Sinn mir weitestgehend verborgen blieb. Die Schriftstücke waren in einem derartigen Kauderwelsch verfasst, dass ich sie vermutlich nicht verstanden hätte, auch wenn ich sie gründlich gelesen hätte. Ich wollte nur raus und unterschrieb alles, was der Büttel mir hinhielt. Anschließend mussten die Papiere von einem weiteren Beamten gegengezeichnet und mit einem Stempel der Stadt London amtlich gemacht werden. Erst dann wurde mir feierlich eine Kopie der Urkunde überreicht. Der Gerichtsdiener wünschte mir einen guten Tag.

»Kann ich gehen?«, fragte ich ihn.

»Sie sind ein freier Mann«, gab er gleichgültig zurück.

Als ich kurz darauf in den düsteren Guildhall Yard hinaustrat, schlug die Turmuhr der benachbarten Kirche dreimal. Ich sah gerade noch, wie Benjamin Graham in Begleitung zweier Uniformierter und umringt von einer Menschentraube einen vergitterten Polizeiwagen bestieg. Er war inzwischen an Händen und Füßen gefesselt und genoss sichtlich die allgemeine Beachtung. Bevor er in der vergitterten »Black Maria« verschwand, drehte er sich noch einmal um und winkte der johlenden und feixenden Menge zu, als hätte er gerade eine Heldentat begangen. Er sah mich vor dem Eingang des Gerichts stehen und rief lachend: »Ich werde hängen, Ingram!«

»Das freut mich für dich!«, hätte ich beinahe geantwortet, beließ es aber bei einem aufmunternden Kopfnicken. Die Tür des Wagens fiel ins Schloss, eine Peitsche knallte, und die Pferde setzten sich in Bewegung. In Richtung Holloway. Beim nächsten Gerichtstermin vor einem weniger desinteressierten Richter würde der arme Graham vermutlich freigesprochen oder in eine Irrenanstalt überwiesen werden.

Eva Booth hatte den Gerichtssaal kurz nach meinem Freispruch verlassen. Ich erwartete nicht, ihr am heutigen Tag noch einmal zu begegnen. Umso überraschter und erfreuter war ich, als ich sie nun neben William und Gray vor dem Portal der Guildhall stehen sah. Sie war in ein Gespräch mit meinem Bruder vertieft und merkte zunächst gar nicht, dass ich mich ihr von der Seite näherte.

»Ich bin Ihnen sehr zu Dank verpflichtet, Miss Booth«, sagte ich, als sie mich bemerkte und mit einem offenen Lächeln begrüßte.

»Nicht mir, sondern Ihrem jungen Freund«, antwortete sie und deutete auf Gray, der verlegen zu Boden starrte. »Ich habe nur die Wahrheit gesagt. Und hätte man mich früher über den heutigen Prozess in Kenntnis gesetzt, wäre ich auch ohne persönliche Einladung erschienen.«

»Ich hatte befürchtet, Sie wären immer noch erzürnt und würden es daher nicht ungern sehen, wenn ich bestraft würde.« Ich räusperte mich und setzte leise hinzu: »Grund genug hätten sie gehabt.«

»Was ich Ihnen am Samstag in aller Deutlichkeit gesagt habe, das habe ich auch so gemeint. Doch wer bin ich, jemanden auf ewig für eine Sünde zu verdammen. Jeder Sünder kann auf den rechten Weg zurückfinden. ›Richtet nicht, auf dass ihr nicht gerichtet werdet‹, spricht der Herr.« Eva Booth deutete erneut auf Gray und wiederholte: »Danken Sie Ihrem jungen Freund, Mr. Ingram. Er hat mich daran erinnert, dass jedes Urteil ein Vorurteil sein kann. Und dass Schatten immer durch Licht entsteht. Genau wie in Ihrem Fall.«

Ich hatte keine Ahnung, wovon sie sprach, und sah Gray verwirrt an.

»Hab bloß die Wahrheit gesagt, Boss ... äh, Sir«, sagte Gray, blickte ängstlich zu William und grinste dann verschmitzt. »Nichts als wie die Wahrheit. Wie's der Captain vor Gericht gesagt hat.«

»Es freut mich, dass ich helfen und ein Missverständnis aus der Welt schaffen konnte«, sagte Eva Booth, nickte uns dreien zu und wollte sich verabschieden. »Leben Sie wohl, Mr. Ingram. Gott sei mit Ihnen und stehe Ihnen auf dem künftigen Pfad der Tugend bei.«

»Wann kann ich Sie wiedersehen?«, entfuhr es mir, und ich griff nach ihrer Hand. Wie gebannt starrte ich auf die rote Ringellocke, die immer noch unter ihrer schwarzen Haube hervorlugte.

Diesmal entzog sie mir ihre Hand nicht, doch ihre kalten und distanzierten Worte stießen mir wie ein Messer ins Herz. »Sie können mich sehen, wann immer es Ihnen beliebt, Sir. Ich predige häufig und an vielen Orten«, sagte sie und lächelte betont kühl und unverbindlich. »Sie können unseren Zusammenkünften und Gottesdiensten jederzeit beiwohnen, wenn Sie möchten. Die Termine sind in unserer Armeezeitung vermerkt. Und vielleicht bringen Sie Ihre Verlobte mit. Ich würde mich sehr freuen, die Bekanntschaft der jungen Dame zu machen und auch ihr die Frohe Botschaft Christi zu verkünden. Auf Wiedersehen, Sir!« Damit wandte sie sich um und ging davon.

Ich fuhr zu William herum, der mich mit einem triumphalen Grinsen im Gesicht anschaute und schließlich, als Eva Booth außer Hörweite war, spöttisch hervorstieß: »*Das* ist der Grund für den ganzen Unfug? Für deine plötzliche Abneigung gegen das Heiraten und die Familie Barclay? Eine Soldatin der Heilsarmee? Ausgerechnet! Bist du jetzt von allen guten Geistern verlassen?«

»Du hast ihr von Meredith erzählt?«, fragte ich, ohne auf seine Anspielungen einzugehen. »Warum?«

»Warum nicht?«, antwortete er und schüttelte in einer Mischung aus Heiterkeit und Unverständnis den Kopf. »Miss Wright Barclay wird bald deine Gattin sein. Schon vergessen? Du wirst mit ihr in Southwark wohnen, ganz in der Nähe eurer prächtigen Brauerei, und dann könnt ihr euren ganzen Reichtum der Heilsarmee spenden, wenn euch danach ist.« Er lachte laut und abfällig und winkte einem Hansom Cab, das gerade in den Yard gefahren kam. »Ich will ja gern zugeben, dass sie eine hübsche Person ist, deine Miss Booth, aber mal ehrlich, Rup, ausgerechnet eine Salutistin? Was ist bloß in dich gefahren?«

»Sie ist nicht *meine* Miss Booth«, schleuderte ich ihm entgegen.

»Und sie wird es niemals sein, wenn mich nicht alles täuscht«, antwortete er schroff, während er die Kutsche bestieg. »Und selbst wenn es so wäre! Meinen Segen hast du. Nimm dir so viele Mätressen, wie du willst. Mit Uniform oder ohne. Solange du Meredith Wright Barclay heiratest und dich nicht wie ein verdammter Halbwüchsiger benimmst.«

Den Schein wahren! Allein darum ging es. Jede Schändlichkeit und jedes Laster waren erlaubt, solange sie heimlich vonstattengingen und niemand etwas davon mitbekam. Ich wusste, dass William seine Frau Betty seit Jahren mit einer Schneiderin aus der Bond Street hinterging, und vermutlich wusste sogar die brave Betty davon. Doch solange kein Wort darüber verloren wurde, wahrten alle das Gesicht, und dem Anstand war Genüge getan. Zum Trinken, Wetten und Spielen ging man in den Gentlemen's Club, zum Herumhuren ins Bordell oder zu einer verschwiegenen Mätresse. Alles unter dem kuscheligen Deckmantel der Ehrenhaftigkeit. Dieselbe Heuchelei und Doppelmoral wurde nun auch von mir erwartet. Niemand rechnete ernsthaft damit, dass ich ein treuer Ehemann oder ehrbarer Gentleman sein würde, es wurde lediglich von mir verlangt, dass meine Untreue nicht ruchbar und mein flegelhaftes Benehmen nicht in die Öffentlichkeit getragen wurde. Und das widerte mich an. Wie ich mich auch selbst anwiderte, weil ich viel zu lange ein ebensolcher Heuchler und doppelzüngiger Scharlatan gewesen war. Und immer noch war.

»Kommst du?«, fragte William, während er mir den Verschlag des Hansom Cabs aufhielt. »Oder willst du zur Salzsäule erstarren?«

»Ich fahre mit Gray«, antwortete ich finster.

»Vater will dich sprechen«, sagte er und klappte den Verschlag zu. »Heute noch. Aber wasch dich vorher, und zieh dir was anderes an. Du stinkst wie ein Iltis.« Er lehnte sich aus dem Fenster und setzte eindringlich hinzu: »Glaub mir, Rup, seine Drohung war ernst gemeint! Du gehst auf dünnem Eis, Bruderherz! Vaters Geduld ist am Ende, er wird dich vor die Tür setzen.«

»Sag ihm, ich sitze im Gefängnis! Hätte ohnehin nicht viel gefehlt.«

Wieder lachte er abfällig und rief: »Du hast mehr Glück als Verstand, Rup! Du weißt gar nicht, wie viel Glück du hast. Du hast die Freiheit gar nicht verdient.«

»Ich bin im Gefängnis, Will«, murmelte ich leise. »Du siehst die Gitterstäbe nur nicht.« Doch selbst wenn er sie gehört hätte, hätte er den Sinn der Worte vermutlich nicht verstanden.

William klopfte ans Kutschendach, der Kutscher ließ die Peitsche knallen, und das Cabriolet verschwand durch den schmalen Durchlass in der Gresham Street.

»Pub, Boss?«, fragte Gray.

»Wie bitte?«, antwortete ich.

»Pub?«, wiederholte Gray und deutete auf die Guildhall Tavern, die sich gleich neben der Kirche von St. Lawrence Jewry befand. »Auf die Freiheit.«

»Pub!«, sagte ich und nickte. »Zum Teufel mit der Freiheit!«

Wir überquerten den Yard und betraten die rauchgeschwängerte und rußgeschwärzte Schänke, die um diese Uhrzeit erstaunlich gut besucht war. Vermutlich war die Nähe zum Polizeigericht durchaus geschäftsfördernd, denn wer aus dem Gerichtssaal kam, hatte allen Grund zu trinken, sei es um zu feiern oder um seinen Kummer zu ersäufen. Nachdem wir uns an einem Ecktisch niedergelassen und zwei Pints Porter bestellt hatten, fragte ich Gray: »Was hast du ihr erzählt?«

»Wem, Boss?«

»Dem Captain.«

»Nichts Besonderes«, meinte Gray und winkte ab, als wäre gar nichts geschehen. »Ich hab nur von meiner wundersamen Rettung erzählt.«

»Deiner Rettung?«, entfuhr es mir. »Du hast hoffentlich keinen Unfug verbreitet!«

»Nay, Governor, keine Bange«, antwortete er im breitesten Cockney-Slang, der bei ihm immer ein wenig aufgesetzt und übertrieben klang. Wie bei einem Schauspieler auf der Bühne.

»Was hast du ihr erzählt?«

»Nur wie Sie mich aus dem verdammten Ten Bells geholt und nach Mayfair geschafft haben. Hab vielleicht ein bisschen dick aufgetragen, damit's hübsch dramatisch klang. Aber richtig gelogen hab ich nicht. Der Captain konnte gar nicht genug davon hören. Vor allem weil's um den Ten Bells Pub ging und um Mr. Waldron, den alten Sklaventreiber.«

»Miss Booth ist nicht gut auf den Wirt und seine Kneipe zu sprechen«, sagte ich, nahm die Biergläser vom Schankmädchen in Empfang und stieß mit Gray an. »Sie ist überhaupt auf Gastwirte und Alkohol nicht gut zu sprechen. Wie alle in der Heilsarmee. Prost, mein Junge!«

»Prost, Boss«, antwortete er und nahm einen kräftigen Schluck. »Wissen Sie eigentlich, wieso das Ten Bells so heißt?«

»Ten Bells?« Ich dachte einen Moment nach und sagte: »Wegen der Glocken im Kirchturm der Christ Church nebenan?«

Er nickte anerkennend, grinste dann verschmitzt und sagte: »Es sind acht.«

»Acht *was?*

»Acht Glocken. Im Turm von Christ Church.«

»Woher weißt du das?«

»War oben und hab sie gezählt«, antwortete er wichtigtuerisch. »Acht Glocken. Mehr nicht. Und natürlich die kleine Glocke über dem Eingang zur Kirche. Macht neun. Es gibt keine zehn Glocken. Es fehlt eine.«

»Na und?«, erwiderte ich und zuckte mit den Achseln. »Wahrscheinlich klingt Ten Bells eben schöner als Nine Bells.«

»Trotzdem«, beharrte er. »Alle denken, es gibt zehn Glocken in der Kirche. Nur weil die Kneipe so heißt. Aber keiner macht sich die Mühe nachzuzählen.«

»Keiner außer dir.«

Er lächelte stolz und ein wenig verlegen und sagte dann: »Das mit dem Ten Bells kam jedenfalls gut beim Captain an. Wie Sie mich aus den Klauen von Mr. Waldron befreit haben und so. Die Miss hat Sie anscheinend für so 'ne Art Scheusal gehalten, ganz so direkt hat sie's natürlich nicht gesagt, aber gemerkt hab ich's doch. Als ich meinen Sermon von der Rettung aus dem Elend vom Stapel gelassen hatte, da hatte sie allerdings ganz glänzende Augen, dass ich fast selbst geheult hätte, weil alles so jammervoll und herzergreifend war. Wie gesagt, ich hab vielleicht ein bisschen übertrieben.«

»Hast dich zu einem zweiten Oliver Twist gemacht, was?«, lachte ich.

»Kenn ich nicht. Weder den ersten noch den zweiten.«

»Nicht so wichtig«, antwortete ich und gab ihm einen Klaps auf die Schulter. »Du hast mir auf jeden Fall einen großen Gefallen getan, Gray.«

»Dann sind wir ja quitt«, antwortete er und lachte ebenfalls. »Wenn Sie wieder mal Hilfe mit den Mädels brauchen, sagen Sie nur Bescheid, Boss. Ich kenn mich mit den Weibsbildern aus. Hab schließlich vier Schwestern.«

»Wohnen die auch alle in London?«

»Gott bewahre!«, rief er und kramte einen Tabaksbeutel aus der Brusttasche seiner Weste. »Die sind alle noch in Bulverhythe, unten an der Südküste. Das ist in der Nähe von Hastings. Ich hab's da nicht mehr ausgehalten und mich heimlich vom Acker gemacht. Das war vor zwei Jahren.«

»Du bist ganz allein nach London gegangen?«, wunderte ich mich und musste erneut an Oliver Twist denken. »Warum?«

»Immer noch besser, als zur See zu fahren und als Schiffsjunge schikaniert zu werden oder sich im Hafen den Buckel krumm zu schuften«, antwortete er achselzuckend und fischte eine Packung mit Zigarettenpapier aus der Hosentasche. »Pay-Pay«, stand in schnörkeliger Schrift darauf. Ein seltsamer, aber entwaffnend ehrlicher Name, wie mir schien.

»Was ist mit deinen Eltern? Leben die noch?«

»Mutter vermutlich schon«, sagte er, drehte sich eine Zigarette und leckte über das Papier. »Aber Vaters blaue Visage liegt schon lange unter der Erde.«

»Blaue Visage?«, wunderte ich mich.

Er deutete auf sein riesiges Muttermal im Gesicht und setzte hinzu: »Ist ein Familienandenken. Vaters Gesicht sah genauso aus, und eine meiner Schwestern ist am ganzen Körper so blau wie 'ne reife Pflaume. Keine Ahnung, wo das herkommt. Scheint in der Maggott-Familie zu liegen.« Er lachte, zündete sich die Zigarette an einer Kerze an und sagte schmauchend: »Abwaschen lässt es sich jedenfalls nicht.«

»Kann ich auch eine Zigarette haben?«, fragte ich. Meine letzte Zigarette hatte ich am gestrigen Abend mit Benjamin Graham in der Zelle am Snow Hill geteilt, und meine Lungen gierten nach dem beruhigenden Tabakrauch. Gray reichte mir den Beutel und das Papier, doch ich musste gestehen: »Ich kann das nicht.«

Er runzelte abfällig die Stirn, hob dann die Achseln, reichte mir seine brennende Zigarette und drehte sich eine neue.

Nachdem ich das angesabberte Ende abgeknipst hatte, nahm ich einen tiefen Zug und bekam augenblicklich einen derartigen Hustenanfall, dass ich mich verschluckte und kaum Luft bekam.

»Was ist das denn für ein Kraut?«, fragte ich schließlich, spülte mit Bier nach und schüttelte mich. »Das schmeckt ja wie nasses Matratzengras.«

»Matratzengras?«, fragte Gray irritiert. »Kann man das rauchen?«

Wieder einmal fiel mir auf, dass Gray nicht das geringste Gespür für Ironie hatte. Er hielt alles für bare Münze und verstand selten einen Witz, weil er alles wortwörtlich nahm. Das lag keineswegs daran, dass er dumm oder begriffsstutzig war, sondern hatte eher damit dazu, dass er eine viel zu ehrliche Haut war. Er sagte stets, was er meinte, und das Gleiche erwartete er von allen anderen. Ironie und Wortverdrehung passten nicht zu ihm, sie waren ihm wesensfremd. Ein durchaus sympathischer Zug, um den ich ihn jedoch nicht beneidete, denn die Unfähigkeit zur Falschheit würde ihm in dieser verlogenen Welt noch einige Scherereien einhandeln.

Ich erinnerte mich an das, was Eva Booth im Zeugenstand gesagt hatte: »Ich lüge niemals.« In gewisser Weise waren sich Eva und Gray sehr ähnlich.

»Der Captain hat Ihnen ganz schön den Kopf verdreht, Boss.«

Ich fuhr aus meinen Gedanken auf und fragte: »Wie kommst du denn darauf?«

»Hab gesehen, wie Sie sie angeschaut haben. Den Blick kenn ich. So haben die Matrosen immer meine älteste Schwester Emily angeschaut, wenn sie am Hafen rumlungerte und mit ihrem hübschen Hintern wackelte.«

»Unfug!«, zischte ich und leerte mein Glas. »Kümmere dich um deinen eigenen Kram! Davon verstehst du nichts.«

»Ay, Sir! 'tschuldigung, Boss«, antwortete er und starrte

missmutig auf die Tischplatte. Plötzlich hellte sich sein Gesicht jedoch wieder auf. Er stieß eine Rauchwolke zur Decke und sagte: »Der Verrückte von St. Giles war übrigens wieder da. Hat in der Hofdurchfahrt gehockt und ans Fenster der Dienstbotenkammer geklopft.«

»Wann?«

»Gestern.« Gray machte eine krause Miene, als erinnerte er sich an irgendetwas, und setzte hinzu: »Der Kerl war gar nicht überrascht, als ich ihm erzählt hab, dass Sie im Knast sitzen. Als hätt er nichts anderes erwartet.«

»Ich war nicht im Knast, sondern auf der Polizeiwache.«

»Meinetwegen«, sagte er und nickte.

»Was wollte er?«, fragte ich.

Gray zuckte mit den Schultern und sagte: »Es war die Mutter.«

»Welche Mutter?«

»Keine Ahnung. Das soll ich Ihnen bloß ausrichten, Boss. Dass es die Mutter war. Nicht die Tochter. Und dass er sie von einem Foto abgemalt hat.« Gray tippte sich mit dem Finger an die Stirn und setzte hinzu: »Fragen Sie mich nicht, was der alte Suffkopf damit gemeint hat. Mehr wollte er nicht sagen. Sie sollen sich bei ihm melden, wenn Sie wieder draußen sind. Er war voll wie 'ne Haubitze und hat fürchterlich gelallt und herumkrakeelt. Von der Mutter und dem Foto und so.«

»Die Mutter«, antwortete ich und nickte. »Natürlich.«

Gray schaute mich an, als hielte er auch mich für verrückt.

»Lass gut sein, Gray«, sagte ich und hob abwehrend die Hand. »Das musst du nicht verstehen. Ich verstehe es ja selbst nicht.«

Gray schien erleichtert, doch zugleich war seinem Gesicht anzusehen, dass ihm eine Frage auf den Lippen lag.

»Nun rück schon raus damit!«, sagte ich.

»Was mir nicht in den Kopf will, Boss«, sagte er und trat seine Zigarette auf dem Boden aus, obwohl ein Aschenbecher auf dem Tisch stand. »Wieso malt jemand ein Foto ab? Ist das nicht irgendwie ... nun ja, Unsinn?«

»Das ist eine gute Frage, Gray«, antwortete ich. »Eine sehr gute Frage.«

Gray lächelte stolz, griff nach seinem Bierglas und sagte: »Danke, Boss.«

4

Obwohl ich tagelang Zeit gehabt hatte, mir über alles Gedanken zu machen und meine wirren und zusammenhangslosen Überlegungen in irgendeine Ordnung zu bringen, war ich weit davon entfernt, einen konkreten Plan zu haben oder eine Strategie zu verfolgen. Noch immer ging in meinem Kopf alles drunter und drüber, und obwohl ich wusste, dass drängende Fragen zu beantworten und wichtige Entscheidungen zu treffen waren, hatte ich nicht die leiseste Ahnung, wie diese Antworten aussehen würden. Ich wusste nicht, was ich tun wollte, sondern nur, was ich *nicht* wollte. Und das stand in krassem Widerspruch zu dem, was alle anderen von mir verlangten. Aus diesem Dilemma sah ich keinen Ausweg. Oder ich schreckte vor dessen drastischen Konsequenzen zurück. Denn eines war mir in den letzten Tagen klar geworden: Nichts von dem, was ich tat, blieb ohne Folgen. Vor dieser Einsicht die Augen zu verschließen wie ein kleines Kind, brachte mich der Lösung keinen Schritt näher.

Bevor ich mich jedoch meiner Zukunft widmen konnte, wollte ich zunächst ein heißes Bad nehmen und den Dreck der vergangenen Tage abwaschen. Ich kam mir unrein und befleckt vor, und das hatte nicht allein mit der schmutzigen Haut, der entzündeten Wunde und den fettigen Haaren zu tun. Mehr noch als die Tatsache, dass ich niedergeschlagen, verhaftet und vor Gericht gestellt worden war, machte mir die Erkenntnis zu schaffen, dass ich für den Tod einer Frau mitverantwortlich, dass ich letzten Endes zum Handlanger eines Mörders geworden war. »Sie haben die Frau auf dem Gewissen«, hatte Eva Booth am Samstag an der Themse gesagt, und das Wissen um die Folgen meiner Handlungsweise quälte mich.

Die Erinnerung an jene Nacht vor drei Wochen war immer noch verschwommen und lückenhaft, doch das Bild der Elizabeth Stride war inzwischen vor meinem inneren Auge wieder aufgetaucht. Wenn ich an Long Liz dachte, sah ich eine verlebt und verhärmt aussehende Frau mit struppigen, bereits angegrauten Haaren. Eine ausgemergelte und – trotz ihres Spitznamens – alles andere als große Frau, die früher einmal hübsch gewesen sein mochte, nun aber von Alkohol und Armut gezeichnet war. Ihre Haut war fahl und faltig, die oberen Schneidezähne waren ihr bereits ausgefallen. Der Anblick ihres zahnlosen Oberbisses hatte mich davon abgehalten, mit ihr zu schlafen – daran glaubte ich mich inzwischen erinnern zu können. Ich hatte ihr den teuren Malzwhisky gegeben, ihrem geifernden Freund die versprochene Pfundnote in die Hand gedrückt und mich dann schleunigst davongemacht. Ich hatte mich vor der zahnlosen Elizabeth ebenso geekelt, wie ich mich nun vor mir selbst ekelte. Vielleicht weil ich mittlerweile wusste, dass ich dem Tod ins Gesicht geschaut hatte.

»Schaff heißes Wasser nach oben, und lass mir eine Wanne ein!«, sagte ich zu Gray, als wir das Crown Hotel über den Hintereingang im Hof betraten. »Und bring mir alle Ausgaben der *Times* der letzten drei Wochen, die du im Salon oder im Raucherzimmer finden kannst!«

»So lange waren Sie doch gar nicht weg, Boss«, wunderte sich der Junge.

»Und auch die *Evening News*«, setzte ich hinzu, ohne auf seinen Einwand einzugehen. »Vor allem die Polizeimeldungen.«

»Ay, Sir«, antwortete er, bedachte mich mit einem schiefen Blick und verschwand in der Küche, während ich mich ins Dachgeschoss zu meiner Mansarde begab.

Die kleine Dachkammer mit den schiefen Wänden und der niedrigen Decke war vielleicht das einzige Zuhause, das ich jemals gehabt hatte. Meine »Trutzburg«, wie ich sie William gegenüber mitunter scherzhaft nannte. Meine »Räuberhöhle«, wie er sie abfällig bezeichnete. Und doch hätte ich sie niemals gegen eine der geräumigen Suiten im Hotel getauscht, in denen es fließendes Wasser, elektrisches Licht und einen Telefonanschluss gab.

Umso entsetzter war ich daher, als ich nun feststellen musste, dass man mir meine Burg genommen hatte. Beim Betreten des Wohnzimmers rührte mich beinahe der Schlag – ich konnte nicht glauben, was ich sah. Das Zimmer war vollständig leergeräumt. Sämtliches Inventar war wie vom Erdboden verschluckt, nur das unbezogene Bett und ein leerer Schrank waren übrig geblieben. Die Bilder an den Wänden waren verschwunden, ebenso wie der Weidenkoffer unter dem Bett, meine Bücher hatte man samt dem Regal entfernt, selbst der kleine Petroleumkocher, auf dem ich mir hin und wieder einen Kaffee oder Tee gekocht hatte, war unauffindbar. Nur eine frisch gestärkte Abendgarderobe hing über einem Bügel vor dem Dachfenster, und ein loser Briefbogen lag auf dem Bett. Darauf stand in Williams schnörkelloser Kontoristenschrift: »Deine Sachen sind im Hatchett's. Vater wünscht, dass du bis zu deiner Hochzeit bei ihm im Hotel wohnst. Sei um sieben Uhr zum Abendessen dort. Pünktlich! Und keine Mätzchen. Wir müssen reden.«

Bei Vater im Hatchett's! Das klang ungefähr so verlockend wie: mit Meredith Wright Barclay in Southwark. Oder: in einer Zelle der Polizeiwache am Snow Hill. Vater machte also ernst. Die Schlinge um meinen Hals zog sich immer enger zu, und ich hatte das beklemmende Gefühl, keine Luft mehr zu bekommen. Ich erstickte. Ich wurde erstickt!

»Heißes Wasser, Sir!«, rief Gray, als er, ohne anzuklopfen, mit zwei dampfenden Eimern ins Zimmer kam. »Das kalte hole ich gleich aus der Dienstbotenküche.«

»Danke, Gray.« Ich nickte und deutete zur Tür der winzigen Abstellkammer, in der ich vor einiger Zeit eine emaillierte Sitzbadewanne hatte aufstellen lassen. Dann lachte ich und setzte hinzu: »Oder haben sie die Wanne auch hinausgetragen?«

»Die war vermutlich zu schwer«, antwortete Gray mit ernster Miene.

»Hättest mich ruhig warnen können«, sagte ich vorwurfsvoll.

»Hätte auch nichts geändert, oder?«, erwiderte er und schob die Unterlippe vor.

Ich nickte und nahm ihm die Eimer ab. »Um das restliche Wasser kümmere ich mich. Geh hinunter und schau nach den Zeitungen.«

»*Times* und *Evening News*«, rief Gray eilfertig. »Kommt sofort, Boss!«

Eine Viertelstunde später saß ich in der halb gefüllten Wanne und schrubbte im Schein einer Öllampe meine Haut mit einer harten Bürste, bis sie rot leuchtete und wie Feuer brannte. Erst jetzt bemerkte ich die Vielzahl von Bissstellen, blauen Flecken und kleineren Wunden, vor allem an den Unterarmen und Beinen, die wie die tätowierten Gliedmaßen eines Matrosen aussahen. Doch erst beim Blick in den Spiegel fuhr ich erschrocken zusammen. Der Rattenbiss an meinem Muttermal war zu einem regelrechten Furunkel geworden und hatte sich eitrig entzündet. Jede Berührung der Wange tat höllisch weh. Beim Versuch, die Wunde zu säubern, stiegen mir vor Schmerz die Tränen in die Augen.

»Sieht nicht gut aus«, hatte Gray am Morgen auf seine unnachahmlich schlichte Weise gesagt. Und jetzt wusste ich, dass er recht gehabt hatte. Es sah nicht gut aus! Wenn ich keine Blutvergiftung riskieren wollte, musste ich dringend Karbolsäure oder Jodtinktur aus der Apotheke besorgen. Oder die Wunden zumindest mit Alkohol behandeln.

Nachdem ich mich gewaschen, vorsichtig rasiert, die Wunden mit Brandy abgetupft, das Muttermal mit Mullpflaster bedeckt und die bereitgelegte Kleidung angezogen hatte, fühlte ich mich nicht gerade wie neugeboren, doch zumindest stank ich nicht mehr, und der Ekel vor mir selbst hatte ein wenig nachgelassen. Gray hatte sämtliche Zeitungen gebracht, die er im Salon hatte finden können, und half mir dabei, sie nach Berichten über die jüngsten Morde im East End zu durchforsten. Ich nannte ihm die Namen der Personen, auf die es mir besonders ankam. Er schien sich nicht darüber zu wundern, sondern sagte lediglich: »Gehen Sie jetzt auch auf Ripper-Jagd? Machen mittlerweile viele. Ist so 'ne Art Volkssport geworden.«

»Das überlass ich lieber der Polizei«, antwortete ich. »Schau nach, ob du etwas über Elizabeth Stride und ihren Freund Michael entdeckst. Oder über das Frauenasyl in der Hanbury Street. Alles, was mit den Morden zu tun hat.«

»Sie sollten lieber den *Star* lesen«, meinte Gray. »Die haben jeden Tag was über den Ripper gebracht. Hat sich anscheinend gut verkauft.«

»Den *Star* führen wir in unserem Hotel nicht«, antwortete ich und griff nach den Zeitungen. Zwar waren die Ausgaben der *Times* nicht mehr vollständig vorhanden, und von der weniger seriösen *Evening News* hatte Gray lediglich drei Seiten als Zündpapier vor dem Kamin gefunden, doch auch so reichte die Lektüre, um mir einen groben Überblick über das Geschehen der letzten Wochen im Allgemeinen und der Nacht vom 29. auf den 30. September im Besonderen zu verschaffen: Vier Frauen waren seit dem 31. August im East End getötet und anschließend grausam verstümmelt worden. Sie alle waren Prostituierte oder Gelegenheitshuren gewesen und dem Ripper an einem Wochenende in die Hände geraten. Der Mörder hatte den Frauen zunächst die Kehle durchgeschnitten und sie anschließend regelrecht zerstückelt, wobei die Brutalität und die Verstümmelungen von Mal zu Mal zugenommen hatten – als würde er sich in einen Rausch oder Furor morden.

Vor allem der bislang letzte Mord an einer gewissen Catharine Eddowes beschäftigte die Zeitungen. Der Ripper war dabei so bestialisch und grausam vorgegangen, dass mich allein die nüchterne Beschreibung der Tat erschaudern ließ. In der *Times* vom 1. Oktober wurde detailliert ausgeführt, dass der Mörder der toten Frau nicht nur den Bauch aufgeschlitzt und die Organe entnommen, sondern auch das Gesicht bis zur völligen Unkenntlichkeit zerschnitten hatte. In der Ausgabe vom vergangenen Freitag hieß es zudem, der Vorsitzende der Bürgerwehr, ein örtlicher Geschäftsmann namens George Lusk, habe vom Ripper ein makaberes Päckchen mit einer halben menschlichen Niere erhalten. Vermutlich stammte die Niere von der ermordeten Eddowes, so behauptete es zumindest der Absender. Und überschrieben war der beiliegende Brief mit den Worten: »Aus der Hölle«.

Nie zuvor hatte ich etwas derartig Blutrünstiges und Grausames gelesen. Ich konnte nicht fassen, zu welchen Bestialitäten ein einzelner Mensch fähig war. Wie ein reißendes Raubtier war der Ripper über die Frauen hergefallen, doch während die meisten Raubtiere nur töteten, um ihr eigenes Überleben zu sichern, hatte der Unbekannte aus reiner Mordlust ein Menschenleben vernichtet. Und gerade weil es keinen erkennbaren Grund gab, die Frauen zu ermorden, weil es offenbar keinerlei persönliche Beziehungen zwischen dem Ripper und seinen Opfern gab, lief das Scheusal nach wie vor frei herum und würde vermutlich auch weiterhin morden.

Die Lektüre schlug mir nach kurzer Zeit auf den Magen und ließ das mulmige Gefühl, das ich wegen des bevorstehenden Abendessens mit meinem Vater ohnehin schon verspürte, zu einer heftigen Übelkeit werden. Dann jedoch erinnerte ich mich an den eigentlichen Zweck der Lektüre und versuchte, die garstigen Details der Morde zu ignorieren. Ich musste mich zwingen, mich nur auf die Fakten im Fall Elizabeth Stride zu konzentrieren, denn nur ihre Ermordung interessierte mich. Wegen ihres Todes trug ich das Kainsmal, wie Miss Booth es genannt hatte.

Mir fiel eine Bemerkung meines seltsamen Hauptmieters im Miller's Court ein. Edmund hatte davon gesprochen, dass Long Liz, anders als die anderen Frauen, nicht verstümmelt worden war. »Nur die Gurgel durchgeschnitten«, hatte er gesagt, »und nichts von der Leiche mitgenommen.« Diese Aussage fand ich durch die Berichte in den Zeitungen bestätigt. Der Mörder hatte ihre Kehle durchtrennt, wie er es auch bei den drei anderen Frauen getan hatte, aber ihren Unterleib hatte er nicht angetastet. Er hatte sein Opfer weder aufgeschlitzt noch anderweitig verstümmelt. Dennoch schien niemand daran zu zweifeln, dass Long Liz ein Opfer des Rippers geworden war.

Eine weitere Besonderheit im Fall Long Liz war, dass in jener Nacht vom 30. September in den ersten beiden Stunden nach Mitternacht gleich zwei Frauen ermordet wurden: zunächst Liz in der Berner Street in Whitechapel und dann, nicht einmal eine Stunde später, auf ungleich brutalere Weise, Catharine Eddowes am Mitre Square, unweit vom Bahnhof Aldgate. Unter Polizisten und Journalisten herrschte Konsens, dass der Mörder bei Elizabeth durch ein herannahendes Pferdefuhrwerk gestört worden war, bevor er die Verstümmelungen durchführen konnte, und dass er deshalb gleich anschließend, weniger als eine Meile vom ersten Tatort entfernt, ein weiteres Mal mordete und diesmal umso bestialischer vorging.

Das klang keineswegs unlogisch und ergab aus Tätersicht sogar Sinn, aber dennoch blieb die Tatsache bestehen, dass sich der Mord an Elizabeth Stride auffallend von den anderen Gräueltaten unterschied. Und es wunderte mich, dass bislang niemand nach einem anderen Grund für den Doppelmord des 30. September gesucht hatte – zum Beispiel einem zweiten Mörder.

Irgendwo in der Nähe schlugen die Glocken einer Kirche. Ich fuhr erschrocken zusammen, als Gray mich antippte und sagte: »Es ist sieben, Boss.«

Fast im selben Augenblick stand William in der Tür, betrachtete uns mit sichtlichem Unverständnis und fauchte: »Wo bleibst du denn? Was treibt ihr hier?«

»Was habt *ihr* hier getrieben?«, antwortete ich und deutete auf das leere Zimmer.

»Aufgeräumt«, sagte er lapidar. »Also? Wie lange willst du Mr. Barclay noch warten lassen?«

»Mr. Barclay?«, entfuhr es mir, und nun wurde mir noch flauer in der Magengegend. »Was will der denn hier?«

»Er ist aus Southwark herübergekommen, um mit dir zu sprechen. Er hat sogar ein Geschenk für dich mitgebracht. Wir sitzen bereits alle beim Dinner. Beeil dich, Rupert! Und du!«, wandte er sich plötzlich an Gray und deutete mit dem Daumen über seine Schulter, »scher dich nach unten, sonst mach ich dir Beine!«

»Ay, Sir!«, rief der Junge und sprang auf die Füße. Im Hinausgehen, während er sich noch vor William duckte, als befürchte er von ihm Schläge, rief er mir zu: »Hab noch was gefunden, Boss. Wegen der langen Liz und ihrem Freund. Michael Sowieso. Hatten Sie nicht gesagt, dass ich danach gucken soll?« Er deutete auf eine Ausgabe der *Times*, die er auf dem Boden ausgebreitet hatte, nickte mir zu und verschwand nach unten.

»Was ist jetzt?«, fragte William. »Kommst du?«

»Ich bin gleich so weit«, antwortete ich und versuchte, meine Aufregung zu verbergen. »Geh schon mal runter und warte in der Lobby auf mich!«

»Mensch, Rupert, übertreib es nicht!«, schnaufte William kopfschüttelnd und ging widerwillig hinaus.

Sobald die Tür geschlossen war, stürzte ich mich auf die besagte Zeitung. Es war die Ausgabe vom 4. Oktober. Fast auf Anhieb sprang mir ein Name ins Auge: Michael Kidney. Der Artikel war recht lang, trug die Überschrift »Die East End Morde« und befasste sich vor allem mit der gerichtlichen Untersuchung des Mordes an Elizabeth Stride durch den zuständigen Coroner der Grafschaft Middlesex am Tag zuvor. Verschiedene Zeugenaussagen wurden zusammengefasst oder zitiert, und ein nicht geringer Teil des Textes bestand aus der wörtlichen Wiedergabe der Vernehmung des Hafenarbeiters Michael Kidney, wohnhaft in der Dorset Street 38, Spitalfields.

Mein finsterer Freund Michael! Oder Mika, wie Long Liz ihn der Heilsarmee gegenüber genannt hatte. Elizabeths eifersüchtiger Zuhälter. Ein Wüterich, so hatte die Hure Ginger ihn genannt.

Michael Kidney bestätigte laut Zeitungsbericht dem untersuchenden Beamten, dass es sich bei der Toten um Elizabeth Stride handele, mit der er in den letzten drei Jahren fast durchgehend zusammengewohnt hatte. Seltsamerweise konnte er dem Coroner nicht genau sagen, wie alt seine Freundin war; er schätzte ihr Alter auf sechsunddreißig bis achtunddreißig Jahre. Sie sei Schwedin gewesen und in Stockholm geboren, außerdem sei sie Witwe gewesen. Ihr Mann, ein gewisser John Stride, sei bei einem Schiffsunglück auf der Themse ums Leben gekommen. Der Coroner wollte wissen, ob Michael kurz vor Elizabeths Tod einen handgreiflichen Streit mit ihr gehabt habe. Eine Zeugin habe ausgesagt, die Tote habe sich von ihrem Freund getrennt, sei bei ihm ausgezogen und habe sich deshalb mit ihm auf offener Straße gestritten. Michaels Antwort darauf und der weitere Verlauf der Vernehmung erschienen mir in der Tat bemerkenswert:

»Zeuge: Nein, ich habe mich nicht mit ihr gestritten. Ich sah die Verstorbene zuletzt am Dienstag vor einer Woche.
Coroner: Hatten Sie da einen Streit?
Zeuge: Nein. Ich habe mich von ihr verabschiedet und bin zur Arbeit gegangen.
Coroner: Haben Sie sie danach noch einmal gesehen?
Zeuge: Nein. Ich habe sie nicht wiedergesehen. Erst wieder, als ich ihren Körper im Leichenschauhaus identifizieren musste.
Coroner: Glauben Sie, dass sie an jenem Dienstag mit einem anderen Mann weggegangen ist?
Zeuge: Das glaube ich nicht, denn sie mochte mich mehr als alle anderen. Ich habe sie so behandelt, als wäre sie meine Frau gewesen. Es war der Alkohol, der sie manchmal weggehen ließ. Doch sie ist immer von allein zurückgekommen, ohne dass ich ihr hinterhergehen musste.«

»Dienstag vor einer Woche«, demnach am 25. September. An diesem Tag wollte Michael Kidney seine Freundin zum letzten Mal gesehen haben. Dabei hatte er drei Tage später gemeinsam mit mir vor dem Heim in der Hanbury Street gestanden und so lange herumkrakeelt, bis die bedauernswerte Elizabeth schlaftrunken aus dem Haus getreten war. Einen Tag vor ihrer Ermordung. Doch vor dem Coroner hatte Michael das mit keinem Wort erwähnt. Auch die Heilsarmee und die Tatsache, dass Elizabeth zwischenzeitlich Zuflucht im Frauenasyl gefunden hatte, tauchte in seiner Aussage nicht auf.

Er hatte den Coroner angelogen. Oder zumindest einen nicht unwesentlichen Teil der Wahrheit verschwiegen. Fragte sich nur, aus welchem Grund! Ich nahm mir vor, Michael Kidney bei unserem nächsten Zusammentreffen mit genau dieser Frage zu konfrontieren. Falls ich ihn jemals wiedersehen sollte.

5

William wartete in der Lobby auf mich und hakte sich bei mir ein, als hätte er Angst, ich könnte ihm andernfalls noch entwischen. »Wir sind spät«, sagte er und schleifte mich regelrecht zum Hatchett's. Ich kam mir vor wie ein Rindvieh, das zur Schlachtbank geführt wurde und das gleichzeitig Mühe hatte, mit seinem Schlachter Schritt zu halten. So hastete ich in Williams Schlepptau die Dover Street entlang zur Piccadilly, die wenigen Stufen hinauf zum Eingang des Hotels, durch die Flügeltür und wortlos an Bellamy und der Rezeption vorbei, die breite Treppe hinauf in den ersten Stock und schließlich den Flur entlang bis zu den Gemächern meines Vater. Ein Etagendiener öffnete die Tür, William schob mich hinein, und ehe ich mich versah, stand ich im Speisezimmer an der festlich gedeckten Tafel und wurde von sämtlichen Mitgliedern der Familie Ingram sowie von einem jovial grinsenden Mr. Barclay mit großen Augen und leisem Raunen begrüßt.

»Ah, da ist ja der Bengel«, sagte mein Vater, der am Kopfende des langen Tisches saß und herzhaft lachte, als wäre überhaupt nichts vorgefallen. »Immer der Letzte bei Tisch und anschließend der Erste im Rauchersalon. Das wird Meredith ihm noch austreiben müssen.«

»Unpünktlichkeit ist das Vorrecht der Jugend, mein lieber Harvey«, sagte Mr. Barclay, der im steifen Cutaway neben meinem ebenso feierlich gekleideten Vater saß und mir den Stuhl zu seiner Linken anbot. »Wir sollten nicht so streng mit den jungen Leuten sein. Hauptsache ist doch, dass dein Sohn jetzt da ist. Guten Abend, Rupert.«

»Was für eine schöne Überraschung, Sir«, log ich und setzte mich neben ihn.

»Überraschung?«, wunderte er sich und zupfte an seinem Backenbart. »Aber so haben wir es doch am Donnerstag besprochen. Ich habe sämtliche Papiere dabei. Mein Londoner Anwalt hat sie heute durchgesehen und für unterschriftsreif erklärt.«

Ich schluckte und nickte. Gleichzeitig hatte ich das dringende Bedürfnis, diesen Raum fluchtartig zu verlassen. Über den Tisch zu springen und das Weite zu suchen. Auf der Stelle!

»Ich habe dir übrigens noch eine Kleinigkeit mitgebracht«, sagte Mr. Barclay, lächelte geheimnisvoll und klopfte mir auf den Rücken. »Alles in Ordnung, mein Junge? Du siehst blass aus.« Er deutete auf das Wundpflaster auf meiner Wange und fragte: »Hast du dich beim Rasieren geschnitten?«

»So was Ähnliches«, antwortete ich.

»Alles bestens«, mischte sich mein Vater ein. »Die Verträge können wir später bei einer guten Zigarre besprechen und unterschreiben. Finanzen und Geschäfte haben bei Tisch nichts zu suchen.«

»Wie geht es Meredith?«, fragte ich, um überhaupt etwas zu sagen, und räusperte mich. »Ich hoffe doch, es sind alle wohlauf in Bury Hill.«

»Blendend, ganz blendend«, antwortete Mr. Barclay und nippte an seinem Weinglas. »Meredith lässt ganz herzlich grüßen. Der kleine Robert ist ein wenig erkältet, aber es ist nichts, um das man sich Sorgen machen müsste. Ein robuster Junge, ganz wie sein Vater.« Er lachte über seinen Witz, und alle lachten mit.

»Das freut mich zu hören«, sagte ich und bekam von einem Kellner den Suppenteller gefüllt. Es gab Hühnersuppe mit Grießklößchen. Das erste anständige Essen seit mehreren Tagen, bei dessen Anblick und Geruch mein Magen hörbar jubilierte. Während ich die Suppe vornehm schlürfte, obwohl ich sie am liebsten in mich hineingeschaufelt hätte, ging mein Blick zu meinem Vater, der mich seinerseits mit stechenden Augen und bedrohlich lächelndem Mund beobachtete. Während er bemüht war, das belanglose verbale Geplänkel, das bei einem Dinner üblich war, nicht abebben zu lassen, gab er mir mit seiner lauernden Miene zu verstehen, dass ich unter strengster Beobachtung stand. Es war offenkundig, dass Mr. Barclay keine Ahnung hatte, wo ich die letzten Tage verbracht hatte, und dass er es auf keinen Fall erfahren sollte. Vaters Blick befahl mir, darüber gefälligst meinen Mund zu halten. Ein Wunsch, dem ich nur zu gerne nachkam.

Während die verschiedenen Gänge aufgetragen, das Geschirr und Besteck gewechselt und die Gläser von eifrigen Kellnern gefüllt wurden, herrschte angeregte Konversation. Bald tauschten man sich über das Wetter, bald über die Londoner Saison und den zunehmenden Verkehr auf Englands Straßen und Schienen aus. Auch das Thema Bier durfte natürlich nicht fehlen, und Mr. Barclay erntete die gebührende Portion Lob für sein florierendes Unternehmen. Außer meinem Vater und Mr. Barclay waren noch William und seine Frau Betty sowie Mortimer und dessen Frau Deborah anwesend. Die Kinder, die grundsätzlich nicht bei einem Dinner zugegen waren, aßen mit den Kinderfrauen in einem der Nebenräume.

Obwohl es mir normalerweise nicht schwerfiel, oberflächlich zu parlieren und hübsch formulierte Belanglosigkeiten von mir zu geben, kam an diesem Abend kein vernünftiger oder gar pointierter Satz über meine Lippen. Ich überließ es den anderen, die Suppe, den Fisch, den Truthahn und den Pudding mit Floskeln und Bonmots zu garnieren. Hin und wieder fing ich die neugierigen Blicke der beiden Ingram-Frauen auf, die natürlich wussten, was geschehen war und wo ich die letzten Tage verbracht hatte. Es war offensichtlich, dass sie es empörend und unerhört fanden. Allerdings auch unerhört aufregend.

Mortimer unternahm während des Essens mehrfach den Versuch, Mr. Barclay auf seine Kaffeehauspläne anzusprechen, und wurde dabei tatkräftig von Deborah unterstützt, die darauf hinwies, dass ihr Daddy ihnen beim Einkauf des Kaffees selbstverständlich Sonderkonditionen anbieten würde. Doch unser Vater unterband diese ungebührlichen geschäftlichen Avancen stets auf dieselbe gebieterische Weise: »Später, Mortimer! Nicht bei Tisch!«

Obgleich das Essen hervorragend schmeckte und ich einen

wahren Heißhunger hatte, konnte ich das Dinner nicht genießen. Stets musste ich daran denken, was nach dem letzten Gang auf mich wartete: die Unterschrift unter einen Vertrag, der meine Zukunft als Southwarker Brauer besiegeln würde. Der Gedanke an die Papiere, die Mr. Barclay mitgebracht hatte, ließ meinen Appetit versiegen. Gleichzeitig jedoch versuchte ich das Essen angesichts der drohenden Gefahr durch ständiges Nachfüllen und Nachlegen künstlich zu verlängern. Als ich den Kellner um eine dritte Portion des Yorkshire-Puddings bitten wollte, obwohl mir von dem Zuckersirup bereits der Gaumen klebte, riss meinem Vater der Geduldsfaden. Er warf die Serviette auf den Tisch und rief: »Zu den Zigarren!«

Wie auf Befehl standen Betty und Deborah augenblicklich auf, verabschiedeten sich für den Moment und begaben sich in den Salon, wo sie auf die Herren warten würden, die nun nach alter englischer Sitte im Raucherzimmer bei einer guten Zigarre und einem Brandy über Politik, Kultur und Sport debattieren würden, ob ihnen danach zumute war oder nicht.

Auf dem Weg ins angrenzende Raucherzimmer fasste Mr. Barclay mich an der Schulter, hielt mich zurück und überreichte mir ein in buntes Papier gewickeltes Paket mit den Worten: »Hab am Donnerstag gemerkt, dass es dir gefallen hat. Ich wünsche viel Spaß damit!«

Ich verstand nicht recht, riss das Papier auf und konnte kaum fassen, was ich in den Händen hielt: Oscar Wildes »Poems«. Jene Erstausgabe, die ich am Donnerstag um ein Haar aus Mr. Barclays Bibliothek gestohlen hätte.

»Für mich?«, rief ich und schüttelte den Kopf. »Das können Sie nicht machen.«

»Natürlich kann ich das«, antwortete er und lachte schallend. »Es gehört mir ja. Jetzt natürlich nicht mehr. Ich habe gesehen, wie verliebt du das Büchlein angeschaut hast, darum schenke ich es dir.«

»Dieses Buch ist eine absolute Rarität«, erwiderte ich und wollte ihm das kostbare Präsent zurückgeben. »Nur wenige hundert Exemplare sind von dieser Ausgabe erschienen. Das kann ich nicht annehmen.«

»Ach was!«, wehrte Mr. Barclay ab und machte eine abfällige Handbewegung, als ginge es um eine bloße Lappalie. »Bleibt ja in der Familie. Ich kann mit dem Geschreibsel von diesem affektierten Iren ohnehin nichts anfangen. Völlig überschätzt, der Mann. Und so aufdringlich. Er hat mir das Buch bei irgendeinem Empfang in die Hand gedrückt und vermutlich gehofft, ich würde mich in meinen Kreisen für ihn verwenden. Hab drin geblättert, fand es fürchterlich. Gedichte! Braucht kein Mensch.« Er lachte, klopfte mir auf den Rücken und sagte: »Aber wenn es dir gefällt, Rupert. Bitte sehr!«

»Vielen Dank, Sir«, war alles, was ich sagen konnte. Ich kam mir wie ein ganz gemeiner Hund vor. Er schenkte mir ganz nebenbei einen literarischen Schatz, und ich spielte zur gleichen Zeit mit dem Gedanken, die Verlobung mit seiner Nichte aufzulösen.

»Nicht der Rede wert«, meinte Mr. Barclay und verdrehte gespielt die Augen. »Werde das Buch nicht vermissen.« Er klatschte in die Hände, um das Thema zu beenden, betrat das Raucherzimmer und rief: »So! Und jetzt möchte ich gern eine von deinen Habanos, Harvey. Hast du noch eine von den köstlichen Partagás-Zigarren, die ich beim letzten Mal geraucht habe?«

»Mal schauen«, sagte mein Vater und öffnete den Humidor aus Spanischem Zedernholz, der für ihn wichtiger war als der Tresor in seinem Büro. Er holte einige Kistchen heraus, begutachtete sie, schüttelte bedauernd den Kopf und legte sie dann zurück. »Tut mir leid, Robert. Vielleicht sind drüben im Büro noch welche.«

Mortimer, der bereits in einem Lehnsessel Platz genommen hatte, sprang auf, um über den Flur zu gehen und nachzuschauen, doch Vater hielt ihn mit einer Handbewegung zurück und wandte sich an mich: »Rupert, mein Junge, gehst du bitte hinüber und schaust nach, ob im Reisehumidor neben dem

Schreibtisch noch eine Partagás für deinen Schwiegeronkel ist?«

»Gerne«, antwortete ich und zuckte unmerklich bei der Bezeichnung »Schwiegeronkel« zusammen. Gleichzeitig hatte ich das Gefühl, dass Vater mich nicht nur wegen der kubanischen Zigarren ins Büro geschickt hatte. Und tatsächlich: Kaum hatte ich den Flur betreten und die gegenüberliegende Tür zum Büro geöffnet, schon stand er hinter mir und schubste mich regelrecht in den Raum.

»Ich möchte von dir eine Entschuldigung hören! Und zwar sofort!«, fauchte er und schloss die Tür hinter sich. Es war nun völlig dunkel im Raum, und nur das gelbliche Licht der Straßenbeleuchtung erhellte das Büro so weit, dass man vage Umrisse und Schemen erkennen konnte.

»Eine Entschuldigung?«, antwortete ich und ging zum Fenster. »Ich wurde freigesprochen, Vater. Soll ich mich dafür entschuldigen, dass ich ohne Anlass verhaftet wurde und tagelang in einer Zelle saß?«

»Ich erwarte eine Entschuldigung dafür, dass du uns in diese missliche Lage gebracht hast«, sagte er und blieb vor der Tür stehen, als befürchtete er, ich könnte sonst Reißaus nehmen. Eine keineswegs unbegründete Furcht.

»Ihr wart in einer misslichen Lage?«, lachte ich bitter auf und starrte hinaus auf die breite, selbst um diese Uhrzeit noch verstopfte Piccadilly. »Und was war ich? Im Erholungsurlaub? Wenn ihr so unter der Situation gelitten habt, warum habt ihr mich dann nicht aus der Zelle geholt?«

»Auf der Polizeiwache?«, erwiderte er und schnaufte abfällig. »Mit Waffengewalt? Oder wie stellst du dir das vor? Eine Kaution wird erst vorm Polizeigericht verhandelt, wie du inzwischen eigentlich wissen solltest.«

»Dir wäre es doch nur recht gewesen, wenn sie mich nach Holloway geschickt hätten!«, rief ich aufgebracht und wandte mich ihm zu. Meine Augen hatten sich inzwischen an die Dunkelheit gewöhnt, und ich erkannte sein grimmiges, vollbärtiges

Gesicht. Ich trat näher an meinen Vater heran und setzte hinzu: »Wenn Miss Booth nicht gewesen wäre und zu meinen Gunsten ausgesagt hätte, hätten sie mich ins Gefängnis gesteckt.«

»Das hätten sie nicht«, sagte er bestimmt.

»Ach nein?«

»Nein«, antwortete er und lachte. »Du wärst auf Kaution freigekommen.«

»Woher willst du das wissen?«

»Weil ich es so mit Alderman Renals besprochen hatte.«

»Du hast ... ich meine ... du warst ...?« Ich war sprachlos.

»Glaubst du allen Ernstes, dass ich so etwas dem Zufall oder dem Gutdünken eines Aldermans überlasse? Renals ist ein Freund der Familie Wallace, die, wie du weißt, entfernt mit uns verwandt ist. Natürlich habe ich mit Alderman Renals den Ausgang des Verfahrens besprochen. Und es ihm vorab fürstlich vergolten. Alles andere wäre mehr als fahrlässig gewesen.«

»Aber der Alderman wirkte nicht so, als würde er mich gehen lassen.«

»Renals ist schließlich kein Dummkopf.« Vater fuhr sich durch den Rauschebart und tippte anschließend mit dem Zeigefinger auf meine Brust. »Und jetzt möchte ich deine Entschuldigung hören, Sohn!«

»Lass gut sein, Harvey!«, erklang in diesem Augenblick Mr. Barclays dumpfe Stimme über den Flur. »Dann rauche ich eben eine Monterrey.«

»Nein, nein, Robert! Ich habe noch eine Schachtel hier!«, rief mein Vater und drehte an dem elektrischen Lichtschalter neben der Tür. Die Glühbirnen flammten auf, und für einen Moment war ich wie geblendet, weil ich direkt in eine der Schirmlampen geschaut hatte. Während Vater zum Schreibtisch ging und aus einem etwas kleineren Humidor ein Kistchen der gewünschten Partagás herausholte, wandte ich meinen Blick ab und schaute zum Gemälde der »Frau in Weiß«, das an prominenter Stelle über dem Schreibtisch hing.

Ihr Anblick versetzte mir einen solchen Stich, dass ich nach Luft schnappen musste. Denn plötzlich erkannte ich in dem niedlichen Hirtenmädchen im weißen Kleid eine verängstigte junge Frau im Fackelzug der Heilsarmee. An die Stelle der verträumt dreinschauenden Landschönheit zwischen Ziegen und Schafen trat vor meinem geistigen Auge ein abgehetztes Wesen in schmutzigen Kleidern am Bahnhof Waterloo, dem ich achtlos meinen Koffer in die Seite gerammt hatte.

»Ich warte, Rupert«, sagte mein Vater.

»Wer ist diese Frau?«, rief ich so abrupt, dass ihm beinahe die Zigarrenschachtel aus der Hand gefallen wäre.

»Wie bitte?« Seine Augen folgten meinem Blick. »Was meinst du?«

»Wer ist diese Frau?«, wiederholte ich meine Frage. »Wer ist die Frau in Weiß?«

»Wer soll das schon sein?«, erwiderte er ausweichend und senkte den Blick. »Irgendeine Hirtin.«

»Ich kenne diese Frau«, sagte ich, schüttelte den Kopf und trat näher an das Gemälde heran. »Das ist nicht irgendeine Hirtin. Ich bin der Frau begegnet. Nein«, verbesserte ich mich sofort, »ich bin ihrer Tochter begegnet.«

Nun fiel meinem Vater tatsächlich die Zigarrenschachtel aus den Händen, doch er schien es gar nicht zu bemerken, sondern fragte beinahe ängstlich: »Wem bist du begegnet? Von was für einer Tochter sprichst du? Was redest du da?«

»Woher hast du dieses Gemälde?«, antwortete ich mit einer Gegenfrage.

Er räusperte sich, atmete tief durch und bückte sich unter den Schreibtisch, um die heruntergefallenen Zigarren aufzusammeln. Als er sich wieder erhob, waren die Überraschung und die Verwirrung aus seinem Gesicht verschwunden. Und seine Worte klangen so unbeteiligt und beiläufig wie nur möglich: »Auf einer Auktion gekauft. Mir hat das Bild gefallen, darum habe ich es ersteigert. Die Hirtin hat mich an deine Mutter erinnert. Das weißt du doch.«

»Sie sieht unserer Mutter überhaupt nicht ähnlich.«

»Für mich schon«, behauptete mein Vater, und wieder ging sein Blick zu Boden. »Und jetzt lenk nicht vom Thema ab!«, brach es plötzlich aus ihm heraus. »Es geht hier nicht um das Gemälde, sondern um dich. Das geht so nicht weiter.« Er schlug mit der flachen Hand auf den Schreibtisch und rief: »Schluss mit dem Unfug!«

»Da hast du ausnahmsweise recht, Vater.«

In diesem Augenblick öffnete sich die Tür. Mortimer steckte seine Nase durch den Spalt und fragte flüsternd: »Wo steckt ihr denn? Mr. Barclay hat die Papiere vorbereitet. Was ist denn hier los?«

Wie auf Kommando änderte sich Vaters Miene. Er setzte ein unechtes Lächeln auf, klemmte sich die Zigarren unter den Arm und rief über den Flur: »Du hast Glück, Robert. Ich habe noch eine kleine Kiste Partagás gefunden.« Und damit ging er schnurstracks zurück ins Raucherzimmer.

Mortimer schaute mich fragend an, doch ich zuckte nur mit den Schultern, warf einen letzten Blick auf das Gemälde und folgte ihm über den Flur. Als wir den Rauchsalon betraten, winkte mich Mr. Barclay, die gewünschte Zigarre bereits im Mund, zu sich an den Tisch. Er ließ sich von William Feuer geben, paffte ein paar Mal genüsslich und sagte: »Es ist alles dargelegt. Wie wir es besprochen haben. Du musst nur noch unterschreiben, Rupert.«

»Warum so eilig?«, unternahm ich einen letzten Versuch, das Unausweichliche hinauszuzögern. »Meredith und ich sind ja noch nicht einmal verheiratet. Hat das nicht Zeit bis nach der Hochzeit?«

»Hältst du mich etwa für einen solchen Esel?«, lachte Mr. Barclay und puffte mich am Oberarm, als hätte ich einen guten Witz erzählt. »Das steht natürlich alles unter Vorbehalt und wird erst nach eurer Vermählung rechtskräftig und bindend.« Wieder lachte er glucksend, als hätte er bei Tisch zu viel Wein getrunken. »Wenn Meredith es sich anders überlegt oder sich einen anderen Kerl schnappt, dann gehst du natürlich leer aus. Wenn die Ehe nicht zustande kommt, dann ist diese Vereinbarung null und nichtig. Also keine Dummheiten, mein Junge! Und jetzt nimm dir eine Zigarre, und lies erst mal in Ruhe den Vertrag.«

»Nicht nötig.« Ich schüttelte erleichtert den Kopf, nahm die Feder und unterschrieb. »Das ist alles, was ich wissen wollte.«

»Bravo!«, rief Mr. Barclay und klatschte in die Hände. »Das nenne ich Entschlusskraft. Willkommen in der Familie Barclay.«

»Danke, Sir!« Ich gab Vater, der die ganze Zeit lauernd hinter uns gestanden hatte, die Feder und sagte: »Entschuldigt mich bitte bei den Damen, aber ich habe noch etwas Dringendes zu erledigen.«

»Wo willst du hin?«, rief mein Vater, und es klang wie eine Drohung.

»Zu dem Maler des Gemäldes.«

»Welches Gemälde?«, wunderte sich William.

»Ich sagte doch, ich habe keine Ahnung, wer das Bild gemalt hat«, sagte mein Vater fast flehentlich. »Das musst du mir glauben.« Anders als in seinem Büro klangen seine Worte diesmal ehrlich.

»Ich glaube dir«, antwortete ich. »Aber ich weiß bereits, wer der Maler ist.«

»Du weißt?« Da waren sie wieder, die Überraschung und die Furcht in seinem Gesicht. »Woher? Wieso?«

»Ich nehme an, Sie übernachten im Hatchett's, Sir?«, wandte ich mich an Mr. Barclay. Da er nickte, setzte ich hinzu: »Dann sehen wir uns morgen zum Frühstück. Auf Wiedersehen, die Herren!«

»Die Jugend«, hörte ich Mr. Barclay lachen, als ich den Raum verließ.

6

Das Arbeitshaus von St. Giles wirkte mit seiner zehn Fuß hohen Mauer, die das gesamte Gelände umgab, und den barackenartigen, vierstöckigen Gebäuden nicht gerade einladend. Der Komplex erinnerte eher an ein Gefängnis als an eine wohltätige Einrichtung, auch wenn die Mauerkrone nicht bewehrt und die Fenster in den schmucklosen Backsteinhäusern lediglich im Erdgeschoss vergittert waren. Sogar eine kleine Kapelle, eine Badeanstalt und ein Krankenhaus gab es auf dem weitläufigen Gelände, wie ich von Simeon wusste. Im Gegensatz zu einer Haftanstalt standen die Leute an diesem unwirtlichen Ort Schlange, um hineingelassen zu werden. Natürlich nicht ganz freiwillig, sondern aus Not und Armut. Dennoch galt der Aufenthalt hier nicht als Strafe oder Zwangsmaßnahme, jedenfalls nicht auf dem Papier.

Als ich mich dem zentralen Zugang näherte und an die kleine Pforte klopfte, passierte lange Zeit gar nichts. Ich schaute mich um und sah auf der gegenüberliegenden Straßenseite, direkt neben einer Gaslaterne, eine Art provisorisches Zelt aus Stoffbahnen, in dem mehrere Menschen unter Lumpen und Decken auf dem nackten Steinboden kauerten. Auch neben dem Zelt lagen Menschen auf der Erde, dicht aneinandergedrängt, um sich gegenseitig zu wärmen. Unter der Laterne stand ein verlottert aussehender Junge mit bleichem Gesicht und in die Seiten gestemmten Armen, der mich belauerte, als könnte von mir irgendeine Gefahr ausgehen. Unweit des Zeltes befanden sich ein öffentliches Urinal und ein vergitterter Brunnen für Trinkwasser. Das mit einem Schloss versehene Gitter diente, wie ich vermutete, der Rationierung des Wassers.

Erneut klopfte ich ans Holz, diesmal mit dem Knauf meines Gehstocks. Nur einen Augenblick später öffnete sich ein kleines Sichtfenster in der Pforte, in dem ein mürrisch dreinblickendes Männergesicht zum Vorschein kam.

»Ich möchte …«, begann ich.

»Heute nicht mehr!«, unterbrach mich der Pförtner kläffend. »Versuchen Sie es morgen wieder, junger Mann. Vielleicht gibt's dann Platz.«

»Aber ich …«

»Gehen Sie rüber zu den anderen, und schlafen Sie dort!«, sagte der Mann und deutete mit dem Zeigefinger auf die andere Straßenseite. »Dann sind Sie morgen einer der Ersten. Einlass ist ab acht. Natürlich nur, wenn was frei wird.«

Mein Blick folgte seinem Finger, und ich sah, wie der Junge von eben zu einer anderen Gestalt neben dem Zelt unter die Decke kroch.

»Ich suche kein Obdach«, erwiderte ich und schlug den Kragen meines Mantels hoch, weil es gerade zu nieseln begonnen hatte. Es würde eine feuchte und kalte Nacht werden. »Ich möchte hier nicht übernachten, Sir, sondern jemanden besuchen.«

»Um diese Uhrzeit?«, lachte der Pförtner. »Kommen Sie morgen früh wieder, Sir. Es ist längst Nachtruhe.«

»Es ist ungemein wichtig.«

»Das sagen sie alle«, murrte der Mann und wollte die Klappe schließen.

Wie durch ein Wunder lag plötzlich ein Shilling vor ihm auf dem Sims. Der Pförtner hielt in seiner Bewegung inne. Allerdings machte er noch keine Anstalten, die Tür zu öffnen. Ein zweiter Shilling gesellte sich zu dem ersten und verschwand im nächsten Augenblick in der Hand des Pförtners. Dann wurde die Klappe geschlossen, ein Riegel zur Seite geschoben und die Pforte geöffnet.

Unwilliges Murren wurde von der anderen Straßenseite laut.

»Schnauze, da drüben!«, keifte der Pförtner, zog mich hinein, knallte die Tür hinter mir zu und schob den Riegel vor. Dann hielt er mir ein Windlicht unter die Nase und fragte: »Mann oder Frau?«

Ich stutzte kurz und sagte: »Mann.«

Er wandte sich nach rechts und fragte: »Dauerhaft oder vorübergehend?«

»Wie bitte?«

»Der Mann, den Sie besuchen wollen«, erklärte der Pförtner und wischte sich über die bucklige Nase. »Dauerhaft oder vorübergehend?«

»Dauerhaft. Jedenfalls wohnt er hier schon seit vier Jahren.«

»Hm«, machte der Pförtner und führte mich in den hinteren Teil des schmalen Hofes, von dem links und rechts kleinere Passagen abzweigten. »Also nicht krank? Oder alt und gebrechlich?«

»Nicht wirklich«, antwortete ich ausweichend. »Wie viele Stationen gibt es denn im Arbeitshaus?«

»Vier für die Männer und drei für die Frauen«, sagte er und deutete auf einen Eingang, über dem die römischen Ziffern III und IV angemalt waren. »Unterteilt in Kinder, Arbeitstaugliche und Gebrechliche. Die Vorübergehenden noch gar nicht mitgerechnet. Wie heißt der Mann?«

»Simeon Solomon.«

Der Pförtner lachte ungläubig, blieb plötzlich stehen und schüttelte den Kopf. »Warum haben Sie das nicht gleich gesagt?«, rief er, wandte sich um und ging wieder in Richtung Ausgang. »Die zwei Shilling hätten Sie sich sparen können, Sir. Der alte Kauz ist nicht da.«

»Sind Sie sicher?«, fragte ich. »Wollen Sie nicht vielleicht nachschauen?«

»Nicht nötig«, antwortete er, zog mich am Ärmel hinter sich her und kicherte belustigt. »Den verrückten Simeon kenn ich. Den kennt jeder hier. Ein bunter Hund sozusagen. Und darum weiß ich auch, dass er seit zwei Nächten nicht erschienen ist. Sein Bett wurde längst weitergegeben. Da schläft jetzt ein anderer drin.«

»Warum?«

»Warum?«, schnaubte er und schaute mich empört an. »Ist

doch kein Hotel hier, wo man kommen und gehen kann, wie's einem passt.«

»Nein, ich meine, warum ist er nicht mehr erschienen?«

»Woher soll ich das wissen?« Der Pförtner zuckte mit den Schultern und schob den Riegel an der Pforte zur Seite. »Er hat sich nicht bei mir abgemeldet. Ist 'n komischer Vogel, Ihr Freund. Irgendwie nicht normal. Aber seine Bilder waren, nun ja, Sie wissen schon, nicht von schlechten Eltern.« Er zwinkerte mir zu und schnalzte mit der Zunge.

Ich erinnerte mich an Simeons Bemerkung über den Pförtner und dessen erotische Vorlieben, die lieber geheim bleiben sollten.

»Aber irgendwann ist Schluss mit den Extrawürstchen«, setzte der Pförtner hinzu. »Ist schließlich ein Arbeitshaus.« Er öffnete die kleine Pforte und schob mich hindurch. »Wenn Sie ihn finden, dann sagen Sie ihm, dass seine Sachen noch hier sind. Er soll sie abholen und die Anstaltskleidung zurückbringen. Die gehört der Gemeinde.«

»Und wenn er ins Arbeitshaus zurückmöchte?«, fragte ich.

»Muss er das neu beim Komitee beantragen«, antwortete der Pförtner achselzuckend. »Sein Bett ist erst mal futsch. Ist ja kein ...«

»... Hotel?«

»Genau«, sagte er und schloss die Tür.

Vom Arbeitshaus in der Endell Street führte mein Weg direkt in die nahe gelegene Drury Lane. Zunächst wollte ich im Rookery Inn nachschauen und den Wirt fragen, ob er Simeon in den letzten Tagen gesehen hatte. »Zwei Nächte«, hatte der Pförtner gesagt. Seit Samstag war er also nicht mehr im Arbeitshaus gewesen. Und am Sonntagmorgen hatte Simeon im Crown Hotel ans Fenster des Dienstbotenzimmers geklopft. *Voll wie eine Haubitze!*

Als ich den Wirt des Rookery Inn nach Simeon Solomon fragte, und dabei auf Simeons Zeichnung der Kneipe deutete, die hinter ihm über dem Tresen hing, meinte er: »Der war erst vor 'n paar Tagen hier. Zusammen mit 'nem jungen Kerl. Sah aus wie 'n Handwerksbursche. Da drüben haben sie gehockt.« Er deutete in die Ecke, in der ich am Donnerstag mit Simeon gesessen hatte, und da erst begriff ich, dass der Wirt mich in meiner jetzigen vornehmen Kleidung, mit Zylinder, Gehstock und pelzbesetztem Mantel, nicht wiedererkannte. Da mein auffälliges Muttermal unter dem Wundpflaster verborgen war, diente auch das nicht als Erkennungsmerkmal.

»Danach nicht mehr?«, fragte ich. »In den letzten beiden Tagen?«

»Nay, Sir!«

Ich verließ die Kneipe und trat hinaus in den Regen, der inzwischen in Strömen vom Himmel prasselte. Wind war aufgekommen und fegte durch die dunklen Gassen. Ich überlegte, ob ich die Pubs und Inns der Umgegend absuchen oder lieber nach Hause fahren sollte. Der Gedanke an mein neues »Zuhause« im Hatchett's behagte mir wenig, so beschloss ich, weder das eine noch das andere zu tun, sondern ins East End zu fahren. Diesmal jedoch – zum ersten Mal in meinem Leben – ohne Maskerade.

Mit einem der grünen Omnibusse der Bayswater-Linie, die glücklicherweise noch bis Mitternacht in Betrieb waren, fuhr ich von der Oxford Street direkt bis nach Whitechapel. Die mehr als halbstündige Fahrt führte mich mitten durch die City, vorbei an der Polizeiwache am Snow Hill, dem festungsähnlichen Gefängnis von Newgate, dem Hauptquartier der Heilsarmee, der Guildhall und dem Mitre Square nahe dem Aldgate, wo der Ripper zuletzt so bestialisch zugeschlagen hatte. Es kam mir vor, als rasten die Ereignisse der letzten Tage wie in einem wilden Reigen an mir vorbei. Als der Omnibus die Commercial Street erreicht hatte, die nach Norden hin zum Britannia und Ten Bells führte, wo ich meine Suche nach Simeon eigentlich beginnen wollte, blieb ich, einem plötzlichen Impuls folgend, sitzen und fuhr weiter bis zur Whitechapel Road. Dort, im Cloak and Dagger, war ich Michael

Kidney das erste Mal begegnet. Und dorthin trieb es mich jetzt, als würde ich von einem Magneten angezogen.

Der Regen hatte mittlerweile nachgelassen, dafür stieg Dampf von den Straßen auf. Ein fauliger Geruch nach Dung und Schimmel stach mir in die Nase, als ich vor dem London Hospital aus dem Omnibus stieg. Die Uhr über dem Eingang des Krankenhauses zeigte Mitternacht. Dichter Nebel hatte sich gebildet und ließ alles unwirklich und unheimlich erscheinen. Die Gaslaternen gaben kaum mehr Licht als funzelige Kerzen ab. Vor dem nahe gelegenen, aber bereits verschlossenen Eingang zur U-Bahn-Station Whitechapel hatte sich eine kleine Traube von Männern gebildet, die die Köpfe zusammensteckten und zu Boden schauten, als gäbe es auf dem Pflaster etwas Interessantes zu sehen. Wenn ich mich nicht irrte, trugen einige der Männer dunkle Uniformen.

Als ich durch den schmalen Durchlass ging, der zum Cloak and Dagger führte, stolperte ich nach wenigen Schritten über einen weichen Körper auf dem Boden, den ich in der Dunkelheit gar nicht wahrgenommen hatte.

»Mensch, pass doch auf!«, schnauzte der Mann, der sich vor dem Regen in den Durchgang gerettet hatte und dort zwischen dem Unrat die Nacht verbrachte. Vermutlich war er ein Trinker, der es nicht mehr bis nach Hause geschafft hatte.

»'tschuldigung!«, murmelte ich und betrat den verwinkelten Yard, in dem es von dunklen Nischen, steilen Kellerzugängen und schmalen Durchlässen nur so wimmelte. Einer dieser Durchgänge auf der anderen Seite des Hofes führte zu einer Gasse, die parallel zur Whitechapel Road verlief. Dort, in der Buck's Row, hatte der Ripper vor ziemlich genau zwei Monaten sein erstes Opfer getötet.

Als ich das Cloak and Dagger betrat, schlug mir lautes Stimmengewirr und ein undurchdringlicher Nebel aus Tabakrauch und menschlichen Ausdünstungen entgegen. Ich brauchte eine Weile, bis ich mich an die schummrigen Lichtverhältnisse, die beißende Luft und den Krach gewöhnt hatte, und wartete, da die Kneipe gut gefüllt und kein Tisch frei war, bis ich einen Platz am Tresen ergattern konnte. In meiner Kleidung fühlte ich mich seltsam deplatziert an diesem Ort, der vor allem von Dockarbeitern und Seeleuten aufgesucht wurde. Manche der Besucher beäugten mich skeptisch, rümpften die Nase und schüttelten den Kopf, als wäre ich es, der den Gestank in dieser Kneipe absonderte. Nur der Wirt, ein Hüne von einem Kerl, lächelte unterwürfig, wischte sich die dreckigen Hände an einem ebenso dreckigen Tuch ab und fragte: »Womit kann ich dienen, Sir?«

Ich bestellte ein Porter, gab ein üppiges Trinkgeld und fragte: »Ist Michael da?«

»Gibt viele Michaels«, antwortete er und zuckte mit der Schulter.

»Michael Kidney. Arbeitet unten am Hafen.«

»Sind Sie 'n Copper?«, fragte er.

»Seh ich so aus?«

»Sie sehen jedenfalls nicht wie 'n Freund von Michael aus.« Wieder folgte ein Achselzucken, dann sagte er: »Hab ihn heut noch nicht gesehen. Leg auch keinen Wert drauf. Macht nur Ärger, der Kerl.«

Ich nickte, nippte an dem Bier, das wie Teerwasser aussah und auch so schmeckte, und schaute mich in dem Schankraum um. Rechts hinterm Tresen führte ein schmaler Gang zum Hinterausgang und von dort zu einem zweiten Hinterhof mit dem Abort. In der hinteren Ecke des Schankraumes ging eine schmale steile Treppe nach oben, wo sich ein weiterer Gastraum befand. Nach Simeon Ausschau zu halten, war vermutlich zwecklos, da er sich meist in den Kneipen rund um die Christ Church in Spitalfields herumtrieb. Dort kannte man ihn und warf ihn nicht gleich auf die Straße, wenn er mit seinen billigen Bildchen die Gäste belästigte. Und dort trafen sich die Skeletons, bei deren Zusammenkünften schon mal ein Bier oder Schnaps ausgegeben wurde. Im Cloak and Dagger hatte ich Simeon noch nie gesehen.

Mein Umweg über die Whitechapel Road war offenbar reine Zeitverschwendung gewesen. Ärgerlich setzte ich meinen Zylinder auf, schlug den Kragen hoch und wollte die Kneipe schon verlassen, als mein Blick auf zwei Frauen fiel, die an einem hohen Ecktisch direkt neben dem Eingang standen. Die jüngere der beiden, eine kaum zwanzigjährige Frau mit langem, dunkelblondem Haar und buschigen Augenbrauen, war mir unbekannt, doch bei der Älteren handelte es sich um Ginger, meine Nachbarin aus dem Miller's Court. Als ich die Kneipe betreten hatte, hatten die Frauen noch nicht dort gestanden, denn Gingers grellrote Haare wären mir bestimmt aufgefallen. Sie bekamen gerade von einem Schankmädchen zwei Helle serviert und prosteten sich zu. Ich wollte mich Ginger schon zu erkennen geben, doch irgendetwas hielt mich plötzlich zurück. Und so stellte ich mich hinter einen breiten Stützbalken in ihrer Nähe, lugte möglichst unauffällig um die Ecke und lauschte ihrem Gespräch.

»Bist du sicher, dass du weißt, worauf du dich einlässt, Heather?«, fragte Ginger und nahm einen großen Schluck. »Das ist kein Kinderspiel.«

»Klar«, antwortete die Dunkelblonde mit auffallend heiserer Stimme. »Bin ja kein Kind mehr. Hab das schon öfters gemacht. Früher in Blackburn und auch in London. Was ist schon dabei? Solange was dabei rumkommt. Immer noch besser als Putzen oder Betteln.«

»Na, ich weiß nicht«, antwortete Ginger und schüttelte ihre rote Mähne. »Ich mach das ja auch schon ein paar Jahre, aber gewöhnen werd ich mich nie dran. Die Kerle können ganz schön rabiat werden. Und damit meine ich nicht nur die verdammten Freier.«

Das Mädchen namens Heather nickte wissend und fragte: »Kennst du Michael eigentlich schon lange?«

»Geht so«, sagte Ginger. »Wie man sich halt so kennt, wenn man 'ne Zeit lang in derselben Nachbarschaft wohnt. Ich würde an deiner Stelle jedenfalls vorsichtig sein, vor allem wenn er gesoffen hat. Michael ist dann wie 'ne Stange Dynamit. Ein Funken, und schon geht er hoch. Bum!« Sie leerte ihr Glas und setzte hinzu: »Wie hast 'n den überhaupt kennengelernt?«

»Wie man sich halt so kennenlernt. In 'ner Kneipe«, antwortete Heather und grinste anzüglich. »Hauptsache, ich hab ein Dach über dem Kopf und einen Kerl, der für mich sorgt. Vorher war ich bei der Heilsarmee in der Hanbury Street. Glaub mir, das war nichts für mich. Von Almosen leben und fromme Betschwestern ertragen, die einem ständig mit dem Himmelreich in den Ohren liegen! Und keinen Penny in der Tasche. Nee, da bin ich lieber mein eigener Herr.«

»Schmink dir das gleich wieder ab, Kleine«, widersprach Ginger und tippte an Heathers Stirn. »Michael ist der Herr, und er duldet niemanden neben sich. Da wird er fuchsteufelswild.« Plötzlich beugte sich Ginger so weit vor, dass sie mir direkt ins Gesicht schaute. Sie hatte offensichtlich bemerkt, dass ich sie und ihre Begleiterin beobachtete, und hob drohend den Finger. »Na, Meister, genug geglotzt?«, fauchte sie. »Wenn du mehr willst, musst du dafür zahlen.«

»Ich dachte, gucken kostet nichts«, antwortete ich grinsend und kam hinter dem Stützbalken hervor.

Sie stutzte kurz, schaute mich verwirrt an und meinte dann: »Vergiss es! Umsonst ist der Tod.«

Ich war sicher gewesen, dass sie mich erkennen würde, doch dem war offensichtlich nicht so. Sie betrachtete mich wie einen völlig Fremden, weil sie nicht in mein Gesicht, sondern lediglich auf meine Kleidung schaute. Sie fuhr mit der Hand über den Pelzkragen meines Mantels und sagte: »Hast du dich verlaufen, Kleiner?«

»Schon möglich«, antwortete ich. »Möchten die Damen noch etwas trinken?«

»Aber immer«, frohlockte Heather. »Das Gleiche noch mal.«

Ich machte dem Wirt ein Zeichen und deutete auf den Ecktisch.

»Bist nicht von hier, oder?«, fragte Ginger. »Bist auch einer von den Neugierigen. Brauchst 'n bisschen Nervenkitzel, was? Willst mal nachschauen, wo der Ripper sich so rumtreibt.«

»Wisst ihr was über ihn?«, antwortete ich.

»Wir leben hier«, rief Ginger verächtlich. »Natürlich wissen wir was über ihn. Die Frau, die er drüben in der Berner Street umgebracht hat, das war 'ne gute Freundin von mir.«

»Long Liz«, sagte ich.

Ginger schaute mich überrascht an und wollte etwas erwidern, doch Heather unterbrach sie: »Du kanntest die? Woher?«

»Liz war früher Michaels Freundin.«

»Echt?«, wunderte sich Heather. »Hat er gar nichts von erzählt.«

»Wundert mich nicht«, meinte Ginger. Dabei schaute sie nicht das Mädchen, sondern mich an. Und der Ausdruck in ihrem Gesicht änderte sich merklich.

Im selben Augenblick und bevor sie etwas sagen konnte, wurde die Eingangstür aufgerissen, und ein junger Mann stürzte herein. Er sprang auf einen Stuhl, schwenkte seine Mütze und rief: »Polente! Sie machen 'ne Razzia. Die Coppers kommen!«

»Verflucht!«, rief der Wirt hinter dem Tresen. »Nicht schon wieder! Keinen Tag hat man mehr Ruhe. Verdammter Ripper!«

Nicht schon wieder!, war auch der Gedanke, der mir durch den Kopf schoss. Von der Polizei hatte ich vorerst genug, und in meiner Kleidung würde ich den Constables, die sich nach verdächtig oder fremd aussehenden Männern umschauten, sicherlich auffallen. Zwar hatte ich mir nichts zu Schulden kommen lassen und von einer Razzia eigentlich nichts zu befürchten, dennoch wollte ich so rasch wie möglich verschwinden.

»Du bist Rupert, stimmt's?«, schrie mir Ginger gegen den zunehmenden Lärm ins Ohr. »Der Nachbar mit dem komischen Namen.«

Ich nickte und wollte zur Tür, wo es bereits ein wildes Gedränge und Schubsen gab. Vom Hof erschallte das schwere Getrampel eisenbesetzter Stiefel. Trillerpfeifen waren zu hören und undeutliche Befehle.

»Hinten raus!«, rief Ginger und zupfte an meinem Ärmel. Sie deutete auf den Gang zum Abort, in dem sich ebenfalls bereits mehrere, vor allem männliche Gäste vor dem Ausgang drängten. »Wenn du dich im Hof rechts hältst, kommst du zu 'nem Durchlass zwischen zwei Häusern. Der führt zur Buck's Row. Kann natürlich sein, dass die Polente da schon wartet. Aber 'nen Versuch ist's wert.«

»Danke, Ginger«, sagte ich und wandte mich ab.

»Darüber reden wir noch, mein Lieber!«, lachte sie.

»Und das Bier?«, schrie Heather erschrocken.

Ich griff in meine Hosentasche, kramte einige Münzen heraus und legte sie auf den Tisch. Dann lief ich zum Hinterausgang.

Während es am Vordereingang zum Tumult kam, weil die Polizei sich mit Schlagstöcken den Zugang zur Kneipe freiprügelte und andere Gäste ins Obergeschoss stürmten, um möglicherweise über das Dach zu entfliehen, verschwand ich mit anderen lichtscheuen Gesellen durch den Hinterausgang in den zweiten Hof. Auch hier standen Polizisten, allerdings riegelten sie lediglich den gemauerten Durchgang zur Whitechapel Road ab. Die Lücke zwischen den Häusern auf der Rückseite schien den Constables nicht bekannt zu sein, und so konnte ich, gemeinsam mit einigen anderen Männern und Frauen, über die Buck's Row entkommen.

Seit über einer Stunde irrte ich bereits durch das neblige Spitalfields, klapperte die Pubs und Tavernen ab und war bei meiner Suche zugleich erfolgreich gewesen und dennoch keinen Deut weitergekommen. In beinahe allen Kneipen entlang der Commercial Street war Simeon in den letzten beiden Tagen aufgetaucht oder gesehen worden. Im Princess Alice, im Queen's Head, im Red Lion, im Britannia und natürlich im Ten Bells. Und überall hörte ich das Gleiche: Ja, Simeon war da gewesen, sturztrunken, zumeist randalierend und kaum noch in der Lage, ein verständliches Wort herauszubringen, und dennoch hatte er überall noch mehr Schnaps und Bier bestellt. Mr. Waldron vom Ten Bells berichtete mit sichtlichem Erstaunen, Simeon habe seine Rechnung mit einer Pfundnote beglichen. Da ich nur zu gut wusste, woher er das Geld hatte, wunderte ich mich nicht darüber, doch wo Simeon sich momentan aufhielt, darüber konnte keiner der Wirte Auskunft geben. Wie es schien, war das Ten Bells seine letzte Station gewesen. Hier war er etwa gegen Mitternacht halb ohnmächtig hinausgewankt und direkt vor der Tür aufs Pflaster gefallen, wobei er sich die Nase blutig geschlagen hatte. Wohin es ihn anschließend getrieben hatte, darüber wusste keiner etwas zu sagen. Und es kümmerte auch niemanden. Allerdings schienen sich alle sehr dafür zu interessieren, warum ein feiner Pinkel wie ich nach einem schäbigen Kauz wie Simeon fahndete.

So stand ich also vor der Christ Church und schaute auf meine Taschenuhr. Es war bereits nach zwei Uhr, wie ich im gelblichen Licht einer Straßenlaterne erkannte, und allmählich kehrte Ruhe ein in diesem rastlosen Teil des East Ends. Keine Omnibusse oder Tramwagen waren mehr auf den Straßen, die Händler hatten ihre Wagen am Straßenrand abgestellt und abgedeckt, auch die Droschken und Hansom Cabs hatten sich an die Verkehrsknotenpunkte zurückgezogen und warteten weiter westlich, am Bahnhof Liverpool Street, oder unten an der Straße nach Aldgate auf späte Fahrgäste. Der immer dichter werdende Nebel schluckte die wenigen Geräusche, die noch zu vernehmen waren, und erzeugte eine unheimliche, diffuse Stille. Ich war hundemüde und überlegte, ob ich nicht einfach in die Dorset Street gehen sollte, die sich ja gleich auf der anderen Straßenseite befand, um mich im Miller's Court schlafen zu legen. Den Schlüssel zu meinem fensterlosen Kabuff trug ich bei mir, und wenn ich die Tür offen stehen ließe, würde ich durch das Morgenlicht zeitig genug erwachen, um zum Frühstück mit Mr. Barclay wieder im Hatchett's zu sein.

Der Gedanke an das finstere Loch, das ich noch vor wenigen Tagen quasi zu meinem neuen Zuhause erklärt hatte, ließ mich frösteln. Vielleicht weil mein Verstand, anders als beim letzten Mal, nicht durch Alkohol und Ärger benebelt war. Während ich reglos vor dem Friedhof der Christ Church stand und zur Dorset Street schaute, ohne mich zu einem Entschluss durchringen zu können, sah ich einen Mann mit einem Bowler auf dem Kopf direkt auf mich zukommen. Er hatte vor dem Britannia gestanden und mich eine Weile aus der Ferne beobachtet, doch erst als er die Straße überquert hatte und unmittelbar vor mir stand, erkannte ich ihn. Es war Michael Kidney, und sein Blick war ebenso finster und drohend wie beim letzten Mal, als ich ihm im Miller's Court begegnet war.

»Wusste ich's doch!«, rief er und deutete auf meine elegante Kleidung. »Hab mir gleich gedacht, dass mit dir was nicht stimmt. Kein normaler Mensch zahlt so viel für die bescheuerte Bruchbude. Bist du von der Polente oder von der Presse? Hast gedacht, du kannst uns an der Nase rumführen, was?«

»Erstaunlich, dass du mich erkannt hast«, antwortete ich und machte einige Schritte zurück, bis ich mit dem Rücken an der Friedhofsmauer stand.

»Ich bin doch nicht blind, du Schwachkopf!«, knurrte Michael. »Du bist von der Zeitung, oder? So blöd kann kein Polizist sein. Also, was willst du von mir?«

»Von dir?«, gab ich mich erstaunt. »Was sollte ich von dir wollen?«

Seine Hand schnellte nach vorn und packte mich am Kragen. »Jetzt hör mir mal zu, Freundchen! Ich kann's nicht leiden, wenn mir jemand nachschnüffelt. Und ich lass mich auch nicht gern für dumm verkaufen! Verstanden?«

»Du meinst wegen Liz?«, sagte ich und stieß ihn weg, obwohl er körperlich viel stärker war und mich vermutlich mit einem einzigen Schlag hätte niederstrecken können. Deshalb setzte ich rasch nach: »Wegen der Heilsarmee? Keine Bange, Michael, wenn du's nicht verrätst, verrate ich es auch nicht. Braucht ja niemand zu wissen, was in der Hanbury Street passiert ist. Wir haben uns in der Nacht beide nicht mit Ruhm bekleckert.«

»Erinnerst dich wieder, was?«, fauchte er und drohte mir mit der Faust. »Ich rate dir, es für dich zu behalten. Würde dir sonst nicht gut bekommen.« Er kam mir ganz nahe und setzte beinahe flüsternd hinzu: »Rupert.«

Ginger hatte also meinen Namen ausgeplaudert. Ich nickte und sagte: »Hast dem Coroner einen ganz schönen Bären aufgebunden.«

Er zuckte kurz zusammen, grinste dann und meinte: »Kann's eben nicht leiden, wenn man seine Nase in meine Privatangelegenheiten steckt. Geht keinen was an! Das gilt auch für dich!«

»Ich werde es mir merken.«

»Tu das!«, schnaubte er, fuhr sich über den Schnauzbart und piekste mit seinem wurstigen Zeigefinger in meine Brust. »Sonst wird's dir nicht gut bekommen!« Damit wandte er sich ruckartig ab und ging hinüber zur Dorset Street, wo ihn der Nebel und die Dunkelheit verschluckten.

Ich atmete tief durch und lehnte mich an die Friedhofsmauer, da meine Knie zitterten und mein Herz derart raste, dass ich Angst hatte umzukippen. Das war knapp gewesen, dachte ich erleichtert. Und gleichzeitig schimpfte ich mich einen Dummkopf, weil ich Michael zu erkennen gegeben hatte, dass ich mich an die Szene vor dem Frauenasyl erinnerte. Und dass ich von seiner Falschaussage vor dem Richter wusste. Um Michael Kidney sollte ich in nächster Zeit einen großen Bogen machen.

Während ich noch nach Luft rang und Mühe hatte, meine Aufregung unter Kontrolle zu bekommen, hörte ich plötzlich seltsame Stimmen und Geräusche hinter mir. Sie mussten vom Friedhof kommen, der allerdings wegen der hohen Mauer nicht einzusehen war. Ich erinnerte mich, dass der Friedhof von Christ Church im Ten Bells Pub immer nur »Itchy Park« genannt worden war. Wegen der Obdachlosen und Landstreicher, die sich dort nächtens herumtrieben und sich ständig kratzten, weil ihnen das juckende Ungeziefer zusetzte.

»Algie, du Schweinehund!«, krächzte eine trunkene Männerstimme, und kurz darauf folgte ein irres Lachen, das in einen Hustenanfall mündete. »Verdammter Hänfling! Elender Verräter! Missgeburt!«

»Halt's Maul!«, rief eine andere Männerstimme. »Wir wollen schlafen.«

Das wilde Fluchen ging in ein unverständliches Gebrabbel über, doch plötzlich schrie der Mann wieder: »Du Mistkerl! Komm her, dann hau ich dir was aufs Maul! Verdammter Judas!«

»Jetzt reicht's!«, hörte ich die andere Stimme. »Jetzt hältst *du* dein Maul!« Ein seltsames Rascheln und Scharren war zu vernehmen, dann dumpfe Schläge, unterdrücktes Röcheln und schmerzhaftes Ächzen.

»Lasst mich!«, rief der erste Mann, dessen versoffene Stimme ich längst erkannt hatte. »Was wollt ihr von mir? Ah! Hört doch auf!«

Direkt an der Friedhofsmauer hatte ein Händler sein Fuhrwerk abgestellt und mit einer dicken Eisenkette an der Gaslaterne gesichert. Ich kletterte auf die Ladefläche, stieg auf eine Holzkiste und bekam von dort die Mauerkrone zu fassen. Da die Umfriedung sehr unregelmäßig gemauert und verwittert war, fand ich mit meinem rechten Fuß Halt an einem Vorsprung und kraxelte auf die relativ breite, aber zur Straße hin abschüssige Mauerkrone.

Wieder hörte ich die dumpfen Schläge und das Röcheln.

»Simeon!«, rief ich, während ich rittlings auf der Mauer saß und versuchte, irgendetwas auf dem Friedhof zu erkennen. Das Gelände war nicht beleuchtet und lag im Schatten der hohen Mauer. Die Straßenlaterne beleuchtete lediglich die Wipfel der Bäume, die zwischen den Gräbern standen. Außerdem war der Nebel auf dem Friedhof, vermutlich wegen des feuchten Untergrunds, noch dichter als auf der Straße. Wieder rief ich: »Simeon!«

»Wer ist das denn?«, hörte ich eine Stimme direkt unter mir.

»Ein Engel!«, rief Simeon lallend. »Direkt vom Himmel.«

Ich hielt mich an der Mauerkrone fest, ließ mich vorsichtig hängen, sprang hinunter und landete direkt neben einem Grabmal, um das sich mehrere Gestalten versammelt hatten.

»Wer bist du?«, hörte ich Simeon keuchen.

»Das hättest du auch einfacher haben können«, lachte der Mann, der sich vorhin über Simeons Geschrei beschwert hatte. »Die Gittertür neben der Kirche ist offen. Oder glaubst du, wir wären alle wie die Engel über die Mauer geflogen?«

Meine Augen hatten sich mittlerweile so weit an die Dunkelheit gewöhnt, dass ich zumindest Umrisse und Schemen erkennen konnte. Rings um das Grabmal lagen dunkle Gestalten auf den Grabplatten, Bänken und zwischen den immergrünen Büschen. Einige von ihnen hatten sich mit Lumpen zugedeckt, andere lagen auf Zeitungspapier oder waren schutzlos der Kälte und Feuchtigkeit preisgegeben. Sie alle hatten sich auf dem Friedhof zusammengefunden, um hier ungestört die Nacht zu verbringen. Ein unverkennbarer Gestank nach Alkohol hing über der Szene, vermischt mit dem schwefligen Geruch des Nebels.

Direkt vor mir hockte Simeon zusammengekauert auf dem Boden, die Hände über dem Kopf gefaltet, als erwartete er von mir weitere Schläge. Die Männer, die ihn malträtiert hatten, machten murrend Platz, als ich mich Simeon näherte und meine Hand ausstreckte.

»Komm, Simeon, wir gehen!«, sagte ich, hielt aber gleichzeitig den Gehstock hoch, um mögliche Angriffe der umstehenden Männer abzuwehren.

»Ja, nimm den Schreihals ruhig mit«, brummte einer von ihnen. »Sonst stopfen wir ihm endgültig sein Maul.«

»Wer bist du?«, lallte Simeon, während ich ihn hochzog, seinen Arm um meine Schulter legte und ihn zur Gittertür schleifte.

»Dein Schutzengel«, sagte ich schnaufend und hatte Mühe, ihn zu halten, weil er sich kaum noch auf den Beinen halten konnte. »Lass uns hier verschwinden.«

Simeon sah elend und erbärmlich aus. Als wir den Platz vor dem Kirchenportal erreicht hatten und ich ihn im Schein der Straßenlaternen betrachtete, bekam ich einen gehörigen Schreck. Seine Nase blutete, die Wangen waren blau unterlaufen, die Augen schwarz gerändert, und auf seiner Stirn hatte er eine Platzwunde. Die Anstaltskleidung des Arbeitshauses – graue Hose, graue Weste, graue Jacke – war verdreckt und zerrissen, seinen Hut hatte er verloren. Noch erschreckender als seine äußere Erscheinung war jedoch der irre Blick, mit dem er mich betrachtete oder vielmehr durchbohrte. Er sah aus, als hätte er völlig den Verstand verloren. Und das lag nicht allein am Alkohol.

»Ich bin's, Simeon. Rupert!«, sagte ich, da er mich offensichtlich nicht erkannte. Allerdings war ich mir nicht darüber im Klaren, ob das an meinem Aufzug oder an seiner Trunkenheit und Verwirrung lag. »Was ist denn bloß los mit dir?«

»Ich hab ihn gesehen«, brabbelte er und fuhr sich über den Bart.

»Wen gesehen?«
»Algie!«
»Welchen Algie?«

»Swinburne«, fauchte er und schüttelte die Faust. »Den großen Algernon Swinburne, den verdammten Verräter!«

»Und?« Ich legte seinen Arm um meine Schulter, stützte ihn ab und wankte mit ihm über die Commercial Street in Richtung Dorset Street.

»Er hat sich vor allen Leuten über mich lustig gemacht. Hat da gestanden, vor meinem Gemälde, und mich eine Schande genannt. ›Ein großer Künstler, aber ein schwacher Mensch.‹ So hat er's gesagt. Und dass wir nie Freunde waren, hat er behauptet. Judas!«

Ich hatte zwar keine Ahnung, wo er Swinburne begegnet sein mochte, denn angeblich lebte der Dichter seit Jahren sehr zurückgezogen irgendwo außerhalb der Stadt, doch Swinburnes abfälligen Worten konnte man bei Simeons Anblick kaum widersprechen. »Ein schwacher Mensch« war noch eine wohlwollende Umschreibung dessen, was ich gerade vor mir sah.

Natürlich wusste ich von Simeons problematischem Verhältnis zu Algernon Swinburne. Er hatte mir oft und lange genug damit in den Ohren gelegen. Angeblich waren sie früher einmal eng befreundet gewesen, Simeon hatte sogar einige Bücher des Dichters illustriert und mit ihm Reisen nach Italien und Frankreich unternommen. Doch Swinburne hatte sich, nachdem Simeons sexuelle Vorlieben während des Gerichtsverfahrens ruchbar geworden waren, brüsk von dem ehemaligen Gefährten abgewandt und auch die anderen Freunde und Künstlerkollegen aufgefordert, es ihm gleichzutun. Sie hatten ihn allesamt wie eine heiße Kartoffel fallen gelassen. Ich konnte nicht mit Sicherheit sagen, ob Simeons Tiraden in allen Einzelheiten der Wahrheit entsprachen, aber was ihn vor allem verletzte und empörte, war die Tatsache, dass sich Swinburne in der Öffentlichkeit als hedonistischer Bürgerschreck und libertärer Freigeist spreizte, aber nach Simeons Verurteilung als Erster demonstrativ von ihm abgerückt war. Vielleicht weil er als Busenfreund des überführten Sodomiten Angst hatte, selbst in Verdacht zu geraten.

Tatsächlich waren sich Simeon und Swinburne in vielerlei Hinsicht sehr ähnlich gewesen, in ihrer Kunst und ihrem ausschweifenden Leben, denn auch der Dichter war der Trunksucht erlegen und wäre beinahe daran gestorben. Doch anders als Simeon hatte Swinburne seinem Leben und seinem Schaffen eine radikale Wendung gegeben. Er war in gewisser Weise vom Saulus zum Paulus geworden. Und das war der Grund, warum Simeon ihn einen Judas nannte.

»Scheinheiliger Zwerg!«, schimpfte Simeon auf den kleinwüchsigen Swinburne und stolperte über seine Füße.

»Wo hast du ihn gesehen?«, fragte ich, als wir Miller's Court erreicht hatten und ich ihn mit Mühe durch den engen Durchlass bugsiert hatte.

»Im People's Palace. In der Ausstellung. Im Wintergarten. Er hat mich ausgelacht. Simeon Sodomon. Haha, sehr lustig!« Die Worte schossen wie Gewehrsalven aus seinem Mund. »Er hat mich verleugnet. Und beleidigt!«

»Und deshalb lässt du dich seit Tagen volllaufen, versäufst dein letztes Geld und verlierst sogar dein Bett im Arbeitshaus?« Ich schüttelte ihn und versuchte, ihn aufzurichten. »Nur weil Swinburne dich verlacht und verleugnet hat? Das macht er doch seit Jahren. Gewöhn dich gefälligst daran, oder ändere dich! Wenn du nicht willst, dass man dich auslacht, dann mach dich nicht zum Affen!«

Simeon schaute mich konsterniert an, schnappte nach Luft oder suchte nach Worten und taumelte dann rücklings zu Boden, wo er regungslos im Matsch liegen blieb. Meine Worte hatten offenkundig Eindruck auf ihn gemacht.

Neben dem Abtritt stand eine Regentonne, die nach dem ordentlichen Guss der letzten Stunden etwa zu einem Drittel gefüllt war. Ich hievte die Tonne mühevoll in die Höhe und goss den gesamten Inhalt über meinen bemitleidenswerten Freund. Mit einem Prusten kam er wieder zu sich, fuhr wie ein Katapult in die Höhe und schaute mich an, als sähe er mich gerade zum ersten Mal.

»Rupert?«, rief er. »Wo kommst du denn her? Was machst du hier? Wo bin ich überhaupt?«

»Komm!«, sagte ich, zog ihn hoch und brachte ihn in meine Kammer. »Hier kannst du eine Weile bleiben.« Ich zog ihm die nassen Kleider aus und wickelte ihn in die stinkende Decke, die Edmund mir am Freitag gegeben hatte. Simeon ließ alles wie ein kleines Kind über sich ergehen, machte keinen Mucks und war wie erstarrt.

»Dunkel hier drin«, war alles, was er sagte, als er wie ein Säugling eingewickelt auf dem Bett saß. »Und feucht.«

»Besser als der Friedhof«, sagte ich, fand einen Kerzenstummel auf dem Tisch, entzündete ihn und setzte mich neben Simeon aufs Bett, obwohl er bestialisch stank. »Geht's wieder?«, fragte ich und schaute zu Boden, wo sich eine Pfütze aus Regenwasser gebildet hatte, das durch die Decke auf die gestampfte Erde tropfte.

»Nein«, antwortete er, »aber man gewöhnt sich dran.«

Wir saßen eine Weile schweigend nebeneinander, Schulter an Schulter, und starrten ins Nichts. Als ich bereits dachte, er sei eingeschlafen, fuhr er plötzlich hoch und schien sich an etwas zu erinnern. Er schaute mich verwundert an und fragte: »Bist du nicht im Gefängnis?«

»Hab nichts verbrochen.«

»Aha.« Er nickte, obwohl er offensichtlich nichts verstand, und sagte plötzlich: »Ich hab das Mädchen wiedergesehen.«

»Wann? Wo?«

»Im People's Palace. Sie war auch da. Am gleichen Abend wie Swinburne.« Wieder redete er in seinem seltsam abgehackten Stakkato. »Hat mich angesprochen. Wollte wissen, woher ich ihre Mutter kenne. Komisch, oder?«

»Du hast ihre Mutter von einem Foto abgemalt, hat Gray erzählt.«

»Gray?«

»Unser Laufbursche im Crown. Du warst gestern Morgen dort.«

»War ich das?« Er schob die Unterlippe vor und nickte dann. »Ja, kann sein.«

»Woher hattest du das Foto?«

Er zuckte mit den Schultern.

»Wer war der Auftraggeber des Bildes?«

Er wiederholte die Geste und betonte sie durch ein Abwinken.

»Weißt du es nicht oder willst du es mir nicht sagen?«

»Was kümmert dich das verdammte Gemälde? Ich hab keine Ahnung, wo es geblieben ist. Interessiert mich auch nicht. War ohnehin Schund.«

»Es hängt im Büro meines Vaters.«

Er schaute mich verständnislos an und sagte: »Deines Vaters?« Dann schloss er die Augen, seufzte tief, und sein Kinn sackte auf die Brust.

»Simeon!«, rief ich und schüttelte ihn.

»Was denn?«, fauchte er und fuhr erschrocken in die Höhe. »Was ist?«

»Ich kenne das Gemälde«, sagte ich und schüttelte ihn erneut. »Ein Hirtenmädchen in weißer Kleidung, mit allerlei niedlichem Viehzeug auf der Weide. Ein fürchterliches Bild.«

»Eine Auftragsarbeit«, sagte er und hob entschuldigend die Hände. »Eine idyllische Pastorale. So wollte es der Mann. Also hat er sein dämliches Hirtenbild bekommen. Ich war damals froh, überhaupt mit Öl und auf Leinwand malen zu können und dafür bezahlt zu werden. Weiß der Teufel, wie der Kerl ausgerechnet auf mich gekommen ist. Vermutlich hat ihm einer verraten, dass ich nicht viel verlangen kann.« Er schaute mich verwirrt an und fragte: »Und das Bild gehört jetzt deinem Vater? Bist du sicher?«

»Er behauptet, dass er es vor einigen Jahren bei einer Auktion ersteigert hat.«

»Aber du glaubst ihm nicht.«

Diesmal zuckte ich mit den Schultern und fragte: »War mein Vater der Mann, der das Gemälde in Auftrag gegeben hat?«

»Bestimmt nicht«, antwortete Simeon und schüttelte schwerfällig den Kopf. »Das war kein Gentleman. Vielleicht ein Handwerker oder Ladenbesitzer.«

»Vielleicht hat er sich verkleidet.«

»Du meinst, wie der Vater, so der Sohn?« Er lachte und winkte erneut ab. »Das weiß ich nicht mehr so genau. Das ist mindestens acht Jahre her, Rupert. Wenn nicht sogar mehr. Damals hab ich noch nicht in St. Giles gewohnt.«

»Dein Bett im Arbeitshaus ist übrigens weg«, sagte ich. »Du sollst die Kleider zurückbringen und deinen Koffer holen, lässt der Pförtner ausrichten.«

»Hab ja jetzt ein neues Bett«, antwortete er, lachte albern und klopfte auf die klamme Matratze. »Ich bin müde, Rupert. Können wir nicht morgen …?«

»Sonst kannst du dich an nichts erinnern?«, unterbrach ich ihn und verhinderte, dass er sich zur Seite fallen ließ. »Hast du das Bild geliefert oder wurde es abgeholt?«

»Abgeholt«, antwortete er und gähnte. »Wenn ich mich nicht irre.«

»Von dem Mann, der dir den Auftrag gegeben hat?«

Wieder gähnte er. Dann runzelte er die Stirn und schüttelte den Kopf. »Nein«, sagte er schließlich. »Von einem Jungen. Vermutlich ein Laufbursche. Der hässlichste Junge, den ich je gesehen habe. Spindeldürr, mit abstehenden Ohren wie ein Elefant. Wie ein Kobold.«

»Und das Foto? Hast du das noch?«

»Nein. Warum sollte ich?« Er schüttelte den Kopf, kraulte sich den verfilzten Bart und hielt plötzlich inne. »Aber ich weiß, wer der Fotograf war.«

»Du hast keine Ahnung, wer der Auftraggeber war«, wunderte ich mich, »aber an den Fotografen erinnerst du dich? Wie kann das sein?«

»War ein Stempel drauf«, sagte er und gähnte erneut. »Bei demselben Fotografen hatte ich kurz vorher Visitenkarten machen lassen. Deswegen weiß ich das noch. Hab die Dinger nie

gebraucht. Wollte ohnehin keiner mehr was von mir wissen.«
Er lächelte gequält, hatte offenkundig Mühe, sich zu konzentrieren, und setzte dann hinzu: »Newcombe oder Newborne in der Fenchurch Street. Hab damals ganz in der Nähe gewohnt.«

»Schlaf jetzt!«, sagte ich, erhob mich und schaute auf die Taschenuhr. Es war bereits nach drei. Höchste Zeit! Als ich mich zu Simeon umdrehte, war er bereits zur Seite gekippt und eingeschlafen. Ich legte den Schlüssel auf den Tisch, löschte das Licht und ging hinaus.

Trotz der Gaslaterne war es stockfinster im Hof. Das Licht der Lampe drang kaum durch den Nebel, der sich mittlerweile zu einer richtigen Brühe verdichtet hatte. Als ich an der Wohnung meines Hauptmieters vorbeiging, hörte ich Edmund wieder im Schlaf rufen: »Nein, ich hab's nicht getan. Ich bin unschuldig! Ich war dagegen.«

Genauso hatte ich geklungen, als ich am Mittag vor dem Polizeigericht meine Unschuld beteuert hatte. Und wie bei mir schien auch Edmund das Wissen um seine Unschuld nicht zu beruhigen. Ich wünschte ihm eine gute Nacht und verließ den Hof.

DIENSTAG, 23. OKTOBER 1888

8

Das Frühstück im Hotel, das wir in einem abgetrennten Teil des Speisesaals zu uns nahmen, verlief in gedrückter Stimmung. Mortimer hatte schlechte Laune, weil ihm Mr. Barclay am Abend noch einmal unmissverständlich zu verstehen gegeben hatte, dass er für dessen Kaffeehauspläne in Southwark wenig übrighatte. Vater hatte schlechte Laune, weil ihn Kopfschmerzen plagten, wie er behauptete. Und Mr. Barclay, dessen aufdringlich gute Stimmung eigentlich unverwüstlich war, machte sich Sorgen, weil für den heutigen Morgen irgendeine Demonstration oder Kundgebung vor dem Firmengelände in der Park Street angekündigt war. Er bat mich, ihn in seiner Kutsche nach Southwark zu begleiten. So könnte ich mir schon mal anschauen, wo ich in Kürze arbeiten und wohnen würde, außerdem würde ich einen Eindruck von den »Fährnissen und Obstakeln«, wie er sich ausdrückte, bekommen, mit denen ein Londoner Unternehmer heutzutage zu kämpfen habe.

Auch William machte eine Miene wie sieben Tage Regenwetter. Das schien unmittelbar mit seiner Frau Betty zu tun zu haben, die neben ihm saß und ein ähnlich sauertöpfisches Gesicht zur Schau stellte. Vermutlich eine der periodisch auftretenden Ehestreitigkeiten im Hause Ingram. Und womöglich hatte es etwas mit einer hübschen Schneiderin aus der Bond Street zu tun.

Als ich mich entschuldigte und aufstand, um mich in meinem Zimmer für die Fahrt nach Southwark fertig zu machen, erinnerte mich William daran, dass am Abend ein Empfang im Deutschen Athenaeum in der Mortimer Street stattfinden sollte, auf dem man mich erwartete. Auf meinen scherzhaften Einwand, ich könne kein Deutsch, lächelte er müde und sagte: »Es wird dir gefallen. Das ist ein Club von deutschen Künstlern mit guten Beziehungen nach Berlin und Hamburg. Könnte nützlich sein, um Gäste zu werben. Der Botschafter hat sich ebenfalls angekündigt.«

»Ay, Boss«, imitierte ich Gray und ging nach oben.

Das Zimmer, das für die nächsten Wochen bis zur Hochzeit mein Zuhause sein sollte, war eine ehemalige Abstellkammer direkt neben dem Büro meines Vaters. Auf diese Weise hoffte er wohl, mich besser unter Kontrolle zu halten. Als ich an dem Büro vorbeikam, konnte ich dem Impuls nicht widerstehen und öffnete die stets unverschlossene Tür, um noch einmal einen Blick auf Simeons Gemälde zu werfen. Doch hinter dem Schreibtisch hing kein Bild mehr. Nur ein heller Fleck an der Tapete zeugte noch von seiner Existenz.

»Euch Kindern hat's offenbar nicht gefallen«, hörte ich plötzlich die Stimme meines Vaters hinter mir. »Darum hab ich es abgenommen.«

»Seit wann kümmert dich unser Geschmack?«, antwortete ich verstört. »Übrigens sind wir keine Kinder mehr.«

»Sicher!« Er lachte künstlich und klopfte mir auf die Schulter. »Aber so sind Eltern nun mal. Sie können nicht aus ihrer Haut.« Wieder folgte ein Lachen, das aufgesetzt und unecht klang, und dann fragte er abrupt: »Wie alt war das Mädchen eigentlich?«

»Welches Mädchen?« Ich wusste natürlich, wen er meinte, aber ich wollte ihn ein wenig zappeln lassen. »Das Hirtenmädchen auf dem Bild?«

»Nein, die Tochter, von der du gesprochen hast.«

»Warum interessiert dich das?«

»Nur so«, behauptete er und schien zu bemerken, dass er ein schlechter Lügner war, denn sofort setzte er hinzu: »Ist doch ein komischer Zufall, dass du das Mädchen zu kennen scheinst, oder?«

»Ich kenne das Mädchen nicht, ich glaube nur, dass ich es zwei Mal gesehen habe.«

»Woher willst du dann wissen, dass es die Tochter der Frau auf dem Bild ist?«

»Ich weiß es eben«, antwortete ich boshaft.

»Ja, ja, schon gut«, erwiderte er gereizt. »Und wie alt war es?«

»Vielleicht sechzehn Jahre alt.«

Seine Reaktion war bemerkenswert, denn er schien tatsächlich erleichtert oder erfreut zu sein. »Sechzehn, was?«, lachte er jovial. »Beneidenswertes Alter.«

»Sie sah nicht beneidenswert aus«, entgegnete ich und merkte, wie die Wut in mir hochstieg. »Trotz ihres jungen Alters.«

»Ach ja?«, sagte er und räusperte sich. »Trotzdem ein seltsamer Zufall.«

»Kannst ihr ja das Bild schenken, wenn du es nicht mehr brauchst.«

»Das Bild schenken? Wieso?« Er starrte zu Boden und wusste nicht, wohin mit seinen Händen. »Ach so!«, rief er dann, »das war ein Witz, was? Haha!«

»Ein Witz«, antwortete ich. »Natürlich.« Damit ließ ich ihn stehen und verschwand in meinem Zimmer.

Eine halbe Stunde später saßen Mr. Barclay und ich im Fond seiner zweispännigen Victoria-Kutsche und wurden von einem livrierten Kutscher nach Southwark chauffiert. Die dichten Regenwolken hatten sich verzogen, und auch der Nebel der letzten Nacht hatte sich so weit gelichtet, dass man von der nördlichen Uferpromenade bis zur Southwarker Seite des Flusses schauen konnte. Während wir auf der breiten Prachtstraße fuhren, schwärmte Mr. Barclay beim Anblick der Schlote, Fabrikgebäude und Lagerhallen von seiner Brauerei und beschwor die Vorzüge seines Gewerbes, als wäre er der Führer einer Touristengruppe in seiner Fabrik. Ich selbst hatte vor gut einem halben Jahr, kurz nach meiner ersten Begegnung mit den Barclays, an einer solchen Führung teilgenommen und während der zweistündigen Tour – oder vielmehr Tortur – alles übers Mälzen, Schroten und Maischen erfahren. Zwar hatte ich am Ende der Führung das meiste wieder vergessen, trotzdem wurde ich mit einer Bierverkostung quer durch die Barclay'schen Biersorten belohnt.

»Dort drüben ist Anchor Terrace«, sagte Mr. Barclay, als wir die Southwark Bridge überquerten und hinter der Bankside das riesige Firmengelände von Barclay, Perkins & Co. sahen. »Das oberste Stockwerk wird für euch ausgebaut. Siehst du? Die Mauern werden gerade verputzt, und das Dach wird neu gedeckt. Von dort oben kann man bei guter Sicht bis nach Hampstead schauen.«

»Und auf die Fabrik«, ergänzte ich und lächelte gequält.

»Es wird euch gefallen«, sagte er mit dem Brustton der Überzeugung. »Ihr werdet schon sehen. Meredith ist bereits sehr gespannt.« Aus seinen Worten schloss ich, dass auch seine Nichte unser neues Zuhause bislang noch nicht zu Gesicht bekommen hatte.

Anchor Terrace war ein symmetrisches, eher schlichtes Gebäude aus hellem Backstein, das mit seiner Nordfassade beinahe ans Themseufer stieß. Früher hatte das Haus einmal als Alterswohnsitz für verdiente Mitarbeiter der Brauerei gedient, doch inzwischen waren dort vor allem Büros und Lagerräume untergebracht. Tatsächlich konnte ich oben auf dem Dach eine Art Gerüst erkennen, auf und hinter dem eifrig gewerkelt wurde.

»Von eurer Terrasse führt eine Stiege bis hinüber zum Brauhaus«, fuhr Mr. Barclay fort und lächelte beglückt. »Dort fährt ein elektrischer Aufzug hinunter in den Fabrikhof. Du hast also Familie und Arbeit auf nächstem Raum beisammen und musst das Gelände gar nicht mehr verlassen.«

»Wie praktisch«, sagte ich, obwohl mir bei dem Gedanken speiübel wurde. Ich war mir sicher, dass auch Meredith nicht begeistert davon wäre, über einer nach Hopfensud und Malzmaische stinkenden Brauerei zu wohnen. Bei meiner fast reflexartigen Abneigung gegen meine fremdbestimmte Braut vergaß ich mitunter, dass sich auch Meredith ihren zukünftigen Gatten nicht freiwillig ausgesucht hatte. Aus einigen ihrer verschämten Andeutungen und aus abfälligen Bemerkungen ihres Onkels hatte ich herausgehört, dass Meredith zuvor einem entfernten Familienmitglied der Barclays durchaus zugetan gewesen war. Dieser junge Kerl namens Frederick – ein Cousin zweiten Grades und Abkömmling eines schwarzen Schafes der Familie, wenn ich es recht verstanden hatte – schien jedoch als Taugenichts und Schwerenöter verschrien zu sein. Was Mr. Barclay veranlasst hatte, sich nach ehelichen Alternativen umzuschauen. Und dummerweise hatte er sich im Zuge dieser Bemühungen an seinen alten Geschäftspartner Harvey Ingram erinnert.

Zwar hatte Vater inzwischen keine direkten geschäftlichen Verbindungen mehr zur Brauerei – abgesehen davon, dass das Hatchett's und auch das Crown Hotel ihr Bier aus Southwark bezogen –, aber früher hatten ihm auch zwei Kneipen an der Borough High Street in Southwark gehört. Da der Gewinn aus diesen Pubs bescheiden, das Hotelierfach weitaus lukrativer und das Angebot der Barclay Brauerei großzügig gewesen war, hatte Vater vor einigen Jahren die Kneipen samt Pächter an Robert Barclay verkauft und das Geld in ein Gebäude in der Dover Street investiert, aus dem dann das Crown Hotel wurde. Bei den Lokalen, die früher einmal meinem Vater gehört hatten, handelte es sich um das Black Cross und das George Inn. Beides nicht gerade die feinsten Adressen in London.

»Da sind wir!«, rief Mr. Barclay sichtlich erfreut. Der Anblick seiner Brauerei erfüllte ihn mit einem fast kindlichen Stolz. Ich konnte mich nicht erinnern, ihn jemals so zufrieden auf seinem Landsitz in Bury Hill gesehen zu haben. Und ich bezweifelte, dass die Vorstellung, sich irgendwann im beschaulichen Surrey zur Ruhe zu setzen, ihn wirklich beglückte.

Die Kutsche bog links in die Park Street ab, die einst Deadman's Place geheißen hatte, wie Mr. Barclay mir bei einem früheren Besuch augenzwinkernd erklärt hatte. Angeblich rührte der seltsame Name daher, dass hier zur Zeit der Großen Pest die unzähligen Toten in riesigen Massengräbern verscharrt worden waren. Wenn man bedachte, dass sich der Brunnen der Brauerei auf dem Firmengelände befand, konnte einem der Appetit auf das mit diesem Wasser gebraute Bier vergehen.

Vor dem Haupteingang zur Brauerei hatte sich eine Gruppe von Menschen versammelt. Es handelte sich jedoch nicht um Teilnehmer der angekündigten Protestkundgebung, sondern um ausländische Touristen, die eine Führung gebucht hatten und auf Einlass warteten. Die Idee, ihre Brauerei für zahlende Gäste zu öffnen und entsprechend umbauen zu lassen, zeugte vom tüchtigen Geschäftssinn der Barclays. Sogar der Prinz von Wales, der deutsche Reichskanzler Otto von Bismarck und der italienische Freiheitskämpfer Giuseppe Garibaldi hatten laut Mr. Barclay schon einmal die Brauerei in Southwark besichtigt.

Während wir durch das große Portal fuhren und dabei abfahrende Bierkutscher und anliefernde Getreidebauern passierten, fielen mir erneut die ungeheuren Ausmaße des Firmengeländes auf. Eine Vielzahl unterschiedlichster Gebäude und Silos umringten mehrere Höfe. Besonders beeindruckend neben den riesigen Lagertanks waren die Förderbänder, die in schwindelerregender Höhe manche der Gebäude miteinander verbanden. Einige dieser Bänder, die man »Jakobsleitern« nannte, hatten Eimer an der Unterseite befestigt, die völlig automatisch gefüllt und geleert wurden und in denen das Malz oder die Gerste von einem Ort zum nächsten befördert wurde. Um zur Rückseite von Anchor Terrace zu gelangen, führte mich Mr. Barclay mitten durch das gewaltige Brauhaus, obwohl es auch einen Weg über den Hof gegeben hätte. Entweder gefiel es ihm, dass sämtliche Arbeiter und Büroangestellten, denen wir begegneten, einen Bückling vor ihm machten, oder er wollte mir zum wiederholten Male anerkennende Worte über das Herzstück seiner Brauerei entlocken. Fünf vollständige und unabhängig zu befüllende Brauanlagen befanden sich in diesem Brauhaus, das über zweihundert Fuß lang und an die sechzig Fuß breit war. Ich kam mir vor wie in einer überdimensionierten Hexenküche, überall zischte und brodelte es. Kupferne Braukessel und Sudpfannen, hölzerne Gärbottiche und Maischtonnen, Wasserzisternen und Malzsilos waren durch Fallrohre, Kupferleitungen und Jakobsleitern verbunden. Das gesamte Brauhaus wirkte wie ein mechanischer Organismus, der von einem eigenen Dampfkraftwerk im Nachbarhaus angetrieben wurde. Während Mr. Barclay mir zu jedem Kupferkessel oder Holzbottich den Anschaffungswert oder das Fassungsvermögen nannte und mir bei der Hitze der Schweiß in den Nacken lief, schaute ich zu der schmalen Gitterstiege, die vom östlichen Ende des Brauhauses zur angrenzenden Anchor Terrace führte. Allein beim Anblick dieser Wendeltreppe wurde mir schwindelig, und ich verfluchte Mr. Barclay, dass er mich nicht den Aufzug hatte nehmen lassen, der direkt vom Hof zu den Maissilos unter dem Dach führte.

»Dort drüben wird dein Büro sein«, sagte er, als wir oben angekommen waren und den Übergang zum Nebengebäude betraten. »Direkt unter eurer Wohnung. Nur eine Treppe tiefer. Du brauchst das Haus gar nicht …«

»… zu verlassen«, wollte ich den Satz bereits vervollständigen, als wir durch eine aufgeregte Stimme unterbrochen wurden.

»Mr. Barclay, Sir!«, rief ein Arbeiter im blauen Drillich hinter uns. »Entschuldigung, Sir!« Er verneigte sich umständlich, wischte sich mit den Händen über die Schürze und sagte, mit Blick auf seine dreckigen Schuhe: »Mr. Anderson schickt mich, Sir. Es gibt Ärger am Tor. Soll ich sagen.« Er überlegte kurz und schob dann nach: »Sir!«

»Ärger?«, fragte Mr. Barclay. »Sind es die Sozialisten?«

»Nein, Sir«, antwortete der Mann verlegen. »Nicht direkt.«

»Sondern?«

»Sänger.«

»Sänger?«

»Ja, Sir! Sie blockieren den Eingang und singen. Mr. Anderson lässt fragen, was er unternehmen soll.«

»Ich kümmere mich selbst darum«, antwortete Mr. Barclay.

Diesmal nahmen wir den Aufzug, und nur etwa eine Minute später standen wir am Portal und sahen, was der Arbeiter gemeint hatte. Eine Gruppe von einigen dutzend uniformierten Heilsarmisten hatte sich direkt vor dem Eingang aufgebaut, schmetterte eine christliche Hymne und sorgte ganz nebenbei für einen beiderseitigen Stau in der Zufahrt zur Brauerei.

»I have sinned, O God, my Savior«, schallte es uns entgegen.

»Ausgerechnet!«, raunte mir Mr. Barclay zu. »Ein Bierkutscher hat gestern gerüchteweise von Protesten und Kundgebungen gehört. Aber dass es sich dabei um die Heilsarmee handelte, hat er offenbar nicht gewusst.«

»Was ist an der Heilsarmee so besonders?«, wunderte ich mich und hielt nach bekannten Gesichtern unter den Salutisten Ausschau. »Die Leute sind doch harmlos.«

»Das ist ja das Schlimme! Sie sind allesamt so fürchterlich wohltätige und anständige Christen«, antwortete Mr. Barclay und verdrehte die Augen. »Wenn man die von der Polizei verscheuchen oder einsperren lässt, gibt das nur böses Blut und schlechte Presse. Darauf legen sie es nämlich an. Damit man anschließend als Übeltäter und Satan dasteht. Scheinheilige Bande!«

Bei der Erwähnung des Satans musste ich an Eva Booth denken, doch der Captain war nicht unter den Heilsarmisten. Als Tochter des Generals trat sie vermutlich nur bei bedeutenden oder besonders brisanten Anlässen auf. Die Blockade einer Brauerei zählte offensichtlich nicht dazu.

»Ah, da ist ja Mr. Anderson«, sagte Mr. Barclay und deutete auf einen unscheinbar gekleideten Mann mit buschigem Backenbart, der wild gestikulierend vor den Heilsarmisten stand und gegen den lautstarken Gesang auf sie einredete. »Er ist einer unserer Bürovorsteher und wird dich in alles einweisen, wenn du bei uns anfängst. Du kannst bestimmt viel von ihm lernen.«

»Bestimmt«, antwortete ich zögerlich.

Mr. Anderson kam auf Mr. Barclays Handzeichen hin zu uns, verneigte sich tief vor ihm und mir und hob bedauernd die Achseln. »Sie lassen sich nicht von der Stelle bewegen, Sir, bevor sie nicht die Gelegenheit hatten, mit Ihnen zu sprechen. Andernfalls, so soll ich Ihnen sagen, werden sie weitersingen und den Weg blockieren, bis wir sie mit Polizeigewalt wegschaffen lassen.«

»Das könnte ihnen so passen«, antwortete Mr. Barclay und deutete auf zwei schlicht, aber akkurat gekleidete Männer, die mit schräg sitzenden Bowlern und gezückten Notizbüchern am Rande der Versammlung standen und alles mit Argusaugen beobachteten. »Damit wir morgen im *Star* lesen können, wie wir die armen Christenmenschen misshandelt haben? Nein danke! Dann rede ich lieber mit den Leuten und höre mir den Sermon an. Kommst du, Rupert?«

»Precious Jesus came to save us, friend of sinners, Jesus came!« Die Salutisten beendeten gerade ihr Lied und wollten bereits mit dem nächsten beginnen, als der Anführer der Gruppe, ein älterer Herr mit grau meliertem Bart, den Sängern ein Zeichen gab und mit einem Nicken vor den Chef von Barclay, Perkins und Co. trat. Er stellte sich als Major Pringle vom Southwarker Korps der Heilsarmee vor und sah dabei beinahe wie ein Feldherr aus. In pathetischen Worten lobte er den Herrn im Himmel, beschwor Mr. Barclay mit gefalteten Händen, verkündete göttliche Weisheiten und appellierte an das Wohlwollen und die Menschlichkeit des Geschäftsmannes und Gentlemans. Was er eigentlich von Mr. Barclay wollte, schien er selbst nicht zu wissen, jedenfalls blieb mir der eigentliche Sinn seiner Worte verborgen, und mir fiel auf, wie wenig Nachhall seine Ausführungen hatten, wenn man sie mit der flammenden Rede der Eva Booth verglich. Mr. Barclay antwortete dem Mann auf seine ihm eigene Art: gut gelaunt, jovial, selbstbewusst und nicht ohne Mitgefühl, aber ohne jegliches Verständnis. Um es auf den Punkt zu bringen: Sie redeten vollständig aneinander vorbei.

Nachdem sich die beiden Männer eine Zeit lang verbal im Kreis gedreht und nichts erreicht hatten, außer Verwirrung zu stiften und für ein Patt zu sorgen, mischte ich mich in das verfahrene Gespräch ein.

»Sie wollen die Menschen zu Gott und auf den rechten Pfad der Tugend führen«, wandte ich mich unmittelbar an den Sprecher der Heilsarmisten. »Sehe ich das richtig, Major?«

»Jawohl, Sir«, antwortete der Major, und sofort näherten sich die beiden Herren von der Presse und zückten ihre Stifte.

»Sie wollen den armen Trinkern zu verstehen geben, dass Gott ihnen hilft, das Trinken zu überwinden? Allein durch Gottes Gnade werden sie den Satan in Gestalt des Alkohols vertreiben, nicht wahr?« Ich erinnerte mich an Eva Booths Worte und setzte hinzu: »Allein durch den Glauben werden die Trinker geheilt.«

»Ganz richtig, Sir«, wunderte sich der Mann. »Der Glaube ist die beste Medizin. Denn Jesus ist unser Retter. Gelobt sei sein Name!«

»Das ist sehr löblich und ehrenwert, Major«, erwiderte ich und setzte augenzwinkernd hinzu: »Auch wenn es den Umsatz von Barclay und Perkins und aller anderen Brauereien drastisch einbrechen lassen würde, sollten Sie damit dauerhaft Erfolg haben.«

»So ist es«, lachte der Heilsarmist beinahe erleichtert.

Sogar Mr. Barclay lachte, obwohl ihm das Gespräch in eine seltsame Richtung zu gehen schien. Er starrte mich verwirrt an.

»Ich verstehe, was Ihr Anliegen ist, und respektiere es. Das Problem ist nur, dass Sie hier keine Trinker und zu rettenden Seelen finden werden«, fuhr ich fort und deutete auf die Bierkutscher. »Die Männer dort ernähren mit ihrer Arbeit ihre Familien, die andernfalls hungern müssten. Die Bauern, die darauf warten, eingelassen zu werden, möchten ihre Gerste verkaufen, für deren Anbau und Ernte sie hart gearbeitet haben. Im Schweiße ihres Angesichts, wie es in der Bibel heißt. Und diese Herrschaften ...«, ich wies auf die Touristen und Reisegruppen, die uns neugierig umringten, als hielten sie die Kundgebung für eine der Attraktionen der Brauerei, »... diese Menschen interessieren sich allein für die Fabrik und die Errungenschaften von Wissenschaft und Technik. Mit anderen Worten: Sie protestieren am falschen Ort und predigen den falschen Menschen, Major. Gehen Sie in die Kneipen und Gasthäuser, helfen Sie den Trunksüchtigen, die – anders als die Bierkutscher und Bauern dort – ihre Familien im Stich gelassen und den Glauben verloren haben.« Wieder fielen mir die Worte von Miss Booth ein, und ich rief, als glaubte ich tatsächlich, was ich sagte: »Klagen Sie nicht an, sondern reichen Sie Ihre Hand! Seien Sie nicht Richter, sondern Bruder und Schwester!«

Mein Gegenüber sah mich verdutzt an und schwieg.

Einer der Journalisten notierte etwas. Der andere schüttelte ungläubig den Kopf und fragte: »Darf ich fragen, wer Sie sind, Sir?«

»Das ist mein Schwiegersohn«, mischte sich Mr. Barclay ein.

»Schwiegerneffe«, korrigierte ich. »Zukünftig.«

»Und die Skeletons?«, rief plötzlich jemand aus der Menge. Es war ein junger Heilsarmist mit zerschundenem Gesicht, das von Striemen und blauen Flecken übersät war. Im Oberkiefer fehlte ein Schneidezahn, und seine Augen funkelten wild, als wollte er mir gleich an die Gurgel springen.

»Was ist mit der Skeleton Army?«, fragte ich und überlegte, woher ich dieses wutverzerrte Gesicht kannte, das so gar nicht zu einem Heilsarmisten passen wollte. »Wenn Sie gegen die Skeleton Army protestieren möchten, warum tun Sie es dann ausgerechnet hier?«

»Weil die Skeletons von den Brauherren und Schnapshändlern bezahlt werden«, behauptete der Mann und stieß zornig mit der Hand in die Luft. »Von gewissenlosen Leuten wie Mr. Barclay! Erst am Freitag haben die Skeletons uns in Spitalfields hinterrücks überfallen und auf wehrlose Frauen eingeschlagen. Im Auftrag der Bosse, die um ihren teuflischen Sold bangen und uns deshalb die gottlosen Schläger auf den Hals hetzen. So sieht's doch aus!«

»Bruder Adam!«, versuchte der Major seinen Mitstreiter zu besänftigen. »Mäßige dich bitte!«

»Wahrheit muss Wahrheit bleiben«, beharrte der aufgebrachte Sprecher.

»Der Angriff vom Freitag wurde meines Wissens vom Wirt des Ten Bells Pub befehligt«, rief ich. »Mr. Waldron war dafür verantwortlich.«

»Woher wollen Sie das wissen?«, fragte einer der Journalisten.

»Das Ten Bells gehört, wie Sie vermutlich wissen, zur Truman Brauerei in Spitalfields«, fuhr ich fort, ohne auf den Einwand des Reporters zu antworten. »Fragen Sie dort in der Brick Lane nach, wer die Übergriffe der Skeletons angeordnet hat! Ich bleibe dabei: Sie protestieren hier am falschen Ort.«

»Wir sind vom Southwarker Korps«, sagte der Major, und es klang wie eine Entschuldigung. Dann beratschlagte er sich mit seinen Brüdern und Schwestern.

Mr. Barclay legte mir die Hand auf die Schulter und flüsterte in mein Ohr: »Bravo, mein Junge. Gut gemacht. Damit haben sie nicht gerechnet.«

»Ich auch nicht«, murmelte ich und kam mir ein bisschen wie ein Verräter vor.

»Das mit der Truman Brauerei war sehr geschickt«, bestätigte Mr. Anderson.

»Wahrheit muss Wahrheit bleiben«, antwortete ich.

»Nun ja«, meinte Mr. Anderson und lächelte gequält. »Ganz wie man's nimmt.« Er schaute zu Mr. Barclay und zuckte mit den Schultern.

Major Pringle hatte sich derweil mit den anderen Heilsarmisten auf das weitere Vorgehen geeinigt und verkündete, dass das Korps nun noch eine Hymne singen und anschließend in die Borough High Street ziehen wollte, um vor den dortigen Kneipen die verlorenen Seelen zur Umkehr aufzufordern.

»Tun Sie das!«, rief Mr. Barclay erleichtert und reichte dem Major die Hand. »Und seien Sie versichert, dass das Southwarker Korps der Heilsarmee sehr bald eine großzügige Spende von Barclay, Perkins und Company erhalten wird.«

»Ich danke im Namen der verlorenen Seelen und armen Sünder«, antwortete Major Pringle.

Mr. Barclay winkte gönnerhaft ab, bedeutete mir, ihm zu folgen, und ging in Richtung Brauhaus.

Während die Salutisten ihr Lied schmetterten und von der Gnade Gottes und der Herrlichkeit des Himmels sangen, wandte ich mich an Mr. Anderson: »Was meinten Sie mit ›Ganz wie man's nimmt‹? Das Ten Bells gehört doch zur Truman Brauerei, oder etwa nicht?«

»Das schon«, antwortete er, während wir gemeinsam seinem Boss – und womöglich bald auch meinem – folgten.

»Aber?«, fragte ich.

»Aber«, sagte er und drehte sich um, als hätte er Angst, einer der Heilsarmisten oder Journalisten könnte lauschen. »Das heißt natürlich nicht, dass Barclay und Perkins die Skeleton Army nicht finanziell unterstützt.«

»Die Brauerei bezahlt die Schläger?«, wunderte ich mich und blieb stehen.

»Alle Brauereien tun das«, erwiderte er und schaute ein wenig betreten drein. »Es ist nicht so, dass die einzelnen Aktionen von uns angeordnet oder koordiniert werden. Darum kümmern sich die Wirte und Händler. Aber …«

»Sie machen sich die Hände nicht dreckig«, folgerte ich. »Aber es passt Ihnen durchaus in den Kram, wenn sich die Heilsarmisten blutige Nasen einfangen.«

»Falsch!«, rief Mr. Barclay, der sich uns unmerklich genähert und meine letzten Worte aufgefangen hatte. »Es passt *uns* in den Kram, mein Junge. Du wirst bald einer von uns sein, vergiss das nicht! Hast dich gerade am Tor als würdiges Mitglied von Barclay und Perkins erwiesen, Rupert.« Er lachte und setzte hinzu: »Das sind die Fährnisse, denen wir trotzen müssen. Die Hindernisse und Obstakel, von denen ich gesprochen habe!«

Vor wenigen Tagen hatte ich mir geschworen, nie wieder etwas mit der Skeleton Army zu tun zu haben und der eigenen Verlogenheit ein Ende zu setzen, und nun merkte ich, wie naiv und blauäugig ich gewesen war. Von der Seite der Schläger und Rabauken war ich lediglich auf die Seite der Befehlshaber dieser Schläger und Rabauken gewechselt. Oder würde es zumindest bald tun.

»So!«, sagte Mr. Barclay und klopfte mir aufmunternd auf den Rücken – eine vertrauliche Geste, die mir höchst unangenehm war. »Und jetzt zeigt dir Mr. Anderson dein neues Büro. Es wird dir gefallen. Es hat einen freien Blick auf die Themse.«

Ich nickte hilflos, sah Mr. Barclay im Brauhaus verschwinden und folgte Mr. Anderson artig über den Hof.

Nach einer quälend langen Stunde, in der mir der Bürovorsteher meinen zukünftigen Arbeitsplatz im vierten Stock von Anchor Terrace zeigte, mich den Kollegen und baldigen Untergebenen vorstellte und mir die Buchhaltung und das Rechnungswesen in groben Zügen erläuterte, war ich beinahe froh, von Mr. Barclay in sein Büro im Brauhaus gebeten zu werden. Statt der Zigarre, die er mir anbot, zündete ich mir eine Zigarette an und ließ geduldig einen weiteren Schwall von selbstgefälligen Worten über mich ergehen. Während er über die Braukunst philosophierte und dabei die Errungenschaften und Leistungen von Barclay, Perkins und Company hervorhob, ließ er ganz nebenbei durchblicken, dass mich im Grunde weder der Vorgang des Brauens noch die kaufmännische Seite des Betriebes wirklich zu interessieren habe.

Auf meine verwunderte Reaktion hin lachte er und sagte: »Ich erwarte nicht, dass du ein Braumeister oder eifriger Geschäftsmann wirst, und ich glaube auch nicht, dass dir die Arbeit im Kontor Spaß machen wird. Das ist auch gar nicht nötig. Dafür habe ich meine Leute. Fähige Männer wie Mr. Anderson. Es genügt, wenn du dir die Grundbegriffe unserer Arbeit aneignest und so tust, als würdest du etwas von der Materie verstehen.« Wieder lachte er und legte väterlich die Hand auf meinen Arm. »Davon abgesehen reicht es, wenn du nicht gegen die Maschinen oder Schreibtische läufst.«

»Ich verstehe nicht, Sir«, antwortete ich verwirrt.

»Wenn du den Vertrag gelesen hättest, würdest du verstehen«, erwiderte er. »Du sollst die Brauerei nicht leiten und mir auch nicht dabei über die Schulter schauen oder zur Hand gehen, sondern die Firma nach außen hin vertreten und auf ansprechende Art repräsentieren. Ich brauche dich als …«

»Visitenkarte«, folgerte ich und lachte erschrocken. Diese Rolle hatte ich schließlich lange genug im Crown Hotel gespielt. Ein lebendes Aushängeschild.

»Ja, so könnte man es nennen«, sagte er und paffte an seiner Zigarre. »Ich will ganz ehrlich sein, Rupert. Eigentlich habe ich gar keine Verwendung für jemanden wie dich. Du bist ein gewitzter Bursche und ein hübscher Kerl obendrein. Das ist unbestritten. Aber gutes Aussehen und Esprit sind nicht unbedingt das, was man in einer Brauerei braucht. Ich mag dich, Rupert, aber wenn dein Vater mich nicht so eindringlich gebeten hätte, dich hier irgendwo unterzubringen, wäre ich niemals auf die Idee gekommen, dich aus deinem geliebten Mayfair herauszulocken.«

»Mein Vater?«, entfuhr es mir. »Ich dachte, das war Ihre Idee, Sir. Wegen dem kleinen Robert junior.«

»Ach was«, antwortete er und winkte ab. »Bis Robert junior oder die anderen Kinder alt genug sind, die Geschäfte zu übernehmen, werde ich den Laden schon noch allein beisammenhalten. So alt bin ich ja noch nicht.«

»Und Meredith?«

»Was ist mit ihr?« Er zuckte mit den Schultern und sagte: »Ob sie in Mayfair oder Southwark wohnt, spielt für sie keine Rolle. London ist London. Hauptsache, sie kommt aus Bury Hill raus. Die Langeweile des Landlebens tut ihr nicht gut. Sie ist nun mal die Tochter der verstorbenen Schwester meiner Frau, und deshalb geben wir auf sie acht.« Ein seltsames Funkeln lag bei diesen letzten Worten in seinen Augen.

»Verstehe«, sagte ich und kam mir vor wie eine Marionette, an der von allen Seiten gezogen und gezupft wurde. Die Verbindung mit Meredith hatte meinem Vater nicht nur die Gelegenheit gegeben, die Familie Ingram mit der reichen Sippe der Barclays zu verbinden, sondern mich zugleich aus dem Crown Hotel zu entfernen und meinem ziellosen Treiben ein Ende zu machen. Und für Mr. Barclay war ich nichts weiter als ein galanter Nichtsnutz, der allein dem Zweck diente, die törichte Nichte von dem unliebsamen Barclay-Cousin Frederick fernzuhalten, der andernfalls womöglich um ihre Hand anhalten und damit einen Familienkrieg auslösen könnte.

»Entschuldigen Sie mich, Sir«, sagte ich, erhob mich mit zittrigen Knien und reichte ihm die Hand. »Aber ich habe noch einen Termin.«

»Einen Termin?«

»Bei einem Fotografen«, sagte ich, weil mir auf die Schnelle nichts Besseres einfiel. »In der Fenchurch Street.«

»Eine gute Idee«, antwortete er und zwinkerte mir zu. »Meredith mag so was. Sie sammelt diese bunten Kabinettkarten, ganze Alben hat sie davon voll. Und von dir hat sie noch kein Foto, wenn ich richtig unterrichtet bin. Wird auch Zeit.«

»Ja, es wird Zeit«, sagte ich und ging hinaus.

9

Als ich das Firmengelände durchs Haupttor verließ und in Richtung Themse ging, bemerkte ich, dass der Nebel sich wieder verdichtet hatte. Obwohl es bereits Mittag war, stand die Sonne als blasse Scheibe am Himmel und drang kaum durch den Dunst, der hier in Southwark nach Essig, Brausud und schwefliger Kohle roch. Eine Eisenbahn ratterte direkt über mir, im Bogen von der London Bridge Station kommend, über den Viadukt zum Bahnhof Cannon Street und verschwand mitten über dem Fluss im Nebel. Vom gegenüberliegenden Nordufer der Themse war nichts zu sehen, nicht einmal die Kathedrale von St. Paul ließ sich in dem undurchdringlichen Graugelb erkennen.

Eigentlich hatte ich vorgehabt, im Anchor Pub zu Mittag zu essen, doch die Nähe zur Brauerei erschien mir in diesem Moment unerträglich und nahm mir jeden Appetit. Deshalb ging ich unter der Eisenbahnbrücke hindurch nach Osten, wo sich die Clink Street zwischen Fabriken und Lagerhallen am Ufer entlangschlängelte. Die Straße führte am baufälligen Dock von St. Mary Overy vorbei bis zum Friedhof von St. Saviour. Angeblich war unser Urahn Jeremiah, der Gründer des Ingram-Unternehmens an der Piccadilly, vor etwa zweihundert Jahren in dieser Gegend zur Welt gekommen, und zwar als Sohn eines merkwürdigen Kauzes, der einen Großteil seines Lebens unter Räubern, Dirnen oder im Irrenhaus verbracht hatte. So jedenfalls berichtete es eine der zahlreichen Ingram-Legenden, die mein Vater so liebte.

Die alte gotische Kirche wirkte zwischen den Fabriken, Dockanlagen und dem Viadukt der Eisenbahn, der nur wenige Schritte entfernt am Friedhof vorbeiführte, wie eine untergehende Bastion, die von übermächtigen Feinden umzingelt war. Ich benutzte den verfallenen und von Unkraut überwucherten Friedhof als Abkürzung zur Southwarker Hauptstraße. Über mir donnerte eine weitere Eisenbahn über die

Hochtrasse und ließ die Grabmale und Kreuze zu ihren Füßen erbeben. In einer Ecke des Friedhofes, in unmittelbarer Nähe des Viadukts, stand eine Statue, die mir aus mehreren Gründen ins Auge sprang. Einerseits war die Skulptur durch die ständigen Erschütterungen so stark beschädigt, dass es schien, als könnte sie jeden Augenblick in sich zusammenfallen, auf der anderen Seite wirkte sie auf einem anglikanischen Friedhof seltsam deplatziert. Es handelte sich um das Standbild eines nackten Jünglings und einer gleichfalls unbekleideten Frau. Der Mann, dem zwei Flügel aus dem Rücken wuchsen, stand hinter der Frau, umklammerte ihre Brüste und ihre Schulter und wurde von seiner sich an ihn schmiegenden Partnerin mit schmachtendem Blick regelrecht verzehrt. Vermutlich handelte es sich um die Darstellung irgendeiner mir unbekannten biblischen Szene. Was mich allerdings verwunderte, war die Freizügigkeit der Darstellung, die eher erotisch als andächtig wirkte. Die Statue schien sehr alt zu sein, wie an den Rissen und der Verfärbung zu erkennen war. Das Rattern der Eisenbahnen würde sie vermutlich bald dem Erdboden gleichmachen. Dennoch ließ mich das seltsame Standbild einen Moment verharren, bis mich das Pfeifen einer Lokomotive und das Knurren meines Magens aus meinen wirren Gedanken rissen und ich wie ein Getriebener zur Straße lief.

Schräg gegenüber von St. Saviour, jenseits der Bahntrasse, befand sich das inzwischen in die Jahre gekommene und etwas verlotterte George Inn, und als ich vor dem schmalen Eingang zum Yard eine uniformierte Gruppe erkannte und erbauliche Lieder singen hörte, stand für mich fest, wo ich zu Mittag einkehren wollte. Ich überquerte die Straße, näherte mich dem singenden Korps von Major Pringle und wurde von diesem mit einem angedeuteten Bückling begrüßt. Er und seine Mitstreiter hatten sich tatsächlich strategisch günstig aufgebaut, nicht nur, weil sie den einzigen Zugang zum Hof des Inns versperrten, sondern zudem sämtlichen Besuchern der gegenüberliegenden Markthalle von Borough Market mit ihrem

Trällern in den Ohren lagen; auch wenn das Getöse der Bahn manch eine erbauliche Botschaft übertönte.

Die Salutisten ließen mich passieren, nachdem sie mir ein Halleluja ins Ohr geschrien und ein Flugblatt in die Hand gedrückt hatten. Ich betrat das Gasthaus, wo sich weitere Mitglieder der Heilsarmee missionierend betätigten. Der junge Wirt des Inns, ein dürrer Kerl mit riesigen Ohren und strubbeligen Haaren, starrte missgelaunt auf seinen Schanktisch, während ein Heilsarmist auf der anderen Seite lautstark auf ihn einredete. Als der Uniformierte sich kurz umwandte, erkannte ich das zerschundene Gesicht des Mannes, der sich bereits vor der Brauerei durch seine Heftigkeit und Rage hervorgetan hatte. Ich setzte mich an einen Tisch in unmittelbarer Nähe des Tresens und lauschte dem Gespräch.

»Wie lange wollt ihr den Unfug da draußen noch veranstalten, Adam?«, fragte der Wirt und wischte sich mit einem Handtuch die Hände ab. »Ihr vergrault mir mit eurem Katzengesang die gesamte Mittagskundschaft.«

»Darum geht's doch, Rod«, antwortete der Heilsarmist und grinste schief. »Kannst ja die Polizei rufen, wenn du uns loswerden willst. Dann kannst du morgen was in der Zeitung darüber lesen.«

»Eher hole ich die Skeleton Army, die hat schließlich bewiesen, dass sie mit euch Memmen fertigwird«, antwortete der Wirt und deutete auf Adams Zahnlücke. Dann wandte er sich an mich und fragte: »Was darf's sein, Sir? Ich kann das Lammbries empfehlen. Ganz frisch vom Metzger.«

»Lieber keine Innereien«, antwortete ich kopfschüttelnd, schaute auf die Schiefertafel, die hinter dem Schanktisch hing, und entschied mich stattdessen für das Kalbsragout mit Worcestershire-Soße. »Und ein großes Porter.« Dass es ein Barclay & Perkins Stout war, störte mich nicht.

»Kommt sofort«, antwortete der Wirt, zapfte das Bier, stellte es auf die Anrichte und verschwand in der Küche.

»Was macht so ein feiner Pinkel wie Sie denn in einer

Kneipe wie dieser?«, fragte der Heilsarmist und starrte auf das Porter, das direkt vor seiner Nase stand.

»Das George Inn gehört Barclay und Perkins, schon vergessen?«, antwortete ich und wunderte mich über den beinahe gierigen Blick des Mannes. »Wollen Sie auch eins?«

»Ich trinke nicht!«, rief er, und es klang, als müsste er sich selbst davon überzeugen. »Ich bin ein Soldat des Heils. Schon vergessen?«

Ich stand auf, holte mir das Bier vom Tresen, setzte mich wieder, hob bedauernd die Achseln und sagte: »Prost, Bruder Adam!«

Er bedachte mich mit einem hasserfüllten Blick und wandte sich dann ab.

Nur wenig später kam der Wirt mit dem überbackenen Ragout aus der Küche, das er zwar in einem schmierigen Tontopf, aber mit einem »Wohl bekomm's!« servierte. Die oberste Schicht des Ragouts war vom langen Stehen im Ofen völlig vertrocknet und verkohlt, dafür war der Rest des Würzfleischs verkocht. Ich hätte vermutlich das Bries nehmen sollen.

»Und du weißt wirklich nicht, wo sie ist, Rod?«, wurde ich durch die Stimme des Salutisten von meinem ungenießbaren Essen abgelenkt.

»Wie oft soll ich es dir noch sagen, Adam?«, antwortete der Wirt und schüttelte den Kopf. »Ich weiß es nicht, Kumpel. Ich habe sie seit Samstag nicht gesehen.«

»Kannst du mir schwören, dass ihr euch nicht heimlich getroffen habt?«, hakte Bruder Adam nach.

»Warum fragst du überhaupt, wenn du mir ohnehin nicht glaubst?«, erwiderte der Wirt verärgert. »Und warum heimlich? Wenn ich mich mit ihr treffen wollte, dürfte jeder davon erfahren. Sogar du! Denn wenn ich dich richtig verstanden habe, hast du keinerlei Ansprüche auf die junge Dame.«

»Ich bin für sie verantwortlich«, rief der Heilsarmist und warf sich in die Brust. »Und ich werde es nicht zulassen, dass du sie ins Unglück stürzt.«

»Jetzt komm mal von deinem hohen Ross runter!«, knurrte der Wirt, jetzt sichtlich genervt. »Vor mir ist sie jedenfalls nicht davongelaufen. Und ich will gar nicht wissen, was du vorher mit ihr angestellt hast. Wie ich gehört habe, hast du dich ja vor dem Frauenasyl aufgeführt wie ein Wahnsinniger. Komm mir also nicht mit Moralpredigten, Adam!«

»Woher weißt du das?«, entfuhr es dem anderen.

»Man hört so einiges«, antwortete der Wirt lachend. »London ist ein Dorf.«

Bruder Adam wollte etwas erwidern, doch er überlegte es sich anders, starrte missmutig auf seine Finger und murmelte: »Du hättest ihr das Foto nicht geben dürfen.«

»Warum nicht?«

»Es war nicht richtig!«

»Unsinn! Es war nur ein Foto.«

In diesem Augenblick klopfte Major Pringle von außen ans Fenster und machte den Heilsarmisten in der Schänke ein Zeichen, hinauszukommen. Offensichtlich war die Protestaktion seines Korps beendet. Dem zufriedenen Lächeln in seinem Gesicht war zu entnehmen, dass die Aktion in seinen Augen ein voller Erfolg gewesen war.

Während Bruder Adam beinahe fluchtartig die Kneipe verließ, ohne sich vom Wirt zu verabschieden, leerte ich mein Bierglas, legte einige Münzen auf den Tisch und stand auf.

»Hat's nicht geschmeckt?«, wunderte sich der Wirt und deutete auf das kaum angetastete Ragout. »War ganz frisch.«

Ich grinste säuerlich und verließ kommentarlos den Schankraum.

Als ich in Mr. Barclays Büro gesagt hatte, ich hätte einen Termin bei einem Fotografen in der Fenchurch Street, war dies der erstbeste Vorwand gewesen, der mir in den Sinn gekommen war. Doch als ich im George Inn die beiden Männer von irgendeinem Foto hatte reden hören, war mir der Name Newcombe oder Newborne wieder in den Sinn gekommen, und ich beschloss, den Laden in der Fenchurch Street aufzusuchen. Von Southwark aus war es ja nur ein Fußweg von wenigen Minuten.

Erst als ich kurz darauf die London Bridge überquert und die Fenchurch Street erreicht hatte, fragte ich mich, was ich eigentlich von dem Fotografen zu erfahren hoffte. Das Bild, das Simeon abgemalt oder als Vorlage für sein Gemälde benutzt hatte, war vor vielen Jahren aufgenommen worden und unterschied sich vermutlich in nichts von den unzähligen anderen Porträts, die von dem Fotografen Tag für Tag angefertigt wurden. Nicht einmal das Hintergrundmotiv kannte ich, denn wie Simeon gesagt hatte, war das pastorale Hirtenthema erst auf dem Gemälde entstanden. Sollte ich tatsächlich dem Fotografen gegenübertreten und ihn fragen, ob er sich an ein Foto einer unbekannten jungen Frau erinnerte, das er vor mehr als acht Jahren im Auftrag eines unbekannten Mannes in seinem Studio aufgenommen hatte? Der Fotograf würde mich auslachen. Und das mit Recht.

Die Suche nach dem Fotografen war ohnehin beendet, bevor sie begonnen hatte. Denn es gab keinen Newcombe oder Newborne in der Fenchurch Street. Nur ein Fotostudio der Brüder A. & G. Taylor, das seinen Eingang zudem in der angrenzenden Cullum Street hatte. »Fotografen Ihrer Majestät der Königin«, wie es auf dem Schild über dem Eingang hieß. Vielleicht war es gerade die Zwecklosigkeit und Absurdität meiner Suche, die mich den Laden wider besseres Wissen betreten ließ. Oder es lag schlicht daran, dass es in diesem Augenblick wie aus Gießkannen zu regnen begann.

Ein Lehrling oder Gehilfe stand hinter dem Ladentisch und fragte mich mit einer devoten Verneigung, womit er dienen könne. Ich fragte ihn, ob er einen Fotografen namens Newborne oder Newcombe in der Fenchurch Street kenne, doch er verneinte mit einem Achselzucken und einer weiteren Verbeugung.

»Wenn Sie ein Foto wünschen, dann gibt es nichts, was die

Brüder Taylor nicht für Sie tun könnten«, leierte er einen auswendig gelernten Werbespruch herunter und deutete auf ein Album, das ausgebreitet vor ihm lag. »Kabinettkarten, Visitenkarten, Kunstporträts, Landschafts- und Gebäudedarstellungen, Hochzeitsfotos. Alles, was das Herz begehrt, Sir.«

Ich bedauerte und fragte, ob es einen älteren Kollegen gebe, der schon länger im Laden arbeite und womöglich Auskunft geben könne. Er nickte, verbeugte sich und wandte sich an einen etwa dreißigjährigen Mann, der gerade mit einer Standkamera durch eine Pendeltür aus einem Nebenraum kam. Nachdem der Lehrling ihm erklärt hatte, worum es ging, schüttelte er den Kopf und sagte: »Frag Mr. Wilson, der ist am längsten hier!«

»Einen Moment, Sir«, wandte sich der Lehrling an mich und verschwand in einem Hinterzimmer direkt neben dem Ladentisch.

Kurz darauf erschien ein älterer Mann mit grauem, pomadisiertem Haar, bunt karierter Tweedweste und verschlissenen Ärmelschonern über dem Hemd. Da er weder Krawatte noch Jacke trug, schien er ein Kontorist und eigentlich nicht für den Kundenverkehr zuständig zu sein.

»Wen suchen Sie, Sir?«, erkundigte er sich.

»Newborne oder Newcombe.«

»Dann sind Sie hier richtig.«

»Ich verstehe nicht.«

»Charles Newcombe«, sagte Mr. Wilson. »Fenchurch Street 135. Dies war sein Laden. Früher einmal. Bevor die Brüder Taylor das Geschäft gekauft haben. Wie so viele andere in der Stadt.«

»Wann hat Newcombe sein Studio verkauft?«

Mr. Wilson runzelte die Stirn. »Das ist schon lange her. Anfang der Siebziger, wenn ich mich nicht irre. Damals habe ich noch nicht für die Brüder Taylor gearbeitet.«

Anfang der Siebziger, überlegte ich. Dann war das Foto sehr viel älter als das Gemälde, das vor etwa acht Jahren nach dem Bild entstanden war. Und die Wahrscheinlichkeit, irgendetwas darüber zu erfahren, wurde noch geringer.

»Wissen Sie, wo ich diesen Mr. Newcombe finde?«, fragte ich, obwohl ich wusste, dass die ganze Angelegenheit eine Schnapsidee gewesen war. »Hat er ein anderes Fotostudio eröffnet?«

»Tut mir leid, Sir«, antwortete Mr. Wilson bedauernd.

»Newcombe?«, mischte sich ein weiterer Angestellter ein, der mit großformatigen Fotoabzügen aus einem mit schweren Vorhängen verschlossenen Raum kam. Vermutlich handelte es sich um die Dunkelkammer.

»Dieser Gentleman sucht Mr. Newcombe«, erklärte Mr. Wilson.

»Wegen dem Mädchen?«, fragte der andere und fuhr sich mit den Fingern über den dunkelblauen Kittel.

»Welches Mädchen?«, fragte der Lehrling.

»Die gestern hier war«, sagte der Mann, legte die Abzüge auf den Verkaufstisch und setzte hinzu: »Die hat auch nach diesem Newcombe gefragt.«

»Können Sie mir sagen, warum?«, wandte ich mich an ihn.

»Sie hatte ein altes Foto dabei und wollte mehr darüber erfahren«, antwortete er achselzuckend. »Ob man herausbekommen kann, wer das Foto bezahlt hat. Ob es eine Lieferanschrift gab. Solche Sachen.«

»Konnten Sie ihr helfen?«

»Das Archiv des alten Newcombe wurde von uns übernommen, glaube ich. Aber wo die Negative oder die Geschäftsbücher sind, das weiß ich nicht.«

»Die Negative sind im Keller«, sagte Mr. Wilson. »Und die Akten sind im Lager hinter dem Büro.« Er deutete auf das Zimmer, aus dem er gekommen war.

»Hat das Mädchen das Foto hiergelassen?«

Der Mann mit dem Kittel schüttelte den Kopf, hob dann aber die Hand und sagte: »Das war auch nicht nötig. Die Negative sind ja nummeriert, und die Nummern sind auf den Abzügen angegeben. Warten Sie!« Er kramte in einer Kiste, die auf dem Tisch neben der Kasse stand und bis oben mit Zetteln und Quittungen gefüllt war. »Ich hab ihr gesagt, sie soll mir die Negativnummer und ihre Anschrift hinterlassen. Für alle Fälle. Sie wollte wiederkommen, hat sie gesagt.« Wieder vertiefte er sich in der Kiste und fischte schließlich ein Papier heraus. »Da ist es ja!«

»Zeigen Sie!«, rief ich aufgeregt.

»Was wollen Sie eigentlich von dem Mädchen?«, erkundigte sich Mr. Wilson und nahm seinem Kollegen das Papierchen aus der Hand.

Ja, was wollte ich von dem Mädchen? Sie fragen, was sie mit der Familie Ingram zu schaffen hatte. Ob sie meinen Vater kannte. Ob ihre Mutter meinen Vater kannte. Ich sagte: »Sie ist eine Verwandte.«

»Sie sah nicht aus wie die Verwandte eines Gentlemans«, sagte der Mann im Kittel. »Eher wie eine Dienstmagd.«

»Eine arme Verwandte«, verbesserte ich mich und versuchte, verbindlich zu lächeln. »Und genau deshalb möchte ich ihr helfen.« Da die Blicke der Männer skeptisch blieben, fügte ich hinzu: »Auf dem Bild ist ihre Mutter abgelichtet.«

Mr. Wilson schaute seinen Kollegen an. Der nickte und bestätigte: »Das hat das Mädchen auch gesagt.«

Das bewies zwar eigentlich nichts. Dennoch schien der alte Mr. Wilson beruhigt zu sein und schob mir das Papier über den Tisch. Ich las:

»Nr. 5689
Celia Brooks
z. Zt. bei Maureen Watson
16 White Horse Lane, zweiter Hinterhof.«

»Wo finde ich die White Horse Lane?«, fragte ich.

»In Stepney«, antwortete Mr. Wilson. »Kurz vorm Kanal. Geht nach Süden von der Mile End Road ab.«

Die anderen schauten ihn überrascht an.

»Ich hab mal in der Gegend gewohnt«, sagte er, und es klang beinahe wie eine Entschuldigung.

»Im East End?«, wunderte sich der Lehrling.

»Ist lange her«, sagte Mr. Wilson und zupfte an seinen Ärmelschonern.

»Könnten Sie für mich einen Abzug des Negativs mit der Nr. 5689 machen?«, fragte ich. »Und in den Büchern nachschauen, wer das Foto wann in Auftrag gegeben hat oder wohin die Bilder geliefert wurden?«

»Das kommt darauf an, in welchem Zustand sich das Negativ befindet«, sagte der Mitarbeiter, der die Kamera in der Hand gehalten und die ganze Zeit keinen Ton von sich gegeben hatte. »Und um was für eine Fotoplatte es sich handelt. Damals wurde zum Teil noch mit nassen Platten gearbeitet, und die Haltbarkeit war nicht mit heutigen Trockenplatten vergleichbar. Seit einiger Zeit gibt es sogar Negative aus Zell…«

»Tun Sie, was in Ihrer Macht steht«, unterbrach ich ihn und legte drei Crown-Münzen auf den Tisch. »Das ist vorab für Ihre Bemühungen. Ich komme morgen wieder. Schaffen Sie das?«

»Selbstverständlich, Sir«, sagte der Lehrling und verbeugte sich. »Es gibt nichts, was die Brüder Taylor nicht für Sie tun könnten. In welchem Format wünschen Sie den Abzug? Visitenkarte oder Kabinett?«

»So groß wie möglich«, antwortete ich, setzte meinen Zylinder auf und verabschiedete mich. Ich verließ das Fotostudio, rannte durch den immer noch strömenden Regen, winkte einer Droschke, sprang hinein und rief dem Kutscher zu: »Stepney!«

10

Die Nummer 16 in der White Horse Lane befand sich direkt gegenüber vom Trafalgar Square, einem verwilderten und von schmucklosen, backsteinernen Reihenhäusern umgebenen Garten, der wenig mit dem gleichnamigen Platz in Westminster gemein hatte. Dieser Trafalgar Square hatte weder sprudelnde Brunnen noch riesige Statuen oder Säulen zu bieten, es handelte sich lediglich um eine von Büschen und Dornensträuchern durchsetzte Rasenfläche mit einem dreckigen Tümpel in der Mitte. Einige Holzbänke waren im Nebel zu sehen; an den vom Regen aufgeweichten Zeitungen und dem Müll ringsum konnte man erkennen, dass auch dieser Platz den Obdachlosen als Nachtasyl diente. Das Haus mit der Nummer 16 befand sich auf der Westseite der Straße. Es entpuppte sich als ein dreistöckiger Gewerbekomplex mit mehreren Innenhöfen, die so eng bebaut waren, dass auch bei Sonnenschein kein Licht hineinfiel. Bei Regen und Nebel, wie im Moment, war es in den Höfen nahezu finster, auch weil es keinerlei Beleuchtung gab.

An der Straße befanden sich ein Pfandleiher und eine Korbmacherei, doch ein Großteil der hinteren Gebäude stand offenbar leer. Lediglich die Werkstätten eines Schuhmachers und eines Tischlers sah ich im ersten Hof, der zweite Hof gehörte zu einem Lumpensammler namens Adams. Direkt über dem ebenerdigen Lager des Lumpenhändlers befand sich eine heruntergekommene Pension, eine Art Sammelunterkunft für Mittellose, deren Eigentümer laut einem Schild an der Fassade ebenfalls Adams hieß. »Gute Betten für Threepence die Nacht«, hieß es auf der Werbetafel. Die Familie Adams schien sich darauf spezialisiert zu haben, den Unrat von den Straßen zu lesen.

Ein Mann mit Lederschürze und Schiebermütze saß vor dem Lumpenlager und war damit beschäftigt, rostige Nägel mit einer Kneifzange aus alten Holzbrettern zu ziehen. Ich fragte ihn, wo ich Maureen Watson finden könnte, doch er zuckte lediglich mit den Schultern und deutete dann nach oben zur Pension.

»Versuchen Sie's im Dosshouse.«

»Dosshouse?«, wunderte ich mich. »Meinen Sie die Pension?«

»Sag ich doch«, knurrte er und bog einen herausgezogenen Nagel gerade.

Ich stieg eine schmale und sehr steile Treppe hinauf in den ersten Stock und landete an einem verwaisten Tresen, über dem ein Schild hing: »Rezeption«. Ich schlug auf die Glocke und öffnete eine Tür, die rechter Hand zu einem düsteren Flur führte und an der ein Schild mit der Aufschrift »Männer« hing. Von dem Flur, der von einem gelblichen Gaslicht beleuchtet wurde, gingen links und rechts weitere Türen ab. Durch eine von ihnen, die offen stand, blickte ich in einen winzigen Raum, in dem vier Doppelstockbetten zusammengepfercht waren, sodass zwischen den Bettgestellen kaum Platz zum Stehen war. An dem Bettzeug und den Kleidern, die auf den Matratzen lagen, erkannte ich, dass sämtliche Betten belegt waren.

»Ja?«, krächzte eine Frauenstimme hinter mir am Empfang.

»Wohnen bei Ihnen auch Frauen?«, fragte ich und schaute in das hässliche Gesicht einer dicken Matrone, deren Haut an eine verschrumpelte Orange erinnerte. Wegen der tiefen Runzeln und der gelblichen Farbe.

»Ein Stockwerk höher«, sagte die Frau und wies mit dem Zeigefinger zur Treppe. »Wen suchen Sie denn?«

»Maureen Watson und Celia Brooks. Können Sie mir sagen, wo ich sie finde?«

»Kann ich. In der Künstlermansarde.«

»Künstlermansarde?«

»Für die Leute vom Palast«, antwortete sie achselzuckend.

»Palast?«

»Red ich undeutlich? Unterm Dach.« Wieder ging ihr Finger in Richtung Treppe, und sie setzte hinzu: »Immer der Nase nach.«

»Danke«, sagte ich verwirrt und wandte mich ab. Ich war mir nicht sicher, ob sie mit ihrer letzten Bemerkung die Richtung oder den Gestank gemeint hatte.

»Haben Sie keinen Koffer dabei?«, rief sie mir nach.

»Einen Koffer?«, wunderte ich mich. »Ich möchte hier nicht wohnen.«

»Wohnen!«, lachte die Frau und schlug mit der flachen Hand auf den Empfangstisch. »Sehr witzig, Sir! Ich lach mich tot. Na, gehen Sie mal, die warten schon. In der Mansarde.«

Ich hatte keine Ahnung, was sie mit ihren Worten gemeint hatte, doch ich verzichtete auf eine Nachfrage, da ich ohnehin nur wieder eine unverständliche Antwort bekommen hätte, und beeilte mich, nach oben zu gehen. Im Dachgeschoss, das niedriger als die übrigen Stockwerke war, befand sich lediglich eine schmale Tür am Ende des Treppenabsatzes. Als ich ans Holz klopfte, wurde die Tür beinahe im selben Augenblick aufgerissen.

Vor mir stand eine zierliche, fast dürre und sehr kleine Frau mit dunkelbraunem Haar und einem hübschen, ebenfalls sehr mageren Gesicht. Sie starrte mich mit einer Mischung aus Ärger und Erleichterung an und sagte: »Wurde auch Zeit!«

»Ich möchte zu Miss Celia Brooks«, sagte ich irritiert und lüpfte den Zylinder.

»Wir warten schon seit Stunden, Doktor!«, schnauzte die junge Frau und zog mich am Ärmel in die Wohnung.

Unversehens stand ich in einem winzigen Flur, von dem zwei kleine Zimmer abgingen. Rechts befand sich die Küche samt Ofen, Waschzuber und Esstisch, links ein schmales und fensterloses Schlafzimmer mit einem einfachen Bettgestell und einer weiteren Matratze, die auf dem blanken Boden unter einer Dachschräge lag. Auf dem Bett lag das junge Mädchen, das ich suchte. Celia Brooks. Sie schien zu schlafen, doch an dem schweißnassen Haar und dem bleichen Gesicht konnte ich erkennen, dass es ihr alles andere als gut ging. Außerdem roch es in der Kammer nach Erbrochenem.

»Es tut mir leid, Ma'am«, sagte ich und ging an der Frau vorbei ins Schlafzimmer. »Ich bin kein Doktor.« Ich deutete auf das Mädchen und fragte: »Was hat sie? Was ist mir ihr?«

»Das weiß ich nicht, deswegen habe ich ja die Küchenmagd von Mrs. Adams nach dem Doktor rufen lassen. Heute Vormittag schon, aber er hat uns wohl vergessen.« Sie schnaufte abfällig und fragte: »Wer sind Sie, wenn Sie nicht der Arzt sind? Was wollen Sie von Celia?«

»Mein Name ist Rupert Ingram. Ich bin ... ein Freund«, antwortete ich ausweichend, setzte mich auf die Bettkante und befühlte die Stirn des Mädchens. Die Haut war glühend heiß und verschwitzt. Bei meiner Berührung fuhr sie wie unter Schmerzen zusammen, ohne jedoch ihre Augen zu öffnen. »Was haben Sie ihr gegeben?«

»Laudanum«, antwortete die Frau. »Das war das Einzige, was Mrs. Adams im Haus hatte. Gegen die Schmerzen und das Fieber.«

»Darf ich?«, fragte ich, wartete jedoch nicht auf eine Antwort, sondern schlug die Bettdecke zurück. Das Nachthemd des Mädchens war von oben bis unten schweißnass und klebte an ihrem Körper, sodass es fast durchsichtig war. Wunden oder blutige Stellen waren jedoch nicht zu sehen. Schnell legte ich die Decke zurück und griff nach ihrem rechten Arm, um den Puls zu fühlen. »Oh mein Gott!«, entfuhr es mir beim Anblick ihrer Hand. Der Zeigefinger war dunkelblau und fürchterlich angeschwollen, die gesamte Hand war entzündet und rot wie Feuer.

»Seit wann ist sie so, Mrs. Watson?«

»*Miss* Watson. Woher kennen Sie meinen Namen?«

»Seit wann?«, wiederholte ich meine Frage.

»Gestern Morgen hatte sie bereits Kopfschmerzen, aber noch kein Fieber«, sagte sie und fuhr sich mit der Hand über das Kinn. »Ich war den ganzen Tag unterwegs und musste abends auf die Bühne, drüben im People's Palace. Eigentlich sollte Celia mir assistieren, aber zur Probe am Nachmittag ist sie nicht gekommen. Und als ich meine Sachen aus der Wohnung geholt hab, da war Celia verschwunden.«

»Sind Sie Schauspielerin?«, wollte ich wissen.

»So was Ähnliches«, antwortete Miss Watson und lächelte verlegen. »Als ich nach dem Auftritt nach Hause kam, da lag Celia in ihrer eigenen Kotze auf dem Boden vor ihrer Matratze. Hat's nicht mehr bis ins Bett geschafft. Nur noch gestammelt und sich geschüttelt. Da hab ich sie in mein Bett gelegt und das Laudanum besorgt, damit sie schlafen kann. Was ist mir ihr, Mr. Ingram?«

»Vermutlich eine Blutvergiftung«, sagte ich und überlegte, was in solchen Fällen zu tun war. »Gibt es in der Nähe eine Apotheke?«

»In der Mile End Road.«

»Gehen Sie und kaufen Sie Karbolsäure! Oder gleich Lister'sche Verbände, wenn die so etwas haben. Außerdem abgekochtes Wasser und steriles Verbandszeug. Jodtinktur kann auch nicht schaden.« Da sie nicht reagierte, fuhr ich sie wütend an: »Jetzt machen Sie schon!«

Sie seufzte gequält, hob die Achseln und schüttelte den Kopf.

»Natürlich, entschuldigen Sie«, begriff ich, holte meine Brieftasche aus der Jacke und gab ihr eine Pfundnote. »Beeilen Sie sich, Miss Watson!«

»Wird Celia …?«, fragte sie, während sie das Geld einsteckte und einen Mantel anzog.

»Ich weiß es nicht«, antwortete ich und starrte auf den entzündeten rechten Zeigefinger. »Beeilen Sie sich!«

Als hinter mir die Wohnungstür ins Schloss fiel, durchfuhr mich ein Gedanke wie ein Skalpell. Unwillkürlich fasste ich mir an meine bepflasterte Wange und das entzündete Muttermal. Die Ratten!

Am Freitagabend war mir das Mädchen im Fackelzug der Heilsarmee über den Weg gelaufen beziehungsweise vor die Füße gestolpert. Und dann hatte es erschrocken aufgeschrien.

Damals hatte ich gedacht, sie hätte geschrien, weil sie mich nach unserer ersten Begegnung am Bahnhof Waterloo wiedererkannt hatte, doch jetzt begriff ich, was tatsächlich geschehen war. Celia Brooks war in den Finger gebissen worden. Wahrscheinlich von der Ratte, die ich in meinem Käfig unter dem Tuch getragen hatte.

»Könnte spaßig werden«, hatte Simeon gesagt.

Alles nur ein dummer Scherz. Eine alberne Laune. Ein harmloser Streich. Wie in der Nacht, in der ich Elizabeth Stride aus dem Frauenasyl gelockt hatte. Weil es mir Spaß bereitet hatte. Weil es mir *möglich* gewesen war. Weil ich nicht begriffen hatte, dass alles, was ich tat, unmittelbare Folgen hatte und anschließend nicht ungeschehen gemacht werden konnte. Ein entzündeter Rattenbiss, der für mich eher lästig als gefährlich gewesen war, konnte einem armen und ohnehin geschwächten Mädchen das Blut vergiften. »Sie haben sie auf dem Gewissen«, hatte Eva Booth gesagt. Alles wiederholte sich. Alles begann von vorne!

»Nicht, kleine Celia«, sagte ich und streichelte ihr über die heißen Wangen und die schweißnasse Stirn. »Bitte nicht!«

Wieder zuckte sie wie unter Schmerzen zusammen. Plötzlich bäumte sie sich auf und öffnete die Augen. Doch sie starrte durch mich hindurch, schien mich überhaupt nicht wahrzunehmen und wisperte: »Ein Nachbar. Ein komischer Kauz!« Dann sank sie mit einem lauten Ächzen wieder ins Kissen.

SECHSTER TEIL

CELIA BROOKS

»There, as if it had that moment sprung out of the earth or dropped from the heaven, stood the figure of a solitary Woman, dressed from head to foot in white garments, her face bent in grave inquiry on mine, her hand pointing to the dark cloud over London.«

(»Dort, als wenn sie in diesem Moment aus der Erde entsprungen oder vom Himmel gefallen wäre, stand die Gestalt einer einzelnen Frau, von Kopf bis Fuß in weiße Gewänder gekleidet, ihr Gesicht in ernster Frage mir zugeneigt und mit der Hand auf die dunkle Wolke über London deutend.«)

Wilkie Collins, The Woman in White, 1860

MONTAG, 22. OKTOBER 1888
(AM TAG ZUVOR)

I

Als Celia am frühen Montagmorgen durch Maureens Schnarchen geweckt wurde, empfing sie ein pochender Schmerz in den Schläfen, und ein unangenehmer Schauer fuhr ihr in wiederkehrenden Wellen über die Haut. Bereits am späten Abend, als sie sich auf die durchgelegene Matratze unter der Dachschräge gelegt hatte, hatte sie ein leichtes Brummen im Kopf und ein Frösteln am Körper verspürt, doch das Brummen hatte sie sich mit den Aufregungen des Umzugs und das Frösteln mit der zugigen Dachkammer und der dünnen Bettdecke erklärt. Nun wohnte sie also bei Maureen und würde ihr als Assistentin, Dienstmädchen und Köchin zur Hand gehen. Und sie womöglich bald auch als gute Freundin gewinnen, wie Celia inständig hoffte.

Der erste Eindruck von ihrer neuen Umgebung war allerdings alles andere als einnehmend gewesen. Eher ernüchternd und deprimierend. Ein Nachtasyl! Nicht unähnlich der Unterkunft in der Hanbury Street, nur dass die dicke Mrs. Adams drei Pence pro Matratze und Nacht für die schäbige Schlafgelegenheit berechnete. Als Celia am gestrigen Sonntagmittag an der Rezeption gestanden und die nach ranzigem Fett und gedünsteten Zwiebeln riechende Zimmerwirtin gefragt hatte, wo sie Miss Maureen Watson finden könne, da wäre sie am liebsten auf der Stelle umgekehrt und fortgerannt. Denn während das Heim der Heilsarmee ein zwar ärmlicher, aber sicherer Ort für mittellose und bedürftige Frauen war, handelte es sich bei dem Dosshouse in der White Horse Lane um eine Absteige der übelsten Art. Die Wirtin schien sich weder für die Sauberkeit ihres Hauses noch für den Zustand ihrer Gäste zu interessieren. Aus dem Männertrakt, der sich auf dem gleichen Stockwerk wie die Rezeption befand, stank es nach Alkohol, Schweiß und Urin. Aus dem Nebenraum war das lautstarke Fluchen und heftige Streiten mehrerer Männer zu hören, ohne dass es Mrs. Adams weiter kümmerte. Den Gestank nahm sie vermutlich gar nicht mehr wahr, und das Geschrei und Gezeter schien sie geflissentlich zu überhören.

Erleichtert hatte Celia erfahren, dass Maureen zwar im Haus der Adams wohnte, allerdings nicht im Nachtasyl für Frauen im zweiten Stock. Es gab eine winzige Mansarde unter dem Dach, die vom People's Palace reserviert worden war, um hier Gäste und reisende Künstler vorübergehend unterzubringen. Wie Maureen kurz darauf bei ihrer Begrüßung erzählte, habe man bereits ein eigenes Gästehaus auf dem Gelände des Volkspalastes gebaut, doch es werde noch eine Weile dauern, bis die Wohnungen bezugsfertig seien. Dass man Maureen ausgerechnet die schäbige Dachkammer der Mrs. Adams zur Verfügung stellte, sagte einiges über den Stellenwert aus, den man Maureen beimaß. So dachte Celia bei sich, sagte es aber nicht, sondern bedankte sich erneut und aufrichtig, dass Maureen sie bei sich aufnahm.

»Ach was!«, winkte Maureen ab und schüttelte sichtlich erfreut Celias Hand. »Bin doch froh, nicht allein in dieser Bruchbude wohnen zu müssen.«

Bei der Berührung ihrer Hand schrie Celia gequält auf. Die Wunde am Zeigefinger hatte sich entzündet, und der Schmerz strahlte bis in den Unterarm aus. Maureen ließ erschrocken die Hand los, besah sich die Wunde und sagte: »Damit solltest du zum Arzt gehen.«

»Die Entzündung ist von allein gekommen«, antwortete Celia und stellte den Koffer mit ihren wenigen Habseligkeiten auf dem staubigen Boden ab. »Also geht sie auch von allein. Das hat meine Mutter immer gesagt.«

»Und?«, fragte Maureen und führte Celia in eine winzige Kammer, die sowohl als Küche, Bad und Essraum diente. »Ist deine Mutter gut damit gefahren?«

»Sie ist an Typhus gestorben«, sagte Celia und wusste selbst nicht, ob sie das als Antwort auf Maureens Frage meinte.

Die Entzündung im Finger war über Nacht nicht schlimmer geworden. Jedenfalls nicht sichtbar. Und auch der Schmerz bei Berührung war unverändert, fand Celia. Ein gutes Zeichen. Vermutlich hatten ihre Kopfschmerzen mit den wüsten Gedanken und Alpträumen zu tun, die sie in der Nacht gepeinigt hatten. Das Bild aus der Zeitung, mit dem Rettungsboot und den vier Männern darin, war ihr nicht mehr aus dem Kopf gegangen. Ein getöteter Kabinenjunge, zwei zum Tode verurteilte und später begnadigte Seemänner und ein verschollener Judas. Edmund Brooks, genannt Ned. Der Kannibale des Meeres. Eine monströse Attraktion im Gruselkabinett des Silberkönigs in der Whitechapel Road Nummer 123. Was für ein Schreckensreigen!

Doch es gab ein zweites Bild, das Celia im Schlaf heimgesucht hatte. Das Foto einer hübschen, jungen Frau in Weiß. Mary Brooks, damals noch Mary Tremain. Im Sonntagsstaat, mit neckisch forschem Blick. Ein gerahmtes Foto aus dem Treppenhaus des George Inn, das einem längst verstorbenen Wirt gehört hatte, von dem ihre Mutter immer nur widerwillig und mit Abscheu gesprochen hatte. Rodney Webster, ein vermutlich ebenso lüsterner und unverschämter Bursche wie sein segelohriger Sohn Rod, der heute das Inn leitete und sich Celia so aufdringlich genähert hatte.

Das passte alles nicht zusammen, dachte Celia, als sie sich schwerfällig von ihrem Lager erhob, um den Ofen in der Küche zu heizen und Wasser aus dem Erdgeschoss zu holen. Als es sie vor wenigen Tagen nach London verschlagen hatte, war sie auf der Suche nach ihrem verschwundenen Vater gewesen, doch inzwischen glaubte sie beinahe, dass ihr auch die Mutter entglitten war. Fremd geworden. Voller Geheimnisse und unbekannter Seiten. Und es beschlich sie das beunruhigende Gefühl, sich auf nichts und niemanden verlassen zu können. Vermeintliche Freunde wie Adam Bedford entpuppten sich als streitsüchtige Peiniger, gottesfürchtige Seeleute als blutrünstige Menschenfresser, arme Dienstmägde als hübsche ... ja, was? Celia musste sich eingestehen, dass es vor allem der fröhliche und kecke Blick ihrer Mutter auf dem Foto war, der sie so erstaunte und ihr missfiel. Das war ungerecht, das wusste Celia sehr wohl, doch sie hatte ihre Mutter nie anders als traurig, verbittert oder verhärmt erlebt. Stets hatte Mary Brooks über ihr Leid geklagt, über ihren trunksüchtigen Mann, ihre ungezogenen Kinder, ihr freudloses Leben in Brightlingsea. Nur wenn sie von ihrer Zeit in London erzählt hatte, war hinter der Verbitterung eine Art Wehmut oder Sehnsucht zu erkennen gewesen. Und wenn Celia das Foto betrachtete, bekam sie eine Ahnung davon, wonach sich ihre Mutter gesehnt hatte.

Nachdem Celia den Tisch gedeckt, Brot geschnitten, Porridge und Tee gekocht und Maureen geweckt hatte, saß sie schweigend und ohne Appetit am Tisch und beobachtete Maureen, die mit vollem Mund plapperte und voller Vorfreude von ihrem ersten Auftritt am heutigen Abend schwärmte. Selbst mit Schlaffalten im Gesicht und zerzaustem Haar sah sie wunderschön aus, fand Celia. Wie ein Engel. Am Nachmittag sei die abschließende Probe, erklärte Maureen, und Celia solle um drei Uhr mit der Kostümtasche und dem ledernen Schminkköfferchen im People's Palace sein. Alles Weitere werde Maureen ihr vor Ort erklären.

»Was ist mit dem Mittagessen?«, fragte Celia und schlürfte den bitteren Tee, den sie zu lange hatte ziehen lassen.

Maureen schüttelte den Kopf und sagte: »Ich muss gleich los und ein paar Besorgungen machen. Ich esse unterwegs. Du kannst ja inzwischen das Nötigste einkaufen und den Boden wischen. Der hat bestimmt seit Monaten kein Wasser zu Gesicht bekommen.«

»Zu Gesicht?«, fragte Celia und bemerkte, dass sie gar nicht richtig zugehört hatte. Es fiel ihr schwer, sich zu konzentrieren, und sie hörte alles wie durch Watte. Vielleicht hatte sie sich erkältet. Das würde auch den Schüttelfrost und den Kopfschmerz erklären. Aber ihre Nase war gar nicht verschnupft.

Maureen schaute sie verwundert an. »Ist mit dir alles in Ordnung?«, fragte sie und legte einige Münzen auf den Tisch. »Du guckst so komisch.«

»Nur etwas Kopfschmerzen. Ich hab nicht gut geschlafen.« Celia deutete auf das Geld und fragte: »Was soll ich damit?«

»Einkaufen, Schätzchen.«

»Ach ja, richtig. Entschuldige!« Ein weiterer Schauer fuhr ihr über den Nacken, der sich ganz steif und verspannt anfühlte. »Also kein Mittagessen?«

Maureen verdrehte die Augen, kippte ihren Tee hinunter und stand auf. »Wir sehen uns um drei, Celia«, sagte sie und verließ die Küche. »Sei bitte pünktlich!«

Nachdem Celia die Küche aufgeräumt, die Betten gemacht, den Boden geschrubbt und überall Staub gewischt hatte, war sie wie benebelt. Es kam ihr vor, als hätte sie im Übermaß Alkohol getrunken, und sie fragte sich, ob aus der nach Chlor stinkenden Natronlauge, die sie in einem Schrank neben dem Ofen gefunden und mit der sie die Dielen gesäubert hatte, womöglich giftige Dämpfe aufgestiegen waren. Jedenfalls war sie froh, als sie endlich nach draußen kam und einkaufen gehen konnte.

Da es in der unmittelbaren Nachbarschaft weder einen Bäcker noch andere Lebensmittelhändler gab, ging sie auf der White Horse Lane nach Norden, bis sie die viel befahrene und vor Läden wimmelnde Mile End Road erreicht hatte. Doch als sie schließlich in der Hauptstraße stand, hatte sie vergessen, weshalb sie eigentlich hergekommen war. Sie schaute sich verwundert um, als wäre sie just in diesem Moment aus einem Traum erwacht. Die vielen Davidsterne an den Mauern oder über schmiedeeisernen Eingängen ringsum erstaunten sie. Links eine Synagoge, rechts ein deutsch-jüdisches Krankenhaus, gegenüber ein jüdischer Friedhof. Und überall Schilder mit deutschen Worten oder unleserlichen Schriftzeichen.

Ein Omnibus näherte sich von Osten. Jedenfalls glaubte sie, dass es Osten war. Auf einem Schild an der Seite las sie: »Fenchurch Street Station«. Unwillkürlich fasste sie sich an die Brust. Dort, in der Innentasche ihres Mantels, hatte sie die beiden Fotos verstaut, die Visitenkarte von Maureen und das Kabinettporträt ihrer Mutter. Dann griff sie in die linke Außentasche und befingerte die Münzen, die Maureen ihr gegeben hatte. Zu welchem Zweck eigentlich? Ohne weiter darüber nachzudenken, bestieg sie kurzentschlossen den Bus, zahlte einen Penny und fuhr in Richtung City.

2

Als Celia vor zwei Tagen mit Adam an dem Fotostudio in der Fenchurch Street vorbeigefahren war, hatte sie den Namen Newcombe nirgendwo an der Fassade oder in den Schaufenstern erkennen können. Und auch jetzt, da sie direkt vor dem Eckhaus an der Cullum Street stand und zu den Schildern und Reklametafeln emporblickte, stellte sie ernüchtert fest, dass lediglich der Name Taylor darauf vermerkt war. Die Enttäuschung steigerte sich noch, als sie im Laden von einem Mitarbeiter im blauen Kittel erfuhr, dass es keinen C. T. Newcombe mehr in der Fenchurch Street gab und die Brüder Taylor bereits vor vielen Jahren das Geschäft übernommen hatten.

»Und die alten Glasscheiben?«, fragte Celia. »Wo die Bilder drauf sind?«

»Negativplatten«, verbesserte der Mann.

»Gibt's die noch?«

»Kommt ganz darauf an.«

Celia zeigte dem Angestellten das Foto ihrer Mutter mit dem Stempel auf der Rückseite und fragte, ob er ihr weitere Auskünfte darüber geben könne. Vor allem interessierte es Celia, wann das Bild aufgenommen worden war und wer das Foto in Auftrag gegeben oder bezahlt hatte.

»Wollen Sie einen Abzug, Miss?«, fragte der Mann.

»Nein, eigentlich nicht.«

»Sie wollen nur eine Auskunft über das Foto?«, vergewisserte sich der Angestellte und runzelte missbilligend die Stirn. »Keine weiteren Abzüge?«

»So ist es.«

Der Mann schüttelte unwillkürlich den Kopf, reichte Celia aber ein Blatt Papier und bat sie, die auf der Rückseite vermerkte Negativnummer und ihre Adresse aufzuschreiben. Falls er etwas herausfinde, werde er sie unterrichten.

Celia freute sich bereits über die unerwartete Hilfsbereitschaft des Angestellten, doch als sie den ungeduldigen Ausdruck im Gesicht des Mannes sah, begriff sie, dass er sie nur vom Hals haben wollte. Dennoch schrieb sie das Gewünschte auf das Papier, legte es auf die Theke und sagte: »Ich komme in den nächsten Tagen wieder.«

»Lassen Sie sich ruhig Zeit, Miss«, antwortete er, machte ein finsteres Gesicht und verstaute den Zettel in einer hölzernen Kiste. »Wir können nichts versprechen. Es ist ein sehr altes Foto. Machen Sie sich also nicht zu viel Hoffnung.«

Celia nickte, bedankte sich und verließ den Laden mit dem unguten Gefühl, von dieser Seite nichts weiter über das Foto oder ihre Mutter in Erfahrung zu bringen. Eine weitere Sackgasse!

Als sie wieder auf der Straße stand und in Richtung Bahnhof blickte, fiel ihr siedend heiß ein, weshalb sie eigentlich die Wohnung in der White Horse Lane verlassen hatte. Die Einkäufe! Ein Schreck fuhr ihr in die Glieder, weil sie einen Penny für nichts und wieder nichts vergeudet hatte. Und wertvolle Zeit obendrein. Um drei sollte sie mit dem Schminkkoffer und der Kostümtasche am People's Palace sein. Sie zitterte plötzlich am ganzen Körper, und erst als sie keuchend am Bahnhof ankam und die Leute erschrocken vor ihr zurückwichen, begriff sie, dass sie die ganze Strecke von der Cullum Street gerannt war. Dabei war es erst kurz vor Mittag, wie sie auf der großen Uhr über dem Bahnhofsportal ablas. Die Tränen liefen ihr über die Wangen, zugleich wusste sie nicht recht, warum sie weinte. Reiß dich zusammen, Celia!, schalt sie sich. Es war ja nichts Schlimmes passiert. Den Penny würde sie Maureen ersetzen oder dadurch einsparen, dass sie heute nichts mehr aß, und wenn sie den weiten Rückweg nach Mile End zu Fuß unternahm, würde sie kein weiteres Geld verplempern. Ja, so wollte sie es machen. Dann musste sie plötzlich laut lachen, weil sie vergessen hatte, ihrer Mutter die beiden Pennys auf die Augen zu legen. Damals in Brightlingsea. Als Mary Brooks mit einem seltsamen Fluch auf den Lippen gestorben war.

»Dein Vater ist ein verdammter Teufel! Hüte dich vor ihm, Celia!«

Während sie am Bahnhof Fenchurch Street vorbeilief, immer weiter in Richtung Osten, ohne auf ihre Schritte oder die Umgebung zu achten, schämte sie sich für ihr törichtes Benehmen. Sie stolperte beinahe über ihre eigenen Füße, fand Halt an einer Gaslaterne, die seltsam gurgelnde Geräusche von sich gab, und musste mit einem Mal an das Röcheln ihrer Mutter auf dem Sterbebett denken. Mit einem Schrecken fiel ihr wieder ein, dass sich derzeit niemand um Mutters Grab auf dem alten Friedhof von All Saints kümmerte. Allerheiligen. Allesamt Heilige! Eine verwitterte kleine Kirche auf dem grünen Hügel, eine gute Meile vor dem Ort, umgeben von Grabsteinen, Statuen und Kreuzen, die aussahen, als wollten sie das uralte Gemäuer wie feindliche Krieger belagern. Mutter hatte den Blick von dort oben geliebt, hinunter auf die breite Mündung des Colne und bei gutem Wetter bis nach Mersea Island. Dort auf dem Hügel hatte sie beerdigt werden wollen, im Schatten von All Saints, nicht auf dem kargen Armenfriedhof unten im Ort. Wegen der schönen Aussicht und weil sie neben dem kleinen George hatte liegen wollen, der auch dort begraben war. Celias ältester Bruder, der viel zu früh auf die Welt gekommen war und seine unzeitige Geburt nur um wenige Stunden überlebt hatte. George. Über den im Hause Brooks nie gesprochen worden war. Weil die Mutter immer zu weinen anfing und der Vater tobte, wenn sein Name genannt wurde. Man solle die Vergangenheit ruhen lassen, wie er meinte. Die Lebenden seien wichtiger als die Toten. Und dann war er meist in die Kneipe gegangen und hatte sich betrunken. Damit die Vergangenheit endlich ruhte.

Kurz nach dem Verschwinden des Vaters hatte die Mutter die Putzstelle im Pfarrhaus auf dem Hügel angetreten, obwohl der Pfarrer nur einen Hungerlohn zahlte. Celia hatte oft vermutet, die Mutter sei nur ins Pfarrhaus gegangen, um ihrem Erstgeborenen nahe zu sein. Ihrem Erstgestorbenen. Der zu früh geboren und später zu einem Unausgesprochenen geworden war. George. Wie der Name eines Inns in Southwark. Auf dem Grab nur ein einfaches Holzkreuz mit seinem notgetauften Namen und einer Jahreszahl: 1868. Das Jahr, in dem ihre Eltern geheiratet hatten.

»Na, Kindchen, mal 'nen Blick riskieren?«, wurde Celia aus ihren wirren Gedanken gerissen. Ein älterer Mann im braun karierten Havelock stellte sich ihr in den Weg und deutete mit gichtigen Fingern zu einer schmalen Gasse, die in nördlicher Richtung von der Hauptstraße abging. »Mitre Street«, stand auf einem Schild am Eckhaus. »Willst du was Interessantes sehen?«

Celia wich einen Schritt zurück, doch der Mann kam abermals näher.

»Für 'nen Penny zeig ich dir, wo's gewesen ist«, sagte er und hob bedeutsam die Augenbrauen. »Wo er sie zerstückelt hat. Wo man sie gefunden hat.«

»Wen gefunden?«

»Das letzte Opfer vom Ripper«, sagte der Mann und fasste Celia am Ärmel. »Nur 'n Penny, dann zeig ich's dir. Auf dem Bordstein war's. Gleich um die Ecke. Am Mitre Square.« Er grinste und bleckte die wenigen Zähne, die ihm im Mund verblieben waren. »Man kann die Blutflecken noch erkennen.«

Celia riss sich los, stieß den Mann von sich und rannte davon, so schnell sie konnte. Doch als sie sich nach einigen Sekunden umschaute, erkannte sie, dass der Mann ihr gar nicht gefolgt war, sondern bereits auf den nächsten Passanten einredete und mit seiner dürren Hand zur Mitre Street wies.

Eine plötzliche Übelkeit stieg in ihr hoch, und vermutlich musste sie sich nur deshalb nicht übergeben, weil sie heute noch gar nichts gegessen hatte. Nichts essen, nur laufen, so hatte sie es sich vorgenommen. *Für 'nen Penny.* Immerzu nach Osten. Schnurgerade war die Straße. Erst Aldgate High Street, dann Whitechapel High Street, dann Whitechapel Road, dann Mile End Road. Eine Straße, vier Namen.

Plötzlich die Brick Lane auf der linken Seite. Noch so ein seltsamer Name. Backsteingasse. Als wär's was Besonderes. Dabei war doch fast alles hier aus Backstein. Bevor Celia wusste, was sie tat, war sie in die schmale Straße abgebogen und hielt nach einem Buchhändler Ausschau. Weil Heather die Seite herausgerissen hatte. *Mitgehen lassen.* Und weil doch irgendwo der Rest sein musste. Von der Zeitung.

Celia schwitzte. Dabei war es kalt und feucht. Und ihr Mantel fadenscheinig und abgewetzt. Doch die Hitze wollte nicht aufhören. Sie kam von innen. Als hätte sie Alkohol getrunken. Das hatte sie heute schon einmal gedacht. Richtig, die Natronlauge. Und der Chlorgestank. Wie vergiftet.

Dann stand sie vor dem Laden und schaute durch das schmutzige Schaufenster. Sie wusste nicht, ob es der richtige war oder ob es noch weitere Buchläden in der Brick Lane gab, doch das interessierte sie nicht. Sie betrat das Geschäft und schaute sich fasziniert um. Der ganze Raum war voller Regale, die wiederum über und über mit Büchern, Folianten und losen Blättern gefüllt waren. Wie ein Irrgarten aus Papier.

»Kann ich helfen, Miss?«, fragte der Buchhändler, ein alter Mann mit einer winzigen Brille, die ihm beinahe von der Nase fiel. Er lächelte freundlich und fragte: »Alles in Ordnung, Miss? Sie sehen blass aus.«

»*Illustrated London News*«, sagte Celia und ließ sich auf einen Stuhl sinken, der neben einem mit Büchern überladenen Tisch stand.

»Sehr gern«, sagte der Händler, griff in ein Regal hinter sich, fischte eine Zeitung heraus und sagte: »Macht Sixpence.«

»Nein, entschuldigen Sie«, stammelte Celia, »ich brauche die vom 20. September 1884.« Und als wäre das eine wichtige Information, setzte sie hinzu: »Die Samstagsausgabe.«

»1884?«, wunderte sich der Buchhändler. »Alte Zeitungen verkaufen wir nicht. Jedenfalls nicht einzeln, sondern nur in Sammelbänden. Wenn sie denn überhaupt vorrätig sind.«

»Ich will die Zeitung nicht kaufen, Sir, ich möchte nur ...«

»Lesen?« Der Mann seufzte tief. »Dies ist keine Bibliothek, junge Frau.«

»Tut mir leid«, sagte Celia und wollte sich erheben.

Der Buchhändler zuckte mit den Achseln und schüttelte nachsichtig den Kopf. »Bleiben Sie!« Dann verschwand er in einem angrenzenden Raum und kam kurz darauf mit einem Glas Wasser zurück. »Trinken Sie, Miss!«, sagte er, stellte das Glas auf den Tisch und machte sich auf die Suche. »1884, sagten Sie?«

Celia nickte und trank das Glas in einem Zug leer. Gern hätte sie nach mehr gefragt, doch sie traute sich nicht. Sie wollte nicht ungezogen erscheinen. Mutter hatte immer gesagt: »Kinder sollen gesehen, aber nicht gehört werden.« Und der alte Mann sah das bestimmt genauso. Dabei war sie gar kein Kind mehr.

»Sie haben Glück, Miss!«, rief der Buchhändler und legte ein in Leder gebundenes, großformatiges Buch auf den Tisch. »Den Jahrgang '84 haben wir da. Dann wollen wir mal sehen. 20. September.« Er blätterte in dem Folianten, gab dabei schnaufende Geräusche von sich und fragte: »Suchen Sie etwas Bestimmtes in der Zeitung?«

»*Mignonette*«, sagte Celia.

»*Mignonette?*«, fragte der Buchhändler. »Ich verstehe nicht.«

»Der Schiffbruch. Die Kannibalen des Meeres.« Sie war seltsamerweise nicht mehr in der Lage, in ganzen Sätzen zu reden.

»Oh, ja, ich erinnere mich«, sagte der Mann nickend. »Der Prozess hat damals für einige Schlagzeilen gesorgt. War in allen Zeitungen zu lesen. Kommt ja nicht alle Tage vor, dass brave Seeleute sich gegenseitig aufessen. Na, wollen mal schauen.« Er hatte die entsprechende Stelle in dem Buch gefunden und rief verwundert: »Oh nein, zerrissen! Die erste Seite fehlt. Die hat jemand herausgerissen. Ausgerechnet! Das kann ich mir gar nicht erklären.«

»Macht nichts«, sagte Celia, stand auf und schaute dem

Buchhändler über die Schulter, ohne jedoch irgendetwas entziffern zu können. Alles drehte sich vor ihren Augen. Die Buchstaben tanzten umher. »Steht sonst noch was drin?«

»Über den Schiffbruch oder den Prozess?«, fragte der Buchhändler, blätterte weiter, überflog die nächsten Seiten und sagte: »Hier ist ein Artikel über den Prozess vor dem Friedensgericht in Falmouth. Das ist in Cornwall, glaube ich. Vermutlich wurden die Männer nach ihrer Rettung dorthin gebracht. Aber es gab offenbar keinen Richterspruch. Wegen der Schwere der Vorwürfe wurde das Verfahren an das Schwurgericht in Exeter überwiesen.«

»Exeter?«, wunderte sich Celia. Sie versuchte, sich zu erinnern, was in dem Artikel über das Todesurteil gestanden hatte. War dort nicht von einem Londoner Gericht die Rede gewesen? Von diesem Lord Sowieso? Sie hatte seinen Namen vergessen. Und den Namen des Gerichts.

»Es gab mehrere Prozesse gegen die Seemänner, vor verschiedenen Gerichten, wenn ich mich recht entsinne«, meinte der Buchhändler grübelnd und rückte sich die Brille zurecht. »Erst in Cornwall, dann in Exeter und schließlich in London. Dort wurden die Männer zum Tode verurteilt.«

»Begnadigt«, wisperte Celia.

»Ja, später.« Der Mann nickte. Die Brille wippte lustig auf seiner Nase.

»Brooks?«, fragte Celia und ärgerte sich, dass ihr die anderen Worte ihrer Frage einfach nicht über die Lippen kommen wollten. Deshalb deutete sie auf die aufgeschlagene Zeitung und wiederholte: »Ned Brooks?«

Der alte Mann überflog den Text erneut, murmelte vor sich hin und sagte dann laut: »Hier ist von einem Edmund Brooks die Rede. Meinen Sie den?«

Celia nickte.

Der Mann las leise und fasste anschließend das Gelesene zusammen: »Die Anklage gegen Brooks wurde fallengelassen, weil er nachweislich nicht an der Ermordung des Kabinenjungen beteiligt war und sich zuvor mehrfach gegen die Tat ausgesprochen hatte. Auch wenn er anschließend vom Blut des Jungen getrunken und sein Fleisch gegessen hat. Wie die anderen beiden Seeleute auch. Trotzdem wurde die Beweisaufnahme gegen Brooks nicht fortgesetzt und er stattdessen als Zeuge der Krone vernommen.«

»Zeuge der Krone?«

»Er hat gegen die anderen ausgesagt. Als Zeuge der Anklage.«

»Judas!«, entfuhr es Celia. Jetzt verstand sie die Worte des alten Seebären in Southampton. *Ein verdammter Judas, wenn du mich fragst! Ein feiger Verräter.* Nicht, weil er ein Kannibale war. Nicht, weil er einen unschuldigen Schiffsjungen gegessen hat, um sein eigenes Leben zu retten. Nein! Weil er seine eigenen Gefährten ans Messer geliefert hat, um selbst freizukommen. Zeuge der Krone. Wohlklingende Worte für eine hässliche Angelegenheit. Die Aussage ihres Vaters hatte den anderen beiden Seemännern das Todesurteil beschert und sie um ein Haar an den Galgen gebracht. Und laut wiederholte sie: »Ein feiger Verräter!«

»So harsch würde ich es nicht ausdrücken«, sagte der Buchhändler und schien sich über Celias plötzlichen Eifer zu wundern. »Schließlich haben der Kapitän und der Maat die Tat vor Gericht gar nicht geleugnet, wie es hier heißt. Sie haben alles ausführlich und wahrheitsgemäß geschildert und waren offensichtlich davon überzeugt, dass sie rechtens gehandelt hatten. Muss für die Männer ein Schock gewesen sein, als sie später zum Tode verurteilt wurden.«

»Das verstehe ich nicht«, sagte Celia. »Warum …?« Sie konnte ihre Frage nicht in Worte fassen.

»Warum die Anklage einen Zeugen brauchte, wenn es ein Geständnis gab?«, half der Buchhändler und hob die Achseln. »Um ein Exempel zu statuieren. Es ging der Krone allein darum, dem Brauch des Meeres Einhalt zu gebieten.«

Celia schaute ihn nur fragend an.

»Kannibalismus nach einem Schiffbruch«, erklärte der Mann. »Ein ungeschriebenes Gesetz der Seefahrt. Deswegen mussten die Seeleute verurteilt werden. Als warnendes Exempel. Und zwei Männer nur aufgrund ihrer eigenen Aussage hinzurichten, wäre vermutlich für einen Präzedenzfall nicht ausreichend gewesen. Außerdem hätten sie ja bei einer späteren Verhandlung einfach schweigen können, das dürfen die Angeklagten nämlich, und dann wäre der Prozess hinfällig gewesen. Deshalb brauchten sie einen unbeteiligten Zeugen.«

»Unbeteiligt?«, rief Celia aufgebracht. »Vater war nicht unbeteiligt.«

»Vater?«, fragte der alte Mann irritiert.

»Mr. Brooks.« So hatte die Mutter ihren Mann immer genannt. Nie Ned. Nie Vater. Nur Mr. Brooks. Celia dachte an die Erleichterung ihrer Mutter, als der Walfänger Hutchinson die Nachricht von der Begnadigung der Kannibalen überbracht hatte. In der Nacht vor dem ersten Austernfang ihrer Brüder.

Ein lautes Klopfen an der Schaufensterscheibe ließ sie heftig zusammenfahren. Auch der Buchhändler erschrak und klappte wie automatisch den Folianten zu. Als Celia nach draußen blickte, schaute sie in das grinsende Gesicht von Heather. Die das Titelblatt der Zeitung herausgerissen hatte. »Bin ja nicht aus der Welt«, hatte sie zum Abschied gesagt. Und: »Man sieht sich.«

Celia ließ den verdutzten Buchhändler grußlos stehen, rannte hinaus auf die Straße und warf sich der Freundin in die Arme.

»Sachte, sachte«, lachte Heather. »Kein Grund, gleich vor Freude zu heulen.«

»Heul ja gar nicht«, rief Celia und wischte sich die Tränen aus den Augen.

Heather schaute sie erschrocken an, schüttelte leicht den Kopf, wies zu dem Buchladen und sagte: »Zwei Dumme, ein

Gedanke. Ich wollte auch noch mal schauen, ob ich mehr über die Kannibalen rauskriege. Hast du gefunden, was du wissen wolltest?«

»Ich hab gefunden, was ich *nicht* wissen wollte«, sagte Celia und hakte sich bei ihrer Freundin unter. Mit dem linken Arm. Weil der rechte so höllisch weh tat.

3

»Auf wen warten wir?«

»Michael.«

»Dein neuer Freund?«

»Er hatte Frühschicht am Hafen und kommt gleich nach Hause.«

»Aha. Und warum warten wir hier?«

»Weil ich keinen Schlüssel für die Wohnung hab.«

»Keinen Schlüssel?«

»Ja.«

»Aber du wohnst doch bei ihm.«

»Und?«

»Warum hast du keinen Schlüssel?«

»Mit dem Schlüssel ist Michael eigen. Den rückt er nicht raus.«

»Aha.«

Sie saßen im Britannia Pub, an der Ecke zur Dorset Street, und schauten durchs Fenster auf die Straße, wo der stürmische Wind Papier und Unrat über das Pflaster fegte. Gegenüber lag der Friedhof von Christ Church. Wo Adam Bedfords Frau und Sohn begraben lagen. *In die Herrlichkeit befördert*. Heather hatte zwei Helle bestellt, obwohl Celia nichts hatte trinken wollen. Wegen des verlorenen Pennys und weil ihr dauernd die Galle hochstieg. Doch Heather hatte darauf bestanden und wollte sie einladen. Wegen dem unerwarteten Wiedersehen, wie sie meinte. Dabei hatten sie sich erst gestern im Frauenasyl voneinander verabschiedet.

»Und?«, fragte Heather, als der Wirt das Bier auf den Tisch stellte und die Münzen einsteckte. »Wie läuft's so? Wo drückt der Schuh? Du siehst aus wie 'n Gespenst. Ganz weiß und so.«

»Vater wurde freigesprochen«, sagte Celia.

»Ist doch gut, oder?«, fragte Heather und wollte mit ihr anstoßen. »Also ist er kein Kannibale?«

»Doch«, sagte Celia. »Und schlimmer als das.«

»Versteh ich nicht.«

»Ich auch nicht.«

Sie tranken, und beinahe im selben Augenblick bereute Celia es. Die Magensäure stieg in ihr hoch, ihr Bauch verkrampfte sich. Um ein Haar hätte sie Heather das Bier ins Gesicht gespuckt.

»Bist du sicher, dass alles in Ordnung ist?«, fragte Heather besorgt.

»Ja«, log Celia. »Hab wenig geschlafen.«

»Haben die Weiber wieder geschnarcht?«

Jetzt wäre der Moment gewesen, um Heather zu beichten, dass sie nicht mehr im Asyl, sondern bei Maureen wohnte. Dass sie ihre Assistentin war, ihr Dienstmädchen. Doch Celia stammelte nur. Sämtliche Worte wollten auf einen Schlag aus ihrem Mund und verhedderten sich auf der Zunge. Heraus kam nur ein genuscheltes: »So ähnlich.«

»Wird Zeit, dass du von den Betschwestern wegkommst«, sagte Heather und legte ihre Hand auf Celias Unterarm. »Mensch, du bist ja ganz heiß!«, rief sie. »Du glühst wie 'n Ofen.«

»Ist nichts«, sagte Celia und schüttelte sich, weil sich Heathers Hand so eiskalt anfühlte. Sie wehrte Heathers Berührung ab und fragte: »Wie geht's dir denn bei deinem Freund? Behandelt er dich gut?«

»Michael ist in Ordnung«, antwortete Heather betont gleichgültig. »Bisschen grob und grantig, eher der muffelige und maulfaule Typ, aber Hauptsache ich hab 'n Dach überm Kopf.«

»Das hattest du in der Hanbury Street auch.«

»Vergiss es!«, schnaufte Heather. »Da zahl ich lieber Miete bei Michael.«

»Du zahlst Miete?«

»Ist nur fair, oder?«, meinte Heather achselzuckend.

»Und wie willst du das Geld verdienen?«, wollte Celia wissen.

»Wie wohl?«, lachte Heather, grinste anzüglich und machte einen Kussmund.

»Nein!«, rief Celia entsetzt.

»Warum nicht? Dafür kümmert Michael sich um mich. Jeder braucht doch einen, der sich kümmert und für einen da ist, oder?«

»Nein«, wiederholte Celia, aber so leise, dass es nicht zu hören war.

»Wenn man vom Teufel spricht!«, rief Heather und deutete hinaus auf die Straße. Dort standen zwei Männer auf dem Bordstein, der eine mit dunkler Seemannsjacke, Schiebermütze und üppigem Vollbart, der andere mit einem dreckigen Bowler auf dem feisten Schädel und einem buschigen Schnauzbart im Gesicht. Während der Vollbart, der ältere der beiden, ein wenig steif und unbeholfen wirkte, erinnerte der andere an eine wütende Bulldogge.

»Wer von denen ist Michael?«, wollte Celia wissen.

»Der mit dem Schnauzer.«

»Oh!«, entfuhr es Celia gegen ihren Willen.

»Hab nicht behauptet, dass er eine Schönheit ist«, lachte Heather, stand auf und winkte ihrem Freund durch die Scheibe zu.

Auch Celia erhob sich und nickte den Männern etwas unsicher zu. Heathers Freund Michael hob lediglich die Augenbrauen und gab dann Heather mit einer unwirschen Handbewegung zu verstehen, dass sie sich beeilen solle. Der Mann mit dem Vollbart jedoch starrte Celia an, als wäre sie der Leibhaftige. Einen kurzen Augenblick lang dachte sie, bei dem Mann handelte es sich um den Vollbärtigen, den sie im People's Palace vor dem Gemälde hatte stehen sehen. Den Mann, der ihre Mutter gekannt hatte, ohne ihr begegnet zu sein. Der Vollbart auf der Straße hatte allerdings keine derart runzlige Nase und war zudem nicht glatzköpfig. Doch er stierte sie an, als wäre er nicht bei Trost.

»Wer ist der andere Kerl?«, fragte Celia verunsichert.

»Ein Nachbar«, antwortete Heather. »Ein komischer Kauz, nicht ganz dicht in der Birne, wenn du mich fragst.« Sie zwinkerte Celia verschwörerisch zu, gab ihr einen Kuss auf die Wange, schüttelte nach der Berührung aber erschrocken den Kopf und sagte: »Du solltest ins Bett, Kindchen. Und zwar sofort! Du hast Fieber!« Sie streichelte ihr über den Arm und meinte im Gehen: »Ich muss los, sonst wird Michael sauer.«

Heather ging hinaus, hakte sich vor der Tür bei ihrem Freund unter, der wiederum seinen Nachbarn hinter sich herzog. Durch ein Fenster sah Celia die drei gemeinsam in die Dorset Street einbiegen. Der Mann mit dem Vollbart schaute sich noch einmal mit großen Augen zu Celia um, dann waren sie aus ihrem Blickfeld verschwunden.

Celia stand wie erstarrt vor dem Fenster und schaute auf die andere Straßenseite, zur weißen Christ Church mit ihrem hohen Turm, der die dichten Wolken zu berühren schien. Dann sah sie auf die Kirchturmuhr und erschrak. Kurz vor vier! Um drei Uhr sollte sie mit Maureens Koffern im Volkspalast sein. Sie hatte es völlig vergessen. Wie sie den Einkauf vergessen hatte. Oder den Namen des Lords und des Londoner Gerichts. Wie sie überhaupt alles vergaß. Als wäre ihr Gehirn ein Sieb.

Sie eilte hinaus. Schaute in die Dorset Street. Heather und Michael betraten gerade ein Haus auf der rechten Seite. Der Mann mit dem Vollbart und der Schiebermütze war nicht mehr zu sehen. Ein Nachbar. Ein komischer Kauz. Celia wurde übel. Versuchte zu begreifen. Vergeblich. Sie fuhr herum und rannte los. Drei Uhr, hatte Maureen gesagt! Einen Penny hatte sie verloren. Jetzt nichts mehr essen und zu Fuß gehen. So wollte sie es machen. Doch das Bier schwappte in ihrem leeren Magen hin und her. Wie ein Rettungsboot auf hoher See. Wie der Kannibale des Meeres. Den man nicht verurteilt hatte, weil er ein Judas war. Ein Zeuge der Krone.

Celia lief die Straße mit den vier Namen entlang. Nach Osten. Immer weiter. Zählte die Schritte, musste ständig von vorne beginnen, weil sie die Zahlen vergaß. Als sie schließlich die White Horse Lane erreicht hatte, war sie am ganzen Körper nass vor Schweiß. Stank vermutlich wie Mrs. Adams hinter dem Empfangstisch. Drei Treppen bis zur Dachkammer. Außer Atem und hundeelend riss sie die Tür auf. Doch die Koffer waren weg. Der Schminkkoffer und die Kostümtasche. Weg! Sie schaute in der Küche. Nichts. Sie schaute im Schlafzimmer. Auch nichts!

Sie sackte auf die Knie. Das Bier schoss ihr aus dem Hals, bevor sie sich den Mund zuhalten konnte. Und gelbe Galle. Direkt vor Maureens Bett. Dann raste der Boden auf sie zu. Bis es mit lautem Krachen dunkel wurde.

4

Sie kamen sie holen! Sie wusste nicht, ob sie wachte oder schlief. Doch sie wusste, dass die Männer sie holen würden. Im Traum und in der Wirklichkeit waren sie ihr erschienen und hatten sie angestarrt. Immer mit demselben Blick. Vertraut und doch verstört. Erst der junge Mann am Bahnhof Waterloo. Und tags darauf im Fackelzug der Heilsarmee. Mit dem roten Herz auf der Wange, so groß wie ein Half Crown. Ein hübsches Gesicht, mal als eingebildeter Gentleman, mal als derbe fluchender Arbeiter. Neben dem jungen Mann ein älterer Kerl mit Raubvogelaugen, Filzbart und Säufernase, auch er hatte sie angestarrt. Weil er Celias Mutter gekannt hatte, ohne ihr begegnet zu sein. Weil er Mary Tremain in Celia Brooks erkannt hatte. Wie Zwillingsschwestern. »Ich könnte schwören, dass ich dich von irgendwoher kenne«, hatte Rod Webster im George Inn gesagt. Auch er hatte sie erkannt, wegen des alten Fotos. Und schließlich der andere Mann. Der Nachbar. Vor dem Britannia Pub. Mit Vollbart und Seemannsjacke. Ein komischer Kauz. Nicht ganz richtig in der Birne. Warum hatte sie Heather nicht nach dem Namen des Mannes gefragt? Vielleicht weil sie die Antwort bereits wusste? Weil sie bereits am ersten Tag in London geahnt hatte, dass sie ihren Vater womöglich gar nicht wiedererkennen würde, selbst wenn er direkt vor ihr stünde?

»Nicht, kleine Celia!«

Eine kalte Hand legte sich auf ihre Stirn. Sie riss die Augen auf und schrie erschrocken auf. Das hübsche Gesicht stierte sie an. Ganz nah. Traurig lächelnd. Das auffällige Muttermal war unter einem Verband versteckt, aber Celia erkannte ihn dennoch. So leicht ließ sie sich nicht in die Irre führen. Sie wollte wegrennen, sich verstecken, doch es ging nicht. Sie konnte sich nicht bewegen. Hatte sich nicht unter Kontrolle. Erst jetzt bemerkte sie, dass sie in einem Bett lag. In Maureens Bett. Im Nachthemd. Klitschnass. Der Mann griff nach ihr. Es war um sie geschehen. Sie bäumte sich ein letztes Mal auf und warf sich ins Kissen. Dann wurde ihr schwarz vor Augen.

Der Schmerz weckte sie. Ein fürchterliches Brennen. Als stünde sie auf einem Scheiterhaufen und würde bei lebendigem Leib verbrannt. Sie öffnete langsam die Augen und bemerkte, dass sich irgendetwas im Zimmer verändert hatte. Es war dunkler. Celia lag immer noch in Maureens Bett. Und der junge Mann saß nach wie vor auf der Bettkante. Immer noch hübsch und rosig. Wie der Teufel in Menschengestalt. Doch hinter ihm erkannte sie Maureens Gesicht. Stand sie mit den Männern im Bunde? Gehörte Maureen zu ihnen? Auf die andere Seite? Aber welche Seite war das?

»Sei ganz ruhig, Liebes«, sagte Maureen und lächelte. »Mr. Ingram wird dir helfen.«

»Au!«, war alles, was Celia hervorbrachte. Und noch einmal: »Au!«

»Es brennt vermutlich sehr«, sagte der Mann namens Ingram, und seine Stimme klang so lieb und mitleidig, als wollte er sich über sie lustig machen. »Aber es wird die Entzündung aus dem Körper ziehen. Du musst jetzt tapfer sein.«

Da begriff Celia, woher das Brennen und der Schmerz kamen. Aus ihrem rechten Arm. Den sie gar nicht mehr spürte. Obwohl er so unendlich weh tat. Sie registrierte wie von weitem, dass das keinen Sinn ergab. Dann schrie sie auf, weil ihr der Schmerz glühend durch den Körper schoss. Der Mann hatte ihr den Finger der Länge nach aufgeschnitten, mit einem dampfenden Rasiermesser, das Maureen ihm gereicht hatte. Sie steckten alle unter einer Decke! Warum töteten sie Celia nicht einfach? Warum ließen sie sie ausbluten? Warum quälten sie sie?

Dann griff der Mann nach einer Ampulle, schüttelte und öffnete sie und tröpfelte den Inhalt auf ein Tuch, das sich sofort gelbrot verfärbte. Celia wollte die Hand wegziehen, doch Maureen half dem Mann, dessen Hände nun ebenfalls blutrot verschmiert waren. Von Celias Blut. Sie schrie, doch es half nichts, sie pressten ihr den getränkten Lappen auf die blutende Wunde, dass sie vor Schmerz beinahe ohnmächtig geworden wäre. Sie wollte den Mann kratzen, ihn beißen, ihn anspucken, doch im nächsten Augenblick hatte sie einen Löffel im Mund und verschluckte sich an einer bitteren und zähen Flüssigkeit.

»Du wirst jetzt schlafen, kleine Celia«, sagte der Mann und fuhr sich mit dem Handrücken über die Stirn, die nun ebenfalls blutverschmiert war.

»Du wirst wieder gesund«, sagte Maureen, während sie Celias Hand so stramm umwickelte, als wollte sie die Adern abschnüren. »Ganz bestimmt.«

»Geben Sie ihr in der Nacht noch etwas von dem Laudanum«, sagte der Mann und erhob sich. »Ich muss jetzt gehen, aber ich komme morgen früh wieder her. Dann wechseln wir den Verband.«

»Danke, Mr. Ingram«, sagte Maureen, reichte ihm ein Tuch, damit er sich Celias Blut aus dem Gesicht wischen konnte, und führte ihn aus dem Zimmer. »Sie sind unser Engel, Sir.«

»Rupert«, sagte der Mann. »Nicht Sir. Mein Name ist Rupert.«

»Sie sind unser Engel, Rupert.«

Teufel!, dachte Celia und schlief ein.

5

Hunger! Als sie die verquollenen Augen aufschlug, hatte sie das Gefühl, seit Ewigkeiten nichts gegessen zu haben. Ihr Magen knurrte so laut und andauernd, dass sie erschrocken zusammenfuhr. Sie hatte Angst, das Geräusch könnte den leise schnarchenden Mann auf dem Stuhl wecken. Sein Kopf war zur Seite geneigt, lag auf der linken Schulter. Eine Kerze auf einem kleinen Beistelltisch beleuchtete sein blasses Gesicht. Sie sah das herzförmige Muttermal, das nun nicht mehr verbunden war. Es sah entzündet und verkrustet aus, als hätte er sich daran gekratzt. Mr. Ingram. So hatte Maureen ihn genannt. Celia kam der Name bekannt vor. Woher nur? Sie konnte sich nicht erinnern.

Ihr rechter Arm war verbunden, von den Fingern bis zum Ellbogen. Es brannte noch ein wenig, aber der Schmerz hatte nachgelassen. Kein Scheiterhaufen mehr. Nur noch Restglut. An der Hand war der Verband besonders dick und gelblich gefärbt. Es roch seltsam, wie in Mr. Morrisons Apotheke an der Church Street in Brightlingsea. Nach Kräutern und Chemikalien. Und nach Lakritze. Süßholz und Salmiak.

Wie spät es wohl sein mochte? Und welcher Tag? Wie lange hatte sie geschlafen? Durch die offene Tür konnte sie in den unbeleuchteten Flur und in die Küche schauen, doch durch das schmale Küchenfenster kam kein Licht herein. Die Sonne war bereits unter- oder noch nicht aufgegangen. Maureen war nirgends zu sehen. Auch nicht auf Celias Matratze unter der Dachschräge. Dort lag nur Celias Lederkoffer. Sie beugte sich nach rechts, um besser durch die Tür schauen zu können, doch die Bewegung tat höllisch weh, sie ächzte vor Schmerz. Das weckte den Mann. Ingram. Er lächelte, wirkte erfreut oder erleichtert, sagte aber keinen Ton. Lächelte nur und nickte aufmunternd.

»Wo ist Maureen?«, fragte Celia. Es war eher ein Wispern. Ihre Kehle war ausgedorrt. Jedes Wort tat weh.

»Im People's Palace«, sagte der Mann. »Auf der Bühne. Sie hat einen Auftritt.«

»Oh!«, entfuhr es Celia, und sie wollte sich aufrichten. »Ich muss ... sie braucht mich ...« Wieder fuhr ihr der Schmerz aus dem rechten Arm direkt in den Hinterkopf. Und von dort in den Rücken. Wie ein Stromschlag. Sie sank zurück ins Kissen. Atmete schwer und schluckte. Die Zunge wie Sandpapier.

»Es ist alles in Ordnung, Celia«, sagte der Mann und legte beruhigend seine Hand auf ihre linke Schulter. »Maureen wird bald wieder da sein. Seien Sie unbesorgt, alles wird gut. Werden Sie erst einmal gesund.«

»Ich bin nicht krank«, widersprach Celia halbherzig.

»Sie haben fast zwei Tage geschlafen«, antwortete er und deutete zu dem Beistelltisch, auf dem verschiedene Fläschchen und Ampullen sowie Verbandszeug und eine flache Schüssel mit einer gelblichen Tunke abgestellt waren. »Aber jetzt ist das Schlimmste überstanden. Das Fieber sinkt. Die Wunde heilt allmählich.«

»Wer sind Sie?«

»Mein Name ist Rupert Ingram«, sagte er und neigte den Kopf.

»Wer sind Sie?«, wiederholte Celia.

»Ein Freund.«

»Woher kennen Sie mich?«

»Später, Celia«, sagte er, goss Wasser aus einer Karaffe in ein Glas und reichte es ihr. »Das hat Zeit. Erst müssen Sie zu Kräften kommen. Trinken Sie! Haben Sie Hunger?«

Celia trank gierig und nickte gleichzeitig. Deshalb lief ihr das Wasser über das Kinn, sie verschluckte sich.

»Langsam, nicht so hastig!«, sagte Mr. Ingram und legte ihr ein Tuch auf die Brust. »Ich mache Ihnen einen Haferbrei. Und etwas warme Milch. Mit Honig.« Er stand auf und fuhr ihr mit der Hand über den Scheitel. Wie ein besorgter Vater einem kranken Kind. Es fühlte sich schön an. Beruhigend. Und Celia schämte sich, dass sie ihn noch vor Kurzem in ihrem Fieberwahn für den Teufel in Person gehalten hatte.

Dein Vater ist ein Teufel!, schoss es ihr durch den Kopf. *Hüte dich vor ihm!* Doch dafür war es zu spät. Sie wusste nun, wo der Teufel wohnte. Ungefähr jedenfalls. Und wie er aussah. Sie war ihm begegnet.

Celia musste wieder eingeschlafen sein, denn als sie die Augen auftat, war Maureen da. Sie stand im winzigen Flur und unterhielt sich mit Mr. Ingram, der einen langen Mantel trug und einen Zylinder in der Hand hielt. Auf dem Beistelltisch neben dem Bett standen eine Holzschüssel mit einem kleinen Rest Brei und ein halbes Glas Milch. Sie konnte sich nicht erinnern, etwas gegessen zu haben, doch das Hungergefühl war verschwunden. Wie konnte das sein? War es möglich, gleichzeitig zu schlafen und wach zu sein? Zu essen, ohne es zu merken? Oder hatte ihr Hirn die Erinnerung daran ausradiert?

»Der Verband ist gewechselt«, sagte Mr. Ingram und reichte Maureen die Hand. »Ich habe ihr ein wenig Laudanum in den Brei gerührt. Zur Sicherheit. Damit sie schläft. Morgen wird es ihr sicherlich besser gehen. Dann braucht sie auch kein Opium mehr. Das Schlimmste ist überstanden.«

»Müssen Sie wirklich schon gehen, Rupert?«, fragte Maureen, deren Gesicht noch von ihrem Auftritt geschminkt war. Unter ihrem Umhang trug sie das durchsichtige Bühnenkostüm, wie Celia an den Rüschen erkannte, die aus den Ärmeln hervorlugten. Offensichtlich hatte Maureen sich beeilt, aus dem Volkspalast herzukommen. Sie sagte: »Ich ziehe mich nur schnell um, dann koche ich Ihnen einen Kaffee. Oder mögen Sie lieber Tee? Ich könnte auch Mrs. Adams nach etwas Bier oder Wein fragen, wenn Sie möchten.«

»Das ist sehr nett, Maureen«, antwortete er und schüttelte den Kopf. »Aber es ist schon spät, und ich muss jetzt gehen.

Morgen werde ich leider nicht kommen können, da ich unterwegs sein werde. Donnerstags bin ich immer in Dorking.«

»Wie schade«, sagte Maureen, die immer noch Mr. Ingrams Hand schüttelte.

»Wir sehen uns am Freitag«, sagte er und deutete in Celias Richtung. »Geben Sie gut acht auf sie, und lassen Sie Celia nicht aus dem Bett. Sie braucht jetzt viel Ruhe und muss erst wieder zu Kräften kommen.« Er entzog Maureen die Hand und wandte sich zur Tür. Im Hinausgehen sagte er: »Ich habe etwas auf dem Küchentisch hinterlassen. Für Essen und Medizin.«

»Wir brauchen kein Geld«, protestierte Maureen. »Wir kommen zurecht.«

»Ich weiß«, sagte er. »Bitte verstehen Sie es nicht als Almosen. Ich möchte nur helfen.«

»Warum?«

»Bis Freitag!«, antwortete er ausweichend und verließ die Dachkammer.

6

An der Mündung des Colne, gleich unterhalb des Zuflusses des Alresford Creeks, gab es eine Stelle, die gerade breit und tief genug war, um vom östlichen Flussufer aus bis nach Fingringhoe Wick am Westufer zu tauchen. Als Kinder hatten sie diese Mutprobe oft im Sommer bei steigender Flut ausprobiert. Wenn der Tidenhub zu groß oder der Zulauf des Creeks zu stark gewesen war, waren sie von der Strömung mitgerissen worden und flussabwärts mitten im Colne wieder aufgetaucht. Was auch wegen des dichten Schiffsverkehrs nicht ungefährlich war. Doch wenn man Glück hatte und die Luft und Kraft reichte, schaffte man es hinüber bis ans westliche Ufer. Wenn man dort in den Salzmarschen des Wicks wieder auftauchte und mit pfeifenden Lungen nach Luft schnappte, kam es einem vor, als wäre man wie neugeboren. Der Stolz, es geschafft zu haben, und die Erleichterung, endlich wieder einatmen zu können, verschafften einem ein unglaubliches Hochgefühl. Jedenfalls war es Celia immer so ergangen. Und genauso fühlte sie sich, als sie am späten Donnerstagmorgen beim Erwachen bemerkte, dass sie zum ersten Mal seit Tagen beinahe schmerzfrei war und wieder klar denken konnte. Der Druck in ihrem Schädel und der Schleier vor ihren Augen waren verschwunden, keine heißen Schauer und Stromschläge mehr, keine Schweißausbrüche, nur erleichtertes Aufatmen und Durchschnaufen. Sie war wieder aufgetaucht. Sie hatte es bis nach Fingringhoe Wick geschafft!

»Na, du machst ja Sachen«, wurde sie augenzwinkernd von Maureen begrüßt, die auf dem Stuhl saß, auf dem gestern Mr. Ingram gesessen hatte. Auf dem Beistelltisch standen eine dampfende Schüssel Grießbrei und ein Becher Milch. Daneben ein Glas mit Honig. »Hast du Hunger? Möchtest du Milch? Dein reicher Freund hat es an nichts mangeln lassen.«

Sie lachte, deutete auf das Glas und sagte: »Ich weiß gar nicht, wann ich das letzte Mal Honig gegessen habe. Mr. Ingram hat sogar Orangen besorgt, damit du wieder auf die Beine kommst.«

»Er ist nicht mein Freund«, sagte Celia und verschlang den Grießbrei, der mit Zimt und Zucker gesüßt war. Eine Köstlichkeit! Zugleich aber fühlte sie sich beklommen, weil sie nicht wusste, womit sie die Freundlichkeit und die teuren Zuwendungen dieses seltsamen jungen Mannes verdient hatte. Oder was er in Zukunft als Gegenleistung dafür erwarten mochte.

»Woher kennst du diesen Ingram?«, fragte Maureen neugierig. »Er hat nur so komisch rumgedruckst, als ich ihn danach gefragt habe. Wollte offensichtlich nicht darüber reden.«

»Ich kenne ihn nicht«, antwortete Celia wahrheitsgemäß. »Ich habe ihn nur zweimal gesehen. Ganz zufällig und flüchtig. Es ist nicht so, wie du jetzt vielleicht denkst. Das musst du mir glauben, Maureen!«

»Und wieso macht er dann das alles?« Sie deutete auf die Arzneien auf dem Tisch und setzte hinzu: »Er hat seit Dienstag fast ununterbrochen an deinem Bett gesessen und dich gepflegt. Wie so 'ne Florence Nightingale. Obwohl du ihn in deinem Fieber ziemlich beschimpft hast.«

»Oh, wie schrecklich!«, rief Celia und ließ den Löffel sinken, den sie mit der linken Hand ohnehin nicht gut halten konnte. »Ich schäme mich so.«

»Das musst du nicht«, erwiderte Maureen und rührte Honig in die Milch. »Du wusstest ja nicht, was du tust. Und Mr. Ingram hat es dir nicht übel genommen. Er war ganz rührend besorgt um dich. Das waren wir beide.«

»Er hat ein schlechtes Gewissen«, sagte Celia und starrte dabei auf ihren rechten Unterarm, der nur noch bis knapp über dem Handgelenk verbunden war. Die Haut oberhalb des Verbands war ganz gelb vom Jod und Karbol. Aber nicht mehr rot wie vor einigen Tagen. Dann sagte sie: »Wegen der Ratten.«

»Ratten?«

Celia berichtete der sichtlich erstaunten Maureen von ihren beiden Begegnungen mit Rupert Ingram. Von ihrem Zusammenstoß mit dem hochnäsigen Gentleman am Bahnhof und der schmerzhaften Begegnung mit dem einfachen Arbeiter im Fackelzug. Sie erzählte von den beißenden Ratten, von der Skeleton Army und den fliegenden Farbbeuteln und Steinen. Und von der schallenden Ohrfeige durch Captain Eva Booth.

Maureen starrte sie an, als glaubte sie ihr kein Wort. Vermutlich überlegte sie, ob Celia immer noch im Fieber fantasierte, doch schließlich sagte sie: »Das klingt nicht nach dem Mr. Ingram, den ich in den letzten Tagen kennengelernt habe.«

Celia überlegte, ob sie Maureen auch von dem Mann mit den Raubvogelaugen erzählten sollte. Von Mr. Ingrams verwahrlostem Skeleton-Freund, der vor einem Bild der Liebe geweint hatte und erschrocken vor einem berühmten Dichter davongelaufen war. Doch dann sah sie davon ab. Es hätte zu verrückt geklungen.

»Es tut mir leid«, sagte sie, »dass ich dich enttäuscht habe.«

»Nicht doch! Du warst krank, Celia!«, antwortete Maureen kopfschüttelnd. »Dir muss nichts leidtun. Ganz im Gegenteil.« Sie wandte sich ab, räusperte sich und deutete in die Küche. »Ich meine, wegen dem Obst und der Süßigkeiten.« Sie lachte etwas aufgesetzt und setzte hinzu: »Ich hätte es mit meinem Dienstmädchen wahrlich schlechter treffen können.«

Celia hatte den Brei gegessen, die Milch getrunken und sich anschließend, mit Maureens Hilfe, auf dem Nachttopf erleichtert. Als sie sich mit zitternden Beinen vom Nachtgeschirr erhob und dabei von Maureen gestützt werden musste, schoss ihr plötzlich ein fürchterlicher Gedanke durch den Kopf. Hatte sie etwa in den letzten Tagen in Mr. Ingrams Gegenwart ebenfalls auf dem Topf gesessen, hatte er ihr womöglich beim Verrichten ihrer Notdurft geholfen? Oder hatte sie gar während ihrer Ohnmacht ins Bett gemacht? Der Gedanke war so quälend und erniedrigend, dass sie die Augen schloss, sich aufs Bett fallen ließ und sich unter der Decke verkroch.

»Ich bringe den Topf nach unten«, sagte Maureen. »Ich muss ohnehin noch einige Besorgungen machen. Soll ich dir etwas mitbringen?«

Celia schüttelte den Kopf. Es wäre ihre Aufgabe gewesen, den Nachttopf zu leeren und die Einkäufe zu erledigen. Stattdessen ließ sie sich von Maureen bedienen, als wäre sie die Herrin. Wie peinlich das war! Wie unpassend!

»Brauchst du sonst noch etwas?«, fragte Maureen.

»Meine Bücher«, sagte Celia und deutete auf ihren Koffer.

»Streng dich nicht zu sehr an«, mahnte Maureen und stellte den Lederkoffer auf das Bett. »Du brauchst Ruhe. Lesen schadet nur.«

Ja, dachte Celia, Lesen schadet. Sie hatte in den letzten Tagen viel Schädliches gelesen. Auf Postkarten. In Zeitungen. Auf Fotografien. In Folianten.

»Ich blättere nur ein wenig in Mutters Büchern«, sagte sie und holte eines der Bücher aus dem Koffer, während Maureen mit dem gefüllten Nachttopf in der Hand die Wohnung verließ.

Genau zwei Bücher hatte ihre Mutter besessen – abgesehen von der Bibel und dem Gebetbuch der Kirche von England, die Celia allerdings in Brightlingsea gelassen hatte. Alle anderen Schriften und Romane, die ihre Mutter in großer Zahl verschlungen hatte, hatte sie aus der Pfarrbücherei entliehen oder von Freunden geborgt. Nur diese beiden Bände hatten Mary Brooks tatsächlich gehört: Murrays Handbuch des modernen London von 1860 und außerdem ein kleines, bereits zerfleddertes Büchlein mit Sinnsprüchen und Zitaten.

Celia griff nach dem Zitatebuch, in dessen Einband ihre Mutter ihren Namen geschrieben hatte: Mary Tremain. In einer fast kindlich wirkenden Schrift. Celia blätterte flüchtig durch das Buch, in dem manche Passagen unterstrichen oder am Rand mit Ausrufe- oder Fragezeichen versehen waren. Eine Zeile am Ende des Buches, es handelte sich um einen biblischen Psalm, war doppelt unterstrichen und zudem mit einem

Ausrufezeichen versehen. Celia las: »Gedenke nicht der Sünden und Verfehlungen meiner Jugend.«

Celia schluckte und hatte plötzlich einen Kloß im Hals. Schnell legte sie das Buch beiseite und griff sich den alten Reiseführer, dessen Einband fleckig und abgerieben war. Auch das Handbuch von London hatte Mary Tremain mit ihrem Namen versehen, in der gleichen kindlichen Sonntagsschrift. In der Mitte des Buches steckte ein Lesezeichen, das Celia schon oft angesehen hatte, das sie aber seit einigen Tagen mit anderen Augen betrachtete. Es handelte sich um einen Werbezettel des George Inn in Southwark. »Inhaber: Rodney Webster«, wie unten auf dem schmalen Zettel neben der Adresse des Gasthauses vermerkt war. Auf dem Papier wurden das feine Ale und das würzige Porter gelobt, die im George ausgeschenkt wurden. Außerdem wurde auf die hervorragende warme Küche und die freundliche Bedienung hingewiesen. Auf dem Lesezeichen gab es keine handschriftlichen Vermerke oder Unterstreichungen. Nur ein belangloser Werbezettel eben.

Die Seiten, zwischen denen das Lesezeichen eingeklemmt war, hatte Celia ebenfalls schon häufig überflogen, ohne jedoch irgendetwas Interessantes zu entdecken. Auf der linken Hälfte befanden sich zwei Spalten mit Text, auf der rechten Seite war die Abbildung eines sehr vornehmen Hauses zu sehen. Der Text befasste sich mit verschiedenen Unterkünften und Gasthäusern, allerdings nicht in Southwark, sondern im vornehmen West End. Die Illustration zeigte eines der noblen Hotels an der Piccadilly, das Hatchett's Hotel. Auf dem Bild hatte sich der Besitzer des Hotels mit seiner Frau vor dem Eingang postiert, und unter der Illustration hieß es in Kursivschrift: *Eine gute Adresse in Mayfair. Hatchett's Hotel von Mr. & Mrs. Harvey Ingram. 67 Piccadilly.*

Ingram! Jetzt wusste Celia, wieso ihr der Name so bekannt vorgekommen war. Sie hatte ihn schon oft im Reiseführer gelesen. Und sie dachte an Maureens Worte: Lesen schadet!

SIEBTER TEIL

RUPERT INGRAM

*»It is not how many years we live,
but rather what we do with them.«*

(»Es geht nicht darum, wie viele Jahre wir leben,
sondern vielmehr darum, was wir mit ihnen anfangen.«)

Eva Cory Booth

DONNERSTAG, 25. OKTOBER 1888

I

Während ich in Epsom auf meinen Anschlusszug nach Dorking wartete, verwünschte ich meine wöchentlichen Besuche in Bury Hill und die ganze verdammte Sippe der Barclays, zu der ich bald selbst gehören sollte. Zum Teufel mit ihnen! Dabei waren es gar nicht der Widerwillen gegen meine zukünftige Braut Meredith oder die Aussicht auf ermüdende Gespräche mit meinem langweiligen Schwiegeronkel Robert, die meine Laune trübten, sondern die unerledigten und verwirrenden Angelegenheiten in London, die mich mürrisch im Wartesaal der ersten Klasse hocken ließen. Ungeachtet des Rauchverbots zündete ich mir eine Zigarette nach der anderen an. So viele drängende Fragen hatten sich in den vergangenen Tagen in meinem Kopf angehäuft, und so wenige Antworten hatte ich bislang erhalten. Jedenfalls keine befriedigenden oder umfassenden. Denn jede Erklärung hatte eine weitere Unklarheit gebracht, und jedes neue Puzzleteil hatte das Gesamtbild nur noch verworrener gemacht.

Hinzu kam das schlechte Gewissen. Statt am Krankenbett der armen Celia zu sitzen und mich darum zu kümmern, dass ihre Genesung weiterhin gut voranschritt und das verzehrende Fieber endgültig gebannt wurde, vergeudete ich wertvolle Zeit mit meinen nichtigen Privataffären in Surrey. Aber war Celia Brooks inzwischen nicht auch eine Art Privataffäre geworden? Spätestens seit meinem gestrigen zweiten Besuch beim Fotografen in der Fenchurch Street? Seitdem ich den Namen meines Vaters im Auftragsbuch des einstigen Fotostudios Newcombe gelesen hatte. Vermutlich hatte ich Celia auch deshalb zu meiner persönlichen Angelegenheit gemacht und mich ihretwegen sogar über jede Form des Anstands und alle Regeln der Etikette hinweggesetzt. Die Vorstellung, dass Celia in Maureen Watsons Abwesenheit von der widerlichen

Mrs. Adams oder ihrem begriffsstutzigen Dienstmädchen gepflegt würde, war mir so unerträglich gewesen, dass ich sie kurzerhand fortgeschickt und mich ganz allein um die Kranke gekümmert hatte. Wider alle Anstandsvorschriften.

Auch den Arzt, einen griesgrämigen Deutschen namens Liebermann, hatte ich des Zimmers verwiesen. Am Dienstagabend, mehr als zehn Stunden, nachdem man ihn benachrichtigt hatte, war er in der White Horse Lane erschienen und hatte sich als Erstes darüber mokiert, dass man ohne sein Wissen oder seine ärztliche Anleitung mit der Behandlung der Kranken begonnen habe. So etwas sei lebensgefährlich und könne von ihm unter keinen Umständen toleriert werden, schimpfte er und besah sich die »Bescherung«, wie er es nannte. Er kontrollierte den Lister'schen Verband, musterte die geöffnete und gereinigte Wunde, prüfte die Fläschchen mit Karbol und Jod und meckerte anschließend, warum man überhaupt nach ihm geschickt habe, wenn man doch offensichtlich alles besser wisse und seine ärztliche Autorität so augenfällig untergrabe. Auf meine Frage, was wir denn falsch gemacht hätten oder ob etwas an dem Wundverband geändert werden müsste, wusste er keine Antwort, nuschelte etwas Unverständliches auf Deutsch und erging sich schließlich in Fragen des Prinzips und der medizinischen Grundsätze. Wenn jeder dahergelaufene Laie sich zum Arzt aufschwinge, wäre die Menschheit bald durch Krankheiten und Seuchen ausgerottet. Dass das arme Mädchen trotz meiner dilettantischen Heilversuche noch am Leben sei, habe sie lediglich einem glücklichen Schicksal zu verdanken.

»*Ihre* Heilkunst hatte jedenfalls nichts damit zu tun!«, rief ich aufgebracht, packte ihn beim Kragen und geleitete ihn aus der Wohnung. Sein spätes Erscheinen ließ er sich dennoch fürstlich entgelten, immerhin habe er wichtige Notfälle hintenangestellt, nur um sich um solche Lappalien zu kümmern.

Ich gab ihm sein Geld und schickte ihn, unter den missbilligenden Blicken der Zimmerwirtin, zum Teufel. Mrs. Adams und ihr Dienstmädchen wechselten vielsagende Blicke, schüttelten ihre unansehnlichen Köpfe und führten den sichtlich pikierten Dr. Liebermann nach unten.

Dass die Wirtin und der Arzt mich vermutlich für Celias Liebhaber hielten und dass mein Benehmen für Außenstehende in höchstem Maße anstößig erscheinen musste, kümmerte mich wenig. Erst einmal musste das Mädchen gesund werden, mit Arzt oder ohne. Auf etwaige Verletzungen irgendwelcher Moralregeln oder Ehrbegriffe konnte ich im Moment keine Rücksicht nehmen. Jedenfalls was meine Person betraf. Dass der Ruf der kleinen Celia keinen Schaden nehmen würde, dafür würde ich schon Sorge tragen.

Meine Gedanken wanderten wieder zu meinem Vater zurück. Als ich gestern, am späten Mittwochnachmittag, zum zweiten Mal im Fotoladen der Gebrüder Taylor erschienen war und man mir voller Stolz den großformatigen Abzug eines Fotos und das vergilbte Geschäftsbuch des Jahres 1867 präsentiert hatte, war ich einerseits überrascht gewesen und hatte andererseits lediglich bestätigt gefunden, was ich bereits seit einiger Zeit vermutet hatte. Das Foto, auf dem Celias Mutter in weißem Sonntagskleid zu sehen war, ähnelte dem Gemälde, das bis vor Kurzem in Vaters Büro gehangen hatte, auf verblüffende Weise. Es zeigte die gleiche junge Frau mit dem gleichen forschen Blick, allerdings ohne das pittoreske Brimborium, das Simeon dem späteren Hirtengemälde hinzugefügt hatte. Wenn ich nicht gewusst hätte, dass das Foto viel älteren Datums war, hätte ich darauf gewettet, dass es niemand anderen als Celia Brooks zeigte.

Doch das Auftragsbuch des C. T. Newcombe ließ keinen Zweifel. Das Foto war vor nunmehr einundzwanzig Jahren, im Jahr 1867, aufgenommen worden, und neben der Nummer des Negativs war eine Lieferadresse vermerkt: Mr. Harvey Ingram, Hatchett's Hotel, 67 Piccadilly, London W. Darunter stand mit doppelter Unterstreichung: »Persönlich!«.

Wenn das Foto an meinen Vater geliefert worden war,

warum befand es sich dann in Celias Besitz? Hatte er es Celias Mutter geschenkt? Oder gab es mehrere Abzüge des Bildes? Und wieso hatte mein Vater vor etwa acht Jahren das riesige Gemälde in Auftrag gegeben? Grays diesbezügliche Fragen kamen mir wieder in den Sinn: »Wieso malt jemand ein Foto ab? Ist das nicht irgendwie Unsinn?« Und wer war der Mann gewesen, der Simeon das Foto als Vorlage für das Gemälde überbracht hatte? »Das war kein Gentleman«, hatte Simeon gesagt, »vielleicht ein Handwerker oder einfacher Ladenbesitzer.«

Gern hätte ich meinem Vater all diese Fragen gestellt, doch leider befand er sich seit dem gestrigen Mittwoch auf Geschäftsreise an der Südküste und würde erst heute am späten Abend wieder in London sein. Ich musste mich also wohl oder übel gedulden und ärgerte mich über meinen Vater. Als ich ihn gefragt hatte, wer die Frau in Weiß auf dem Gemälde sei, hatte er »irgendeine Hirtin« zurückgegeben und betont ahnungslos die Achseln gezuckt. Bei einer Auktion habe er das Gemälde ersteigert. Weil ihn die Hirtin an unsere Mutter erinnert habe. Heuchler!

Mary Brooks. Ihr Name was das Einzige, was Maureen Watson mir über Celias verstorbene Mutter hatte mitteilen können. Und dass Celia auf der Suche nach ihrem verschollenen Vater war. Ned Brooks. Einem schiffbrüchigen Seemann und mutmaßlichen Kannibalen des Meeres, der seine blutrünstige Geschichte in schäbigen Kuriositätenkabinetten im East End zur Schau gestellt hatte. Das hatte zumindest Miss Watson behauptet. Doch auf welche Weise mein Vater mit der aus einem kleinen Dorf in Essex stammenden Familie Brooks verbandelt war, konnte auch sie mir nicht erklären. Dass die hübsche Mary seine Mätresse gewesen sein musste, lag nahe, doch alles andere war mehr als ungewiss. Und auch Celia war nicht in der Lage gewesen, auf diese Fragen zu antworten. Sie hatte mich lediglich wie einen Unhold angestarrt und ein ums andere Mal im Fieberwahn als »Teufel!« beschimpft.

Es war schon eine äußerst seltsame Fügung des Schicksals, die uns alle in diesen Tagen im Londoner East End zusammengeführt hatte. Simeon, Celia und mich. Im Gewimmel eines Fackelzugs. Ein merkwürdiges Dreigestirn. Besiegelt durch den Biss einer Ratte. Und wieder überkam mich das schlechte Gewissen, weil ich es gewesen war, der für Celias Leiden verantwortlich war. Der sie krank gemacht hatte. Die Männer der Familie Ingram schienen den Frauen der Familie Brooks nicht gutzutun. Wie Wölfe und Schafe.

Der Zug der London, Brighton and South Coast Railway fuhr mit lautem Zischen und gellendem Pfeifen ein. Ein Bahnbediensteter öffnete die Tür zum Wartesaal, hustete geziert und verwies auf das Rauchverbot im Warteraum. Im Raucherabteil der ersten Klasse könne ich gern rauchen, setzte er mit einem Bückling hinzu, nachdem er meinen Fahrschein kontrolliert hatte. Ich nickte, gab ihm ein Trinkgeld und bestieg den Wagen im vorderen Teil des Zuges.

Während der etwa vierzigminütigen Fahrt, die von Epsom aus in großem Bogen über Leatherhead nach Dorking führte, dachte ich an Maureen Watson, die sich so rührend um Celia gekümmert hatte. Gerade so, als wäre das Mädchen ihre Schwester oder Freundin und nicht eine Dienstmagd. Und ich ertappte mich bei dem Gedanken, wie Miss Watson wohl auf der Bühne im People's Palace aussehen mochte. Im knappen und durchscheinenden Trikot. Am gestrigen Abend war sie direkt nach der Vorstellung im Bühnenkostüm und mit vollem Make-up nach Hause geeilt und hatte lange meine Hand geschüttelt, als wollte sie mich festhalten. Ich hatte ihr in das bleich geschminkte Gesicht gestarrt, um nicht in ihr tiefes Dekolleté zu schauen, das unter dem Mantelkragen hervorlugte. Maureen Watson aus Blackburn, Lancashire, wie unschwer an ihrem nördlichen Tonfall zu erkennen war. Eine ausnehmend schöne Tingeltangel-Darstellerin in reizender Aufmachung. Noch vor wenigen Tagen hätte sie genau in mein Beuteschema gepasst und meinen Jagdinstinkt geweckt. Wölfe und Schafe!

Doch es war nichts mehr wie vor wenigen Tagen. Ich war nicht mehr wie zuvor.

Um meine wirren Gedanken in eine andere Bahn zu lenken, griff ich nach den Ausgaben des *Star*, die Gray mir am Morgen vor dem Hatchett's eilig in die Hand gedrückt hatte. »Für die Zugfahrt«, hatte er gemeint und überflüssigerweise hinzugesetzt: »Was zu lesen, Boss.«

Mein plötzliches Interesse für den Ripper und unsere gemeinsame Suche nach Zeitungsartikeln über die Ermordung der Elizabeth Stride schienen den Ehrgeiz des Jungen angestachelt zu haben. Sein Wunsch, mir zu Diensten zu sein, und sein eigenes Interesse an den mörderischen Vorfällen in Whitechapel hatten ihn zu einem alten Freund aus dem East End geführt, der den *Star* als Zeitungsjunge auf der Straße verkaufte. Dieser Freund, Eddie, hatte wiederum seinen Onkel gefragt, der als Packer in der Druckerei der Zeitung arbeitete, und so hatte der emsige Gray binnen weniger Tage mehrere Ausgaben des *Star* ergattert, in denen der Doppelmord des 30. September in aller Ausführlichkeit behandelt wurde.

Zwar hatte ich mittlerweile fast alles erfahren, was ich über den gewaltsamen Tod von Long Liz – und meinen bedauerlichen Anteil daran – hatte wissen wollen, doch die Lektüre über den unheimlichen Frauenmörder würde mich zumindest vorübergehend von dem ablenken, was mich derzeit beschäftigte und nicht zur Ruhe kommen ließ. Und so stöberte ich in den billigen Halfpenny-Blättern, die sich so auffallend von den seriösen Zeitungen unterschieden, die ich üblicherweise las. Weil der bestialische Mord an Catherine Eddowes um einiges schockierender war als der an Elizabeth Stride, handelten die Artikel zumeist von dem jüngsten Mord am Mitre Square. Waren die Schilderungen in der *Times* schon schwer zu verdauen gewesen, so weideten sich die Reporter des *Star* regelrecht am Blut der Ermordeten. Die Sensationsgier und perverse Faszination, die aus jeder Zeile sprachen, waren mir so zuwider, dass ich die Zeitungen rasch beiseitelegte.

»Lesen Sie das über den Ungarn, Boss!«, hatte Gray mir am Morgen mit auf den Weg gegeben und auf die Ausgabe des 1. Oktober gedeutet. »Eddies Onkel sagt, dass der Ungar alles gesehen hat, auch wenn ihm keiner glauben will.«

»Wem?«, hatte ich gefragt. »Eddies Onkel oder dem Ungarn?«

Gray hatte, wie üblich, den Witz nicht verstanden, mit den Schultern gezuckt und gesagt: »Lesen Sie selbst, Sir!«

Widerwillig griff ich nach der Zeitung, auch weil ich mich so vor den neugierigen Blicken eines mir gegenübersitzenden, stark übergewichtigen Mannes verstecken konnte, der völlig ungeniert auf mein verkrustetes Muttermal starrte und dessen offen stehender Mund befürchten ließ, dass er gleich ein Gespräch anfangen wollte.

Ich schlug die Zeitung auf und hielt sie mir schützend vors Gesicht. Es dauerte eine Weile, bis ich den entsprechenden Artikel gefunden hatte. Der Abschnitt, den Gray gemeint hatte, befand sich ganz unten auf der zweiten Seite und war in einen längeren Text über den Mord in der Berner Street eingebunden. Der Absatz begann mit den Worten: »Eine den Mord betreffende Information, die wichtig sein könnte, wurde gestern der Leman Street Polizei von einem Ungarn gegeben.« Dieser Ungar habe auf der Wache ausgesagt, er sei in der besagten Nacht um Viertel vor eins die Berner Street entlanggegangen und habe in der Durchfahrt, in der wenig später die Leiche der Ermordeten gefunden wurde, einen Mann und eine Frau stehen sehen. Der Mann habe getorkelt, als wäre er betrunken gewesen, und habe sich lautstark und handgreiflich mit der Frau gestritten. Der Ungar habe den Mann als eine gedrungene Erscheinung mit schwarzem Filzhut, dunkler Kleidung und einem buschigen Schnauzbart beschrieben.

Bei der Erwähnung des Schnauzbarts und der gedrungenen Gestalt fuhr mir ein Schreck in die Glieder. Sofort dachte ich an Michael Kidney, Elizabeths Freund und Zuhälter, dem ich in der Nacht vor ihrem Tod geholfen hatte, sie aus dem

Frauenasyl zu locken. Und erneut kam mir die Aussage dieses Mannes vor dem Coroner in den Sinn. Laut *Times* hatte Kidney bei der gerichtlichen Untersuchung der Todesursache behauptet, seine Freundin mehrere Tage vor ihrem Tod zum letzten Mal gesehen zu haben.

»Gerald Blacksmith«, hörte ich den korpulenten Herrn gegenüber sagen.

»Bitte?« Ich nahm die Zeitung herunter und sah den Mann verwirrt an.

»Mein Name«, sagte er und paffte mir den Rauch seiner Zigarre ins Gesicht. »Sie sagten: Michael Kidney. Und ich sage: Gerald Blacksmith. Freut mich, Mr. Kidney.«

»Ganz meinerseits«, log ich, nahm die Zeitung aber rasch wieder hoch und vertiefte mich erneut in meine Lektüre. Die Aussage des Ungarn war mit der Beschreibung des schnauzbärtigen Mannes noch nicht beendet. Was nun folgte, ließ mich aufmerken, denn es widersprach allem, was ich bislang über die Morde des Rippers gelesen oder gehört hatte. Der Ungar habe aus Angst die Straßenseite gewechselt und von dort einen zweiten Mann gesehen, der vor einer Eckkneipe gestanden und den Mann mit dem Schnauzbart durch lautes Zurufen gewarnt habe. Dieser zweite Mann sei drohend auf den Ungarn zugetreten und habe ein Messer in der Hand gehalten. Daraufhin sei der Zeuge Hals über Kopf davongelaufen, ohne sich darum zu kümmern, was hinter seinem Rücken geschehen sei.

Ein zweiter Mann mit einem Messer. In keinem anderen Bericht, den ich über Jack the Ripper gelesen hatte, war von einem zweiten Mann die Rede gewesen. Der Frauenmörder war ein Einzeltäter, davon gingen sowohl die Ermittler als auch die Reporter von der Presse aus. Ein einzelner Wahnsinniger, der nachts im East End umherstreifte und seine Opfer nach dem Zufallsprinzip aussuchte. Und wieder kam mir in den Sinn, was ich bereits nach der Lektüre des Artikels in der *Times* gedacht hatte: Der Mord an Elizabeth Stride passte nicht ins Muster. Er passte nicht zum Ripper.

»Schlimme Sache«, sagte der Dicke. Offensichtlich las er die Rückseite meiner Zeitung. »Nicht zu fassen.«

»Der Ripper?«, fragte ich.

»Nein«, antwortete er und lachte wie über einen Witz. »Sollen die sich in London ruhig gegenseitig die Gurgel durchschneiden. Was kümmert's mich. Ich meine die Kohlepreise. Soll kalt werden diesen Winter. Und Zugfahrten werden vermutlich auch wieder teurer.«

»Ja, wirklich schlimm«, sagte ich. »Bald werden wir uns nur noch die zweite Klasse leisten können.«

»Gott bewahre!«, rief Mr. Blacksmith und verschluckte sich am Zigarrenrauch.

Ich räusperte mich, wandte mich ab und überflog den Artikel erneut. Die Ausführungen über den namentlich nicht genannten Ungarn endeten mit dem etwas ungelenken Satz: »Die Wahrheit der Aussage des Mannes wird nicht völlig akzeptiert.« Leider wurde in dem Artikel nicht gesagt, warum dem Mann nicht geglaubt wurde. Weil er ein Ausländer war? Weil er womöglich in der Mordnacht betrunken gewesen war? Oder weil er etwas ausgesagt hatte, was der allseits vorgefassten Meinung widersprach? In dem Artikel über die gerichtliche Untersuchung wurde der geheimnisvolle Ungar jedenfalls nicht erwähnt. Offenbar hatte man es nicht für nötig befunden, ihn vorzuladen. Man hatte seine Erzählung dem Reich der Fantasie zugeordnet und auf seine Aussage vor dem Coroner verzichtet.

Wer weiß, vielleicht wäre er dort Michael Kidney begegnet und hätte in ihm den gedrungenen Mann mit dem Schnauzbart wiedererkannt. Und ihn als Lügner entlarvt. Oder Schlimmeres.

2

Es war kurz vor zehn Uhr, als ich, wie an jedem Donnerstag, den Bahnhofsvorplatz betrat. Der Bahnhof der Brighton-Linie befand sich am nördlichen Ende von Dorking und war vom Landsitz Bury Hill, der südwestlich der Stadt lag, mehr als drei Meilen entfernt. Normalerweise wartete immer eine Kutsche auf mich, um mich zum Landhaus der Barclays zu bringen, doch heute war davon nichts zu sehen. Kein Kutscher weit und breit. Da ich immer den gleichen Zug nahm und die Bahn heute keine Verspätung hatte, war ich etwas überrascht und stand ratlos in der Gegend herum. Wie so oft in den letzten Tagen hatte prasselnder Regen eingesetzt, der vom stürmischen Nordwind über das Pflaster gepeitscht wurde. Dummerweise hatte ich meinen Regenschirm vergessen.

Eine kleine Stichstraße führte von der London Road zum backsteinernen Bahnhof, der mit seinen zwei symmetrischen Holzgiebeln und dem Portal in der Mitte genauso aussah wie so viele Bahnhöfe, die in Surrey in den letzten Jahrzehnten wie Pilze aus dem Boden geschossen waren. Ein altmodisches und recht klobiges Cabriolet mit geschlossenem Verdeck näherte sich auf dem Kopfsteinpflaster und hielt direkt vor mir.

Ich wunderte mich über die sonderbare Kutsche, die so gar nicht zu den Barclays passen wollte. Auch der Kutscher irritierte mich, denn er war nicht livriert, sondern trug die schlichte Kleidung eines Landmannes oder Arbeiters. Ich fragte ihn: »Kommen Sie von Bury Hill?«

»Nein, Sir, Harelands Farm«, antwortete der Mann, schaute an mir vorbei und lüpfte plötzlich den ledernen Schlapphut.

»Der Wagen gehört zu mir«, hörte ich im selben Augenblick eine donnernde Stimme hinter mir. »Kann ich Sie mitnehmen, mein Guter? Bury Hill liegt beinahe auf dem Weg. Ist jedenfalls kein großer Umweg.«

Als ich mich umwandte, schaute ich in das jovial grinsende Gesicht des dickleibigen Mannes, der einladend auf sein vorsintflutliches Gefährt wies. Wie war doch gleich sein Name? Richtig, Blacksmith! Gerald Blacksmith.

»Vielen Dank, Mr. Blacksmith«, sagte ich. »Aber das wird nicht nötig sein. Vermutlich kommt meine Kutsche bald. Und wenn nicht, dann nehme ich mir eine Mietdroschke.«

»Sehen Sie irgendwo eine?«, lachte der Dicke und machte eine ausladende Geste mit seiner rechten Pranke. »Dorking ist nicht London, Mr. Kidney. Da steht nicht an jeder Ecke ein Mietwagen herum. Nicht einmal am Bahnhof, wie Sie sehen.«

Das war auffallend richtig, wie ich verwundert feststellte.

»Vor den Hotels in der High Street finden sie natürlich welche«, fuhr Blacksmith fort, spannte seinen Regenschirm auf und legte seinen Arm um meine Schulter. »Aber bis Sie dort sind, sind Sie klitschnass. Kommen Sie ruhig mit, Verehrtester. Es ist kein großer Umweg. Mein Hof ist nur eine halbe Meile von Bury Hill entfernt. Sind Sie ein Freund der Barclays? Oder ein Verwandter?«

»So was Ähnliches«, antwortete ich ausweichend, und im nächsten Moment saß ich im Fond des Cabriolets und starrte in das strahlende Gesicht des übergewichtigen Landherrn. Seine Augen funkelten neugierig, und sein Mund öffnete sich hoffnungsfroh. Und diesmal hatte ich keine schützende Zeitung zur Hand.

Während der knapp halbstündigen Fahrt mit der klapprigen Kutsche erfuhr ich allerlei Wissenswertes und noch mehr Unnützes über die Stadt Dorking, die Harelands Farm, das Gut der Familie Barclay, die Geschichte von Bury Hill und die Bewohner der Gegend. Mr. Blacksmith bildete sich eine Menge darauf ein, dass so viele angesehene Familien ihre Landsitze in der Umgebung von Dorking hatten, und er schien seine eigene Sippe ebenfalls zu diesen zu zählen. Sein Name verriet allerdings, dass sein Hof, der inmitten der waldigen Hügel von Harelands Woods lag, einstmals eine Schmiede gewesen war. Vermutlich hatte sie bis vor einigen Jahrzehnten zum Anwesen von Bury Hill gehört.

Über seine Nachbarn und ehemaligen Gutsherren wusste Mr. Blacksmith nur Gutes zu berichten. Ganz formidable Leute, wie er betonte. Nicht nur wegen des Bieres. Auch wenn sie natürlich Zugezogene seien und Bury Hill erst vor siebzig Jahren erworben hätten.

»Siebzig Jahre?«, wunderte ich mich. »Da kann man kaum noch von Zugezogenen sprechen, oder?«

Er schaute mich an, als hätte ich gerade etwas ausgesprochen Dummes gesagt. So dumm, dass es darauf nichts zu erwidern gab.

»Kennen Sie Miss Meredith und ihren Zukünftigen?«, fragte ich grinsend, als wir die Landstraße verließen und die breite und lang gezogene Auffahrt zum Gutshaus hinauffuhren.

»Meinen Sie ihren Cousin Frederick aus Guildford?«

»Nein, natürlich nicht«, wunderte ich mich. »Ich meine Mr. Ingram.«

»Kein Hiesiger«, lautete seine vernichtende Antwort.

»Nicht einmal ein Zugezogener«, setzte ich bestätigend hinzu und schaute durch das Fenster auf den See, der fast bis an das höher gelegene Herrenhaus heranreichte und mit seinen geschwungenen Buchten, weidenbestandenen Ufern und kreisrunden Inselchen ausgesprochen malerisch und idyllisch wirkte. Zu hübsch, um wahr zu sein. Der gekünstelte Traum eines Landschaftsarchitekten.

»Haben Sie vielen Dank, Mr. Blacksmith«, verabschiedete ich mich, stieg aus dem Cabriolet und wunderte mich, dass keiner der Bediensteten herauskam, um mich zu begrüßen und mit einem Regenschirm zum Haus zu geleiten.

»Meine Empfehlung an Mr. Barclay und seine verehrte Gemahlin«, antwortete er und streckte seinen massigen Kopf zum Fenster hinaus. »Stimmt es, dass sie wieder in anderen Umständen ist?«

Ich antwortete mit einem verlegenen Lächeln.

Er nickte wissend und sagte: »Eine ganz formidable Familie.« Damit zog er den Kopf zurück und ließ seinen Kutscher den Wagen wenden. »Cheerio, Mr. Kidney.«

Ich stieg die breite Freitreppe zum Eingang hinauf, doch noch immer kam mir kein Bediensteter entgegen. Die Frontseite des Hauses lag wie verlassen da, kein Mensch war auf dem Gelände zu sehen, was ich mir auch durch den strömenden Regen erklärte. Bei dem Wetter schickte man keinen Hund vor die Tür.

Es dauerte eine Weile, bis auf mein Klopfen hin geöffnet wurde, und als ich in triefender Kleidung die riesige Halle betrat, starrte mich der Hausdiener Joe an, als wäre ich ein Gespenst.

»Mr. Ingram?«, fragte er erstaunt.

»Wie er leibt und lebt«, antwortete ich verwirrt und reichte ihm meinen Mantel und meinen Hut. »Wie jeden Donnerstag. Leider war keine Kutsche am Bahnhof. Haben Sie mich vergessen?«

»Die Kutschen sind unterwegs«, antwortete er mit verkniffener Miene.

»Alle?«, wunderte ich mich.

»Ja, Sir«, sagte er und räusperte sich. »Alle.«

»Und wo sind sie?«

»Unterwegs.«

»Aha. Und wohin?«

»Sir?« Er zuckte mit den Schultern und kniff die Lippen zusammen.

»Und Mr. Barclay? Ist er etwa gar nicht in Bury Hill?«

»Doch. Das heißt, nein. Also nicht mehr.« Wieder zuckte er mit den Schultern, verneigte sich dann und deutete auf die Haushälterin, die in diesem Augenblick aus dem Salon in die Halle trat. »Fragen Sie besser Mrs. Garland, Sir.«

»Mr. Ingram?«, rief Mrs. Garland bei meinem Anblick erstaunt.

»Was ist denn heute los?«, entfuhr es mir. »Wo stecken denn alle?«

»Haben Sie das Telegramm nicht bekommen, Sir?«
»Ein Telegramm? Nein!«

»Oh, wie ärgerlich«, sagte sie und rang sichtlich um Fassung. »Miss Meredith ist unpässlich und kann heute leider niemanden empfangen.«

»Was hat sie denn?«, fragte ich besorgt und folgte der Haushälterin in den Salon. »Ist sie krank?«

»Nichts Ernsthaftes«, sagte sie und blickte dabei auf den Teppich, als studierte sie das orientalische Muster. »Nur eine Grippe. Kein Grund zur Sorge. Der Doktor hat ihr einige Tage Bettruhe verordnet.«

»Und deshalb sind sämtliche Kutschen unterwegs?«, wunderte ich mich. »Und Mr. Barclay ebenfalls?«

»Nein, deshalb natürlich nicht«, sagte sie, lachte übertrieben und bekam einen roten Kopf. »Wir wussten ja nicht, dass Sie heute kommen würden. Wir dachten, dass Sie das Telegramm rechtzeitig bekämen. Und deshalb …« Statt den Satz zu beenden, rang sie mit den Händen vor der Brust, lächelte verlegen und fragte: »Möchten Sie vielleicht Kaffee, Sir? Oder Tee?«

»Kaffee wäre mir sehr recht, Mrs. Garland«, antwortete ich und setzte mich in einen Ohrensessel. Während die Haushälterin nach einem Dienstmädchen klingelte und schließlich, da niemand auf das Klingeln reagierte, mit einer hastigen Entschuldigung den Salon verließ, dachte ich über die höchst merkwürdigen Umstände nach. Dass Meredith »unpässlich« war und ich das Telegramm nicht rechtzeitig erhalten hatte, mochte ein bedauernswerter Zufall sein, erklärte aber nicht, warum mich alle so panisch und gehetzt anstarrten. Und dabei zugleich jeden Augenkontakt mieden, als hätten sie Angst, unter meinem Blick zu versteinern.

Während ich noch meinen Gedanken nachhing, erschien ein Hausmädchen mit dem Kaffee und richtete aus, Mrs. Garland habe den Stallburschen in die Stadt geschickt, um eine Mietdroschke zu bestellen. Der nächste Zug nach Epsom gehe um Mittag, und wenn der Kutscher sich beeile, könne ich den Anschlusszug nach London ohne Probleme erreichen.

Sie wollten mich loswerden, und zwar so bald wie möglich, das war offensichtlich. Ich fragte das Mädchen nach Mrs. Barclay und erhielt als Antwort ein gewispertes: »Madame ruht.«

»Auch unpässlich?«

Es folgte ein erschrockenes: »Unpässlich? Ach so, unpässlich. Ja, leider, Sir! Die Droschke wird bald da sein.« Und im nächsten Moment war das Mädchen verschwunden. Sie hatte beinahe so ausgesehen, als müsste sie sich übergeben.

Statt den Kaffee zu trinken und im Salon auf die Mietkutsche zu warten, ging ich durch eine Flügeltür in die angrenzende Bibliothek. Auf dem Schreibtisch vor dem Fenster lagen verschiedene aufgeschlagene Bücher und Schriftstücke. Ein neuartiger und vermutlich sehr kostbarer Waterman-Füllfederhalter lag offen und achtlos hingeworfen auf einem Löschblatt, als wäre Mr. Barclay beim Schreiben unterbrochen oder vom Schreibtisch weggerufen worden. Ich nahm mir die Freiheit und las die letzten Worte, die er auf das zuoberst liegende Papier geschrieben hatte. Es handelte sich um eine geschäftliche Korrespondenz und endete mitten im Satz. »Wie Ihnen bekannt sein dürfte, haben Barclay und …«

In diesem Augenblick hörte ich hastige Schritte über mir. Eine Tür knallte. Und eine gedämpfte Frauenstimme rief mit französischem Akzent: »Robert, komm sofort zurück! Du ungezogener Bengel! Komm her! Auf der Stelle!« Dann folgten die trippelnden Schritte eines Kindes auf der Treppe in der Halle.

Über der Bibliothek befanden sich die Kinderzimmer, und die weibliche Stimme gehörte zu einer französischen Gouvernante namens Eugenie, die sich um die drei älteren Barclay-Sprösslinge kümmerte. Das jüngste Kind war noch ein Säugling und wurde von einer Amme aus der nahen Umgebung versorgt.

»Na warte!«, hörte ich Mademoiselle Eugenie im Obergeschoss rufen. »Wenn ich dich erwische, dann kannst du was erleben!«

Im nächsten Moment wurde die Tür zur Halle aufgerissen. Der kleine Robert rannte in die Bibliothek und direkt auf mich zu. Als er mich sah, erstarrte er, als wäre ich eine Erscheinung. Er rang kurz mit sich, überlegte angestrengt, ob er wieder zurück in die Halle laufen sollte, doch von dort näherte sich noch größeres Ungemach. Also bat er mich: »Nicht verraten!«

»Nur wenn du mir anschließend verrätst, was hier los ist«, konterte ich.

Sein Blick ging wie der eines gehetzten Tieres hin und her. Vor der Tür waren hastige Schritte zu hören. Deshalb nickte er schicksalsergeben.

Ich bedeutete ihm, sich hinter dem Schreibtisch zu verstecken, und beinahe im selben Augenblick erschien Mademoiselle Eugenie. Sie hatte die offen stehende Tür entdeckt und geglaubt, den entlaufenen Bengel in der Bibliothek zu finden. Entsprechend überrascht, nein entsetzt, war sie, als sie mich erblickte.

»Mr. Ingram!«, stieß sie voller Bestürzung hervor. »Mon Dieu!«

»Mademoiselle Eugenie!«, rief ich verwundert. »Was ist mit Ihnen?«

»Mit mir?«, erwiderte sie und fasste sich an die bis zum Kragen geschlossene Brust. »Nichts. Rien du tout. Gar nichts.« Sie lächelte gequält, räusperte sich und sagte: »Ich bin auf der Suche nach Master Robert. Haben Sie ihn zufällig gesehen, Monsieur?«

»Tut mir leid«, antwortete ich kopfschüttelnd.

Und ehe ich die Möglichkeit hatte, weiter in sie zu dringen, war sie mit einem knappen »Pardon!« und einem wenig damenhaften Türknallen aus dem Zimmer gerannt. Bereits die dritte Frau, die ich heute durch meine bloße Anwesenheit verschreckt und verscheucht hatte.

»So, und jetzt zu dir!«, wandte ich mich streng an den Jungen, dessen Kopf hinter der Schreibtischplatte auftauchte. »Was geht hier vor?«

»Ach, die dumme Kuh!«, rief Robert und machte einen Schmollmund. »Regt sich immer gleich so auf. Dabei war's doch nur ein harmloser Spaß.«

»Ich rede nicht von Mademoiselle Eugenie«, antwortete ich und baute mich vor dem kleinen Robert auf. »Sondern von deiner Cousine Meredith.«

Der Schmollmund wurde zu einem schmalen Strich. Und seine Augen funkelten mich überlegen und beinahe verächtlich an. Wie sein jüngerer Bruder Thomas und seine Schwester Ellen war der gerade einmal achtjährige Robert ein verblüffendes Abbild seines Vaters, und vermutlich würde aus ihm ein ebenso erfolgreicher Geschäftsmann werden. Schon jetzt war jedenfalls ersichtlich, dass aus dem kleinen Rotzlöffel ein ähnlich selbstgefälliger Aufschneider wie sein Vater werden würde. Robert junior war ein Naseweis und Neunmalklug, wie man ihn in seinem Alter nur selten erlebte. Er war seit frühester Kindheit mit der Gewissheit aufgewachsen, der Nachfolger des Seniors zu sein, und das merkte man dem Bengel an. Mit überheblicher Miene meinte er: »Tut mir leid, mein Lieber. Meredith ist nicht zu sprechen. Sie ist …«

»Soll ich Mademoiselle Eugenie holen?«, fragte ich und packte ihn am Schlafittchen. »Und ihr sagen, wie du sie gerade genannt hast? Das würde dir bestimmt noch viel mehr leidtun, *mein Lieber!*«

Das dünkelhafte Grinsen fiel ihm schlagartig aus dem Gesicht. Er wurde bleich und schüttelte den Kopf.

»Also?«, fragte ich und schüttelte ihn. »Was ist hier los? Wo ist dein Vater? Und was ist mit Meredith? Spuck's aus, Robert!«

Hass sprühte aus seinen Augen. Mit unverkennbarer Genugtuung sagte er: »Meredith ist weg! Und zwar nicht allein.«

»Ist dein Vater bei ihr?«

»Vater ist hinter ihr her«, sagte Robert und grinste. »Und

Bernard und James und alle anderen Dienstmänner auch. Um die beiden möglichst noch vor der Grenze zu erwischen.«

»Die beiden?« Allmählich begriff ich, worauf der Kleine mit seinen hämischen Worten abzielte. »Wer ist bei ihr?«, fragte ich, obwohl ich die Antwort zu kennen glaubte. »Nun red schon!«

»Cousin Frederick natürlich«, triumphierte Robert. »Sie sind getürmt! Heute Nacht.«

»Zur Grenze? Nach Schottland?«

»Wohin sonst?«

Wohin sonst! Ich musste mich schwer zusammenreißen, nicht laut aufzulachen oder in Jubel auszubrechen. Die ganze Zeit hatte ich mir das Hirn zermartert, wie ich das Damoklesschwert der Heirat abwehren und mich aus Merediths ehelichen Fängen und Mr. Barclays geschäftlichen Verpflichtungen befreien könnte. Und zur selben Zeit hatte die gute Meredith nichts anderes im Sinn gehabt, als mich irgendwie loszuwerden. Doch während ich nicht den Mumm gehabt hatte, meinem Vater und den Barclays reinen Wein einzuschenken und den ganzen Unfug abzublasen, war Meredith mit ihrem Liebsten in einer Nacht-und-Nebel-Aktion geflohen. Um in Schottland zu heiraten. Auf Gedeih und Verderb. Ohne Rücksicht auf Verluste.

Meinen Segen hatten sie!

Gutes altes Schottland! Wo man Minderjährigen nach wie vor erlaubte, ohne Einwilligung der Eltern oder große Zeremonien zu heiraten! Zwar hatte man, soviel ich wusste, vor einigen Jahren die uralten Gesetze verschärft und es zur Bedingung gemacht, dass die Heiratswilligen sich zuvor einundzwanzig Tage in Schottland aufgehalten haben mussten, doch es war durchaus möglich, sich drei Wochen irgendwo auf dem Land vor den elterlichen Verfolgern zu verstecken, um dann auch gegen ihren Willen den Bund der Ehe einzugehen. Nicht einmal einen Priester oder Beamten brauchte man dafür, sondern lediglich zwei Zeugen, vor denen man gemeinsam das

Ehegelübde ablegte. Und genau das hatten die beiden offensichtlich vor. Falls Mr. Barclay sie nicht vorher aufspürte und nach England zurückschaffte.

»Woher weißt du, dass Cousin Frederick bei ihr ist?«, wollte ich wissen und versuchte dreinzuschauen, als wäre gerade meine Welt in sich zusammengebrochen. »Hat Meredith eine Nachricht hinterlassen?«

Robert nickte und grinste.

»Dieser Schuft!«, rief ich und versuchte, dabei niedergeschlagen und wütend zu klingen. »Dieser elende Schurke!«

»Tja, Pech gehabt!«, rief Robert und lachte schadenfroh.

Was für eine launenhafte Fügung des Schicksals! Ich war frei! Alle Unterschriften und mündlichen Verabredungen waren nichtig. Der Heiratstermin war hinfällig. Der drohende Umzug nach Southwark war abgewendet. Denn unabhängig davon, ob Meredith und Frederick tatsächlich heirateten oder vorher von Mr. Barclay gefunden wurden, niemand konnte nun noch von mir verlangen, Miss Wright Barclay zu ehelichen. Weil ein Telegramm wie durch einen Wink des Schicksals auf dem Weg von Dorking nach London verloren gegangen war, wusste ich jetzt Bescheid. Niemand konnte mich mehr für dumm verkaufen, wie es das bedauernswerte Dienstpersonal heute Morgen in Bury Hill hatte versuchen müssen. Jetzt musste ich nur noch dafür sorgen, dass alle Anwesenden mitbekamen, dass ich von dem Skandal und meiner vermeintlichen Schande wusste.

Als ich die Schritte der immer noch nach Robert suchenden Französin in der Halle hörte, fuhr ich den unverändert grienenden Jungen übertrieben laut an: »Was gibt's denn da zu lachen, du Rotzlöffel?«

Robert fuhr erschrocken zusammen. Im nächsten Augenblick schon stand Mademoiselle Eugenie im Raum und starrte uns entgeistert an. »Qu'est-ce qui s'est passé?«, fragte sie mit erhobenem Zeigefinger. Doch die Frage und der drohende Finger galten nicht mir, sondern dem kleinen Robert, der sich wieder hinter dem Schreibtisch versteckt hatte, als könnte er sich dadurch in Luft auflösen.

Fast gleichzeitig erschien Mrs. Garland in der Tür zum Salon, um mir mitzuteilen, dass die Droschke aus Dorking vorgefahren sei. Verdutzt hielt sie inne. Ihr Blick ging von Mademoiselle Eugenie zu Robert junior und landete schließlich bei mir.

»Sie wissen von Meredith?«, fragte sie atemlos.

»Ich weiß alles«, antwortete ich nickend, nahm Joe, der ebenfalls die Ankunft der Mietkutsche melden wollte, meinen Mantel und Hut ab und verließ erhobenen Hauptes das Herrenhaus, um es hoffentlich niemals wieder zu betreten.

3

Drei Nachrichten warteten in London auf mich. An der Rezeption des Hatchett's wurde mir vom Portier ein Telegramm überreicht, das am Morgen, kurz nach meiner Abreise, überbracht worden war und in dem Mr. Barclay mir Merediths ebenso bedauerliche wie kurzfristige Erkrankung mitteilte. Kurz darauf hielt mir mein Bruder Mortimer ein von einem Boten überbrachtes Schreiben mit dem Stempel der Heilsarmee vor die Nase und gab mir mit einem Augenzwinkern zu verstehen, dass William ihn bereits von meinen neuesten amourösen Eskapaden unterrichtet habe. »Soll ja sehr schön sein, die Dame«, setzte er kichernd hinzu. »Und ein Captain obendrein.«

»Es gibt keine amourösen Eskapaden«, korrigierte ich ihn.

»Das hat William auch gemeint«, antwortete Mortimer vergnügt. »Er ist übrigens fuchsteufelswild, weil du den Termin mit dem deutschen Botschafter vergessen hast. Du solltest ihn am Dienstagabend im Deutschen Athenaeum treffen.«

»Ich habe den Botschafter nicht vergessen, sondern absichtsvoll ignoriert«, sagte ich und öffnete den Brief. »Ich war anderweitig beschäftigt.«

»Lass das nicht deine Verlobte hören, du Schürzenjäger.«

»Halt die Klappe, Mortimer!«, fuhr ich ihn an und warf ihm einen bösen Blick zu. »Übrigens ist sie nicht mehr meine Verlobte.«

»Was meinst du damit?«

»Meredith ist gerade auf dem Weg nach Schottland, um ihren Cousin zu heiraten.« Da er mich fassungslos anstarrte, setzte ich ihn über die Ereignisse in Bury Hill in Kenntnis und fügte genüsslich hinzu: »Ich befürchte, du musst deine Kaffeehauspläne endgültig zu den Akten legen, Bruderherz! Oder ihr müsst mich mit der kleinen Ellen Barclay verkuppeln. Die ist allerdings erst sechs Jahre alt. Musst dich also noch ein wenig gedulden. So jung darf man nicht einmal in Schottland heiraten.«

Damit ließ ich ihn stehen, ging auf mein Zimmer und überflog die wenigen handgeschriebenen Zeilen, die mit »Captain Eva Cory Booth« unterzeichnet waren. Darin bat sie mich in knappen Worten um eine Unterredung am Nachmittag. Sie sei den ganzen Tag im Hauptquartier und würde es zu schätzen wissen, wenn es sich einrichten ließe. Worüber sie mit mir sprechen wollte, ließ sie unerwähnt, doch in einem Nebensatz wies sie darauf hin, dass sie mich gern mit ihrem Vater, dem General, bekannt machen wolle, der heute ebenfalls in der Queen Victoria Street zugegen sei. Ob dies als Ehre oder Drohung gemeint war, blieb mir unergründlich. Ich nahm mir vor, es umgehend herauszufinden, tauschte den feinen Gehrock gegen schlichte Straßenkleidung ein und ging hinunter.

Auf dem Weg nach draußen fragte ich den alten Hauptportier Bellamy, ob es Neuigkeiten von meinem Vater gebe, doch er verneinte und wiederholte lediglich, was er mir bereits gestern gesagt hatte: »Am Abend ist Ihr Herr Vater wieder in der Stadt, Master Rupert.«

Master Rupert! So war ich zuletzt als rotznäsiger Bengel in kurzen Hosen genannt worden. Kopfschüttelnd und schmunzelnd verließ ich das Hatchett's und stieß auf dem Gehweg beinahe mit Gray zusammen, der gerade vom Crown Hotel kam und mir die dritte Nachricht nach meiner Rückkehr aus Surrey überbrachte.

»Der Verrückte war wieder da!«, rief er und lüpfte die Mütze. »Der Boss hat ihn im Durchgang zum Hof entdeckt und hochkant rausgeworfen. Da bin ich ihm auf die Straße nach und hab ihn mir vorgeknöpft, den Verrückten.«

»Was wollte Simeon?«, fragte ich. »War er wieder betrunken?«

Gray schüttelte den Kopf und sagte: »Glaub nicht. Jedenfalls hat er nicht so bestialisch gestunken wie beim letzten Mal. Und auch nicht so gelallt. Aber genauso wirres Zeug geredet.« Er schmunzelte bei der Erinnerung daran und meinte: »Er hat behauptet, er wär in Spitalfields 'nem anderen Verrückten begegnet und der hätte ihm mitten in der Nacht im Bett aufgelauert und ihm einen Schlag verpasst. Darum hätte er Reißaus genommen.«

»Was soll der Unfug?«, fragte ich, unschlüssig, was ich von Grays Ausführungen halten sollte.

»Das hab ich ihn auch gefragt«, antwortete Gray nickend, »aber er hat drauf bestanden, dass es genauso gewesen sei und dass ich es Ihnen ausrichten soll, sobald Sie wieder da sind. Er wär jetzt wieder in St. Giles, hat er gesagt, weil's ihm in Spitalfields zu gefährlich ist.«

»Sie haben ihn also im Arbeitshaus wieder aufgenommen?«, fragte ich.

»So hat er's gesagt, Boss. Und dass Sie sich vorsehen und unbedingt Miller's Court meiden sollen! Weil sie einem da in der Nacht auflauern.«

»Bist du sicher, dass er *nicht* betrunken war?«, wunderte ich mich.

»Lässt sich bei Säufern natürlich schwer einschätzen«, antwortete Gray fachkundig und schob die Unterlippe vor. »Meinem Alten hat man's auch nicht angesehen. Erst wenn er einen verdroschen hat, wusste man, dass er was intus hatte. Aber dann war's immer schon zu spät.«

Ich schaute auf die Uhr. Es war inzwischen kurz nach vier am Nachmittag. Mein Vater würde noch einige Stunden unterwegs sein. Maureen Watson hatte ich gesagt, dass ich am Freitagmorgen wieder nach Celia schauen würde. Und meinem Bruder William wollte ich im Moment auch nicht unter die Augen treten. Also blieben Simeon Solomon oder Eva Booth!

Die Wahl fiel mir nicht schwer, auch weil die Gefahr, der Simeon angeblich ausgesetzt gewesen war, nach seiner Rückkehr ins Arbeitshaus von St. Giles nicht mehr bestand und ich zu gern gewusst hätte, was Miss Booth mit mir besprechen wollte. Nach unserer letzten Begegnung vor dem Gerichtsgebäude hatte ich nicht damit gerechnet, sie so bald wiederzusehen. Also winkte ich ein Hansom Cab heran, das gerade auf der Piccadilly in östlicher Richtung fuhr.

»Boss?«, hörte ich Gray hinter mir. »Mir ist noch was eingefallen.«

»Ja?«, sagte ich, während ich den Verschlag des Cabs öffnete.

»Es sind doch zehn.«

»Zehn?«, fragte ich und schaute ihn verwirrt an. »Wovon redest du?«

»Von den Glocken von Christ Church«, sagte er, als wäre das ganz selbstverständlich. »Von der fehlenden zehnten Glocke.«

Es dauerte eine Weile, bis ich begriff, wovon er sprach. Ten Bells! Ich erinnerte mich dunkel an unser Gespräch in der Kneipe nahe der Guildhall und daran, dass Gray die Glocken der Kirche nachgezählt hatte: acht im Kirchturm und eine an der Tür.

»Und?«, fragte ich. »Was oder wo ist die zehnte Glocke?«

»Die Totenglocke«, sagte er mit ernster Miene. »Hab lange drüber nachgedacht. Es muss die Totenglocke sein.«

»Worüber du dir immer den Kopf zerbrichst«, lachte ich und stieg in den Wagen.

»Dachte, es interessiert Sie«, antwortete Gray enttäuscht.

»Danke, Gray, dass du es mir verraten hast«, sagte ich und lächelte ihm aufmunternd zu. »Darauf wäre ich niemals gekommen.«

»Ach, Boss!«, rief Gray und winkte bescheiden ab. »Glauben Sie mir, man muss nur lange genug nachdenken, dann fallen einem solche Sachen ein.«

4

Diesmal hatte ich keine Mühe, zu Miss Booth vorgelassen zu werden, und das lag nicht nur daran, dass meine Kleidung im Unterschied zum letzten Mal nicht zerrissen und verschmutzt war. Kaum hatte ich am Empfang meinen Namen genannt, schon wurde ich von einem jungen Heilssoldaten über mehrere Treppen und einen langen fensterlosen, aber mit allerlei Spruchbändern versehenen Gang zu einem Büro im dritten Stock des Hauptquartiers gebracht. Ein schlichtes Holzschild hing an der Tür, darauf stand: »Captain Eva Cory Booth. Field Commissioner«.

Eine ebenfalls uniformierte Sekretärin öffnete und geleitete mich in einen Nebenraum, an dem der Captain hinter einem Schreibtisch saß und ein bedrucktes Stück Papier mit handschriftlichen Notizen und Korrekturen versah.

»Wie schön, dass Sie Zeit für mich hatten, Mr. Ingram«, sagte Eva, bedachte mich mit einem Lächeln, wies auf einen Lehnstuhl vor dem Tisch und widmete sich dann wieder ihrem Text. »Setzen Sie sich bitte. Ich bin gleich so weit.«

»Eine Predigt?«, fragte ich und setzte mich.

»Wir predigen nicht«, antwortete sie, ohne aufzublicken. »Wir berichten den Menschen von Gottes Liebe und Gnade.«

»Das nenne ich eine Predigt«, antwortete ich schmunzelnd und widerstand nur mühsam dem reflexhaften Verlangen, mir eine Zigarette anzuzünden.

Zum ersten Mal sah ich Eva Booth ohne monströse Haube auf dem Kopf und konnte ihre rote Löwenmähne in ganzer Pracht bestaunen. Die Wunde an ihrer Stirn schien weitgehend verheilt, jedenfalls war unter dem Dickicht ihres Haars nichts davon zu sehen. Während sie schrieb, zog sie ihre Nase kraus und biss sich auf die Lippen. Es sah irgendwie ulkig aus.

An der Wand hinter dem Schreibtisch hing eine riesige Fahne mit dem Emblem der Heilsarmee. Das Wappen erschien mir fürchterlich überfrachtet und wirr. Mit einer Krone, einem Strahlenkranz, zwei Schwertern, einem Kreuz, einem S für Salvation, sieben Punkten, die ich mir nicht erklären konnte, und der Inschrift »Blut und Feuer« wirkte das Ganze auf mich wie ein konfuses Sammelsurium von bunten Insignien und Symbolen. Zu viel des Guten!

Schließlich hatte Eva ihre Notizen beendet, stand auf, kam um den Tisch herum und gab mir die Hand. »Guten Tag, Mr. Ingram«, sagte sie strahlend. »Ich freue mich, Sie zu sehen. Willkommen bei der Heilsarmee!«

»Ich hoffe, dies soll kein Anwerbungsgespräch werden.«

»Seien Sie unbesorgt«, antwortete sie lächelnd und zugleich ein wenig lauernd. »Wir zwingen niemanden zu seinem Glück. Gottes Gnade offenbart sich …«

»Was genau ist eigentlich ein Field Commissioner?«, unterbrach ich sie unhöflich, bevor sie in ihren üblichen und einstudierten Sermon verfallen konnte.

»Eine Art Feldkommissar«, antwortete sie und setzte sich auf einen zweiten Lehnstuhl, den sie dicht neben meinen gerückt hatte. »Ein Beauftragter für den Kampfschauplatz oder Krisenherd, wenn Sie so wollen.«

»So etwas wie ein Feuerwehrmann?«, fragte ich. »Sie kommen, wenn's brennt?«

»Ja, so in etwa, Mr. Ingram«, lachte sie und strich sich die Uniform glatt. Zwei Sterne und ein großes S prangten auf den Epauletten an ihren Schultern. »Und es brennt an vielen Stellen in diesem Land. Und auf der ganzen Welt. Die Sünde und das Laster …«

»Warum wollten Sie mich sprechen, Eva?«, fiel ich ihr erneut ins Wort.

Diesmal reagierte sie nicht pikiert, weil ich sie allzu vertraulich mit dem Vornamen angesprochen hatte, sondern nickte ernst und sagte: »Um mich bei Ihnen zu entschuldigen.«

»Warum?«, wunderte ich mich. »Dafür gibt es überhaupt keinen Grund. Ganz im Gegenteil bin ich es, der Ihnen zu

Dank verpflichtet ist. Wenn Sie nicht gewesen wären und sich für mich eingesetzt hätten ...«

»Ich rede nicht von der Verhandlung«, schnitt sie mir nun das Wort ab und machte eine ungeduldige Geste mit der Hand. »Ich habe mit dem General über Sie gesprochen, und er hat mir sehr ernsthaft ins Gewissen geredet.«

»Sie nennen Ihren Vater General?«

»Gewiss doch«, antwortete sie und machte eine verständnislose Miene. »Er *ist* schließlich der General. Unser aller General im Krieg gegen die Sünde und für die Errettung der Seelen.«

»Verstehe«, sagte ich und musste an das Gerücht denken, von dem Simeon mir vor einigen Tagen erzählt hatte: dass Eva Booth ihrem Vater hoch und heilig hatte versprechen müssen, niemals zu heiraten. Ich hatte bislang bezweifelt, dass an dem dummen Gerede irgendetwas dran sein könnte, doch als ich den ernsten, fast feierlichen Ausdruck in Evas Gesicht sah, konnte ich mir plötzlich sehr gut vorstellen, dass er nicht völlig aus der Luft gegriffen war. Eva Booth war eine gehorsame Tochter. Nein, eine gehorsame Soldatin.

»Wofür wollen Sie sich entschuldigen, Eva?«

»Es war nicht recht, Sie zu ohrfeigen und einen Satan zu nennen. Das war falsch und unangebracht.« Sie wirkte regelrecht zerknirscht und schien unter der von ihr begangenen Verfehlung ernsthaft zu leiden. Jedenfalls tat sie alles, um diesen Eindruck zu erwecken. Sie griff sich an die Brust und setzte hinzu: »Ich bitte Sie daher aufrichtig um Verzeihung.«

»Das ist nicht nötig«, antwortete ich verwirrt und hob abwehrend die Hand. »Sie hatten ja recht, mich einen Satan zu nennen. Mich hat damals tatsächlich der Teufel geritten. Und die Ohrfeige hatte ich mehr als verdient. Sie wissen gar nicht, wie sehr ich diese Backpfeife nötig hatte.«

»›Wer von euch ohne Sünde ist, der werfe als Erster einen Stein‹, spricht der Herr«, sagte sie kopfschüttelnd. »Was ich Ihnen vorgeworfen habe, das hätte ich mir selbst vorwerfen müssen. Das hätten *wir uns* vorwerfen müssen.« Sie erhob sich und ging vor mir auf und ab, ohne mich dabei anzusehen. »Wir haben alle versagt und Schuld auf uns geladen. Wir haben Blut an unseren Händen.«

Allmählich glaubte ich zu verstehen, worauf sie hinauswollte. Sie redete von Elizabeth Stride. Von der »gefallenen Frau«, wie Eva sie einmal genannt hatte, die sich in die Obhut der Heilsarmee begeben hatte, aber dennoch nicht gerettet worden war. Die an Gott geglaubt und auf schwesterliche Hilfe gehofft, aber keine Gnade erfahren hatte. Weil man sie, als es darauf ankam, im Stich gelassen hatte. So schien es zumindest Eva Booth zu sehen.

»Was hätten Sie tun können?«, fragte ich, stand ebenfalls auf und stellte mich ihr in den Weg. »Elizabeth festbinden? Sie mit Gewalt zu ihrem Glück zwingen?«

»Sie wollen mein Gewissen beruhigen«, antwortete sie mit einem milden Lächeln. »Das ehrt Sie, doch ich weiß sehr wohl, dass ich gefehlt habe. An der armen Elizabeth, aber auch an Ihnen, denn ich wollte meine Schuld auf Sie abwälzen.«

»Übertreiben Sie jetzt nicht ein wenig?« Ich wusste, dass sie ihre Worte bitterernst meinte und vermutlich von Herzen fühlte, aber es hörte sich dennoch überzogen und allzu theatralisch an.

»Keineswegs!«, rief sie und schüttelte entschieden den Kopf. »Wir haben gefehlt, waren aber anschließend nicht mutig und ehrlich genug, zu unseren Fehlern zu stehen. Was das Ganze nur noch schlimmer macht.«

»Ist das der Grund, warum Sie nicht vor dem Coroner ausgesagt haben?«

Sie schaute mich überrascht an.

»Ich habe in der Zeitung über den Fall gelesen«, erklärte ich und stellte die Frage, die mir bereits seit einiger Zeit im Kopf herumging. »Nirgendwo war zu lesen, dass Elizabeth Stride im Frauenasyl der Heilsarmee gewohnt hat. Wieso waren Sie nicht bei der Anhörung?«

»Ich habe Ihnen doch gesagt, dass Elizabeth sich uns mit

ihrem Mädchennamen vorgestellt hat. Gustafsdotter. Dass sie die Ermordete war, haben wir erst im Nachhinein erfahren.«

»Warum haben Sie später keine Aussage bei der Polizei gemacht?«

Eva zögerte und presste die Lippen aufeinander. Dann sagte sie sehr leise: »Florence meinte, es würde ohnehin nichts ändern. Niemandem sei damit gedient. Es würde das Geschehene nicht ungeschehen machen.«

»Florence?« Der Name kam mir bekannt vor, doch ich konnte ihn nicht auf Anhieb einordnen.

»Meine Schwägerin«, antwortete sie und wich meinem Blick aus. »Sie leitet das Heim in der Hanbury Street. Florence und die anderen Schwestern waren der Ansicht, dass es die Ermittlungen nur vom Wesentlichen ablenken würde.«

»Sollte man solche Schlussfolgerungen nicht lieber der Polizei überlassen?«, fragte ich und merkte, dass ich recht scharf im Ton geworden war. »Woher wollen Sie wissen, was wesentlich oder unwesentlich ist?«

Sie nickte, schaute mich beschämt an und sagte: »Das stimmt natürlich.« Diesmal wirkte die Selbstanklage nicht theatralisch, sondern kleinlaut.

»Sie hatten Angst, Ihr Frauenheim könnte in schlechtem Licht dastehen«, vermutete ich, »weil es Ihnen trotz der vielen schönen Worte von Heil und Rettung nicht gelungen ist, die arme Elizabeth vor dem Bösen zu schützen, nicht wahr?«

Ihre hübschen dunklen Augen funkelten mich an, und plötzlich brach es aus ihr heraus: »Wer gibt Ihnen das Recht, in diesem Ton mit mir zu sprechen? Und meinen Glauben in den Dreck zu ziehen?« Für einen kurzen Moment erinnerte mich ihr Blick an den Ausdruck in ihrem Gesicht, als sie mich vor dem Ten Bells geohrfeigt hatte. »Ausgerechnet Sie! Haben Sie vergessen, dass Sie es waren, der Elizabeth mit Alkohol und Geld aus dem Heim gelockt und in ihr Verderben gestürzt hat? Sie und Ihr widerlicher Freund! Ausgerechnet Sie spielen sich jetzt als Ankläger auf? Was erlauben Sie sich, Mr. Ingram!«

Wir standen uns direkt und so nahe gegenüber, dass meine Nasenspitze beinahe ihre Stirn berührte. Ihr Haar roch nach Rosenwasser, was mich zugleich wunderte und auf kindische Weise freute. Als hätte sie das Duftwasser nur meinetwegen aufgetragen. Gern hätte ich es angefasst, doch ich traute mich nicht. »Es tut mir leid, Eva«, sagte ich und biss mir auf die Unterlippe. »Es tut mir alles so fürchterlich leid.«

Sie hob die Hand, doch statt mich zu ohrfeigen, wie ich für einen kurzen Moment befürchtet hatte, strich sie zärtlich über meine Wange, berührte mit dem Daumen mein Kinn und sagte: »Ich weiß, Rupert.«

Ich konnte nicht anders. Es überkam mich wie ein Zwang, gegen den ich mich nicht wehren konnte. Ich küsste sie. Auf den Mund. Nur kurz und kaum spürbar. Der Hauch eines Kusses.

Sie zuckte wie unter einem Peitschenschlag zusammen und legte rasch ihre Hand auf meine Lippen, ohne sich dabei jedoch von mir zu entfernen oder den Blick abzuwenden. »Warum haben Sie das getan?«, fragte sie.

»Weil mir danach war.«

»Nicht«, sagte sie und wiegte den Kopf hin und her. »Tun Sie das nicht!«

»Warum nicht?«

»Weil ich Sie darum bitte«, sagte sie und machte einen Schritt zurück. Sie hob abwehrend die Hand und setzte mit ernster Miene hinzu: »Glauben Sie mir, es gibt tausend Gründe, warum Sie nichts Derartiges versuchen sollten, Rupert. Oder haben Sie vergessen, dass Sie verlobt sind?«

»Nicht mehr. Meine ehemalige Verlobte folgt ihrem Herzen und heiratet einen anderen. Ich wünsche ihr alles Glück der Welt.«

»Oh«, sagte sie und senkte den Blick. Es hatte beinahe den Anschein, als wüsste sie nicht, ob sie mich deswegen bemitleiden oder beglückwünschen sollte. Dann schaute sie mir plötzlich fest in die Augen und sagte: »Trotzdem! Das ändert nichts.

Ich bin eine Offizierin der Heilsarmee, und als solche darf ich mich nur mit einem Offizier der Heilsarmee liieren, wie Sie vielleicht wissen.«

Das wusste ich nicht, deshalb schüttelte ich überrascht den Kopf.

»Es gibt so viel, das Sie nicht wissen und vermutlich niemals verstehen werden«, sagte sie und nickte, als freute sie sich regelrecht über meine Unwissenheit. »Sie haben keine Ahnung, wer ich wirklich bin und was ich fühle. Oder eben nicht fühle. Sie kennen mich überhaupt nicht.«

»Das ließe sich ändern, oder?«

»Nein!«, erwiderte sie und fuhr sich unwirsch mit der Hand über die Lippen. »Wir leben in unterschiedlichen Welten, Rupert. Selbst wenn ich die Gefühle erwidern würde, die Sie offenbar für mich empfinden oder zu empfinden glauben, wäre eine mehr als nur freundschaftliche Verbindung zwischen uns völlig undenkbar.« Und als müsste sie es sich selbst noch einmal bestätigen, wiederholte sie die letzten Worte: »Völlig undenkbar!«

»Warum haben Sie mich hergebeten?«, wiederholte ich meine anfängliche Frage. »Wieso wollten Sie mich sehen?«

»Das sagte ich bereits«, antwortete sie und schaute mich unsicher an. »Um mich bei Ihnen zu entschuldigen.«

Ich schnaufte ungläubig und schüttelte den Kopf.

»Sehen Sie, genau das meinte ich!«, rief sie und verdrehte ihre Augen wie über einen dummen Schüler, der sich weigert, seine Lektion zu begreifen. »Sie *wollen* nicht verstehen, und deshalb *verstehen* Sie nicht.«

»Oh, doch!«, antwortete ich und schaute ihr direkt in die Augen. »Ich verstehe sehr wohl.«

»Nein, das tun Sie nicht, Rupert!«, beharrte sie wie ein trotziges Kind und starrte zurück. »Sie begreifen gar nichts!«

Dann schwiegen wir und maßen uns mit Blicken.

Ein lautes Klopfen, das wie eine Gewehrsalve in meinen Ohren klang, brachte uns ins Hier und Jetzt zurück. Eva fuhr erschrocken herum. Wieder klopfte es an der Tür, und im nächsten Augenblick stand ein Mann mit grauem Vollbart im Raum und rief mit der übertriebenen Lautstärke eines Schwerhörigen: »Eva, da steckst du ja!«

»Mr. Ingram«, wandte sich Eva an mich, während sie gleichzeitig auf ihre Finger schaute. »Darf ich Ihnen den General vorstellen.« Sie räusperte sich verlegen und fügte etwas leiser hinzu: »Meinen Vater, William Booth.«

»Sehr erfreut, Sir«, sagte ich und reichte ihm die Hand.

»Mr. Ingram«, war alles, was er darauf antwortete. Er drückte abwesend meine Hand und wandte sich anschließend an seine Tochter: »Hast du den Text gelesen? Was hältst du von dem letzten Absatz? Kann das so bleiben?«

»Nicht gerade diplomatisch«, lautete ihre Antwort.

Während die beiden sich über Evas Korrekturen und Anmerkungen unterhielten, betrachtete ich den General neugierig und auch ein wenig eifersüchtig. William Booth war tatsächlich eine imposante Gestalt, nicht nur wegen der dunklen Uniform, die mit ihren Kordeln, Epauletten und Abzeichen tatsächlich an die eines Feldherrn erinnerte. Sein grauer Rauschebart, der bis auf die Brust reichte, erinnerte mich an denjenigen meines Vaters. Beim Anblick seiner wahrlich kolossalen Knollennase wusste ich auch, woher der einzige Makel in Evas hübschem Gesicht stammte. Ich war froh, dass sie nicht auch noch die wild wuchernden Augenbrauen und die fleischigen Ohren von ihm geerbt hatte.

»Sind Sie mit den Ingrams von den *Illustrated London News* verwandt?«, fragte der General, und es dauerte eine Weile, bis ich begriff, dass ich gemeint war.

»Nein, Sir«, antwortete ich. »Mein Vater führt das Hatchett's Hotel in Mayfair.«

»Oh, tatsächlich!«, rief der General erfreut. »Grüßen Sie Ihren Vater recht herzlich von mir!«

»Kennen Sie ihn?«

»Aber ja«, sagte er und wandte sich erklärend an seine Tochter. »Harvey Ingram ist ein sehr spendabler Unterstützer unserer Sache. Schon seit geraumer Zeit. Auch wenn er es, wie so viele, nur im Geheimen tut.«

»Mein Vater gibt Spenden an die Heilsarmee?«, wunderte ich mich und lachte ungläubig. »Aber er hat ein Schanklokal in seinem Hotel und verkauft bis spät in die Nacht Alkohol. Er trinkt auch selbst sehr gerne und raucht wie ein Fabrikschlot.«

»Eben drum«, beharrte der General und hob die buschigen Augenbrauen. »Besser, er erleichtert sein Gewissen, indem er den Armen und Bedürftigen gibt, als dass er Blutgeld an die Skelettarmee zahlt.« Dabei funkelte er mich tadelnd an, dass es mir durch und durch ging. Auch diesen Blick schien Eva von ihrem Vater geerbt zu haben.

»Ich bin nicht mehr in der Skeleton Army, falls Sie darauf abspielen«, sagte ich und schaute Hilfe suchend zu Eva. »Das ist ein für alle Mal vorbei. Auch dank Ihrer Tochter.«

»Unsere vortreffliche Eva«, rief der General und klopfte ihr anerkennend auf die Schulter. »Immer an vorderster Front.«

»Ja, sie ist wundervoll«, sagte ich, obwohl ich wusste, dass es nicht ganz das war, was ihr Vater gemeint hatte.

»Gewiss«, knurrte der General und schaute seine Tochter fragend an.

»Captain!«, meldete sich in diesem Augenblick die Stimme eines Heilsarmisten aus dem Vorzimmer. »Ich bitte um Entschuldigung, Schwester, aber unten wartet ein Mann vom Southwarker Korps, der dringend mit dir sprechen möchte.« Als er sah, dass der General im Raum war, salutierte er, indem er die rechte Hand hob und den Zeigefinger gen Himmel streckte.

»Worum geht es?«, fragte Eva.

»Um einen Betrunkenen, wenn ich es recht verstanden habe.«

»Was habe ich damit zu schaffen?«

Der Uniformierte zuckte mit den Schultern. »Major Pringle beharrt darauf, dich zu sprechen. Persönlich!«

»Major Pringle?«, rief ich. »Ist er etwa der Betrunkene?«

»Sie kennen den Major?«, wunderte sich der General.

»Flüchtig«, antwortete ich. »Ich bin ihm letztens vor einer Brauerei begegnet.« Damit erntete ich einen verständnislosen Blick.

»Nein, Sir«, sagte der Uniformierte in meine Richtung. »Major Pringle ist nicht betrunken. Es geht anscheinend um einen Soldaten seines Korps. Einen jungen Mann namens Bedford.«

»Adam Bedford?«, murmelte Eva, seufzte leise und setzte ihre Haube auf. »Sag dem Major, dass ich komme.« Dann wandte sie sich an mich und setzte hinzu: »Die Feuerwehr im Einsatz. Wollen Sie mich nach unten begleiten, Rupert?«

»Feuerwehr?«, fragte der General verwirrt. Er wirkte zunehmend verärgert.

»Sehr gerne«, sagte ich, verabschiedete mich vom finster dreinschauenden General und folgte Eva hinaus.

Major Pringle wartete im Empfangsraum und stürzte sogleich auf Eva los, als wir durch die Pendeltür traten. Er bedachte mich mit einem überraschten Seitenblick und rief: »Danke, dass du Zeit für mich hast, Schwester! Bruder Adam lässt sich einfach nicht beruhigen und verlangt nach dir. Mit niemandem sonst will er reden. Ich wusste mir keinen anderen Rat, als ihn herzubringen.«

»Wo ist er?«, fragte sie und schaute suchend in den Warteraum.

»Draußen«, antwortete Major Pringle. »Ich hab ihn in der Kutsche gelassen. Er kann nicht mehr gerade stehen und krakeelt ganz schändlich herum.«

»Wer ist dieser Adam Bedford?«, wollte ich wissen, obwohl ich ahnte, dass ich diesem Bruder Adam in den letzten Tagen bereits begegnet war.

»Eine arme Seele«, sagte der Major und öffnete die Eingangspforte.

»Eine traurige Geschichte«, sagte Eva, entzündete eine Laterne und ging hinaus. »Dabei hatte ich gehofft, dass sie ein gutes Ende nehmen würde. Aber wie es scheint, hat der Teufel wieder einmal die Oberhand behalten.«

Draußen war es bereits dunkel. Es nieselte, und der aufkommende Nebel zog in Schwaden durch die Queen Victoria Street. Direkt vor dem Hauptquartier stand ein Tilbury mit Klappverdeck quer auf dem Gehsteig und versperrte den Passanten den Weg. Als Eva die Laterne in die kleine Kutsche hielt, stieß sie einen leisen Schrei aus. Auf der schmalen Bank lag ein junger Mann, dessen schmutziges Gesicht von Kratzern, Wunden und blauen Flecken übersät war und dessen Uniform vor Dreck starrte. Er lag rücklings auf der Bank, die Beine angewinkelt, und wirkte wie ohnmächtig.

»Ein Glück!«, rief Major Pringle und hielt das Pferd an der Kandare. »Der Bruder schläft. So kann er wenigstens nicht herumschreien. Er hat vorhin fürchterlich gewütet.«

»Was ist mit seinem Gesicht?«, fragte Eva und hielt dem Schlafenden die Laterne vor die Nase. Es war offensichtlich, dass die Wunden bereits verkrustet waren und die blauen Flecken ins Grünlichgelbe übergingen.

»So sah er auch schon vor zwei Tagen aus«, sagte ich und half Major Pringle, das unruhige Pferd über den Gehsteig in Richtung Hofeinfahrt des Hauptquartiers zu lenken. »Die Striemen hat er sich letzten Freitag bei der Kundgebung vor dem Ten Bells geholt. Das hat er zumindest behauptet.«

»Sie kennen Bruder Adam?«, wunderte sich Eva und öffnete mit einem Schlüssel das Gittertor. »Sie erstaunen mich ein ums andere Mal, Rupert.«

»Der gute Adam scheint ein echter Heißsporn zu sein«, erinnerte ich mich an meine Begegnungen mit diesem jähzornigen jungen Mann in Southwark. Und ich musste an seinen sehnsüchtigen Blick auf mein Bier im George Inn denken. »Ohne Uniform würde man ihn niemals für einen Heilsarmisten halten«, setzte ich hinzu. »Mir scheint er ein recht aufbrausender und wütender Hitzkopf zu sein, den ich eher in den Reihen der Skeleton Army vermutet hätte.«

»Ja«, bestätigte Eva und schloss das Tor hinter der Kutsche wieder ab. »Genau das ist sein Problem. Als ich ihm vor zwei Jahren zum ersten Mal begegnete, sah Bruder Adam ganz ähnlich aus wie heute. Er war auf dem besten Weg, sich zu Tode zu trinken oder als Raufbold im Gefängnis zu landen.« Sie schüttelte mitleidig den Kopf, während Major Pringle den Tilbury zu einem Unterstand im hinteren Teil des Hofes brachte, und seufzte tief. »Ich hatte gehofft, wir hätten seine arme Seele gerettet und zu Gott geführt. Er schien mir auf einem guten Weg zu sein und wollte sich sogar zum Offizier ausbilden lassen. Ich verstehe das nicht. Was mag nur plötzlich in ihn gefahren sein?«

»Das kann ich mir auch nicht erklären«, sagte Major Pringle, der das Pferd angebunden hatte und neben der Kutsche stand. »Der Bruder war schon seit einigen Tagen sehr merkwürdig und aggressiv. Immer wieder hat er Streit gesucht und sich ganz ungehörig benommen. Als ich ihn heute gefunden habe, lag er vor dem George Inn in der Gosse und hat kein vernünftiges Wort mehr herausgebracht. Der Wirt der Kneipe hatte mich benachrichtigen lassen.«

»Was ist das für eine traurige Geschichte, die Sie vorhin erwähnten?«, wollte ich wissen.

»Er hat seine Frau und seinen Sohn verloren«, sagte der Major und fuhr sich durch den grauen Bart. »Sie sind bei der Geburt des Kindes gestorben. Und er war offenbar nicht ganz unschuldig am Tod der beiden.«

»Wie das?«, wunderte ich mich.

»Sie haben sich gestritten. Seine Frau war eine ebenso große Trinkerin wie er, ständig haben sie sich in den Haaren gelegen. Doch diesmal mit bösen Folgen. Keiner weiß genau, was passiert ist, auch Adam konnte sich später an nichts erinnern. Aber als er wieder bei Sinnen war, hatte seine Frau eine Fehlgeburt erlitten, an deren Folgen sie verstarb. Adam hat darüber beinahe den Verstand verloren, denn obwohl sie sich gegenseitig das Leben zur Hölle gemacht haben, hat Adam seine Emma sehr geliebt. Das vermute ich jedenfalls.«

»Der Mensch ist dem Menschen ein Wolf«, sagte ich und deutete auf den schnarchenden jungen Mann. »Und manchmal auch sich selbst.«

»Was soll mit ihm geschehen?«, fragte Major Pringle.

»Wir bringen ihn in den Schlafsaal im Keller, dort kann er erst einmal seinen Rausch ausschlafen«, antwortete Eva und bedeutete zwei Salutisten, die aus einem Seitengebäude den Hof betraten, ihnen zu Hilfe zu kommen. »Sobald er wieder bei Besinnung ist, werde ich mit ihm reden und ihn in eines der Heime für Männer bringen lassen. Dort wird man sich um ihn kümmern.« Sie wandte sich zu mir um und setzte traurig lächelnd hinzu: »Ich werde versuchen, den Wolf wieder zu einem Menschen zu machen. Mit Gottes Hilfe und menschlicher Zuwendung wird der Bruder auf den rechten Weg zurückfinden.«

»Haben Sie niemals Zweifel an dem, was Sie tun, Eva?«, fragte ich und sah zu, wie der betrunkene Adam von Major Pringle und den beiden Heilsarmisten an Händen und Füßen ins Haus geschleppt wurde. »Zweifel, ob sich all das lohnt?«

»Es lohnt sich!«, gab sie mir zur Antwort und nickte eifrig. »Glauben Sie mir, Rupert, Bedenken sind nicht angebracht.«

»Sie sind wirklich erstaunlich!«, entfuhr es mir. Und ich begriff, dass es vor allem dieses unerschütterliche Vertrauen ins eigene Tun und Denken war, das mich an Eva Booth vom ersten Moment an fasziniert hatte. Vielleicht weil ich selbst so wenig davon besaß und mit allem und nicht zuletzt mit mir selbst ständig haderte. Anders als ich wusste Eva genau, was sie wollte und wie sie es zu erreichen gedachte. Das war zugleich beeindruckend und beängstigend. Und deshalb fügte ich kopfschüttelnd hinzu: »Erstaunlich und unheimlich.«

Sie lachte erschrocken auf, drückte zum Abschied meine Hand und sagte: »Entschuldigen Sie mich, Rupert. Ich werde gebraucht.« Doch plötzlich hielt sie inne, kam mir ganz nahe, gab mir einen Kuss auf die Wange und sagte: »Seien Sie gut, mein Freund!«

Ich nickte und sagte: »Ay, Captain!«

Beim Abendessen wurde wenig gesprochen. Vater war noch nicht wieder zurück, und Mortimer hatte so üble Laune, dass ihm außer knurrigen Halbsätzen und einigen Floskeln kaum etwas entschlüpfte. William hatte sich entschuldigen lassen und geschäftliche Verpflichtungen vorgeschoben, obwohl wir anderen ahnten, dass er bei seiner niedlichen Schneiderin in der Bond Street war und sich den Feierabend versüßen ließ. Seine Frau Betty hatte es vorgezogen, allein im Crown Hotel zu essen. Mortimer sprach mich nicht auf die anstößigen Ereignisse des Tages an, und auch seine Frau Deborah, der die Neugier förmlich aus den Augen quoll, wagte es nicht, das heikle Thema anzuschneiden. Auf ihre mit bedeutsamem Augenaufschlag vorgetragenen Fragen, wie es mir gehe und ob alles in Ordnung sei, antwortete ich einsilbig mit »Gut« und »Ja« und amüsierte mich heimlich über ihre sichtlich enttäuschte Miene. Aus Andeutungen ihrerseits schloss ich, dass im Laufe des Tages mehrere Telegramme und Anrufe von Mr. Barclay und meinem Vater eingegangen waren, doch Mortimer unterband jede weitere Unterhaltung, indem er mürrisch zischte: »Das hat Zeit bis später. Wenn Vater da ist. Sein Zug kommt gegen neun in der Liverpool Street an.«

»Liverpool Street?«, wunderte ich mich. »Bellamy sagte doch, Vater sei an der Südküste. Von der Liverpool Street fahren keine Züge nach Süden, sondern nach Osten. Bist du sicher?«

»Im Telegramm hieß es: ›Liverpool Street‹«, knurrte Mortimer.

»Von wo kam das Telegramm?«

»Colchester, glaube ich«, sagte er achselzuckend.

»Colchester in Essex?«

»Kennst du ein anderes?«, antwortete er und schnitt übellaunig einen Streifen von seinem blutigen Roastbeef.

Ich schüttelte den Kopf, stand auf, entschuldigte mich und

ging auf mein Zimmer. Um mich hinzulegen und in aller Ruhe nachzudenken. Und mir die richtigen Fragen zu überlegen.

Als es an der Tür klopfte, fuhr ich auf der Chaiselongue hoch und stellte bei einem Blick auf meine Taschenuhr fest, dass ich zwischenzeitlich eingeschlafen war. Es war kurz vor zehn, und der Etagendiener teilte mir mit, dass mein Vater und meine beiden Brüder im Raucherzimmer auf mich warteten.

Aus einer Waschschüssel neben der Liege spritzte ich mir etwas Wasser ins Gesicht, kramte aus einer Ledermappe die braune Papiertüte mit dem Stempel der Gebrüder Taylor hervor und ging über den Flur. Obwohl sich sämtliche Vorzeichen seit meinem letzten Gespräch mit meinem Vater grundlegend verändert hatten, war ich fürchterlich aufgeregt. Gerade so, als ob ich etwas zu befürchten hätte.

Mein Vater erwartete mich bereits in der Tür. Er nickte mir mit einem ernsten Blick zu, sagte aber keinen Ton, sondern wies ins Zimmer, wo Mortimer und William mit glimmenden Zigarren und nachdenklichen Mienen am Rauchertisch saßen und gleichfalls schwiegen. Erst als die Tür hinter mir geschlossen war, murmelte Vater: »Ich weiß bereits über alles Bescheid, mein Junge.«

»Worüber?«, fragte ich und widerstand dem Impuls, mir eine Zigarette anzuzünden. »Redest du von den Barclays?«

»Wovon sonst?«, knurrte er mich an und zupfte nervös an seinem Bart. »Mortimer hat mir alles erzählt. Außerdem hat Barclay mehrere Telegramme geschickt. Und ein Bote kam vorhin mit einem Schreiben seines Anwalts. Hab's gerade gelesen. Mein Gott, ist denn so was zu fassen!«

»War's schön in Essex?«, unterbrach ich ihn.

»Was redest du denn da, Junge?« Seine Augen funkelten mich wütend an. »Es geht jetzt nicht um Essex, sondern um dich. Um deine Zukunft. Am liebsten würden die Barclays den ganzen Skandal vertuschen und so tun, als sei nichts geschehen, aber damit kommen sie natürlich nicht durch. Was für ein Glück, dass du heute in Bury Hill warst und den Schwindel entdeckt hast! Nicht auszudenken ...« Er verschwieg, was er sich nicht auszudenken vermochte, und setzte hinzu: »Was für eine schamlose Person!«

»Haben sie sie gefunden?«

»Wen? Meinst du diese ... diese ...?«

»Ihr Name ist Meredith«, sagte ich. »Haben sie sie gefunden?«

Vater nickte und seufzte, während Mortimer das Wort ergriff: »Kurz hinter Oxford. Sie sind nicht weit gekommen. Ein Stallbursche der Barclays war anscheinend eingeweiht und hat alles ausgeplaudert. Offensichtlich wollten Miss Wright Barclay und ihr Cousin bei einem entfernten Verwandten in Schottland unterschlüpfen, aber sie wurden auf der Landstraße abgefangen.«

»Meredith ist vermutlich bereits wieder auf dem Weg nach Bury Hill«, sagte William und wiegte nachdenklich den Kopf. »Wenn du Barclays Telegramm heute Morgen vor deiner Abfahrt erhalten hättest und in London geblieben wärst, wäre vermutlich nichts von dem Skandal ans Tageslicht gekommen.«

»Arme Meredith«, sagte ich und kramte nun doch eine Zigarette aus dem Etui.

»Bist du noch bei Trost?«, brach es aus Mortimer hervor; er merkte vor lauter Entrüstung nicht, dass ihm Zigarrenasche auf die Hosenbeine fiel. »Du hast doch nicht etwa Mitleid mit ihr?«

»Der Vertrag mit Barclay und Perkins ist natürlich hinfällig«, konstatierte mein Vater kopfschüttelnd. »Ebenso die Hochzeit und alle weiteren Pläne! Dafür sollen sie sich einen anderen Dummen suchen.«

»Warum?«, fragte ich und zündete mir die Zigarette an. »Es ist ja im Grunde nichts geschehen. Meredith ist nach wie vor zu haben, und reich sind die Barclays schließlich immer noch. Ist doch ein gutes Geschäft, oder?«

»Nichts geschehen?«, empörte sich mein Vater und baute sich vor mir auf. »Hast du den Verstand verloren, Junge? Wie kannst du denn jetzt ans Geschäft denken? Hast du denn gar kein Ehrgefühl? Deine Braut ist die Geliebte eines anderen Mannes! Eine verdammte Hure!«

»Wenn du meinst«, sagte ich und zog das Foto aus dem Papierumschlag.

»Darüber kann es überhaupt keine zwei Meinungen geben!«, brüllte mein Vater und starrte blinzelnd auf das Bild. »Was hast du da?«

Ich hielt das Foto ins Licht und sagte: »Die Geliebte eines Mannes. Eine verdammte Hure, sollte ich wahrscheinlich sagen. So hast du dich doch gerade ausgedrückt, oder?«

»Was meinst du?« Er fingerte seine Brille aus der Brusttasche, setzte sie umständlich auf, nahm mir das Bild aus der Hand und riss im gleichen Moment die Augen auf. »Woher hast du das?«, keuchte er und musste sich setzen.

»Wovon redet ihr beiden?«, wollte Mortimer wissen und erhob sich.

»Ja. Was ist das für ein Foto?«, fragte William und stand ebenfalls auf. Er schaute unserem Vater über die Schulter und sagte: »Kommt mir irgendwie bekannt vor. Wer ist diese Frau?«

»Ihr Name ist Mary Brooks«, antwortete ich. »Damals hieß sie noch Tremain. Ihr Porträt hing bis vor einigen Tagen in Vaters Büro.«

»Richtig«, sagte William verdutzt und runzelte die Stirn. »Sieht ihr ähnlich. Hübsche Person!«

»Ich verstehe kein Wort«, schnaubte Mortimer.

»Hat Webster dir das Foto gegeben?«, fragte Vater atemlos und stierte unablässig auf das Bild. »Was will er damit bezwecken?«

»Kann mir mal einer erklären, was hier los ist?«, rief Mortimer aufgebracht.

»Welcher Webster?«, fragte ich.

»Rodney Webster«, sagte mein Vater, senkte den Blick und gab mir das Foto zurück. »Der Wirt vom George Inn in Southwark. Die Schänke hat uns bis vor ein paar Jahren gehört. Ich hab sie an Barclay und Perkins verkauft, um das Geld für das Crown Hotel aufzubringen.«

Allmählich begann ich, die Zusammenhänge zu begreifen. Das Gemälde der weiß gekleideten Hirtin war kurz nach dem Tod unserer Mutter aufgetaucht, etwa zu der gleichen Zeit, als unser Vater die unrentablen Gasthäuser in Southwark an die Barclay-Brauerei verkauft hatte. Und vermutlich bestand hier nicht nur eine zeitliche Verbindung. Ich hielt Vater das Foto direkt vor die Nase und fragte: »Hat sie für Webster gearbeitet? Im George Inn? Habt ihr euch dort kennengelernt? Damals in den Sechzigern?«

Er seufzte tief und nickte.

»Versteh ich das jetzt richtig?«, lachte William und verschluckte sich am Zigarrenrauch. »Vater hatte eine Geliebte? Vor vielen Jahren?« Er schüttelte belustigt den Kopf, deutete auf das Foto und fragte spöttisch: »Deswegen das ganze Theater? Weil Vater vor Urzeiten etwas mit einem verdammten Schankmädchen hatte? Mensch, Rup, jetzt krieg dich wieder ein, und spiel hier nicht den Moralapostel!«

»Die Moral kann mir gestohlen bleiben«, antwortete ich. »Ich will auch kein Theater machen, sondern die Wahrheit hören.«

»Wen interessiert die schon?«, rief William und stieß eine Rauchwolke aus. »Wahrheit ist nichts weiter als eine schlecht getarnte Lüge. Na und? Wen kümmert's?«

»Können wir jetzt bitte wieder zum eigentlichen Thema kommen?«, knurrte Mortimer und wedelte entnervt mit den Armen. Er schnaufte abfällig und warf seine Zigarre ärgerlich in einen Aschenbecher. »Wir haben wirklich Wichtigeres zu besprechen.«

»War sie das?«, wandte ich mich, ohne die Einwände meines Bruders zu beachten, an meinen Vater, der die ganze Zeit schweigend und mit gesenktem Blick dagesessen hatte. »Irgendein verdammtes Schankmädchen? Eine Lappalie?«

»Ich habe heute Morgen an ihrem Grab gestanden«, stieß er mühsam hervor, und als er aufblickte, sah ich Tränen in seinen Augen. »Und am Grab eures Bruders.«

»Unseres Bruders?«, rief ich erschrocken. »Es gab ein Kind?«

»Sie haben ihn George genannt«, antwortete er und nickte. »Er hat den Tag seiner Geburt nicht überlebt, wie ich heute in der Pfarrei erfahren habe. Er liegt neben seiner Mutter begraben.«

»Das will ich nicht hören!«, rief Mortimer wütend und wandte sich ab. »Das geht mich nichts an. Lasst mich damit in Frieden!« Er hielt sich wie ein kleines Kind die Ohren zu, um nichts mehr hören zu müssen.

»Was soll der Unfug?«, fauchte William und riss mir das Bild aus der Hand. »Wem willst du damit etwas beweisen, Rup? Und zu welchem Zweck? Nur weil du plötzlich vom Saulus zum Paulus geworden bist, brauchst du dich hier nicht so aufzuspielen! Du machst dich lächerlich, Bruderherz! Das sind doch alles alte Geschichten, die heute niemanden mehr interessieren.«

»Lass ihn, William!«, sagte unser Vater und nahm das Foto wieder an sich. »Er hat ja recht!« Dann sprang er plötzlich auf die Beine, kam mir ganz nahe und legte mir die Hand auf die Schulter. »Komm, Junge!«, raunte er mir zu und schob mich zur Tür. »Wir gehen!«

»Wohin?«, wollte ich wissen.

»Zum George Inn!«

»Ohne mich!«, riefen Mortimer und William wie aus einem Mund.

Mein Vater sah mich fragend an, und ich antwortete: »Gerne. Gehen wir!«

6

Auf dem Weg nach Southwark berichtete ich meinem Vater, wie ich in den Besitz der Fotografie gelangt war und was es mit der erkrankten Celia Brooks und dem Hirtengemälde von Simeon Solomon auf sich hatte. Es war offenkundig, dass er von dem Maler noch nichts gehört hatte und ihm nie persönlich begegnet war. Er bat mich, alles genau zu erzählen. Immer wieder fragte er nach, wenn ihm etwas unklar erschien, doch er selbst gab keinerlei Erklärungen ab und vertröstete mich auf später. Es kam mir beinahe so vor, als bräuchte er das George Inn, um sich an das Vergangene zu erinnern. Als benötigte er einen Ortswechsel für die Zeitreise, der er sich stellen wollte.

Während wir in einem der Cabriolets des Hotels über das Victoria Embankment und durch den von der Themse aufsteigenden Nebel fuhren, starrte er unentwegt auf das Foto, das inzwischen vom Schweiß seiner Hände ganz wellig geworden war. Er atmete schwer und stieß in unregelmäßigen Abständen Seufzer aus.

»Du warst heute in Brightlingsea?«, unternahm ich einen erneuten Versuch, ihn zum Reden zu bewegen. »Warum?« Da er nicht antwortete, setzte ich hinzu: »Warst du zum ersten Mal dort?«

Er nickte und sagte: »Zu spät. Viel zu spät.«

»Du wusstest nicht, dass das Kind gestorben ist?«

»Ich wollte es nicht wissen.«

»Und die Mutter?«

»Ich habe mich grausam an ihr versündigt.« Plötzlich schaute er mich an und rief regelrecht entsetzt: »Kannst du dir vorstellen, dass ich sie zwischendurch völlig vergessen hatte? Als hätte es sie nie gegeben. Wie ausradiert.«

»Die Tochter sieht ihr zum Verwechseln ähnlich«, sagte ich, ohne recht zu wissen, wieso. »Wie Zwillinge.«

»Ja, das sagtest du bereits«, erwiderte er steif, gab mir das Foto zurück und befahl dem Kutscher, auf der Blackfriars

Bridge die Themse zu überqueren und anschließend auf der Southwark Street nach Osten zu fahren. Auf diese Weise machten wir einen großen Bogen um die Barclay-Brauerei, an der wir sonst unweigerlich vorbeigefahren wären. Links und rechts der erst vor einigen Jahren gebauten Durchgangsstraße befanden sich riesige Fabriken und Lagerhallen. Die Menier Schokoladenfabrik zur Rechten, Potts' Essigbrauerei zur Linken und die Hopfen- und Malzbörse am Ende der Straße. Eine seltsame Mischung unterschiedlichster Gerüche lag in der feuchten Luft.

Unter einer Eisenbahnbrücke, kurz bevor die Southwark Street auf die High Street stieß, ließ Vater den Kutscher anhalten und stieg aus. »Damals sah das alles ganz anders aus«, sagte er und drehte sich einmal um die eigene Achse. »Nicht diese steinernen Kolosse überall.«

Ohne darauf zu achten, ob ich ihm folgte, überquerte er die Hauptstraße und ging direkt auf den Eingang des George Inn zu. Diesmal stand keine Kapelle der Heilsarmee vor der schmalen Hofeinfahrt, sondern ein in Lumpen gekleideter Drehorgelspieler mit einem Kapuzineräffchen auf der Schulter, das die quäkenden Töne der Orgel mit ulkigen Mätzchen begleitete.

Vater betrat den düsteren Hof und zögerte plötzlich. Sein Blick ging zwischen der Schänke im hinteren Teil und den Gastzimmern im vorderen Teil des Gebäudes hin und her. Während der Schankraum erleuchtet war und von dort einzelne Stimmen auf den Hof drangen, lagen die Zimmer hinter den Galerien völlig im Dunkeln. Keine Menschenseele war in der Herberge oder an den hölzernen Balustraden zu sehen. Die einstige Postkutschenstation diente offenbar nur noch als Kneipe, Übernachtungsgäste schienen hier kaum einzukehren.

Statt die Schänke zu betreten, ging mein Vater zum Kopfende des u-förmig bebauten Hofes. Dort befanden sich eine Remise, mehrere Stallungen und ein kleines einstöckiges Fachwerkhäuschen, das womöglich einmal als Gesindehaus genutzt worden war. Keines der Gebäude schien noch in Verwendung zu sein, die Mauern bröckelten und verfielen, die Türen und Fenster saßen schief in den Angeln oder fehlten, die Schindeldächer waren schadhaft. Lediglich der Pferdestall auf der linken Seite und ein gemauerter Schweinekoben in der Ecke wurden noch benutzt. Das gesamte Anwesen machte einen verfallenen Eindruck.

»Hier hat sie gewohnt«, sagte mein Vater und deutete auf das leer stehende Häuschen, das durch eine Art Windfang mit der rückwärtigen Küche des Gasthauses verbunden war. »Scheint verlassen zu sein«, setzte er hinzu, nachdem er durch eine zerborstene Scheibe ins Innere geschaut hatte.

»Das George Inn hat schon bessere Zeiten erlebt«, sagte ich und hielt meinem Vater die Tür zur Schänke auf. »Lass uns hineingehen! Mir wird kalt.«

»Deswegen habe ich es ja verkauft«, antwortete er und nahm beim Eintreten den Zylinder ab, mit dem er sonst an die niedrige Decke gestoßen wäre. »Früher war Southwark das Tor nach London, überall gab es Kutschstationen und Gasthäuser für Reisende. Heute findet man in den Schänken nur noch Fabrikarbeiter, Sozialisten und Gesindel, das billiges Bier trinkt. Sehr zur Freude von Leuten wie Mr. Barclay.«

Als wollten sie seine Worte bestätigen, wankten in diesem Augenblick zwei betrunkene Seeleute dem Ausgang entgegen, beäugten mich und vor allem meinen Vater mit stierem Blick und lallten: »Na, Squire, haste dich verlaufen?«

»Benehmt euch, Jungs!«, rief der Wirt aus dem Hintergrund und wedelte mit einem Tuch über einen Tisch neben dem steinernen Kaminofen. »Wir schließen gleich, meine Herren«, sagte er, schob uns die Stühle zurecht und stellte eine kleine Petroleumlampe auf den Tisch, die er von einer Halterung an der Wand genommen hatte. »Aber für ein letztes Getränk reicht's noch. Womit kann ich dienen, Sirs?«

Bei dem jungen Mann handelte es sich um den dürren Kerl

mit den abstehenden Ohren, der vor einigen Tagen hinter dem Schanktisch gestanden und sich mit Bruder Adam, dem hitzköpfigen Heilsarmisten, unterhalten hatte. Er schickte den immer noch feixenden Seemännern einen bösen Blick nach und sagte dann mit einem Bückling: »Die Küche ist leider schon kalt.«

Ich bestellte ein Porter und fragte: »Ist Mr. Rodney Webster zu sprechen?«

»Steht vor Ihnen, Sir«, antwortete er und verneigte sich erneut.

»Gibt es noch einen älteren Verwandten mit dem Namen?«, wollte ich wissen und schaute fragend zu meinem Vater, der seit dem Betreten der Kneipe wie versteinert wirkte und keinen Ton herausbrachte.

»Mein Vater«, erwiderte der Wirt und hob bedauernd die Achseln. »Aber er ist vor zwei Jahren gestorben. Vielleicht kann ich Ihnen helfen?«

»Kaum anzunehmen«, antwortete ich und schüttelte den Kopf. »Danke.«

»Zu Diensten«, sagte der Wirt, hob neugierig die Augenbrauen und wandte sich an meinen Vater: »Und für Sie, Sir? Auch ein Porter? Barclay's Stout vielleicht?«

»Grog«, sagte mein Vater.

»Grog?«, wunderte ich mich. »Seit wann trinkst du Grog?«

»Mit Zucker?«, fragte der Wirt.

»Und Zimt«, antwortete mein Vater. »Und etwas Muskatnuss.«

»Oho!«, rief Webster erfreut. »Wie die guten alten Piraten der Karibik. Süß und stark. Wird hier nicht oft getrunken. Sind Sie Seemann?«

Vater ignorierte ihn, als wäre er eine Fliege an der Wand, und sagte in meine Richtung: »Mary hat das gern getrunken. Sie nannte es Bumbo oder so ähnlich. Hab sie oft deswegen belächelt.«

Ich wartete, bis der Wirt hinter seinem Schanktisch verschwunden war, wo ein letzter verbliebener Gast mit glasigen Augen auf sein halbleeres Bierglas starrte. Dann fragte ich: »Hat sie als Schankmädchen gearbeitet?«

»Als ich sie kennenlernte, war sie ein Pot-Girl«, antwortete er lächelnd. »So nannte man damals die Mädchen, die die Bierkrüge und Teller einsammelten. Später hat sie auch hinter der Theke gearbeitet und die Gäste bedient. Rodney Webster war schließlich kein Dummkopf. Ein gerissener Bursche, aber sicherlich nicht dumm.«

»Das können Sie laut sagen«, rief Webster junior, der unbemerkt wieder an unseren Tisch getreten war und mir nun das Bier vor die Nase stellte. »Gerissen trifft's genau, Sir. Andere nannten ihn auch einen ausgemachten Halunken.« Er lachte und setzte hinzu: »Der Grog kommt sofort. Muss erst noch das Wasser heiß machen.«

»Was meinst du damit?«, fragte ich meinen Vater, ohne auf den Wirt zu achten, der tatsächlich etwas von einer lästigen Stubenfliege hatte.

»Du hast das Foto gesehen«, antwortete er und holte eine Zigarre aus der Innentasche seines Mantels. »Es gab nicht wenige Männer, die nur ihretwegen in die Kneipe kamen. Wie Eisenspäne zum Magneten. Obwohl sie es gar nicht darauf angelegt hatte.«

»So ein magnetisches Schankmädchen könnte ich auch gebrauchen«, sagte Webster grinsend. Er nahm den Glaszylinder von der Lampe, hielt meinem Vater den brennenden Docht vor die Zigarrenspitze und fragte: »Wie war doch gleich der Name? Mary?«

»Wollten Sie nicht Wasser heiß machen?«, fragte ich ihn in einem wenig freundlichen Ton.

»Bin schon weg«, antwortete er, stellte die Lampe ab und hob abwehrend die Hände. »Will mich ja nicht einmischen. Käme mir gar nicht in den Sinn.«

»Wann war das?«, fragte ich meinen Vater, nachdem Webster in der Küche verschwunden war.

»Im Frühjahr 1867«, antwortete er und starrte auf seine qualmende Zigarrenspitze, um mir nicht ins Gesicht schauen zu müssen. »Am 24. Mai.«

»Das weißt du noch so genau?«, wunderte ich mich, überlegte einen Moment und begriff dann. »Der Geburtstag der Königin. Du hast sie bei einer Feier im George kennengelernt?«

Er nickte, stieß eine Rauchwolke aus und schaute ihr versonnen nach. »Den Tag werde ich nie vergessen. Ich war eigentlich nur hier, um nach dem Rechten zu schauen und weil Webster mit der Pacht in Rückstand war. Wie beinahe immer. Und dann habe ich sie gesehen, dort drüben neben dem Schanktisch. Mary war einfach bezaubernd. Ich habe mich vom Fleck weg in sie verliebt, wie ein grüner Jüngling, dabei war ich damals schon fast vierzig Jahre alt. Und nicht nur ich hab mich in sie verguckt. Webster war auch hinter ihr her, das hat Mary mir später erzählt. Hat sie ständig bedrängt und konnte die Hände nicht von ihr lassen. Bis ich ihm auf seine schmierigen Finger gehauen habe. Und natürlich dieser junge Seemann aus Essex, Brooks. Wir waren alle wie von Sinnen.« Er unterbrach sich und setzte dann kopfschüttelnd hinzu: »Keine Ahnung, was damals in mich gefahren ist. Es klingt kindisch, und ich weiß, dass das keine Entschuldigung ist, aber Mary hat mich vom ersten Augenblick an wie behext.«

»Du musst dich nicht entschuldigen«, antwortete ich und nippte an meinem Bier. Mir meinen Vater als verliebten Galan vorzustellen, fiel mir nicht leicht. Bislang hatte ich immer gedacht, die einzigen Gefühle, die er aufbringen könnte, gälten seinen Hotels und Bankkonten. Leise setzte ich hinzu: »Jedenfalls musst du dich nicht bei mir entschuldigen.«

»Bei wem dann?«, sagte er seufzend. »Bei deiner Mutter? Bei Mary? Bei dem kleinen George? Sie sind alle tot und begraben. Und du hast William und Mortimer gehört. Sie halten die ganze Geschichte für lächerlich, nicht der Rede wert. Wen kümmert's also?«

»Dich scheint es zu kümmern«, sagte ich und schüttelte

mich, weil das Bier schal und abgestanden schmeckte. »Und das nach all der Zeit.«

»Ja, seltsam, nicht wahr?«, antwortete er und starrte wie durch mich hindurch. »Ich werde nächstes Jahr sechzig Jahre alt und habe eine Menge in meinem Leben erreicht. Könnte eigentlich stolz darauf sein. Aber was ich stattdessen sehe, sind zwei Frauen. Die eine habe ich geheiratet, obwohl ich nicht das Geringste für sie empfunden habe, und die andere habe ich geliebt und dadurch ins Unglück gestürzt. Seitdem du mir am Montag von diesem Mädchen erzählt hast ...«

»Celia«, half ich ihm auf die Sprünge. »Sie heißt Celia. Du solltest dir angewöhnen, die Menschen beim Namen zu nennen, Vater. Die Menschen und die Dinge.«

»Hast ja recht, Junge.«

»Mein Name ist Rupert!«

»Rupert«, verbesserte er sich. »Seitdem du mir von Celia Brooks erzählt hast, ist alles wieder in mir hochgestiegen, was ich längst vergessen hatte. Plötzlich ist alles wieder da, als wäre es gerade erst geschehen. Und ich komme mir genauso elend vor wie damals, als ich Mary so schändlich verraten habe. Ich war ein Feigling und Lügner, und daran hat sich nicht viel geändert. Ich komme mir immer noch schäbig vor.«

Noch nie hatte ich meinen Vater derart zerknirscht und bedrückt erlebt. Nichts war von seiner sonstigen Überheblichkeit und Selbstgerechtigkeit geblieben. Und mir ging im gleichen Augenblick auf, dass dies das erste wirkliche Gespräch zwischen uns war. Zum ersten Mal redete er mit mir nicht wie mit einem Untergebenen oder Befehlsempfänger. Und zum ersten Mal sah ich in ihm nicht nur den selbstherrlichen Patriarchen, den ich zwar fürchtete, aber nicht achtete. Die tadellose Fassade des Harvey Ingram bröckelte, und mit den Makeln und Fehlern kam ein verwundbarer Mensch zum Vorschein.

»Warst du deshalb in Essex?«, fragte ich. »Um kein Feigling mehr zu sein?«

469

»Mag sein«, sagte er und schnaufte abfällig. »Aber alles, was ich in Brightlingsea gefunden habe, waren zwei Gräber auf einem Friedhof. Das eine neu, das andere verwittert. Und eine verlassene Wohnung unter Quarantäne.«

»Quarantäne?«, staunte ich. »Wieso?«

»Mary ist am Typhus gestorben. Das haben mir die Nachbarn erzählt. Der Arzt hat letzte Woche die Wohnung versiegelt, und seitdem ist Celia Brooks verschwunden. Genauso plötzlich wie ihr Vater Jahre zuvor.«

»Bumbo!« Wie aus dem Nichts war der Wirt wieder an unserem Tisch erschienen und stellte eine dampfende Tasse auf die Holzplatte. »Süß und stark. Wohl bekomm's, Mr. Ingram!«

»Sie kennen mich?«, wunderte sich mein Vater.

»Selbstverständlich«, antwortete Webster und grinste. »Ich war damals zwar noch ein Kind, aber ich erinnere mich natürlich, dass Ihnen früher das George gehört hat. Einmal war ich sogar bei Ihnen im Hatchett's Hotel.«

»Tatsächlich?«

»Ja, ist schon ein paar Jahre her, kurz nachdem die Brauerei das Inn gekauft hat«, sagte Webster und schob die Unterlippe vor, um seine Worte zu unterstreichen. »Es war wegen irgendeinem Gemälde. Hab's in so 'nem Atelier in der City abgeholt und zur Piccadilly gebracht. Kann mich noch erinnern, dass es ein saftiges Trinkgeld gab.«

»Der Kobold!«, entfuhr es mir leise. Ich dachte an Simeons Beschreibung des Laufburschen, der das fertige Gemälde abgeholt hatte. Der hässlichste Junge, den er je gesehen hatte: spindeldürr und Ohren wie ein Elefant.

»Entschuldigung?«, erkundigte sich Webster. »Was meinten Sie?«

»Nichts«, antwortete ich und räusperte mich verlegen. »Ich musste nur gerade an etwas denken. Danke, Mr. Webster.«

Der Wirt nickte mir zu, wandte sich dann um und verschwand hinter seinem Schanktisch, wo der letzte Gast inzwischen mit dem Gesicht auf der Tischplatte eingeschlafen war.

»Was hat das mit dem Gemälde und dem Foto auf sich?«, fragte ich meinen Vater, der an dem Grog nippte und angewidert das Gesicht verzog.

»Das ist eine etwas verworrene Angelegenheit«, antwortete er ausweichend und pustete in die Tasse, dass seine Brillengläser beschlugen. »Womit soll ich anfangen? Ich hoffe, du willst keine Einzelheiten über unsere Liebschaft hören.«

»Nein«, sagte ich und merkte, wie mir ein Schauder über den Rücken fuhr. Ich wollte nicht wissen, wie und wo und wie oft mein Vater es mit seiner Geliebten getrieben hatte. Schon die Vorstellung grauste mich. »Erzähl von dem Foto!«, bat ich und beobachtete aus den Augenwinkeln, wie der Wirt den Schlafenden am Kragen packte und heftig schüttelte.

»Das war Marys Idee«, antwortete mein Vater und lächelte nachdenklich. »Sie wollte unbedingt ein Foto von uns. So eine bunt gerahmte Kabinettkarte, die damals ganz modern und schick war. Damit wir beieinander wären, auch wenn wir nicht zusammen sein könnten. So ähnlich hat sie sich ausgedrückt. Sie konnte sehr romantisch sein. Ich war von der Idee natürlich nicht so begeistert.«

»Warum nicht?«

»Weil …« Er sah mich erstaunt an und meinte: »Ein Foto von uns beiden zusammen? Wenn das in die falschen Hände geraten wäre. Wie hätte das denn ausgesehen? Wie hätte ich das erklären sollen?«

»Verstehe«, antwortete ich.

»Ich habe schließlich vorgeschlagen, zwei Fotos machen zu lassen«, fuhr er fort. »Eines von mir für sie und eines von ihr für mich. Das war zwar nicht ganz das, was ihr vorgeschwebt hatte, aber sie hat sich damit zufriedengegeben. Also haben wir es so gemacht.«

Ich nickte und schüttelte gleich darauf den Kopf. »Aber wieso hatte Celia dann das Foto ihrer Mutter bei sich? Und wo ist das andere Bild? Das Foto von dir?«

»Woher sie das Foto hat, kann ich nur vermuten«, antwortete mein Vater und schnupperte an seinem Grog, als hälfe ihm der Geruch, sich zu erinnern. »Aber das Foto von mir hat Mary verbrannt. Vor meinen Augen. Ich sagte ja, es ist eine verworrene Geschichte. Und eine äußerst unschöne.«

»Wie lange wart ihr zusammen?«, fragte ich und sah, wie der Wirt den taumelnden Gast am Schlafittchen packte und aus der Schankstube zerrte. In unsere Richtung rief er: »Ist gleich Feierabend, die Herren!«

»Etwa ein Dreivierteljahr«, sagte Vater, schob die Tasse von sich und saugte stattdessen an seiner Zigarre. »Anfang des Jahres stellte sich heraus, dass Mary in anderen ... also, dass sie ... du weißt schon.«

»Ein Kind von dir erwartete«, sagte ich.

»Nicht nur das«, antwortete er und stieß unwirsch den Rauch zur Decke. »Sie erwartete auch, dass ich mich um sie und das Kind kümmerte. Und zwar nicht nur finanziell. Sie wollte, dass ich ihr eine Wohnung in meiner Nähe besorge und das Kind anerkenne. Das war natürlich ganz undenkbar.«

»Natürlich«, murmelte ich missbilligend.

»Ja, natürlich!«, beharrte er und schaute mich befremdet an. »Wie hätte das denn gehen sollen? Was glaubst du, was das für einen Skandal gegeben hätte. Ich war schließlich verheiratet und hatte drei kleine Kinder!«

»Das hat dich nicht davon abgehalten, etwas mit einem Schankmädchen anzufangen«, konterte ich und hielt seinem bohrenden Blick stand.

»Ja, ich weiß. Aber das uneheliche Kind anerkennen?«, antwortete er und senkte den Blick. »Unmöglich! Ich weiß nicht, wie Mary auf diese verrückte Idee kam.«

»Glaubst du, sie wollte ihr Leben lang als Magd in Southwark arbeiten und gleichzeitig die Geliebte eines Gentlemans aus dem West End sein?«

»Ich habe ihr nie irgendwelche Versprechungen gemacht!«, platzte es aus ihm heraus. »Und wenn auch; man darf doch nicht jedes Wort gleich auf die Goldwaage legen!«

Ich unterdrückte einen Kommentar, der womöglich zu harsch ausgefallen wäre, doch mein Vater schien an meinem Blick ablesen zu können, was mir auf den Lippen lag. Er starrte auf seine Finger und murmelte: »Ich wollte, dass es wieder so wird wie zu Beginn, fröhlich und unbeschwert. Ich wollte, dass das Kind …« Er holte tief Luft und sagte dann leise: »Im Club hatte ich von einer Frau gehört, die einigen befreundeten Mitgliedern in vergleichbaren Fällen aus der Patsche geholfen hatte. Eine ehemalige Krankenschwester mit viel Erfahrung auf dem Gebiet, aber davon wollte Mary nichts hören.«

»Eine Engelmacherin?«, rief ich.

»Nicht so laut, Rupert!«, sagte er und schaute besorgt zum Eingang, wo der Wirt dabei war, die Tür zu schließen, einen Holzriegel vorzulegen und die Lampe neben dem Eingang zu löschen. »Mary wollte das Kind unbedingt haben, es war ihr einfach nicht auszureden. Sie konnte fürchterlich eigensinnig sein. Und als sie schwanger war, wurde es immer schlimmer mit ihr. Man konnte einfach nicht mehr vernünftig mit ihr reden. Mir blieb gar keine andere Wahl.«

»Also hast du sie zum Teufel gejagt.«

»Zum Teufel?« Er nahm die Brille ab und rieb sich über die Nasenwurzel. »Das nun nicht, aber es stimmt, ich wollte sie loswerden. Weit weg, irgendwohin, wo sie keinen Schaden anrichten konnte. Ich wusste nicht mehr weiter. Es war alles außer Kontrolle geraten.«

»Und wie kam dieser Brooks ins Spiel?«

»Das war Websters Idee«, antwortete er achselzuckend. »Brooks war ein junger Seemann oder Hafenarbeiter, der seit Monaten jeden Abend in die Schänke kam, um Mary anzuhimmeln. Sie hat nur darüber gelächelt und sich über seine Avancen lustig gemacht, doch das hat den Kerl nicht davon abgehalten, sie mit großen Augen anzuschmachten. Er war ähnlich behext, wie ich es am Anfang gewesen war. Völlig verrückt nach ihr.«

»Verrückt genug, das Kind eines anderen als das eigene anzuerkennen?«, wunderte ich mich. »Und die Geliebte eines anderen zu heiraten?«

»Ich habe mit einer üppigen Belohnung nachgeholfen«, sagte er und mied meinen Blick. »Aber ich glaube, er hätte Mary auch ohne das Geld geheiratet.«

»Du hast sie verschachert?«

»Verschachert?!« Vater schaute mich erschrocken an, doch dann nickte er. »Ja, so kann man es sehen. Ich habe mich freigekauft.«

»Wieso hat Mary sich darauf eingelassen?«

»Was blieb ihr anderes übrig?«, antwortete er. »Ich hatte sie im Stich gelassen und ihr klargemacht, dass ich das Kind niemals anerkennen würde. Auf mich konnte sie nicht zählen. Und Webster hat gedroht, sie auf die Straße zu setzen, wenn sie nicht mit Brooks nach Essex ginge. Ein schwangeres Schankmädchen konnte er nicht gebrauchen, sonst hätte es nachher noch geheißen, er hätte sie geschwängert. Webster war in alles eingeweiht und hat das Ganze eingefädelt.«

»Gegen eine üppige Belohnung?«, vermutete ich.

Wieder nickte er und sagte: »Die Geschichte hat mich viel Geld gekostet. Ich habe für meine Dummheit eine Menge Lehrgeld gezahlt.«

Vater hatte recht gehabt. Es war eine äußerst unschöne Geschichte. Kein Wunder, dass er sie zwischenzeitlich aus seinem Kopf verbannt hatte. Und dass sie ihm immer noch zu schaffen machte. Harvey Ingram und Rodney Webster hatten auf ganz schmutzige Weise ihre Felle ins Trockene gebracht, wie zwei ausgemachte Halunken!

Wie aufs Stichwort erschien der Sohn des damaligen Wirts an unserem Tisch, griente entschuldigend und sagte: »Es ist bald Mitternacht, die Herren!«

Ich erwies mich als echter Ingram, zog eine Pfundnote aus der Brusttasche und hielt sie Webster vor die Nase: »Den Rest können Sie behalten. Sie haben doch sicherlich noch einiges in der Küche zu erledigen, oder?«

»Gibt immer was zu tun«, sagte der Wirt, machte einen Bückling, steckte das Geld ein und verschwand.

Beim Griff in den Mantel war ich auf das Foto gestoßen, das eingerollt in der Brusttasche steckte, und wandte mich nun wieder meinen Vater zu: »Was war mit dem Gemälde? Wieso hast du das Foto abmalen lassen?«

Er seufzte laut und stieß mühsam hervor: »Eine dumme Laune. Ein Anfall von Sentimentalität. Um ehrlich zu sein, ich weiß es nicht.«

»Du weißt es nicht? Was soll der Unfug?«

Wieder flammte Unmut in ihm auf. Er war wütend auf mich, weil ich all die unangenehmen Fragen stellte, und auf sich selbst, weil er keine schlüssigen Antworten darauf wusste. Er wand sich auf seinem Stuhl, entzündete die erloschene Zigarre an der Lampe und schüttelte immer wieder den Kopf, als wäre er mit dem, was ihm durch den Schädel ging, selbst nicht einverstanden. Dann hielt er plötzlich inne und sagte: »An dem Tag, als sie das George Inn verlassen hat, habe ich Mary ein letztes Mal gesehen. Ich wollte mich von ihr verabschieden und ihr das Foto zurückgeben.«

»Warum?«

Er schaute mich verständnislos an.

»Warum musstest du ihr das Foto zurückgeben? Wieso hast du es nicht einfach in den Müll geworfen? Oder verbrannt?«

Sein konsternierter Blick verriet mir, dass er tatsächlich niemals auf diese Idee gekommen war. Dass es ihm schlichtweg unmöglich gewesen war, das Bild zu zerstören. »Du warst immer noch verrückt nach ihr, nicht wahr?«, vermutete ich. »Das Foto war nur ein Vorwand, sie wiederzusehen.«

Statt auf meine Frage zu antworten, sagte er mit finsterer Miene: »Mich von Mary zu verabschieden, war keine gute Idee. Das hätte ich eigentlich wissen müssen. Sie hat mir das Foto aus der Hand gerissen, es angespuckt und zu Boden geworfen. Dann hat sie das Foto von mir aus dem Koffer geholt und vor meinen Augen verbrannt. Ihren hasserfüllten Blick werde ich niemals vergessen. Sie hat geguckt, als wäre es ihr am liebsten gewesen, wenn ich mit dem Bild verbrannt wäre. Dann ist sie mit dem Koffer in der Hand davongeeilt.«

»Kann ich ihr nicht verdenken«, sagte ich und zog das Foto aus meiner Brusttasche. »Und das Bild von ihr?«

Er zuckte mit den Achseln und sagte: »Als ich ging, lag es auf dem Boden in ihrem Zimmer. Dreckig und bespuckt. Ich hab es liegen lassen.«

Diesmal antwortete ich mit einem verständnislosen Blick.

»Komm!«, rief er plötzlich, schnappte sich die Lampe vom Tisch und stand auf. Er warf den Zigarrenstummel in den Grog und ging zum Ausgang. Statt jedoch die Tür zu entriegeln und nach draußen zu gehen, verschwand er durch eine Pendeltür nach nebenan. Dort befand sich ein schmales Treppenhaus, das die Schankräume mit den Herbergszimmern und den Galerien verband. Ungeduldig rief er mir zu: »Nun mach schon!«

7

Als ich durch die Pendeltür trat, stand mein Vater eine halbe Treppe höher und beleuchtete mit der Petroleumlampe die Wand, an der verschiedene Fotografien und Zeichnungen hingen: Stadtansichten und Karten von Southwark, alte Postkarten des George Inn und gerahmte Miniaturporträts. Den Segelohren und Strubbelhaaren nach zu urteilen, handelte es sich um Mitglieder der Familie Webster.

»Hier habe ich es wiederentdeckt«, sagte mein Vater und deutete mit der Lampe auf ein gerahmtes Flugblatt an der Wand. »Genau an dieser Stelle.«

»Was hast du entdeckt?«

»Das Foto von Mary.«

Ich stellte mich neben meinen Vater, betrachtete das vergilbte und an den Rändern eingerissene Flugblatt und las:

»Spektakulum in der ›Pig & Pox Tavern‹
DER MORD AM OLD BARGE HOUSE
Drama von Raymond Webster«

Das Papier schien alt zu sein. Es pries irgendein Theaterstück an, das in einer Southwarker Kneipe aufgeführt wurde. Weder von dem Stück noch von der Kneipe hatte ich je etwas gehört. Der Name des mir ebenfalls unbekannten Autors stellte allerdings die Verbindung zum heutigen George Inn her.

»Ich verstehe nicht«, sagte ich.

»Genau an der Stelle hing vor acht Jahren das Foto von Mary«, erklärte mein Vater. »Genau hier habe ich es wiedergesehen.«

»Vor acht Jahren?«

»Bei der Begehung der Schänke. Als ich mit Mr. Barclay und den Anwälten im George Inn war, um den Verkauf zu verhandeln«, antwortete er nickend. »Mehr als zehn Jahre hatte ich nicht mehr an das Foto gedacht. Ich hatte es völlig vergessen, wie ich auch Mary aus meinem Gedächtnis gestrichen hatte. Seit ewigen Zeiten war ich nicht mehr in Southwark gewesen. Hab immer einen großen Bogen um das George Inn gemacht und mit Webster nur über Boten oder per Post verkehrt. Du kannst dir nicht vorstellen, wie froh ich war, als die Barclay-Brauerei mit dem Kaufanliegen an mich herantrat.« Wieder ging sein Blick zur Wand. »Und plötzlich hing es da. Rodney Webster scheint es aufgehängt zu haben. Keine Ahnung, warum er das getan hat. Ich hab ja gesagt, dass er selbst auch ein Auge auf Mary geworfen hatte. Wahrscheinlich hat er es im Gesindehaus auf dem Boden gefunden. Ich habe ihn nie danach gefragt.« Er schüttelte den Kopf und setzte atemlos hinzu: »Ich wäre vor Schreck beinahe hintenübergekippt. Es war wie ein Schlag. Plötzlich lächelte Mary mich an, im Treppenhaus des George Inn. Gerahmt an der Wand. Zwischen all den hässlichen Webster-Köpfen.«

»Na, na, Mr. Ingram!«, erklang in diesem Moment die Stimme des Wirts von der Tür. »Kein Grund, gleich ausfallend zu werden. Vergessen Sie nicht, dass Ihnen das George nicht mehr gehört! Auch wenn ich einen hässlichen Webster-Kopf hab, bin ich nach wie vor der Boss hier und lass mich nicht beleidigen!«

Vater reagierte nicht und starrte unbeirrt auf die Wand. Er schien vollständig den eigenen Gedanken nachzuhängen und redete weiter, als spräche er zu sich selbst: »Webster hat sich diebisch gefreut, als er meine Reaktion gesehen hat. Als hätte er das Bild nur aufgehängt, damit ich es irgendwann mal zu Gesicht bekomme. ›Die gute Mary! Ein hübsches Kind‹, hat er gemeint und dreckig gelacht. ›Was wohl aus ihr geworden ist? Und aus dem armen Bastard?‹ Mir war so übel, dass ich mich beinahe übergeben hätte. Webster hat zufrieden gekichert. Und dann wollte er mir das Bild sogar schenken.«

»Aber du wolltest es nicht«, sagte ich und glaubte sogar, den Grund zu verstehen. »Weil sie es bespuckt und zu Boden geworfen hatte. Weil die Erinnerung daran vergällt war.«

»Vielleicht«, seufzte Vater und zuckte mit den Schultern. »Es wäre nicht recht gewesen.«

»Sie reden von dieser Mary Tremain, oder?«, sagte Webster, der immer noch in der Tür stand. »Hab ich mir schon gedacht, als Sie vorhin den Namen Mary erwähnt haben. Tut mir leid, Sir, aber Sie kommen ein paar Tage zu spät. Ich hab das Foto ihrer Tochter Celia gegeben.«

»Sie kennen Celia?«, rief ich und wandte mich erstaunt zu ihm um.

Er grinste anzüglich, zuckte mit den Schultern und fragte: »War diese Mary auf dem Gemälde abgebildet?«

»Der Vorschlag kam von Webster«, antwortete mein Vater, wobei nicht klar war, ob er sich an mich oder den Wirt wandte. »Er meinte, man könnte das Foto abmalen lassen. In Farbe sähe es vermutlich noch schöner aus und wäre nicht so verfänglich wie eine Fotografie. Er hätte von einem Maler gehört, der für ein paar Flaschen Schnaps alles malte, was man wollte, auch schweinischen Kram. Falls mir der Sinn danach wäre. Der Maler wäre mal eine große Nummer in der Kunstakademie gewesen, aber jetzt wäre er froh, wenn er überhaupt irgendwelche Aufträge bekäme. Es hätte da irgendeinen Skandal gegeben.«

»Simeon Solomon«, sagte ich.

»Den Namen des Malers wusste Webster nicht«, antwortete Vater und ging die Stufen hinunter, bis er direkt vor dem Wirt stand. »Er kannte den Mann nur vom Hörensagen.«

»Jetzt versteh ich!«, rief Webster belustigt und grinste schief. »Es war ein Nacktbild! Schade, dass ich's nie zu Gesicht bekommen habe. War schon eingepackt, als ich's beim Maler abgeholt hab.«

»Gar nichts verstehen Sie!«, fauchte mein Vater, packte den Wirt an der Krawatte und stieß ihn wütend von sich. »Sie sind ein ebensolcher Widerling wie Ihr Vater!«

»Das sagt ja der Richtige!«, höhnte Webster und rappelte sich auf. »Steigt unschuldigen Schankweibern hinterher, aber mokiert sich darüber, wenn man ihn für einen Lüstling hält!« Er richtete seine Krawatte, baute sich vor meinem Vater auf und deutete zur Tür. »Und jetzt raus hier, Sir! Bevor ich mich vergesse!«

Vater wollte etwas erwidern, doch dann schüttelte er nur den Kopf und wandte sich resigniert dem Ausgang zu.

Während ich ihm nach draußen folgte, rief mir der Wirt nach: »Wenn Sie Celia sehen, Mr. Ingram, dann grüßen Sie sie von Rod Webster. Und falls sie eine Arbeit sucht: Ein magnetisches Schankmädchen kann ich immer gebrauchen.« Er lachte laut und knallte die Tür hinter mir zu.

Mein Vater war bereits auf der Straße und stand mit offenem Mantel und barhäuptig im Nebel, der inzwischen fast wie Watte fühlbar war. Der Drehorgelspieler war verschwunden, nur noch einzelne Fuhrwerke ratterten die High Street entlang, wenige Passanten waren auf dem Gehweg zu sehen. Sie wirkten im Nebel wie Phantome, die plötzlich auftauchten und sofort wieder verschwanden.

»Komm!«, sagte ich zu ihm und reichte ihm den Zylinder, den er im Hof der Schänke verloren hatte. »Die Kutsche bringt dich nach Hause.«

»Das Schlimme ist«, sagte mein Vater abwesend und ließ sich wie ein Kind den Hut aufsetzen. »Der junge Webster hat recht.«

Ich fasste ihn am Ärmel und führte ihn über die Straße, in Richtung Eisenbahnbrücke, wo der Kutscher immer noch auf uns wartete. Nur die beiden Außenlampen der Hotelkutsche waren aus der Entfernung zu sehen.

»Was ich nicht verstehe«, sagte ich und sah meinen Vater von der Seite an. »Warum hast du dieses zuckersüße Bild mit dem weiß gekleideten Hirtenmädchen und dem niedlichen Viehzeug in Auftrag gegeben? Die ganze Szenerie hat nicht das Geringste mit Mary zu tun.«

»Genau das war die Absicht«, antwortete er und gab dem Kutscher, der es sich auf der Rückbank gemütlich gemacht hatte, mit dem Gehstock ein Zeichen. »Erst habe ich Websters Vorschlag für dummes Zeug gehalten und abgelehnt. Ich wollte kein Gemälde von Mary, genauso wie ich das Foto nicht wollte. Doch dann wurde ich den Gedanken einfach nicht mehr los. Es war eine Schnapsidee, aber zugleich sehr verführerisch. Wie ich schon sagte, es war eine dumme Laune. Und deshalb bin ich einige Tage später, nachdem der Verkauf geregelt war, ins George Inn gegangen und habe Webster gebeten, sich darum zu kümmern. Natürlich ohne meinen Namen zu nennen. Ich habe ihm aufgetragen, dass das Bild möglichst unauffällig sein sollte. Nichts Dramatisches, nichts Realistisches, eine harmlose Pastorale eben.«

»Damit du es anschauen und in deinem Büro aufhängen konntest, ohne dich erklären zu müssen«, konstatierte ich.

»Ja, so ist es.« Er hob die Achseln und bestieg die Kutsche. »Komm jetzt, Rupert, es ist spät geworden«, sagte er und reichte mir die Hand.

Ich blieb auf dem Gehweg stehen und schüttelte den Kopf. »Fahr du nur nach Hause, Vater! Ich bleibe noch und vertrete mir ein wenig die Beine.«

»Bei dem Nebel?«

»Nach den ganzen Ereignissen heute schwirrt mir ein wenig der Kopf. Es ist alles so verworren, und es gibt so viel, über das ich nachdenken muss.«

»Das kannst du auch zu Hause tun.«

»Ich werde später nach Hause kommen«, sagte ich. »Aber ich werde nicht mehr lange im Hatchett's bleiben. Damit hat es ein Ende. Das weißt du, oder?«

»Willst du wieder im Crown wohnen?«, antwortete er überrascht und beugte sich aus der Kutsche. »William wird zwar nicht erfreut darüber sein, aber ich werde das schon mit ihm regeln. Wir können alles so belassen, wie es früher war.«

»Nein«, sagte ich kopfschüttelnd. »Nichts soll so sein wie früher!«

Er nickte und fragte: »Was hast du vor? Wo willst du hin?«

»Genau darüber muss ich mir Gedanken machen«, antwortete ich und klopfte dem Pferd auf die Kruppe. »Gute Nacht, Vater!«

Kurz darauf schlugen die Glocken von St. Saviour zur Mitternacht.

8

Während die Kutsche wendete und nach kurzer Zeit im dichten Nebel verschwand, kam mir plötzlich eine Frage in den Sinn, die ich meinem Vater zu stellen vergessen hatte. Eine Frage, die ich mir selbst zu stellen versagt hatte: Was war mit unserer Mutter? Hatte sie von der Affäre gewusst? Auch von dem illegitimen Bastard, der einen Skandal hätte auslösen können? Und wenn ja, wie hatte sie auf das Liebesabenteuer ihres Mannes reagiert?

Doch so seltsam es mir auch vorkam, die Antworten auf diese Fragen waren mir eigentlich nicht so wichtig. Meine Mutter spielte, so herzlos das auch klingen mochte, in all meinen Überlegungen kaum eine Rolle. Das Schicksal der Mary Tremain, eines mir gänzlich unbekannten Schankmädchens, berührte mich mehr als das Los meiner eigenen Mutter, die von meinem Vater hintergangen worden war. Während ich in Richtung London Bridge ging und man in unmittelbarer Nähe des Flusses kaum noch die Hand vor Augen erkennen konnte, versuchte ich mir zu erklären, warum ich in Bezug auf meine Mutter so gleichgültig war.

Wenn ich an Rhoda Ingram dachte, so sah ich immer ein seltsam konturloses und schemenhaftes Wesen vor mir. Wie ein verwaschenes Aquarell. Das lag sicherlich auch daran, dass sie vor beinahe zehn Jahren an einer Lungenentzündung gestorben und meine Erinnerung im Laufe der Zeit zunehmend verblasst war. Doch es hatte vor allem damit zu tun, dass ich sie in meiner Kindheit nie wirklich als liebende und sorgende Mutter erlebt hatte. Während mein Vater das Geschäftliche regelte und mit strenger Hand das Unternehmen führte, verwaltete meine Mutter ebenso akribisch die Familie, befehligte das Personal und delegierte die entsprechenden Aufgaben. Sowohl mein Vater als auch meine Mutter waren in gewisser Weise immer nur die Verwalter äußerer Abläufe gewesen. Sie hatten dafür gesorgt, dass die Familie und die Firma reibungslos funktionierten. An unser Kindermädchen Susan, an die Klavierlehrerin Mrs. Appleby, an die alte Köchin Brenda, ja sogar an den stocksteifen Portier Bellamy hatte ich innigere und herzlichere Erinnerungen als an meine Eltern.

Ich hatte inzwischen die Themse überquert, doch statt mich nach links zu wenden, um am Nordufer in Richtung Westminster zu gehen, schlug ich aus keinem besonderen Grund die entgegengesetzte Richtung ein. Das Hatchett's erschien mir im Moment als Ziel nicht besonders erstrebenswert. Ich ging stattdessen am Fischmarkt von Billingsgate vorbei zum Tower Hill und sah das eingerüstete und halbfertige Skelett der neuen Tower Bridge aus dem Nebel ragen. Direkt am Wasser führte ein schmaler Pfad am Tower vorbei bis zu den Docks, die mich immer an ein riesiges Labyrinth erinnerten. Es handelte sich um ein schier endloses Gewimmel aus Lagerhäusern, Kaimauern, ins Wasser ragenden Piers, Lastkränen, Hafenbecken, Wasserstraßen und Zugbrücken, das auf mich wie eine Stadt in der Stadt wirkte.

Während ich ziellos und zunehmend orientierungslos durch die Docks von St. Katherine schlenderte und dabei lediglich darauf achtete, nicht versehentlich in ein Wasserbecken zu stürzen oder gegen einen in der Dunkelheit kaum zu erkennenden Poller zu stoßen, musste ich daran denken, wie behütet und zugleich lieblos meine Kindheit verlaufen war. Jedenfalls was meine Eltern anging. Entsprechend distanziert war mein Verhältnis zu ihnen immer geblieben. Als unser Kindermädchen Susan seinerzeit den Dienst bei der Familie Ingram quittiert hatte, um zu heiraten und fortan eigene Kinder aufzuziehen, hatte ich Rotz und Wasser geheult und mich wie ein Ertrinkender an ihr Kleid geklammert, um sie nicht fortzulassen. Doch als meine Mutter infolge einer Diphtherie mit plötzlich auftretender Lungenentzündung auf dem Sterbebett lag und viel zu früh Abschied von ihrer Familie nehmen musste, hatte ich Mühe, mir eine Träne aus dem Augenwinkel zu quetschen. Ich trauerte um meine Mutter, weil man es von mir als gehorsamem Sohn erwartete, aber ich spürte den Schmerz und Verlust nur gedämpft. Zugleich machte ich mir deshalb böse Vorwürfe, weil ich mich für undankbar hielt. Wenn ich an den Tod meiner Mutter dachte, hatte mich immer ein schlechtes Gewissen geplagt, weil ich so wenig für sie empfunden hatte. Und immer noch empfand.

Die St. Katherine Docks lagen inzwischen hinter mir und die London Docks vor mir, und dazwischen schlängelte sich die Nightingale Lane zwischen den Lagerhäusern hindurch. Rechts führte ein Kanal vom Eingang der Docks bis zur Themse, links ging eine Bahntrasse von den Lagerhäusern für Wolle, Tabak und Tee bis zu den Eisenbahndepots an der Royal Mint Street. Im Schatten des Bahndammes befand sich eine ziemlich schäbige Kneipe, die dem Anschein und Namen nach von Chinesen geführt wurde. Sie nannte sich Lotus Pub. Vor dem Eingang lungerten einige Seemänner und Hafenarbeiter herum, die mich neugierig beäugten. Obwohl ich mich schon oft in dieser Gegend herumgetrieben und viele Gasthäuser und Opiumkeller besucht hatte, war mir dieser Pub unbekannt. Er machte keinen besonders einladenden Eindruck auf mich. Zur jetzigen Stunde und in meiner derzeitigen Aufmachung schien es mir nicht ratsam, die Schänke zu betreten.

Ich zog den Zylinder tief ins Gesicht, schlug den Pelzkragen meines Mantels hoch, passierte den Lotus Pub auf der gegenüberliegenden Straßenseite und ging auf der Nightingale Lane nach Norden, immer den Bahndamm entlang. Als ich die Stelle erreicht hatte, wo sich die Trasse vor dem Westeingang der London Docks gabelte und sich die Gasse zu einem kleinen Verladeplatz öffnete, bemerkte ich zwei Männer hinter mir. Sie waren mir offenbar vom Lotus Pub gefolgt und blieben ebenfalls stehen, als ich auf dem Platz anhielt und mir unter einer Laterne eine Zigarette anzündete. Der offene und halbwegs beleuchtete Platz bot den Männern nicht die Deckung, die sie offenbar zu finden hofften, daher steckten sie die Köpfe zusammen, als wollten sie nur einen kleinen Plausch halten. Während ich das Streichholz wegwarf und das Zigarettenetui wieder in meiner Brusttasche verstaute, schaute ich mich scheinbar beiläufig um, während ich fieberhaft nach einem Fluchtweg suchte. Der Weg zurück war mir durch die Männer versperrt, der Eingang zu den ringsum bebauten Docks war ebenfalls nicht zu empfehlen, da ich dort wie in einer Falle saß. Blieben nur die beiden Gassen, die links und rechts vom Ladeplatz abgingen. Die eine führte nach Westen in Richtung Tower Hill und war so schmal und dunkel, dass sie wie eine Einladung für jeden Räuber wirken musste. Die andere Straße führte rechter Hand unter dem Bahndamm hindurch und war von meinem jetzigen Standort, nicht nur wegen des Nebels, kaum einzusehen. Dennoch entschied ich mich aus Mangel an Alternativen für diese letzte Option. Langsam trottete ich zur dunklen Unterführung und war nicht wirklich überrascht, dass sich die beiden Männer ebenfalls wieder in Bewegung setzten. Als ich unter der Eisenbahnbrücke ankam und für kurze Zeit aus dem Blickfeld meiner Verfolger verschwunden war, rannte ich los.

Erst als ich die winzige und gänzlich unbeleuchtete Gasse sah, die vermutlich nur als Zufahrt für Lastwagen diente und in einem Halbbogen zurück zu den Docks führte, erkannte ich, dass ich mich für die falsche Seite entschieden hatte. Hinter mir hörte ich das rasche Klacken der Stiefel auf dem Pflaster, vor mir sah ich nichts als Nebel und die Schatten der Lagerhäuser. Keine Menschen auf der Straße, keine Lichter hinter den Fenstern, keine Gasthäuser, in die ich mich hätte flüchten können. Ich überlegte bereits, ob ich mich den beiden Kerlen stellen und ihnen freiwillig meine Geldbörse geben sollte, um auf diese Weise möglichst glimpflich davonzukommen, als ich einen schmalen, sehr steilen Trampelpfad bemerkte, der linker Hand zum Bahndamm hinaufführte. Zwar wusste ich nicht, wohin der unbefestigte Weg führte, aber schlimmstenfalls könnte ich auf den Gleisen weiter nach Norden laufen.

Ich hatte vermutlich einen Moment zu lange überlegt. Als ich oben auf dem eingleisigen Bahndamm angekommen war, stellte ich erschrocken fest, dass die beiden Männer mich gesehen oder gehört hatten und ebenfalls den Trampelpfad hinaufrannten. Der Weg führte zu einem kleinen Stellwerk neben der Strecke und endete dort. Also blieb mir nichts anderes übrig, als direkt auf den Gleisen weiterzulaufen und zu hoffen, dass ich einen Ausweg fand, bevor ein nächtlicher Güterzug meine Flucht – und womöglich mein Leben – beendete.

Glücklicherweise vermuteten die beiden Männer zunächst, ich würde mich beim Stellwerk vor ihnen verstecken. Während sie das Gelände um das Gebäude absuchten, konnte ich den Vorsprung auf meine Verfolger ausbauen. Die Gleise führten auf steinernen Bögen und zwischen engen Häuserschluchten hindurch direkt nach Norden, wo sie die Royal Mint Street überquerten, bevor sie die Trassen der Blackwall Railway erreichten. Die beiden Männer hatten mittlerweile offenbar ihren Irrtum bemerkt, denn ich konnte hören, dass sie mir auf den Gleisen folgten. Ich war in der Zwischenzeit an der Brücke über der Royal Mint Street angelangt und stellte erleichtert fest, dass eine eiserne Leiter von dem Bahndamm steil nach unten führte und nur etwa zehn Fuß über dem Straßenniveau endete. Schnell kletterte ich hinunter, ließ mich von der untersten Sprosse hinabhängen, sprang aufs Pflaster und rannte davon. Erst rechts, dann links unter der Blackwall-Trasse hindurch, gleich wieder rechts am Bahndamm entlang und schließlich im Zickzack durch die schmalen Gassen, bis ich jede Orientierung verloren hatte und nicht mehr wusste, ob ich mich noch in St. George in the East oder bereits in Whitechapel oder Wapping befand. Da ich die meiste Zeit nach Norden gelaufen war und mich somit vom Fluss entfernt hatte, war der Nebel nicht so dicht wie unten an den Docks.

Meine Verfolger hatte ich offensichtlich abgeschüttelt. Keine hastigen Schritte waren hinter mir zu hören, keine Bewegung im Nebel zu sehen. Als ich einen noch geöffneten Pub an der nächsten Straßenecke bemerkte, wusste ich, dass ich gerettet war. Die Kneipe hieß The Lord Nelson und befand sich an der Ecke Fairclough und Berner Street.

Es durchfuhr mich wie ein Stromschlag. Obwohl ich völlig außer Atem war und mir der Schweiß über die Stirn und in den Nacken lief, war ich sofort hellwach und in höchstem Maße konzentriert. Dies war die Straße, in der Elizabeth Stride ermordet worden war. Und das Lord Nelson war womöglich jene Kneipe, vor der der Mann mit dem Messer gestanden hatte, von dem der mysteriöse Ungar berichtet hatte. Wenn dem so war, dann musste sich der Tatort in unmittelbarer Nähe befinden. In den Zeitungen war stets von einem angrenzenden Club für Arbeiter die Rede gewesen, der mal als jüdisch, mal als sozialistisch bezeichnet wurde. Tatsächlich sah ich nur wenige Schritte von der Kneipe entfernt ein dreistöckiges Gebäude mit einem Schriftzug über dem Eingang an der Straße: »International Working Men's Educational Club«.

Neben diesem Arbeiterclub führte ein schmaler Durchgang zu einem rückwärtigen Hof, in dem sich die Werkstatt des Wagenbauers Arthur Dutfield befand, wie auf dem hölzernen Tor zu lesen war, das die Passage von der Straße absperrte. Ich erinnerte mich, dass in den Zeitungen oft von Dutfield's Yard die Rede gewesen war. Es konnte kein Zweifel bestehen: Meine Flucht vor den Verfolgern hatte mich direkt zu der Stelle geführt, an der Long Liz gestorben war. Hinter diesem zweiflügeligen Holztor, dem ich mich nun wie elektrisiert näherte, hatte der Mörder ihr die Kehle durchgeschnitten. An genau der Stelle, an der ich nun stand, hatte sie sich mit dem schnauzbärtigen Mann gestritten.

Als ich meinem Vater vorhin gesagt hatte, ich wolle mir noch ein wenig die Beine vertreten, hatte ich nicht bewusst vorgehabt, ins East End oder gar zur Berner Street zu gehen, und doch war es natürlich kein Zufall gewesen, dass mich meine Schritte die ganze Zeit nach Nordosten geführt hatten, als würde ich von einem Magneten angezogen. Als wäre ich nur ein Rad in einer Maschine, in der alles ineinandergriff und die einem bestimmten Zweck diente.

Das Holztor war nicht verschlossen. Ich hörte ein jaulendes Geräusch, als ich es aufstieß, begriff aber erst verzögert, dass das Jaulen nicht von dem Tor stammte und dass es eher wie ein Wimmern oder Jammern klang. In dem Durchgang war es so finster, dass ich meine Hand kaum vor Augen sehen konnte. Zunächst war nur das leise Wehklagen zu hören, dann auch ein Schnaufen oder Schnorcheln, als hätte jemand Mühe, Luft zu bekommen. Dann wurde es plötzlich ganz still.

»Hallo!«, rief ich und bemühte mich, nicht zu ängstlich zu klingen.

Keine Antwort.

»Ist da jemand?«, versuchte ich es erneut.

»Verpiss dich!«, antwortete diesmal eine heisere Frauenstimme. Ein schmerzhaftes Ächzen verriet, dass das Fluchen der Frau weh getan hatte.

Statt der Aufforderung Folge zu leisten, entzündete ich ein Streichholz und hielt es in die Höhe. Direkt neben dem verschlossenen Seiteneingang zum Arbeiterclub sah ich eine Frau auf dem Boden kauern, die Hände vor dem Gesicht, die Kleidung in Unordnung und teilweise zerrissen. Kurz bevor das Zündholz meine Finger ansengte, warf ich es zu Boden und sagte: »Haben Sie keine Angst!«

»Ich hab keine Angst«, fauchte die Unbekannte. »Und jetzt zieh Leine!«

Abermals entzündete ich ein Streichholz, und weil sie die Hände inzwischen heruntergenommen hatte, konnte ich das Gesicht der jungen Frau erkennen. Sie hatte eine blutige Nase und eine aufgeschlagene Unterlippe, ihre Wangen waren mit roten Striemen übersät.

»Was ist passiert?«, rief ich und reichte ihr die Hand, um ihr aus dem Rinnstein zu helfen. »Wer hat das getan?«

»Was schert dich das?«, schnauzte sie mich an, ließ sich aber dennoch aufhelfen. »Kümmer dich um deinen eigenen

Kram!« Ihre heisere Stimme und das blasse Gesicht kamen mir bekannt vor, doch ich kam nicht darauf, wo ich die Frau schon einmal gesehen hatte. Als sie auf den Beinen stand, fuhr ihr ein Schmerz durch den Körper, und sie fasste sich an den Unterleib. Im selben Augenblick erlosch die Flamme.

»Sie brauchen einen Arzt«, sagte ich und stützte sie.

»Wer bist du?«, knurrte die Frau, doch es klang nun weniger abweisend. »Ein verdammter Samariter? Oder so 'n Spinner von der Heilsarmee?«

»Weder noch«, antwortete ich und führte sie hinaus auf die Straße und zur nächsten Laterne. Da ich dem Gesicht der Unbekannten nun ganz nahe war, konnte ich ihre strenge Alkoholfahne riechen. Ich zog ein Taschentuch aus meiner Manteltasche, tupfte ihr Gesicht ab und sagte: »Ihre Wunden sollten behandelt werden.«

»Halb so wild«, meinte sie, nahm mir das Tuch aus der Hand und hielt es sich unter die blutende Nase. Mit der anderen Hand richtete sie ihren Ausschnitt, der zerrissen und blutbefleckt war und die Brüste nur noch leidlich bedeckte. »Was gibt's da zu glotzen?«, keifte sie. »Willst du auch noch mal ran? Macht dich vielleicht das Blut an? Kostet aber extra.«

Ich schüttelte entsetzt den Kopf und fragte: »Wollen Sie zur Polizei gehen?«

Als Antwort lachte sie nur bitter auf. »Guter Witz!«, rief sie und tippte sich an die Stirn. »Eine Hure geht zur Polizei, um 'nen Freier anzuzeigen. Selten so gelacht!«

»Was haben Sie dort gemacht?«, fragte ich und deutete in den Durchgang.

»Na, dreimal darfste raten, Schätzchen!«, schnaubte sie.

»Nein, Sie verstehen nicht«, sagte ich und schüttelte erneut den Kopf. »Ich meine, warum ausgerechnet dort? In Dutfield's Yard? Wissen Sie nicht, was vor einigen Wochen in dieser Durchfahrt geschehen ist?«

»Natürlich weiß ich das. Darum ging's dem Scheißkerl doch«, murmelte sie und senkte den Blick. »Unbedingt hier wollte er's mit mir treiben. Hat dafür sogar 'n paar Pence draufgelegt. Mit 'ner Hure in Dutfield's Yard. Genau wie der verdammte Ripper. Hat den Kerl regelrecht brünstig gemacht. Wurde immer aufgeregter. So sehr, dass er plötzlich mit der Faust auf mich eingedroschen hat, während er auf mir lag. Kann von Glück sagen, dass er kein Messer dabeihatte, sonst wäre er wirklich zum Ripper geworden.«

»Sie sollten Anzeige erstatten«, beharrte ich.

»Und was würde mir das nützen?« Diesmal lachte sie nicht, sondern schüttelte leicht den Kopf, dass ihr die dunkelblonden Haare ins Gesicht fielen. »Ist halt so!« Sie gab mir das blutgetränkte Taschentuch zurück, und ihre buschigen Augenbrauen zogen sich zusammen, als sie fragte: »Wie sieht's aus, Schätzchen? Willste nun oder willste nicht?«

Ich schaute sie nur fassungslos an. Diese Frau war noch ein halbes Mädchen, doch mit ihrem Leben schien sie längst abgeschlossen zu haben. Ihren Schmerz und Ekel ertränkte sie in Alkohol, Torturen wie am heutigen Abend ließ sie nahezu stoisch über sich ergehen. Ihr eigenes Schicksal schien ihr völlig egal zu sein. Wahrscheinlich hatte sie einfach die Kraft verloren, dagegen anzukämpfen. Warum einen Kampf ausfechten, der bereits verloren war?

»Na, dann eben nicht!«, sagte sie, hob die Schultern und strich mir über den Pelzkragen. »Spendierst du mir wenigstens einen Schnaps? Siehst nicht so aus, als würd dich das arm machen. Bist nicht von hier, was?«

Jetzt erst erkannte ich sie und wusste, wo ich ihr begegnet war. Ich nickte und fragte: »Du bist eine Bekannte von Ginger, stimmt's? Ich hab euch beiden im Cloak and Dagger ein Bier ausgegeben. Am Montag. Vor der Razzia.«

»Was denn für 'ne Razzia?« Sie schaute mich verwirrt an und schob die aufgeplatzte Unterlippe vor. Vermutlich war sie an dem Abend bereits zu betrunken gewesen. »Ich weiß nicht, wovon Sie reden!«

Ich kramte in meinem Gedächtnis nach dem Namen der

Frau und wurde schließlich fündig: »Du bist Heather, nicht wahr?«

»Und wenn schon«, knurrte sie und fletschte die Zähne.

»Die Freundin von Michael.«

»Was dagegen?« Sie schaute mich überrascht und zugleich beunruhigt an.

»Ich besorge dir was aus der Kneipe«, sagte ich und deutete zum Lord Nelson. »Du wartest hier auf mich. Und dann bring ich dich nach Hause.«

»Nach Hause?«, lachte sie. »Wo soll das sein?«

9

Obwohl Heather behauptete, völlig in Ordnung zu sein und keine Hilfe zu benötigen, ließ sie sich widerstandslos von mir am Arm in Richtung Spitalfields führen. Die Brandyflasche in meiner Manteltasche war ihr Grund genug, wie eine Hauskatze zu schnurren und sich regelrecht an mich zu schmiegen. Gleichzeitig jedoch wirkte sie immer noch benommen und wankte auffallend hin und her, was nicht allein durch den Alkohol zu erklären war, den sie vermutlich im Laufe des Abends zu sich genommen hatte. Der Mann, der sie in Dutfield's Yard so brutal misshandelt hatte, hatte ihr nicht nur das Gesicht blutig geschlagen, sondern ihr dabei auch den Schädel auf das Pflaster geknallt, wie ich eher zufällig feststellte, als sie im Nebel von einem hohen Bordstein stolperte und ich sie mit der Hand am Nacken festhielt. Das Haar unter ihrem billigen Strohhut war blutverklebt, und bei der Berührung ihres Hinterkopfes stieß sie einen gellenden Schmerzensschrei aus.

»Du musst ins Krankenhaus«, sagte ich, als wir die Whitechapel High Street erreicht hatten. »Du hast bestimmt eine Gehirnerschütterung, und dein Kopf ist verletzt.«

»Unsinn! Mich kann nichts so leicht erschüttern, und mein Schädel kann einiges vertragen!« Sie nahm einen kräftigen Schluck aus der Flasche und deutete nach Norden. »Da lang!«

»Ich weiß, wo die Dorset Street ist«, antwortete ich und zog sie von der Straße, auf der plötzlich ein Hansom Cab aus dem Nebel auftauchte und direkt vor ihrer Nase vorbeidonnerte. »Welche Hausnummer?«

»Achtunddreißig«, sagte sie und schaute mich mit glasigen Augen an. »Woher kennst du Michael?«

»Bin ihm ein paar Mal begegnet«, erwiderte ich ausweichend.

Irgendwo in der Nähe schlug eine Uhr zweimal. Es nieselte, und die klamme Kälte kroch mir durch die Glieder, obwohl mein Mantel mich eigentlich hätte warm halten sollen. Heather war viel zu leicht bekleidet und schlotterte am ganzen Körper. Doch auch das schien nicht allein vom feuchten Herbstwetter zu kommen. Ich legte ihr meinen Mantel um die Schulter, doch das Zittern wurde immer schlimmer. Je weiter wir gingen, desto unsicherer wurden ihre Schritte und desto krampfhafter hielt sie sich an meinem Arm fest. Als wir uns schließlich der Dorset Street von Westen her über die Crispin Street näherten, war Heather kaum noch in der Lage, sich auf den Beinen zu halten.

Die Nummer achtunddreißig war das dritte Haus auf der linken Seite, ein schmuckloser Backsteinbau, der sich lediglich durch die Hausnummer von den anderen heruntergekommenen Häusern in der Dorset Street unterschied. Michael Kidneys Wohnung befand sich im Erdgeschoss. Es war ein ehemaliges Ladengeschäft oder Warenlager mit direktem Zugang zur Straße. Das, was früher einmal ein Schaufenster gewesen sein mochte, war mit dicken Brettern verbarrikadiert. Weitere Fenster gab es nicht, auch die Eingangstür war mit Bohlen vernagelt und geflickt. Selbst wenn die eng bebaute Dorset Street weniger düster gewesen wäre, würde kein Tageslicht je in die Wohnung fallen.

Heather klopfte zaghaft an die Tür, doch niemand öffnete. Ich versuchte es ebenfalls, diesmal etwas kräftiger, doch wieder kam keine Antwort.

»Er ist nicht da«, sagte Heather, deren heisere Stimme nur noch ein Wispern war.

»Hast du keinen Schlüssel?«, wunderte ich mich.

Sie schüttelte mutlos den Kopf und ließ sich an der Wand nach unten gleiten, bis sie mit dem Hinterteil im feuchten Rinnstein saß.

»Wo könnte er sein?«, fragte ich.

»Überall und nirgends«, antwortete sie erschöpft und hielt mir bittend die Hand entgegen. »Vielleicht im Britannia. Oder im Ten Bells.«

Ich gab ihr die Flasche, die sie auf dem Weg von der Berner

Street beinahe ganz geleert hatte, und schaute nach Osten. In Richtung Miller's Court und Britannia Pub, dessen Fenster beleuchtet war, wie man gerade noch durch den Nebel erkennen konnte. Die Christ Church und der Itchy Park auf der gegenüberliegenden Straßenseite waren schon nicht mehr zu sehen.

Heather nahm einen großen Schluck, steckte die Flasche in die Manteltasche, spuckte den Alkohol jedoch kurz darauf wieder aus, würgte plötzlich und erbrach sich in den Rinnstein. Ich kniete mich neben sie und hielt ihren Kopf an der Stirn, während sie ein ums andere Mal krampfhaft zusammenzuckte, bis nur noch Galle aus ihrem Mund tropfte. Ich schalt mich einen Esel, weil ich in der Berner Street auf Heather gehört und sie nicht sofort ins nächste Krankenhaus gebracht hatte. Ihre Verletzungen waren offenbar schlimmer gewesen, als es den Anschein gehabt hatte, und das Erbrechen deutete auf eine schwere Gehirnerschütterung hin. Allerdings war sie in ihrem jetzigen Zustand so geschwächt, dass es mir unmöglich schien, sie ohne fremde Hilfe bis zum nächsten Krankenhaus zu bringen. Selbst wenn ich gewusst hätte, wo sich in Spitalfields das nächste Hospital befand.

Das Frauenasyl in der Hanbury Street fiel mir ein. Hatte Heather im Gespräch mit Ginger nicht erwähnt, dass sie eine Zeit lang in dem Heim gewohnt hatte? Sicherlich wussten die Schwestern der Heilsarmee, was in solchen Fällen zu tun und wo ärztliche Hilfe zu bekommen war. Aber selbst der Weg bis in die Hanbury Street war im Augenblick zu weit.

Miller's Court!, schoss es mir durch den Kopf. Wenn es mir gelänge, Heather bis zu meinem Zimmer zu schaffen und dort aufs Bett zu legen, könnte ich in der Hanbury Street Hilfe holen. Simeon war inzwischen längst wieder im Arbeitshaus, wie ich von Gray erfahren hatte. Das verwaiste Zimmer war vermutlich nicht abgeschlossen, denn andernfalls hätte Simeon mir den Schlüssel zukommen lassen. Und vor allem: Miller's Court war nur ein paar Schritte entfernt.

Ich nahm Heather, die inzwischen kaum noch bei Bewusstsein war, auf die Arme und wunderte mich, wie schwer sie war, obwohl sie auf den ersten Blick so schmächtig erschien. Vermutlich hatte das damit zu tun, dass sie sich nicht mehr an mir festhalten konnte und völlig leblos in meinen Armen lag. Mit Mühe schaffte ich es bis zum Durchgang und in den Hof, der glücklicherweise noch beleuchtet war. Wie ich richtig vermutet hatte, war die Tür zu meiner Kammer nicht versperrt, der Schlüssel steckte innen im Schloss. Kurz bevor ich einen Krampf in den Unterarmen bekam, legte ich Heather auf das Bett. »Die Matratze ist wie neu«, hatte mein Hauptmieter Edmund gesagt. Das war nicht einmal eine Woche her, doch mir kam es vor, als wäre seitdem eine Ewigkeit vergangen.

Im Zimmer war es erstaunlich warm. Offenbar brannte nebenan der Kamin, denn die Steinmauer strahlte eine wohltuende Wärme ab. Genau wie Edmund es gesagt hatte. Ich zog Heather den Mantel und das nasse Oberkleid aus und bedeckte sie mit der Wolldecke, die erbärmlich nach Alkohol und Schweiß stank. Auf dem Boden fand ich einen Kerzenstummel, den ich mit einem Streichholz entzündete und mit Wachs auf dem Tisch befestigte. Damit Heather etwas sehen konnte, falls sie aus ihrer Ohnmacht erwachte, bevor ich zurückgekehrt war. Was ich allerdings nicht annahm.

Schließlich zog ich meinen nach Erbrochenem stinkenden Mantel wieder an, verließ die Kammer und machte mich auf den Weg zur Hanbury Street.

Doch ich kam nicht weit. Im Durchgang zur Dorset Street traten mir zwei Gestalten entgegen, der eine größer als der andere, der Letztere mit einem Bowler auf dem Kopf, der Erste mit einem Vollbart im Gesicht. Mehr war in der Dunkelheit nicht von ihnen zu sehen. Im ersten Augenblick dachte ich, die beiden Verfolger von den Katherine Docks hätten mich eingeholt, aber das war natürlich Unsinn, wie sich sehr bald herausstellte.

»Na, wen haben wir denn da?«, hörte ich Michael Kidneys spöttische und zugleich bedrohliche Stimme. »Der verlorene Sohn ist zurückgekehrt.«

An dem mehrfachen Räuspern, das auf Michaels Worte folgte, erkannte ich, dass Edmund neben ihm stand.

»Hatte ich dir nicht gesagt, du sollst verschwinden?«, fauchte Michael, baute sich vor mir auf und stieß mich zurück in den Hof. »Schnüffelst du immer noch hier rum? Ich hatte dich doch gewarnt! Bist du lebensmüde, oder was?«

»Wieso sollte ich verschwinden? Hab doch die Miete einen Monat im Voraus gezahlt«, gab ich mich ahnungslos und ging einige Schritte zurück, sodass ich aus Michaels Reichweite war. »Außerdem habe ich deine Freundin hergebracht. Sie ist schwer verletzt und braucht Hilfe.«

»Welche Freundin?«, knurrte Michael und gab Edmund ein Zeichen, im Durchgang stehen zu bleiben und mir so den Weg zu versperren.

»Heather«, antwortete ich verdutzt. »Wie viele Freundinnen hast du denn?«

»Was ist mit ihr?«, sagte Michael, kam mir erneut näher und packte mich am Kragen. »Was hast du mit ihr gemacht?«

»Ich? Nichts!«, empörte ich mich und wehrte ihn ab. Ich griff in meine Manteltasche, doch die Brandyflasche, die ich als Waffe hätte benutzen können, befand sich nicht mehr darin. Vermutlich war sie auf dem Weg zum Miller's Court herausgefallen. »Heather wurde von einem Freier übel zugerichtet«, sagte ich. »Ich hab sie zufällig gefunden und in meine Kammer gebracht. Sie liegt ohnmächtig auf dem Bett und braucht dringend einen Arzt.«

»Dummes Zeug!«, schnauzte Michael und winkte ab. »Vermutlich hat sie nur wieder einen über den Durst getrunken. Verdammte Schnapsdrossel!« Er schlug mir mit der Faust auf den Oberarm und bugsierte mich auf diese Weise rückwärts durch den Hof, bis ich vor dem Eingang zu meiner Kammer stand. »Du rührst dich nicht vom Fleck!«, befahl er Edmund, und dann fauchte er mich an: »Rein mit dir!«

Da Miller's Court eine Sackgasse war und ich sowohl Michael als auch Edmund körperlich weit unterlegen war, blieb mir nichts anderes übrig, als ihm zu gehorchen. Gleichzeitig hielt ich nach irgendetwas Ausschau, das mir als Waffe dienen konnte. Einem Stein oder einem spitzen Stück Holz oder Eisen.

»Siehst du?«, sagte ich und deutete auf das Bett, wo Heather in unveränderter Haltung und mit geschlossenen Augen lag. »Sie wurde zusammengeschlagen und hat eine Gehirnerschütterung. Wir müssen uns beeilen.«

»Lebt sie noch?«, fragte er ungerührt und blieb in der Tür stehen.

»Sie ist ohnmächtig«, antwortete ich und war enttäuscht, weil es außer dem morschen Stuhl und der blechernen Waschschüssel nichts in dem Zimmer gab, mit dem ich mich gegen Michael zur Wehr setzen konnte. »Sie hat eine Wunde am Hinterkopf. Vielleicht ist ihr Schädel gebrochen.«

»Wo hast du sie gefunden?«

»In der Berner Street«, antwortete ich und war sehr auf der Hut, als ich hinzusetzte: »In Dutfield's Yard.«

Tatsächlich zuckte Michael unmerklich zusammen. Sein Blick verfinsterte sich, und ich sah, wie er in seine Jackentasche griff. Doch er gab keinen Ton von sich, sondern stand nur breitbeinig in der Tür und schien zu warten.

»Hab ich mir gedacht, dass dich das interessiert«, sagte ich und beugte mich über Heather, um ihren kaum noch spürbaren Puls am Hals zu fühlen. Dabei sah ich die leere Brandyflasche. Sie lag auf dem Bett, zwischen Heathers Hüfte und der Steinwand und damit für Michael in dem funzeligen Kerzenlicht nicht zu sehen. Vermutlich war die Flasche aus der Manteltasche gefallen, als ich Heather auf die Matratze gelegt hatte.

»Berner Street?«, sagte Michael lauernd. »Da wurde Liz ermordet, oder?« Seine Hand steckte immer noch in der Jackentasche.

»Wer wüsste das besser als du«, erwiderte ich und ergriff heimlich den Hals der Flasche, bemüht, sie so zu halten, dass mein Körper sie verdeckte. »Schließlich warst du ja dabei.«

»Wer behauptet das?«, knurrte er und grinste plötzlich, als wäre ihm etwas Heiteres eingefallen. Als hätte er eine Entscheidung getroffen.

»Ein Ungar.«

»Oho!«, lachte Michael, »du hast den *Star* gelesen, was? Die Zeitung ist mir auch untergekommen. Schon merkwürdig, was sich diese Reporter so alles aus den Fingern saugen.«

Ich nickte und stand auf. »Der Mann mit dem Schnauzbart, das warst du, nicht wahr? Du hast dich mit Elizabeth in Dutfield's Yard gestritten. Und der Ungar hat dich dabei gesehen.«

»Jack the Ripper hat Liz ermordet«, antwortete Michael achselzuckend. »Das kannst du überall nachlesen. Jeder Cop wird's dir bestätigen.«

»Wir wissen es besser«, sagte ich, stellte mich so, dass der Tisch zwischen uns war, und hielt den rechten Arm hinter meinem Rücken. »Der Ripper hat damit nichts zu tun. Es war nur ein Zufall, dass in der gleichen Nacht Catherine Eddowes ermordet wurde. Nur ein paar hundert Schritte von der Berner Street entfernt. Darum haben alle gedacht, er hätte in dieser Nacht zweimal zugeschlagen.«

»Willst du mal was Hübsches sehen?«, rief Michael vergnügt, zog die Hand aus der Tasche und holte ein Springmesser heraus. Er drückte auf einen Knopf, und sofort schnellte eine Klinge seitlich aus dem Griff. »Mit diesem Messer wurde Liz getötet«, sagte er, zeigte mir das Messer und fuhr sich anschließend spielerisch mit der Klinge über die Gurgel. »Ein Schnitt, und schon war's passiert!«

»Warum?«, fragte ich, während ich die Flasche hinter meinem Rücken fester umfasste. »Hat Liz dich betrogen? Wollte sie dich mal wieder verlassen? War's ihr diesmal ernst damit? Wollte sie zurück zur Heilsarmee?«

»Scheiß auf Liz!«, schrie Michael plötzlich und stieß das Messer in meine Richtung, ohne mir damit jedoch bedrohlich nahe zu kommen. »Liz war nicht wichtig. Genauso wie Heather oder all die anderen Weiber. Eine wie die andere. Zum Teufel mit ihnen!«

»Wenn Liz so unwichtig war«, wunderte ich mich und ging langsam um den Tisch herum. »Warum hast du sie dann umgebracht?«

»Habe ich ja gar nicht«, lachte er glucksend und ließ das Messer von der einen Hand in die andere wandern. »Du hast doch den *Star* gelesen, Schwachkopf!«

Ich verstand nicht.

»Erinnerst du dich nicht, was der Ungar gesagt hat? Es gab einen zweiten Mann. Und der hatte das verdammte Messer!« Er schüttelte belustigt den Kopf und deutete mit seinem Springmesser zur Tür.

Das war die Gelegenheit, auf die ich gewartet hatte. Ich holte mit der Flasche aus und schlug mit voller Wucht auf sein Handgelenk. Seine Knochen brachen mit lautem Knacken, das Messer fiel zu Boden, und Michael stieß einen fürchterlichen Schrei aus. Erst als ich den Schatten hinter mir wahrnahm, begriff ich, was Michael soeben gesagt hatte: Der zweite Mann hatte das Messer! Mein Blick ging zur Tür. Dort stand Edmund und starrte mich an. Er hatte zwar kein Messer in der Hand, wie vor drei Wochen in der Berner Street, dafür aber eine seltsam geschwungene Eisenstange.

»Mach schon!«, schrie Michael.

Im selben Augenblick brüllte Edmund wie ein Affe, und die Stange sauste auf mich nieder. Ich ließ mich zur Seite fallen, doch der Schlag traf mich dennoch an der Schläfe. Mit einem Knall gingen die Lichter aus. Wie bei einer explodierenden Glühbirne.

ACHTER TEIL

NED BROOKS

»Murder! The very night seemed to know it, and the desolate wind to howl it in his ear. The dark corners of the streets were full of it. It grinned at him from the roofs of the houses.«

(»Mord! Selbst die Nacht schien es zu wissen, und der trostlose Wind schien es in sein Ohr zu heulen. Die dunklen Straßenwinkel waren voll davon. Es grinste ihm von den Dächern der Häuser entgegen.«)

Oscar Wilde, Lord Arthur Savile's Crime, 1887

SEPTEMBER/OKTOBER 1884

I

Nichts galt mehr. Auf nichts war mehr Verlass. Das hatte Ned gewusst, als sie den armen Dick töteten, um sein Blut zu trinken und sein Fleisch zu essen. Und das wusste er auch jetzt, als er vom Angeklagten zum Verräter wurde. Vom Mittäter zum Zeugen der Krone. Sie hatten mit der Tötung des Jungen eine Grenze überschritten, waren zu reißenden Bestien geworden und würden fortan dafür zahlen. Nichts wäre mehr, wie es vorher war. Der Geist war aus der Flasche.

Zunächst aber hatte ihnen die grausame Bluttat das Leben gerettet. Am 29. Juli, fünf Tage nachdem sie Dick getötet und ausgeweidet hatten, waren sie von dem deutschen Segelfrachter *Montezuma* mitten im Atlantik aufgelesen worden. Das Beiboot und die abgenagten Überreste des toten Jungen hatten sie als Beweismittel mit an Bord genommen. Kapitän Dudley hatte darauf bestanden, nichts zu verheimlichen, sondern alles wahrheitsgemäß zu berichten. Der Brauch des Meeres stehe auf ihrer Seite, behauptete er und schien keinen Gedanken daran zu verschwenden, dass man ihnen aus dem Vorfall einen Strick drehen könnte. Der himmlische Gott und das irdische Gesetz waren gleichermaßen mit ihnen.

Umso größer war das Entsetzen, als die drei Männer Anfang September, direkt nach ihrer Ankunft in Falmouth, wegen Mordes verhaftet wurden. Drei Tage waren sie in einer kargen Zelle eingesperrt, bevor ein Friedensrichter sie bis zur Verhandlung am 18. September gegen eine hohe Kaution auf freien Fuß setzte. Immer noch war der Kapitän davon überzeugt, dass das Gericht sie freisprechen würde, weil sie ja nichts Unrechtes getan hatten. Dass sie gegen Kaution freigekommen waren und ihnen in der Stadt so viel Verständnis und Unterstützung entgegengebracht wurde, bestärkte den gutgläubigen Kapitän nur in seiner Ansicht. Und er erzählte allen

Reportern und Neugierigen, die davon hören wollten, was draußen auf hoher See in dem verfluchten Dingi geschehen war.

Ned aber ahnte, dass sie nicht ungeschoren davonkommen würden. Dass sich etwas über ihren Köpfen zusammenbraute und ein Exempel an ihnen statuiert werden sollte. Allerdings hatte er keine Ahnung, dass ausgerechnet er als unfreiwilliges Werkzeug für dieses Exempel dienen sollte. Sie würden gemeinsam freigesprochen oder allesamt ins Gefängnis gehen, davon war Ned immer überzeugt gewesen. Erst als der Staatsanwalt bei der Hauptverhandlung die Beteiligung des Matrosen Brooks herunterspielte und zugleich die Schuld des Kapitäns Dudley und die Mitschuld des Maats Stephens betonte, schwante Ned, dass der Prozess eine unerwartete Wendung nehmen würde.

Weil Edmund Brooks sich mehrfach ausdrücklich gegen die Tötung des Jungen ausgesprochen habe, so schloss der Staatsanwalt seine etwas umständlichen Ausführungen, und weil besagter Brooks weder Täter noch Komplize bei der Ausführung der Tat gewesen sei, beantrage die Staatsanwaltschaft, den Angeklagten formell zu entlasten und ihn stattdessen für den Fortgang des Verfahrens als Zeugen zu benennen.

Der Friedensrichter stimmte dem Antrag überraschend schnell und widerspruchslos zu und beendete, unter dem beifälligen Murmeln der Zuschauer, die Beweisaufnahme gegen den Angeklagten Brooks.

Ned begriff zunächst nichts. Zu fremd waren ihm die juristischen Begriffe und das hochgestochene Vokabular. Doch als ihm sein Anwalt freudig die Hand schüttelte und ein ebenfalls lächelnder Polizist erschien, um ihn von der Anklagebank zu führen, da dämmerte ihm, was die Worte des Staatsanwalts bedeuten mochten, und er erschrak. Sofort ging sein Blick zu Dudley und Stephens, und deren Gesichtern war abzulesen, was sie in diesem Augenblick dachten: Ned hatte sie verraten. Er hatte die eigene Freiheit erkauft, indem er sie ans Messer lieferte.

Gern hätte Ned ihnen zugerufen, dass sie sich irrten und dass er von dem Kniff des Staatsanwalts, der offenbar mit dem Richter abgesprochen war, ebenso überrascht war wie sie, doch schon fasste ihn der Polizist am Ärmel und führte ihn aus dem Saal. Dass manche der Zuschauer ihm applaudierten oder sogar auf die Schulter klopften, machte alles nur noch schlimmer. Denn kurze Zeit später, nachdem er grübelnd im Flur gesessen hatte, wurde er erneut in den Gerichtssaal gerufen. Diesmal als Zeuge der Krone.

Im Zeugenstand sagte er genau das aus, was er auch als Beschuldigter stets zu Protokoll gegeben hatte. Und es unterschied sich nur unwesentlich von dem, was Tom Dudley und Edwin Stephens ausgesagt und niemals bestritten hatten. Ja, er versuchte sogar, die in seinen Augen eigenmächtige Vorgehensweise des Kapitäns zu beschönigen, und wies darauf hin, dass sie alle nicht mehr leben würden, wenn Dudley und Stephens anders gehandelt hätten. Doch darum ging es dem Staatsanwalt nicht, und auch das Gericht interessierte sich mehr für den Akt der Tötung als dafür, wessen Leben durch diese Verzweiflungstat gerettet worden war. Einziger Zweck des Verfahrens war es, den Angeklagten den mildernden Umstand der Notwehr abzusprechen.

Als Ned seine Aussage gemacht hatte und vom Staatsanwalt mit einem zufriedenen Nicken entlassen worden war, hatte er wieder einmal das Gefühl, sich schmutzig gemacht und seine Seele verraten zu haben, eine ohnmächtige Figur in einem abgekarteten Spiel zu sein. Ein bisschen wie damals bei seinem Einverständnis, die schwangere Mary zu heiraten und nach Brightlingsea zu schaffen. Oder im Dingi, als er stillschweigend zugesehen hatte, wie ein wehrloser Junge getötet worden war. Das Schicksal meinte es nicht gut mit Ned. Die Ereignisse rollten über ihn hinweg, rissen ihn mit und spuckten ihn wieder aus. Und Ned hatte keine Ahnung, was er dem entgegensetzen konnte.

Der Friedensrichter von Falmouth verwies das Verfahren

wegen der Schwere der Anschuldigungen an das Schwurgericht in Exeter, wo Ned erneut aussagen musste, diesmal vor Geschworenen. Der Richter ließ die beiden Angeklagten vorübergehend auf freien Fuß, aber nur gegen Kaution, bis zum nächsten Gerichtstermin.

Ned hingegen war in jeder Hinsicht ein freier Mann. Er konnte gehen, wohin er wollte, wie ihm sein Anwalt versicherte. Ned dankte ihm und schüttelte zugleich den Kopf. Er wusste es längst besser.

2

Sie verachteten ihn. Ned kannte die Blicke, mit denen sie ihm in der County Tavern und den anderen Kneipen in Southampton begegneten, nur zu gut. Als wäre seine bloße Anwesenheit eine Beleidigung oder Zumutung für sie. Darum schaute er zu Boden und wich ihren Blicken aus, die wie spitze Pfeile waren. Auch Mary hatte ihn auf diese Weise angeschaut, als er nach dem Tod des kleinen George an dessen Grab gesagt hatte, nun könnten sie doch von vorne anfangen und alles würde ein gutes Ende nehmen. »Ein gutes Ende?«, hatte Mary ihn wütend angefaucht. »Für wen?« Ihre Augen waren voller Hass und Abscheu gewesen.

Es waren oft nur verstohlene Blicke und kleine Gesten, selten offene Worte und noch seltener grobe Taten. Doch Ned wusste, dass sie ihn für einen Judas Ischariot hielten. Egal ob in Mr. Egertons County Tavern oder den anderen Hafenkneipen in Northam, überall wurde er abschätzig beäugt und wie ein Aussätziger gemieden. Wenn er am Tresen saß, wurden die Hocker neben ihm bald frei. Wenn er sich an einen Tisch setzte, standen die anderen wortlos auf und gingen. Als wäre es seine Schuld, dass die Geschworenen in Exeter die beiden Seeleute für schuldig befunden hatten, ohne jedoch im Urteilsspruch klarzustellen, ob es sich nun um Mord handelte oder nicht. Das würde erst in einer weiteren Verhandlung vor einem höheren Gericht in London festgestellt, und dort würde auch das Strafmaß festgelegt. Glücklicherweise war Ned nicht aufgefordert worden, erneut in London auszusagen. Die Protokolle seiner bisherigen Aussagen genügten dem Gericht, und so blieb es Ned erspart, dem Kapitän und dem Maat der *Mignonette* ein weiteres Mal unter die Augen zu treten. Auch sie hatten ihn mit diesem beredten und vernichtenden Blick bedacht.

Alle hielten Ned für einen Schurken. Nicht weil er das Fleisch von Dick Parker gegessen hatte, sondern weil er nicht mit den anderen beiden Männern auf der Anklagebank saß und bangend auf die Urteilsverkündung in London wartete. Im Gerichtssaal hatten die Leute ihm noch applaudiert, doch nach dem Ende der Verhandlung in Falmouth und der nicht erfolgten Freilassung der anderen Männer war die Stimmung merklich gekippt. Plötzlich musste er sich rechtfertigen, obwohl er doch gar nichts falsch gemacht hatte. Er hatte nicht gelogen, er hatte keinen Judaslohn empfangen, er hatte niemandem Schaden zugefügt. Er war unschuldig in die Mühlen der Justiz geraten und zwischen ihren Mühlsteinen zerquetscht worden. Durch eine Freilassung, die alle für das Ergebnis eines verräterischen Handels mit dem Anwalt der Krone hielten! Dass das nicht der Wirklichkeit entsprach, konnte er nicht beweisen, und seinem Wort wurde nicht geglaubt. Der äußere Schein sprach gegen ihn. Die Freilassung hatte ihm das Genick gebrochen.

Das Schicksal war ein schlechter Verlierer, dachte Ned manchmal. Immer wenn er glaubte, dass alles sich zum Guten wendete, kam von irgendwoher der nächste Nackenschlag. Er hatte die Frau geheiratet, die er liebte, doch das hatte sein Leben vernichtet. Er hatte einen Schiffbruch überlebt und war gerettet worden, wurde aber als Kannibale und Mörder angeklagt. Er war freigesprochen worden, galt seitdem aber als Verräter.

Beinahe schlimmer als die Ablehnung und der Hass, die ihm so unvermittelt entgegenschlugen, war die Tatsache, dass er keine anständige Arbeit mehr fand. Kein Schiff, egal ob Überseedampfer oder Flussfähre, ließ ihn anheuern, kein Kapitän wollte es wagen, ihn an Bord zu beschäftigen und dadurch womöglich eine Rebellion der Mannschaft zu riskieren. Auch die Segelregatten kamen nicht mehr in Frage, weil sich die unrühmliche Kunde längst wie ein Lauffeuer an den Küsten entlanggefressen hatte. Nicht einmal in Brightlingsea hätte man ihn auf einer Rennjacht arbeiten lassen.

Ned Brooks war als Matrose erledigt. Er hielt sich als

schlecht bezahlter Tagelöhner in den Docks von Northam leidlich über Wasser und versoff das wenige Geld abends in den Schänken. Nur der Alkohol war ihm geblieben und in all den Jahren nie untreu geworden. Damals in Brightlingsea, als er den Ekel über sich selbst in Schnaps ertränkt hatte, und heute in Southampton, wenn er billigen Fusel in sich hineinkippte, um die Erinnerung an die Tage im Dingi abzutöten und die unbegreiflichen Folgen des Schiffbruchs zu verdrängen. Ein verlässlicher Freund! Der einzige, den er noch hatte.

Der Brief aus London kam ebenso unerwartet wie gelegen. Wie ein Geschenk. Ned hatte seit Tagen keine Arbeit im Hafen gefunden, was auch daran lag, dass er nur noch volltrunken durch die Gegend wankte und sich wortwörtlich den Verstand aus dem Schädel soff. Mit billigem Blindmacher, der nach Steinöl schmeckte und einem das Hirn ausradierte. Das Schreiben stammte von einem gewissen Tom Norman, der sich selbst »The Silver King« nannte und ihm ein verlockendes Angebot machte. Ned sollte als Darsteller in einer Bühnenschau irgendwo im Londoner East End auftreten. Dabei sollte er nichts anderes machen, als auf der Bühne seine Geschichte zu erzählen. So detailliert, kenntnisreich und realistisch wie möglich. Damit das geneigte Publikum erfahre, welche unsäglichen Qualen die armen Seeleute auf hoher See durchlitten hätten, wie Mr. Norman es in seinem Brief pathetisch ausdrückte.

Ned war zwar ein Säufer und manchmal etwas schwer von Begriff, aber er war kein Dummkopf. Er wusste, was es mit diesen Penny Gaffs auf sich hatte, denn er hatte in den letzten Jahren einige solcher Vorstellungen gesehen, in denen menschliche Kuriositäten, absonderliche Gestalten und blutrünstige Geschichten präsentiert wurden. Doch der versprochene Lohn war ordentlich, Kost und Logis waren inbegriffen, und ob er sich nun in den Straßen Southamptons zum Gespött machte oder auf einer Londoner Bühne den Kannibalen mimte, darauf kam es letztlich nicht an. Ned hatte ohnehin nichts mehr zu verlieren. Seinen Stolz als Allerletztes.

Also kaufte er sich von seinem letzten Geld eine Fahrkarte dritter Klasse nach London, ging vom Bahnhof Waterloo direkt zur Whitechapel Road im East End und trat bereits einen Tag später beim Silver King auf. Aus dem Matrosen Ned Brooks wurde der »Kannibale des Meeres«, der dem gebannten Publikum von dem Untergang der *Mignonette* und den Tagen im Dingi erzählte.

Neben ihm traten vollbärtige Spanierinnen, verhutzelte Zwerge, orientalische Feuerschlucker und spindeldürre Riesen auf. Und nicht zuletzt, als Hauptattraktion der Schau, der sogenannte »Elefantenmensch«, eine fürchterlich anzuschauende Kreatur, die so missgestaltet war, dass die Frauen im Publikum bei ihrem Anblick reihenweise in Ohnmacht fielen. Gegen diesen Joseph Merrick war Neds Auftritt, bei dem er sich vor einer schäbigen Kulisse in zerlumpten Kleidern zeigte und mit rollenden Augen blutiges Fleisch verzehrte, eine eher harmlose Angelegenheit. Doch seltsamerweise fühlte er sich im Kreise dieser kuriosen und widernatürlichen Gestalten zum ersten Mal seit langer Zeit gut aufgehoben. Er war, so eigenartig ihm das selbst auch manchmal erschien, unter seinesgleichen – ein Ausgestoßener unter Ausgestoßenen.

Ned schrieb Mr. Egerton eine Ansichtspostkarte des Penny Gaffs und teilte ihm, nur für den Notfall, seine aktuelle Adresse mit. Doch nie meldete sich jemand aus Southampton oder kam ihn gar besuchen. Alle waren erleichtert, dass er sie nicht länger mit seiner Gegenwart belästigte. Und er war froh, sich nicht länger rechtfertigen zu müssen.

Anfang Dezember 1884 las er in der Zeitung, dass Tom Dudley und Edwin Stephens vom Londoner Divisionsgericht zum Tode verurteilt worden waren. Was für seinen Auftritt auf der Bühne durchaus förderlich war, weil es die nachlassende Aufmerksamkeit plötzlich in die Höhe schnellen ließ, bedeutete für Ned eine persönliche Katastrophe, die nicht einmal durch unablässigen Alkoholexzess abzumildern war. Ned dachte mehr als einmal an Selbstmord, doch dazu fehlte ihm der Mut. Und so war die Erleichterung groß, als die Verurteilten wenig später von der Königin begnadigt und das Todesurteil in eine Gefängnisstrafe umgewandelt wurde. Die Krone hatte ihren Präzedenzfall und war vermutlich mit dem Ausgang des Verfahrens sehr zufrieden. Die unglücklichen Beteiligten wurden für eine Weile in Holloway weggesperrt und dann nicht länger beachtet. Sie hatten ihre undankbare Rolle gespielt und damit, ebenso wie Ned, aus Sicht der Justiz ihren Zweck erfüllt.

Für einen kurzen Augenblick kam ihm der Gedanke, die beiden Seeleute in Holloway zu besuchen, doch dann ließ er ebenso rasch wieder davon ab. Was hätte es ihm oder ihnen gebracht? Es hätte die alten Wunden nur wieder aufgerissen. Ned sah weder den Kapitän noch den Maat der *Mignonette* jemals wieder. Doch in seinen Alpträumen wurde er sie nicht los. Immer und immer wieder erschienen ihm die beiden Verurteilten und der tote Dick im Schlaf und ließen ihn schweißgebadet aufwachen. Und wie auf der Bühne rief er ihnen ins Gesicht: »Ich bin unschuldig. Ich war's nicht. Ich war dagegen!«

Die relative Geborgenheit seines Daseins im Penny Gaff währte allerdings nicht lange. Noch im Dezember kam dem Silver King seine Hauptattraktion abhanden, und der Laden in der Whitechapel Road wurde von der Polizei nach einer Razzia geschlossen. Ned erfuhr nie, was aus dem »Elefantenmensch« geworden war und aus welchem Grund das Penny Gaff die Türen schließen musste. Angeblich hatte ein Arzt aus dem gegenüberliegenden Royal Hospital seine Hände im Spiel; man sagte, er habe wegen der menschenunwürdigen Verhältnisse Anzeige gegen Tom Norman erstattet. Doch das war nur eines von vielen Gerüchten, die sich um den Silver King und sein Monstrositätenkabinett rankten.

Einige Monate lang tingelte Ned mit Tom Norman und einigen anderen Darstellern durch das Land. Er trat in irgendwelchen Hinterzimmern zweitklassiger Kneipen auf und ließ sich seine Gage immer häufiger in Schnaps auszahlen. Seine Auftritte bewältigte er schließlich nur noch in betrunkenem Zustand, was die Glaubwürdigkeit seiner grotesken Darstellung zwar noch steigerte, aber seinem Verstand nicht zuträglich war. Er wurde immer mehr zum menschlichen Wrack.

Es war eine seltsame Ironie des Schicksals, dass genau das, war er sich einst sehnlich gewünscht hatte, schließlich zu seinem Unglück beitrug. Die Erinnerung an das tragische Los der Schiffbrüchigen verblasste, der Aufsehen erregende Fall wurde zu den Akten gelegt und von der Öffentlichkeit vergessen, der »Kannibale des Meeres« verlor seinen Schrecken. Andere Gräueltaten beherrschten die Schlagzeilen, über die *Mignonette* sprach niemand mehr. Entsprechend müde waren die Reaktionen auf Neds Darbietungen. Irgendwann hatte der Silver King schlichtweg keine Verwendung mehr für ihn. Beim nächsten Gastspiel der Truppe in London wurde er von Mr. Norman entlassen, mit einem Händedruck und ein paar aufmunternden Worten.

Ned tat das, was er immer getan hatte: Er fügte sich in sein Schicksal. Ein Kämpfer war er nie gewesen, allein zu kämpfen lag ihm erst recht nicht. Gern hätte er allen seine Verzweiflung, seine Enttäuschung und Wut ins Gesicht geschrien, doch das entsprach nicht seinem Naturell. Und was hätte es auch genutzt? Die Wut wendete sich stattdessen nach innen, die Verzweiflung blieb stumm und ungehört. Ned resignierte und gab auf. Es hatte ohnehin alles keinen Sinn. Also verdingte er sich als Tagelöhner in den Docks oder am Fischmarkt, verrichtete die niedrigsten Arbeiten, flüchtete sich zusehends in den Alkohol und wohnte in irgendwelchen Armenunterkünften. Oder in der Gosse, wenn auch dazu das Geld nicht reichte. Sein Ende als Schnapsleiche schien nur noch eine Frage der Zeit zu sein.

Doch dann begegnete er eines Nachts Michael Kidney im Britannia Pub. Aus Gründen, die für Ned bis heute schleierhaft waren, nahm der ihn unter seine Fittiche. Er besorgte ihm eine zwar schlecht bezahlte, aber dauerhafte Arbeit im Hafen und verschaffte ihm sogar eine billige Unterkunft in Spitalfields. Michael gab Ned etwas, was dieser schon lange nicht mehr erfahren hatte: Aufmerksamkeit. Und sei es auch nur in winzig kleinen Portionen. Michael kümmerte sich um ihn, wie man sich um einen streunenden Hund kümmert, den man für seine Zwecke abrichtete. Er war für Ned da und gab ihm eine Richtung. Und genau das war es, was Ned im Augenblick am dringendsten benötigte. Er war ein Matrose und brauchte einen Kapitän, der ihm sagte, wo es langging. Michael gab Ned das belebende Gefühl, gebraucht zu werden oder zumindest nicht unnütz zu sein. Ned kam sich plötzlich nicht mehr wie ein Aussätziger vor. Und er zahlte es Michael durch absolute Loyalität und unbedingten Gehorsam heim.

Er nannte sich fortan Edmund und verschwieg, wenn möglich, seinen Nachnamen. Niemand aus seinem neuen Umfeld wusste, wer er war und was ihm widerfahren war. Er war nicht länger ein Jachtenmatrose oder Kannibale oder Kronzeuge oder Bühnendarsteller, sondern einfach der Dockarbeiter Edmund. Ein etwas merkwürdiger und verschrobener Kerl, der von den anderen Arbeitern ein wenig beäugt oder belächelt, aber in Ruhe gelassen wurde.

Solange Michael an seiner Seite war.

3

Natürlich gab es einige, die ihn vor Michael Kidney warnten. Ginger etwa, die hübsche rothaarige Hure von gegenüber, die ihn manchmal durchs Fenster zuschauen ließ, wenn ein Freier bei ihr lag. Oder auch Gingers Freund, der Fischträger Joseph, der unten am Fischmarkt von Billingsgate arbeitete. Sie nannten Michael ein dampfendes Pulverfass, das jederzeit hochgehen konnte, und bezweifelten, dass er sich nur aus Nächstenliebe so rührend um ihren eigenartigen Nachbarn kümmerte.

Edmund brauchte diese gut gemeinten Ermahnungen und Ratschläge nicht, denn er ahnte durchaus, dass Michael nicht ohne Eigennutz handelte. Edmund war nicht so blauäugig, an Freundschaft oder gar Großmut zu glauben. Er war deshalb auch nicht überrascht, als Michael ihn aufforderte, das rückwärtige Brennholzlager, das zu Edmunds Wohnung gehörte, zu räumen und seiner Freundin Long Liz kostenlos zur Verfügung zu stellen. Edmund war froh, von Nutzen sein zu können, und ließ Michael, der Widerspruch ohnehin nicht hätte gelten lassen, über die Kammer verfügen.

Auch die seltsamen Botengänge, die Edmund für Michael unternahm und bei denen er fest verschnürte Pakete in die eine Richtung und versiegelte Briefumschläge in die andere Richtung beförderte, störten Edmund nicht. Was in den Paketen und Briefen war, interessierte ihn nicht, solange Michael ihm anschließend auf die Schulter klopfte und ihn zur Belohnung auf ein Bier ins Britannia einlud.

»Mein bester Mann«, so nannte Michael ihn manchmal im Scherz.

»Ay, Master!«, antwortete Edmund dann mit ernster Miene.

Vermutlich hatte Ginger recht, wenn sie behauptete, dass Michael ihn nur ausnutzte und für die eigenen Zwecke missbrauchte. Wenn es beispielsweise Ärger mit Long Liz gäbe, die oft betrunken war und wie ein Waschweib auf offener Straße herumkeifte, dann wäre Edmund als offizieller Hauptmieter wie ihr vermeintlicher Zuhälter erschienen und womöglich für ihre Eskapaden haftbar gemacht worden. Denn nur darum gehe es Michael, vermutete Ginger. Nichts anderes könne hinter dieser seltsamen Untervermietung stecken. Auch die Botengänge, von denen sie durch Joseph erfahren hatte, waren ihr suspekt. Wenn nämlich Edmund mit den geheimnisvollen Paketen in eine Polizeirazzia geriete, dann würde Michael bestimmt nicht für ihn in die Bresche springen, sondern seine Hände in Unschuld waschen. Darauf könne Edmund Gift nehmen.

Edmund wusste all das oder spürte es zumindest, aber es war ihm egal, solange Michael ihn halbwegs anständig behandelte. Und das tat er. Auch wenn er ihn manchmal einen Trottel nannte und sich vor den anderen über ihn lustig machte. Worte konnten ihn nicht mehr treffen, darüber war er längst hinaus. Er hatte wieder eine Aufgabe, und Michael zählte auf ihn. Das allein war wichtig.

Darum war es für Edmund auch kein Grund zur Besorgnis, als Michael ihm eines Tages auftrug, ein wachsames Auge auf seine beiden Weibsbilder zu haben, wie er es ausdrückte. Außer Long Liz, die er bei Edmund im Miller's Court untergebracht hatte, gab es noch eine zweite Frau, Fanny Annie, für die er ein Zimmer in einer billigen Herberge in der Devonshire Street gemietet hatte und die er ebenfalls auf die Straße schickte, um für ihn anzuschaffen. Die beiden Frauen wussten nichts von der jeweils anderen, denn Michael schaffte es, seine freie Zeit so zwischen der Dorset Street in Spitalfields und der Devonshire Street in Mile End aufzuteilen, dass kein Verdacht aufkam. Edmund sollte den Aufpasser spielen und den Frauen in der Zeit, in der Michael anderweitig beschäftigt war, auf die Finger schauen und ihnen gerne auch mal auf dieselben hauen, wenn sie in Kneipen das Geld versoffen, statt es auf der Straße zu verdienen.

Edmund fühlte sich geschmeichelt. Nicht nur weil er einer der wenigen war, die von Michaels Doppelleben wussten, sondern auch weil Michael ihm mit dem Auftrag ein schönes Springmesser mit dunklem Horngriff überreichte. »Falls die Weiber mal Zicken machen«, wie er grinsend hinzufügte.

Mit Fanny Annie gab es nie Ärger. Sie stammte aus Polen oder Russland und trieb sich die meiste Zeit in Mile End und Limehouse herum, wo viele ihrer Landsleute lebten und gern Huren nahmen, mit denen sie in ihrer Muttersprache reden konnten. Falls ihnen denn nach Reden zumute war. Annie war keine Trinkerin und überhaupt ein schlichtes Gemüt. Sie wollte so viel Geld wie möglich zusammenkratzen, um es ihrer kleinen Tochter zu schicken, die bei den Großeltern in der Heimat geblieben war. Annie träumte davon, ihre gesamte Familie nachzuholen und in einer hoffentlich nahen Zukunft ein neues Leben zu beginnen. Edmund zuckte nur mitleidig mit den Schultern, wenn sie ihm davon erzählte, und sagte kein Wort. Wer war er, ihr die Illusion zu nehmen? Sie würde früh genug erkennen, wie töricht ihre Träume waren.

Long Liz hingegen war ein Problem. Immer häufiger betrank sie sich, zettelte unnötig Streit an, vergrätzte durch ihr unflätiges Benehmen die Freier und wurde mehr als einmal wegen Trunkenheit oder Erregung öffentlichen Ärgernisses zur Polizeiwache gebracht. Einmal hatte sie Michael sogar wegen Tätlichkeit auf der Wache angezeigt, die Beschuldigung aber am nächsten Morgen, in nüchternem Zustand und übersät mit blauen Flecken, zurückgezogen. Hinzu kam, dass sie ständig das Blaue vom Himmel log und ein dreistes Märchen nach dem anderen erzählte, um kein Geld abgeben zu müssen. Mal war sie überfallen und ausgeraubt worden, ein anderes Mal hatte ein Polizist ein Bestechungsgeld verlangt. Oder eine unerklärliche kurzzeitige Unpässlichkeit hatte sie davon abgehalten, Geld zu verdienen. In Wirklichkeit jedoch hockte sie in den Kneipen und schüttete sich zu, bis sie auf allen vieren zum Miller's Court kroch und in ihrer Bretterbude verschwand.

Liz wurde mit der Zeit zu einer Belastung, und immer wieder kam es deshalb zum handfesten Streit mit Michael. Und mit Edmund, der sich dafür verantwortlich fühlte, dass Liz parierte und keinen Unfug anstellte. Weil Michael ihm vertraute.

Eines Tages im September war Liz plötzlich verschwunden. Vermutlich hatte Michael sie einmal zu oft oder etwas zu heftig verdroschen, jedenfalls waren am nächsten Morgen ihre Sachen weg und sie selbst unauffindbar. Michael tobte und suchte alle Kneipen im East End ab, doch er konnte Liz nirgends finden, was ihn erst recht in Rage versetzte.

Edmund verstand nicht genau, warum Michael sich derart aufregte. Liz war mit ihren vierundvierzig Jahren, der runzligen Haut und den fehlenden Schneidezähnen nicht gerade eine Augenweide. Außerdem hatte sie in den letzten Wochen kaum noch etwas herangeschafft und war für alle ein einziges Ärgernis gewesen. Weder Michaels Schläge noch Edmunds Messer, mit dem er vor ihrer Nase herumgefuchtelt hatte, hatten daran etwas ändern können. Michael hätte eigentlich froh sein können, dass er Liz endlich losgeworden war. Denn dass Michael tatsächlich etwas für Long Liz empfand, das schien für Edmund nahezu ausgeschlossen. Liz war eine Plage, und einer Plage weinte man nicht nach.

Doch Michael behauptete, es gehe ums Prinzip. Er lasse sich nicht an der Nase herumführen, von niemandem, schon gar nicht von einem hässlichen Weibsstück. Eher werde er Liz die Gurgel durchschneiden, als ihr erlauben, sich ungefragt davonzumachen. Wenn, dann jage er, Michael, sie zur Hölle. Nicht umgekehrt!

Anschließend machte er Edmund Vorwürfe, weil er nicht ordentlich auf Liz aufgepasst habe. Das war natürlich ungerecht, denn Liz war mitten in der Nacht heimlich aus der Dorset Street davongeschlichen, nachdem Michael sie sich vorgeknöpft hatte. Wie hätte Edmund das allen Ernstes verhindern können? Doch er wusste, dass es keinen Sinn hatte, mit Michael darüber zu streiten. Wenn der seine Tobsuchtsanfälle hatte, war es besser, zu allem Ja und Amen zu sagen und das

Donnerwetter über sich ergehen zu lassen. Sonst wurde alles nur noch schlimmer. Das hatte Edmund oft genug am eigenen Leib erfahren.

Schließlich brachte Michael eher zufällig in Erfahrung, dass Liz sich zur Heilsarmee geflüchtet hatte und sich bei den frommen Betschwestern vor ihm versteckte. Angeblich hatte sie dem Alkohol und den Männern abgeschworen und sich Gott zugewandt. Gemeinsam mit Edmund wollte Michael sie aus dem Haus in der Hanbury Street herausholen, doch sie wurden bereits an der Tür von einer Schar uniformierter Matronen abgewiesen.

»Kein Mann betritt dieses Haus!«, riefen sie und drohten mit der Polizei. Besonders eine junge Frau mit feuerrotem Haar tat sich bei den Salutistinnen hervor und baute sich vor Michael auf, als wollte sie es tatsächlich mit ihm aufnehmen. Michael sah schließlich ein, dass er nichts gegen diese zu allem entschlossenen Weibsbilder ausrichten konnte, doch er drohte, er werde in der Nacht wiederkommen und sich holen, was ihm gehöre.

Edmund bezweifelte das. Das Frauenasyl hatte tatsächlich etwas von einer Burg – wie hätte Michael Liz aus dieser Festung locken sollen? An eine gewaltsame Stürmung des Asyls war nicht zu denken. Umso überraschter war er, als ihm sein Kompagnon am nächsten Morgen stolz mitteilte, er habe Liz aus der verdammten Weiberhölle befreit.

Auf Edmunds Frage, wie ihm dieses Kunststück gelungen sei, antwortete Michael grinsend: »Mit Speck fängt man Mäuse.« Dann packte er Edmund plötzlich am Kragen und fauchte: »In Zukunft passt du besser auf, du Trottel! Damit das nicht noch mal passiert. Verstanden?«

»Ay«, gab Edmund kleinlaut zurück, wich seinem Blick aus und bat zerknirscht um Verzeihung. »Kommt nicht wieder vor, Michael. Kannst dich auf mich verlassen. Das verspreche ich. Eher schneiden wir ihr die Gurgel durch, stimmt's?«

Michael stutzte. Dann lachte er wie über einen Witz, zuckte mit den Schultern und sagte: »Wenn's sein muss!«

Deshalb folgte Edmund Liz in der folgenden Nacht auf Schritt und Tritt. Von Kneipe zu Kneipe, rund um die Christ Church, wo Liz sich den Kerlen anbot oder etwas zu trinken erbettelte. Einmal verschwand sie mit einem Freier in einem Hauseingang neben dem Ten Bells, doch davon abgesehen war nicht viel los. Edmund beobachtete sie aus der Ferne und achtete darauf, unbemerkt zu bleiben. Nur für den Fall, dass sie in die Hanbury Street ginge, wollte er eingreifen und sich ihr in den Weg stellen. Sonst beließ er es bei der heimlichen Observation.

Da das Geschäft in Spitalfields recht mau verlief, ging Liz nach einiger Zeit in Richtung Whitechapel, wo sie die Gegend zwischen der Commercial Road und den London Docks abgraste. Doch auch hier waren ihre Dienste kaum gefragt. Es war noch nicht so spät und die Kunden nicht betrunken genug, um sich mit einer heruntergekommenen Säuferin wie Liz einzulassen. Eher aus Mitleid bekam sie immer wieder ein Bier oder einen Schnaps spendiert, manchmal machte sie sich über die abgestandenen Reste in den Biergläsern her, bevor sie weggeräumt wurden. Schließlich, an der Ecke Berner und Fairclough Street, verschwand sie im Lord Nelson Pub und kam gar nicht wieder heraus. Als Edmund durch das Fenster schaute, sah er sie allein an einem Ecktisch sitzen und die Reste mehrerer Biergläser zusammenkippen.

Edmund betrat das Lord Nelson und stellte Liz zur Rede. Doch sie lachte ihn nur aus und meinte, er solle sich gefälligst zum Teufel scheren. Auch die Erwähnung von Michael und das Vorzeigen des Messers, das er in der Innentasche seiner Jacke trug, hatten keinen Erfolg. Liz schüttelte lediglich den Kopf und beschimpfte Edmund als albernes Schoßhündchen, das gern ein Wachhund wäre. Aber wenn's drauf ankäme, würde er doch den Schwanz einkneifen. »Das Messer kannst du getrost wegstecken«, keifte sie und winkte ab. »Weißt ja ohnehin nicht, wie man damit umgeht.«

»Mit so einer Waffe hab ich schon einen Menschen zerlegt«, entfuhr es Edmund, bevor er sich auf die Lippen beißen konnte.

Liz starrte ihn einen Moment lang verwundert an. Doch dann lachte sie und rief: »Sehr witzig! Hättest mich beinahe drangekriegt, Edmund! Und jetzt verpiss dich, du Schwachkopf!«

Edmund hatte nicht wenig Lust, ihr das zahnlose Lächeln aus dem Gesicht zu prügeln. Doch er zwang sich, ruhig zu bleiben, machte auf dem Absatz kehrt und verließ die Kneipe. Es war bereits nach Mitternacht. Edmund überlegte eine Weile und entschied sich dann, Michael aus der Devonshire Street zu holen, die nur einen Steinwurf entfernt war. Dann würde Liz schon sehen!

»Schwanz einkneifen!«, zischte er. »Von wegen!«

Michael war offenkundig wenig erfreut, als Edmund vor der Tür stand. An dem hastig übergezogenen Hemd und der offenen Hose erkannte Edmund, dass er zu einem ungünstigen Zeitpunkt gekommen war. Außerdem war Michael betrunken, wie seine Fahne und seine glasigen Augen verrieten. Als Michael jedoch hörte, was sein Besucher über Liz berichtete, schickte er Fanny Annie wieder ins Bett, zog sich an und ging torkelnd mit Edmund zur Berner Street. Er schaute durch das Fenster des Lord Nelson, sah Liz unverändert die Bierreste aufsammeln, stieß einen Fluch aus und klopfte an die Scheibe.

Als Liz Michael auf der Straße sah, fuhr sie augenblicklich in die Höhe, um die Kneipe zu verlassen. Das abfällige Lachen war ihr schlagartig vergangen. Als sie vor dem unsicher wankenden und finster dreinschauenden Michael stand, war sie nur noch ein Häufchen Elend. Edmund betrachtete die beiden vom Eingang der Kneipe und hielt die Kreuzung im Auge, als wartete er auf jemanden.

»Ich hab mich nur ein wenig ausgeruht«, behauptete Liz und starrte zu Boden.

»Anstrengende Nacht gehabt?«, knurrte Michael und fasste sie wie ein Kaninchen im Genick. »Hart gearbeitet, was?«

In diesem Augenblick kam ein Polizist die Fairclough Street entlang und näherte sich dem Lord Nelson. Edmund räusperte sich laut, und Michael führte Liz mit unverändert hartem Griff einige Schritte in die Berner Street hinein. Als der Polizist um die Ecke gebogen war, stieß Michael sie in einen Eingang auf der linken Seite und rief Edmund zu: »Du passt auf!«

Edmund näherte sich dem mit einem Holztor versperrten Eingang, der zum Hof eines Wagenbauers führte, blieb jedoch wie angewurzelt stehen, als sich plötzlich ein Passant näherte. Weil Michael vor dem Holztor auf Liz einbrüllte und sie, wie den Geräuschen zu entnehmen war, brutal zu Boden stieß, wurde der Mann auf die Szene aufmerksam und rief irgendetwas in einer für Edmund unverständlichen Sprache.

Edmund warnte Michael mit einem Pfiff und ging gleichzeitig dem Fremden entgegen. Als er direkt vor ihm stand, zückte Edmund das Messer, ließ es aufspringen und grinste zufrieden, als der Passant panisch zurückwich und dann Hals über Kopf davonlief.

Michael hatte inzwischen das Holztor geöffnet und Liz in den Durchgang gestoßen, wo sie mit einem dumpfen Schrei zu Boden ging. Edmund überquerte die Straße und betrat ebenfalls die Passage. »Arthur Dutfield, Wagenbauer«, stand auf dem Holztor. Es dauerte eine Weile, bis Edmund sich an die Dunkelheit gewöhnt hatte, doch dann erkannte er Michael, der Liz am Kragen packte und durchschüttelte, als wollte er sie auf diese Weise zur Vernunft bringen.

»Verdammtes Miststück!«, schnauzte Michael.

»Lass mich doch gehen!«, bat Liz.

»Was machen wir jetzt mit ihr?«, fragte Edmund.

»Was wohl!«, knurrte Michael und ließ von ihr ab. »Zur Hölle mit ihr!«

»Zur Hölle mit ihr«, wiederholte Edmund und nickte, weil er wusste, was Michael von ihm verlangte. Er sprang auf Liz zu, riss ihr den Kopf nach hinten und schnitt ihr mit dem Messer die Gurgel durch. Genauso wie Michael es am Morgen gesagt hatte: »Wenn's sein muss!«

Liz war zu überrascht, um sich zu wehren. Ihre Knie gaben

nach, und sie sackte zu Boden. Eine Weile war nur das Gurgeln des Blutes in ihrer Kehle zu hören. Und ein seltsames Blubbern oder Rauschen. Wie damals im Dingi, als das gurgelnde Geräusch seine Lebensgeister wiederbelebt und er sich auf den Becher mit dem dampfenden Blut gestürzt hatte. Das Geräusch war allerdings nur einige Sekunden lang zu hören, dann war alles ruhig.

»Was hast du getan, du Idiot?«, schrie Michael, starrte auf die sterbende Liz und raufte sich die Haare.

»Wie du gesagt hast, Michael«, sagte Edmund, wischte die Klinge an Liz' Ärmel ab und klappte das Messer zu. Er begriff nicht, was er falsch gemacht haben sollte. »Lieber schneiden wir ihr die Gurgel durch.«

»Aber das war doch nicht so gemeint«, behauptete Michael und riss ihm die Waffe aus der Hand. »Bist du denn völlig übergeschnappt?«

»Du hast es gesagt«, beharrte Edmund.

»Verdammter Schwachkopf!«, schrie Michael und steckte das Messer in seine Tasche. »Das gibt's doch gar nicht!«

In diesem Augenblick hörten sie einen Pferdewagen, der sich ratternd auf der Berner Street näherte und direkt vor dem Durchgang zum Stehen kam.

»In den Hof!«, befahl Michael und schubste Edmund, der völlig verstört war und überhaupt nichts begriff, wie ein kleines Kind vor sich her. »Über die Mauer!«

Die beiden Flügel des Holztores öffneten sich genau in dem Moment, als Michael und Edmund auf eine im Hof abgestellte Lastenkarre kletterten und von dort über die Mauer auf das Nachbargrundstück sprangen. Als der Kutscher des Wagens wenige Augenblicke später die Leiche im Durchgang entdeckte, waren Michael und Edmund bereits durch einen schmalen Durchlass zwischen zwei Häusern in die Fairclough Street entkommen.

4

Edmund hatte nichts gegen Frauen. Sie waren ihm unheimlich und erschienen ihm rätselhaft, und viele von ihnen schüchterten ihn ein, aber er hasste sie nicht. Nicht wirklich. Auch Liz hatte er nicht gehasst, trotz der boshaften Worte und geringschätzigen Blicke, mit denen sie ihn immer wieder gedemütigt hatte. In gewisser Weise hatte Liz ihn behandelt, wie ihn schon Mary früher immer behandelt hatte: mit einer Mischung aus Verachtung und Spott. Als wäre er ein albernes Insekt, das nicht einmal wert war, zertreten zu werden. Doch das war nicht der Grund gewesen, warum er sie getötet hatte.

Nein, mit Rache, Vergeltung und verletztem Stolz hatte das nichts zu tun, da war sich Edmund sicher. Er hatte lediglich getan, was seine Aufgabe gewesen war. Wie damals im Dingi, als der Schiffskoch Ned den toten Jungen zerteilt hatte, damit die Mannschaft zu essen hatte. Wie man es von einem guten Smutje erwarten konnte. Er hatte Liz die Gurgel durchgeschnitten, weil Michael es ihm aufgetragen hatte. Nur zu diesem Zweck hatte er ihm schließlich das Messer gegeben. Auch wenn Michael das anschließend nicht wahrhaben wollte und Edmund einen gemeingefährlichen Irren nannte.

Wie sonst wäre es zu erklären gewesen, dass Michael mit ihm geflüchtet war und ihn anschließend nicht bei der Polizei verpfiffen hatte? Warum hätte er sonst all die Falschaussagen vor dem Gericht und gegenüber den Reportern machen sollen? Es wäre doch ein Einfaches gewesen, alles auf Edmund zu schieben und, wie Ginger es gesagt hatte, die Hände in Unschuld zu waschen. Warum also hatte er sich so verhalten?

Gewiss, Michael hätte nicht gut dagestanden, wenn die ganze Wahrheit über ihn und Long Liz herausgekommen wäre. Sein Verhalten war doch sehr verdächtig gewesen. Und womöglich hätte ihn das Gericht wegen seiner Beteiligung an der Tat sogar belangen können. Vor allem wenn Edmund dem Coroner seine Sicht der Dinge preisgegeben hätte. Doch der eigentliche Grund für Michaels Schweigen und seine Lügen war ein anderer: Edmund hatte seinen Befehl ausgeführt. »Zur Hölle mit ihr!« Er hatte Michael einen Gefallen getan. Davon war er fest überzeugt, und das ließ er sich auch von Michael nicht ausreden. Er wusste es schließlich besser.

Was in Dutfield's Yard geschehen und wer letztendlich dafür verantwortlich war, spielte ohnehin keine Rolle mehr. Denn Jack the Ripper hatte Long Liz ermordet! Elizabeth Stride, wie sie plötzlich von allen genannt wurde. Jeder redete davon, niemand zweifelte daran. Ein Doppelmord! Was sonst?

Es war schon ein seltsamer Zufall, dass nur eine halbe Stunde nach Liz' Tod eine weitere Frau getötet worden war. Nicht mal eine Meile von der Berner Street entfernt. Und weil der zweite Mord am Mitre Square so viel blutrünstiger ausgeführt worden war, konzentrierte sich fast alles auf diese Tat. Kaum jemand erkannte, dass Liz' Tod nicht ins Muster passte. Die Leute sahen nur, was sie sehen wollten: Der Ripper war beim ersten Mord durch das herannahende Pferdefuhrwerk gestört worden und hatte sein blutiges Werk nicht vollenden können. Deshalb hatte er kurz darauf ein zweites Mal und diesmal so unfassbar barbarisch gemordet. Alles passte zusammen, alles ergab Sinn.

»Du hast wirklich mehr Glück als Verstand«, sagte Michael nach der Anhörung vor dem Coroner zu Edmund und fasste ihn hart am Handgelenk. »Komm also nicht auf die Idee, irgendwelchen Unsinn über mich oder Liz zu verbreiten. Du hältst dein Maul, sonst müsste ich nämlich andere Saiten aufziehen.«

»Ich schweig wie ein Grab«, antwortete Edmund und schaute zu Boden.

»Das will ich dir auch raten«, sagte Michael, griff in die Jackentasche und holte das Springmesser heraus. »Denk dran, ich hab immer noch das Messer. Wenn du deine Klappe nicht hältst, landest du ruckzuck am Galgen.«

Edmund verstand zwar nicht, was das Messer damit zu tun

hatte, denn immerhin gehörte es Michael. Und es stand nicht im Griff eingraviert, wer Liz damit die Gurgel durchgeschnitten hatte. Wenn Michael jetzt zur Polizei ginge, säße er selbst ebenfalls in der Patsche. Mitgegangen, mitgefangen, mitgehangen! Doch Edmund verstand die Warnung auch so. Wie er überhaupt Michael sehr gut verstand. Vermutlich besser, als der sich selbst.

Dass Michael sich in den folgenden Wochen auffallend zurückzog und den Kontakt zu Edmund auf das Notwendigste beschränkte, kränkte Edmund zwar, doch auch dafür hatte er Verständnis. Erst musste ein wenig Gras über die Sache wachsen, dann würde alles wieder sein wie zuvor. *»Mein bester Mann!«* Auch dass Michael keine Verwendung mehr für die Bretterbude hatte und Edmund mitteilte, er könne sie wieder als Brennholzlager benutzen oder anderweitig vermieten, leuchtete Edmund ein. Nichts sollte mehr an Long Liz erinnern. Michael schenkte ihm sogar die Matratze, die er für Liz besorgt hatte.

»So gut wie neu«, sagte er.

»Danke, Michael«, antwortete Edmund. »Für alles.«

Doch mit dem neuen Untermieter schien Michael ebenfalls nicht einverstanden zu sein. Bereits bei ihrer ersten Begegnung vor einer Woche hatte er ihn so komisch angeschaut, als wäre er ihm schon einmal über den Weg gelaufen. Erst durch Ginger hatte Edmund überhaupt erfahren, dass der Untermieter Rupert hieß, doch seltsamerweise war der Kerl schon in der nächsten Nacht verschwunden und blieb für einige Tage verschollen. Ebenso merkwürdig war es, dass Michael vor zwei Tagen im Hafen auf Edmund zugekommen war und ihm zu verstehen gegeben hatte, dass dieser Rupert ihnen hinterherspionierte und vermutlich ein Reporter oder Polizeispitzel war. Dass er jedenfalls nicht der war, für den er sich ausgab.

Edmund nickte nur und fragte: »Was soll ich tun?«

»Dem Kerl sollte man mal das Maul stopfen.«

»Verstehe«, sagte Edmund. »Hab ihn aber lange nicht gesehen.«

»Falls er noch mal auftaucht, knöpf ihn dir vor!«, meinte Michael und zog Edmund am Ärmel zu sich heran. »Auch zu deinem eigenen Interesse. Aber mach diesmal keinen Unsinn! Du sollst ihm nur das Maul stopfen, damit er verschwindet.«

Edmund nickte gehorsam.

In derselben Nacht hörte er ein lautes Schnarchen aus dem Bretterverschlag und ging nach hinten, um dem Schlafenden die befohlene Abreibung zu verpassen. Er öffnete lautlos die Tür zur Bude, schlich zum Bett und wollte diesem Rupert das Maul stopfen. Doch irgendetwas stimmte nicht. Der Kerl auf dem Bett stank wie ein Tier, nach Schnaps und Pisse, wie einer der Herumstreuner aus dem Itchy Park. Wie Edmund, bevor er Michael begegnet war. Als sich Edmunds Augen an das Dunkel in der Kammer gewöhnt hatten, erkannte er schemenhaft einen verfilzten Vollbart und eine riesige Runkelnase. Das war nicht Rupert!

Der Mann wurde wach, fuhr hoch und schrie erschrocken auf.

Edmund gab ihm eins aufs Maul. Für alle Fälle.

Der Vollbärtige brüllte wie ein Wahnsinniger, stieß Edmund zur Seite, rannte davon und ließ nur die Erinnerung an seinen bestialischen Gestank zurück.

Edmund war seit Tagen nicht im Britannia Pub gewesen. Genau genommen seit letztem Montag, als er für einen Moment plötzlich geglaubt hatte, seine Mary dort an einem Tisch am Fenster zu sehen. Zusammen mit Heather, Michaels neuer Freundin. Natürlich wusste Edmund, dass das unmöglich war. Denn die Mary hier, im Britannia, war genauso alt gewesen wie diejenige Mary, die er vor zwanzig Jahren im George Inn kennengelernt hatte. Als wäre die Zeit spurlos an ihr vorbeigezogen. Nur bleicher und abgemagerter war sie gewesen, wie eine Sterbenskranke.

Edmund glaubte eigentlich nicht an Gespenster, und mit Aberglauben hatte er nichts am Hut, und doch war es ihm, als wäre ihm Marys Geist erschienen. Das war die einzige sinnvolle Erklärung, die ihm einfiel. Entweder das, oder er begann, seinen Verstand zu verlieren. Doch wenn Mary eine Spukgestalt war, dann bedeutete das, dass sie gestorben war. Denn Lebende verwandelten sich nicht in Geister.

In den Tagen danach hatte er einen großen Bogen um das Britannia gemacht. So, wie er seit Jahren einen Bogen um das George Inn machte. Seit er vor vier Jahren wieder nach London zurückgekommen war, hatte er die Kneipe in Southwark nicht mehr betreten. Den gesamten Stadtteil auf der Südseite der Themse hatte er nach Möglichkeit gemieden wie der Beelzebub das Weihwasser. Und dennoch war es ihm nicht gelungen, seiner Vergangenheit zu entkommen. Marys Wiedergängerin hatte ihn angestarrt mit ihrem bleichen Gesicht und ihren großen Augen, die ihn damals so verzaubert hatten. Dieselben Augen, die ihn später voller Verachtung angeschaut hatten. Als wäre alles seine Schuld.

Ausgerechnet im Britannia wollte sich Michael nun mit ihm treffen. Wegen Rupert. Edmund wagte keinen Widerspruch. Zum Glück waren weit und breit keine Geister auszumachen. Heather war irgendwo in Whitechapel unterwegs, um Geld anzuschaffen, und von der vermeintlichen Mary war ebenfalls nichts zu sehen. Nur ein dummes Hirngespinst, sagte Edmund zu sich, glaubte aber den eigenen Beschwörungen nicht so recht.

Edmund berichtete Michael, was in der vergangenen Nacht geschehen war und dass nicht Rupert, sondern ein völlig Fremder in Ruperts Bett gelegen habe.

»Ein Gentleman mit Zylinder und feinem Gehrock?«, fragte Michael und nickte wissend. »Ich sagte ja, er spielt ein doppeltes Spiel.«

»Nein, kein Gentleman«, wunderte sich Edmund. »Ein stinkender Streuner mit verdrecktem Bart.«

Michaels Blick verfinsterte sich. Er wirkte überrascht und ratlos, und das gefiel Edmund überhaupt nicht. Denn es machte ihn unsicher. Wenn nicht einmal Michael wusste, was zu tun war, dann war auf nichts mehr Verlass!

»Was, zum Teufel, hat der Kerl vor?«, fragte Michael. »Was weiß er?«

»Was soll er schon wissen?«, antwortete Edmund verwirrt.

Michael sah aus, als wüsste er darauf eine Antwort, doch er zuckte mit den Schultern und sagte stattdessen: »Einen ganz schönen Schlamassel hast du da angerichtet! Verdammter Trottel!«

Jetzt ging das wieder los, dachte Edmund, mied aber Michaels Blick und schaute aus dem Fenster. Der Nebel war inzwischen so dicht, dass nicht einmal die Christ Church auf der anderen Straßenseite zu sehen war. Selbst die Passanten vor dem Fenster waren nur als Schemen zu erkennen.

»Der Kerl muss weg!«, sagte Michael schließlich und knallte das Bierglas auf den Tisch. »Weg mit ihm!«

»Dafür müsste er erst mal wieder auftauchen«, meinte Edmund.

»Glaub mir, das wird er«, antwortete Michael und bestellte noch eine Runde. »Und dann schnappen wir ihn uns!«

»Wie Liz?«, fragte Edmund.

»Wie Liz«, bestätigte Michael und zog die Augenbrauen hoch.

Edmund starrte auf seine Finger und nickte.

Es war weit nach Mitternacht, als sie schließlich das Britannia als letzte Gäste verließen. Der Wirt bugsierte sie auf die Straße und sperrte die Tür hinter ihnen zu. Edmund hatte zu viel getrunken und fühlte sich unsicher auf den Beinen. Wie bei einem ersten Landgang nach langer Zeit auf hoher See. Bei dem Nebel konnte man zudem kaum die Füße auf dem Boden sehen. Zum Glück hatten sie es nicht weit.

Als sie die Dorset Street betraten, glaubte Edmund eine Bewegung hinter sich zu bemerken, doch als er sich umdrehte, war niemand zu sehen. Nur ein Straßenköter huschte knurrend um die Ecke.

Im selben Augenblick stieß Michael ihn an und deutete in die entgegengesetzte Richtung. Edmund sah gerade noch, wie eine seltsam unförmige Gestalt den Durchgang zum Miller's Court betrat.

»Was war das?«, flüsterte Edmund erschrocken.

»Das werden wir gleich wissen«, antwortete Michael ebenso leise.

Sie gingen zum Durchlass und schauten in den Hof, der nur durch die Gaslaterne beschienen war. Trotz der schlechten Sicht erkannte Edmund, dass dort jemand eine andere Person auf den Armen trug. Wie die Muttergottes den toten Jesus, ging es ihm durch den Kopf. Dann war der Schatten hinter dem Gebäude verschwunden.

»Wo sind sie hin?«, fragte Edmund.

»Bestimmt nicht zum Scheißhaus«, lachte Michael.

»Oh«, sagte Edmund.

»Du sagst es!«, antwortete Michael.

Sie mussten nicht lange warten. Schon nach kurzer Zeit bog der Schatten erneut um die Ecke und kam auf sie zu. Diesmal ohne zweite Person auf den Armen. Als er unter der Laterne stand, erkannte Edmund den Gentleman, trotz Mantel und Zylinder.

»Na, wen haben wir denn da?«, fragte Michael spöttisch. »Der verlorene Sohn ist zurückgekehrt.«

Wie Liz, dachte Edmund und räusperte sich.

NEUNTER TEIL

CELIA UND RUPERT

*»Then I sought the face of my soul,
and I saw upon its darkness the answer to my uttered question,
and I knew that I stood in the presence of him
who had done battle with love, Death.«*

(»Dann suchte ich das Angesicht meiner Seele,
und ich sah in seiner Dunkelheit die Antwort auf meine Frage,
und ich wusste, dass ich vor ihm stand,
der mit der Liebe gekämpft hatte, dem Tod.«)

Simeon Solomon, A Vision of Love Revealed in Sleep, 1871

DONNERSTAG, 25. OKTOBER 1888
1. CELIA BROOKS

Celia hätte nicht genau sagen können, wie lange sie schon vor dem Britannia Pub stand und durchs Fenster in den verrauchten Schankraum schaute. Es erschien ihr wie Stunden, doch sie hatte jedes Zeitgefühl verloren und kam sich vor wie in einem Traum. Was auch durch den dichten Nebel ringsum verstärkt wurde, der alles unwirklich aussehen ließ. Womöglich hatte sie immer noch ein wenig Fieber, jedenfalls fuhren ihr in unregelmäßigen Abständen Schauer über den Rücken, als legte sich ihr eine kalte Hand in den Nacken. Mehrmals fuhr sie herum, weil sie tatsächlich glaubte, jemand stünde hinter ihr, doch da war niemand. Keiner der zahlreichen Passanten nahm von ihr Notiz, obwohl sie wie angenagelt auf dem Gehweg stand und auf den Eingang des Britannia starrte.

Ihr Vater saß in der Kneipe. Zusammen mit dem finster dreinschauenden Michael, dem neuen und alles andere als sympathisch wirkenden Freund von Heather. Sie saßen an einem Tisch unweit des Tresens, steckten die Köpfe zusammen, rauchten Pfeife und bestellten eine Runde nach der anderen. Celia hatte sich hinter einem auf dem Gehsteig abgestellten Fuhrwerk versteckt, sodass sie die Männer aus der Deckung beobachten konnte, ohne selbst gesehen zu werden. Weil der Tresenraum überdies hell beleuchtet war, während der Gehweg im Nebel lag, stand nicht zu befürchten, dass ihr Vater auf sie aufmerksam würde.

Sie hatte ihn tatsächlich gefunden! Endlich! Doch nun, da sie ihr Ziel erreicht hatte, wusste sie nicht, was sie tun und wie sie ihrem Vater begegnen sollte. Einfach in die Kneipe zu gehen, sich vor ihm aufzubauen und zu sagen: »Hallo, Vater, ich bin Celia!«, das erschien ihr absurd und unmöglich. Nicht zuletzt, weil dieser Michael dabei war, der sie einschüchterte, obwohl sie ihn überhaupt nicht kannte. Nein, lieber wollte sie abwarten und beobachten. Solange ihr Vater im Britannia saß und sie an Ort und Stelle blieb, konnte er ihr nicht entwischen. Wenn er dann den Pub verließe, könnte sie ihm nach Hause folgen und ihn ansprechen, sobald er allein wäre. Auch wenn ihr davor bang war, weil sie keine Ahnung hatte, was sie sagen sollte und wie er wohl darauf reagieren würde. Die Worte des Wirts in Southampton fielen ihr wieder ein: »Weil er nämlich nicht gefunden werden will!« Und seine Frau hatte hinzugesetzt: »Antworten gibt's nicht umsonst.«

Und doch war Celia froh, dass sie hergekommen war. Sich hergetraut hatte. Mehrere Stunden hatte sie sich schon in der Gegend herumgetrieben, war immer wieder in die Dorset Street und zum Britannia Pub oder Ten Bells gegangen und hatte die Augen und Ohren offen gehalten. Im Ten Bells hatte Heather vor einigen Tagen Michael kennengelernt, in der Dorset Street wohnten die beiden, und vor dem Britannia hatte Celia, kurz vor ihrem Zusammenbruch, ihren Vater entdeckt. »Ein Nachbar«, wie Heather gesagt hatte. »Ein komischer Kauz!« Also war Celia den halben Tag lang stoisch von Ort zu Ort gegangen, rings um die Christ Church, immer darauf hoffend, irgendwo auf ihren Vater zu treffen. »Nicht ganz dicht in der Birne!« Auch das waren Heathers Worte gewesen.

Seitdem Celia ihrem Vater am Montag begegnet war, hatte sie an nichts anderes mehr denken können. Selbst in ihren wirren Fieberträumen war er ihr erschienen, zusammen mit den beiden anderen Männern, denen sie in den letzten Tagen so unerklärlich oft über den Weg gelaufen war. Als sie am Donnerstagmorgen endlich wieder halbwegs erholt und fieberfrei gewesen war, hatte ihr Beschluss festgestanden: Sobald Maureen am Abend die Wohnung verlassen würde, um im People's Palace aufzutreten, wollte Celia nach Spitalfields gehen und Ausschau halten. Wie die Polizisten auf Streife, von denen es in der Gegend nur so wimmelte, seitdem der Ripper im East End sein Unwesen trieb.

Beinahe wäre es jedoch gar nicht dazu gekommen, denn

Maureen wollte sie zunächst nicht allein lassen. Celia sei noch nicht gesund und könne jederzeit einen Rückfall erleiden. Und da Rupert Ingram nicht da sei, um in der Zwischenzeit auf sie aufzupassen, werde Maureen ihren Auftritt absagen und bei Celia bleiben. Sie könne ihr auch etwas vorlesen, wenn ihr denn der Sinn nach Büchern stehe.

»Lesen schadet«, antwortete Celia grinsend und beschwor Maureen, doch bitte keine unnötige Rücksicht auf sie zu nehmen. Sie sei wieder gesund und bei Kräften, ihre Hand tue gar nicht mehr weh, auch das Fieber sei verschwunden. Und vor allem solle Maureen nicht ihretwegen auf ihre Gage verzichten. Celia wusste, dass Maureen pro Auftritt bezahlt wurde und ihr Honorar nur erhielt, wenn sie abends auf der Bühne stand. Celia meinte, es sei doch unsinnig, ihr beim Schlafen zuzusehen, wenn Maureen zur selben Zeit gutes Geld verdienen könne. Sie sei so müde, dass sie ohnehin früh zu Bett gehe. Und falls sie doch etwas benötige, könne sie ja Mrs. Adams im Dosshouse fragen. Deren Fett- und Zwiebelgestank werde sie schon überleben, wie Celia lachend hinzufügte.

Schließlich gab sich Maureen geschlagen, packte ihre Kostümtasche und verließ nach dem Abendbrot die Wohnung. Nur eine Dreiviertelstunde später stand Celia vor der Christ Church und begann ihre Runden. Mit Erfolg, wie sich inzwischen herausgestellt hatte.

Gebannt schaute sie durch das Fenster auf ihren Vater. Der Rauschebart, die hohe Stirn, die stattliche Figur – alles war eigentlich genauso, wie Celia es in Erinnerung hatte. Und doch hätte sie ihren Vater vermutlich niemals erkannt, wenn er sie am Montag nicht so seltsam angestarrt hätte. Wie eine Erscheinung. Wie einen Geist.

Auch jetzt war es vor allem der seltsame Ausdruck in seinen Augen, der Celia verwirrte und gleichzeitig in den Bann zog. Sein Blick erinnerte sie an den eines Hundes, zugleich treuherzig und gehetzt, zutraulich und doch lauernd, immer auf der Hut. Wenn Michael etwas sagte und dabei meistens zur Decke oder auf sein Bierglas schaute, dann klebte Vaters Blick regelrecht an ihm, er schien jedes Wort auch mit den Augen aufzusaugen. Doch sobald sich die Blicke trafen, starrte er schlagartig auf den Tisch, zu Boden oder auf seine Pfeife, als hätte er vor irgendetwas Angst. Als befürchtete er, durchschaut zu werden. Oder bestraft.

»Kannst du mich nicht anschauen, wenn ich mit dir rede?«, hatte ihre Mutter ihn früher immer wieder angefahren.

»Nein, kann ich nicht!«, hatte ihr Vater manchmal erwidert. »Du mit deinem verdammten Hexenblick! Da läuft's einem ja kalt den Rücken runter!«

Celia erinnerte sich an eine Begegnung mit ihrem Vater, einige Monate bevor er die Familie verlassen hatte. Celia hatte von ihrer Mutter den Auftrag erhalten, den Vater aus der Kneipe nach Hause zu holen. Es war ein Sonntag im Januar, die Rennsaison war längst vorbei, und Ned Brooks verbrachte die meiste Zeit, wenn er nicht im Hafen arbeitete oder mit den Austernfischern auf See war, im Rosebud Pub am Hurst Green, dem Dorfanger am Rande von Brightlingsea. Celia sollte den Vater zum Essen holen. Mr. Hutchinson, der Nachbar, hatte ihnen ein Stück von dem Wildbret abgegeben, das er von seinem Sohn bekommen hatte, und weil es sonst nie Wildschweinbraten im Hause Brooks gab, sollte Celia dem Vater Bescheid geben. Damit der sich nachher nicht beschweren könne.

Celia war damals acht Jahre alt gewesen und hatte ihren Vater noch niemals beim Zechen in einem Pub erlebt. Entweder war er auf hoher See oder unten am Hafen, oder er lag betrunken und schnarchend auf dem Sofa, nur so kannte Celia ihn. Abwesend oder abweisend. Doch wie er sich unter Seemännern und Fischern in einer Kneipe aufführte, davon hatte Celia keine Ahnung. Umso überraschter war sie, als sie ihren Vater im Kreise der Nachbarn und Kollegen sah. Er erzählte gerade eine offenbar lustige Geschichte, fuchtelte gestenreich mit den Händen und lachte immer wieder laut auf. Auch die anderen Männer grölten und klopften mit den Knöcheln auf die Tischplatte.

Celia trat schüchtern an den Tisch und sagte: »Vater!«

Er hielt inne, schaute sie an und erstarrte. »Was?«, knurrte er.

»Das Essen ist fertig«, antwortete Celia und sah ihren Vater erschrocken an. »Es gibt Wildschweinbraten. Von Mr. Hutchinson. Also eigentlich nicht von Mr. Hutchinson, sondern von seinem Sohn. Mutter sagt …«

»Ja, ja«, unterbrach er sie und wedelte sie mit der Hand weg. Wie eine lästige Fliege.

»Aber Mutter meint …«, beharrte Celia und suchte den Blick des Vaters.

»Starr mich nicht so an!«, schnauzte er plötzlich. »Das hält doch kein Mensch aus.«

Celia verstand nicht und gefror zu Eis.

»Hast genau so einen Blick wie deine Mutter!«, rief er aufgebracht. »Kannst du nicht woanders hingucken?«

»Woanders?« Celia war nicht in der Lage, sich zu bewegen oder ihre Augen abzuwenden. »Wo soll ich denn sonst hingucken?« Die verzerrte Fratze ihres Vaters zog sie wie ein Magnet an, sie konnte nicht anders als hinschauen.

Und dann geschah etwas Seltsames. Ihr Vater seufzte und wandte sich ab, als könnte er ihren Anblick tatsächlich nicht länger ertragen. »Ich komme gleich«, murmelte er leise und hielt sich die Hand über die Augen, als würde er durch irgendetwas geblendet. Fast flehentlich setzte er hinzu: »Lass mich, Kind!«

Damals begriff Celia davon natürlich nichts und wunderte sich nur über das seltsame Verhalten ihres Vaters. Doch wenn sie heute darüber nachdachte, dann kam es ihr vor, als hätte er Angst vor ihr gehabt. Als wäre sie ihm regelrecht unheimlich gewesen. Und alles nur, weil sie ihn angeschaut hatte.

»Na, Mädchen«, wurde Celia durch eine krächzende Männerstimme aus ihren Gedanken gerissen. »So spät noch unterwegs? Solltest du nicht längst zu Hause sein? Es ist bereits nach Mitternacht.«

Celia fuhr erschrocken zusammen und atmete erleichtert auf, als sie einen mürrisch dreinschauenden Constable vor sich sah. »Danke, Officer!«, antwortete sie und versuchte zu lächeln. »Ich warte auf jemanden.«

Der Uniformierte schaute sie halb mitleidig, halb streng an und sagte: »Dies ist kein Ort, um nachts allein auf der Straße zu stehen.«

»Ich warte«, wiederholte Celia verstockt. »Danke, Sir.«

Der Constable knurrte abfällig, zog die Stirn kraus und ging weiter.

Celia schaute ihm nach und begriff erst jetzt, dass er sie vermutlich für eine Prostituierte gehalten hatte. Auch deshalb war sie erleichtert, als er gegenüber in die Church Street einbog, am Ten Bells vorbeiging und hinter der Kirche verschwand. Im selben Augenblick wurde hinter Celia die Tür zum Britannia aufgerissen, und ein Mann rief: »Schluss für heute! Raus mit euch!«

Oh nein!, schoss es Celia durch den Kopf, als sie herumfuhr und wieder zur Kneipe schaute. Das Britannia wurde geschlossen. Durch das Fenster konnte sie beobachten, wie die beiden Männer vom Wirt auf die Straße geschubst wurden.

Erst als Michael und ihr Vater draußen den Weg in Richtung Dorset Street eingeschlagen hatten, wagte sich Celia aus ihrem Versteck. Dabei trat sie versehentlich einem Straßenköter, der unter dem Fuhrwerk geschlafen hatte, auf den Schwanz. Mit einem Knurren sprang der Hund auf und raste davon. Celia ging blitzschnell wieder in Deckung.

»Was war das?«, fragte ihr Vater.

Zunächst glaubte Celia, er hätte sie trotz des Nebels entdeckt, doch als sie hinter dem Fuhrwerk hervorlugte, erkannte sie, dass die beiden Männer weiter in die andere Richtung wankten.

»Das werden wir gleich sehen«, sagte Michael.

Im nächsten Augenblick waren sie in einem Durchgang auf der rechten Seite verschwunden.

»Miller's Court«, stand auf einem Schild über dem schmalen Torbogen. Das konnte Celia in der Dunkelheit und dem Nebel zwar nicht lesen, aber sie war im Laufe des Abends so häufig durch die Dorset Street gegangen, dass sie jedes Gebäude in der schmalen Gasse zu kennen glaubte. Michael und Heather wohnten weiter hinten in der Straße, wie sie sich zu erinnern glaubte, also musste sich im Miller's Court die Wohnung ihres Vaters befinden. Und vermutlich würde Michael bald wieder auftauchen, um nach Hause zu gehen. Dann würde Celia sich ihrem Vater stellen. Würde *ihn* stellen. Komme, was da wolle.

Doch nichts geschah. Michael kam nicht wieder heraus. Kein Ton war zu hören. Also wagte sich Celia bis zum Torbogen vor und lugte vorsichtig in den Durchgang. Eine Laterne beleuchtete den dahinterliegenden Yard, doch das Einzige, was sie sah, war der Schatten eines Mannes, der mit dem Rücken zu ihr und breitbeinig am hinteren Ende des Durchgangs stand. Wie ein Wachsoldat. Der Größe nach zu urteilen, musste es sich um Celias Vater handeln. Von dem viel kleineren Michael war nichts zu sehen. Nur leise Stimmen drangen in diesem Augenblick durch die Dunkelheit. Zu leise, um die Worte zu verstehen.

Celia trat in den Torbogen und überlegte, ob sie ihren Vater ansprechen sollte, als dieser plötzlich den Durchgang verließ und in den Hof ging, wo er auf der rechten Seite in einer dunklen Nische verschwand. Es quietschte metallisch, und kurz darauf erschien ihr Vater wieder im Torbogen. In der Hand hielt er nun einen an beiden Enden gebogenen Stab, es sah beinahe aus wie der Schwengel einer Pumpe.

»Vater!«, wollte Celia sagen, doch ihre Stimme versagte.

Und im gleichen Augenblick schrie jemand ganz in der Nähe: »Scheiß auf Liz!«

Celia erschrak. Auch ihr Vater zuckte merklich zusammen. Er räusperte sich mehrmals, als hätte er einen Frosch im Hals, dann ging er mit großen Schritten nach hinten, wo der Hof so dunkel und der Nebel so dicht war, dass Celia nichts erkennen konnte. Langsam tastete sie sich durch den Durchlass, bis sie den engen Hof erreicht hatte. Zur Rechten befand sich eine Wasserpumpe ohne Schwengel, zur Linken eine flackernde Gaslaterne an einer Häuserwand, und am hinteren Ende des Yards glaubte sie mehrere Holzkabinen zu erkennen. Vermutlich die Latrine.

In diesem Moment stieß jemand einen spitzen Schmerzensschrei aus.

Kurz darauf hörte sie Michael rufen: »Mach schon!«

Und als Antwort brüllte Celias Vater wie von Sinnen. Es klang fast nicht mehr menschlich. Aus einer Wohnung im Vorderhaus, direkt neben dem Durchgang, hörte Celia unverständliche Geräusche. Dann war plötzlich alles still.

Celia hätte fortrennen sollen. Nur weg von hier. So schnell wie möglich. Zur Hauptstraße, wo die Polizisten Streife gingen. Zum Ten Bells, das vermutlich immer noch geöffnet war. Oder in die Hanbury Street, wo sie im Frauenasyl der Heilsarmee Zuflucht finden würde. Doch stattdessen schlich sie, wie von unsichtbaren Fäden gezogen, in den hinteren Teil des Hofes und lugte um die Ecke. Dort stand die Tür zu einem fensterlosen Holzschuppen auf. Mattes Kerzenlicht erleuchtete das Innere.

Celia konnte kaum glauben, was sich dort ihren Blicken bot. In der winzigen Holzkammer befanden sich vier Personen auf engstem Raum. An der Rückwand lag irgendjemand auf einer Pritsche unter einer Decke und bewegte sich nicht. Michael hockte links von der Tür neben einem Holztisch auf dem Boden und hielt sich jammernd die rechte Hand, die seltsam deformiert aussah. Eine weitere Gestalt lag leblos im pelzbesetzten Mantel auf dem Boden, neben sich eine leere Schnapsflasche und einen Zylinder. Und Celias Vater stand über dem

Leblosen und hielt den Pumpschwengel mit beiden Händen über dem Kopf, als wollte er ihn auf den Liegenden niedersausen lassen.

»Worauf wartest du?«, zischte Michael. »Schlag zu!«

Ihr Vater nickte, doch irgendetwas hielt ihn zurück. Vielleicht lag es daran, dass sich der Mann auf dem Boden gerade bewegt hatte.

»Los, du Schwachkopf!«, schrie Michael. »Er ist noch nicht hin!«

Celia stand reglos in der Tür und starrte wie gebannt auf die Szenerie. Niemand bemerkte sie, und selbst wenn, wäre es ihr egal gewesen, denn sie hatte gerade erkannt, wer dort mit blutendem Schädel auf dem Boden lag und ein dumpfes Stöhnen von sich gab. Ein junger Mann mit einem Herz auf der Wange, so groß wie eine Half-Crown-Münze. Rupert Ingram!

Was, um alles in der Welt, hatte der denn hier zu suchen? Was mochte das bedeuten? Und wieso wollte ihr Vater ihn umbringen? Alles drehte sich vor ihren Augen. Nichts ergab mehr Sinn. Die Welt war aus den Fugen. Das konnte doch alles nicht wahr sein.

Und darum schrie sie ihren Vater an: »Tu's nicht!«

Er fuhr entsetzt herum, starrte sie an, wie er sie auch am Montag angestarrt hatte, und rief: »Mary!« Er wich zurück, bis er an die Holzwand stieß, ließ mutlos die Eisenstange sinken, schüttelte den Kopf und wisperte: »Kommst du mich jetzt holen?«

Celia wusste nicht, was sie darauf antworten sollte. Aber sie musste irgendetwas tun. Deshalb nickte sie wortlos, ging einen Schritt auf ihn zu und streckte die Hand aus, um ihm den Schwengel abzunehmen.

Doch Michael kam ihr zuvor. Er sprang plötzlich mit schmerzverzerrter Miene auf die Beine, entriss ihrem Vater mit der unverletzten linken Hand die Eisenstange und baute sich über Rupert Ingram auf, der in diesem Augenblick wieder zu sich kam, den Schatten über sich sah und in einer hilflosen Geste die Hände zur Abwehr hob.

Celia hatte es bereits die ganze Zeit dort liegen sehen. Direkt vor ihren Füßen. Ein Messer mit dunklem Horngriff und spitzer Schneide. Als hätte man es nur zu dem Zweck dorthin gelegt, dass sie es entdeckte und aufhob. Mit der linken Hand, weil die rechte noch verbunden war. Sie hielt das Messer, wie ihr Bruder Peter es ihr einmal gezeigt hatten: mit der Schneide nach oben und der Spitze nach vorne. Mit einer schnellen Bewegung stach sie zu, von unten nach oben. Einmal. In die Seite. Ganz ungewohnt, mit links. Dann, als Michael sich überrascht umwandte, noch einmal. Vor Schreck. In die Brust. Direkt unters Brustbein, wo das Messer stecken blieb. Die Eisenstange rutschte ihm aus der Hand und schlug mit einem dumpfen Geräusch auf dem nackten Erdboden auf.

»Wer, zum Teufel, bist du?«, raunte Michael und starrte sie verständnislos an, bevor seine Beine nachgaben und er rücklings auf dem Holztisch landete und samt Tisch und Kerze zu Boden ging.

Schlagartig wurde es dunkel.

2. RUPERT INGRAM

Eine Zeit lang blieb alles still. Nur unser heftiges Atmen oder Keuchen war zu hören. Ich versuchte zu verstehen, was sich soeben direkt vor meiner Nase abgespielt hatte, aber es wollte mir nicht gelingen. Ich wusste, was ich gesehen hatte, aber es ergab keinen Sinn. Irgendetwas passte nicht ins Bild. Gehörte nicht hierher. Und dann erkannte ich den Fehler.

»Celia?«, fragte ich und versuchte, mich aufzurichten. »Was machen Sie hier?« Eine törichte Frage, denn ich hatte ja gesehen, was sie gerade gemacht hatte. Und doch war es die einzig richtige Frage.

»Ich hab vorm Britannia gewartet«, sagte sie, obwohl das überhaupt keine Antwort auf meine Frage war. Ihre Stimme klang seltsam mechanisch und leblos.

Der Schmerz an meiner Schläfe war unerträglich. Jede Bewegung fühlte sich an, als landete erneut eine Eisenstange auf meinem Kopf. Lauter kleine platzende Glühlampen in meinem Schädel. Trotzdem rappelte ich mich mühsam auf, bis ich schließlich auf dem Hosenboden saß und meinen Rücken gegen das Bettgestell lehnen konnte. Von dort kam ein leises Schnorcheln, wie ich erleichtert feststellte. Heather lebte noch. Immerhin.

»Mary?«, fragte Edmund, der nach wie vor an der Bretterwand zu stehen schien.

»Nein, Vater«, sagte Celia mit ihrer mechanischen Stimme. »Ich bin's. Celia.«

»Vater?«, wunderte ich mich und tastete meinen Kopf ab. Ich hatte eine stark blutende Platzwunde über dem Ohr, aber der Schädel war heil geblieben. Ich fragte: »Wieso Vater?«

»Celia?«, sagte Edmund und setzte nach einer Weile hinzu: »Ach so!«

Da erst verstand ich und fragte: »*Du* bist Ned Brooks?«

»Ich *war* Ned Brooks«, antwortete Edmund und räusperte sich.

Derselbe Ned Brooks, an den mein Vater vor zwanzig Jahren seine schwangere Geliebte verschachert hatte. Der Ehemann und Vater aus Brightlingsea, der seine Familie im Stich gelassen hatte. Der Seemann, der später Schiffbruch erlitten hatte und als Kannibale des Meeres im Penny Gaff aufgetreten war. Der Edmund Brooks, der vor vier Wochen Long Liz die Kehle durchgeschnitten hatte. Mit ebenjenem Messer, mit dem seine Tochter nun Michael niedergestochen hatte. Unfassbar! Und doch erschien es mir im selben Augenblick ganz logisch und folgerichtig. Als könnte es gar nicht anders sein.

Ich kramte die Streichhölzer aus meiner Manteltasche, entzündete eines und suchte den Boden nach dem Kerzenstummel ab. Er lag direkt neben Michaels leblosem Körper. Das Messer ragte wie eine Gaffelstange schräg aus seiner Brust. Nachdem ich die Kerze angezündet und auf den Boden gestellt hatte, fühlte ich Michaels Puls und war, wie ich gestehen muss, erleichtert, als ich keinen fand. Ich schickte ihm einen stummen Fluch ins Jenseits hinterher und schloss seine Augenlider. Zur Hölle mit ihm!

»Wir müssen zur Polizei!«, rief Celia, die unverändert vor der Tür stand und sich die verbundene Hand vor den Mund hielt. Es hatte den Anschein, als erwachte sie beim Anblick des Toten wie aus einem Traum und erkannte erst jetzt, was geschehen war.

»Nein!«, rief Edmund und starrte sie erschrocken an. Als sich ihre Blicke trafen, schaute er schlagartig zu Boden und setzte flehentlich hinzu: »Keine Polizei.«

»Aber er ist tot«, sagte Celia und machte einen Schritt auf ihren Vater zu.

»Lass mich!«, fuhr er sie an und wich vor ihr wie vor einer Spukgestalt zurück.

Celia hielt verwirrt und eingeschüchtert inne. Die Tränen standen ihr in den Augen, als sie sich umwandte und auf die Leiche deutete. »Ich hab ihn erstochen. Das musste ich doch.«

Nun schaute sie Hilfe suchend zu mir. »Es war Notwehr, oder?«

»Natürlich war es das«, antwortete ich, während ich gleichzeitig die Eisenstange, die vor Edmund auf dem Boden lag, langsam mit dem Fuß zu mir heranzog. Damit er nicht etwa auf dumme Gedanken kam. »Selbstverständlich war es Notwehr. Er hätte mich erschlagen. Sie haben mir das Leben gerettet, Celia.« Ich schaute zu Edmund und setzte hinzu: »Aber wenn wir zur Polizei gehen, dann landet Ihr Vater am Galgen.«

Celia schaute mich verständnislos an und schüttelte sich plötzlich, als liefe ihr ein Kälteschauer über den Rücken. »Wieso?«, fragte sie und senkte den Kopf. »Ihnen ist doch nichts passiert. Jedenfalls nichts Schlimmes. Dass Vater Sie ... dass er ... das müssen Sie der Polizei doch nicht verraten.«

»Es geht nicht um mich, Celia«, antwortete ich und wusste nicht mehr weiter. Es war alles so verworren und kompliziert. So ausweglos. Wie sollte ich ihr erklären, dass ihr Vater, den sie die ganze Zeit gesucht hatte, ein kaltblütiger oder womöglich geistesgestörter Mörder war? Und wie sollte ich das der Polizei erklären und beweisen? Mit einem Artikel aus dem nicht gerade glaubwürdigen *Star?* Oder einem geheimnisvollen Ungarn, den niemand kannte? Wenn Edmund alles leugnete oder einfach den Mund hielt, konnte kein Mensch ihm etwas nachweisen. Der einzige Zeuge und Mittäter lag tot zu meinen Füßen. Und obendrein wusste alle Welt, wer Elizabeth Stride ermordet hatte: Jack the Ripper.

»Keine Polizei!«, wiederholte Edmund, doch diesmal klang es nicht furchtsam, sondern drohend. »Sonst sag ich denen, was ihr mit Michael und Heather gemacht habt. Dann seid ihr auch dran!«

»Heather?«, rief Celia und konnte die Tränen nicht länger zurückhalten. »Ich versteh überhaupt nichts mehr. Was ist mit Heather?«

»Sie liegt dort auf dem Bett«, keifte Edmund und deutete auf Heather, die mit dem Gesicht zur Wand unter der Decke lag und von alledem nichts mitbekam. »Der Kerl hat ihr den Schädel eingeschlagen!«

Celia starrte mich entsetzt an, doch ich schüttelte nur den Kopf.

»Vater!«, rief Celia. Es klang wie ein verzweifelter Hilferuf.

»Nenn mich nicht so!«, fauchte er und schüttelte drohend die Faust. »Ich hab mit dir nichts zu tun. Ich kenn dich nicht. Lass mich in Ruhe!«

Celia schluchzte krampfhaft auf und sackte dann kraftlos am Türrahmen nach unten. Als sie auf dem Boden kauerte, vergrub sie das Gesicht in den Händen.

»Schluss damit!«, rief ich und stemmte mich mit Hilfe des Pumpschwengels in die Höhe. Es reichte! Es war genug! Der Irrsinn musste aufhören! Auf der Stelle. Deshalb baute ich mich vor Edmund auf und sagte: »Keine Polizei!«

»Sag ich doch«, erwiderte Edmund grinsend.

Am liebsten hätte ich ihm sein hämisches Lächeln aus dem Gesicht geschlagen, doch stattdessen fragte ich: »Hast du eine Schaufel?«

Plötzlich war alles ganz einfach. Wenn es keine Leiche gab, war niemand getötet worden. Und für den Fall, dass jemand nach dem Verschollenen suchen sollte, musste lediglich sichergestellt werden, dass er nicht gefunden wurde. Sobald ich die Entscheidung getroffen hatte, die Polizei nicht zu benachrichtigen, ergab sich alles Weitere beinahe wie von selbst. Die Möglichkeit, etwas zu tun und aus eigener Kraft aus dem Wirrwarr herauszukommen, war so verlockend und bestimmend, dass sie jeden Zweifel an meiner Entscheidung im Keim erstickte.

Michael musste verschwinden! Dann würden wir weitersehen.

Zunächst kam mir der Friedhof von Christ Church in den Sinn. Bestimmt gab es irgendwo auf dem Gelände ein frisches Grab, dem man ohne große Mühe eine zweite Leiche hinzufügen konnte, doch der Gedanke hatte einen Haken. Wie sollten wir den toten Michael zum Friedhof schaffen, ohne irgendwelchen Passanten, patrouillierenden Polizisten oder den Obdachlosen im Itchy Park aufzufallen? Sich allein auf den Nebel zu verlassen, erschien mir zu gefährlich. Nein, wir mussten die Leiche verschwinden lassen, ohne sie von der Stelle zu bewegen.

Und deshalb verlangte ich nach einer Schaufel.

Edmund schaute auf den gestampften Erdboden, schien sofort zu begreifen, was mir vorschwebte, und war mit allem einverstanden. Und das nicht nur, weil es ihm nützte und den Hals rettete, sondern auch weil es ihm ein regelrechtes Bedürfnis zu sein schien, Befehle zu empfangen und auszuführen – als wäre ich mit Michaels Tod an dessen Stelle getreten.

Celia hingegen wirkte wie betäubt. Sie schien nicht wirklich zu verstehen, was um sie herum vor sich ging. Kein Wunder, denn immerhin hatte sie noch vor wenigen Tagen mit hohem Fieber und halb ohnmächtig im Bett gelegen. Sie ließ alles wie ein kleines Kind über sich ergehen, völlig apathisch und willenlos. Seitdem Edmund sie angebrüllt hatte und sie schluchzend in sich zusammengefallen war, schienen jedes Leben und jeder eigene Antrieb aus ihr entwichen zu sein. Celia stand merklich unter Schock und war kurz davor, erneut in Ohnmacht zu fallen. In gewisser Weise war ich froh darüber. Vielleicht würden ihr die seltsamen Geschehnisse der Nacht am Morgen nur wie ein böser Traum erscheinen.

Zunächst befahl ich Edmund, mir zu helfen, Heather nach nebenan in sein Zimmer zu tragen. Dort war es wärmer, und außerdem brauchten wir Platz zum Graben. Ich bat Celia, sich zu Heather zu setzen und mir Bescheid zu geben, sobald sich an ihrem Zustand etwas änderte. Um einen Arzt für die Verletzte wollte ich mich kümmern, sobald die Leiche unter der Erde war.

»Wird sie sterben?«, fragte Celia, als wir Heather in Edmunds Bett legten.

»Nein, das wird sie nicht«, versicherte ich, obwohl ich das gar nicht mit Bestimmtheit sagen konnte. Ich hängte meinen Mantel an Edmunds Garderobe, neben der das Brennholz gestapelt lag, das vermutlich früher einmal in der Bretterbude gelagert worden war. Dann krempelte ich mir die Ärmel hoch, nahm eine Öllampe vom Tisch und machte mich an die Arbeit.

Edmund brachte mir eine Schaufel, die fürchterlich nach Exkrementen stank. »Vom Scheißhaus!«, sagte er, und wieder verzog sich sein Gesicht zu einem völlig unangebrachten Grinsen. »Für die Sickergrube.« Auf meine Frage, ob es noch eine zweite Schaufel gebe, schüttelte er den Kopf.

Es war inzwischen halb vier Uhr morgens, wie mir ein Blick auf meine Taschenuhr verriet. Bis zum Sonnenaufgang blieben uns noch ein paar Stunden. Edmund und ich schaufelten abwechselnd, bis wir völlig verschwitzt, von oben bis unten verdreckt und am Ende unserer Kräfte waren. Zum Glück wurde niemand in der Nachbarschaft durch das Kratzen und Schaben geweckt, zumindest meldete sich niemand oder kam gar herüber, um sich zu beschweren. Als die Grube schließlich tief und breit genug war, um Michael liegend darin zu begraben, fror ich am ganzen Körper und schüttelte mich ein ums andere Mal. Das war sicherlich auch der Müdigkeit geschuldet, doch als ich die Steinwand anfasste, merkte ich, dass sie eiskalt war.

»Was nun?«, fragte Edmund.

»Rein mit ihm«, sagte ich und deutete zum Bett, auf das wir Michaels Leiche gelegt hatten. »Und dann gehst du nach nebenan und zündest den Kamin an. Ich füll inzwischen das Loch wieder mit Erde.«

»Muss ich?«, antwortete er. Der Gedanke, mit seiner Tochter in einem Raum zu sein, schien ihm eine Heidenangst einzujagen. Gerade so, als dächte er immer noch, sie wäre eine Wiedergängerin seiner Frau Mary.

»Tu, was ich dir sage!«, befahl ich.

Wir ließen die Leiche ins Grab hinab, nachdem ich das Messer herausgezogen und an mich genommen hatte, und Edmund murmelte ein leises Gebet. Dann verließ er gehorsam das Kabuff, um nach dem Feuer zu sehen.

Eine halbe Stunde später war die Grube gefüllt. Ich hatte die überschüssige Erde so auf dem Boden verteilt und festgestampft, dass keine Erhebung auf das Grab hinwies. Nun mussten nur noch die Möbel hinausgeschafft und das Brennholz wieder im Verschlag gestapelt werden, dann würde nichts mehr darauf hindeuten, dass hier ein Mensch begraben lag.

Bei dem Gedanken an das Brennholz fiel mir auf, dass Edmund nicht zurückgekommen war. Die warme Steinwand bestätigte mir allerdings, dass er den Kamin geheizt hatte. Vermutlich war er vor dem wärmenden Feuer eingeschlafen.

Mit der Öllampe in der Hand ging ich hinaus. Im Osten dämmerte es bereits. Als ich im ersten Morgenlicht an mir hinabsah, erschrak ich. Ich war von oben bis unten mit Blut und Dreck verschmiert. Ich befestigte den Pumpenschwengel wieder in seiner Halterung und probierte, ob schon Wasser kam. Doch es war noch zu früh. Achselzuckend betrat ich Edmunds Zimmer mit der Nummer fünf über der Tür und leuchtete hinein. Im Inneren war es angenehm warm. Celia lag neben Heather auf dem Bett und hatte ihren Arm um sie geschlungen. Beide schliefen und atmeten tief und gleichmäßig. Auch Heathers Atem klang nicht mehr so flach und röchelnd wie noch vor einigen Stunden.

Mein Blick ging zur Feuerstelle, vor der ein schäbiger alter Ohrensessel stand. Doch Edmund saß nicht darin. Ich drehte mich einmal um die eigene Achse. Edmund war nicht im Zimmer. Er war getürmt. Vielleicht besser so, dachte ich und ging zum Brennholzstapel, um die Scheite in die Bretterbude zu tragen. Plötzlich bemerkte ich etwas Weißes auf dem Boden liegen. Als ich mich danach bückte, erkannte ich, dass es sich um ein zerknülltes Foto handelte. Ich strich es glatt und schaute in das neckisch grinsende Gesicht von Mary Tremain.

Es war das Foto, das ich am Abend meinem Vater gezeigt hatte und das in der Innentasche meines Mantels gesteckt hatte. Ein alarmierender Gedanke schoss mir plötzlich durch den Kopf, und als ich die Taschen meines Mantels untersuchte, fand ich bestätigt, was ich befürchtet hatte: Edmund hatte meine Brieftasche mitgenommen. Samt allem Bargeld, das sich darin befunden hatte. Erst jetzt bemerkte ich, dass auch Edmunds Sachen von der Garderobe fehlten, und wenn ich mich nicht irrte, hatte vorhin noch ein Seesack neben der Tür gelegen.

»Er ist weg«, hörte ich in diesem Moment Celias Stimme hinter mir. »Er hat alles eingepackt und ist verschwunden.«

»Ja«, sagte ich, wandte mich um und sah Celia auf der Bettkante sitzen. »Hat er irgendetwas gesagt? Haben Sie mit ihm gesprochen?«

Celia schüttelte den Kopf und sagte: »Er hat gedacht, ich schlafe und bemerke es nicht.«

»Sie haben Ihren Vater nicht zurückgehalten?«, wunderte ich mich.

»Warum sollte ich?«, antwortete sie und hatte Mühe, die Tränen zurückzuhalten. Dann setzte sie mit gepresster Stimme hinzu: »Er hat ›Lass mich!‹ gesagt. Und dass er mich nicht kennt. Also hab ich ihn gelassen.«

Ich nickte, ging auf sie zu und nahm sie in den Arm.

»Rupert?«, fragte sie schniefend.

»Ja?«

»Ich will es nicht wissen.«

Ich brauchte eine Weile, bis ich begriff, was sie meinte, doch dann nickte ich erneut und sagte: »In Ordnung.«

Ein leises Stöhnen war hinter Celias Rücken zu vernehmen. Dann folgte ein lang gezogenes Knurren. Heather drehte sich auf die Seite, gähnte und stieß im selben Moment einen Fluch aus: »Verdammte Scheiße! Mein Kopf!«

»Heather«, rief Celia erfreut und fuhr herum.

»Celia?«, wunderte sich Heather und schlug die Augen auf.

»Was machst du denn hier?« Sie schaute sich verwirrt um und fragte: »Wo bin ich überhaupt?«

»Das ist eine lange Geschichte«, sagte Celia und wischte sich die Tränen aus den Augen.

»Na, na, Kindchen«, lachte Heather mit ihrer heiseren Stimme. »Kein Grund, gleich zu heulen!« Sie fasste sich an die Stirn, stöhnte vor Schmerz und fügte hinzu: »Du glaubst ja nicht, was ich für einen Mist geträumt hab.«

»Doch«, sagte Celia und lächelte traurig. »Das glaube ich.«

EPILOG

THE REFUGE

»We were spies upon them; men of better luck whom they were bound to envy, and whose mere presence roused the rebel in them. A few of them, loitering about the hitechapel Road, flung a parting sneer or oath at us, as we hailed a returning cab and buried ourselves in it.«

(»Für sie waren wir Spione; Männer mit mehr Glück, die sie zu beneiden gezwungen waren und deren bloße Anwesenheit den Rebellen in ihnen weckte. Einige von ihnen, die an der Whitechapel Road herumlungerten, schickten uns Spott oder einen Fluch hinterher, während wir eine Droschke nach Hause heranwinkten und uns darin begruben.«)

Blanchard Jerrold, »London: A Pilgrimage«, 1872

Celia sah ihren Vater nie wieder. Nachdem sie, zusammen mit Rupert Ingram, die verletzte Heather in einer Droschke zum London Hospital gebracht hatte und von dort aus, ebenfalls in Ruperts Begleitung, todmüde zu Maureens nahe gelegener Wohnung in der White Horse Lane gegangen war, hatte sie Miller's Court nicht mehr betreten. Nicht an diesem denkwürdigen Tag und auch an keinem der folgenden. Sie wusste, dass ihr Vater das Weite gesucht hatte und nicht zu seiner Wohnung zurückkehren würde. Wie damals auf den Clacton Cliffs, als sie das weiße Segel seiner Rennjacht am Horizont hatte verschwinden sehen. Ihr Vater war ein weiteres Mal geflüchtet, und diesmal suchte Celia nicht nach ihm. Sie hatte begriffen, dass es ein bedauerlicher Irrtum gewesen war, einem Mann folgen zu wollen, der sie im Stich gelassen und alle Brücken hinter sich abgerissen hatte.

»Lass mich!«, hatte er sie angeschrien, und deshalb ließ sie ihn. Für immer.

Wie sie Rupert gegenüber betont hatte, wollte sie kein Wort darüber hören, was er Schreckliches getan hatte und weshalb ihm der Galgen drohte. Es war wie eine Art Selbstschutz oder Notwehr, um endgültig aus seinem Schatten zu treten und ein eigenes Leben zu führen. Ihr Vater wurde wieder zu dem Fremden und Unbekannten, der er zuvor so lange gewesen war. »Mr. Brooks«, wie ihre Mutter ihn stets genannt hatte.

Etwa ein Jahr nach den hier geschilderten Ereignissen erfuhr Celia aus einem Brief ihres ältesten Bruders John, dass ihr Vater womöglich wieder in Southampton lebte. John hatte in der Zwischenzeit bei einer anderen Reederei angeheuert und fuhr nun für die P&O Company auf einem Dampfschiff zwischen Southampton, Alexandria und Konstantinopel. In einer Hafenkneipe in Northam wurde ihm, als er beiläufig seinen Nachnamen nannte, die Geschichte eines Seemanns erzählt, der von Kneipe zu Kneipe wandelte und für einen Schnaps oder ein Bier schauerliche Geschichten zum Besten gab. Dieser Mann heiße ebenfalls Brooks und sei ein jämmerlicher Trunkenbold, wie ein alter Seebär berichtete. Er verbreite mit Vorliebe Seemannsgarn über den Kannibalen des Meeres, den Elefantenmenschen und Jack the Ripper und leide unter Verfolgungswahn, offenbar wegen seiner Trunksucht. Ständig rede er von Geistern, die ihm nach dem Leben trachteten. John schrieb in seinem Brief, dass er nicht mit Bestimmtheit sagen könne, ob es sich bei dem betreffenden Mr. Brooks in Southampton um ihren Vater handele, aber es bestehe immerhin die vage Möglichkeit.

Auch für Rupert brachten die folgenden Tage und Wochen große Veränderungen. Als er am Freitagabend, mit blauem Auge, geschwollener Wange und genähter Platzwunde an der Schläfe, beim Familiendinner verkündete, er werde in Kürze das Hatchett's Hotel verlassen, sich eine eigene Bleibe suchen und seinen Lebensunterhalt selbst verdienen, erwarteten seine Brüder einen Tobsuchtsanfall ihres Vaters. Doch Harvey Ingram, der schon auf Ruperts ungehöriges Aussehen erstaunlich regungslos und eher verstört als erbost reagiert hatte, nickte nur mit dem Kopf und machte seinem jüngsten Sohn einen für alle verblüffenden Vorschlag. Eine entfernte Tante der Ingrams sei, wie Rupert wisse, vor einigen Wochen gestorben, erklärte der Vater steif und mit nachdenklicher Miene. Diese Tante habe ihren beiden verheirateten Töchtern das kleine Cottage in der Nähe des Victoria Parks vermacht, in dem sie ihr ganzes langes Leben gewohnt habe. Die Töchter jedoch, die längst mit ihren Familien in die Londoner Vororte gezogen seien, hätten keine Verwendung für das zwar idyllisch, aber doch allzu nahe am East End gelegene Häuschen. Deshalb beabsichtige er, Harvey, seinen Cousinen das Cottage abzukaufen und es Rupert für ein Jahr kostenlos zur Verfügung zu stellen. Auch für ein kleines Startkapital wolle er sorgen. Sollte sein Sohn es schaffen, in diesem Jahr für sein Auskommen zu sorgen und sich eine ernsthafte Perspektive im

Leben zu erarbeiten, könne er das Cottage behalten und anschließend damit tun und lassen, was er wolle.

»Und falls nicht?«, fragte Rupert.

»Werde ich alles Weitere in die Wege leiten.«

»Alles Weitere?«, fragte Rupert und schluckte.

»Alles Weitere! Und zwar ohne Widerrede!«, antwortete sein Vater streng und streckte ihm die Hand entgegen. »Bist du einverstanden?«

Rupert zögerte kurz, nickte schließlich und schlug ein.

Bereits am Montag wurde der für die Cousinen sehr großzügige Kaufvertrag unterschrieben, nur zwei Tage später zog Rupert mit seinem kargen Hausstand, der lediglich aus wenigen Möbeln, leidlich Kleidung, einer großen Bildermappe und vielen Büchern bestand, nach South Hackney. In ein von einem verwilderten Garten umgebenes Fachwerkhäuschen, das neben den mehrgeschossigen Neubauten und backsteinernen Reihenhäusern der Gegend wie aus der Zeit gefallen wirkte. Wie ein Relikt. Oder ein Refugium.

Gray Maggott, den ebenso verlässlichen wie eigentümlichen Laufburschen aus dem Crown Hotel, nahm Rupert mit. Als Hausdiener, Gärtner und Botenjungen. So eigenartig es Rupert auch erschien, er hatte sich an diesen komischen und zugleich völlig humorfreien Kauz gewöhnt. Er war ihm seltsam vertraut.

»Mein Faktotum«, wie Rupert scherzhaft sagte.

Gray hatte offensichtlich keine Ahnung, was sein alter und neuer Herr damit meinte, war's aber dennoch zufrieden, grinste breit und sagte: »Ay, Boss!«

Ruperts erster Gang am nächsten Morgen führte ihn in die White Horse Lane, zum Dosshouse der Mrs. Adams. Dort saßen Celia Brooks, die immer noch blass, aber nicht mehr ganz so krank und ausgezehrt aussah, und Maureen Watson in der Dachkammer beim Frühstück. Die beiden jungen Frauen staunten nicht schlecht, als Rupert sich ungelenk vor ihnen aufbaute, in wirren Worten seine veränderte Situation beschrieb und Celia herumdrucksend aufforderte, zu ihm ins Cottage zu ziehen.

In seinem Kopf hatte er sich alles bereits zurechtgelegt und ausgemalt: Sie würden wie Bruder und Schwester leben, in aller Bescheidenheit und Zurückgezogenheit, und dann könnte er zumindest in Teilen wiedergutmachen, was die Ingrams an den Brooks verbrochen hatten. Rupert hatte das beklemmende Gefühl, tief in Celias Schuld zu stehen. Gleich mehrfach. Nicht nur, weil sie ihm das Leben gerettet hatte.

Doch zu seinem unaussprechlichem Erstaunen schüttelte Celia den Kopf, lächelte verlegen und sagte: »Nein danke!«

»Nein danke?« Rupert war so überrascht, dass ihm die Kinnlade herunterfiel. »Warum nicht?«

»Beabsichtigen Sie, mich zu heiraten?«, fragte Celia mit ernster Miene, während Maureen ihr unter dem Tisch vor Schreck einen Tritt gegen das Schienbein gab.

»Heiraten?«, stotterte Rupert und zuckte wie unter einem Peitschenhieb zusammen. »Wieso? Ich meine, was … wie …?«

»Ich will Sie auch nicht heiraten, Rupert«, unterbrach ihn Celia, deren strenge Miene und abwehrende Geste nicht zu erkennen gaben, ob sie ihn auf den Arm nehmen wollte oder im Ernst redete. »Und ich werde bestimmt nicht Ihre Mätresse werden. Deshalb sage ich: Nein danke!«

»Celia!«, schimpfte Maureen und wandte sich entschuldigend zu Rupert um. »Sie ist noch nicht ganz wieder beisammen. So ein Fieber kann lange nachwirken. Das müssen Sie ihr verzeihen, Rupert.«

»Meine Absichten sind absolut ehrenhaft, Celia«, bekräftigte Rupert und schüttelte verwirrt den Kopf. »Ich käme niemals auf die Idee, Ihnen einen unanständigen Antrag zu machen. Das müssen Sie mir glauben.«

»Wie stellen Sie sich das vor?« Celia wurde nun tatsächlich etwas ärgerlich und knallte den Löffel, mit dem sie ihren Haferbrei gegessen hatte, auf den Tisch. »Was bilden Sie sich eigentlich ein? Sie sind ein unverheirateter Mann, und ich bin eine unverheiratete Frau. Dass Mrs. Adams und alle hier in der Herberge glauben, ich wäre Ihre Geliebte, kann ich noch verkraften. Doch der Vorschlag, den Sie mir da unterbreiten, ist für mich eine Beleidigung und ganz unannehmbar. Ob Ihre Absichten ehrenhaft sind oder nicht, ist dabei völlig unerheblich.«

Rupert war wie vor den Kopf geschlagen. Damit hatte er nicht gerechnet. Und daran hatte er tatsächlich nicht gedacht. Aber natürlich hatte Celia recht. Die in seinen Augen verstaubten Ansichten von Moral und Sitte waren ihm so fremd, dass er sich nicht einen Augenblick überlegt hatte, welchen äußeren Anschein es erwecken würde, wenn Celia tatsächlich zu ihm ins Cottage zöge. Bruder und Schwester! Wie dumm von ihm! Wie egoistisch und gönnerhaft!

Wölfe und Schafe!, schoss es ihm durch den Kopf.

Eine Zeit lang stand er reglos und mit betretener Miene da und starrte zu Boden. Dann hellte sich sein Gesichtsausdruck mit einem Mal wieder auf, und er fragte: »Und wenn ich Ihnen eine Anstellung als Haushälterin anbiete?«

»Ich habe bereits eine Anstellung bei Miss Watson«, erwiderte Celia ungerührt. »Ich stehe bei ihr im Wort und werde es nicht ohne Not brechen.«

Maureen schob die Unterlippe vor und zuckte mit den Schultern, als würde sie das nicht unbedingt als Wortbruch auffassen.

»Aber Sie können doch nicht ernsthaft in diesem elenden Loch bleiben wollen!«, platzte es aus Rupert heraus, und er breitete die Arme aus, als könnte er das Elend mit den Händen fassen. »Das kann ich nicht zulassen!«

»Das haben Sie nicht zu bestimmen, Sir!«, schimpfte Celia zurück.

Rupert schluckte und erstarrte.

»Außerdem werden wir nicht länger in diesem Loch bleiben«, sagte Maureen und lächelte kokett und zugleich ein wenig beleidigt. »Morgen ziehen wir in das neue Gästehaus in der

Nähe vom People's Palace. Die Bühnenleitung hat mir einen längerfristigen Vertrag angeboten und eine bessere Unterkunft besorgt. Die Wohnungen für die Künstler sind recht geräumig, nicht zu teuer und haben sogar einen Blick auf den Regent's Canal.«

»Nur einen Steinwurf von Ihrem Cottage entfernt«, fügte Celia hinzu.

»Herzlichen Glückwunsch, Maureen! Das freut mich für Sie.« Rupert stand wie geohrfeigt da und schaute beschämt auf seine Hände. Er räusperte sich und setzte hinzu: »Es tut mir leid, Celia, ich wollte Sie nicht beleidigen. Ich bin ein Narr. Seien Sie mir bitte nicht böse.«

»Ich bin Ihnen nicht böse, Rupert«, antwortete sie und lächelte ihm aufmunternd zu. »Ich möchte nur, dass Sie wissen, dass Sie nicht in meiner Schuld stehen. Nicht meinetwegen, nicht wegen meiner Mutter und erst recht nicht wegen meines Vaters.« Sie zögerte und setzte dann hinzu: »Auch nicht wegen Ihres Vaters.«

»Sie wissen von meinem Vater und Ihrer Mutter?«, wunderte sich Rupert.

»Das ist nicht mehr wichtig«, sagte Celia und stand auf. »Können wir das alles nicht hinter uns lassen und einfach neu anfangen? Ohne Schuldigkeit, ohne offene Rechnungen.« Sie reichte Rupert mit feierlicher Miene die verbundene Hand und fragte: »Quitt?«

Rupert staunte einen Moment über diese seltsam kindliche Formulierung, schüttelte dann vorsichtig ihre Hand und antwortete: »Quitt!«

Sie atmete erleichtert aus, als fiele ihr in diesem Augenblick tatsächlich ein Stein vom Herzen, und sagte: »Danke, Rupert!«

Rupert hielt Celias Hand länger als nötig und dachte an das, was sie vorhin gesagt hatte. Dann lachte er plötzlich und fragte: »Warum wollen Sie mich eigentlich nicht heiraten?«

Celia lächelte verkrampft und sagte: »Wir würden uns nur streiten.«

Celia war hin- und hergerissen. Liebend gern hätte sie Ruperts Angebot angenommen. Eine Anstellung als Haushälterin oder auch als Dienstmädchen in seinem Cottage erschien ihr mehr als erstrebenswert. Wie die Erfüllung eines Traums. Doch es wäre aus den falschen Gründen gewesen und hätte zu nichts Gutem geführt. Celia wollte kein Mitleid und kein Almosen, sie wollte keine Anstellung, weil Rupert Ingram sich zu irgendetwas verpflichtet fühlte oder ihr gegenüber ein schlechtes Gewissen hatte. Es war, wie sie gesagt hatte: Er war ihr nichts schuldig. Der Rattenbiss, die unselige Affäre ihrer Eltern, der grausige Vorfall im Miller's Court. All das spielte keine Rolle mehr, *durfte* keine Rolle spielen. »Schluss damit!«, hatte Rupert in jener schrecklichen Nacht aus tiefstem Herzen geschrien und damit Celia aus der Seele gesprochen.

Deshalb blieb sie als Dienstmädchen bei Maureen und zog mit ihr in das Gästehaus des People's Palace. Rupert gegenüber hatte Maureen ein wenig geflunkert, denn die Wohnung war alles andere als geräumig, und von einem freien Blick auf den Kanal konnte ebenfalls keine Rede sein. Außerdem war das Haus noch nicht ganz fertiggestellt und würde für längere Zeit eine Baustelle bleiben. Und trotzdem kam Celia die winzige Wohnung, in der sie in einem schmalen Alkoven neben dem Flur schlafen musste, beinahe so prächtig vor wie die Queen's Hall im nahe gelegenen Volkspalast, denn sie bedeutete einen Neuanfang. Einen Schlussstrich unter all den Schmutz und Dreck, der sich in Celias Kopf angesammelt hatte und sie zu ersticken drohte.

Sorge bereitete Celia lediglich der Gedanke, Rupert mit ihren harschen Worten derart verärgert zu haben, dass er fortan den Umgang mit ihr mied. Doch diese Sorge war unbegründet, wie sich schon bald herausstellen sollte. Bereits am Tag nach Ruperts morgendlichem Erscheinen in der White Horse Lane erhielten Maureen und Celia eine Einladung zum Tee für den kommenden Sonntag nach South Hackney. Der Botenjunge, der die Einladung überbrachte, war ein zersauster Lausejunge mit einer dunkelblauen Verfärbung im Gesicht, der mit ernster Miene und breitem Cockney-Dialekt ausrichtete, ein »Nein danke!« werde sein Herr diesmal nicht akzeptieren.

Als die beiden Frauen an diesem ersten Sonntag im November vor der Gartenpforte des kleinen Häuschens in der Victoria Park Road standen, staunten sie nicht schlecht. Das windschiefe und verwitterte Cottage erinnerte an die Hexenhäuschen aus den Märchen, und Celia musste erschrocken lachen, als sie die Inschrift auf dem nagelneuen Holzschild las, das Rupert über dem Eingang hatte anbringen lassen: »The Refuge«.

Während sie in dem noch karg und unwirtlich eingerichteten Wohnzimmer Tee und Salzgebäck zu sich nahmen und dabei von dem blaugesichtigen Cockneyjungen bedient wurden, berichtete Rupert in überschwänglichen Worten von seinen noch sehr vagen Zukunftsplänen. Offenbar wollte er sein Glück als Schriftsteller, Kritiker oder Reporter versuchen. So genau schien er das selbst noch nicht zu wissen, denn mal sprach er von Romanen und Theaterstücken, die er zu schreiben gedachte, dann wieder redete er von Zeitschriften oder Zeitungen, bei denen er vorstellig werden wollte. Am kommenden Dienstag habe er ein Vorstellungsgespräch bei den *Illustrated London News*, verkündete er stolz. Dass der Herausgeber des Magazins ein Namensvetter von ihm sei, könne bestimmt kein schlechtes Omen sein.

Für Celia war dieser Nachmittag auch deshalb so angenehm, weil die Vorgänge der letzten Wochen mit keinem einzigen Wort zur Sprache kamen. Als hätten sie verabredet, alles Hässliche und Böse aus »The Refuge« zu verbannen. Sie redeten über die Zukunft und malten sie bunter und strahlender aus, als sie vermutlich sein würde. Maureen beschrieb ihre Auftritte im People's Palace, die sie übrigens unter ihrem tatsächlichen Namen absolvierte, als mögliches Sprungbrett für eine Karriere auch auf anderen Bühnen, und Rupert versprach, an sie zu denken, wenn er denn tatsächlich sein erstes

Theaterstück geschrieben und verkauft habe. Halb scherzhaft wiederholte er auch das Angebot an Celia, seinen Haushalt zu führen, denn der gute Gray – damit meinte er den merkwürdigen Hausdiener – sei zwar ein braver Kerl, aber als Koch eine Niete, und eine Köchin könne Rupert sich im Moment noch nicht leisten.

Nur als die Rede auf Heather kam, verfinsterte sich die Stimmung kurzzeitig. Zwar war sie bereits nach zwei Tagen auf eigenen Wunsch und halbwegs genesen aus dem London Hospital entlassen worden, doch die von Maureen und Celia angebotene Hilfe hatte sie rundweg abgelehnt. Wenn Celia sich weiterhin von der Schlangenlady ausnutzen lassen wolle, könne sie das gern machen, aber sie, Heather, werde Maureen nicht in die Falle tappen und lieber zu Michael in die Dorset Street zurückkehren. Der sei zwar ein Grobian, aber immerhin kümmere er sich um sie. Und das allein sei entscheidend!

Dass Michael nicht mehr lebte und auf welche Weise er gestorben war, konnte Heather nicht wissen, da sie in jener Nacht die ganze Zeit ohnmächtig auf dem Bett gelegen hatte. Auf Celias flehentliche Bitte, sich doch einen anderen Freund und eine andere Behausung zu suchen, lachte Heather nur und rief: »Zerbrich dir meinetwegen nicht den Kopf, Kindchen! Unkraut vergeht nicht.«

Anschließend hatte Celia nichts mehr von ihr gehört. Auch Rupert, der sich in den Kneipen von Spitalfields und bei Ginger im Miller's Court nach Heather erkundigt hatte, brachte lediglich im Erfahrung, dass sie eine Zeit lang vergeblich nach Michael gesucht habe, dann aber nicht mehr in der Dorset Street aufgetaucht sei. Einmal habe Ginger sie noch in Begleitung eines Unbekannten im Ten Bells gesehen, doch ob das was zu bedeuten habe, könne sie nicht sagen. Sowohl Michael als auch Heather blieben unauffindbar. Da auch Edmund plötzlich verschwunden sei, wie Ginger achselzuckend berichtete, liege die Vermutung nahe, dass die drei gemeinsam das Weite gesucht hätten. Wieso und wohin, das wusste sie nicht.

Es interessierte auch niemanden. Im East End verschwand ständig jemand, das war nun einmal der Lauf der Dinge.

Als Celia und Maureen nach dem Tee in der Abenddämmerung das Cottage verließen und in gelöster Stimmung durch den Victoria Park nach Süden gingen, kam ihnen auf einer schmalen Kanalbrücke eine bärtige Gestalt mit einer großen Mappe unter dem Arm entgegen, bei deren Anblick Celia einen leisen Schrei ausstieß. Der Mann schaute kurz auf, grinste schief, tippte sich an die kahle Stirn und schlurfte weiter. Selbst auf die Entfernung war sein durchdringender Schweiß- und Alkoholgestank zu riechen.

»Kennst du den Kerl?«, wunderte sich Maureen und rümpfte angewidert die Nase. »Wie der geglotzt hat!«

Celia zuckte mit den Schultern und dachte an das düstere Gemälde im Wintergarten des Volkspalastes, das diesem seltsamen Mann Tränen der Rührung in die Raubvogelaugen getrieben hatte.

Simeon Solomon wohnte, von wenigen kurzen Phasen abgesehen, bis zu seinem Lebensende im Arbeitshaus von St. Giles, wo er weiterhin unzählige Kreidezeichnungen, Bleistiftskizzen und Aquarelle auf billiges Papier bannte. Keines dieser späten Kunstwerke wurde zu Lebzeiten des Malers in irgendeiner Galerie oder gar einem Museum ausgestellt, obwohl es Simeon gelang, immer wieder Bilder zu verkaufen. Nicht nur die frivolen Zeichnungen, die bei den Wärtern in St. Giles so beliebt waren, oder die banalen Postkartenansichten der Londoner Sehenswürdigkeiten, die er in den Kneipen anbot. Neben Rupert, der ihm wegen seines unsicheren Einkommens nur noch selten Werke zu einem angemessenen Preis abnehmen konnte, gab es zwei weitere heimliche Unterstützer. Dabei handelte es sich um den jungen Dichter Lionel Johnson und den Kunstsammler Herbert Horne, die beide Simeons Kunst außerordentlich schätzten, ohne aber für den in Ungnade geratenen Künstler in der Öffentlichkeit eintreten zu wollen. Simeons unmoralischer Lebenswandel – der außer in seiner Homosexualität in seiner zunehmenden Trunksucht und emotionalen Zügellosigkeit zum Ausdruck kam – machte es den wenigen Freunden schwer, sich offen für ihn starkzumachen. Der einst bewunderte Simeon Solomon blieb zeit seines Lebens das verlorene Genie, als das ihn der Dichter Algernon Swinburne bezeichnet hatte: »Ein großer Künstler, aber ein schwacher Mensch.« Er starb am 14. August 1905 im Arbeitshaus an der Endell Street an den Folgen seines Alkoholismus.

Einige Tage nach seinem Tod erschien in den *Illustrated London News* ein ungewöhnlich langer Nachruf, der Simeons beachtliche Kunst und sein allzu trauriges Leben in mitfühlenden Worten nachzeichnete und zu der treffenden Schlussfolgerung kam, Solomon habe sein Leben der Kunst gewidmet, ohne die Kunst des Lebens zu beherrschen. Unterzeichnet war der Nachruf mit den Initialen R.I.

Das Ölgemälde »Liebe im Herbst«, das Celia im People's Palace so fasziniert und verwirrt hatte, wurde noch einige Male zu Lebzeiten des Künstlers ausgestellt, unter anderem 1894 in der Londoner Guildhall Art Gallery. Es befindet sich heute in Privatbesitz. Das Original der Kohlezeichnung »Verwundete Liebe«, die Rupert im Rookery Inn für zwei Pfund von Simeon kaufte, gilt inzwischen als verschollen. Eine zeitgenössische fotografische Reproduktion der Zeichnung befindet sich allerdings in der renommierten Beinecke Library der Yale Universität im US-Bundesstaat Connecticut.

Von einem großformatigen Ölgemälde, das nach Art einer klassischen Pastorale konzipiert ist und ein weiß gekleidetes Hirtenmädchen inmitten von Schafen auf der Weide zeigt, ist den Kunsthistorikern und Solomon-Experten nichts bekannt. Ein solches Gemälde findet sich in keinem Werkverzeichnis und wird in keinem Ausstellungskatalog erwähnt. Immer wieder auftauchenden Gerüchten von dessen Existenz wird von Seiten der Wissenschaft stets heftig widersprochen. Ein solch profanes Bild hätte dem Künstler nicht ähnlich gesehen.

Ganz anders als die Karriere des bedauernswerten Simeon Solomon verlief das weitere Wirken von Eva Booth. Wie sie es ihrem Vater versprochen hatte, blieb Eva ihr Leben lang unverheiratet und widmete all ihr Streben und all ihre Liebe dem Kampf gegen das Laster, die Armut und die Sünde. Und dem Kampf für das Gedeihen der Heilsarmee rund um den Globus.

Als in den 1890er-Jahren ein Auseinanderbrechen der US-amerikanischen Heilsarmee drohte, schickte General Booth seine Tochter nach New York, um Schlimmeres zu verhindern. Eva war eine gehorsame Soldatin, verließ ihre Heimat und ging nach Amerika, wo sie ihren Ruf als fähige Krisenmanagerin bestätigte. Sie wurde Kommandeurin der Salvation Army in Kanada und den USA und nannte sich seit dieser Zeit Evangeline, weil dieser Name besser zu einer Führerin der Heilsarmee passte, als der Name einer aus dem Paradies verbannten Sünderin.

Dass sie das Motto der Heilsarmee »Bist du bereit zu sterben?« nicht nur als bloße Floskel betrachtete, bewies Evangeline Booth, mittlerweile US-Bürgerin, als sie während des Ersten Weltkriegs als eine von 250 Salutistinnen nach Frankreich an die Front ging, um sich dort als Freiwillige um das körperliche und seelische Heil der amerikanischen Soldaten zu kümmern.

Im Jahr 1934 wurde sie, als erste Frau überhaupt, zur Generalin der Heilsarmee gewählt und behielt diese Position fünf Jahre lang. Während dieser Zeit reiste sie unermüdlich um die Welt und verkündete das schlichte Motto ihres verstorbenen Vaters: »Suppe, Seife, Seelenheil!«.

Sie starb am 17. Juli 1950, im Alter von 84 Jahren, in ihrem Haus im Bundesstaat New York.

Was aus Adam Bedford, dem ebenso eifrigen wie jähzornigen Heilsarmisten, wurde, ist nicht mit letzter Gewissheit bekannt. Allerdings scheint er seine Alkoholsucht zunächst ein weiteres

Mal in den Griff bekommen zu haben, denn im Jahr 1892 wird ein Mann dieses Namens in den Ausbildungslisten der Heilsarmee als Kadett und Offiziersanwärter geführt. Ein Lieutenant Adam Bedford gehörte auch zu dem Tross, der wenig später mit Captain Eva Booth nach Amerika ging und die dortige Heilsarmee vor dem Zerfall bewahrte. In den USA verlieren sich jedoch die Spuren dieses Mannes, sein Name taucht in keinem späteren Armeeregister auf. Hätte man den Lieutenant, wie es der geregelte Ablauf der Armeekarriere vorgab, nach fünf Jahren zum Captain ernannt, wäre das sicherlich in den akkurat geführten Akten der Heilsarmee vermerkt worden. Es steht zu befürchten, dass der Alkohol auch bei ihm die Oberhand behielt. Ob Adam in den USA blieb oder nach England zurückkehrte, ist nicht bekannt.

Ruperts Start in sein neues Leben verlief vielversprechend. Obwohl er keine schriftlichen Arbeitsproben oder sonstigen Erfahrungen im Zeitungswesen vorweisen konnte, nahm das Gespräch mit dem Redakteur der *Illustrated London News* einen positiven Verlauf. Rupert erhielt, zunächst nur auf Probe, eine schlecht bezahlte Anstellung als freier Literatur- und Kunstkritiker. Ob sein Vater, dem er von dem bevorstehenden Bewerbungsgespräch erzählt hatte, seine Hände im Spiel hatte, konnte Rupert nicht sagen, doch da er lediglich auf Probe beschäftigt wurde und erst seine vorgelegten Texte über eine weitere Anstellung entscheiden sollten, war es ihm egal. Nicht seine Verbindungen oder Herkunft, sondern allein seine Fähigkeiten als Kritiker würden über den zukünftigen Verlauf seiner Karriere entscheiden.

An einem Donnerstagabend, etwa eine Woche nach seinem Einzug, besuchte ihn sein Vater zum ersten Mal in The Refuge. Als Geschenk brachte er ein großes, flaches Paket mit, das sich beim Auspacken als das Gemälde der Frau in Weiß entpuppte. Rupert war zunächst irritiert und wusste nicht, wie er darauf reagieren sollte. Dann entschied er sich für die unverblümte Wahrheit und sagte, dass er das Bild fürchterlich und geschmacklos finde und es sich niemals in sein Cottage hängen werde.

»Tu damit, was du willst«, antwortete sein Vater enttäuscht und rieb sich ratlos die Hände, als wäre ihm kalt. »Du kennst den Maler, hast du gesagt, vielleicht will er es ja wiederhaben.«

»Kaum anzunehmen«, murmelte Rupert schmunzelnd.

»Oder du schenkst es dem Mädchen. Marys Tochter.«

»Ich weiß nicht, ob das eine gute Idee ist«, sagte Rupert nachdenklich und betrachtete das Hirtenmädchen, das Celia so verblüffend ähnlich sah. »Ihr Name ist übrigens immer noch Celia.«

»Celia«, wiederholte sein Vater. »Ich würde sie gern kennenlernen, wenn sich das einrichten ließe. Irgendwann einmal.« Nach einem Räuspern setzte er hinzu: »Natürlich nur, wenn sie das möchte.«

»*Falls* sie das möchte«, verbesserte Rupert. »Was ich aber bezweifle. Celia wünscht sich nichts sehnlicher, als das Vergangene hinter sich zu lassen.«

»Natürlich, mein Junge«, sagte sein Vater und fügte, als er Ruperts finsteren Blick sah, schnell hinzu: »Rupert.«

Nur zwei Tage später wurde Ruperts ruhiges Dasein in seinem neuen Schlupfwinkel dramatisch gestört. Die hässliche Wirklichkeit drang in The Refuge ein, und alles, was vorher so friedlich und idyllisch schien, geriet schlagartig durcheinander. In der *Times*, die ihm Gray nach dem Frühstück mit verkniffener Miene gereicht hatte, stieß er bei der Morgenlektüre vor dem Kamin auf folgende Schlagzeile: »Ein weiterer Whitechapel-Mord«.

»Was weißt du darüber?«, fragte Rupert den Jungen und schlug hastig die Zeitung an der entsprechenden Stelle auf.

»Der Ripper hat wieder zugeschlagen«, antwortete Gray und hob die Achseln. »Beim Zeitungsstand haben alle drüber gesprochen. Zerfetzt soll er sie haben. Noch schlimmer als beim letzten Mal. Ein verdammtes Blutbad, sagen die Leute.«

Rupert starrte fassungslos auf den Artikel und las:

»Während der frühen Stunden des gestrigen Morgens ereignete sich ein weiterer abscheulicher und teuflischer Mord in Spitalfields. Die Art der Verstümmelungen lässt wenig Zweifel daran, dass der Mörder die gleiche Person ist, die auch die vorherigen, der Öffentlichkeit bekannten Morde begangen hat. Der Tatort dieses letzten Verbrechens ist in der Dorset Street Nr. 26 in Spitalfields. Obwohl das Opfer, dessen Name Mary Jane Kelly ist, unter der oben genannten Adresse lebte, befindet sich der Eingang zu dem Zimmer, das sie bewohnte, in einem schmalen Hof, in dem es ein halbes Dutzend Wohnungen gibt und der unter dem Namen Miller's Court bekannt ist. Das Zimmer des Opfers hatte die Nummer 13.«

»Miller's Court!«, rief Rupert entsetzt und versuchte zu begreifen, was er gerade gelesen hatte.

»Ganz in der Nähe vom Ten Bells«, sagte Gray. »'ne finstere Gegend.«

»Oh mein Gott!«, murmelte Rupert, denn er erinnerte sich in diesem Moment, wer in Miller's Court Nr. 13 wohnte und auf den Namen Mary Jane hörte. Edmund hatte sie einmal bei diesem Namen genannt: Ginger!

Obwohl ihm beinahe das Frühstück hochkam, konnte Rupert nicht aufhören, die Einzelheiten der Gräueltat zu lesen. So erfuhr er aus dem Artikel, dass Ginger am Freitagmorgen tot auf dem Bett in ihrem Zimmer gefunden worden war. Ihr nackter Körper war fürchterlich zugerichtet und mit einem Messer zerstückelt. Der Mörder hatte ihr nicht nur die Kehle durchgeschnitten, sondern auch die Brüste sowie die Ohren und die Nase abgetrennt und anschließend im Raum verteilt. Außerdem war ihr gesamter Unterleib aufgerissen, und der Ripper hatte etliche Organe entfernt und um den Körper herum drapiert.

»Die Gesichtszüge der armen Kreatur waren nicht mehr

wiederzuerkennen«, hieß es in dem Bericht. »Ein fürchterlicher und widerlicher Anblick, wie man sich ihn kaum vorstellen kann.«

Um sich nicht zu übergeben, sprang Rupert auf, knüllte die Zeitung zusammen und warf sie ins Kaminfeuer.

»Los!«, rief er Gray zu. »Wir gehen!«
»Wohin, Boss?«
»Miller's Court!«

Auf dem Weg nach Spitalfields schossen Rupert die Gedanken wie Tennisbälle durch den Kopf, immer sinnlos hin und her, bis sie sich im Netz verfingen und ein neuer Ball von irgendwoher geschossen kam. Vor wenigen Tagen erst hatte er mit Ginger gesprochen und sie nach dem Verbleib von Heather und Edmund befragt, und nun lag ihr Körper zerstückelt in einer Leichenhalle und wurde von Ärzten und Polizisten untersucht. Rupert kam der ebenso beunruhigende wie unsinnige Gedanke, dass Ginger nur deshalb ermordet worden war, *weil* Rupert sich mit ihr unterhalten hatte. War Edmund zurückgekommen? War er nicht bloß der Handlanger von Michael gewesen, der Long Liz die Kehle durchgeschnitten hatte, sondern auch der bestialische Mörder der anderen Frauen? Oder war Michael etwa gar nicht tot? Hatten sie ihn lebendig im Holzschuppen begraben, und war er wie ein Untoter seinem ungeweihten Grab entstiegen? Aber aus welchem Grund hätte er Ginger töten sollen? Je länger er darüber nachdachte, desto mehr verwirrten sich seine Gedanken, bis sich alles vor seinen Augen drehte und er sich einer Ohnmacht nahe fühlte. Konnte es ein Zufall sein, dass Ginger zum Opfer des Rippers geworden war? Und ausgerechnet im Miller's Court?

Als sie vor dem Britannia Pub ankamen, sahen sie bereits die Menschentraube in der Dorset Street. Vermutlich war seit dem gestrigen Morgen der Strom der Zuschauer und Gaffer nicht abgebrochen. Einige uniformierte Polizisten befanden sich in der Menge, und Rupert vermutete, dass mindestens ebenso viele Zivilbeamte der Metropolitan Police vor Ort waren. Womöglich warteten sie darauf, dass der Mörder an den Ort des Geschehens zurückkam, um sich an dem Schrecken zu laben, den er mit seiner grausigen Tat verbreitet hatte. Gemeinsam mit Gray zwängte sich Rupert in den verstopften Torbogen zum Miller's Court und schob sich langsam durch die dunkle Passage, wobei er die vor ihm Stehenden rabiat zur Seite stieß, ohne auf deren Flüche und Verwünschungen zu achten. Schließlich hatte er den Hof erreicht, der beinahe ebenso dicht mit Schaulustigen gefüllt war, doch anders als die Umstehenden schaute er nicht nach rechts, auf die verschlossene Tür zur Nummer 13, vor der ein weiterer Constable postiert war, sondern in den hinteren Teil des Hofes. Auf das Zimmer Nummer 5 zur Linken und den Bretterverschlag vor dem Abtritt.

»Jetzt bringt er sie schon in ihren Zimmern um«, hörte Rupert einen Mann neben sich sagen. »Bisher hat er's immer unter freiem Himmel getan.«

»So hat er mehr Zeit, ihnen die Eingeweide rauszuschneiden«, vermutete ein anderer. »Kann ihn keiner dabei stören.«

»Trotzdem seltsam«, meinte der erste. »Anders als sonst.«

Rupert hatte sich mittlerweile bis zur Tür von Edmunds Wohnung vorgearbeitet und suchte in der Manteltasche nach dem Schlüssel, den er vor gut zwei Wochen eingesteckt hatte. Anders als das Springmesser, mit dem Michael erstochen worden war, hatte Rupert den Wohnungsschlüssel und den Schlüssel für die Bretterbude nicht in der Themse versenkt. Da die Tür nach wie vor verschlossen und das Schloss nicht beschädigt war, nahm Rupert an, dass Edmund in der Zwischenzeit nicht zurückgekehrt war. Denn dass er bei seiner überstürzten Flucht einen Zweitschlüssel eingesteckt hatte, erschien Rupert nicht sehr wahrscheinlich.

»Sie wollen doch nicht etwa da rein, Boss?«, fragte Gray, der sich zwischen dem Eingang und dem Fenster postiert hatte.

»Du bleibst vor der Tür und hältst Wache«, antwortete Rupert, öffnete mit dem Schlüssel die Tür und trat ein.

Obwohl das Morgenlicht durchs milchige Fenster schien, war es in dem Raum so dunkel, dass Rupert eine Weile brauchte, bis er im Inneren etwas erkennen konnte. Doch nichts hatte sich seit dem letzten Mal verändert, jedenfalls konnte Rupert nichts Verdächtiges entdecken. Das Bett machte den Anschein, als hätten Heather und Celia erst vor wenigen Minuten darin gelegen. Die leere Garderobe sah aus wie zuletzt, der schäbige Ohrensessel stand unverändert an Ort und Stelle, und auch der Kamin war offenbar in der Zwischenzeit nicht befeuert worden. Obwohl er es nicht hätte beschwören können, wusste Rupert auf Anhieb, dass Edmund seit seinem Verschwinden nicht mehr hier gewesen war.

»Boss!«, hörte er in diesem Augenblick Grays Stimme vor der Tür. »Dicke Luft!«

»Was machst du da, Junge?«, fragte kurz darauf eine Männerstimme.

»Nichts«, antwortete Gray und klopfte leise gegen die Fensterscheibe.

»Wo kommt 'n plötzlich der Schlüssel her?«

»Keine Ahnung, Sir. Seh ich zum ersten Mal.«

»Verdammter Lügner!«, schimpfte der Mann. »Soll ich die Polizei holen? Sind ja genug Constables im Hof.«

Rupert ärgerte sich, dass er den Schlüssel außen hatte stecken lassen, ging zur Tür, öffnete sie ruckartig und schaute in das Gesicht eines kleinen, etwa vierzigjährigen Mannes, den er noch nie zuvor im Miller's Court gesehen hatte.

»Wer sind Sie?«, fragte Rupert forsch, obwohl ihm das Herz in die Hose sackte. »Warum keifen Sie hier so herum?«

»Und wer, bitte schön, sind Sie, Sir?«, konterte der Mann, doch seine Stimme klang beim Anblick des respektabel, beinahe vornehm gekleideten Rupert nicht ganz so feindselig. »Mein Name ist McCarthy. Ich bin der Eigentümer dieses verfluchten Hauses und vermiete die Wohnungen hier. Auch wenn in Zukunft vermutlich niemand mehr im Miller's Court wohnen will.« Er deutete hinüber zur Nummer 13 und seufzte düster.

»Wissen Sie, wo ich Mr. Edmund Brooks finde?«, antwortete Rupert absichtlich mit einer Gegenfrage.

»Was wollen Sie von ihm?«

»Er schuldet mir Geld.«

McCarthy lachte verächtlich und rief: »Dann stellen Sie sich hinten in der Schlange an, Sir! Seine Miete hat Brooks seit Wochen nicht gezahlt. Und beinahe ebenso lange hab ich ihn nicht gesehen. Wie viel schuldet er Ihnen?«

»Fünfzig Pfund«, antwortete Rupert und erntete ein erstauntes Pfeifen. »In der Wohnung ist niemand, und seine Kleider hat er anscheinend auch mitgenommen«, setzte Rupert hinzu, zog den Schlüssel heraus und reichte ihn dem Vermieter.

»Wenn Sie Brooks tatsächlich fünfzig Pfund geliehen haben«, sagte McCarthy grinsend und steckte den Schlüssel ein. »Dann sind Sie weitaus dümmer, als Sie aussehen, Sir.«

»Er hat das Geld gestohlen.«

»Verstehe.« McCarthy nickte wissend und sagte: »Kein Wunder, dass der Kerl über alle Berge ist.«

»Gibt es nicht einen Holzschuppen, der zu der Wohnung gehört?«, fragte Rupert und hoffte, dass der Vermieter nicht nachfragte, woher er den Schlüssel hatte und wieso er von dem Verschlag wusste. Rupert klopfte dem Mann vertraulich auf die Schulter und deutete nach hinten. »Vielleicht hält er sich dort versteckt.«

Der Vermieter schnaufte ungläubig und ging zum Bretterverschlag. »Wenn Brooks sich dort verkrochen hat, dann ist er nicht nur ein Taugenichts, sondern auch noch ein Idiot.« Er lachte, rüttelte an der verschlossenen Tür und zuckte mit den Achseln.

Rupert bückte sich, als hätte er etwas auf dem Boden entdeckt, zog rasch den kleinen Schlüssel aus der Manteltasche, hielt ihn dem Vermieter vor die Nase und fragte: »Vielleicht passt der? Lag auf dem Boden.«

»Seltsam!«, knurrte McCarthy, schüttelte verwirrt den Kopf und öffnete die Tür. »Sehen Sie? Kein Brooks!«, sagte er und wies auf den Stapel Brennholz, der ordentlich auf dem geplätteten Erdboden vor der Steinwand aufgeschichtet war. Die Matratze und der kleine Tisch waren hochkant an die Seitenwand gelehnt. Der Stuhl stand neben dem Eingang. Nichts hatte sich in den letzten beiden Wochen hier verändert. Niemand war von den Toten auferstanden. Michael Kidneys Grab war unberührt.

»Kein Brooks«, bestätigte Rupert, wandte sich ab, weil ihn die Erinnerung wie ein Schlag traf, und ging zurück in den Hof, wo die Constables inzwischen damit begonnen hatten, die Schaulustigen aus dem Hof zu scheuchen.

Rupert verließ gemeinsam mit Gray und den anderen Neugierigen den Hof. Als er sich unter dem Torbogen ein letztes Mal umwandte, sah er McCarthy neben einem Constable vor Edmunds Wohnung stehen und nachdenklich auf einen Schlüssel in seiner Hand starren.

»Nach Hause, Boss?«, fragte Gray.

»Nach Hause«, bestätigte Rupert und verließ die Dorset Street, um sie nie wieder zu betreten.

Jack the Ripper wurde, wie hinlänglich bekannt, nie gefasst. Und Rupert sollte niemals erfahren, ob der grausame Mord an Ginger tatsächlich nur ein böser Zufall war oder ob er mit den seltsamen Geschehnissen zusammenhing, die in den Wochen zuvor so unvermittelt über Rupert hereingebrochen waren. Der Mord im Miller's Court war das abscheulichste, zugleich aber auch das letzte Verbrechen des Rippers. Wer der Mörder war, was nach dem November 1888 aus ihm wurde und wieso er nicht weitermordete, darüber wurde damals wie heute viel spekuliert. Die Zahl der Verdächtigen ist ebenso abenteuerlich wie die Erklärungsansätze mancher Theorien, die den Mörder bis ins Königshaus hinein vermuteten. Auch wenn es schwer zu ertragen ist: Es gibt Fragen, auf die man keine Antworten findet. Und die sogar unergründlicher werden, je eingehender man sich mit ihnen befasst.

Bis heute zählt Elizabeth Stride, genannt Long Liz, zu den sogenannten Kanonischen Fünf, also jenen fünf Frauen, die mit höchster Wahrscheinlichkeit im Herbst 1888 von Jack the Ripper getötet wurden. Zwar gab es immer wieder Stimmen, die darauf hinwiesen, dass die Tat nicht ins übliche Muster des Frauenmörders passte, und einige Autoren und Kriminalhistoriker mutmaßten sogar, Elizabeths Freund Michael könne seine Hände bei dem Mord im Spiel gehabt haben. Beflügelt wurde diese Deutung durch die Tatsache, dass die Adresse in der Dorset Street, die Michael Kidney vor dem Coroner zu Protokoll gegeben hatte, offenbar nicht stimmte und er stattdessen zusammen mit einer jungen Russin namens Annie in der Devonshire Street in Mile End lebte. Auch dass der Mann anschließend wie vom Erdboden verschluckt war und nie wieder in Erscheinung trat, gilt manchen »Ripperologen« als bedeutsamer Hinweis. Dennoch wird der Mord in der Berner Street von den meisten Experten weiterhin Jack the Ripper zugeordnet.

Einen Edmund oder Ned Brooks sucht man in den einschlägigen Quellen und zahlreichen Büchern übrigens vergeblich.

Die Dorset Street blieb ihrem Ruf als Elendsviertel und Gefahrenpflaster treu, der schlechte Leumund wurde durch den bestialischen Mord im Miller's Court nur noch bestärkt. Im Jahr 1904 wurde die »schlimmste Straße Londons«, wie sie mitunter in zeitgenössischen Berichten hieß, in Duval Street umbenannt, was aber den Slum-Charakter der Gasse keineswegs abmilderte.

In den 1920er-Jahren wurde schließlich von der Londoner Verwaltungsbehörde beschlossen, den nahe gelegenen Spitalfields Market nach Süden hin zu erweitern und die gesamte Nordbebauung der Duval Street abzureißen, um Platz für eine neue Markthalle zu schaffen. Auch das Eckhaus, in dem sich der Britannia Pub befunden hatte, wurde im Laufe dieser Maßnahmen dem Erdboden gleichgemacht.

Während der Abrissarbeiten entdeckten Bauarbeiter im südöstlichen Teil des Areals, etwa fünf Fuß unter der Erde, ein menschliches Gerippe. Die Knochen gehörten offenbar zu einem mittelgroßen Mann und waren vollständig skelettiert, allerdings schienen sie nicht so alt zu sein, dass sie als historisch bedeutsam eingeschätzt wurden. Woran der Mann gestorben war, wieso man ihn an dieser Stelle begraben hatte und ob er womöglich einem Verbrechen zum Opfer gefallen war, konnte nicht geklärt werden. Die Knochen wiesen keinerlei Verletzungen auf und konnten keinem Vermisstenfall der letzten Jahrzehnte zugeordnet werden.

Einige der Bauarbeiter ulkten, sie hätten vermutlich die Gebeine von Jack the Ripper ausgegraben. Immerhin hätte der sein letztes Opfer ganz in der Nähe umgebracht und wäre anschließend nicht länger mordend durchs East End gezogen.

Das Skelett des unbekannten Toten wurde nach der polizeiärztlichen Untersuchung in einem anonymen Gemeindegrab auf dem Friedhof von St. Mary Matfelon in der Whitechapel Road beerdigt.

Während Rupert einen Zufluchtsort namens The Refuge hatte, in den er sich zurückziehen konnte, wurde für Celia der People's Palace zu einer Art Asyl. Hier ging alles seinen geregelten, auf Programmzetteln nachlesbaren Gang, hübsch getrennt nach sozialer Herkunft. Die Reichen versammelten sich in der zentralen Halle der Königin, die Armen in den Nebenräumen, die Schüler in separaten Gängen, aber alle trafen sich unter einem Dach. Es war eine kleine Welt für sich.

Nur Rupert vermochte es, Celia hin und wieder aus dieser selbst gewählten Abgeschiedenheit zu entführen und sie daran zu erinnern, dass es auch ein Leben außerhalb des Volkspalastes gab und dass dieses Leben nicht zwangsläufig von schlimmen und hässlichen Dingen bestimmt sein musste. Beinahe jeden dritten Abend erschien er im People's Palace, verfolgte Maureens gelenkigen und von Mal zu Mal geschmeidigeren Auftritt auf der Großen Bühne, lud die beiden Frauen anschließend zu einem Cocktail an der Bar ein und begleitete sie später bis zu ihrer Wohnung, die er niemals betrat, obwohl Maureen ihn oft dazu einlud.

»Der ist in dich verknallt«, vermutete Maureen und grinste anzüglich.

»Unsinn!«, erwiderte Celia erschrocken und hielt Maureens lederne Kostümtasche wie einen Panzer vor sich. »Wie kommst du denn darauf?«

»Weil er sich so benimmt, als wäre das Gegenteil der Fall«, dozierte Maureen mit einer Mischung aus Lebensweisheit und Ironie. »Immer schickt er seinen Burschen, statt selbst zu uns zu kommen. Und er fasst dich nie ohne Handschuhe an. Weil er dich sonst nicht mehr loslassen würde.«

Celia war Maureens Logik ein wenig zu hoch, aber sie hatte keine Lust, mit ihr über Rupert zu streiten. Celia war einfach gern mit ihm zusammen, obwohl sie so wenig gemein hatten und oft unterschiedlicher Meinung waren. Es war nicht zu verkennen, dass sie aus unterschiedlichen Welten stammten und sich ihr bisheriger Erfahrungsschatz in beinahe keinem Punkt überschnitt. Manchmal kam Celia sich in seiner Gegenwart so naiv und ungebildet vor, dass sie sich regelrecht schämte. Dann gab sie ihm umso heftiger und schnippischer Widerworte. Celias Vorwitz, hätte das ihre Mutter genannt. Dennoch hörte sie ihm interessiert zu, wenn er von seiner neuen Arbeit sprach, sich über den drolligen Gray amüsierte oder Vorträge über Kunst und Literatur hielt. Und sie war ihm dankbar, dass er sich an ihre Abmachung hielt und niemals etwas von sich gab, was sie nicht hören oder wissen wollte.

»In Ordnung«, hatte er in jener Nacht in Vaters Kammer zu ihr gesagt. Und das war es auch.

Nur ein einziges Mal verstieß er gegen diese Vereinbarung. Es war Anfang Dezember, und Rupert wartete nach der Aufführung wie üblich neben der Bühne auf Maureen und Celia. Als sie schließlich erschienen, machte er den Vorschlag, nicht an der Bar im Bühnenraum etwas zu trinken, sondern im Hatchett's Hotel in Mayfair. Dort finde eine Adventsfeier statt, zu der er als Sohn des Hausherrn eingeladen sei, und er würde die Damen gern dorthin mitnehmen.

Maureen war auf Anhieb begeistert, machte sich lediglich Sorgen wegen ihrer unpassenden Garderobe und wollte sich gleich bei Rupert einhaken.

Doch Celia schüttelte energisch den Kopf und fragte: »Warum?«

»Warum nicht?«, konterte Maureen. »Ich leih dir eins von meinen Kleidern, wenn's das ist. Wir werden schon was Passendes finden.«

»Es ist nur eine Adventsfeier«, sagte Rupert und starrte zu Boden, als könnte er Celias Blick nicht ertragen. »Keine große Sache.«

»Es ist nicht nur eine Adventsfeier«, antwortete Celia. »Und das weißt du.«

»Komm schon, Celia«, murrte Maureen. »Sei keine Spielverderberin.«

»Das ist kein Spiel«, beharrte Celia und verschränkte die Arme vor der Brust.

»Er möchte dich gern kennenlernen«, sagte Rupert. »Das ist alles.«

»Wer?«, fragte Maureen.

»Du musst kein Wort mit ihm reden, wenn du das nicht willst«, sagte Rupert und hob beschwichtigend die Hände. »Er wird nur kurz Hallo sagen und dann wieder gehen. Das verspreche ich.«

Maureen verstand nur Bahnhof und zog die Nase kraus.

Celia schüttelte erneut den Kopf und sagte: »Noch nicht.«
»Später einmal?«, fragte Rupert.
»Warum ist das plötzlich so wichtig für dich?«
»Ist es ja gar nicht.«
»Anscheinend doch!«
»Jetzt sei nicht so, Celia!«
»Ich bin, wie ich bin!«, rief Celia so laut, dass sich die Leute zu ihnen umschauten. »Gewöhn dich besser dran!«

Beide verstummten, und Maureen blickte ratlos in die Runde.

Celia taten ihre barschen Worte leid, doch sie konnte und wollte sie nicht zurücknehmen. Sie konnte es nun mal nicht ändern. Sie war, wie sie war.

Doch dann lachte Rupert plötzlich, als wäre ihm etwas fürchterlich Komisches eingefallen, und er fragte: »Was ist eigentlich so schlimm daran, sich hin und wieder zu streiten.«

Celia verstand nicht und fragte: »Was meinst du damit?«

»Nichts«, sagte Rupert schmunzelnd und führte die beiden zur Bar. »Ich habe nur laut gedacht.«

ANHANG

Anmerkungen und Übersetzungen

S. 10 *London and South Western Railway*: engl. Eisenbahn-Unternehmen (L&SWR), das von 1838 bis 1922 bestand und deren Strecken von London aus nach Südwesten führten
Waterloo Station: der 1848 eröffnete Bahnhof der L&SWR wurde immer wieder erweitert und ausgebaut, sodass er völlig unübersichtlich wurde und zu Beginn des 20. Jh. abgerissen und neu gebaut werden musste

S. 11 *Hansom Cab*: nach dem Erfinder Joseph A. Hansom (* 1803, † 1882) benannte zweisitzige, nach vorne offene Kutsche, bei der der Kutscher hinter dem Verdeck saß
Bowler: 1850 von Thomas Bowler & Sons entworfener Herrenhut aus Filz mit rundem Kopf, in Deutschland Melone genannt

S. 12 *Half Crown*: brit. Münze im Wert von 2 Shilling oder 30 Pence

S. 14 *London E*: seit 1866 gültiger Postcode für Ost-London, die heutigen Zahlen (E1 bis E18) wurden erst 1917 hinzugefügt

S. 15 *Potts' Vinegar Works*: Essigbrauerei in Southwark, die sich unter verschiedenen Besitzern bereits seit 1641 an dieser Stelle befand
Barclay, Perkins & Co.: Brauerei in Southwark, die 1791 aus der 1616 gegründeten Anchor Brewery hervorging und 1955 mit der Courage Brewery fusionierte; die Gebäude wurden 1981 abgerissen, nur der zur Brauerei gehörende Anchor Pub an der Themse existiert noch heute

S. 16 *George Inn*: hist. Pub an der Borough High Street in Southwark und eines der wenigen Coaching Inns der Postkutschenzeit, die noch heute als Pub betrieben werden

S. 19 *die beiden Pennys*: bis ins 19. Jh. wurden den Toten Münzen auf die Augen gelegt, um sie zu schließen; nach der griech. Mythologie sollte damit der Fährmann bezahlt werden, der die Verstorbenen über den Fluss Styx ins Totenreich befördert

S. 23 *Ha'penny*: brit. Münze im Wert eines ½ Penny

S. 25 *Tom Norman*: (* 1860, † 1930) engl. Schausteller, Entertainer und Showman, unterhielt zeitweilig bis zu 13 Kuriositätenkabinette und Freak-Shows in London, erhielt den Spitznamen »The Silver King« wegen seines auffälligen Silberschmucks; den Namen machte er sich später zu eigen

S. 28 *Ay*: (engl., veralt.) Ja, jawohl
Lyndhurst: Dorf im New Forest, Hampshire, etwa 14 km nordöstl. von Southampton

S. 31 *Porridge*: (engl.) dicker (Frühstücks-)Haferbrei

S. 34 *London Hospital*: Krankenhaus in Whitechapel, 1740 gegründet, seit 1757 in der Whitechapel Road, seit 1990 The Royal London Hospital
Yard: (engl.) Hof; Yard kann aber auch ein Längenmaß sein, entspricht 3 Fuß = 91,44 cm

S. 35 *Cloak and Dagger*: (engl.) Umhang und Dolch, im engl. Sprachgebrauch als Synonym für mysteriös oder geheimnisvoll verwendet

S. 36 *Penny Gaff*: (engl.) Kuriositätenkabinett, dort wurden menschliche Missbildungen ausgestellt und berühmte Verbrechen nachgespielt; im 19. Jh. bei den unteren Schichten sehr beliebt, auch wegen des geringen Eintritts von einem Penny
Elefantenmensch: Joseph Merrick (* 1862, † 1890), litt seit der Geburt unter schweren Deformationen des Körpers, die ihn völlig entstellten; wurde als »Monster« auf Jahrmärkten ausgestellt (im Herbst 1884 auch im Penny Gaff von Tom Norman im East End), bevor er 1886 von einem jungen Arzt im London Hospital aufgenommen wurde; erst 1986 wurde als Grund für die Deformation das »Proteus-Syndrom«, eine seltene Erbkrankheit, identifiziert

S. 39 *The Salvation Army*: (engl.) Heilsarmee, christl. Freikirche mit starker sozialer Tätigkeit, 1865 im Londoner East End von William Booth (* 1829, † 1912) als East London Christian Mission gegründet, 1878 umbenannt und nach militär. Vorbild strukturiert, Booth wurde ihr erster General

S. 44 *Florence Soper Booth*: (* 1861, † 1957) setzte sich innerhalb der Heilsarmee vor allem für die Belange der Frauen ein, leitete seit 1884 The Women's Social Work in der Hanbury Street, Spitalfields

S. 50 *Petticoat Lane*: die heutige Middlesex Street im East

End, nur der Petticoat Lane Market erinnert noch an den alten Namen

S. 54 *Illustrated London News*: 1842 gegründetes, wöchentl. erscheinendes und reich bebildertes Magazin, das seine v. a. bürgerlichen Leser von Politik und Weltgeschehen unterrichtete

Gordon Relief Expedition: 1884/85 in den Sudan entsandte Nil-Expedition, die den dortigen Generalgouverneur Gordon aus der Belagerung durch Aufständische retten sollte

General Gordon: Charles George Gordon (* 1833, † 26. 1. 1885), brit. Generalmajor und Generalgouverneur des Sudans, wurde nach monatelanger Belagerung von Aufständischen getötet, zwei Tage bevor die Rettungsexpedition die Eingeschlossenen erreichte

Khartum: Hauptstadt des Sudans

S. 55 *Thronjubiläum*: im Jahr 1887 feierte Königin Victoria (* 1819, † 1901) ihr goldenes Thronjubiläum

S. 56 *The Ten Bells*: hist. Pub in Spitalfields an der Ecke Commercial Street/Church Street (heute Fournier Street); die Kneipe wurde berühmt, weil einige der Opfer von Jack the Ripper dort regelmäßig verkehrten

S. 61 *The Star*: 1788 gegründete Londoner Abendzeitung, die vor allem wegen ihrer Sensationsberichterstattung über den Ripper bekannt wurde

S. 65 *Blackburn*: Stadt in der Grafschaft Lancashire im Nordwesten Englands, im 19. Jh. wurde sie zum weltweiten Zentrum der Baumwollspinnerei

S. 67 *Willcox und Gibbs*: US-amerik. Unternehmen, ließ 1856 die erste Kettenstichnähmaschine patentieren

S. 69 *Ebenezer Hall*: erstes permanentes Versammlungshaus (seit 1870) der Christian Mission, der späteren Salvation Army, in Whitechapel

The War Cry: (engl.) *Der Kriegsruf*, monatl. erscheinende Zeitung der Heilsarmee, die Büros und die Druckerei befanden sich zwischen 1879 und 1886 in der Ebenezer Hall in Whitechapel

S. 71 *O have you not heard of a beautiful stream*: (engl.) »Oh, hast du nicht gehört von dem herrlichen Strom«, Hymne aus dem Jahr 1865 von Reuben A. Torrey jun. und Asa Hull

S. 72 *Come to the Savior, make no delay*: (engl.) »Komm zum Heiland, zögere nicht«, Hymne aus dem Jahr 1870 von George F. Root

S. 75 *Manchester-Stoff*: (nach der engl. Stadt benannt) geripptter und kräftiger Cordsamt, oft für Arbeitskleidung verwendet

Dr. Jekyll und Mr. Hyde: »Strange Case of Dr. Jekyll and Mr. Hyde«, berühmte Doppelgänger-Novelle von Robert Louis Stevenson (* 1850, † 1894) aus dem Jahr 1886

S. 76 *Joyful will the meeting be*: (engl.) »Freudig wird das Treffen sein«, Refrain des Liedes »Come to the Saviour«

S. 80 *Skeleton Army*: 1882 gegründete und von den örtl. Wirten und Bierhändlern unterstützte Gruppe, deren Ziel es war, die Versammlungen der Heilsarmee gewaltsam zu stören

S. 86 *Krocket*: Rasenballspiel mit Holzschlägern und Toren, durch die eine Kugel zum Ziel geschlagen wird; in der zweiten Hälfte des 19. Jh. in England sehr beliebtes Freizeitvergnügen

S. 87 *Robert Barclay*: (* 1837, † 1913) engl. Unternehmer und Brauer, Urenkel des gleichnamigen Firmengründers von Barclay, Perkins & Co.
Porter: (engl.) kurz für »porter's beer« (Dienstmannsbier), so genannt, weil es früher vor allem von Dienstmännern getrunken wurde; dunkles, obergäriges Starkbier
Stout: (engl.) obergäriges, dunkles Starkbier

Ale: (engl.) helles, obergäriges Bier

S. 89 *Hatchett's Hotel*: 1753 von Abraham Hatchett gegründetes Hotel an der Piccadilly (Ecke Dover Street), das aus der hist. Postkutschenstation White Horse Cellar hervorging

S. 91 *Anchor Pub*: hist. Pub an der Bankside in Southwark (hieß bis 1820 The Castle on the Hoop)

S. 92 *Sprachtrompete*: frühe Form des Megafons

S. 93 *Die Frau in Weiß*: Roman von Wilkie Collins (* 1824, † 1889) aus dem Jahr 1860 (Originaltitel: »The Woman in White«)

S. 94 *Snob*: arroganter Emporkömmling, im 19. Jh. bekannt geworden durch das 1848 erschienene »The Book of Snobs« von William M. Thackeray (* 1811, † 1863)

S. 96 *Londoner Saison*: die Monate, meist zwischen April und August, in denen in London die großen gesellschaftlichen Veranstaltungen und Bälle stattfanden und der Landadel in seinen Londoner Stadthäusern wohnte; in dieser Zeit wurden auch die jungen Frauen als Debütantinnen in die Gesellschaft eingeführt

S. 97 *Dandy*: Modenarr, Geck, im 19. Jh. unter engl. Gentlemen sehr verbreitet

S. 100 *Yellow Backs*: preiswerte Unterhaltungsromane, aber gehaltvoller als Groschenromane, so genannt wegen der oft bunten Buchrücken

S. 101 *Oscar Wilde*: (* 1854, † 1900) irischer Schriftsteller (»The picture of Dorian Gray«, »The importance of being earnest«), berühmt auch als extravaganter Ästhet und Dandy, 1895 wegen Homosexualität zu zwei Jahren Zuchthaus verurteilt, starb verarmt in Paris
Poems: Gedichtsammlung aus dem Jahr 1881, Wildes erstes Buch erschien zunächst nur in kleiner und exklusiv gestalteter Erstauflage

S. 102 *Cockney*: bezeichnet sowohl einen waschechten Londoner als auch die derbe Londoner Mundart der Arbeiterschicht

S. 104 *Rookery*: (engl.) Vogelkolonie; Bezeichnung eines Slums oder einer Armensiedlung; die Rookery in St. Giles bestand bis zur Mitte des 19. Jh.
Werg: Faserabfall von Hanf oder Flachs, der als Dichtungsmaterial beim Schiffsbau verwendet wurde

S. 105 *Pint*: (engl.) Volumeneinheit, entspricht 0,568 l

S. 106 *Präraffaeliten*: 1848 gegründete Vereinigung von engl. Malern, die eine Reform der Kunst im Sinne des ital. Renaissancemalers Raffael (* 1443, † 1520) und dessen Vorläufern anstrebten
Punch: satirisches Wochenblatt, 1841 in London gegründet und vor allem durch Karikaturen bekannt geworden (prägte dafür den Begriff Cartoon)

S. 109 *Royal Academy of Arts*: Akademie der Künste, 1768 gegründet, befindet sich seit 1868 im Burlington House an der Piccadilly

S. 111 *Sodomit*: während sich der Begriff Sodomie im Deutschen allein auf sexuelle Handlungen mit Tieren bezieht, beschreibt der Begriff im Englischen v. a. den Analverkehr; als Sodomiten werden hauptsächlich homosexuelle Männer bezeichnet
Mehr Inhalt, weniger Kunst: Zitat aus William Shakespeares »Hamlet«, 2. Akt, 2. Szene
Sixpence: brit. Münze im Wert von 6 Pence oder 1/2 Shilling
Shilling: brit. Münze im Wert von 12 Pence oder 1/20 Pfund Sterling

S. 117 *Anchor Terrace*: 1834 errichtete Residenz für Mitarbeiter von Barclay & Perkins; an dieser Stelle befand sich einst Shakespeares Globe Theatre

S. 121 *ägyptische Obelisken*: die sogenannten »Nadeln der Kleopatra«, die im 19. Jh. von der ägypt. Regierung verschenkt wurden; der eine Obelisk wurde 1878 in London am Nordufer der Themse, der andere im Jahr 1880 im New Yorker Central Park aufgestellt

S. 135 *Bergpredigt*: sozialethisch bedeutsame Rede Jesu, Matthäus 5–7 (gemeint ist die Stelle Matthäus 5,39)

S. 147 *Whitechapel Vigilance Committee*: (engl.) Whitechapel Wachsamkeitsausschuss, am 10. Sept. 1888 von lokalen Geschäftsleuten gegründete Freiwilligen-Bürgerwehr

S. 154 *Mansion House*: (engl.) Herrenhaus, offizieller Amtssitz des Lord Bürgermeisters von London
Bahnhof St. Paul's: 1886 eröffneter Fernbahnhof, wurde 1937 in Blackfriars umbenannt

S. 157 *Westminster Aquarium*: Royal Aquarium, 1876 eröffneter Vergnügungspalast (mit Rennbahn, Theater und Varieté) in unmittelbarer Nähe der Westminster Abbey

S. 158 *Bobby*: (engl.-ugs.) Polizist, nach Sir Robert (Bobby) Peel (* 1788, † 1850), dem Reorganisator der engl. Polizei
Police Constable: (engl.) uniformierter Polizist, Wachtmeister

S. 159 *Officer*: (engl. Anrede) Wachtmeister

S. 164 *Laudanum*: Opiumtinktur, bis ins 19. Jh. als Schmerz- und Beruhigungsmittel verbreitet

S. 170 *berühmtes Theater*: das Curtain Theatre war eines von zwei elisabeth. Theatern in Shoreditch, in dem die Stücke Shakespeares aufgeführt wurden; nicht nach dem »Vorhang«, sondern nach der gleichnamigen Straße benannt

S. 171 *Oi*: (engl./slang) Cockneyausdruck für »Hey!« oder »Hallo!«

S. 181 *Qué hace?*: (span.) Was tut sie?
No sé: (span.) Ich weiß nicht

S. 182 *People's Palace*: 1887 von Königin Victoria eröffneter Kultur- und Unterhaltungspalast in der Mile End Road, mit Festsaal (Queen's Hall), Bibliothek, Schwimmbecken, Wintergarten, Hörsälen und Turnhalle, 1931 niedergebrannt und nach Neubau in die Universität von London integriert
Sí: (span.) Ja
Salud!: (span.) Prost!

S. 183 *Regent's Canal*: im 19. Jh. gebauter, 14 km langer Kanal im Zentrum Londons, verbindet Paddington mit der Themse bei Limehouse
monstruos: (span.) Ungeheuer, Monster

S. 186 *caníbal del mar*: (span.) Kannibale des Meeres
Perdón!: (span.) Entschuldigung!

S. 189 *Scharrnetz*: Schleppnetz mit schwerem eisernen Rahmen und einer gezahnten Kante zum Austernfang
Streicheisen: Netz aus Eisenringen, das über den Meeresboden »streicht«

S. 192 *Holloway*: 1852 gebautes Staatsgefängnis, wegen seines burgartigen Aussehens auch Holloway Castle genannt, 1902 in ein Frauengefängnis umgewandelt, seit 1971 von Grund auf umgebaut (mit Verlust des Burg-Charakters)

S. 193 *Murray*: John Murray, 1768 gegründete Londoner Verlagsbuchhandlung, der Enkel des Verlagsgründers, John Murray III. (* 1808, † 1892), brachte 1836 erstmals Reisehandführer für Touristen heraus
Cunard Line: 1838 gegründete brit. Reederei mit Sitz in Southampton, betrieb vor allem den Linienverkehr zwischen Liverpool und New York City
Queenstown: Hafenstadt im Süden Irlands, mit der Unabhängigkeit Irlands 1922 in Cobh umbenannt
Etruria: RMS (Royal Mail Ship) Etruria, 1885 in Dienst gestellter Ozeandampfer der Cunard Line, 1910 abgewrackt
Aurania: 1883 in Dienst gestellter Ozeandampfer, 1905 abgewrackt

S. 195 *Lord Coleridge*: John Duke Coleridge (* 1820, † 1894), brit. Anwalt, Richter und Politiker, seit 1880 Lord Chief Justice (Lordoberrichter) von England

S. 199 *Der Herr ist mein Schutz*: Psalm 94,22

S. 200 *Generalin*: Catherine Booth (* 1829, † 1890) heiratete 1855 Charles Booth, den späteren Gründer und ersten General der Heilsarmee, 1888 wurde bei ihr Krebs diagnostiziert, an dem sie 1890 starb

S. 204 *Borough*: (eng.) Stadtteil, Bezirk; inoffizielle Bezeichnung für Southwark
City von London: das historische und wirtschaftliche Zentrum Londons, das einst von der Stadtmauer umgeben war
Irrenhaus: gemeint ist das Bethlem Royal Hospital, auch bekannt unter dem Namen Bedlam

S. 205 *Monument*: The Monument to the Great Fire of London, die 61 Meter hohe Säule erinnert an das Große Feuer von 1666

S. 207 *Das Wort Gottes ist schärfer*: Hebräer 4,12

S. 212 *Kabinettkarte*: auf Albuminpapier abgezogene Fotografien, die zu repräsentativen Zwecken auf Karton aufgeklebt wurden, meist 16,5 × 11,5 cm groß

S. 214 *C. T. Newcombe*: Charles Thomas Newcombe (* 1830, † 1912), engl. Porträtfotograf

S. 216 *A. & G. Taylor*: die schottischen Brüder Andrew (* 1832, † 1909) und George Taylor (* 1839, † 1911) betrieben im 19. Jh. eine der größten Fotostudio-Ketten Großbritanniens mit über 70 Filialen

S. 217 *Chinatown*: während sich die heutige Chinatown in Soho, im West End Londons, befindet, lag das Zentrum der chinesischen Einwanderer im 19. Jh. in Limehouse, unweit der Docks

S. 221 *Treidelpfad*: auch Leinpfad, Weg an Kanälen oder Flüssen, auf denen ein Boot mit Schlepptau stromaufwärts gezogen wurde

S. 222 *Nay*: (engl., veralt.) Nein

S. 225 *Messiah*: 1742 uraufgeführtes dreiteiliges Oratorium von Georg Friedrich Händel (* 1685, † 1759)
Cutaway: Herrenrock aus schwarzem Tuch mit vorne schräg geschnittenen Schößen (daher der Name), kam in der 2. Hälfte des 19. Jh. auf
Cul de Paris: (franz.) eigentl. Pariser Gesäß, unter dem Kleid auf dem Gesäß getragenes Polster

S. 226 *Scones*: weiches, krustenloses Gebäck, das oft zum Tee gegessen wird

S. 241 *Fuß*: (engl.: foot) Längenmaß, entspricht 30,48 cm

S. 243 *Bugspriet*: (Seemannsspr.) schräg nach vorn über den Bug eines Schiffes hinausragender Mast

S. 245 *Algernon Swinburne*: (* 1837, † 1909), engl. Dichter, verstieß mit blasphemisch-erotischen, z. T. sadomasochistischen Gedichten gegen viktorian. Konventionen, stand den Präraffaeliten nahe, lebte nach einem Zusammenbruch (infolge Alkoholmissbrauchs) seit 1879 zurückgezogen in der Nähe von London

S. 254 *Krieg zwischen Frankreich ...*: Chinesisch-französischer Krieg, 1884–1885, um das im heutigen Vietnam liegende franz. Protektorat Tongking

S. 259 *New South Wales*: (engl.) Neusüdwales, die erste brit. Kolonie in Australien mit der Hauptstadt Sydney

S. 262 *Eddystone*: Leuchtturm auf den Eddystone Rocks, etwa 14 km vor der Küste von Cornwall

S. 263 *Glasen*: (Seemannsspr.) halbstündiges Anschlagen der Schiffsglocke, acht Glasen bezeichnet das Ende der vierstündigen Wache

S. 264 *reffen*: (Seemannsspr.) die Fläche eines Segels durch Einrollen verkleinern
gelascht: (Seemannsspr.) festgezurrt, festgebunden

S. 266 *Kalmengürtel*: breite Tiefdruckrinne mit schwachen,

veränderlichen Winden und häufigen Windstillen am Äquator
Luv: (Seemannsspr.) die dem Wind zugekehrte Seite
S. 267 *Lee*: (Seemannsspr.) die dem Wind abgekehrte Seite
Schoten: (Seemannsspr.) Leinen zum Bedienen eines Segels
S. 268 *abwettern*: (Seemannsspr.) einen Sturm durch geeignete Maßnahmen (Beidrehen, Anluven etc.) auf See überstehen
S. 269 *Niedergang*: (Seemannsspr.) schmale, steile Treppe auf einem Schiff
S. 270 *ausösen*: (Seemannsspr.) das Leeren eines Bootes mit dem Ösfass
S. 273 *pullen*: (Seemannsspr.) rudern
S. 283 *Benjamin Graham*: 42-jähriger Glasbläser aus Clerkenwell, wurde am 17. Okt. 1888 zur Snow Hill Polizeiwache gebracht, weil er in trunkenem Zustand behauptet hatte, Jack the Ripper zu sein
S. 284 *Guildhall*: (engl.) Gildenhalle, mittelalterl. Gebäudekomplex in der City von London, in dem sich über Jahrhunderte das Rathaus befand
Alderman: (engl.) eigentl. Ältester, Vorsteher, Ratsherr, Stadtrat
S. 287 *Copper*: (engl./ugs.) abwertend für Polizist, abgekürzt auch Cop
S. 290 *Guildhall Yard*: anders als heute war der damalige Platz vor dem Rathaus kaum mehr als ein Wendeplatz für Droschken
S. 296 *Deine Rede sei: Ja! Ja! Nein! Nein!*: Matthäus 5,37
S. 299 *Richtet nicht …*: Matthäus 7,1
S. 303 *Governor*: (engl.) eigentl. Herrscher, (ugs.) Chef, Boss, abgekürzt auch »Gov«
S. 304 *Oliver Twist*: 1838 erschienener Gesellschaftsroman von Charles Dickens (* 1812, † 1870) über das Schicksal eines Waisenjungen
S. 305 *Pay-Pay*: das Zigarettenpapier aus Hanf wurde bereits seit 1764 in Spanien hergestellt und weltweit exportiert
S. 310 *Times*: 1785 gegründete, relativ unabhängige Londoner Tageszeitung
Evening News: 1881 gegründete Londoner Abendzeitung, sie kostete (wie der *Star*) nur einen halben Penny, während die *Times* 3 Pence kostete
S. 312 *Karbolsäure*: (veralt.) Phenol, aus Steinkohlenteer gewonnene leichte Säure, die seit 1865 als Antiseptikum benutzt wurde
S. 313 *Catharine Eddowes*: (* 1842, † 30. 9. 1888), vermutl. viertes Opfer von Jack the Ripper, sie war das einzige Opfer, das in der City von London getötet wurde
S. 314 *George Lusk*: (* 1839, † 1919)

Bauunternehmer aus Mile End, wurde am 10. Sept. 1888 zum Vorsitzenden des Whitechapel Vigilance Committee gewählt, er erhielt den besagten »From Hell«-Brief am 16. Okt. 1888

S. 316 *Coroner*: (engl.) Beamter, der ungeklärte Todesfälle untersucht

S. 317 *Elizabeth Stride*: Die Angaben, die Michael Kidney am 3. Okt. vor dem Coroner machte, sind in Teilen ungenau: Elizabeth wurde in Göteborg geboren, sie war zum Zeitpunkt ihres Todes 44 Jahre alt, ihr Mann starb im Jahr 1884, allerdings nicht bei einem Schiffsunglück

S. 322 *Yorkshire-Pudding*: Backwerk aus Eierkuchenteig, als Beilage zum Essen, mit Sirup auch als Nachspeise

S. 323 *Partagás*: 1845 in Havanna gegründete kuban. Zigarrenmarke

S. 325 *Monterrey*: eigentl. Hoyo de Monterrey, (span.) Tal von Monterrey, 1865 gegründete kuban. Zigarrenmarke

S. 335 *Teerwasser*: mit Holzteer geschütteltes Wasser, wurde zum Einreiben (bei Hautkrankheiten) oder Inhalieren (bei Keuchhusten) verwendet

S. 343 *Itchy Park*: itchy: (engl.) kratzig, juckend; 1891 wurde der Friedhof von Christ Church zum öffentlichen Garten, was ihn als Treffpunkt für Obdachlose noch attraktiver machte, wie der US-amerik. Autor Jack London (* 1876, † 1916) in seinem 1903 erschienenen Buch »The People of the Abyss« drastisch beschrieb

S. 349 *Pastorale*: (ital.) ländlich-idyllische Darstellung aus dem Leben der Hirten (in Musik, Literatur und Malerei)

S. 352 *Obstakel*: (veralt.) Hindernis
Deutsches Athenaeum: eigentl. Deutscher Verein für Kunst und Wissenschaft, ein 1869 von dt. Künstlern gegründeter Club

S. 354 *Victoria-Kutsche*: nach Königin Victoria benannte elegante Kutsche, meist zweiachsig, mit festem Kutschbock, bei wohlhabenden Familien beliebt
Mälzen: Herstellung von Malz durch das Anfeuchten und Keimen von Gerste
Maischen: die Verrührung von geschrotetem Malz mit warmem Wasser

S. 357 *Große Pest*: die Große Pest der Jahre 1665/66 forderte etwa 70000 Todesopfer und kostete damit einem Fünftel der Londoner Stadtbevölkerung das Leben
Prinz von Wales: Kronprinz Albert Eduard (* 1841, † 1910), Sohn von Königin Victoria, folgte seiner Mutter 1901 als Eduard VII. auf dem Thron

Otto von Bismarck: (* 1815, † 1898) preuß. Ministerpräsident und seit 1870 erster dt. Reichskanzler (bis 1890)
Giuseppe Garibaldi: (* 1807, † 1882) ital. General und Freiheitskämpfer

S. 359 *I have sinned, O God, my Savior*: (engl.) Ich habe gesündigt, oh Gott, mein Retter, aus der Hymne »Love of God« von Rev. Elwood H. Stokes

S. 360 *Precious Jesus came to save us …*: (engl.) Teurer Jesus kam uns zu retten, Freund der Sünder, Jesus kam

S. 363 *Truman Brauerei*: Truman, Hanbury, Buxton & Co., auch Black Eagle Brewery genannt, Brauerei in Spitalfields, deren Ursprünge bis ins 17. Jh. zurückreichen

S. 368 *St. Saviour*: die heutige Southwark Cathedral; die Kirche war zunächst ein Priorat und hieß St. Mary Overy, mit der Reformation wurde sie zur Pfarrkirche von St. Saviour

S. 378 *Trafalgar Square*: Platz in Stepney, der seit 1885 als öffentl. Garten diente; wurde 1937 in Trafalgar Gardens umbenannt
Threepence: (engl./veralt.) drei Pence

S. 379 *Dosshouse*: (engl./ugs.) Nachtasyl, billige Pension

S. 382 *Blutvergiftung*: tatsächlich leidet Celia an dem später so genannten Haverhill-Fieber, einer Form des Rattenbissfiebers (hervorgerufen durch Streptobazillen)
Lister'scher Verband: mit Karbolsäure getränkter Wundverband, von dem Chirurgen Joseph Lister (*1827, † 1912) entwickelt

S. 395 *Havelock*: im 19. Jh. weitverbreiteter ärmelloser Herrenmantel mit hüftlanger Pelerine (heute v. a. durch Sherlock Holmes bekannt)

S. 398 *Falmouth*: Hafenstadt an der Südküste Cornwalls, hierhin wurden die drei Überlebenden des Schiffbruchs nach ihrer Rettung durch das deutsche Frachtschiff Montezuma im Sept. 1884 gebracht
Exeter: Hauptstadt der engl. Grafschaft Devon, war früher die Hauptstadt von Cornwall

S. 410 *Süßholz*: die Wurzel des Süßholzstrauches dient zur Gewinnung von Lakritze
Salmiak: Ammoniumchlorid, wird als schleimlösendes Hustenmittel der Lakritze beigemischt

S. 414 *Fingringhoe Wick*: Marschlandschaft an der westlichen Colne-Mündung in Essex, im 19. Jh. von zahlreichen Steinbrüchen durchsetzt, heute ein Naturschutzgebiet

S. 415 *Florence Nightingale*: (* 1820, † 1910) brit. Krankenpflegerin und Sozialreformerin, reorganisierte die militär. und zivile Krankenpflege

S. 418 *Gedenke nicht der Sünden ...*: Psalm 25,7

S. 424 *London, Brighton and South Coast Railway*: engl. Eisenbahn-Unternehmen (LB&SCR), das von 1846 bis 1922 bestand und London mit der Südküste verband

S. 426 *Ungar*: In einem Bericht des Chief Inspectors Donald Swanson vom Scotland Yard an das Innenministerium vom 19. Okt. 1888 wird der Name des Zeugen genannt: Er hieß Israel Schwartz

S. 432 *Cheerio!*: (engl.-ugs.) Auf Wiedersehen!

S. 434 *Waterman*: die 1884 gegr. US-Firma stellte hochwertige und mit eigenem Patent versehene Füllfederhalter her

S. 435 *Mon Dieu*: (franz.) Mein Gott
Rien du tout: (franz.) Gar nichts

S. 438 *Qu'est-ce qui s'est passé?*: (franz.) Was ist passiert?

S. 446 *Wer von euch ohne Sünde ist*: Johannes 8,7

S. 451 *Ingrams von den Illustrated London News*: das Magazin wurde 1842 von Herbert Ingram (* 1811, † 1860) gegründet, nach dessen Tod übernahm sein Sohn William (* 1847, † 1924) die Leitung der Zeitung, beide Ingrams waren Mitglieder des Parlaments

S. 454 *Tilbury*: leichter zweirädriger u. zweisitziger Wagen mit aufklappbarem Verdeck

S. 464 *Menier Schokoladenfabrik*: in der 1870 errichteten Menier Chocolate Factory befindet sich heute ein Theater gleichen Namens

S. 465 *Squire*: (engl.) von Esquire, eigentl. Gutsherr, Landedelmann

S. 466 *Sind Sie Seemann?*: seit dem 18. Jh. gehörte Rum zur tägl. Ration der Royal Navy, später wurden dem Rum heißes Wasser und Zitronensaft beigemischt (um vor Skorbut zu schützen und das Wasser haltbarer zu machen), die süßere Variante mit Zucker und Zimt oder Muskatnuss hieß Bumbo und war vor allem bei karibischen Piraten beliebt

S. 487 *Blackwall Railway*: London and Blackwall Railway (L&BR), engl. Eisenbahn-Unternehmen, das von 1841 bis 1926 bestand und deren Strecke von London aus durch die Docklands nach Osten führte

S. 488 *International Working Men's Educational Club*: 1885 gegr. jüdisch-sozialistischer Arbeiterclub in der Berner Street 40, der auch die anarch. Zeitung »The Worker's Friend« (engl., Der Arbeiterfreund) herausbrachte

S. 533 *Rosebud Pub*: hist. Pub in Brightlingsea, benannt nach einem Segelschiff, das vor der Küste Schiffbruch erlitt und dessen Crew vom Wirt gerettet wurde

S. 541 *Gaffelstange*: um den Mast drehbare, schräg nach oben ragende Stange zur Befestigung des Gaffelsegels

S. 550 *P&O Company*: Peninsular and Oriental Steam Navigation Company, 1822 gegründete brit. Reederei

S. 551 *Victoria Park*: 1845 eröffnete, 86 Hektar große Grünanlage im Osten Londons (auch People's Park genannt)

S. 557 *The Refuge*: (engl.) die Zuflucht, der Schlupfwinkel

S. 559 *Lionel Johnson*: (* 1867, † 1902) engl. Dichter und Kritiker, thematisierte in seinen Gedichten auch seine (unterdrückte) Homosexualität

Herbert Horne: (* 1864, † 1916) engl. Dichter, Kunsthistoriker und Sammler, gehörte wie Johnson zum Dichterzirkel »The Rhymers' Club«

S. 567 *McCarthy*: John McCarthy (* 1849, † 1934), Hausbesitzer und Lebensmittelhändler, wohnte bis 1927 in der Dorset Street

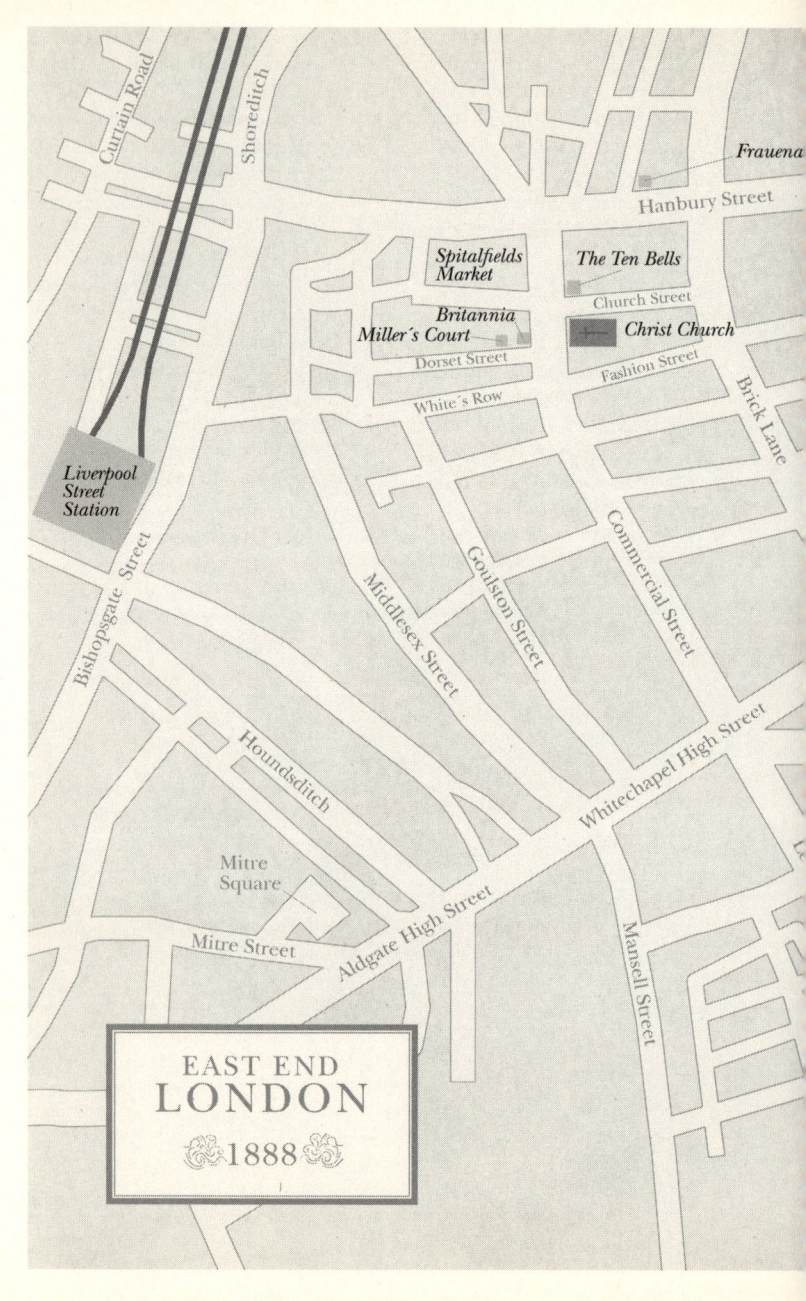

»Hier in meinem Land gibt es Fische, deren Blut purpurn färbt ...« JOHANNES PRESBYTER IN EINEM BRIEF AN DEN KAISER

Michael Peinkofer
DAS VERSCHOLLENE
REICH
Historischer Roman
560 Seiten
ISBN 978-3-404-17086-9

Als die Kreuzfahrer befürchten müssen, dass Jerusalem zurück in die Hände Saladins fällt, entsendet Königin Sibylla den Benediktinermönch Cuthbert und seinen Adlatus Rowan auf die Suche nach dem legendären Reich des Priesterkönigs Johannes, um diesen um Hilfe zu bitten. Nur eine kann ihnen den Weg weisen: Cassandra, eine junge Frau, die von unerklärlichen Visionen geplagt wird. Weder Rowan noch Cuthbert ahnen, dass sie sich damit an die Grenzen nicht nur der bekannten Welt, sondern auch ihres Glaubens begeben ...

Das Allgäu hat Bemerkenswertes hervorgebracht: die schönsten Berge, die glücklichsten Kühe und die sauspannenden und fantasievollen Bücher des großartigen Kollegen Michael Peinkofer.

Bastei Lübbe

Der historische Roman um das Schicksal Istanbuls - der schönsten Stadt Europas

Sebastian Fleming
BYZANZ
Historischer Roman
720 Seiten
ISBN 978-3-404-17082-1

Istanbul, das alte Byzanz, ist 1421 die prachtvollste Stadt Europas. Doch der Glanz trügt. Im Inneren drohen Korruption und Intrigen die Stadt zu zerstören. Von außen rücken die türkischen Eroberungsheere unaufhaltsam näher. Loukas Notaras will mit den Türken Frieden schließen. Sein Erzfeind Alexios Angelos will die Alleinherrschaft und den Krieg. Kann Eirene, die sie beide begehren, die Rivalen versöhnen? Wird Byzanz gerettet werden?

Ein Roman um Liebe und Hass, Heldentum und Tragödie.

Bastei Lübbe